2025
年度用

高校入試公開模試問題集

サピックスオープン

― 解答用紙 ―

SAPIX サピックス 中学部

SAPIX 中学部

中学3年生　第1回サピックスオープン

2023年5月14日実施

英語解答用紙

1

No.1		No.2		No.3		No.4		No.5	

2

(1)			(2)		
(3)			(4)		
(5)			(6)		

3

(1)		(2)		(3)		(4)		(5)		(6)	

4

(1)	(A)		(B)		不要語	
(2)	(A)		(B)		不要語	
(3)	(A)		(B)		不要語	
(4)	(A)		(B)		不要語	

5

問1	(A)		(B)		(C)	
	(D)		(E)			
問2						
問3	①	(1)		(4)		
	②	(2)		(3)		(5)		(7)		(8)	
	③	(6)				

6

問1									
問2	(い)		(く)						
問3									
問4									
問5	3番目		6番目		9番目				
問6	(.)								
問7	ア		イ		ウ		エ		オ	

1	2	3	4	5	6

生徒ID	フリガナ 氏名	得点

（注）この解答用紙を141%に拡大すると実物大になります

SAPIX 中学部

中学３年生　第１回サピックスオープン

2023 年 5 月 14 日実施

数 学 解 答 用 紙

《 1/2 枚目 》

1

(1)		(2)	$x=$ 　　　, $y=$
(3)		(4)	
(5)	人		

1

2

(1)	通り	(2)	人
(3)	A D B C		

2

3

(1)ア		(1)イ	
(1)ウ		(1)エ	
(1)オ			
(2)	°	(3)	

3

生　徒　I　D										フリガナ	得点
										氏　名	

(注)この解答用紙を 141%に拡大すると実物大になります

SAPIX 中学部

中学３年生　第１回サピックスオープン

2023 年 5 月 14 日実施

数 学 解 答 用 紙

《 2/2 枚目 》

4

(1)	(　　　　　,　　　　　)	(2)①	
(2)②	〈解法欄〉		
		(答)	

4

5

(1)		(2)①	
(2)②		(3)	

5

生　徒　I　D	フリガナ
	氏　名

(注)この解答用紙を 141%に拡大すると実物大になります

SAPIX 中学部

中学3年生　第1回サピックスオープン

2023年5月14日実施

理 科 解 答 用 紙

1

(1)	①	震度	②		(2)	
(3)	①		②		③	
(4)	①		②	試験管A		試験管B
(5)	①		②		③	
(6)	→ → →					

2

(1)	%	(2)	①	g	②	g	(3)	
(4)	①		②		③		④		⑤	
(5)	m	(6)	①	g	②	℃		

3

(1)	名称		記号		(2)		(3)	
(4)		(5)						

4

(1)		(2)		(3)				
(4)	名称		記号		(5)	→ → →	(6)	

5

(1)		(2)		(3)			
(4)		(5)	①	g	②	g	
(6)	できる・できない	理由					

6

(1)	Ω	(2)		
(4)		(5)		
(6)				

(3)

巻き数〔回〕
0　1000　2000　3000　4000

電子てんびんの値〔g〕
0
−5.0
−10.0

生 徒 I D	フリガナ	得点
	氏 名	

(注)この解答用紙を141%に拡大すると実物大になります

1 2 3 4 5 6

SAPIX 中学部

中学３年生　第１回サピックスオープン

2023 年 5 月 14 日実施

社 会 解 答 用 紙

1

問１	(1)		(2)	時間　分	(3)		問２	
問３	Gの国名－　Gの位置－　Hの国名－　Hの位置－							
問４		問５		問６	エチオピア－　南アフリカ共和国－			
問７	(1)		(2)	海	問８		問９		問10	

2

問１		問２		問３	キャベツ		Fの県		問４	
問５	記号		名称	島	問６		問７			
問８		問９		問10						

3

問１	(1)		(2)		問２	(1)		(2)		問３	(1)	
問３	(2)		問４	(1)	人物－　語句－							
問４	(2)											
問５	(1)		(2)		問６	(1)		(2)		問７		

4

問１	(1)	A-　B-　C-	(2)	D-　E-　F-		
問１	(3)		(4)		問２	
問３	(1)		(2)		(3)		問４		問５	
問６	G-　H-　I-　J-	問７	・　・			

生　徒　I　D	フリガナ 氏　名	得点

（注）この解答用紙を 141％に拡大すると実物大になります

SAPIX中学部
中学3年生　第1回サピックスオープン
国語解答用紙

二〇二三年五月十四日実施

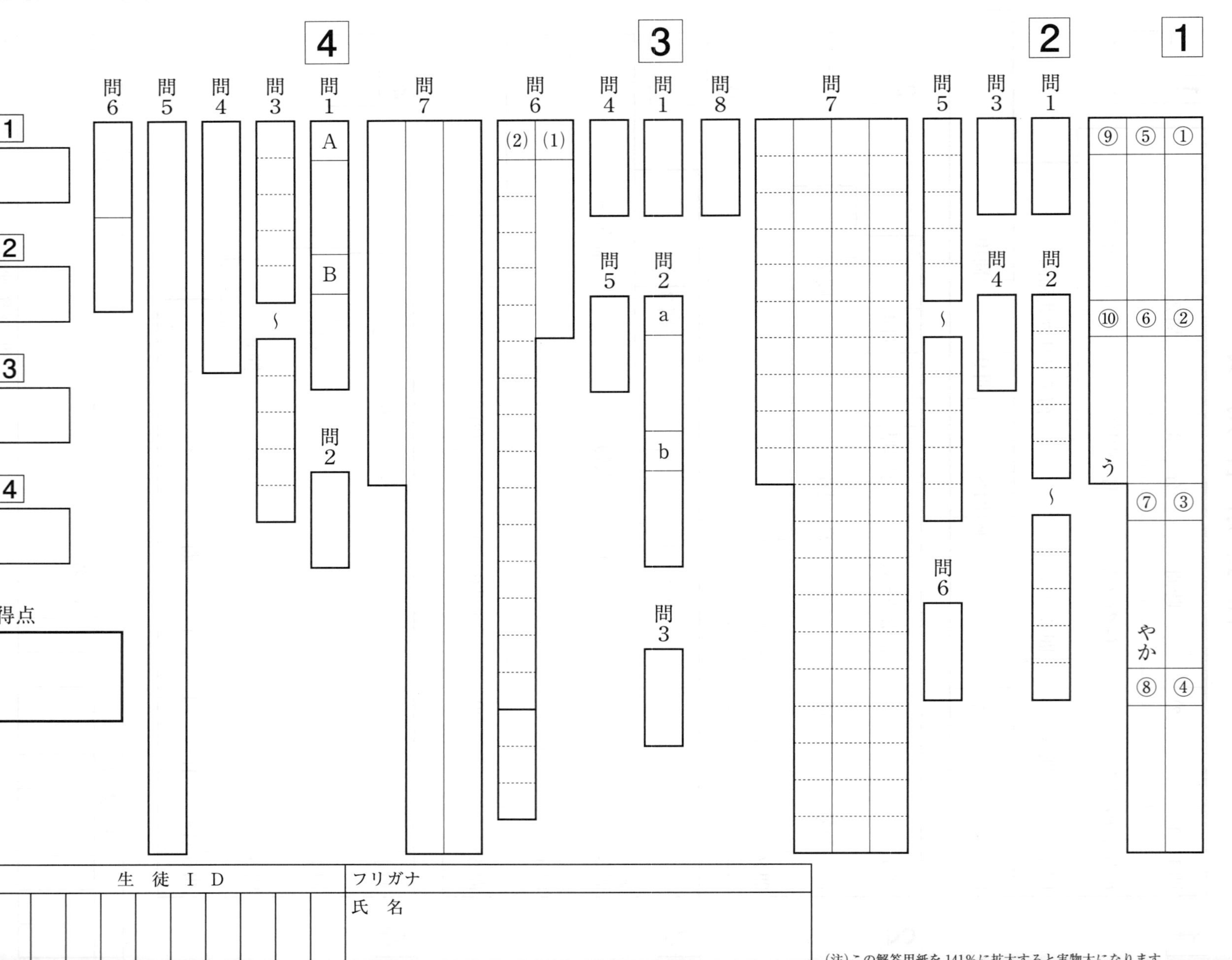

(注)この解答用紙を141%に拡大すると実物大になります

SAPIX 中学部

中学3年生　第2回サピックスオープン

2023年7月2日実施

英語解答用紙

1

Part A	No.1		No.2		No.3			
Part B	①		②		③		④	
	⑤							

2

(1)		(2)		(3)		(4)		(5)	

3

(1)			(2)		
(3)			(4)		
(5)					

4

(1)		(2)		(3)		(4)		(5)	

5

(1)	kcal	(2)		(3)	grams	(4)	

6

問1								
問2	(A)		(B)		(C)		(D)	
問3		問4		問5				

7

問1									
問2	2番目		5番目						
問3									
問4		問5	①		②		③		④

1	2	3	4	5	6	7

生徒ID	フリガナ 氏名	得点

(注)この解答用紙を141%に拡大すると実物大になります

SAPIX 中学部

中学3年生　第2回サピックスオープン

2023年7月2日実施

数 学 解 答 用 紙

《1/2枚目》

1

(1)		(2)	
(3)		(4)	$x=$
(5)			

2

(1)	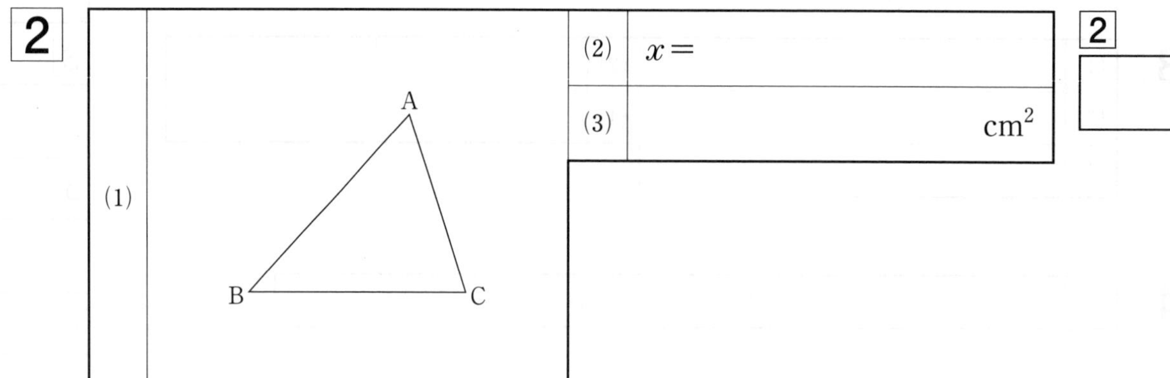	(2)	$x=$
		(3)	cm^2

3

(1)	°		
(2)①	BP＝　　　　，∠BPC＝　　　°		
(2)②	：	(3)①	：
(3)②	$x=$		

生　徒　I　D	フリガナ	得点
	氏　名	

(注)この解答用紙を141%に拡大すると実物大になります

SAPIX中学部

中学3年生　第2回サピックスオープン

2023年7月2日実施

数学解答用紙

《2/2枚目》

4

(1)①	P(　　　,　　　)	(1)②	
(2)①			
(2)②	〈解法欄〉	(答)	座標　M(　　　,　　　) 面積

y, A, S, C, P, R, O, Q, B, x

5

(1)	通り	(2)	通り
(3)	通り		

生徒ID	フリガナ
	氏名

(注)この解答用紙を141%に拡大すると実物大になります

SAPIX 中学部

中学３年生　第２回サピックスオープン

2023 年 7 月 2 日実施

理 科 解 答 用 紙

1

(1)		(2)	
(3)	名称		記述　アブラナと異なり,
(4)		(5)		(6)	

2

(1)	℃	(2)	記号		死亡率	%	(3)	
(4)	倍	(5)		(6)	m			

3

(1)	N	(2)	①	Pa	②	と
(3)	机の上　・　空中	空中にある場合の位置	cm			
(4)		(5)				

4

(1)	①		②	$CaCO_3$ + 2(　　　) → $CaCl_2$ + (　　　) + (　　　)
(2)		(3)	g	(4)
(5)	塩酸　　cm^3	二酸化炭素　　cm^3	(6)	%

5

(1)	A		C		D		(2)		(3)	
(4)		(5)	①		②		(6)	①		②	

6

(1)	記号		名称		(2)	
(3)		(4)	①	%	②	m
(4)	③	気温　　℃	湿度　　%	(5)		

1
2
3
4
5
6

生　徒　I　D	フリガナ 氏　名	得点

(注)この解答用紙を 141％に拡大すると実物大になります

SAPIX 中学部

中学３年生　第２回サピックスオープン

2023年７月２日実施

社 会 解 答 用 紙

1

問１	川	問２		問３	首都		位置	
問４		問５		問６		問７		問８		問９	
問10		問11						
問12	a		b		c		問13	

1

2

問１	農場		農業					
問２	(1)		(2)	山脈	問３		問４	
問５		問６		問７				

2

3

問１	(1)		(2)		問２		問３	(1)	a			b	
問３	(2)		問４		問５		問６	(1)		(2)		(3)	
問７		問８		問９	・								

3

4

問１		問２		問３		問４							
問５	(1)		(2)		問６		問７		問８		問９		
問10													

4

5

問１	(1)		(2)				
問２	(1)	年　月　日	(2)		(3)		

5

生　徒　I　D	フリガナ 氏　名	得点

（注）この解答用紙を141％に拡大すると実物大になります

SAPIX中学部
中学3年生　第2回サピックスオープン
国語解答用紙

二〇二三年七月二日実施

1

①　②　③　④
⑤ げる　⑥　⑦　⑧
⑨　⑩

2

問1　A　B　C　D

問2　a　詞　b　詞

問3

問4

問5

問6

問7

3

問1

問2

問3

問4

問5

問6

問7

4

問1

問2　a　b

問3

問4

問5　(1)　(2)

1　2　3　4

得点

生徒ID	フリガナ
	氏名

(注)この解答用紙を141%に拡大すると実物大になります

SAPIX 中学部

中学３年生　第３回サピックスオープン

2023 年 9 月 10 日実施

英 語 解 答 用 紙

1

Part A	No.1		No.2		No.3		No.4	
Part B	No.1		No.2					
	No.3				No.4			

1

2

(1)			(2)		
(3)			(4)		
(5)					

2

3

(1)		(2)		(3)		(4)		(5)	

3

4

(1)	不足語		①		②	
(2)	不足語		①		②	
(3)	不足語		①		②	
(4)	不足語		①		②	
(5)	不足語		①		②	

4

5

問１	2番目		5番目		問２		問３	
問４								
問５					問６			
問７		問８	ア		イ		ウ		エ	
問８	オ		カ					

5

6

問１	A		B		C					
問２										
問３	(あ)		(い)		(う)		(え)		(お)	
問４			問５							
問６		こと。	問７							
問８	(1)		(2)		(3)		(4)			
	(5)		(6)		(7)					

6

生　徒　I　D	フリガナ	得点
	氏　名	

（注）この解答用紙を 141％に拡大すると実物大になります

SAPIX 中学部

中学３年生　第３回サピックスオープン

2023年9月10日実施

数学解答用紙

《1/2枚目》

1

(1)		(2)	$x=$　　　，$y=$
(3)		(4)	
(5)	$x=$		

1

2

(1)		(2)①	$x=$
(2)②	$xy=$		

2

3

(1)	点Aのx座標…　　　，点Bのx座標…	
(2)	：	
(3)	〈解法欄〉	(答)

3

生　徒　ＩＤ	フリガナ 氏　名	得点

(注)この解答用紙を141%に拡大すると実物大になります

SAPIX 中学部

中学3年生　第3回サピックスオープン

2023年9月10日実施

数 学 解 答 用 紙

《2/2枚目》

4

(1)		(2)	
(3)			

4

5

(1)	
(2)	〈解法欄〉 (答)　　通り
(3)	通り

5

6

(1)		(2)	

6

生　徒　I　D										フリガナ
										氏　名

(注)この解答用紙を141％に拡大すると実物大になります

SAPIX 中学部

中学3年生　第3回サピックスオープン

2023年9月10日実施

理科解答用紙

1

(1)		(2)	①			
(2)	②		(3)	①	②	③
(4)		(5)	季節		性質	
(6)	①		②		③	

2

(1)		(2)		(3)		(4)	
(5)	c	度	d	度			
(6)	高さ		表1		表2		

3

(1)		(2)	①		②	
(3)		(4)	i	ii	iii	

4

(1)					(2)	
(3)	①	g	②	g		
	③	記号		理由		
(4)	(　　)《　　》+(　　)e^- →《　　》+(　　)OH^-				(5)	

5

(1)	①		②			
(2)	③		④	(という条件から…)		
(3)	⑤		⑥		(4)	

6

(1)		(2)					
(3)	等級	(4)		(5)	像：	方向：	
(6)	①		②		③		④

1	2	3	4	5	6

生　徒　I　D	フリガナ	得点
	氏　名	

(注)この解答用紙を141%に拡大すると実物大になります

SAPIX 中学部

中学３年生　第３回サピックスオープン

2023 年 9 月 10 日実施

社 会 解 答 用 紙

1

問１		問２		問３	⑴		⑵	大豆－　　　さとうきび－
問４	⑴		⑵		問５	⑴		⑵
問６	⑴		⑵					

2

問１	約　　　km	問２	旭川－　　釧路－	問３		問４	
問５		問６		問７		問８	
問９		問10	水力－　　風力－　　太陽光－　　地熱－				

3

問１	⑴		⑵		問２		問３	
問４		問５		問６		問７	→　→　→	

4

問１		問２	→　→　→	問３			
問４		問５		問６		問７	

5

問１	⑴	・	⑵	①－　　②－			
問２	Ⅰ－　Ⅱ－　Ⅲ－　Ⅳ－　Ⅴ－　Ⅵ－	問３	⑴		⑵	権利	
問４	⑴	Ⅰ－　Ⅱ－　Ⅲ－　Ⅳ－　Ⅴ－　Ⅵ－	⑵		問５		

6

問１		問２	⑴	・	⑵		問３	
問４	a－　b－　c－　d－	問５		問６				

1	2	3	4	5	6

生 徒 ＩＤ	フリガナ	得点
	氏　名	

(注)この解答用紙を 141％に拡大すると実物大になります

SAPIX中学部
中学3年生 第3回サピックスオープン
国語解答用紙

二〇二三年九月十日実施

1

① ② ③ ④ ⑤ ぐ ⑥ ⑦ ⑧ ⑨ みて ⑩

2

問1

問2 X Y

問3

問4

問5

問6 a b c

問7

3

問1 a b c d e

問2

問3

問4

問5 A B C

問6

問7

4

問1 A B

問2 a b

問3

問4

問5 A B C

問6

問7

問8

1 2 3 4

得点

生徒ID	フリガナ
	氏名

(注)この解答用紙を141%に拡大すると実物大になります

SAPIX中学部

中学3年生　第4回サピックスオープン

2023年11月3日実施

英語解答用紙

1

Part A	No.1		No.2		No.3					
Part B	(1)		(2)		(3)		(4)		(5)	

2

(1)			(2)		
(3)			(4)		
(5)					

3

(1)		(2)		(3)		(4)		(5)	

4

(1)	(A)		(B)		(C)	
(2)	(A)		(B)		(C)	
(3)	(A)		(B)		(C)	
(4)	(A)		(B)		(C)	

5

問1	(A)		(B)		(C)		(D)	
問2	(1)	2番目		5番目		8番目		
	(4)	2番目		5番目		8番目		
問3		問4						
問5								
問6		問7			問8			

6

問1	1.								
	2.								
問2	(1)		(4)		問3	(A)		(B)		(C)		(D)	
問4									
問5		問6							
問7	ア		イ		ウ		エ		オ	

生　徒　I　D	フリガナ 氏　名	得点

1	2	3	4	5	6

(注)この解答用紙を141%に拡大すると実物大になります

SAPIX 中学部

中学3年生　第4回サピックスオープン

2023年11月3日実施

数 学 解 答 用 紙

《1/2枚目》

1

(1)		(2)	
(3)		(4)	
(5)	およそ　　　　匹		

1

2

(1)	$x=$	(2)①	
(2)②			
(3)			

O

A

2

3

(1)		(2)	
(3)	〈解法欄〉		
		(答)	

3

生 徒 I D	フリガナ	得点
	氏 名	

（注）この解答用紙を141%に拡大すると実物大になります

SAPIX 中学部

中学３年生　第４回サピックスオープン

2023 年 11 月 3 日実施

数 学 解 答 用 紙

《 2/2 枚目 》

4

(1)		(2)	
(3)		(4)	：

4

5

(1) ①		(1) ②	
(2)		(3)	
(4)			

5

生 徒 Ｉ Ｄ										フリガナ
										氏 名

(注)この解答用紙を 141％に拡大すると実物大になります

SAPIX 中学部

中学３年生　第４回サピックスオープン

2023 年 11 月 3 日実施

理 科 解 答 用 紙

1

(1)		(2)		(3)		(4)		(5)	
(6)									

2

(1)	i		ii		iii			
(2)	i		ii		iii			
(3)					(4)			
(5)	①		②			(6)	cm/s	

3

(1)	法則	の法則	遺伝子		(2)		(3)	
(4)	③	:	④					

4

(1)	記号		反応式					
(2)	記号		質量	g				
(3)	①		②	cm^3	③	g	④	%

5

(1)	mA	(2)	i		ii		iii	
(3)	抵抗器Ｙを							
(4)	磁界		電流					

6

(1)	等級	(2)		(3)	時間帯		説明	
(4)	①		②	月		天王星		
(5)		(6)	分間					

生　徒　I　D	フリガナ	得点
	氏　名	

(注)この解答用紙を 141％に拡大すると実物大になります

SAPIX 中学部

中学3年生　第4回サピックスオープン

2023年11月3日実施

社会解答用紙

1

問1		問2	A		B		C		D		問3	
問4		問5		問6		問7						
問8	アメリカ		インド		エチオピア		日本		問9			

2

問1	(1)		(2)	埼玉		千葉		(3)		(4)	
問2		問3		問4		問5	・	問6			

3

問1		問2		問3		問4		問5	(1)	
問5	(2)		問6		問7		問8	(1)		(2)	

4

問1		問2		問3		問4	
問5	→ → →	問6	・	問7			
問8	(1)		(2)		問9		

5

問1		問2	→ → →	問3	
問4		問5		問6	の
問7	(1)		(2)		

6

問1		問2	(1)	万　円	(2)		(3)	
問3		問4		問5				

生徒ID	フリガナ 氏名	得点

(注)この解答用紙を141%に拡大すると実物大になります

SAPIX中学部
中学3年生　第4回サピックスオープン
国語解答用紙

二〇二三年十一月三日実施

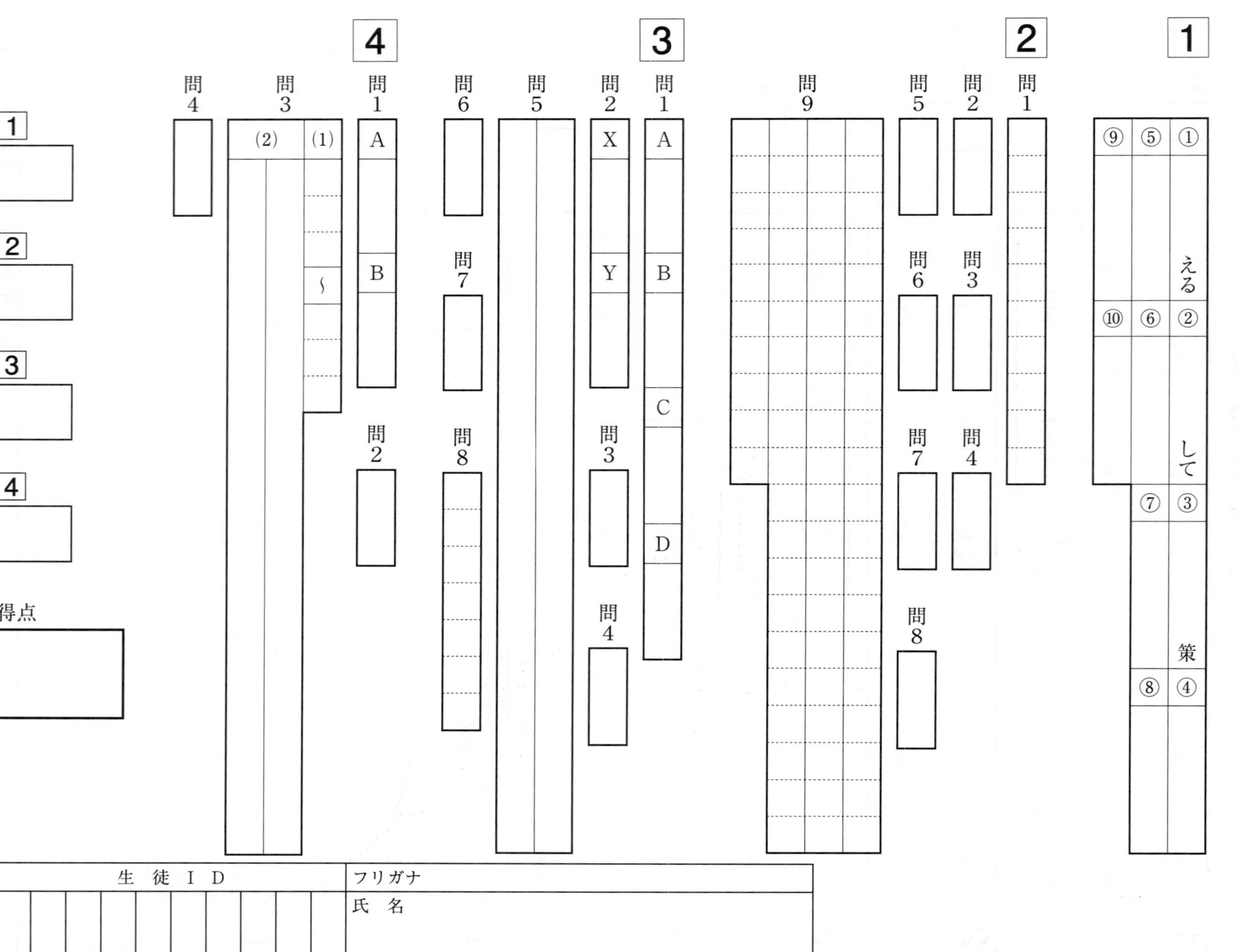

2025
年度用

高校入試公開模試問題集

サピックスオープン

問題編

SAPIX サピックス 中学部

はじめに

本書は、進学塾SAPIX中学部が主催する高校入試公開模試「サピックスオープン」を4回分収録した問題集です。サピックスオープンは、開成や灘、早慶大附属、国立大附属、日比谷や西などの都県立トップ高を目指す生徒たちが多数受けている、難関高校入試を意識した模試です。

近年の高校受験は入試形態が多様化しています。特に難関高校では、柔軟な思考力を試すような問題が増えてきており、知識量に頼った解き方では対応できなくなる傾向にあります。忙しい中学生にとって合格のために必要なのは、最新の出題傾向を踏まえた質の良い問題に、いかに効率よく取り組むかでしょう。

サピックスオープンは、難関高校を志望する受験生を実際に指導している講師陣が作成しています。毎年変化していく入試動向を知り尽くし、そして中学生の学力を最前線に立って熟知している講師たちが厳選した問題は、難関高校入試に対応できる実戦力を鍛えるのに最適です。本書には、各模試の問題別正答率や偏差値換算表などの詳細な成績資料も収録してあるので、現在の実力を客観的に確認し、志望校判定に役立てることもできます。

入試当日に、これまで学習したものと全く同じ問題が出題されることはまれです。しかし、この問題集を使って適切に学習すれば、難関高校入試で求められる学力の獲得が可能です。本書を手にしたすべての受験生が合格を勝ち取れるように願っています。

SAPIX中学部

本書の構成と利用法

本書は、**「問題編」「解答用紙」「解答・解説・成績データ編」**から構成されていて、問題編以外は本書から取り外せるようになっています。

◆収録した模試内容◆

実施日	出題範囲	試験時間	配点
第1回　2023年5月14日	※次ページ表	各教科 50分	各教科 100点満点
第2回　2023年7月2日			
第3回　2023年9月10日	なし		
第4回　2023年11月3日			

◆利用上のポイント◆

①取り外した解答用紙を141％に拡大すると、本来の大きさB4になります。

②一つの教科を中断せずに一気に解答してください。英語の試験にはリスニングがあります。開始10分後から始めてください。**音源はSAPIX中学部ホームページの音声配信を利用してください。**

③終了後はすぐに答え合わせをしましょう。ただ○×をつけるのではなく、解説と照らし合わせながら、試験と同じくらい時間をかけて理解に努めてください。問題を解いたときの集中力を維持しつつ復習することで、非常に効果的な学習ができます。

④**巻末についている成績データ**により、様々な視点から現在の実力を把握することができます。まずは**採点した得点を偏差値換算表に照らし合わせ、自分の位置を確認**してください。また**問題別正答率表から、自分の得点傾向を知る**ことができます。

⑤**志望校別偏差値表では、高校ごとの合格判定の目安**（実施時の「合格可能圏」「努力圏」）**を確認**することができます。志望校選びの参考に役立ててください。

⑥しばらく時間を空けてから解き直すことも重要です。忘れてしまったり理解できていなかったりする部分は、繰り返し解くことで定着させておきましょう。

出題範囲

	第１回（５月）
英語	中１・中２範囲の総復習／不定詞／動名詞／比較／ There 構文／受動態／接続詞／現在完了／５文型／長文読解総合
数学	中１・中２の範囲／式の展開・因数分解／確率／平面図形／一次関数／空間図形
国語	漢字／説明的文章／小説または随筆／文法／古文
理科	電流／物質の特徴／生物のつくりとはたらき／地質・地震／小問集合
社会	地理：地理総合 歴史：歴史総合
	第２回（７月）
英語	中１・中２範囲の総復習／不定詞／動名詞／比較／ There 構文／受動態／接続詞／現在完了／５文型／分詞／長文読解総合
数学	中１・中２の範囲／式の展開・因数分解／平方根／二次方程式／確率／平面図形／一次関数／空間図形
国語	漢字／説明的文章／小説または随筆／文法／古文
理科	光・音・力／化学変化／生物の分類／天気／小問集合
社会	地理：地理総合 歴史：歴史総合 公民：近代民主主義と日本国憲法

※中３生の第３回サピックスオープン以降は、受験を間近に控えた受験生に対し、より実戦的な模試を提供するため出題範囲の設定はいたしません。

リスニング問題音声配信について

本書に掲載のリスニング問題の音声は、音声専用サイトにて配信しております。
サイトへは下記アドレスよりアクセスしてください。パスワードの入力が必要です。

https://www.sapix.co.jp/special/16019/

■パスワード：VdswvtXW2

■利用期間（予定）

2024 年 4 月 1 日～ 2027 年 3 月 31 日（期限内でも予告なく終了する場合がございます）。

推奨 OS・ブラウザ（2024 年 1 月現在）

▶パソコン

Microsoft Edge ※／ Google Chrome ※／ Mozilla Firefox ※／ Apple Safari ※

※各最新版

▶スマートフォン・タブレット

Android 7.0 以降／ iOS 14 以降

ご利用にあたって

- 音声専用サイトの音声のご利用は、『高校入試公開模試問題集 サピックスオープン 2025 年度用』をご購入いただいているお客様に限らせていただきます。それ以外の方の、本サイトの音声のご利用はご遠慮くださいますようお願いいたします。
- 音声は無料ですが、音声を聴くこと、ダウンロードには、別途通信料がかかる場合があります（お客様のご負担になります）。
- ファイルは MP3 形式です。音声はダウンロードすることも可能です。ダウンロードした音声の再生には MP3 を再生できる機器をご使用ください。また、ご使用の機器や音声再生ソフト、インターネット環境などに関するご質問につきましては、当社では対応いたしかねます。各製品のメーカーまでお尋ねください。
- 本サイトの音声データは著作権法等で保護されています。音声データのご利用は、私的利用の場合に限られます。
- 本データの全部もしくは一部を複製、または加工し、第三者に譲渡・販売することは法律で禁止されています。
- 本サービスで提供されているコンテンツは、予告なしに変更・追加・中止されることがあります。
- お客様のネット環境および端末により、ご利用いただけない場合がございます。ご理解、ご了承いただきますようお願いいたします。

目　次

■ 第1回　問題

（2023年5月14日実施）

■ 第2回　問題

（2023年7月2日実施）

■ 第3回　問題

（2023年9月10日実施）

■ 第4回　問題

（2023年11月3日実施）

2023 第1回
サピックスオープン

英　語

中学3年

2023年5月14日実施

【受験上の注意事項】

1 試験時間は、50 分です。
2 答えは全て解答用紙の定められた解答欄の中に書きなさい。
小さすぎる文字・薄すぎる文字は採点できません。
3 解答用紙には、生徒 ID・氏名を必ず書きなさい。
4 問題用紙の白いところは、メモなどに使いなさい。
5 質問がある時や気分が悪くなった時は、黙って手をあげなさい。
6 終わったら解答用紙だけを提出しなさい。

1 放送される対話文を聞き、その内容に関する以下のNo. 1からNo. 5の質問の答えとして最も適切なものをア～エの中からそれぞれ1つずつ選び、記号で答えなさい。放送はすべて2回ずつ流れます。

No. 1 What will the son do after the talk ?

ア He will put his smartphone on the table.

イ He will look for his smartphone in his room.

ウ He will say to his mother, "Where is my smartphone ?"

エ He will look for Jake.

No. 2 Which of the following sentences is true ?

ア The boy usually has twenty classes in a week.

イ The boy sometimes has less than thirty classes in a week.

ウ The boy always has four classes once a week.

エ The boy sometimes has four classes on weekends.

No. 3 Which is not true about the mountain ?

ア It was a beautiful view.

イ The weather was good all day long.

ウ Lots of people visited the popular restaurant.

エ There were many people at the top of the mountain.

No. 4 What will happen after the talk ?

ア The man will go to the museum with his wife soon.

イ The man will decide to go to the museum with his mother.

ウ The woman will go to the museum by herself.

エ The woman will look for someone to give the tickets to.

No. 5 How much will the customer pay ?

ア 10 dollars. イ 13 dollars.

ウ 15 dollars. エ 17 dollars.

2 次の各組の英文がほぼ同じ意味になるように、それぞれの(　　)内に入る最も適切な語を１語ずつ答えなさい。ただし、最初の文字が与えられている場合にはそれに従い、解答欄には最初の文字を含めて書くこと。

(1) I can't see the ground because of snow.
The ground is (　　　　)(w-　　　) snow.

(2) I saw a man when I was going to the hospital in my village by car, but I didn't know him.
I saw a (s-　　　) when I was (　　　　) to the hospital in my village.

(3) May I see your broken watch ?
(　　　　) you (　　　　) me your broken watch ?

(4) He went to Paris, and he is still there.
He (　　　　)(　　　　) to Paris.

(5) He worked very hard, but now he doesn't.
He (　　　　) to be a very hard (　　　　).

(6) She didn't feel comfortable at all because his way of talking was not polite.
His (i-　　　) way of talking completely (　　　　) her uncomfortable.

3 正しい英文となるように、(　)内に入る最も適切な語(句)をア～エから１つずつ選び、記号で答えなさい。

(1) Joseph was born (　　　) May 14, 2008, wasn't he ?

ア on　　イ in　　ウ at　　エ from

(2) Please (　　　) to turn off the light when you go out.

ア remember　　イ forget　　ウ have　　エ make

(3) (　　　) have you been ? — I've been to the bakery in order to get some bread for breakfast.

ア Why　　イ How　　ウ Where　　エ What

(4) Each of the students (　　　) to sign their own name on their belongings.

ア need　　イ got　　ウ were　　エ has

(5) He looked (　　　) when he saw me.

ア surprise　　イ to surprise　　ウ surprising　　エ surprised

(6) If I cannot finish the work today, I will lose (　　　). I carelessly told him I would be able to do it.

ア head　　イ face　　ウ neck　　エ stomach

4 与えられた日本文の意味を表す英文になるように[　]内の語(句)を並べかえたときに、(　A　)、(　B　)にくるものと不要な語(句)をそれぞれ記号で答えなさい。ただし、文頭にくる語も小文字で示してある。

(1) 昨年の夏は忙しすぎて海へ釣りに行くことができなかった。

I was (　　)(　　)(　A　)(　　)(　　)(　　)(　　)(　　)(　　)(　B　) the sea last summer.

I was [ア I,　イ wasn't,　ウ to,　エ in,　オ able,　カ busy,　キ that,　ク too,　ケ go,　コ so,　サ fishing] the sea last summer.

(2) 僕はそんなにたくさん食べられないよ。

(　　)(　　)(　A　)(　　)(　　)(　　)(　　)(　　)(　B　)(　　) meal.

[ア a,　イ it,　ウ can't,　エ for,　オ to,　カ big,　キ such,　ク eat,　ケ impossible,　コ me,　サ is] meal.

(3) この部屋を使っても大丈夫ですか。

(　　)(　A　)(　　)(　　)(　B　)(　　)(　　)(　　) room?

[ア all,　イ it,　ウ I,　エ this,　オ use,　カ is,　キ OK,　ク right,　ケ if] room?

(4) 少しでも多く外国人と話すようにしなさい。

(　A　)(　　)(　　)(　　)(　　)(　B　)(　　)(　　) possible.

[ア must,　イ many,　ウ as,　エ talk with,　オ foreigners,　カ as,　キ times,　ク to,　ケ try] possible.

5 次の対話文を読み、後の問いに答えなさい。ただし、*のついている語(句)には(注)がある。

Takuya and Masato are junior high school students. They are talking with Brian, a student from the U.S., in the classroom.

Takuya : Hey, Brian. Have you decided the topic for the presentation next week yet ?

Brian : I'm thinking about sister cities. I'm from New York, a sister city of Tokyo.

Masato : What's a sister city ?

Brian : If a municipality has *partnered with a municipality in another country...

Masato : Wait wait, muni... ?

Brian : Municipality ! It means a city, a *state, and so on.

Takuya : It's like a village, a city, or a prefecture in Japan.

Masato : I see.

Brian : Some municipalities make a partnership with other different countries to *promote friendships. They are sister cities.

Takuya : In Japanese, we call them *shimai toshi*, don't we ?

Masato : Ah, I've heard of it ! Some schools have done the same thing. They are (A) sister schools. But I don't know much about sister cities.

Takuya : I'm interested in foreign cultures and histories, so I've done some research and found that more and more Japanese cities are becoming sister cities. Wait a minute. Let me see...

～ *Takuya is looking on the Internet on his smartphone.* ～

Takuya : Look at this. The first sister city in Japan was Nagasaki city. It became a sister city of Saint Paul in Minnesota in 1955. Later in 1994, there were more than 1,000 sister cities in Japan, and in 2021 the number (B) to over 1,700.

Masato : Amazing. Do you know a famous pair of sister cities ?

Brian : Yes. The city (C) a partnership with a city Florida in the United States. It is in Chiba prefecture and has big and famous amusement parks there.

Masato : Oh, it is Urayasu city !

Takuya : I also have an interesting example. There was a town called Hawai-cho in Tottori prefecture.

Brian : It (D) like Hawaii.

Takuya : Exactly ! *That's why they made a sister city relationship with Hawaii in 1996, though it changed to a town with a new name in 2004. I've been interested in this city ever since my parents told me about it.

Masato : That's so interesting. By the way, what do they do after becoming a sister city ?

Brian : They actually visit the city and learn about its culture and history.

Takuya : It will be a great chance for more people to learn about the city. Now, in this global society, the world is becoming (E) in different ways.

Brian : Yes, we ourselves can become intermediaries between cities or between countries by learning about various cultures.

Takuya : I hear that sister cities sometimes send gifts to each other.

Brian : Yes. Letters, photos, and *statues are often sent as a *token of *appreciation. In 1989, a city in Canada gave a wooden pole to a city in Hokkaido *celebrating the third anniversary of their sister city relationship. They call it a *totem pole, and the wood was from an over -150 -year- old tree.

Masato : What else was sent as a gift ?

Brian : In 1994, *Sichuan Province in China sent a pair of pandas to Wakayama prefecture as a token of friendship.

Takuya : Look at this. According to this website, *black vultures were sent to Nagoya city from Mexico City in 1978, and *spectacled bears in 2002.

Masato : That's very interesting. (F)<u>In the age of globalization, not only people but also animals are playing important roles as intermediaries.</u> I really got curious about sister cities and foreign cultures. Let's find out more.

（注） partner：協定を結ぶ　state：州　promote ～：～を促進させる
that's why ～：そのようなわけで～　statue：像　token：しるし　appreciation：感謝
celebrating ～：～を祝って　totem pole：トーテムポール　Sichuan Province：四川省
black vulture：クロコンドル　spectacled bear：メガネグマ

問1　本文中の空所（　A　）～（　E　）に入る動詞を下の語群からそれぞれ選び、必要があれば形を変えて答えなさい。ただし、1語で答えなさい。また、同じ語を2度以上用いてはいけない。

【 make　sound　increase　connect　call 】

問2　本文中の下線部(F)を和訳しなさい。

問3　次の表は、この対話の後にMasatoが作った年表です。本文の内容をもとに以下の①～③の質問に答えなさい。

In 1955	Nagasaki city partnered with Saint Paul city in Minnesota State as the [(1)] sister city in Japan.
In 1978	Mexico City sent [(2)] to Nagoya city.
In 1989	A city in [(3)] gave the work made of wood to a city in Hokkaido.
In 1994	The [(4)] of sister cities between Japan and foreign countries reached 1,000.
	Sichuan Province in China sent a pair of [(5)] to Wakayama prefecture.
In [(6)]	Hawai-cho made a sister city relationship with [(7)].
In 2002	[(8)] sent spectacled bears to Nagoya city.
In 2021	The [(4)] of sister cities between Japan and foreign countries reached 1785.

① 空所(1)、(4)に当てはまる英単語1語を答えなさい。ただし、同じ番号の空所には同じ語が入る。

② 空所(2)、(3)、(5)、(7)、(8)に当てはまる語(句)を以下の中から選び、それぞれ記号で答えなさい。

ア pandas　イ Mexico City　ウ Canada　エ Hawaii
オ black vultures

③ 空所(6)に入る数字を英語で答えなさい。

6 次の英文を読み、後の問いに答えなさい。ただし、*のついている語(句)には(注)がある。

Every second of every day, all over the world, there are more than 100 lightning bolts. That's about ten million lightning bolts in one day ! Lightning amazes us, but it can also *frighten us. We have good reason to be afraid of lighting. Every year, about 100 people in the United States and Canada die from lightning, and another 300 are injured. It is strange that of all *the people who die from lightning, 84 percent are men. [あ]; it starts more than 9,000 fires each year.

Lightning is electricity inside a cloud. Scientists do not know exactly *what makes this electricity. But they know that the electricity inside a cloud can be as much as 100 million volts. From this extremely strong electricity, a lightning bolt, like a *streak of bright light, comes down from the sky. Its temperature can reach *50,000 degrees Fahrenheit within a few millionths of a second. That's almost five times the temperature on the sun's surface. The lightning bolt is very quick. It can move at a speed of 87,000 miles per second. A rocket traveling at this speed would reach the moon (い) 2.5 seconds. With the lightning bolt, we usually hear thunder, *which is the sound of hot air exploding. Lightning and thunder happen at exactly the same time, but we (う) first because light travels a million times (え) than sound.

Lightning often strikes tall buildings. However, many buildings have (お)lightning rods to protect them from lightning. When lightning strikes, the electricity goes safely down the metal rod to the ground. Benjamin Franklin, the American *statesman, invented the lightning rod in 1760. *That is why buildings like the Empire State Building in New York City are safe. Lightning may hit this building as many as 12 times in 20 minutes and as often as 500 times a year. (か)[ア as, イ protect, ウ buildings, エ airplanes, オ are, カ to, キ easy, ク not, ケ as], and accidents do happen. In 1963, a Boeing 707 jet was hit by lightning and crashed. Eighty-one people died.

If you see thunder and lightning coming, here are some *things you can do to protect yourself. Go inside a house, get into a car, or go under a bridge. If you cannot find shelter, (き)その場で最も低い地点へ行きなさい。 If you are outside, remember that trees attract lightning, especially tall trees. Never go under *a tall tree that stands alone. If you are in a field, drop to your knees, bend forward, and put your hands on your knees. Do not lie down because the wet ground can carry lightning. Stay away (く) a lake, an ocean, or any other water. Don't touch or go near anything metal, such as a metal fence, golf clubs, and bicycles, because metal attracts lightning very quickly. Don't use a telephone except in an emergency.

（注） frighten ～：～をぞっとさせる　the people who die from lightning：稲妻で亡くなる人々
what makes this electricity：何がこの電気を生み出しているのか　streak：筋（すじ）
50,000 degrees Fahrenheit：50,000°F（＝約 27,760℃）　which is ～：それは～
statesman：政治家　that is why ～：そのため～　things you can do：あなたができること
a tall tree that stands alone：一本だけで立っている背の高い木

問1 本文中の空所［ あ ］に入るものとして最も適切なものをア～エの中から1つ選び、記号で答えなさい。

ア Lightning is the main cause of forest fires
イ There are a lot of forest fires in winter
ウ In fact, few people die from lightning
エ Most of them died in forest fires

問2 本文中の空所(い)、(く)に入る前置詞をそれぞれ1語で答えなさい。

問3 本文中の空所(う)、(え)に入るものの組み合わせとして最も適切なものをア～エの中から1つ選び、記号で答えなさい。

ア (う):hear thunder (え):faster

イ (う):hear thunder (え):more slowly

ウ (う):see lightning (え):faster

エ (う):see lightning (え):more slowly

問4 下線部(お)の説明として最も適切なものをア～エの中から1つ選び、記号で答えなさい。

ア 建物から離れたところに雷を落とすはたらき

イ 雷のエネルギーを地面に送るはたらき

ウ 雷雲を発生させないようにするはたらき

エ 雷が飛行機を避けて落ちるようにするはたらき

問5 下線部(か)の[ ]内の語を、意味が通るように並べかえ、3番目、6番目、9番目に来る語を記号で答えなさい。ただし、文頭に来る語も小文字で示してある。

問6 下線部(き)を英語に直しなさい。ただし point と ground を用いること。

問7 本文の内容と照らし合わせて正しければ○、誤りであれば×と答えなさい。ただし、すべて同じ記号で答えた場合は無得点とする。

ア In the U.S. and Canada, about 300 people are injured by lightning and 84 percent of them die from it every year.

イ We can say the temperature of the sun's surface is about 10,000 degrees Fahrenheit.

ウ The speed of the lightning bolt is about 2.5 times as fast as a rocket.

エ Thanks to Benjamin Franklin's invention, tall buildings are protected from lightning.

オ When we see lightning, we should be careful of something metallic because it attracts lightning.

2023 第1回
サピックスオープン

数 学

中学3年

2023年5月14日実施

【受験上の注意事項】

1 試験時間は、50分です。
2 答えは全て解答用紙の定められた解答欄の中に書きなさい。
  小さすぎる文字・薄すぎる文字は採点できません。
3 解答用紙には、生徒ID・氏名を必ず書きなさい。
4 問題用紙の白いところは、メモなどに使いなさい。
5 質問がある時や気分が悪くなった時は、黙って手をあげなさい。
6 終わったら解答用紙だけを提出しなさい。

【解答の際の注意事項】

1 解答は最も整理された形で表せ。
 ① 分数は特にことわりがない限り，完全に約分された形にせよ。
  比についても同様で，完全に整理された形にせよ。
 ② 解答に根号が含まれる場合は，根号の中の数字はできるだけ小さくして，整理せよ。
2 円周率は，特にことわりがない限り π を用いよ。
3 解答が複数考えられる場合は，全て答えよ。

1 次の各問いに答えよ。

(1) $9a^2\times\left(-\frac{2}{5}b\right)^2\div\frac{18}{25}ab^2$ を計算せよ。

(2) 連立方程式 $\begin{cases}0.4x+0.3y=4\\ \frac{1}{3}x-\frac{5}{6}y=-1\end{cases}$ を解け。

(3) $(x+3)(2x+1)-(x+3)(x+4)$ を計算せよ。

(4) $2x^2-12xy+18y^2$ を因数分解せよ。

(5) 下の表は，ある店のある週における月曜日から土曜日までの来客数をまとめたもので、水曜日の人数のみ空欄となっている。この6日間の来客数の平均が66.5人のとき，6日間の来客数の中央値を求めよ。

月	火	水	木	金	土
67人	11人		72人	83人	91人

2 次の各問いに答えよ。

(1) 大小2つのサイコロがあり，大きいさいころの目を a，小さいさいころの目を b としたとき，$2a \times b$ の値が平方数になるような目の出方は何通りか。

(2) 1チーム5人で参加できるイベントがあり，イベントの主催者は参加賞のお菓子を参加者全員に1個ずつ配ることにした。このとき，お菓子は1パック8個入りか1パック12個入りで売られており，8個入りのパックだけを必要なだけ買っても，12個入りのパックだけを必要なだけ買っても2個余ることが分かっていた。イベントの参加人数が100人以下であるとき，イベントの参加人数を求めよ。

(3) 下の図のような長方形ABCDがある。

長方形ABCDと面積が等しく，線分CDが対角線の1つとなるようなひし形を，解答用紙の図をもとにして，定規とコンパスを用いて作図せよ。

ただし，作図に用いた線は消さずに残しておくこと。

3 右の図において，△ABC，△BDE はそれぞれ AB＝AC，BD＝BE の直角二等辺三角形であり，EA//BC となっている。

また，A を通り辺 BE と平行な直線と辺 BC の交点を F とする。

なお，A は直線 BD について，E と同じ側にあるものとする。

このとき，次の各問いに答えよ。

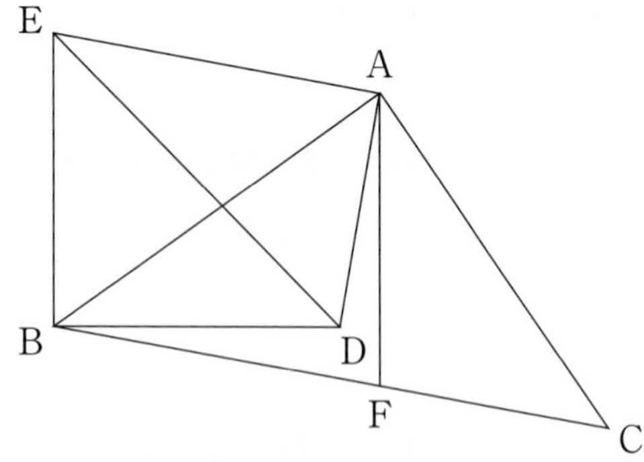

(1) △BDA と△AFC が合同であることを以下のように証明した。

下の空欄 [ア] ～ [オ] を埋めよ。

> ［証明］
>
> △BDA と△AFC において，
>
> 仮定より，BA＝[ア] …①，BD＝BE …②
>
> また，EB//AF より，平行線の錯角は等しいので，∠EBA＝∠[イ]
>
> ∠EBD＝∠BAC＝90° より，
>
> ∠DBA＝90° －∠EBA＝90° －∠[イ]＝∠[ウ] …③
>
> さらに，EA//BC，EB//AF より，四角形 EBFA は平行四辺形であるから，
>
> BE＝[エ] …④
>
> ②，④より，BD＝[エ] …⑤
>
> ①，③，⑤より，[オ] がそれぞれ等しいので，
>
> △BDA≡△AFC ［証明終わり］

(2) ∠DBC＝10° のとき，∠DAF の大きさを求めよ。

(3) AD の延長と辺 BC の交点を G とする。

AB＝6，BG：GF＝3：1 のとき，△ADF の面積を求めよ。

4 座標平面上に $y=-\frac{1}{3}x+5$ の直線 l と $y=-\frac{1}{3}x+1$ の直線 m がある。

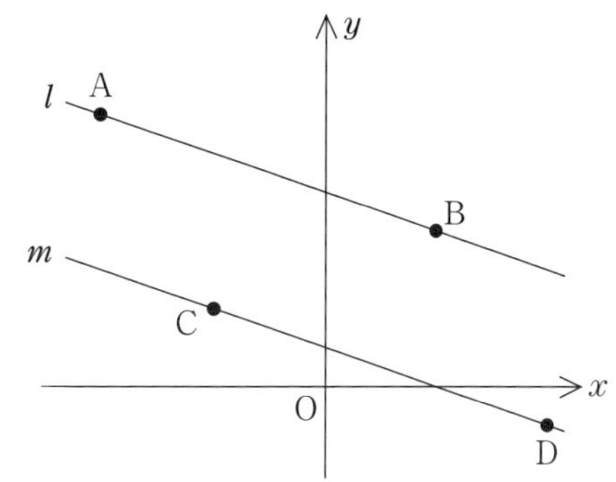

直線 l 上に2点A，B，直線 m 上に2点C，Dをそれぞれとり，平行四辺形ACDBをつくる。

平行四辺形ACDBの面積が y 軸で2等分されるとき，次の各問いに答えよ。

(1) 点Aと点Dの中点の座標を求めよ。

(2) 点Aの x 座標が -6，点Cの x 座標が -3 の場合において，右の図のように直線 l よりも上側に点Eをとったところ，△ABEの面積が y 軸で2等分されていた。次の①，②に答えよ。

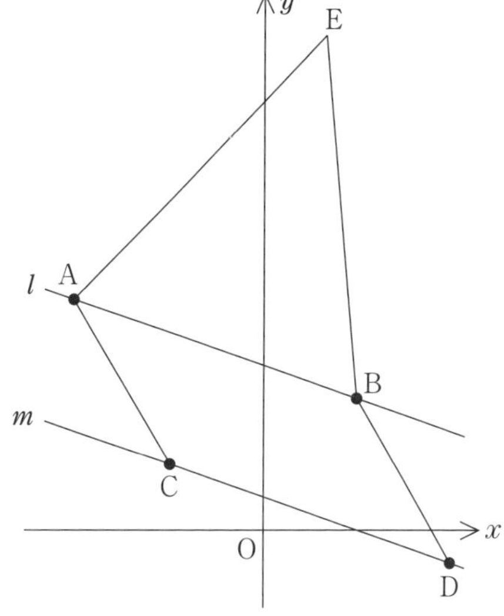

① 点Eの x 座標を求めよ。

② 直線AEの傾きが1になるとき，点Eを通って五角形EACDBの面積を2等分する直線と直線 m の交点の x 座標を求めよ。【この問題は，答えに至るまでの途中過程を解法欄に記入すること】

5 右の図の直方体 ABCD－EFGH において，AB＝6，BF＝9，AD＝8，AC＝10 である。

また，辺 FG 上に点 P，辺 GH 上に点 Q をそれぞれとり，線分 PQ と線分 EG の交点を R とする。

次の各問いに答えよ。

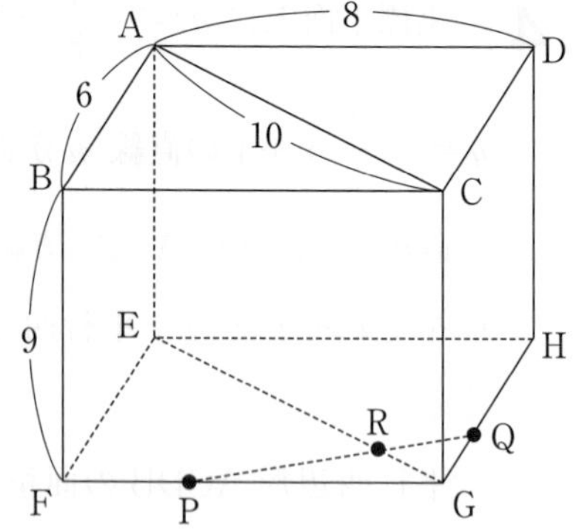

(1) △ACR の面積を求めよ。

(2) 点 Q が頂点 H と一致し，PQ⊥EG となるように点 P をとるとき，次の①，②にそれぞれ答えよ。

① 線分 PQ の長さを求めよ。

② 四面体 ACPQ の体積を求めよ。

(3) FP＝GQ，四面体 ACPQ の体積が 80 となるとき，線分 FP の長さを求めよ。

2023 第1回
サピックスオープン

理　科

中学3年

2023年5月14日実施

【受験上の注意事項】

1 試験時間は、50分です。
2 答えは全て解答用紙の定められた解答欄の中に書きなさい。
小さすぎる文字・薄すぎる文字は採点できません。
3 解答用紙には、生徒ID・氏名を必ず書きなさい。
4 問題用紙の白いところは、メモなどに使いなさい。
5 質問がある時や気分が悪くなった時は、黙って手をあげなさい。
6 終わったら解答用紙だけを提出しなさい。

1 次の問いに答えなさい。

(1) 日本では，地震によるゆれの大きさを震度階級で表している。最も大きな震度階級は震度7である。これについて，次の問いに答えなさい。

① 震度7の次に大きな震度階級を答えなさい。

② 震度7を観測した地震において，震度7を観測した地点のゆれは，同じ地震で震度1を観測した地点のゆれに比べてどのような傾向があるか。最も適切なものを次のア～エの中から一つ選び，記号で答えなさい。

ア．初期微動継続時間が長い。　　イ．初期微動継続時間が短い。

ウ．マグニチュードが大きい。　　エ．マグニチュードが小さい。

(2) **図1**のA～Dは，水の中にすむ4種類の小さな生物を，それぞれ異なる倍率の顕微鏡で観察したスケッチである。A～Dのうち，光合成を行う生物のみを選んだ組み合わせを，次のア～エの中から一つ選び，記号で答えなさい。

A
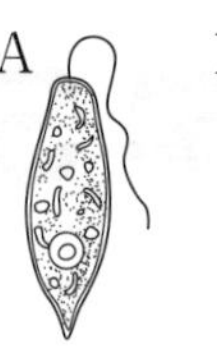
B　C
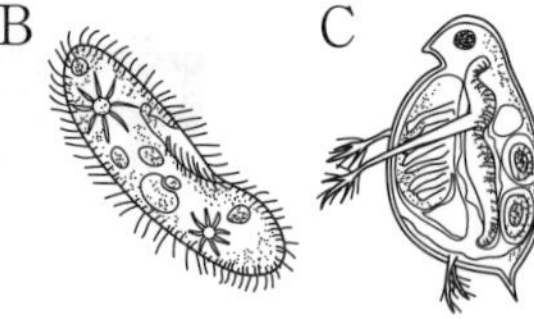
D
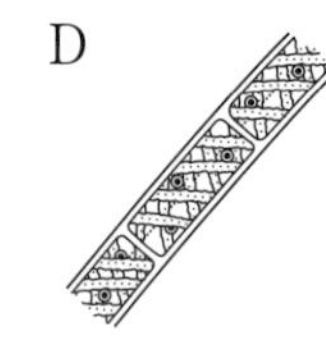

図1

ア．A，B　　イ．A，C　　ウ．A，D　　エ．B，D

(3) 光の進み方について，次の①～③に最も関連の深い現象を，後のア～エの中からそれぞれ一つずつ選び，記号で答えなさい。

① 光の直進　　② 光の屈折　　③ 光の反射

ア．よく晴れた日に，海を眺めると海面がキラキラと光っていた。

イ．よく晴れた日に，明るい屋外から急に室内に入ると，ほとんど何も見えなかった。

ウ．よく晴れた日に，地面にはっきりと自分の影が見えた。

エ．よく晴れた日に，凸レンズで光を集め，黒い紙を燃やすことができた。

(4) 鉄粉と硫黄の粉末の混合物を２本の試験管 A，B に入れ，試験管 B を**図２**のようにガスバーナーで加熱したところ，鉄粉と硫黄の粉末が過不足なくすべて反応した。次の問いに答えなさい。

試験管 B
試験管ばさみ
鉄粉と硫黄の粉末の混合物

図２

① 試験管 B で鉄粉と硫黄に起こった化学変化を，化学反応式で表しなさい。

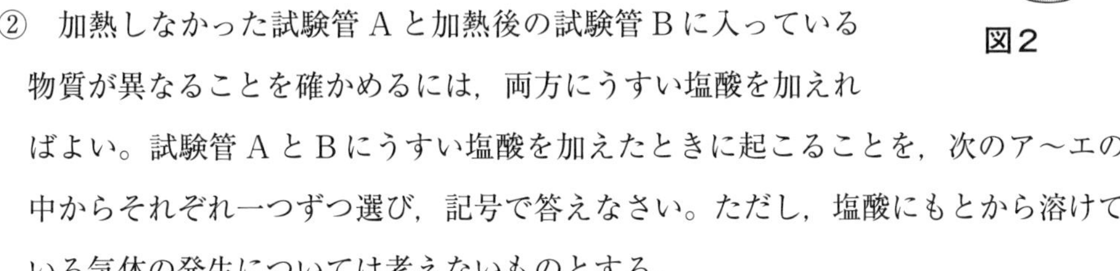

② 加熱しなかった試験管 A と加熱後の試験管 B に入っている物質が異なることを確かめるには，両方にうすい塩酸を加えればよい。試験管 A と B にうすい塩酸を加えたときに起こることを，次のア～エの中からそれぞれ一つずつ選び，記号で答えなさい。ただし，塩酸にもとから溶けている気体の発生については考えないものとする。

ア．無臭の気体が発生する。　　イ．刺激臭の気体が発生する。
ウ．腐卵臭の気体が発生する。　エ．気体は発生しない。

(5) **図３**のように，ある地点 P の北側に温帯低気圧があるとき，このあとの地点 P の天気の変化を説明した次の文章の①～③にあてはまる語句を，それぞれ{　}の中から一つずつ選び，記号で答えなさい。

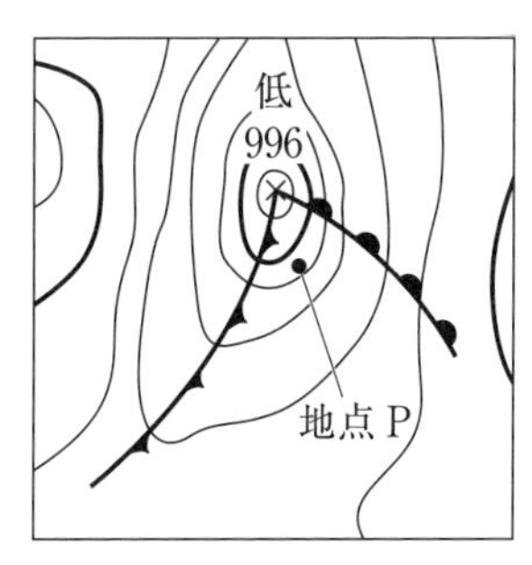

図３

温帯低気圧は偏西風によって①{ア．東　イ．西}へと動き，地点 P を前線が通過する。そのため，②{ウ．おだやかな雨が長時間　エ．激しい雨が短時間}降り，前線通過後は風向が③{オ．北　カ．南}寄りに変わると考えられる。

(6) 動物の分類において，ホ乳類や魚類がセキツイ動物に含まれていることを，セキツイ動物はホ乳類や魚類より大きな分類であると言い表すことができる。同様に，植物の分類において，次のア～エを大きな分類から小さな分類へと並べ，その順番に記号で答えなさい。

ア．双子葉類　　イ．被子植物　　ウ．離弁花類　　エ．種子植物

2 次の問いに答えなさい。

(1) 砂糖(ショ糖)は水によく溶けるため，水30 gに砂糖30 gを溶かして水溶液を作ることができる。水30 gに砂糖30 gを溶かした水溶液の濃度は何％か。

(2) マグネシウムの粉末を空気中で加熱すると，白い光を出しながら空気中の酸素と化合してすべて酸化マグネシウムになった。加熱前のマグネシウムの質量と加熱後の酸化マグネシウムの質量の関係は次の表のようになった。後の問いに答えなさい。

加熱前のマグネシウムの質量〔g〕	1.5	3.0	4.5	6.0	7.5
加熱後の酸化マグネシウムの質量〔g〕	2.5	5.0	7.5	10.0	12.5

① 1 gのマグネシウムと化合する酸素の質量は何gか。小数第1位まで答えなさい。必要なら小数第2位を四捨五入しなさい。

② マグネシウムの粉末と砂粒の混合物を6.0 gはかりとり，空気中で加熱したところ，マグネシウムがすべて酸化して，全体の質量が9.0 gになった。もとの混合物に含まれていた砂粒は何gか。小数第1位まで答えなさい。必要なら小数第2位を四捨五入しなさい。ただし，砂粒は反応せず，加熱してもそのまま残っているものとする。

(3) **図1**のように，同じ大きさの四つのビニール袋A～Dを用意し，いずれも息を吹き込んでふくらませて，袋Aと袋Bには植物の葉を入れ，袋の口を輪ゴムでとめた。袋Aと袋Cは弱い光の当たる場所に，袋Bと袋Dは暗室に数時間置いたあと，二酸化炭素検知管を用いて袋の中の二酸化炭素の濃度を測定すると，上の表のようになった。

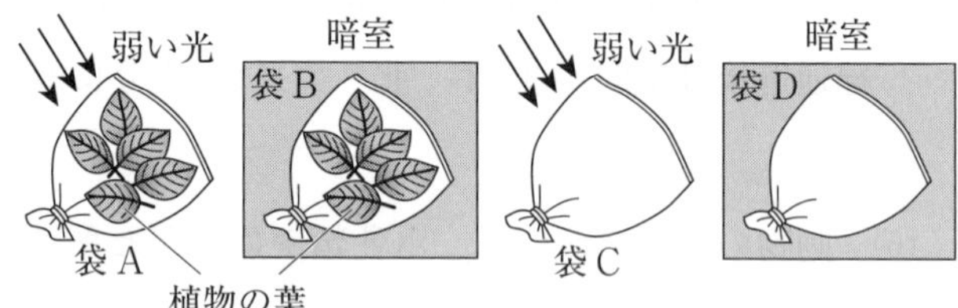

図1

袋	A	B	C	D
二酸化炭素の濃度〔%〕	3.2	3.5	3.2	3.2

この実験に関して正しく述べたものを，次のア～エの中から一つ選び，記号で答えなさい。

ア．袋Aの植物の葉は光合成を行っていなかった。

イ．袋Aの植物の葉は呼吸を行っていた。

ウ．袋Bの植物の葉は呼吸を行っていなかった。

エ．暗室には二酸化炭素の濃度を増やすはたらきがある。

(4) いずれも30 Ωの抵抗器R_1～R_6を用意し，同じ電池と電流計をつないで**図2**と**図3**の二つの回路をつくった。次の文章の①～⑤にあてはまる語句や文章を，それぞれ{　}の中から一つずつ選び，記号で答えなさい。

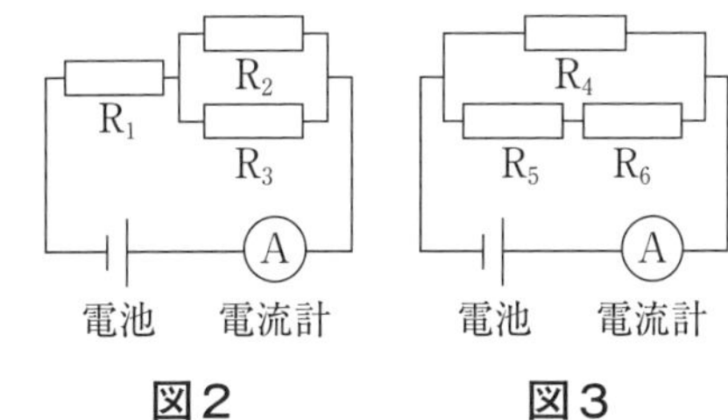

図2　**図3**

図2の回路は，R_2とR_3を並列につなぎ，そこにR_1を直列につないでいる。抵抗器を直列につなぐと電流が流れ①{ア．やすく　イ．にくく}なるため，この回路はR_1のみをつないだ回路より②{ウ．小さな　エ．大きな}電流が流れる。

一方，**図3**の回路は，R_5とR_6を直列につなぎ，そこにR_4を並列につないでいる。抵抗器を並列につなぐと電流が流れ③{オ．やすく　カ．にくく}なるため，この回路はR_4のみをつないだ回路より④{キ．小さな　ク．大きな}電流が流れる。

以上より，二つの回路の電流計の値を比べると，⑤{ケ．**図2**の方が大きい　コ．**図3**の方が大きい　サ．どちらも同じである　シ．この分析からはわからない}。

(5) 船に搭載されているソナーは，音波の反響を利用して海底や魚群までの距離を測る装置である。**図4**のように，船底に設置したソナーから海底に向けて音を出すと，海底で反射した音が返ってくるまでの時間は1.2秒であった。船底からこの地点の海底までの距離は何mか。ただし，海水中を音が伝わる速さは1500 m/sであるとする。

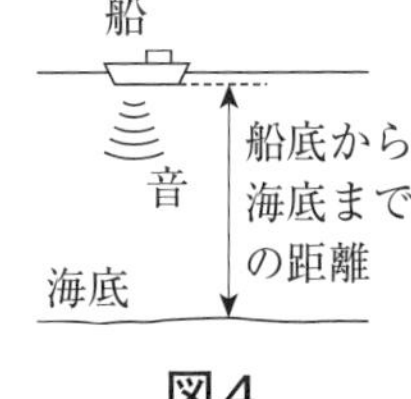

図4

(6) ある部屋の容積は60 m^3 で，気温は22℃，湿度は66% である。この部屋の空気について，後の問いに答えなさい。ただし，次の表は気温と飽和水蒸気量の関係を表す。

気温〔℃〕	0	2	4	6	8	10	12	14
飽和水蒸気量〔g/m^3〕	4.8	5.6	6.4	7.3	8.3	9.4	10.7	12.1

気温〔℃〕	16	18	20	22	24	26	28	30
飽和水蒸気量〔g/m^3〕	13.6	15.4	17.3	19.4	21.8	24.4	27.2	30.3

① この部屋の空気全体に含まれている水蒸気は何 g か。整数で答えなさい。必要であれば小数第1位を四捨五入しなさい。

② この部屋の空気を冷やすことで，含まれている水蒸気の半分を凝結させるには，何℃まで冷やせばよいか。最も近い値を整数で答えなさい。

3 次の〔実験〕，〔文章〕について，後の問いに答えなさい。

〔実験〕

果物に含まれる酵素に興味をもったSくんは，自宅にあったパイナップルとメロンからしぼり汁をとった。**図1**のように，試験管 A にパイナップルのしぼり汁を，試験管 B にメロンのしぼり汁を，試験管 C に水をそれぞれ 10 cm^3 ずつ入れた。また，タンパク質が多く含まれる牛肉の赤身を同じ大きさに小さく切り，試験管 A と試験管 B，試験管 C に一切れずつ入れた。その後，液体の温度を 25℃に保ち 2 日間置いたところ，試験管 A と試験管 B では牛肉の赤身の大部分が分解され，溶けていた。試験管 C の牛肉の赤身には大きな変化は見られなかった。

S くんはパイナップルに含まれる酵素について，さらに調べるために，中学校の理科の実験室で次の実験を行った。

図2のように，試験管 a，試験管 b，試験管 c を用意し，それぞれの試験管にデンプン溶液を 3 cm^3 ずつ入れ，さらに試験管 a にはパイナップルのしぼり汁を 1 cm^3，試験管 b にはだ液を 1 cm^3，試験管 c には水を 1 cm^3 加えた。その後，それぞれの試験管をお湯につけ 35℃に保ち，10 分後，それぞれの試験管にヨウ素液を数滴加え，色の変化を調べた。結果は次の表の通りであった。

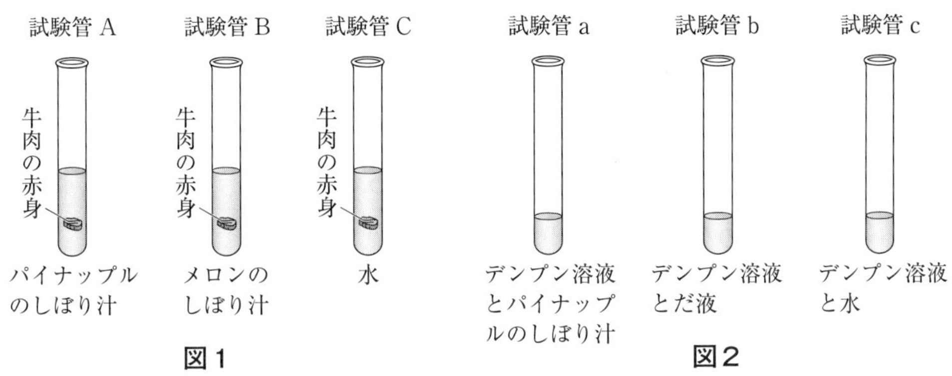

図1　　図2

試験管a	試験管b	試験管c
青紫色にならなかった。	青紫色にならなかった。	青紫色になった。

(1) 人体の胃液に含まれるタンパク質を消化する消化酵素の名称を何というか。また，その消化酵素がよくはたらく水溶液の水温と液性の組み合わせを，次のア～カの中から一つ選び，記号で答えなさい。

	ア	イ	ウ	エ	オ	カ
水温	5℃	35℃	5℃	35℃	5℃	35℃
液性	酸性	酸性	中性	中性	アルカリ性	アルカリ性

(2) 〔実験〕の内容から，パイナップルとメロンのしぼり汁に含まれる酵素について考えられることとして適切なものを，次のア～エの中から一つ選び，記号で答えなさい。

ア．パイナップルとメロンのしぼり汁には，デンプンとタンパク質を分解する酵素が含まれている。

イ．パイナップルとメロンのしぼり汁には，タンパク質を分解する酵素は含まれているが，デンプンを分解する酵素は含まれていない。

ウ．パイナップルのしぼり汁にはデンプンを分解する酵素は含まれておらず，タンパク質を分解する酵素が含まれており，メロンのしぼり汁にはデンプンとタンパク質を分解する酵素が含まれている。

エ．パイナップルのしぼり汁にはデンプンとタンパク質を分解する酵素が含まれており，メロンのしぼり汁にはデンプンを分解する酵素が含まれているかわからないが，タンパク質を分解する酵素が含まれている。

〔文章〕

人体では，消化された栄養分は小腸の柔毛で吸収される。吸収された栄養分のうち，ブドウ糖とアミノ酸は，まず肝臓に運ばれる。肝臓のはたらきは脂肪の消化に関わる胆汁をつくることや，有害な（　B　）を害の少ない（　C　）にすることなどがあげられる。また，肝臓を通過した血液は，次に大静脈を通り，心臓に運ばれる。**図3**は，心臓と心臓の周りの血管，肺を模式的に表している。

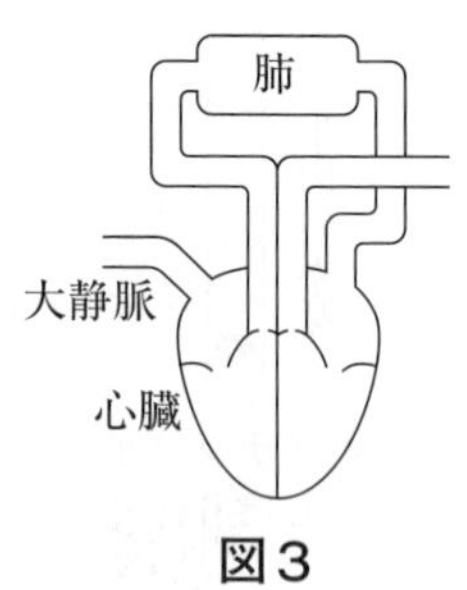

図3

(3)　下線部の消化液である胆汁について説明した文章として誤っているものを，次のア～エの中から一つ選び，記号で答えなさい。

ア．脂肪を消化する消化酵素であるリパーゼを含んでおり，リパーゼは熱に弱い。

イ．肝臓のすぐ下にある胆のうにたくわえられている。

ウ．すい液と合わせて十二指腸に分泌される。

エ．脂肪を水と混ざりやすくする乳化のはたらきがある。

(4)　（　B　）と（　C　）にあてはまる語句の組み合わせとして適切なものを，次のア～エの中から一つ選び，記号で答えなさい。

	ア	イ	ウ	エ
（　B　）	脂肪	脂肪	アンモニア	アンモニア
（　C　）	グリコーゲン	尿素	グリコーゲン	尿素

(5)　動脈血が流れている心臓の部位と心臓の周りの血管を，次のア～クの中からすべて選び，記号で答えなさい。

ア．右心室　　イ．左心室　　ウ．右心房　　エ．左心房

オ．大静脈　　カ．大動脈　　キ．肺静脈　　ク．肺動脈

4 次の〔文章１〕，〔文章２〕について，後の問いに答えなさい。

〔文章１〕

図１は，ある地域Ｓの等高線の図である。この地域Ｓの地点Ｗ，地点Ｘ，地点Ｙ，地点Ｚにおいてボーリング調査を行い，地層の様子を柱状図にまとめたものが**図２**である。この地域Ｓでは，地層は平行に重なっており，しゅう曲や断層，地層の上下の逆転はないことがわかっている。また，各地点の火山灰の層は，火山灰に含まれる鉱物から同一のものであることがわかった。

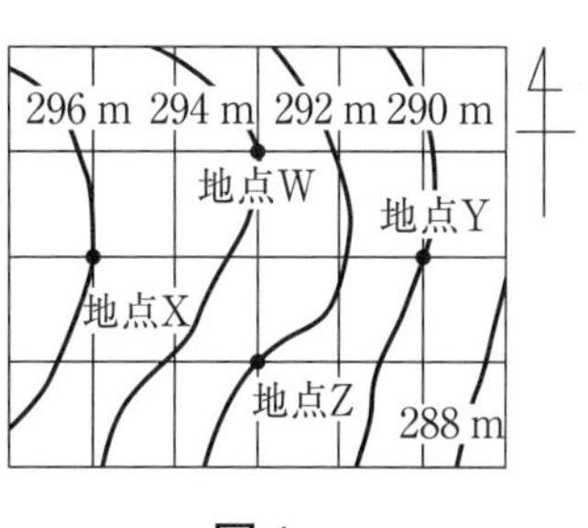

図１

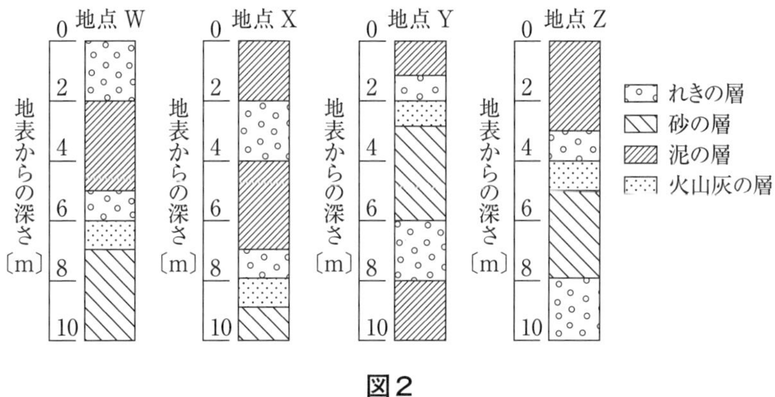

図２

(1) 火山灰の層のように，離れた地点の地層を比べる際に目印となる地層のことを何というか。その名称を答えなさい。

(2) 河口からの距離が短くなっていったと考えられる柱状図として適切なものを，次のア～カの中から一つ選び，記号で答えなさい。

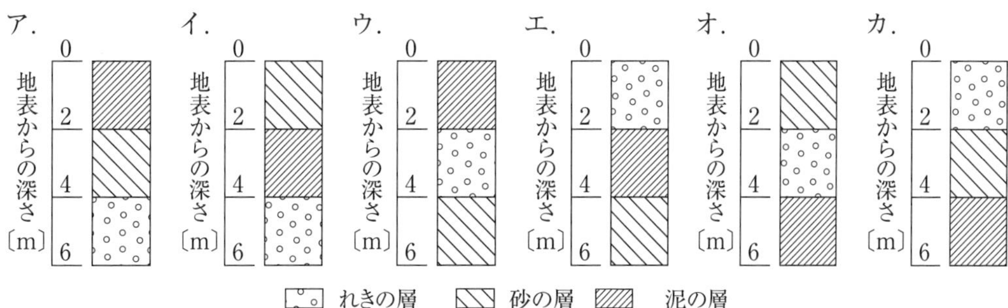

(3) **図1**と**図2**より，地域Sでの地層の傾きの説明として適切なものを，次のア～オの中から一つ選び，記号で答えなさい。

ア．地層は北東に向かって低くなっている。

イ．地層は北西に向かって低くなっている。

ウ．地層は南東に向かって低くなっている。

エ．地層は南西に向かって低くなっている。

オ．地層の傾きはなく，水平に堆積している。

〔文章2〕

図3は，ある地域Tの地層の様子を表した断面図である。地層Aを構成する岩石は，等粒状組織をした深成岩であり，マグマが地下深くで冷えて固まったものである。地層Bは石灰岩で構成されているが，地層Aとの接触面では大理石とも呼ばれる結晶質石灰岩が見つかった。結晶質石灰岩は，石灰岩がマグマの熱で一度溶け，再びゆっくりと冷えて固まることで，結晶が大きくなったものである。地層Cはれき岩で構成されており，見た目がカバのような哺乳類のデスモスチルスの歯の化石が見つかった。

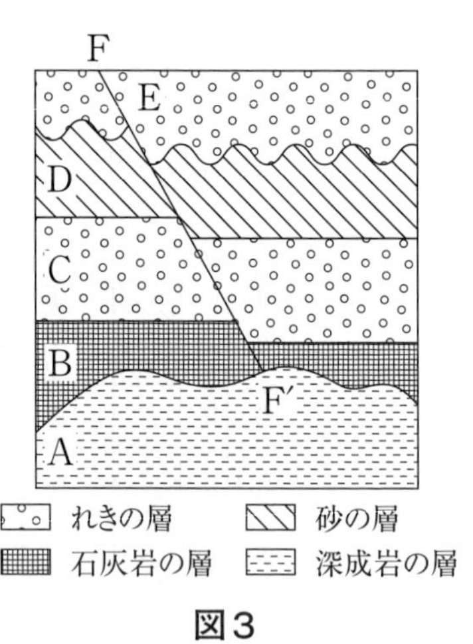

図3

砂岩で構成される地層Dとれき岩で構成される地層Eの接触面では，地層Dが陸に上がった際に，波で侵食された跡が残っている。また，F-F′は断層である。

(4) この地域Tの地層では，アサリの化石も見つかった。アサリの化石のように，その地層が堆積した当時の環境がわかる化石のことを何というか。その名称を漢字4字で答えなさい。また，アサリの化石が見つかった地層の当時の環境として適切なものを，次のア～エの中から一つ選び，記号で答えなさい。

ア．浅い海　　イ．深い海　　ウ．淡水の湖や沼　　エ．川の上流

(5) 新生代第三紀は、古第三紀と新第三紀に分けられるが、地層Cで見つかったデスモスチルスは新生代新第三紀にのみ生息していた生物である。次のア～エの生物を生息していた時代が古いものから順に並べるとどのようになるか。例のように，生息していた時代が古いものから順に記号で答えなさい。

例：ア→イ→ウ→エ

ア．ナウマンゾウ　　イ．ビカリア　　ウ．フズリナ　　エ．デスモスチルス

(6) 地層A～地層Eまでを形成された順に並び変えるとどのようになるか。適切なものを次のア～オの中から一つ選び，記号で答えなさい。

ア．地層A→地層B→地層C→地層D→地層E

イ．地層B→地層A→地層C→地層D→地層E

ウ．地層B→地層C→地層A→地層D→地層E

エ．地層B→地層C→地層D→地層A→地層E

オ．地層B→地層C→地層D→地層E→地層A

5 次の密度についての〔会話文1〕，〔会話文2〕を読んで，後の問いに答えなさい。ただし，水の密度は1.0 g/cm^{3}とする。

〔会話文1〕

Sさん：一般に，液体が固体に状態変化すると，密度は大きくなる。だから，固体のロウは液体のロウに入れると沈んでいく。だけど，氷は水に浮かぶよね。

Tさん：そうだね。水と氷だけは例外なんだ。水から氷に状態変化するときは，質量は変化しないけど，（　A　）から密度が小さくなるんだ。冬に水道管が破裂してしまうのも，水が凍って（　A　）ことが原因だよ。

(1) ロウを加熱して発生した二酸化炭素は，水上置換法や下方置換法で集める。次の気体のうち下方置換法で集めるものとして適切なものを，ア～エの中から一つ選び，記号で答えなさい。

ア．アンモニア　　イ．塩素　　ウ．酸素　　エ．窒素

(2) （　A　）にあてはまる内容を，10字以内で答えなさい。

〔会話文2〕

Sさん：ロウと同じく石油から作られるプラスチックも有機物だね。

Tさん：そうだね。ペットボトルのふたのプラスチックは水に浮かぶけど，ペットボトル本体のプラスチックは水に入れると沈んでいくことは知ってる？

Sさん：そのことは知ってたよ。ペットボトルをそのまま水に入れると，中に空気が入っているから浮かぶけど，ペットボトル本体を切った断片を水に入れると沈むんだ。

Tさん：その通りだね。ペットボトル本体のプラスチックの密度は，1.38 g/cm^3～1.40 g/cm^{3}らしいよ。

Sさん：じゃあ，水に塩化ナトリウムを加えていき，ペットボトル本体の断片を浮かび上がらせることはできるかな。

Tさん：どうだろうね。表の塩化ナトリウムの溶解度を参考にして考えてみよう。

水の温度〔℃〕	10	20	30	40	50
塩化ナトリウムの溶解度〔g〕	35.7	35.8	36.1	36.3	36.7

(3) ロウやプラスチックのような有機物ではなく，無機物に分類される物質を，次のア～エの中から一つ選び，記号で答えなさい。

ア．片栗粉(デンプン)　　イ．エタノール　　ウ．砂糖　　エ．塩化ナトリウム

(4) 塩化ナトリウムと同様に化合物に分類される物質を，次のア～エの中から一つ選び，記号で答えなさい。

ア．塩酸　　イ．海水　　ウ．水　　エ．水酸化ナトリウム水溶液

(5) 表の通り，塩化ナトリウムは水の温度による溶解度の変化が小さいため，塩化ナトリウム水溶液から多くの塩化ナトリウムの結晶を取り出したい場合は、水を加熱して気化させ，水の量を減らす方法を用いる。

30℃の水 100 g に塩化ナトリウムを 36.1 g 加え飽和させ，その後，加熱して水を 50 g 蒸発させ，塩化ナトリウム水溶液の温度を 20℃まで冷やした。このとき，再結晶して出てくる塩化ナトリウムの結晶が何 g になるかを考えた。次の①，②に答えなさい。

① 20℃の水 50 g に，塩化ナトリウムは何 g まで溶けるか。

② 再結晶して出てくる塩化ナトリウムの質量は何 g か。

(6) 30℃の水 100 g に塩化ナトリウムを加えていき，1.38 g/cm^3 のペットボトル本体の断片を浮かび上がらせることはできるか。解答欄の「できる」「できない」のいずれかを丸で囲みなさい。また，そのように判断した理由を，「36.1 g」と「1.38 g/cm^3」という語句を用いて答えなさい。ただし，塩化ナトリウム水溶液の体積は 100 cm^3 で変わらないものとし，水の蒸発などによる質量の減少も考えないものとする。

6 電流がつくる磁界の強さについて調べるための次の〔実験１〕，〔実験２〕について，後の問いに答えなさい。ただし，実験では，抵抗器以外の電気抵抗は無視できるものとし，磁力は電流を流したときのコイルと棒磁石の間でのみはたらき，電子てんびんの値が変化しても載っている物体の位置は変化しないものとする。

〔実験１〕

直径 1 cm，長さ 10 cm の円柱形の木の棒にエナメル線を 2000 回巻き付けてコイルを作り，これに電源装置，抵抗器，スイッチをつないで回路をつくった。コイルを**図１**のようにスタンドに糸でつり下げ，電子てんびんに立てた棒磁石に磁力がはたらくようにした。電源装置の電圧を 10 V に設定し，スイッチを切った状態で電子てんびんが 0 g を示すようにゼロ点調整をおこなった。スイッチを入れてしばらくすると，電源装置の電流計は 4.0 A，電子てんびんは −3.0 g を示した。

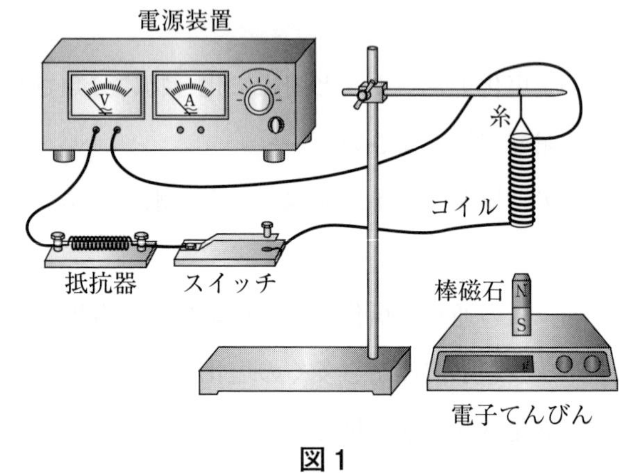

図１

〔実験２〕

木の棒の直径，長さ，エナメル線の巻き数をさまざまに変えてコイルを作り，実験１と同様の実験を行った。ただし，コイル以外の実験装置は実験１と同じものを用いて，棒磁石の上端からコイルの下端までの距離も実験１と同じにした。それぞれ，木の棒の直径，長さ，エナメル線の巻き数，スイッチを入れてしばらくしたときの電流計の値と電子てんびんの値は次の表のようになった。

直径〔cm〕	長さ〔cm〕	巻き数〔回〕	電流〔A〕	電子てんびんの値〔g〕
1	5	2000	4.0	−6.0
1	15	2000	4.0	−2.0
1	10	1000	4.0	−1.5
1	10	3000	4.0	−4.5
2	5	1000	4.0	−8.4
2	10	2000	4.0	−8.4
2	15	2000	4.0	−5.6

(1) 〔実験１〕の回路全体の抵抗は何Ωか。

(2) 〔実験１〕で，スイッチを入れたときに電子てんびんがマイナスの値を示したことから，棒磁石とコイルの間には引きあう力がはたらいたことがわかる。コイルに流れる電流の向きを矢印で表した図として適切なものを，次のア～エの中から二つ選び，記号で答えなさい。ただし，ア～エの図ではコイルの巻き数は正確に描かれていない。

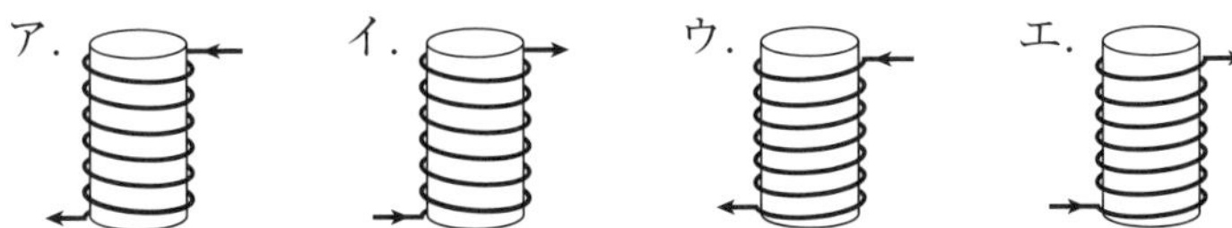

(3) 〔実験１〕と〔実験２〕から，木の棒の直径が1 cm，長さが10 cm，電流が4.0 A のときのエナメル線の巻き数と電子てんびんの値の関係をグラフに表し，解答欄に書きなさい。ただし，該当する実験結果をすべて●で表すこと。

(4) 〔実験１〕と〔実験２〕について述べた次のア～カの文章のうち，実験結果に合致するものはどれか。すべて選び，記号で答えなさい。

ア．ほかの条件が同じとき，電子てんびんの値は木の棒の直径に比例している。

イ．ほかの条件が同じとき，電子てんびんの値は木の棒の長さに反比例している。

ウ．木の棒の直径が変わっても，電子てんびんの値は変化しない。

エ．電流の値が変わっても，電子てんびんの値は変化しない。

オ．電子てんびんの値と木の棒の長さとの関係は，この実験からはわからない。

カ．電子てんびんの値と電流の値との関係は，この実験からはわからない。

(5) 〔実験１〕のあとで，コイルを手で支えて糸を切り，コイルをもとの位置から上下に動かすと，電磁誘導によってコイルに流れる電流がわずかに変化した。棒磁石とコイルの間の距離を**図２**のように変化させたとき，コイルに流れた電流の大きさのグラフはどのようになると考えられるか。最も適切なものを次ページのア～エの中から一つ選び，記号で答えなさい。

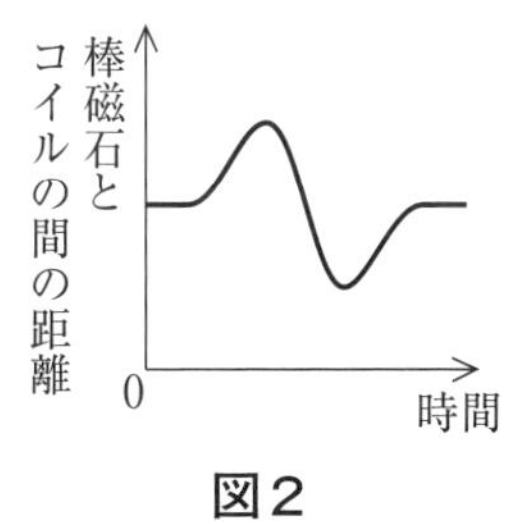

図２

ア.

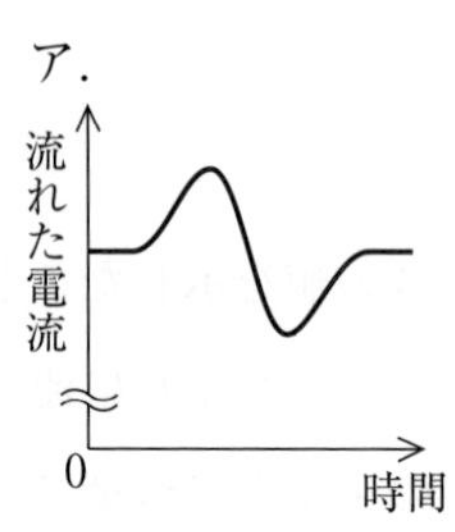

イ.

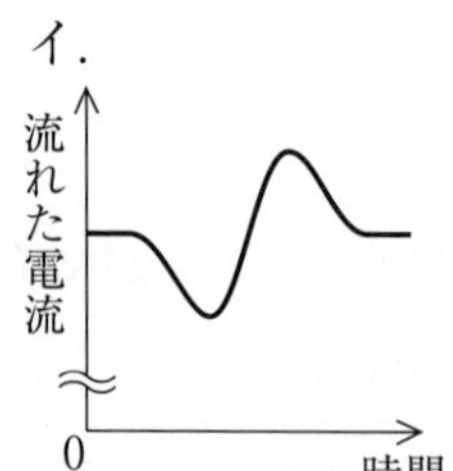

ウ.

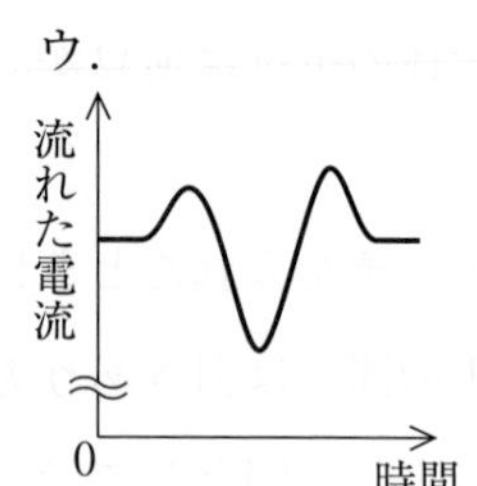

エ.

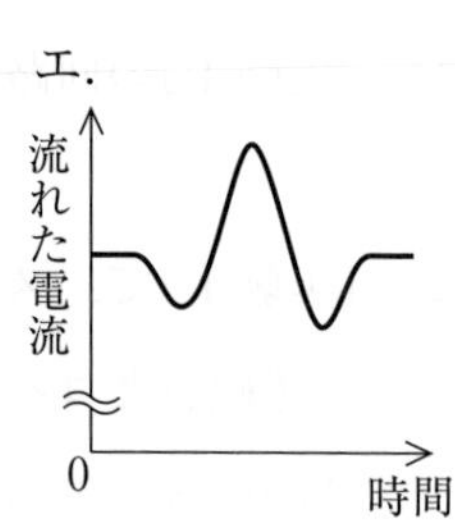

(6) 〔実験１〕のようにコイルに電流が流れたときに発生する磁界を利用した電気器具の組み合わせとして適切なものを，次のア～エの中から一つ選び，記号で答えなさい。

ア．電熱線，モーター　　イ．IH 調理器，モーター

ウ．電熱線，発電機　　エ．IH 調理器，発電機

2023 第1回
サピックスオープン

社　会

中学３年

2023年5月14日実施

【受験上の注意事項】

1 試験時間は、50 分です。
2 答えは全て解答用紙の定められた解答欄の中に書きなさい。
小さすぎる文字・薄すぎる文字は採点できません。
3 解答用紙には、生徒 ID・氏名を必ず書きなさい。
4 問題用紙の白いところは、メモなどに使いなさい。
5 質問がある時や気分が悪くなった時は、黙って手をあげなさい。
6 終わったら解答用紙だけを提出しなさい。

1 以下の各問いに答えなさい。

問1 次の地図に関して

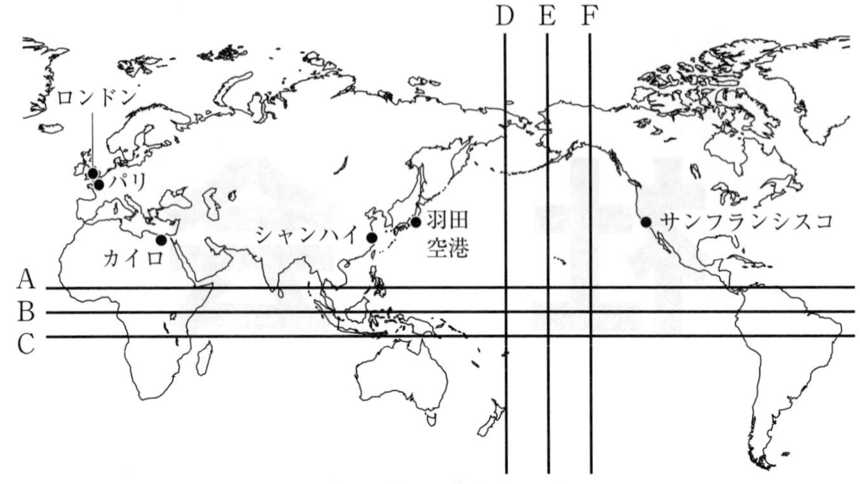

(1) 地図中のA～Cの緯線とD～Fの経線のうち、赤道と日付変更線の基準となる180度の経線の組み合わせとして適切なものを、次のア～ケの中から1つ選び、記号で答えなさい。

	ア	イ	ウ	エ	オ	カ	キ	ク	ケ
赤道	A	A	A	B	B	B	C	C	C
180度の経線	D	E	F	D	E	F	D	E	F

(2) 日本時間で12月15日の午後1時に羽田空港を出発し、ロンドンに現地時間で12月15日の午後6時30分に到着した。このとき、羽田空港を出発してロンドンに到着するまでの所要時間を解答欄に合わせて算用数字で答えなさい。なお、日本の標準時は東経135度、ロンドンの標準時は本初子午線を基準としている。

(3) 次の雨温図は、パリ、カイロ、シャンハイ、サンフランシスコのいずれかを示したものである。サンフランシスコに当てはまるものを1つ選び、記号で答えなさい。

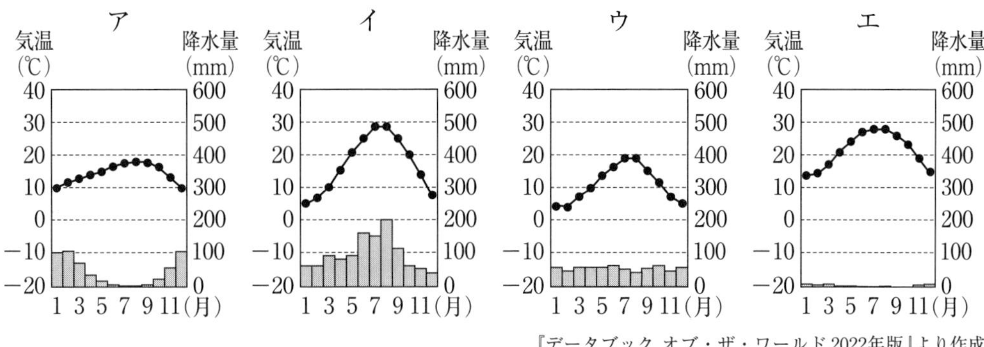

『データブック オブ・ザ・ワールド2022年版』より作成

問2 東アジアに関して

中国では降水量が多く温暖な南部で稲作がさかんであるが、省別にみると最北部に位置する黒竜江(こくりゅうこう)省の米の生産量が多い。これは資料にある日本の多くの道県と同様に品種改良によって、夏の天候不順が引き起こすある自然災害に耐性のある稲が栽培されるようになったことが主因である。このある自然災害を漢字2字で答えなさい。

地図

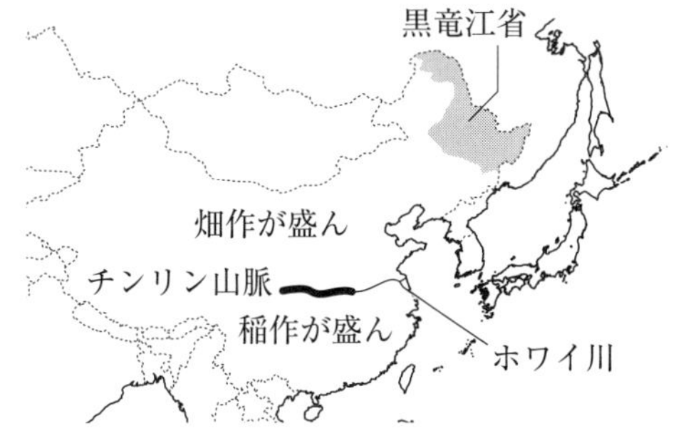

資料　米の収穫量が多い都道府県

	収穫量(千t)	割合(%)
新潟	620	8.2
北海道	574	7.6
秋田	501	6.6
山形	394	5.2
宮城	353	4.7
茨城	345	4.6
福島	336	4.4
栃木	301	4.0

2021年産
『日本国勢図会 2022/23』より作成

問3 東南アジアに関して

次ページの文の(　G　)、(　H　)に当てはまる国名をカタカナで答え、その国の位置をあとの地図中のア～エの中から1つずつ選び、記号で答えなさい。

ASEANは1967年に植民地時代に唯一独立を保った(　G　)、マレーシア、シンガポール、インドネシア、フィリピンの5カ国を原加盟国として成立した。その後、1984年にブルネイ、1995年にASEAN結成時には南北で内戦が行われていた(　H　)が、1997年にミャンマーとラオス、1999年にカンボジアが加盟し、2023年には東ティモールの加盟が承認され11カ国体制となる予定である。また、2015年には加盟国の主権を尊重しながら一つの経済圏を目指すAEC(ASEAN経済共同体)を発足させ、関税を撤廃し、サービス・資本・労働者などの移動の自由化を目指している。

地図

問4　南アジアに関して

国名と主に信仰されている宗教の組み合わせとして適切でないものを、次のア～エの中から1つ選び、記号で答えなさい。

ア．インドーヒンドゥー教　　イ．スリランカー仏教

ウ．バングラデシューキリスト教　　エ．パキスタンーイスラム教

問5　西アジアに関して

次の資料は、原油の生産量、原油の輸出量、天然ガスの生産量、天然ガスの輸出量のいずれかの上位5カ国の割合(%)を示したものである。天然ガスの輸出量に当てはまるものを1つ選び、記号で答えなさい。

	ア	イ	ウ	エ
1位	サウジアラビア 15.7	アメリカ 23.6	アメリカ 18.5	ロシア 19.3
2位	ロシア 12.0	ロシア 18.0	サウジアラビア 12.2	アメリカ 12.1
3位	イラク 8.7	イラン 5.9	ロシア 12.2	カタール 10.2
4位	カナダ 7.4	中国 4.8	カナダ 6.0	ノルウェー 8.9
5位	アメリカ 6.6	カナダ 4.6	イラク 4.6	オーストラリア 8.7

原油の生産量は2021年、原油の輸出量は2019年、その他は2020年
『世界国勢図会 2022/23』より作成

問6 アフリカに関して

次の資料は、エチオピア、ナイジェリア、ガーナ、南アフリカ共和国のいずれかの主な輸出品目と総額に占める割合(%)を示したものである。エチオピアと南アフリカ共和国に当てはまるものを1つずつ選び、記号で答えなさい。

ア.

順位	品目	%
1位	金(非貨幣用)	37.0
2位	原油	31.3
3位	カカオ豆	11.0
4位	ココアペースト	2.4
5位	野菜・果実	2.4

イ.

順位	品目	%
1位	コーヒー豆	31.5
2位	野菜・果実	22.8
3位	ごま	14.3
4位	装飾用切花	7.5
5位	衣類	5.5

ウ.

順位	品目	%
1位	原油	75.4
2位	液化天然ガス	11.2
3位	船舶	6.2
4位	石油ガス	1.4
5位	ごま	0.9

エ.

順位	品目	%
1位	白金族	12.6
2位	自動車	9.8
3位	金(非貨幣用)	7.9
4位	機械類	7.6
5位	鉄鉱石	7.2

ガーナは2019年、その他は2020年、『世界国勢図会 2022/23』より作成

問7 ヨーロッパに関して

(1) EUに関して説明した次の文の中で適切なものを1つ選び、記号で答えなさい。

ア. 加盟国間での貿易は関税が撤廃され、国境を越えた移動も一部を除き、自由になっている。

イ. EUの本部はベルギーのアムステルダムに置かれており、議会はフランスのスト

ラスブールに置かれている。

ウ．加盟国間の経済格差が大きく、賃金や地価の安い西ヨーロッパに工場を移す企業が増えている。

エ．共通通貨であるユーロは近年EUを離脱したイギリスを除き、全加盟国で導入されている。

(2) ヨーロッパとアジアの間に位置し、ロシア・ウクライナ・トルコなどに面する内陸海の名称を解答欄に合わせて答えなさい。

問8 北アメリカに関して

次の文の（ Ｉ ）～（ Ｌ ）に当てはまる語句の組み合わせとして適切なものを、あとのア～カの中から1つ選び、記号で答えなさい。

アメリカ合衆国では適地適作のもと、主に西経100度線付近のカナダとの国境にあたるアメリカ北部やアメリカ中部では（ Ｉ ）、五大湖の南部では（ Ｊ ）や大豆が主に生産されている。また、南東部では古くは奴隷を使役して栽培されていたことでも知られる（ Ｋ ）の生産が現在もさかんである。牛肉の生産量も世界有数で、（ Ｌ ）とよばれる集団肥育場で牛の肥育が行われている。

	I	J	K	L
ア	とうもろこし	小麦	綿花	アグリビジネス
イ	とうもろこし	綿花	小麦	センターピボット
ウ	小麦	とうもろこし	綿花	フィードロット
エ	小麦	綿花	とうもろこし	アグリビジネス
オ	綿花	とうもろこし	小麦	センターピボット
カ	綿花	小麦	とうもろこし	フィードロット

問9 南アメリカに関して

南アメリカの国々に関して説明した次の文の中で適切でないものを1つ選び、記号で答えなさい。

ア．ポルトガル語やスペイン語などラテン系の言語を公用語とする国が多い。

イ．ベネズエラの原油やチリの銅鉱など、輸出品目の上位が鉱産資源となる国もある。

ウ. 多文化社会であり白人と先住民の混血であるメスチソなども多くみられる。

エ. 大西洋岸海域の水温が変化することでエルニーニョ現象が発生することがある。

問10 オセアニアに関して

多文化社会の構築を目指すオーストラリアが主導した、アジア諸国との経済協力を目指すための枠組みのことを何というか、アルファベット大文字4字で答えなさい。

2 次の地図Ⅰ・Ⅱを見て、以下の各問いに答えなさい。

地図Ⅰ

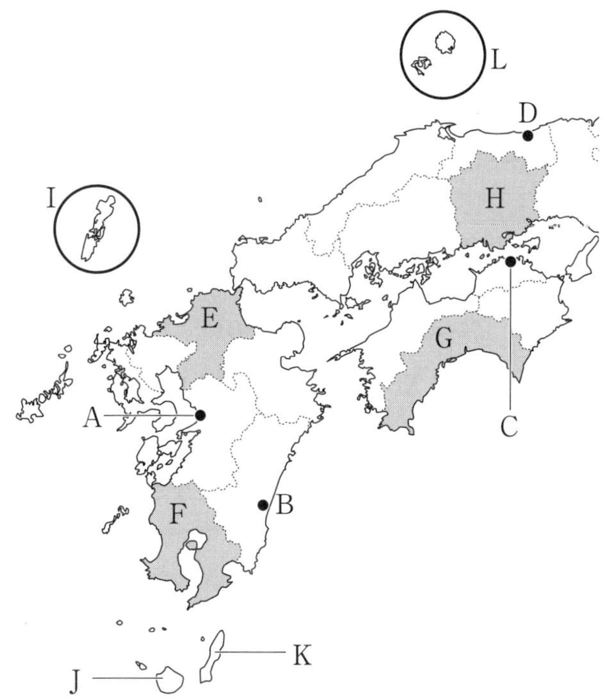

問1 次ページの雨温図は、地図Ⅰ中の都市A～Dのいずれかを示したものである。Dの都市に当てはまるものを1つ選び、記号で答えなさい。

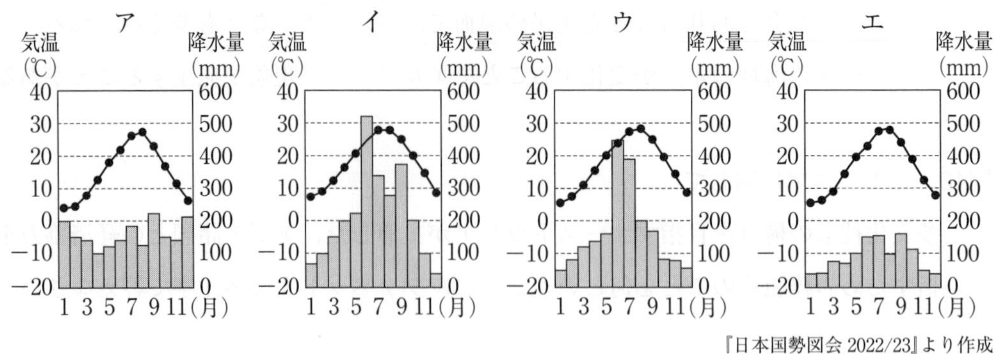

『日本国勢図会 2022/23』より作成

問2　次の表は、地図Ⅰ中の県Ｅ～Ｈのいずれかの産業別就業者割合(％)を示したものである。Ｅの県に当てはまるものを１つ選び、記号で答えなさい。

	第一次産業	第二次産業	第三次産業
ア	4.8	27.4	67.8
イ	2.9	21.2	75.9
ウ	11.8	17.2	71.0
エ	9.5	19.4	71.1

2015 年、『日本国勢図会 2022/23』より作成

問3　次の表は、キャベツ、ピーマン、茶、ぶどうのいずれかの収穫量が多い都道府県(％)を示したものであり、表中のＸ･Ｙ･Ｚには地図Ⅰ中の県Ｆ～Ｈのいずれかが当てはまる。キャベツに当てはまるものをア～エの中から、Ｆの県に当てはまるものをＸ～Ｚの中からそれぞれ１つずつ選び、記号で答えなさい。

	ア		イ		ウ		エ	
1位	茨城	22.7	静岡	36.1	愛知	18.3	山梨	21.4
2位	宮崎	18.7	Ｙ	34.2	群馬	17.9	長野	19.8
3位	Ｘ	9.1	三重	7.3	千葉	8.3	山形	9.5
4位	Ｙ	8.2	宮崎	4.4	茨城	7.4	Ｚ	8.5

2020 年、『日本国勢図会 2022/23』より作成

問4　地図Ⅰ中のＨの県に関して説明した次の文の中で適切なものを１つ選び、記号で答えなさい。

ア．南部は季節風の影響を強く受けるため、年間を通じて日照時間が短くなる。

イ．波の穏やかな湾内で行われるかきの養殖の生産量は日本１位である。

ウ．児島と徳島県の鳴門との間に瀬戸大橋が開通し、四国地方との結びつきが強まった。

エ．沿岸の水島地区にはコンビナートが立地しており、石油化学工業が発達している。

問5 右の写真は、地図Ⅰ中の島Ⅰ～Ｌのいずれかでみられる光景を示したものである。当てはまる島をⅠ～Ｌの中から１つ選び、記号で答えなさい。また、島の名称を解答欄に合わせて漢字で答えなさい。

問6 地図Ⅰ中のＦの県に関して説明した次の文中の空欄に当てはまる語句を漢字２字で答えなさい。

> 志布志（しぶし）港では輸入品の上位に(　　　)として用いられるとうもろこしなどがみられる。

地図Ⅱ

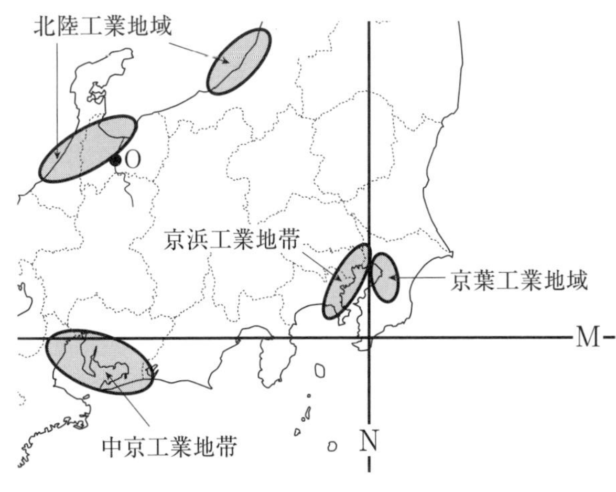

問7 次の表は、地図Ⅱ中に示した４つの工業地帯・地域のいずれかの製造品出荷額等の割合(%)を示したものである。北陸工業地域に当てはまるものを１つ選び、記号で答えなさい。

	金属	機械	化学	繊維
ア	21.3	12.7	40.1	0.2
イ	9.4	47.0	18.7	0.4
ウ	9.5	68.6	6.6	0.7
エ	16.9	39.7	13.1	4.0

2019年、『日本国勢図会 2022/23』より作成

問8　地図Ⅱ中の緯線Ｍと経線Ｎの緯度、経度の組み合わせとして適切なものを、次のア～エの中から選び、記号で答えなさい。

ア．北緯35度、東経135度　　イ．北緯40度、東経135度

ウ．北緯35度、東経140度　　エ．北緯40度、東経140度

問9　地図Ⅱ中にＯで示した地域で発生した公害病として適切なものを次の中から１つ選び、記号で答えなさい。

ア．イタイイタイ病　　イ．水俣病　　ウ．四日市ぜんそく　　エ．新潟水俣病

問10　地図Ⅱ中の中部・関東地方の農業に関して説明した次の文の中で適切でないものを１つ選び、記号で答えなさい。

ア．渥美半島では温室メロン、電照菊の栽培が行われている。

イ．甲府盆地では扇状地を利用したぶどう・桃などの果樹栽培がさかんである。

ウ．最上川の下流には庄内平野が広がり、１年を通して稲作のみが行われている。

エ．関東平野では、都市の消費者向けに野菜などを出荷する近郊農業がさかんである。

3　次の年表を見て、以下の各問いに答えなさい。

西暦	主な出来事
239年	①邪馬台国の卑弥呼が魏に使いを送る。
593年	②聖徳太子が推古天皇の摂政となり、政治を行う。
710年	③平城京を中心に政治が行われる。
794年	④平安京を中心に政治が行われる。
1185年	⑤源頼朝が全国に守護、地頭を置く。
1338年	⑥足利尊氏が京都で幕府を開く。
1582年	⑦織田信長が本能寺で明智光秀に討たれる。

問1　下線部①に関して

(1)　この時期に関して説明した次の文の中で適切なものを１つ選び、記号で答えなさい。

ア．食料の保存や煮炊きのために土器や、豊作を祈るまじないに使ったとされる土偶が作られるようになった。

イ．銅鐸（どうたく）や銅剣（どうけん）、銅矛（どうほこ）などの青銅器が祭器として、鉄器が武器や工具として使われるようになった。

ウ．岩宿遺跡はこの時期の代表的な遺跡であり、打製石器が見つかるなどして日本における旧石器時代の存在が明らかになった。

エ．中国や朝鮮半島から移住してきた渡来人によって、土器・鉄器の製造や漢字などさまざまな技術が伝えられた。

(2) 卑弥呼が使いを送った魏の位置を示しているものを右の地図の中から1つ選び、記号で答えなさい。

地図

問2 下線部②に関して

(1) 聖徳太子の政治に関して説明した次の文の中で適切でないものを1つ選び、記号で答えなさい。

ア．冠位十二階の制度により、大王を中心とする氏（うじ）と姓（かばね）に基づく支配を確立した。

イ．十七条の憲法では天皇の命令に従うことなど、役人の心構えが示された。

ウ．中国の進んだ制度や文化を取り入れるため、小野妹子らを遣隋使として派遣した。

エ．仏教を重んじ、四天王寺（してんのうじ）や法隆寺などの寺院を建立した。

(2) この時期の世界の様子に関する説明として適切なものを次の中から1つ選び、記号で答えなさい。

ア．アレクサンドロス大王が東方遠征を行い、大帝国を築いた。

イ．ローマ帝国が西ローマ帝国と東ローマ帝国に分裂した。

ウ．アラビア半島のメッカでムハンマドがイスラム教を開いた。

エ．ローマ教皇のよびかけで、第1回十字軍の遠征が行われた。

問３　下線部③に関して

⑴　この時期の農民の負担に関して説明した次のⅠ～Ⅲとその名称の組み合わせとして適切なものをあとのア～カの中から１つ選び、記号で答えなさい。

Ⅰ．絹や魚などの特産物を納めること。

Ⅱ．労役の代わりに、麻の布を約８ｍ納めること。

Ⅲ．稲の収穫の約3%を納めること。

	ア	イ	ウ	エ	オ	カ
Ⅰ	租	租	調	調	庸	庸
Ⅱ	調	庸	租	庸	租	調
Ⅲ	庸	調	庸	租	調	租

⑵　８世紀には朝廷の命令で、歴史書など様々な書物が編纂（へんさん）された。この中で国ごとに産物や地名の由来、伝承などをまとめた書物の名称を漢字で答えなさい。

問４　下線部④に関して

次の資料は、平安京に都が置かれていた頃に書かれた日記の一部である。

> 長和（ちょうわ）元(1012)年４月13日
>
> 昼12時ごろ、(　　　)官から天皇にご報告した。三条天皇になって初めてのことである。次に、諸国が申請してきたことについて、貴族会議を開いた。午後１時ごろになって雨が降り、夜に入ると大雨となった。

『御堂関白記』より。現代語に改めている。

⑴　この日記を書いた人物を漢字で答えなさい。また、(　　　)には律令制における中央の最高機関の名称が当てはまる。空欄に当てはまる語句を漢字２字で答えなさい。

⑵　当時の宮廷では時期ごとに様々な行事が行われ、こうした行事を行う際は「先例」が重視された。当時の貴族が積極的に日記を残した理由を「子孫」「先例」「行事」の３語を用いて簡潔に説明しなさい。

問５　下線部⑤に関して

⑴　源頼朝に関して説明した次の文の中で適切なものを１つ選び、記号で答えなさい。

ア．保元の乱で父の源義朝が平清盛に敗れると、伊豆に流された。

イ．前九年合戦・後三年合戦を平定し、東日本に勢力を広めた。

ウ．弟の源義経をかくまった奥州藤原氏を滅ぼし、東北地方を支配下に置いた。

エ．鎌倉幕府の打倒を呼びかける後鳥羽上皇の乱を平定し、上皇を隠岐に流した。

(2) 鎌倉時代の仏教を説明した次のⅠ～Ⅲとその開祖の組み合わせとして適切なものをあとのア～カの中から１つ選び、記号で答えなさい。

Ⅰ．念仏を唱えることを説き、踊念仏を各地で布教した。

Ⅱ．法華経の題目を唱えることで、人も国も救われると説いた。

Ⅲ．座禅により自ら悟りを開くことを説いた。

	ア	イ	ウ	エ	オ	カ
Ⅰ	栄西	栄西	一遍	一遍	日蓮	日蓮
Ⅱ	一遍	日蓮	栄西	日蓮	栄西	一遍
Ⅲ	日蓮	一遍	日蓮	栄西	一遍	栄西

問６ 下線部⑥に関して

(1) 次の文は、室町幕府の収入を説明したものである。空欄に当てはまる語句をあとのア～エの中から１つ選び、記号で答えなさい。

> 室町幕府は京都で金融業を営んでいた(　　　)や酒屋を保護する代わりに税を取り立てる、有力守護大名から献金をつのる、関所を設けて通行税を取り立てるなどして収入を得た。

ア．借上　　イ．馬借　　ウ．土倉　　エ．座

(2) 次の資料に最も関連が深い出来事をあとのア～エの中から１つ選び、記号で答えなさい。

> 守護は百姓たちが取り立てた人物だったので、百姓たちの力はどんどん強くなり、近年は百姓が持っている国のようになってきている。

現代語に改めている。

ア．加賀の一向一揆　　イ．応仁の乱　　ウ．刀狩　　エ．石山合戦

問7　下線部⑦に関して

織田信長に関して説明した次の文の中で適切でないものを１つ選び、記号で答えなさい。

ア．足利義昭と対立すると、義昭を京都から追放して室町幕府を滅ぼした。

イ．比叡山の延暦寺を焼き討ちにするなど仏教勢力と対立した。

ウ．物資や兵力を輸送しやすいように道路を整備し、関所を廃止した。

エ．自由な営業を認めるため、堺の商人に幅広い自治権を与えた。

4　次の文を読み、以下の各問いに答えなさい。

江戸時代、幕府は①「鎖国」体制を構築することで諸外国との交易や海外からの情報を制限し、管理した。この体制を維持できたことが、約260年間も徳川政権が続いた要因の一つとなっている。

しかし、幕末ごろに薩摩藩や長州藩をはじめとした西南雄藩(せいなんゆうはん)が力をつけ、開国後に始まった②貿易によって国内が混乱すると、大政奉還によって徳川政権は崩壊した。

③明治時代がはじまると国内で④さまざまな政策が実施され、同時に⑤周辺諸国と国境を画定する必要にも迫られた。⑥不平等条約の改正という目的を果たすためにも、⑦憲法の制定や帝国議会の開設を行い、近代国家としての仕組みを整えていった。

問1　下線部①に関して

次の図は、この体制の略図である。

図

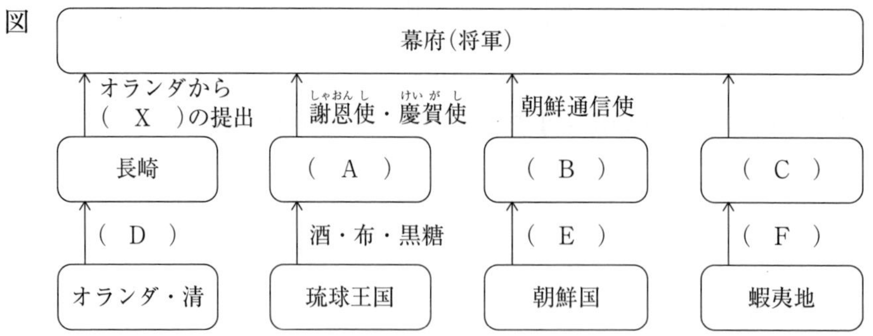

(1)　図中の（　A　）～（　C　）に当てはまる藩として適切なものを次の中から１つずつ選び、記号で答えなさい。

ア．白河藩　　イ．松前藩　　ウ．対馬藩　　エ．薩摩藩

(2) 図中の(　D　)～(　F　)に当てはまる貿易品として適切なものを次の中から1つずつ選び、記号で答えなさい。

ア．海産物・毛皮　　イ．武器・艦船　　ウ．人参・木綿　　エ．生糸・絹織物

(3) 図中の(　X　)に当てはまる語句を漢字3字で答えなさい。

(4) この体制が完成した時期と同じ時期におこった世界の出来事に関して説明した次の文の空欄に当てはまる語句をカタカナで答えなさい。

イギリスで絶対王政が続いていた17世紀半ば、対立した国王と議会の間で内戦が始まり、クロムウェルに率いられた議会派が勝利し、国王を処刑した。この革命は、議会に宗教改革にかかわったカルバン派の信徒が多かったことから(　　　)革命とよばれる。

問2　下線部②に関して

右の表は、幕末から明治時代初期の貿易額の変遷を示したものである。表を説明した次のⅠ～Ⅲの正誤の組み合わせとして適切なものを、あとのア～クの中から選び、記号で答えなさい。

Ⅰ．貿易黒字の年次は6年あり、貿易赤字の最大額は1億円以上である。

Ⅱ．輸出入額を合計した貿易額は、40年間で30倍以上に増加した。

Ⅲ．輸出額・輸入額は増減を繰り返し、40年間でどちらも30倍以上に増加した。

	ア	イ	ウ	エ	オ	カ	キ	ク
Ⅰ	正	正	正	正	誤	誤	誤	誤
Ⅱ	正	正	誤	誤	正	正	誤	誤
Ⅲ	正	誤	正	誤	正	誤	正	誤

表

	輸出額	輸入額
1868年	15	10
1875年	18	29
1880年	28	36
1885年	37	29
1887年	52	44
1889年	70	66
1892年	91	71
1894年	113	117
1898年	165	277
1900年	204	287
1904年	319	371
1906年	423	418
1908年	378	436

単位：百万円
『日本経済統計総観』より作成

問3　下線部③に関して

(1)　右のグラフは、この時代の軍事費とその他の歳出の推移を示したものである。グラフを参考に、この時代の出来事を説明した次の文の中で適切なものを1つ選び、記号で答えなさい。

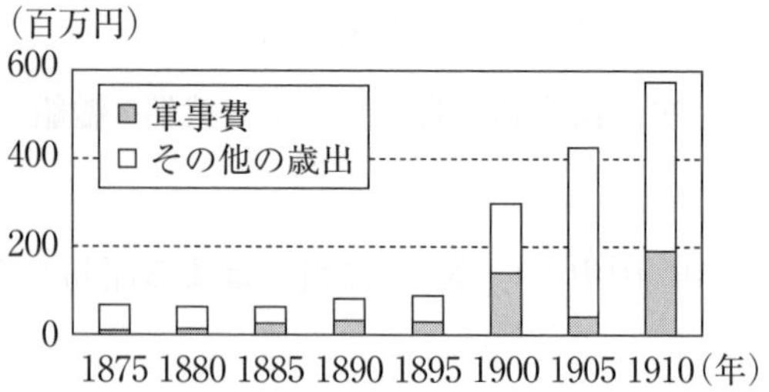

(百万円)
■ 軍事費
□ その他の歳出
600
400
200
0
1875 1880 1885 1890 1895 1900 1905 1910(年)
『史料明治百年』などより作成

ア．1875年は歳出に占める軍事費の割合は低い。この年におこったノルマントン号事件をきっかけとして、翌年に日朝修好条規が結ばれた。

イ．1875年から1885年までの10年間で歳出は大きく変化していないが、軍事費の割合は増加傾向にある。1885年に初めて行われた衆議院選挙の結果を受けて伊藤博文内閣が成立した。

ウ．1895年に日清戦争の講和条約である下関条約が締結され、日本は台湾を領有することとなり、この5年後には歳出に占める軍事費の割合が大きく増加した。

エ．1905年は歳出に占める軍事費の割合が低下した。この年に結ばれたポーツマス条約では千島列島全てが日本領となったものの、賠償金は得られなかった。

(2)　次のⅠ～Ⅲは、グラフ中の時期に中国や朝鮮半島でおこった出来事である。出来事がおこった順に並び替えたものとして適切なものを、あとのア～カの中から選び、記号で答えなさい。

Ⅰ．清の首都で「扶清滅洋（ふしんめつよう）」をかかげる義和団が蜂起し、列強諸国の公使館が包囲されたため、各国は軍隊を派遣してこの蜂起を鎮圧した。

Ⅱ．朝鮮半島でキリスト教に反対する東学党が反乱をおこし、この反乱鎮圧のために日清両国が朝鮮半島に派兵した。

Ⅲ．初代首相の伊藤博文が暗殺され、韓国併合が実施されたことで、韓国は日本の植民地となった。

ア	イ	ウ	エ	オ	カ
Ⅰ ↓ Ⅱ ↓ Ⅲ	Ⅰ ↓ Ⅲ ↓ Ⅱ	Ⅱ ↓ Ⅰ ↓ Ⅲ	Ⅱ ↓ Ⅲ ↓ Ⅰ	Ⅲ ↓ Ⅰ ↓ Ⅱ	Ⅲ ↓ Ⅱ ↓ Ⅰ

(3) この時代の文化や産業に関して説明した次の文の中で適切でないものを１つ選び、記号で答えなさい。

ア. 絵画や彫刻で西洋の技術が受け入れられる中、日本美術を研究していたフェノロサや岡倉天心は日本美術の復興に力を入れた。

イ. 福沢諭吉はフランスに留学し、ルソーの『社会契約論』を日本語に翻訳して国内に紹介することで、自由民権運動で重要な役割を果たした。

ウ. 学制が公布されたことによって義務教育が始まり、明治時代の終わりごろには男女ともに就学率がほぼ100%となった。

エ. 国は殖産興業をかかげて各地に官営模範工場を建設し、群馬県の富岡製糸場では主に士族の女性が働いて技術を習得した。

問４ 下線部④に関して

これに関して説明した次の文中ア～エの下線部の中から適切なものを１つ選び、記号で答えなさい。

> 江戸時代の幕藩体制を改めるため、新政府は藩主に土地や人民を天皇に返させるア.廃藩置県を行い、中央集権化を進めた。また、江戸時代の身分制度が廃止されたことで、イ.社会的な差別もほとんどなくなった。徴兵令では20歳以上の男性が対象になり、国民皆兵が原則とされたため、ウ.ほとんどの成人男性が徴兵された。地租改正では土地所有者に地券が交付され、エ.地価の3%を現金で納めることとされた。

問５ 下線部⑤に関して

北海道や沖縄(琉球王国)に関連する政策に関して説明した次の文の中で適切でないものを１つ選び、記号で答えなさい。

ア. 台湾で漂流した琉球民が殺害された事件を受け、日本は台湾に出兵することで琉球の領有を主張し、琉球からの清への朝貢を禁じた。

イ. 全国で廃藩置県を実施後、琉球王国を廃止して琉球藩を設置し、そののちに琉球藩を廃止して沖縄県を設置した。

ウ. 樺太・千島交換条約によって今まで雑居地とされていた樺太が日本領となり、千島列島全島がロシア領となった。

エ．屯田兵を管理する開拓使の官有物を民間に安く払い下げようとした事件に対する政府への不満を抑えるため、政府は国会開設の勅諭を発表した。

問6　下線部⑥に関して

右の表は、不平等条約の改正の予備交渉を目指した岩倉使節団の旅程表の一部を示したものである。表中の（　G　）～（　J　）に当てはまる鉄道・運河・都市名を次の中から１つずつ選び、記号で答えなさい。

ア．香港

イ．パナマ運河

ウ．シベリア鉄道

エ．スエズ運河

オ．上海

カ．大陸横断鉄道

表

1871年12月23日	横浜出発
1872年　1月15日	サンフランシスコ到着
	↓（　G　）
2月29日	ワシントン到着
1873年　3月　9日	ベルリン到着
7月20日	マルセイユ出発
	↓（　H　）
8月　1日	アデン到着
8月18日	シンガポール到着
8月27日	（　I　）到着
9月　2日	（　J　）到着
9月13日	横浜到着

国立公文書館　アジア歴史資料センターホームページより作成

問7　下線部⑦に関して

大日本帝国憲法の内容として適切なものを次の中から３つ選び、記号順に答えなさい。

ア．天皇は、日本国の象徴であり日本国民統合の象徴であつて、この地位は、主権の存する日本国民の総意に基（もとづ）く。

イ．天皇は、陸海軍を統帥（とうすい）する。

ウ．日本臣民は、法律の定めるところに従い、兵役の義務を有する。

エ．帝国議会は、貴族院及び衆議院の両院で成立する。

オ．生命、自由及び幸福追求に対する国民の権利については、公共の福祉に反しない限り、立法その他の国政の上で、最大の尊重を必要とする。

問1 波線部A・Bの意味として最も適切なものを次の中からそれぞれ選び、記号で答えよ。

A「生ませばや」
ア 生ませたい
イ 生ませるべきだ
ウ 生ませるには早い
エ 生ませられれば嬉(うれ)しい
オ 生ませることができようか

B「いかさまにも」
ア きっと
イ ぜひとも
ウ いかにも
エ どうして
オ どのように

問2 空欄部Xに入る語として最も適切なものを次の中から選び、記号で答えよ。

ア けら　イ けり　ウ ける　エ けれ　オ しか

問3 傍線部①「ある人」がした発言の「 」が文中では省略されている。発言内容のはじめと終わりの五字を抜き出して答えよ。(字数に句読点・記号等を含む。)

問4 傍線部②「飼ひける」を現代仮名遣いに直して、すべてひらがなで答えよ。

問5 傍線部③「つみ重ねたく思ふによつて、終にあきたることなし」を、具体的な言葉を補いながら現代語訳せよ。

問6 本文の内容と合致するものを次の中から二つ選び、記号で答えよ。

ア 主は鶏が腹に金の卵を何個も抱えていると考えたので、二つも三つも生ませたいと思った。
イ 鶏は主が欲心にまみれるのを防ぐため、あえて日に一つの卵しか生まないようにしていた。
ウ 鶏を解体し頭のてっぺんから爪先までくまなく確認したが、金は少しも見当たらなかった。
エ 欲心を自制できない人は、いずれ自身が持っている財産を、いつの間にか失い身を滅ぼす。
オ 自分が生きるのに足りる金銭さえ稼ぐことができれば、この世を生き抜くことはたやすい。

り責任を感じていない。むしろその経験を生かしてうさぎの世話はできると思っている。

オ　うさぎの件で「妹」と口論になった時、「母」は「私」の変化を察知していた。翌朝、予感した通り体調を崩した「私」を見て「母」は学校を休むことを勧めている。

問6　傍線部⑤「確かに生きようとしていたのに」とあるが、これについて次の各問いに答えよ。

(1)　「生きようと」することと反対の内容を次のように表現するとき、空欄部※に当てはまる言葉を本文中から一語で探し、抜き出して答えよ。

「ひよこ」のように生に対して［　※　］を持つこと。

(2)　「確かに生きようとしていた」はどういうことか。「前向き」という言葉を必ず用いて十五字前後で具体的に説明せよ。（字数に句読点・記号等を含む。）

問7　二重傍線部「心臓が激しく鳴っていた」が、象徴的に表現している「亜紀（私）」の心情を説明せよ。

4

次の文章を読んで、後の問いに答えよ。

①ある人、鶏(にはとり)を②飼ひけるに、日々に＊金(こがね)のまろかしを卵(かいご)に生むことあり。主(ぬし)これを見て慶(よろこ)ぶこと限りなし。しかれども、日に一つ生むことを堪(た)へかねて、二つも三つも続けざまにA生ませばやとて、その鳥を打ち苛(さいな)めども、その験(しるし)もなし。日々に一つより外(ほか)は生まず。主心に思ふやうは、Bいかさまにもこの鳥の腹には大(おほ)きなる金や侍(はべ)るべきとて、その鳥の腹をば割く。かやうにして頂(いただき)より足の爪先に至るまで見れども、別の金はなし。その時主後悔して、もとのままにて置かましものをとぞ申し［　X　］。そのごとく、人の欲心(よくしん)にふけることは、かの主(ぬし)が鳥の腹を割けるに異ならず。日々にすこしの儲(まう)けあれば、その一命を過(す)ぐるものなれども、③つみ重ねたく思ふによつて、終(つひ)にあきたることなし。あまつさへ宝を落としてその身をほろぼすものなり。

（『伊曽保物語』）

（注）＊　金のまろかし……金の丸い物。「まろかし」で丸めた物、の意。

問2 波線部a「まるで」・b「小さな」の品詞名として最も適切なものを次の中からそれぞれ選び、記号で答えよ。

ア 動詞　イ 形容詞　ウ 形容動詞
エ 名詞　オ 副詞　カ 連体詞
キ 接続詞　ク 感動詞

問3 傍線部①「相沢くん」・②「幹生」とあるが、「相沢幹生」の名称に変化をもたらしたものは何か。説明として最も適切なものを次の中から選び、記号で答えよ。

ア 「相沢幹夫」に対する「私」の気まぐれな言動。
イ 「相沢幹夫」が内に秘めている「私」への思い。
ウ 「相沢幹夫」から「私」に向けられた敵意。
エ 「相沢幹夫」に向けた「私」の一途な思い。
オ 「相沢幹夫」に寄せる「私」の強い好意。

問4 傍線部③「私は、涙ぐみそうになった」とあるが、その理由の説明として最も適切なものを次の中から選び、記号で答えよ。

ア 寒い季節の澄み渡った夜空の美しさを「彼」が理解してくれたことに、歓(よろこ)びをかみしめたから。
イ 「私」を喜ばせるために考えを曲げてまで「私」に共感する「彼」の優しさに、胸を打たれたから。
ウ 「彼」の季節に対する考えが変わったことに「私」が影響しているとわかり、感激したから。
エ 寒い季節に寂しさを覚える「彼」に同情し、この先「彼」を悲しませまいと固く決意したから。
オ 寒い季節を寂しいものだという「彼」のとらえ方に魅了され、好意がより高まったから。

問5 傍線部④「私が家に帰ると」以降の「母」や「妹」についての説明として最も適切なものを次の中から選び、記号で答えよ。

ア 「母」は、あまりに身勝手な妹に手を焼き、うんざりしていた。加えて、「妹」と口論する自分を見下すような「私」に苛立(いらだ)ちを覚え、「私」に「妹」を説得するようあたっている。
イ 「妹」は、自分の考えに応じない「母」を何とか説得しようとしていた。そのため、仲間は多い方がいいので、興味がなさそうな姉を味方にしようと考えを巡(めぐ)らせている。
ウ 意図せず言った「母」の言葉は、「私」に衝撃を与えるものだった。それによって「私」は気がつかなかった過去と向き合うことになるが、「母」は最後までそのことに気がついていない。
エ 「妹」は、ひよこが亡くなってしまった件についてあま

ような気がする。

「だって、ひよこは、最初っから、生きる気なんてなかったよ、ママ。うさぎは大丈夫だもん。真利子、絶対に、面倒見られるもん」

私は、妹の声で我に返り、二階に駆け上がった。心臓が激しく鳴っていた。私は、床に腰を降ろし、ひよこの瞳を頭から消そうと首を振った。すると、今度は、幹生の瞳が、私をとらえて離さなくなった。懐かしいなんて嘘（うそ）だ。私は、最初から、彼のあの目に引かれていたのだ。そして、恐ろしさのあまりに、恋をしてしまったのだ。死を見詰めている瞳。あの人は予感しているのだ。でも、私に、いったい、何がしてあげられるのだろう。ひよこは、とうの昔に死んでしまったのだ。

私は、その夜、沢山の夢を見て、そのたびに、自分の叫（さけ）び声で目を覚ました。ひよこの目の幻影は、朝まで、私を悩ませて、私は一晩の内に、恐怖を知り尽くしたかのように疲れ果てていた。母は、私が、風邪でも引いたのだろうと思い、大事を取って、学校を休むように言った。私は、大切な授業があるからと嘘をつき、重い足取りで、家を出た。私は、恐ろしい予感を抱いていたので、休む訳には行かなかったのだ。

幹生は、その日から、学校に来なかった。父親が病気を苦に自殺を計り、その道連れにされたのだという噂（うわさ）が、朝から、まことしやかに囁（ささや）かれていた。けれど、皆、私を気づかって、騒ぐことも出来ないのだった。私は、皆が思う程、衝撃を受けていなかった。出会った時から、実は、そのことを知っていたような気すらしていたのだ。

二、三日後に、担任教師の口から、そのことが伝えられた。私たちは*黙祷（もくとう）をするように言われて、皆で目を閉じた。私だけが、その最中に、こっそりと目を開けていた。私は、この年齢にして、人間の思う通りに行かないことがあるのを知ってしまい、すっかり気落ちしていた。彼は、あの公園で、⑤確かに生きようとしていたのに。そして、私の手をきちんと握ったのに。

（山田詠美「ひよこの眼」・北上次郎編『青春小説傑作選　14歳の本棚――初恋友情編――』所収・新潮社）

（注）＊黙祷……人の死を悲しみ、悼むために声を立てず祈ること。

問1　空欄部A・Bに入る言葉の組み合わせとして最も適切なものを次の中から選び、記号で答えよ。

ア　A　霧（きり）　B　甘い毒

イ　A　雫（しずく）　B　青い稲妻（いなずま）

ウ　A　霞（かすみ）　B　月並みな噂

エ　A　霜（しも）　B　新鮮な血液

オ　A　霰（あられ）　B　効果的な新薬

とがめられはしないかと心配していたが、それどころではないようだった。

「あ、お姉ちゃん、もう、ママ、困っちゃって」

「どうしたの？」

妹は、待ってましたとばかりに、私の側に駆(か)け寄って来た。

「お姉ちゃんからも、ママに頼んでよ。今日ね、新宿のデパートの前で、お店が出てて、うさぎ売ってたの。すっごい可愛(かわい)いんだよ。真利子(まりこ)、あれ、絶対欲しい!!」

私は馬鹿馬鹿しくなって、着替えをすべく二階に上がろうとした。私の心の中は、うさぎどころではなかった。幹生の手の感触が、［ B ］のように全身にまわり、日常的なことが、すべてくだらないように思えていたのだ。

「ねえ、お姉ちゃんからも、言ってよお。二人で、うさぎ飼おうよ」

妹は、半分泣き声で、訴えていた。母がたまりかねたように大声で、彼女をたしなめた。

「いい加減にしなさい!!　大分前にも、そうやって、無理矢理、お祭りで、ひよこを買って来て死なせちゃったことあったじゃないの。あの時のひよこの顔、覚えてないの!?　世話も出来ずに、買って来て。ママは、もう、あんな思いするの嫌よ!!」

私は思わず振り返って母の顔を見た。

「どうしたの、お姉ちゃん」

私は何かを言わなくてはと口を開きかけたが、声が出なかった。

「気分でも悪いの？」

私は首を横に振るのが精一杯だった。私の心の中に詰まっていたものが、急激に溶けて流れて行った。

「ママ、あのひよこ……」

「そうよ。あなたも覚えてるでしょ。真利子ったら、本当に自分勝手なんだから。あの死ぬ前の可哀相(かわいそう)なことったら」

私は、さっきまで握られていた手を、手の平に爪が食い込む程、握り締めた。それと同時に、私は、あの懐かしい瞳を思い出した。そうだったのだ。私が、幹生の瞳に出会った時、私の記憶を疼(うず)かせたのは、あのひよこの目だったのだ。

あの時、ひよこは、自分の死を予期しているかのように澄んだ瞳を見開いていた。ただ一点を見詰めながら、私の手の上で、静かに、その時を待っていた。私は、その様子を見て、何故か恐怖を感じたのを覚えている。何もかも映しているようで、何も見ていない目。ひよこが自分の死期について考えていたとは思えない。けれど、確かに、死は、ひよこをとらえていた。母や妹は、悲しみで肩を落としていたけれども、私は、ひよこを見守り続けたのだ。[a]まるで、憑(つ)かれたように、私は、その[b]小さな生き物が最後の力を振り絞り、目を見開いているのを見続けていた。ただ不思議だった。諦観(ていかん)という言葉を、その頃、知る由(よし)もなかったけれども、私は、ひよこの瞳を見詰めながら、そのことを思っていた

「わかんない。私と話してる時は、私が①相沢（あいざわ）くんのこと笑わせてあげられるからいいけど、ひとりの時は、そうじゃないから」
　幹生は、困った表情を浮かべて、黙っていた。私は、彼を不愉快にしてしまったのだろうかと不安になり、尋ねた。
「怒った？　余計なお世話だった？」
「まさか」
　彼は、首を横に振った。
「おれも、亜紀のこと、好きだな」
「ほんと？　どうして⁉」
「どうしてって言われても困るけど、亜紀って変な奴（やつ）だもん。おれの目が懐かしいって言ったりしてさ。今でも、そう思う？」
「思いたくない」
「どうして？」
「なんだか恐いから」
　幹生は、私を抱き寄せた。夕暮れだった。公園には、何組かの恋人たちがいたが、私は、自分と幹生が一番、せつないと思った。私たちは、恋を語り合うには幼な過ぎるのだ。肩を寄せ合うこと以外にどうして良いのか解（わか）らない。お互いに好きだということしか解らない。
「どんどん日が暮れるの早くなって行くね」
「うん。でも、空気が冷たくなる程、夕方の空って綺麗（きれい）なんだよね。私、寒くなって行くのって嫌いじゃないよ。②幹生は？」
「おれは嫌いだった。なんか寂しいもん。でも、今はいいな。これからも平気かもな。おれ、寒がりだけど、吐く息が白くなって行くってことは、体の中があったかいってことだもんな」
　③私は、涙ぐみそうになった。私は、この先、どんなことがあっても、幹生に寂しい思いをさせたくないなあと思うのだった。彼の瞳には、相変わらず涙の膜（まく）が張っているように見える。けれど、それは、決して上の空の涙ではない。私が側（そば）にいることが、彼の瞳を濡（ぬ）らしているに違いないのだ。
「文化祭、がんばろうな」
「うん、最後だもん。終わったら本格的に受験勉強だしね。幹生は、どこ受けるの？」
「ほんとのこと言うと、高校は諦めてたんだ。おれんち、貧乏だからさ。でも、なんか、大丈夫のような気がして来た。もしかしたら、なんとかなるかもしれない。働いたって行けるんだし」
　私は、幹生の手に触れた。彼は、私の手を握り、そのまま自分のジャケットのポケットに押し込んだ。私たちは、顔を見合わせて笑い出した。彼は、すまなそうに言った。
「ちょっと、狭いけど……」
　私は、力を込めて彼の手を握り返した。幸せだった。笑い続けていた。
　④私が家に帰ると、母は夕食の支度をしながら、駄々をこねている妹をなだめていた。私は、いつもより帰りが遅くなったのを

問7 傍線部⑥「自己矛盾」とあるが、「矛盾」しているのはどのような点か。何と何が矛盾しているのかを明確にしたうえで、七十字以内で説明せよ。

問8 本文の内容と合致するものを次の中から一つ選び、記号で答えよ。

ア 大学は嫌な大人を見せることで、先生は素晴らしいという幻想を打ち砕いて大人にさせる場所だ。

イ 学部長就任時、ＦＤやシラバスという言葉に馴染みがなかったため、取り組みに懐疑的であった。

ウ 人間が集まる場であれば、どのような場だとしても、多様化と自由度が求められてしかるべきだ。

エ 能動的学習には教師、生徒ともに相当な技量が必要で、一律に実施したとしても学習効果が低い。

オ アクティブラーニングには賛同しているが、中教審の指示で一斉に動く大学に皮肉を感じている。

3 次の文章を読んで、後の問いに答えよ。

その男子生徒の目を見た時、何故か懐かしい気持に包まれたのだが、それがいったいどのような記憶から端を発しているのかが、私には咄嗟に思い出せなかった。私は、その時、まだ中学三年生だったし、その年齢で懐かしがるべきことなど、ひとつもないように思えたから、せつない感情が A のように胸を覆い、心を湿らせた時、私は驚き、そして混乱した。

（中　略）

「亜紀は、おれのこと好きなの？」

突然、幹生は、そんなことを尋ねて、私を慌てさせた。私は、体じゅうの熱が、自分の顔の方に上がって行くような気がして、今にも倒れそうだった。

「どうして、そんなこと聞くのよ」

「そうかなって思ったから。おれのこと、いっつも見てるんだもの。おまえ変なんだよな。おれと、ちゃんと向かい合って話ししてる時より、おれが、ひとりでぼんやりしてる時の方が真剣に見詰めてるだろ。あれ、どうして？」

私は下を向いて目を固く閉じた。そして、言うべきことを彼に伝えなくてはと震える声で告白した。

「好きだから。心配だから」

「何が心配なの？」

る理由として最も適切なものを次の中から選び、記号で答えよ。

ア　指導的立場の人間は、いつも正しいことを教えてくれると思い込んだまま学生が社会に出ていくことに恐怖を感じるから。

イ　大学の面白さは、個性豊かな教師陣の授業に感銘を受け、学生が自身の先天的に持つ潜在能力を引き出すことにあるから。

ウ　いい授業をする色々なタイプの教員が既に大学にいるのに、それに気づかずに画一化の流れが進行していってしまうから。

エ　いい教授を見抜く力が付きさえすれば、社会人になってから上手くいくのに、それを養う機会が奪われることになるから。

オ　教育の画一化が日本の教育にもたらす悪影響を懸念していて、グローバリズム化が進むこれからは主体性が不可欠だから。

問5　傍線部④「なんの疑いも抱くことなく卒業してもらっては困る」とあるが、筆者の意見をまとめた次の説明文の空欄部Xに当てはまる箇所を、本文中から十五字以上二十字以内で探し、はじめと終わりの五字を抜き出して答えよ。

初等中等教育では、教科書に載る学説が長年変わらないとされているが、大学の講義内容は、最新の学説を扱う場合もあり、数年後に覆（くつがえ）される可能性が生じるので、［　X　］。

問6　傍線部⑤「もっとも胡散くささを感じる」とあるが、この表現を用いて筆者が述べたい内容の説明として最も適切なものを次の中から選び、記号で答えよ。

ア　斬新（ざんしん）な手法として能動的学習の指導を文科省が推しているが、教員はその手法を以前から取り入れているので古くささを感じている。

イ　教育や授業の質保証の考えは、評価者である文科省が管理しやすいので生じたものだが、大学や教師の多様性を失わせる恐れがある。

ウ　教育の質保証が声高に叫ばれるが、評価者は文科省ではなくあくまで学生で、彼らの主体的な授業態度によって評価を決めるべきだ。

エ　能動的学習の手法研究に尽力すべきだが、管理側の都合で正しい指導法に固執してしまうと、優秀な教員が辞める可能性が出てくる。

オ　昨今のグローバル化に伴い、世界基準での授業の質保証が早急に必要なので、日本だけが独自の評価基準を採用するのは誤りである。

＊5 曲者……油断ならないもの。得体の知れないもの。

＊6 ヘテロさ……ヘテロが「異種の」という意味。ここでは異性、異形、不同の存在を名詞として扱っている。

問1 二重傍線部a「禁じ得ない」・b「堰を切った」の意味の組み合わせとして最も適切なものを次の中から選び、記号で答えよ。

ア a 禁止せざるをえない
　 b それまでの集中力が切れた

イ a いらだちが隠せない
　 b 抑えていた思いが流れ出た

ウ a 抑えられない
　 b たまっていたものが溢れた

エ a 耐えられない
　 b 我慢の限界を迎えた

オ a 我慢ならない
　 b 縁を切ることにした

問2 傍線部①「正直なところを言えば、嫌だなあと思う」とあるが、筆者にとって理想的な大学のありように該当する箇所を、本文中から三十字以上三十五字以内で探し、はじめと終わりの五字を抜き出して答えよ。（字数に句読点・記号等を含む。以下同様。）

問3 傍線部②「残念なことにまだ誰もそんな質問をしてくれたことがない」とあるが、筆者がこのように述べる理由として最も適切なものを次の中から選び、記号で答えよ。

ア 自分の指導が未熟で、質問が浮かぶ状態まで授業を持っていけず、自身の授業評価が上がらないことを懸念しているから。

イ 自分の教えたい内容について、授業の流れを汲み取って適宜質問してくれる、頭の良い学生の存在が見当たらないから。

ウ 授業で扱っている教科書を読んでさえいれば当然浮かぶ質問だが、学生の質が低くその程度の質問でさえ出てこないから。

エ 質問から次の内容に展開させる予定だったが、誰も質問しないせいで、内容が薄くなってしまう可能性が出てきたから。

オ 講義中の質問から学生に新たな疑問が生じ、そのやりとりによって授業が発展していく形が望ましいと思っているから。

問4 傍線部③「曲者である」とあるが、筆者がこのように述べ

名な先生らしいのだが、どうにも講義が下手でちっとも興味がわかない、あるいはついて行けない、そんな先生もいるかもしれない。そんな多様な教師が雑居している場としての大学こそが魅力的ではないだろうか。

実際の社会がそうであるごとく、さまざまの教師の集団のなかから、どの先生が自分には合うだろうかとか、あいつは嫌だからできるだけサボってやろうとか、付きあいにくそうだったけれど、研究室に行って一対一で話したら、とても親切で感激したとか、そんなさまざまな出会いがあるはずなのである。あのなかで、どれがほんものだろうと自分で値踏みをすることも、講義を受ける以上に大切な経験であるかもしれない。

何より危惧（きぐ）するのは、大学という最後の教育機関にあって、先生はみんな素晴らしい先生ばかりであるといった幻想を持ったまま、社会へ出てしまうことの怖（おそろ）しさである。前にも述べたように、初等中等教育までは先生の言うことは正しいことであるという前提でよい。しかし、大学にあってまで、先生はいつも正しいという信念に、④なんの疑いも抱くことなく卒業してもらっては困ると私は思っている。

教師の質、授業の質を保証しようという発想は、まず講義というものは、内容を正しく伝えるべきものという点を前提として発想されている。伝えるべき内容は、誰が見ても正しいものであり、教師はそれを解（わか）りやすく、しかも正確に伝えるのが使命である、だから誰が教えても一定レベル以上のものが保証されるはずであり、べきである。私はこの部分に⑤もっとも胡散（うさん）くささを感じるのである。

ここには多様性こそが大学の本質であるという概念が根本のところで欠落している。教育の質保証、あるいは教員評価ということも頻（しき）りに言われているが、保証や評価というのは一定の基準に照らして行わなければ意味がない。一定の基準に照らしてというところからは、大学の教育を平均化する方向へ向かうことは避けようのないことである。文科省はそのほうが管理しやすいであろうが、それでは大学の個性も、教師の個性も失われていくばかりである。そんな個別化に逆行しつつ、いっぽうで個性的な学生の出現を望むなど、どだい⑥自己矛盾も甚（はなは）だしいことだと言わなければならない。

（永田和宏『知の体力』新潮社）

（注）＊1　シラバス……一年または一学期間の、講義の計画と内容を解説したもの。講義概要。

＊2　文科省……「文部科学省」の略。

＊3　中教審……日本の文部科学省におかれている「中央教育審議会」の略。

＊4　先のウンチの話……筆者は講義の中で学生に質問をすることがあり、ここでは「きみのウンチって、何（なに）でできてるか知ってる？」と発問した件を指す。

上皮細胞の死骸なんです。そして最後の三分の一が、じつは皆さんの腸のなかにいるバクテリアの死骸なんです」と繋がっていくのである。

「生きているバクテリアは含まれていないんですか?」なんて、誰かひとりでも質問してくれれば、どんなにうれしいだろうと思っているのだが、②残念なことにまだ誰もそんな質問をしてくれたことがない。

まあ、一例はこんな風だが、これってまさにアクティブラーニングじゃないのかと、初めてアクティブラーニングの話を聞いたときに思ったものだ。授業のなかで質問をし、学生たちに考えさせ、意見を言わせる。ある場合には複数答えが出ることもあるが、それらは何が違うのか考えさせる。まさに「能動的学習」の一環である。

はばかりながら、私はもう30年も前からこのスタイルの講義を続けてきた。何をいまさらアクティブラーニングだと、舌打ちをしたくもなるのである。

だいたいどこかが言い出すと(それは文科省の場合が多いが)、どこもb堰を切ったようにいっせいに声をあげ始めるというのが気に食わない。

大学という場は、さまざまの考え方を許容し、多くの価値観がしのぎを削りあうところである。それは思想や政治、あるいはスクール(学派)といった学問、研究の内容や考え方だけでなく、教育の場である講義においてこそ、多様化と自由度が求められるべきであろう。誰もが認める正しい理念や目的があって、みんながその実現に向けて一様に努力するような場であってはならないのではないか。企業なら、そのようなみんなが一つ方向に向かって力を合わせるというのが理想とされようが、大学はもっとてんでばらばらであることこそが、その存在意義だとさえ私は思っている。

FD活動やアクティブラーニングの目的と内容については一言では括れないが、そこではどの先生も、一様に学生に親切で、講義に熱心であり、わかりやすいいい授業をすることを求めているようにみえる。この「一様に」あるいは「みんな」というところが③*5曲者である。見渡す限りいい先生ばかりが見えるような大学はおぞましいではないか、と私などは思う。

金太郎飴のように、どこを切っても同じような教師の顔、しかもどれも優等生的な教師の顔しか見えてこないような大学に、どんな魅力があるというのだろう。大学の面白さとは、大きくは教師の個性に依存していると思う。教師の個性やおもしろさは、*6ヘテロさのなかにこそ存在する。

謹厳な近寄りがたい先生から、飄々としてどこにもつかみどころのない先生。ほとんど友人のような先生もいるだろうし、過剰に学生の機嫌をとりたがる嫌な奴もいるかもしれない。どうも有

教育のことである。大学だけでなく、小学校から高校まで、同様に声高に言われていることであるらしい。アクティブラーニングそのものについては、私はなんら反対ではないし、むしろ本書を通じて、ある意味ではアクティブラーニングの勧め、あるいはその精神的側面を書いているのかもしれない。

　しかし、これだけ全国一斉に、そして津々浦々までアクティブラーニングが叫ばれ始めると、さて、それでほんとうにいいのか、という思いもどこかで[a]禁じ得ない。そのアクティブラーニングは、個々の教師の、あるいはそれぞれの大学の現場の必要性から発想されて、出てきたものなのか？　どうもそうではなく、[*2]文科省の通達（２０１２年の中教審[*3]による、いわゆる「教育の質的転換答申」）が出たから仕方なく、あるいは全国で始める大学が多くなってきたから乗り遅れまいといった形で始まったというのが、実際のところなのではないか。

（中　略）

「きみって、清潔かい、不潔かい？」とまず尋ねる。だいたい「清潔です」が答え。

「それじゃあ、きみの腸の中にバクテリアが棲んでいるって、知ってる？」

　いやいや頭を振る。

「バクテリアってばい菌だよね。それでも清潔なの？」というのは嫌味で、「実はきみは、大腸のなかに数えきれない数のバクテリアを飼ってます。どれくらいだと思う？」

　みんなあてずっぽうだから、１０００個、と言う奴もいれば、5億個とか１００億個なんて思い切った数を言う奴もいる。

「じつは皆さんの大腸のなかには１０００種類、１０００兆個のバクテリアがいます」と言うと、オオっとちょっとどよめく。どよめいてくれればうれしいのだが、大部分の学生は残念ながら、こんなおもしろい事実にもまったく無関心でしらけている。

「これはいるのではなくて、いてもらっているんです。彼らがいてくれないと私たちの初動防衛体制は完全に破綻してしまいます」と続け、

「でも、私は数年前までは、ヒトの大腸の中には１００種類、１００兆個のバクテリアがいると言ってきたんだよね。ところが測定技術が発達して、いまやその10倍のバクテリアがいることが明らかになってきた。前に言ったように、私の言っていることが、そのままずっと正しいということはないんだよね」と念を押しておく。

　そこから先[*4]のウンチの話に繋がる。「ウンチの固形成分の三分の一は、みんなが答えたように、食べ物の残りかすです。ではあとの三分の二は、なんだと思う？」

「その三分の一は、小腸などの粘膜細胞の死んだもの。前に、小腸の一番外側を覆っている上皮細胞、粘膜細胞の寿命は2〜3日だって言ったよね。短期間働くだけ働いて、すぐに死んでしまう

1 次の傍線部のカタカナを漢字に、漢字をひらがなに直して答えよ。ただし、楷書（かいしょ）で丁寧に書くこと。

① 日本コユウの国民性は他国民に理解されにくい。

② 円安はユニュウに大きく影響する。

③ 私の兄はトリ年生まれだ。

④ 挑戦にリスクがあることはフカヒである。

⑤ あの人のイミシンチョウな表情に困惑する。

⑥ 風情のある庭でくつろぐ。

⑦ 休日を穏やかに過ごす。

⑧ 規制の緩和が進む。

⑨ 議論が平行線をたどっているので折衷案を考える。

⑩ 亡くなった友人を弔う。

2 次の文章を読んで、後の問いに答えよ。

いま、どの大学でもFD活動が活発に行われている。ファカルティ・ディベロップメント。教員が、授業内容や方法を改善し、向上させるための組織的な取り組みと定義される。大学設置基準にも明記されるようになり、義務化された。いい授業をするためのセミナーや講習会が教員向けに開催され、公開授業が行われたり、学生からの評価アンケートによって授業の改善をはかろうともしている。

実は私は、前任の京都大学から現在の京都産業大学へ移ってきたとき、突然学部長をやらされることになり、当然のことながら教育に関係する種々の会議にでるはめになったのだが、最初に躓（つまず）いたのが、この言葉だった。FDなんて突然言われても何のことかわからない。最初にも書いたように、*1シラバスという言葉さえ知らなかったのだから、まあFDを知らなかったと言ったって、恥じるほどのことではないが。

この取り組みに異を唱える必要はないのかもしれないが、①正直なところを言えば、嫌だなあと思う。こんなことよりもっと大切なことがあるだろう、というのが正直な感想である。

さらに近年は、アクティブラーニングという掛け声が盛んに聞こえてくる。これは従来のように先生から教わるだけでなく、生徒自身が課題の発見や解決に向けた主体的、協働的な学びを指す

2023 第1回

サピックスオープン

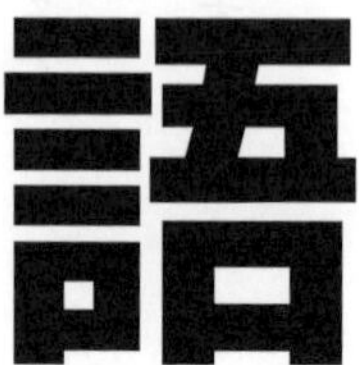

中学３年

2023年5月14日実施

【受験上の注意事項】

1 試験時間は、50分です。

2 答えは全て解答用紙の定められた解答欄の中に書きなさい。
小さすぎる文字・薄すぎる文字は採点できません。

3 解答用紙には、生徒ID・氏名を必ず書きなさい。

4 問題用紙の白いところは、メモなどに使いなさい。

5 質問がある時や気分が悪くなった時は、黙って手をあげなさい。

6 終わったら解答用紙だけを提出しなさい。

2023　第2回

サピックスオープン

英　語

中学３年

2023年７月２日実施

【受験上の注意事項】

1. 試験時間は、50 分です。
2. 答えは全て解答用紙の定められた解答欄の中に書きなさい。
   小さすぎる文字・薄すぎる文字は採点できません。
3. 解答用紙には、生徒 ID・氏名を必ず書きなさい。
4. 問題用紙の白いところは、メモなどに使いなさい。
5. 質問がある時や気分が悪くなった時は、黙って手をあげなさい。
6. 終わったら解答用紙だけを提出しなさい。

1 このリスニング問題はPart A、Bの2つの部分に分かれています。それぞれの指示に従い、答えなさい。放送はPart A、Part Bともに2回ずつ流れます。

Part A　英語による男女の対話を聞き、英語の質問に対して、ア～エの中から最も適切なものをそれぞれ1つずつ選び、記号で答えなさい。

No. 1　What is true about the woman ?

ア　This is her first visit to this coffee shop.

イ　She doesn't have to pay any money for the cappuccino.

ウ　She will never return to this coffee shop.

エ　She can use the coupon next time.

No. 2　What did the boy do yesterday evening ?

ア　He watched a sports program.

イ　He lost his homework and looked for it.

ウ　He washed the dishes after dinner.

エ　He practiced soccer.

No. 3　When will the man and the woman go to the movie ?

ア　In the early evening on Monday.

イ　In the late evening on Monday.

ウ　In the late evening on Wednesday.

エ　Soon after the conversation.

Part B これから放送で流れる２人の生徒のやり取りをもとに、以下のプレゼンテーションのメモを完成させなさい。解答に関しては、以下の指示に従って答えなさい。

(1) ①と③は下の選択肢の中から正しいものを選び、記号で答えなさい。

(2) ②は適切な算用数字で、④、⑤は適切な語を英語１語で答えなさい。

The Seconds in the World		
(①)	The Amazon	New Guinea
mountain	river	(④)
・(②) meters high	・6516 kilometers long ・ends in (③)	・lies in the (⑤) Ocean

① ア k2　イ Kea Too　ウ K2　エ Kea 2

③ ア Greenland　イ Brazil
ウ Indonesia　エ Australia

2 (　)内に補う語(句)として最も適切なものをア～エの中からそれぞれ１つずつ選び、記号で答えなさい。

(1) She enjoyed (　　　) with her friends after school.

ア talk　イ talked　ウ talking　エ to talk

(2) (　　　) to do the work in a day.

ア You are not necessary　イ It is not necessary for you
ウ You need not　エ It needs not you

(3) The word "DIY" (　　　) "do-it-yourself."

ア is standing from　イ stands from
ウ is standing for　エ stands for

(4) I found the movie (　　　　) because I could *predict the ending of it without watching until the end.　　　　　　　　　　(注) predict ～：～を予測する

ア boring　　イ bored　　ウ interesting　　エ interested

(5) The heavy traffic every morning makes (　　　　) on the bus irritated.

ア customers　　イ clients　　ウ passengers　　エ guests

3 次の日本文の意味を表す英文になるように(　　)内に適語をそれぞれ補いなさい。ただし、最初の文字が与えられている場合にはそれに従い、解答欄には最初の文字を含めて書くこと。

(1) そのホテルには、観光客全員が泊まれるだけの部屋はなかった。

The hotel didn't have (e　　　　) rooms (　　　　) all the tourists to stay in.

(2) 彼はなんて正直な少年なのだろう。

What (　　　　)(　　　　) boy he is !

(3) その問題は手強すぎて、わたしは降参するしかなかった。

The question was so (d　　　　) that I could just throw my (　　　　) up.

(4) 今は、午前11時50分です。

It is (　　　　) to (　　　　) in the morning now.

(5) 家を出る前に窓が閉まっていることを確かめてね。

Make (　　　　) that you keep the windows (　　　　) before you leave home.

4 次の(1)〜(5)の各組の英文が文法的・語法的に２つとも正しい場合には○、２つとも間違っている場合には×で答えなさい。また、どちらか１つが正しい場合にはその英文の記号を答えなさい。

(1) ア Lake Biwa is larger than any other lake in Japan.
　イ Three years have passed since my grandfather died.

(2) ア The cat will be taken care of by that kind man.
　イ He can play the piano more better than his brother.

(3) ア Don't forget to visit the temple in traveling in Thailand.
　イ Hurry up. We have little time left.

(4) ア If the sky will clear tonight, you can see some shooting stars.
　イ This tower is as tall a building as that one.

(5) ア Astronomy, or the study about outer space, the sun, stars, and planets, are interesting.
　イ Susan is fond of collecting stationeries, such as erasers, notebooks, and rubber stamps.

5 以下はあるチョコレートの包装である。これを読んで、後の問いに答えなさい。ただし、*がついている語(句)には(注)がある。また、(2)、(4)は記号で答えること。

WAGNER & WALDEN

Wagner & Walden is a British *classic chocolate factory, established in 1886.
Our best-quality chocolate is enjoyed by many people,
*including movie stars and even members of the Royal Family.
We hope you will visit our *flagship store on Brompton Road in London.

This *assorted box has our traditionally-made three *flavours, four pieces each.

Milk - *Ingredients:

sugar, cocoa butter, *whole **milk** powder, cocoa mass, *emulsifier

*Pistachio - Ingredients:

sugar, cocoa butter, whole **milk** powder, **pistachio** nut, cocoa mass, **pistachio** paste, emulsifier

*Rum - Ingredients:

sugar, cocoa butter, whole **milk** powder, white rum, cocoa mass, emulsifier

For drivers and children: No eating pieces *containing alcohol.

*Allergy information: see ingredients shown in ***bold**.

*Nutrition Information

(per piece)	Milk	Pistachio	Rum
*Energy	64 kcal	58 kcal	54 kcal
*Fat	3.5 g	3.6 g	3.2 g
*Protein	0.4 g	0.6 g	0.5 g
*Carbohydrate	7.8 g	6.0 g	5.9 g
Salt	0.03 g	0.02 g	0.03 g

Keep in a cool, dry place away from sunlight.

If you have any questions or comments, please contact us at

www.wagnerandwalden.co.uk

BEST-BEFORE-DATE 8/11/23

NET WEIGHT 216 g / 7.6 oz

(注) classic：由緒正しい　including ～：～をはじめ　flagship store：本店

assorted：詰め合わせの　flavour ＝ flavor：味、風味　ingredient：原材料
whole milk powder：全乳粉　emulsifier：乳化剤　pistachio：ピスタチオ
rum：ラム（酒）　contain ～：～を含む　allergy：アレルギー　bold：太字
nutrition：栄養　energy：エネルギー　fat：脂質　protein：たんぱく質
carbohydrate：炭水化物

(1) If you have two pieces of milk chocolate and one piece of pistachio chocolate, how many kilocalories will you take ? Answer in Arabic numerals (0, 1, 2…etc.).

(2) Which flavour should children not eat ? Choose the best answer from below.

(a) Milk　(b) Pistachio　(c) Rum

(3) How many grams does one piece weigh ? Any flavour has the same weight. Answer in Arabic numerals (0, 1, 2…etc.).

(4) Which is true about this package ? Choose the best answer from below.

(a) The chocolate has to be put in the fridge.
(b) If you have some trouble with the chocolate, you should make a phone call.
(c) Not only citizens but famous people have enjoyed Wagner & Walden chocolate.
(d) Wagner & Walden has been making chocolate for over 150 years.

6 次の英文を読んで、後の問いに答えなさい。ただし、*がついている語(句)には(注)がある。

In his *spare time, Ed Jones likes to shop at *thrift stores. He looks for *things that might be (1)valuable — old dishes or used books, for example. If he finds something valuable, he buys it cheaply and then resells it to an antique dealer.

One day Mr. Jones was shopping at a thrift store in Indianapolis, Indiana, and not having much luck. He didn't see *anything he wanted, so he started walking toward the door. Then something caught his eye. *Leaning against a wall, there was a large *cardboard map. He walked over for a closer look.

The map was covered (A) dust, so Mr. Jones wiped it with his handkerchief. (B) the dust was a color map of Paris. It looked old. On the back of the map, someone had written the price: $3. Mr. Jones was quite certain that the map was *worth more than $3, so he bought it. He thought he could probably sell it for $40.

Later, at home, Mr. Jones looked more closely (C) the map. He decided it might be very old. Maybe it was worth even more than $40.

The next day, Mr. Jones took the map to a *geography professor at a nearby university. The professor was a map expert. After looking at the map for a few minutes, (2)he became very excited. "I've read about this map!" he *exclaimed. Then he told Mr. Jones *what he knew.

In 1671, the king of France, Louis XIV, asked a *cartographer to make a map of Paris. The cartographer worked on the map for four years. The *map he drew was beautiful—it was not just a map, but a work of art as well. The cartographer made several black-and-white copies of the map. Then he carefully colored one of the copies, using blue for rivers, green for trees, and brown for buildings. The professor said that one black-and-white copy of the map was in *the British Museum in London, and another was in *the Bibliothèque Nationale in Paris. "I think," the professor told Mr. Jones, "that you've just found the color copy of the map — in a thrift store in Indianapolis!" The professor *suggested that Mr. Jones take the map to New York City. Experts there could tell Mr. Jones *if the professor was right.

The New York experts said the professor was right. They told Mr. Jones that he had the only color copy of the map and that it was extremely valuable. "*How much do you think it's worth ?" Mr. Jones asked the experts. "Millions," they replied. "It's impossible to say exactly *how much the map is worth. It's worth *whatever someone *is willing to pay for it."

Soon Mr. Jones discovered *how much people were willing to pay for the map. Someone *offered him $10 million; then someone else immediately offered him $12 million. The next offer was $19.5 million. Of course, those were only offers — not money. But the offers told Mr. Jones that the experts were right — the map was extremely valuable.

*How in the world did this map find its way to a thrift store in Indianapolis ? Here is *what some experts think: (あ) That *antique dealer, who also did not know its value, gave it to a neighbor. For ten years, the map hung on a wall in the neighbor's house. Then the neighbor got tired (　D　) it and sold it to the thrift store. The map sat in the thrift store for months. Finally Mr. Jones discovered it.

When Mr. Jones went shopping at the thrift store, he was looking for a bargain. He wanted to find *something that was worth more than the *price he paid. He paid $3 for the map, and it is probably worth millions. Now, that's a bargain !

（注） spare time：空き時間　thrift store：リサイクルショップ
things that might be valuable：金銭的価値があるかもしれないもの
anything he wanted：彼が望んだもの　leaning against a wall：壁に立てかけて
cardboard：厚紙　worth ～：～の価値がある　geography：地理学　exclaim：叫ぶ
what he knew：彼が知っていたこと　cartographer：地図製作者
map he drew：彼が描いた地図　the British Museum：大英博物館
the Bibliothèque Nationale：(フランス)国立図書館　suggest ～：～を提案する
if ～：～かどうか　how much do you think ～：～がいくらだと思うか
how much the map is worth：地図の価値はいくらか　whatever ～：～ものは何でも

be willing to ～：喜んで～する　how much people ～：人々はいくらを～

offer(人) ～：(人に)～(金額)を提示する　how in the world：いったいどうやって

what some experts think：専門家が考えること　antique dealer, who ～：骨董品業者が～

something that ～：～なもの　price he paid：彼が支払った金額

問1　下線部(1)について、最も強く読む部分(アクセント)の位置が同じものをア～エから1つ選び、記号で答えなさい。

(1)　val-u-able

ア　beau-ti-ful　イ　pro-fes-sor　ウ　ex-treme-ly　エ　dis-co-ver

問2　空所(　A　)～(　D　)に入る適切な前置詞を以下から1つずつ選び、答えなさい。なお、文頭に来るときは、大文字から始めること。ただし、それぞれの語は1度しか使えません。

[at,　on,　of,　with,　under]

問3　下線部(2)の理由として最も適切なものを次のア～エから1つ選び、記号で答えなさい。

ア　自分が店で見つけた地図が、値打ちのあるものだと判明したから。

イ　自分が文献で読んでいたより、実物の地図がずっと美しかったから。

ウ　自分がずっと探していた金銭的価値のある地図が持ちこまれたから。

エ　自分の専門分野にかかわる、希少だと思われる地図を目にしたから。

問4　空所(あ)には以下の4つの英文が入る。最も適切な順番に並べかえたとき、正しいのはどれか。次のア～エから1つ選び、記号で答えなさい。

①　Then, a thief stole it, perhaps during the *confusion of World War I or World War II.

(注)　confusion：混乱

②　The French antique dealer, not knowing how valuable the map was, sold it to an antique dealer in Indianapolis.

③　The thief sold the map to an antique dealer in France.

④　The map was probably in a museum or in the home of a wealthy family in France.

ア ③→④→①→②　　イ ④→①→③→②

ウ ③→②→④→①　　エ ④→②→①→③

問5 本文の内容に合うものを次のア～カから２つ選び、記号で答えなさい。

ア Mr. Jones bought the map because it was colorful and beautiful.

イ At first, Mr. Jones thought the map was worth $40 million, but it was worth more.

ウ Mr. Jones wanted to know the real value of the map and took it to the professor.

エ The professor knew little about the map, so Mr. Jones took it to the New York experts.

オ Some people wanted to spend a lot of money on the map.

カ Mr. Jones sold the map for about $20 million.

7 次の英文を読んで、後の問いに答えなさい。ただし、*がついている語(句)には(注)がある。

In 1892 in Argentina, a police officer named Juan Vucetich was *investigating the *murder of two people. At *the scene of the crime, he saw a mark on a door. It was a fingerprint! He *compared this to the prints of two *suspects in the murder. One of the fingerprints matched, and Vucetich solved the crime. What was so unusual about this? It was the first time a fingerprint was used to solve a murder.

In ancient times, people used fingerprints to *identify people. They also used them as *signatures in business. However, no one used fingerprints in crime work until the late 1880s. Three men, working in three different areas of the world, made (1)<u>this</u> possible.

The first *man who collected a large number of fingerprints was William Herschel. He worked for the British government in India. He took fingerprints when people signed official papers. For many years, he collected the same people's fingerprints several times. He made an important discovery. Fingerprints do not change over time.

At about the same time, a Scottish doctor in Japan began to study fingerprints. Henry Faulds was looking at ancient Japanese *pottery one day when he noticed small lines on the pots. (2)It【ア the lines イ were ウ occurred エ to him オ 2,000-year-old カ that】fingerprints. Faulds wondered, "Are fingerprints unique to each person ?" He began to take fingerprints of all his friends, co-workers, and students at his medical school. Each print was unique. He also wondered, "Can you change your fingerprints ?" He *shaved the fingerprints off his fingers with a razor to find out. Would they grow back the same ? (3)They did.

One day, there was a *theft in Faulds's medical school. Some alcohol was missing. Faulds found fingerprints on the bottle. He compared the fingerprints to the ones in his records, and he found a match. The thief was one of his medical students. By *examining fingerprints, Faulds solved the crime.

Both Herschel and Faulds collected fingerprints, but there was a problem. It was very difficult to use their collections to identify a *specific fingerprint. Francis Galton in England made it easier. He noticed common patterns in fingerprints. He used these to help *classify fingerprints. These *features, called "Galton details," made it easier for police to search through fingerprint records. The system is still in use today. When police find a fingerprint, they look at the Galton details. Then they search for other fingerprints with *similar features.

Like Faulds, Galton believed that each person had a unique fingerprint. According to Galton, the chance of two people with the same fingerprint was 1 in 64 billion. Even the fingerprints of *identical twins are (A). Fingerprints were the perfect tool to identify criminals.

For more than 100 years, no one found two people with the same prints. Then, in 2004, terrorists *committed a crime in Madrid, Spain. Police in Madrid found a fingerprint. They used computers to search databases of fingerprint records all over the world. Three fingerprint experts agreed that a man on the West Coast of the United States was one of the criminals. Police *arrested him, but the experts were (B). The man was innocent. Another man was guilty. Amazingly, the two *men who were 6,000 miles away from each other had *fingerprints that were almost exactly identical.

After the mistake made by the experts in the Madrid case, the police have to be very careful. Today, millions and millions of fingerprints are in databases. Many of them are almost identical. However, unless they are exactly identical, each one is still (C)!

(注) investigate ～：～を捜査する　murder：殺人事件　the scene of the crime：犯罪現場
compare ～ to …：～を…と比較する　suspect：容疑者
identify ～：～の身元を割り出す、特定する　signature：署名
man who collected ～：～を集めた男　pottery：陶器　shave ～ off：～を剃り落とす
theft：窃盗　examine ～：～を精査する　specific：特定の　classify ～：～を分類する
feature：特徴　similar：類似の　identical twins：一卵性双生児
commit a crime：犯罪を行う　arrest ～：～を逮捕する
men who were ～：～であった男たち　fingerprints that were ～：～であった指紋

＊解答に人名を用いる場合は、本文中の表記のまま用いてよい。

問１　下線部(1)の具体的な内容を、句読点を含めて15字以上20字以内の日本語で簡潔に答えなさい。

問２　下線部(2)を並べかえ、【　　】の中で2番目と5番目に来るものを記号で答えなさい。

問３　下線部(3)を、they と did がそれぞれ何を指すか明らかにして、日本語に直しなさい。

問４　空所（　A　）～（　C　）に入る語の組み合わせとして適切なものをア～エから1つ選び、記号で答えなさい。

ア　(A)　wrong　(B)　unique　(C)　identical
イ　(A)　identical　(B)　different　(C)　similar
ウ　(A)　unique　(B)　right　(C)　different
エ　(A)　different　(B)　wrong　(C)　unique

問５　この文章に登場する以下の人物の功績として正しいものを、以下のア～エからそれぞれ１つずつ選び、記号で答えなさい。ただし、同じ記号は１度しか使えません。

【人物】

① Juan Vucetich　② William Herschel　③ Henry Faulds　④ Francis Galton

【功績】

ア　He arranged the collection of fingerprints and made a useful system.

イ　He compared the same people's fingerprints with their previous ones for many years and found they were the same.

ウ　He found that fingerprints could be used in searching for murderers earlier than anyone else.

エ　He used his own database about the fingerprints to solve the theft at his workplace.

2023 第2回
サピックスオープン

数　学

中学３年

2023年７月２日実施

【受験上の注意事項】

1 試験時間は、50 分です。
2 答えは全て解答用紙の定められた解答欄の中に書きなさい。
小さすぎる文字・薄すぎる文字は採点できません。
3 解答用紙には、生徒 ID・氏名を必ず書きなさい。
4 問題用紙の白いところは、メモなどに使いなさい。
5 質問がある時や気分が悪くなった時は、黙って手をあげなさい。
6 終わったら解答用紙だけを提出しなさい。

【解答の際の注意事項】

1 解答は最も整理された形で表せ。
① 分数は特にことわりがない限り，完全に約分された形にせよ。
比についても同様で，完全に整理された形にせよ。
② 解答に根号が含まれる場合は，根号の中の数字はできるだけ小さくして，整理せよ。
2 円周率は，特にことわりがない限りπを用いよ。
3 解答が複数考えられる場合は，全て答えよ。

1 次の各問いに答えよ。

(1) $\left(\frac{3}{2}ab\right)^3 \div \left(-\frac{3}{16}a^3b^5\right)$ を計算せよ。

(2) $x^2-3xy+2y^2-5x+5y$ を因数分解せよ。

(3) $\sqrt{48}-\dfrac{(4+\sqrt{5})(4-\sqrt{5})}{\sqrt{3}}$ を計算せよ。

(4) 二次方程式 $3x^2-(2x-3)(x-1)=0$ を解け。

(5) 1，2，3，4，5 の数字を 1 つずつ書いた 5 枚のカードがある。

この中から 3 枚を取り出して並べ，3 けたの整数を作ったとき，この整数が 4 の倍数になる確率を求めよ。

2 次の各問いに答えよ。

(1) 右図のように，△ABC の内部に点 P があり，∠ABP＝∠BAP＝∠CAP をみたす。

解答欄に示した△ABC をもとにして，点 P を定規とコンパスを用いて作図によって求め，点 P の位置を表す文字 P も書け。

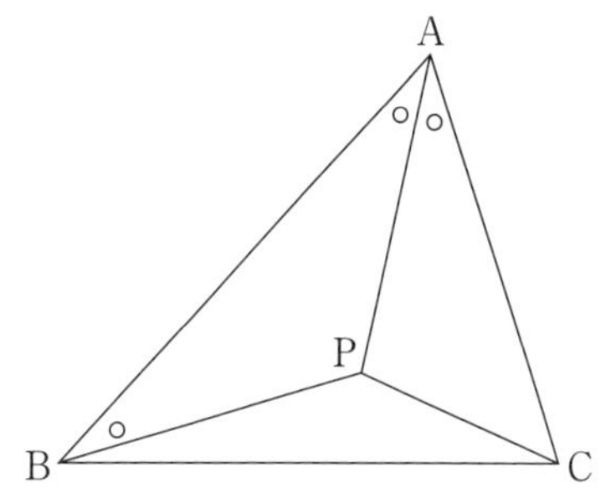

(2) A さんと B さんは，P 地点を同時に出発し，Q 地点へ向かう。

A さんは P 地点から途中の R 地点までは分速 40 m，R 地点から Q 地点までは分速 80 m で進み，B さんはずっと分速 x m で進んだところ，二人は Q 地点に同時に到着した。

P 地点から R 地点までの距離と，R 地点から Q 地点までの距離の比が 3：2 であるとき，x の値を求めよ。

(3) 右図において AB＝3 cm であり，正方形 ABCD と，点 A を中心とするおうぎ形 ABD が重なっている。

辺 BC，辺 CD，弧 BD で囲まれた網線部分を，直線 AB を軸として一回転させたとき，できる立体の表面積を求めよ。

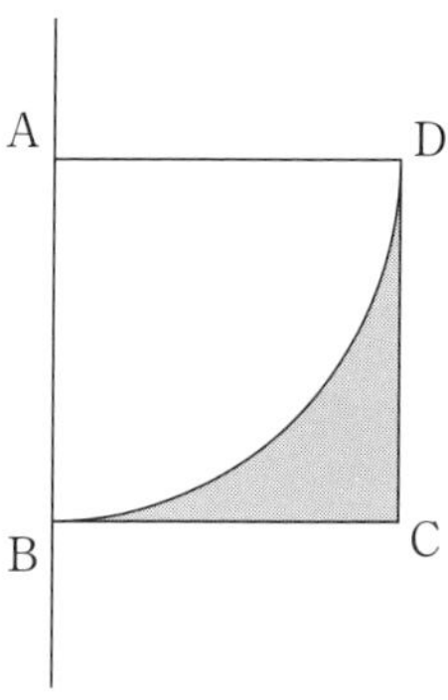

3 右図のように，AB＝6，AD＜6 である長方形 ABCD がある。

DC 上に AP＝6 となるように点 P をとり，点 B から AP に垂線 BH を下ろす。

次の各問いに答えよ。

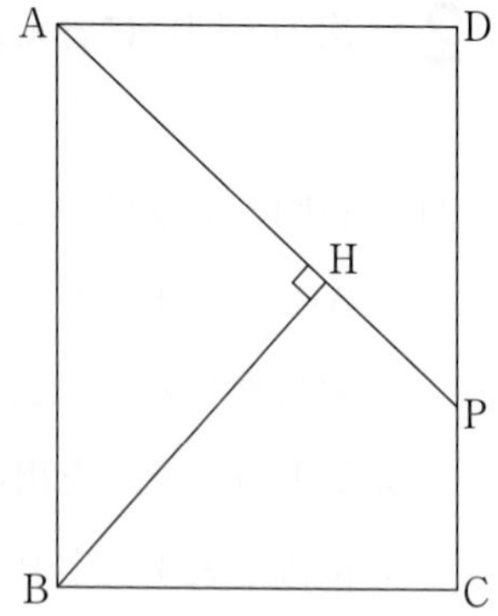

(1) ∠DAP＝40° のとき，∠BPC を求めよ。

(2) 点 H が AP の中点であるとき，

① BP の長さと∠BPC をそれぞれ求めよ。

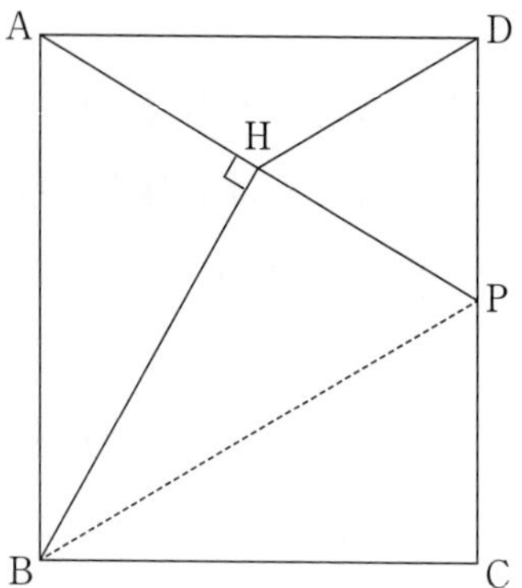

② △AHD：(四角形 HBCP)を求めよ。

(3) AH＝x とする。△AHD：(四角形 HBCP)＝2：3 のとき，

① △AHD：△HBP を求めよ。

② x の値を求めよ。

4 座標平面上に AC//OB の台形 AOBC があり，A(6, 12)，B(20, 0)，C(16, 12)である。この台形の辺 AO，OB，BC，CA 上に，点 P，Q，R，S を，四角形 PQRS がひし形になるようにとる。

次の各問いに答えよ。

(1) **図1**のように，直線 SQ が y 軸と平行であるときを考える。

① 点 P の座標を求めよ。

② 四角形 PQRS の面積を求めよ。

図1

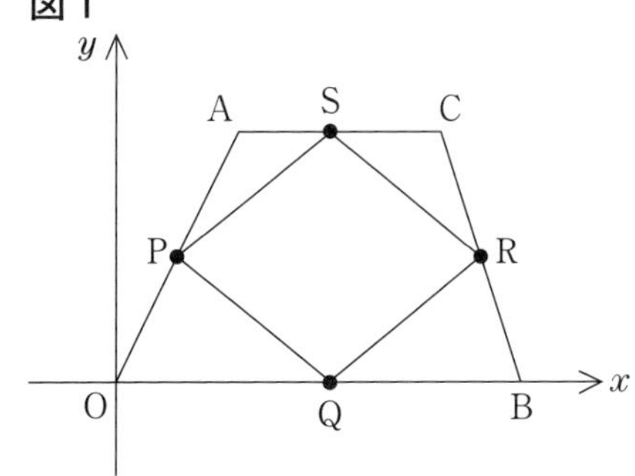

(2) **図2**のように，直線 SQ が辺 AO と平行であるときを考える。

線分 SQ と PR の交点を M とし，点 P の x 座標を p とおくとき，

① 直線 PR の式を p を用いて表せ。

② 点 M の座標と，四角形 PQRS の面積を求めよ。

【この問題は，答えに至るまでの途中過程を解法欄に記入すること。】

図2

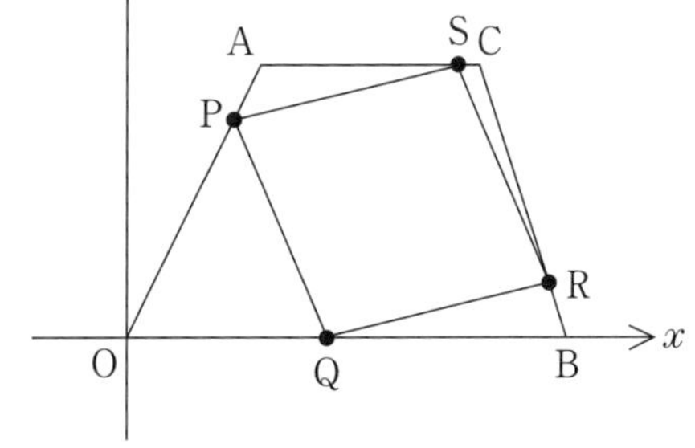

5 1以上7以下の自然数x，y，zについて，次の各問いに答えよ。

(1) $x+y+z=9$を満たす自然数x，y，zの組合せは何通りか求めよ。

(2) $x<y<z$を満たす自然数x，y，zの組合せは何通りか求めよ。

(3) $x \leqq y \leqq z$を満たす自然数x，y，zの組合せは何通りか求めよ。

2023 第2回
サピックスオープン

理　科

中学３年

2023年７月２日実施

【受験上の注意事項】

1 試験時間は、50 分です。
2 答えは全て解答用紙の定められた解答欄の中に書きなさい。
小さすぎる文字・薄すぎる文字は採点できません。
3 解答用紙には、生徒 ID・氏名を必ず書きなさい。
4 問題用紙の白いところは、メモなどに使いなさい。
5 質問がある時や気分が悪くなった時は、黙って手をあげなさい。
6 終わったら解答用紙だけを提出しなさい。

1 次の問いに答えなさい。

(1) 生物の死がいが堆積してできた岩石のうち，うすい塩酸をかけても泡が発生しない岩石の名称と，マグマが冷え固まってできた花こう岩に含まれている主な鉱物である，クロウンモ，セキエイ，チョウ石のうち，含まれている体積の割合が最も小さい鉱物の名称の組み合わせとして適切なものを，次のア～カの中から一つ選び，記号で答えなさい。

	岩石の名称	鉱物の名称
ア	チャート	クロウンモ
イ	凝灰岩	クロウンモ
ウ	石灰岩	チョウ石
エ	チャート	チョウ石
オ	凝灰岩	セキエイ
カ	石灰岩	セキエイ

(2) 人体でデンプンをブドウ糖まで分解する過程ではたらく消化酵素をつくる器官として適切なものを，次のア～カの中からすべて選び，記号で答えなさい。

ア．だ液腺　　イ．胃　　ウ．肝臓　　エ．すい臓　　オ．小腸　　カ．胆のう

(3) **図1**は裸子植物であるマツを表したものである。**図1**中の○で囲まれた部分の名称を答えなさい。また，マツの受粉のしかたが，被子植物であるアブラナの場合と異なる点について，「アブラナと異なり，」という書き出しに続けて，マツの花粉が付着する部分を明らかにして記述しなさい。

図1

(4) **図2**のように，検流計とコイル，抵抗器を接続して棒磁石をコイルに向かって素早く近づけると，検流計の針がふれた。このとき流れた電流の名称を答えなさい。

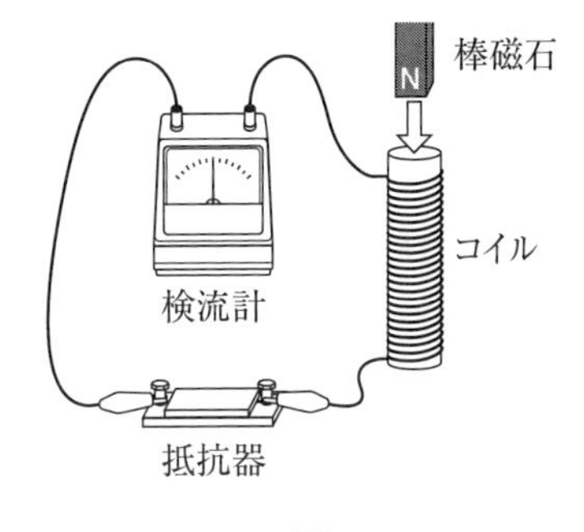

図2

(5) 二酸化マンガンの粒にオキシドールを加える実験を行ったところ，気体が発生した。このとき発生した気体の性質について述べた文と，実験後の二酸化マンガンの粒の様子について述べた文の組み合わせとして適切なものを，次のア～エの中から一つ選び，記号で答えなさい。

	発生した気体の性質	実験後の二酸化マンガンの粒の様子
ア	空気より軽く，可燃性がある。	一部が溶けて，ボロボロになっていた。
イ	空気よりやや重く，助燃性がある。	一部が溶けて，ボロボロになっていた。
ウ	空気より軽く，可燃性がある。	何も変化は見られなかった。
エ	空気よりやや重く，助燃性がある。	何も変化は見られなかった。

(6) 地球の歴史は繁栄した生物の種類の入れ替わりなどをもとに，新生代，中生代，古生代などの地質年代に分類される。アケボノゾウやインカクジラが繁栄した地質年代として適切なものを，次のア～エの中から一つ選び，記号で答えなさい。

ア．新生代　　イ．中生代　　ウ．古生代　　エ．古生代よりも前の時代

2 次の問いに答えなさい。

(1) 様々な温度の水100gにホウ酸を溶けるだけ溶かしたところ，溶解度は**表1**のようになった。ビーカーに60℃の水80gを用意し，ホウ酸を溶けるだけ溶かした。この飽和ホウ酸水溶液をある温度まで冷やしたところ，4.8gのホウ酸が溶けきれずに出てきた。このときの水温は何℃か，**表1**を用いて計算して答えなさい。ただし，実験中の水の蒸発による減少はないものとする。

表1

水温〔℃〕	0	20	40	60	80	100
ホウ酸〔g〕	2.8	4.9	8.9	14.9	23.5	38.0

(2) モンシロチョウがキャベツの葉に産み付けた300個の卵の成長過程を観察し，それぞれの成長段階に達した個体数を調べたところ，**表2**のような結果が得られた。モンシロチョウが成虫になるまでの間で，最も死亡率が高い時期を次のア～カの中から一つ選び，記号で答えなさい。また，その時期における死亡率は何%か，整数で答えなさい。ただし，死亡率とはそれぞれの成長段階に達した個体数のうち，次の成長段階に達することなく死亡した個体の割合を表すものとする。また，必要ならば小数第1位を四捨五入して答えなさい。

ア．一令幼虫　　イ．二令幼虫　　ウ．三令幼虫
エ．四令幼虫　　オ．五令幼虫　　カ．さなぎ

表2

成長段階	個体数
卵	300
一令幼虫	258
二令幼虫	141
三令幼虫	120
四令幼虫	108
五令幼虫	102
さなぎ	15
成虫	6

(3) **図1**は，ある川の一部分を模式的に表したものである。次のア～カのうち，川のa－b間を下流側から見た断面と川底に堆積している石のようすとして適切なものを一つ選び，記号で答えなさい。

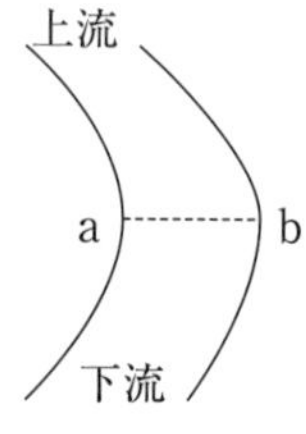

図1

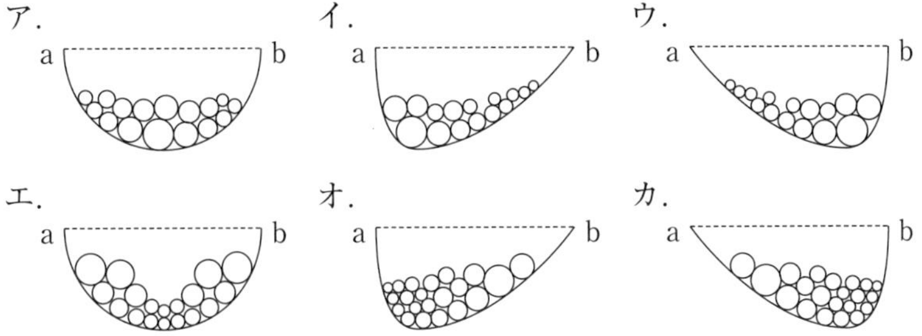

(4) ある抵抗器に 1.5 V の電圧を加えたところ 0.6 A の電流が流れ，ある豆電球に 2.7 V の電圧を加えたところ 300 mA の電流が流れた。このとき，豆電球の抵抗の大きさは抵抗器の抵抗の大きさの何倍か，小数第 1 位まで答えなさい。

(5) プラスチックには様々な種類が存在し，資源ごみとして回収されたプラスチックは細かく砕いて洗浄される。その後，水などの液体に比重の異なるプラスチックを入れ，浮かぶものと沈むものに選別する，比重選別という方法で種類ごとに分けられる。そこで，ペットボトルに用いられている，ポリエチレンテレフタラート(PET)，ポリスチレン(PS)，ポリプロピレン(PP)の 3 種類のプラスチックを**図2**のように選別したとき，**図2**の X にあてはまるプラスチックの種類を，後のア～ウの中から一つ選び，記号で答えなさい。ただし，それぞれのプラスチックの比重は**表3**の通りであるものとする。また，比重とは，水の密度を 1 としたときの物質の密度のことである。

表3

プラスチックの種類	PET	PS	PP
比重	1.38	1.05	0.91

ペットボトルに使われている
3 種類のプラスチックを入れる

沈んだプラスチック
浮いたプラスチック
水（比重 1）

沈んだプラスチック X
浮いたプラスチック
質量パーセント濃度 15%
食塩水（比重 1.1）

図2

ア．ポリエチレンテレフタラート(PET)

イ．ポリスチレン(PS)

ウ．ポリプロピレン(PP)

(6) Sさんが夏の花火大会で，船上から打ち上げられた花火が開花した瞬間から，開花した音が聞こえるまでの時間をストップウォッチで計測したところ2.0秒であった。この打ち上げ花火の大きさは10号で，花火の開花時の大きさ(直径)が320 m，開花時の花火の球の中心の高さは350 mであるとして，Sさんから花火を打ち上げた船までの距離は何mか答えなさい。ただし，音の伝わる速さは350 m/sとし，**図3**の直角三角形の辺の長さの比を用いて，整数で答えなさい。なお，花火の音は開花時の花火の球の中心で鳴り，音を聞いたSさんの身長は考えず，Sさんの位置と花火を打ち上げた船の海抜は等しいものとする。

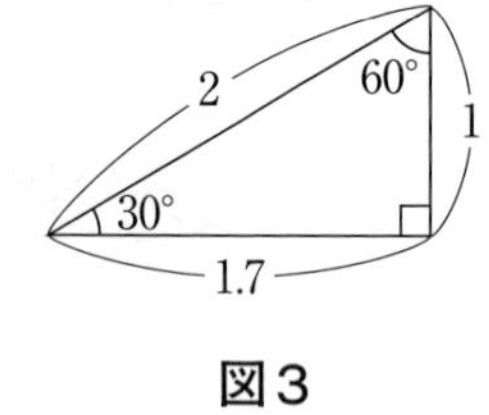

図3

3 次の〔実験１〕，〔実験２〕について，後の問いに答えなさい。ただし，〔実験１〕，〔実験２〕で用いたばねX，Yは，いずれも質量100gのおもりを１個つるすと2.0cm伸びた。また，質量100gの物体にはたらく重力の大きさを1.0Nとし，ばね自体の重さは考えないものとする。

〔実験１〕

底面積が25 cm^2の直方体の物体を机の上に置き，物体の上面にばねXをつなげ，**図１**のように手でばねXをゆっくりと上方へ20cm引いた。手でばねXを引いた距離とばねXの伸びの関係をグラフにまとめると，**図２**のようになった。

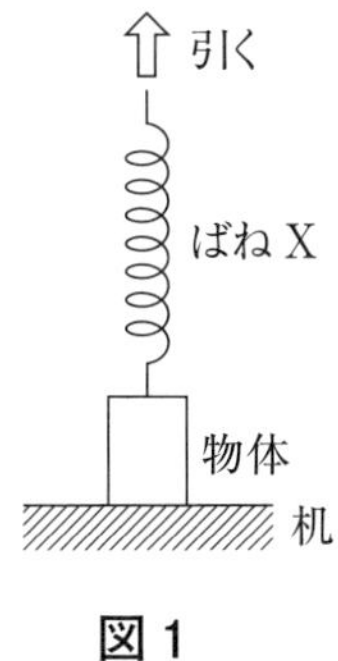

図１

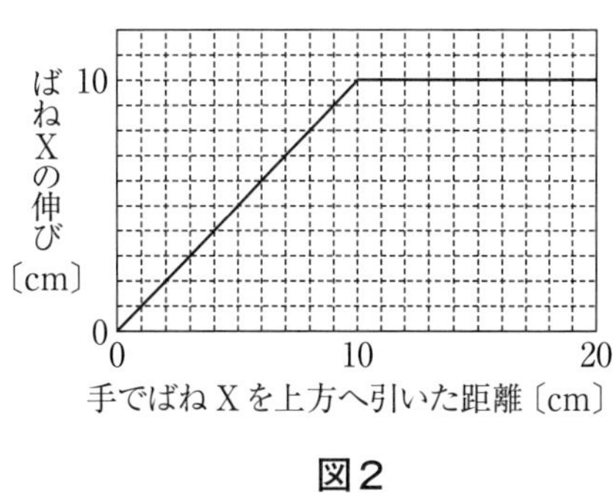

図２

(1) 〔実験１〕で用いた物体の重さは何Nか。

(2) 〔実験１〕で，手でばねXを上方へ引いた距離が4.0cmのとき，物体は机の上で静止していた。このとき，次の①，②に答えなさい。

① 物体が机におよぼす圧力は何Paか。

② ばねXと物体にはたらく力のうち，物体にはたらく重力以外の力を**図３**のように表したとき，**図３**のア～エの中からつり合いの関係にある二つの力を選び，記号で答えなさい。ただし，ばねXを引く手は省略されており，ばねXと物体にはたらく力の大きさは正しく表されているとは限らない。

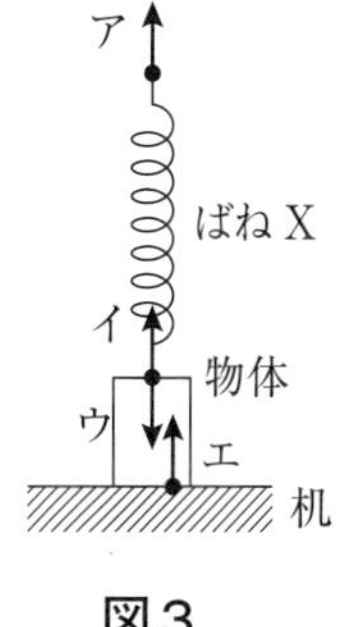

図３

(3) 〔実験１〕で，手でばねXを上方へ引いた距離が20cmのとき，物体は机の上に静止しているか，それともばねXにつるされて空中で静止しているか。解答欄の「机の上」，「空中」のいずれかを○で囲みなさい。また，「空中」を囲んだ場合は，物体の底面が机から何cm離れた位置にあるか，答えなさい。

〔実験２〕

ばねＸとばねＹにつないだ糸とばねばかりを１点で結び，結び目を点Ｏとした**図４**のような装置を用意した。**図４**は，ばねＸとばねＹとばねばかりを矢印の方向へそれぞれ引き，全体を静止させた状態を表していて，このとき，ばねばかりは10Ｎを示している。

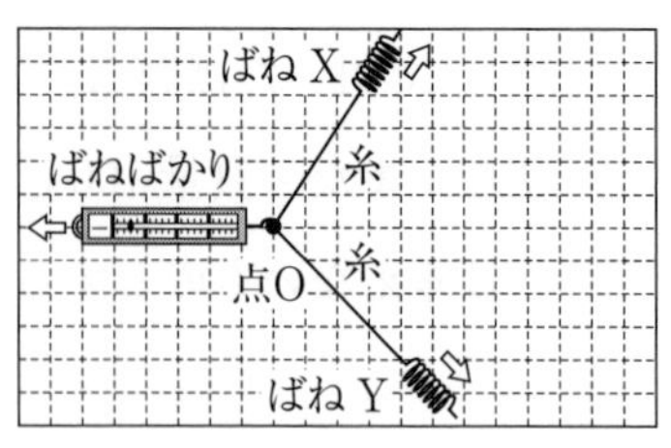

図４

(4) 〔実験２〕で，ばねＸとばねＹにつないだ糸が点Ｏを引く力を，それぞれ解答欄の図に矢印で描きなさい。ただし，力の大きさは解答欄の図の１目盛りを２Ｎとし，作図する際の補助線の有無は問わない。

(5) 〔実験２〕で，ばねばかりの示す値とばねＸが点Ｏを引く方向を保ったまま，ばねＸとばねＹにつないだ糸がなす角度を大きくすると，ばねＸとばねＹが点Ｏを引く力の大きさはどうなるか。正しい組み合わせを，次のア～エの中から一つ選び，記号で答えなさい。

	ばねＸが点Ｏを引く力	ばねＹが点Ｏを引く力
ア	小さくなる	小さくなる
イ	小さくなる	大きくなる
ウ	大きくなる	小さくなる
エ	大きくなる	大きくなる

4 次の〔実験〕について，後の問いに答えなさい。

〔実験〕

図1のような実験装置を用意し，炭酸カルシウム1.0 gにうすい塩酸を40 cm^3加えて二酸化炭素を発生させた。二酸化炭素の発生が完全に止まってから，三角フラスコの中を観察したところ，加えた炭酸カルシウムはすべてなくなっていた。また，このとき発生した二酸化炭素をすべて捕集して体積を測定した。

加える塩酸の体積は40 cm^3のまま，三角フラスコに加える炭酸カルシウムの質量を変えて，同様の実験を行ったところ，発生した二酸化炭素の体積は次の表と**図2**のグラフのようになった。

炭酸カルシウムの質量〔g〕	1.0	2.0	3.0	4.0	5.0
発生した二酸化炭素の体積〔cm^3〕	250	500	700	700	700

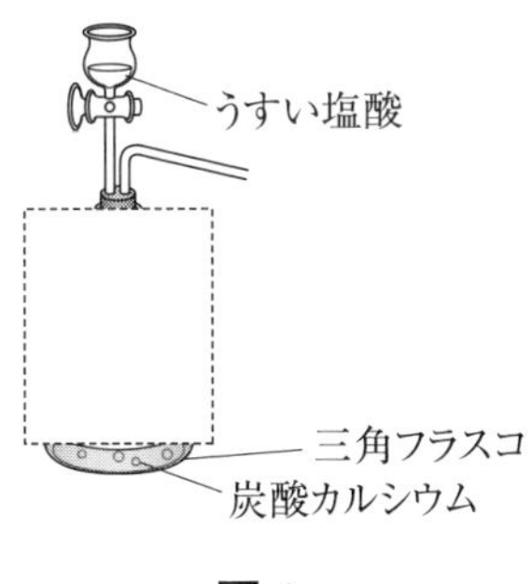

図1

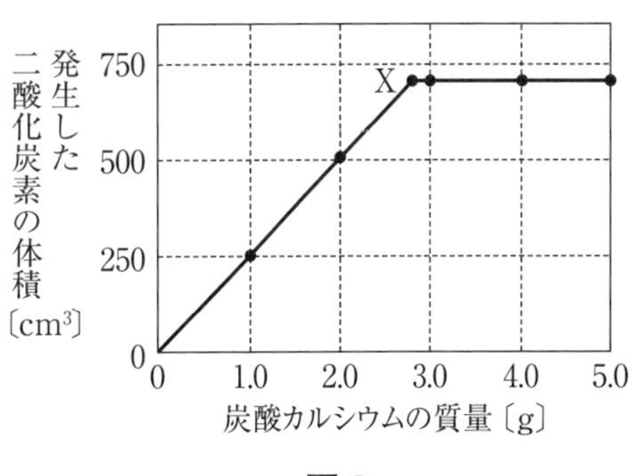

図2

(1) 次の①，②の問いに答えなさい。

① 〔実験〕に用いた**図1**の装置の［　　　　］の部分を明らかにした図として正しいものを，次のア～エの中から一つ選び，記号で答えなさい。

ア．

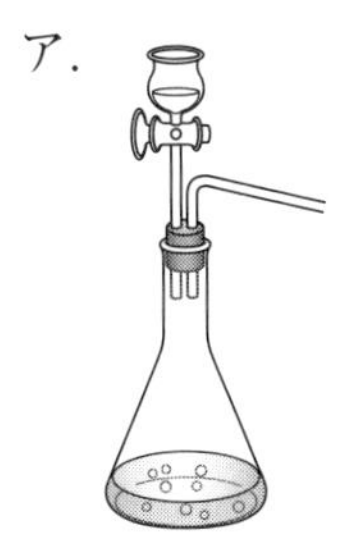

イ．

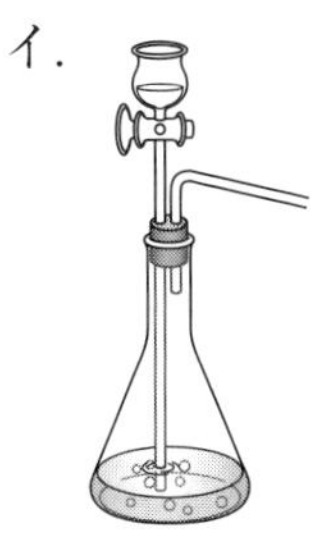

ウ．

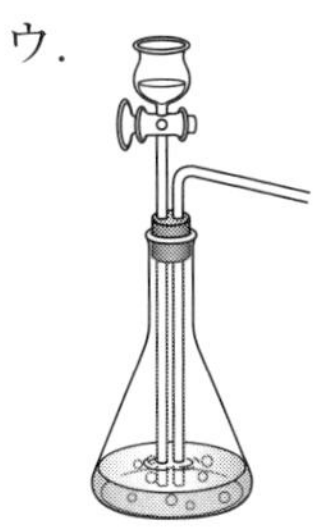

エ．

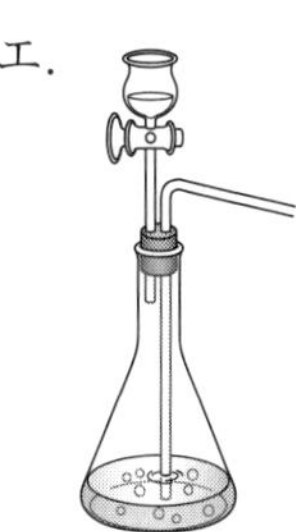

② 〔実験〕において三角フラスコ内で起こっている反応の化学反応式について，解答欄に合うように，化学式を答えなさい。

(2) 下線部のとき，はじめに用意した塩酸 40 cm^3 と炭酸カルシウム 1.0 g の反応について述べた文章のうち，正しいものを次のア～エの中から一つ選び，記号で答えなさい。

ア．塩酸と炭酸カルシウムが過不足なく反応して炭酸カルシウムはすべてなくなった。

イ．塩酸の量をさらに増やせば，二酸化炭素の発生量は増加する。

ウ．塩酸の量を増やしても，二酸化炭素の発生量はこれ以上増加しない。

エ．塩酸の量を増やしたとき，二酸化炭素の発生量が増加するかどうかは，この実験だけでは判断することはできない。

(3) 〔実験〕で用いた塩酸 40 cm^3 と過不足なく反応する炭酸カルシウムの質量は何 g か答えなさい。

(4) 〔実験〕において，加えた炭酸カルシウムの質量と，反応後に残っている炭酸カルシウムの質量の関係を表したグラフとして最も適切なものを**図3**のア～ウの中から一つ選び，記号で答えなさい。ただし，**図2**の点 X と**図3**の点 Y における，加えた炭酸カルシウムの質量は等しいものとする。

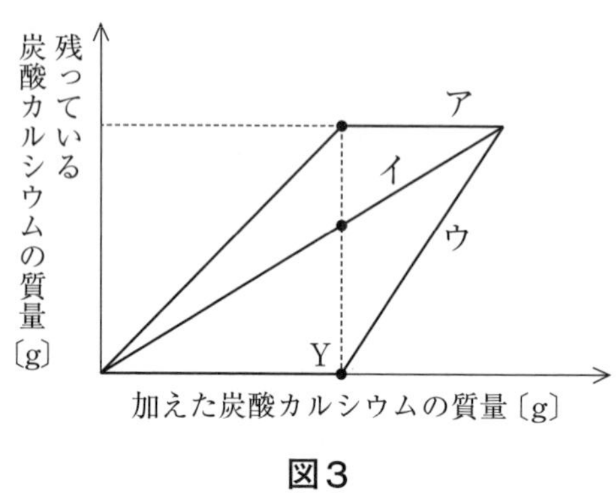

図3

(5) 〔実験〕において，炭酸カルシウム 5.0 g を加えて十分に反応させた後，残っている炭酸カルシウムをすべて溶かすためには，〔実験〕で用いた塩酸を追加で何 cm^3 用意して加える必要があるか，小数第 1 位を四捨五入して，整数で答えなさい。また，そのとき発生する二酸化炭素の体積は〔実験〕で発生した分と合わせて何 cm^3 か答えなさい。

(6) 三角フラスコに加える物質を石灰石(主成分が炭酸カルシウムで，ほかに不純物を含む)にして，〔実験〕で用いた塩酸 40 cm^3 に石灰石を 1.9 g 加えたところ，石灰石に含まれる炭酸カルシウムはすべて溶けて二酸化炭素が 430 cm^3 発生した。このとき，加えた石灰石 1.9 g に含まれる炭酸カルシウムの質量の割合は何％か，小数第 2 位を四捨五入して，小数第 1 位まで答えなさい。ただし炭酸カルシウム以外の物質は塩酸と反応せず，二酸化炭素を発生させなかったものとする。

5 次の図はア～クの生物を特徴によって分類したものであり，A～G はア～キのいずれかの生物に対応している。これについて，後の問いに答えなさい。

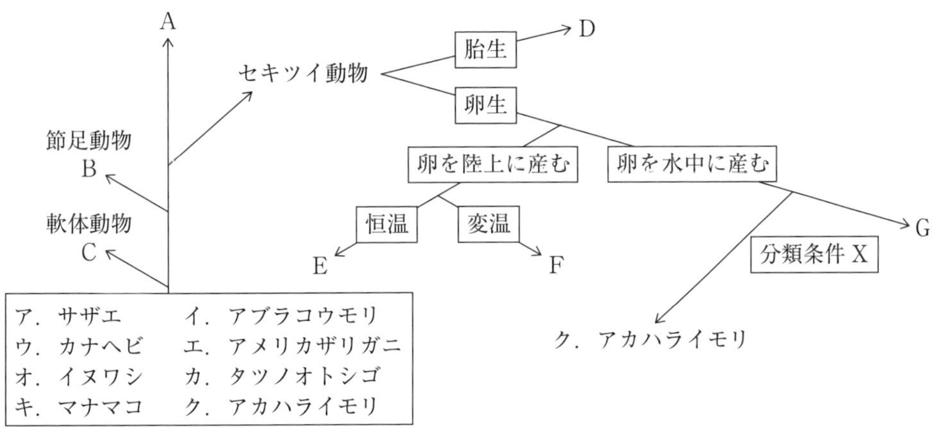

(1) 図の生物 A，C，D にあてはまるものを，図中のア～キの中からそれぞれ一つずつ選び，記号で答えなさい。

(2) 図中の G に対応する生物とク．アカハライモリを区分する，分類条件 X として適切なものを，次のア～エの中から一つ選び，記号で答えなさい。

ア．主な呼吸方法がえら呼吸か，一生のうちにえら呼吸から肺呼吸に変化するか。

イ．体表がうろこに覆われているか，湿った皮膚と甲羅に覆われているか。

ウ．一生ひれで移動するか，一生足で移動するか。

エ．殻のない卵を産むか，殻のある卵を産むか。

⑶　節足動物の体は外骨格に覆われているため，体が成長する際にあることを繰り返して大きくなる。このあることの名称を漢字２字で答えなさい。

⑷　セキツイ動物の心臓のつくりについて述べた文章のうち正しいものを，次のア～エの中から一つ選び，記号で答えなさい。

ア．カメの心臓は不完全な二心房二心室で，心室内では動脈血と静脈血が少し混合している。

イ．フナの心臓は一心房一心室で，心房と心室の中の血液はどちらも動脈血である。

ウ．カエルの心臓は二心房一心室で，肺動脈の中には動脈血が流れている。

エ．ヒトの心臓は二心房二心室で，左心房の中の血液は静脈血である。

⑸　次の①，②のそれぞれのａ～ｃの生物を，自然分類学上，〔　　〕に示した生物に最も近縁なものから順に並べ替えるとどうなるか。答えは例を参照して，後のア～カの中からそれぞれ一つずつ選び，記号で答えなさい。

①〔ヒツジ〕　a. カモノハシ　b. カワセミ　c. ジンベエザメ

②〔ペンギン〕　a. コウモリ　b. ウミネコ　c. リクガメ

例：〔イヌ〕　a. ネコ　b. カエル　c. ヤモリ　（答え）イ

ア．a－b－c　イ．a－c－b　ウ．b－a－c

エ．b－c－a　オ．c－a－b　カ．c－b－a

⑹　ウミヘビにはハ虫類に分類されているものと，魚類に分類されているものがある。ハ虫類のウミヘビはコブラの仲間とされており，魚類のウミヘビはウナギの仲間とされている。毒を持つのはハ虫類のウミヘビで，魚類のウミヘビは毒を持たない。これについて，次の①，②の問いに答えなさい。

①　ハ虫類のウミヘビと魚類のウミヘビの特徴を比較したときに，ハ虫類のウミヘビにのみ当てはまることを次のア～オの中から一つ選び，記号で答えなさい。

ア．体温が一定である。　イ．体温が周囲の環境によって変化する。

ウ．背びれをもつ。　エ．えらで呼吸する。　オ．肺で呼吸する。

② ほとんどのウミヘビの繁殖形態は卵生で，ハ虫類のウミヘビは陸上に，魚類のウミヘビは水中に卵を産む。しかし，ベルチャーウミヘビやクロガシラウミヘビのように，卵を腹の中でふ化させてから産む，卵胎生という繁殖形態をとるハ虫類のウミヘビも存在する。卵胎生の動物には，ウミヘビの他にシーラカンス，グッピー，イグアナの仲間などが存在する。繁殖形態について述べた文章のうち，正しいものを次のア～ウの中から一つ選び，記号で答えなさい。

ア．多くの卵生の生物は，一度に多くの卵を産み落とし，その卵のほぼすべてがふ化することで，卵胎生や胎生よりも多くの子孫を残すことができる。

イ．多くの卵胎生の生物は，親の体を通してガス交換と栄養の供給が行われ，産子数は多くはないが，安全に卵をふ化させてから産むことができる。

ウ．多くの胎生の生物は，親の体内で胎盤などを通してガス交換と栄養の供給が行われ，出産後も親が子を保護することが多い。

6 次の〔実験〕，〔文章〕について，後の問いに答えなさい。

〔実験〕

海岸沿いでの風向を調べるために，**図1**のようにガラスの容器の中に水と砂が入った容器を並べて置き，それぞれの容器の真上に白熱電球を取り付け，電源を入れて光らせた。水と砂の入った容器の中間に火のついた線香を立てて，しばらく観察し，煙の流れる向きから風向を確かめた。

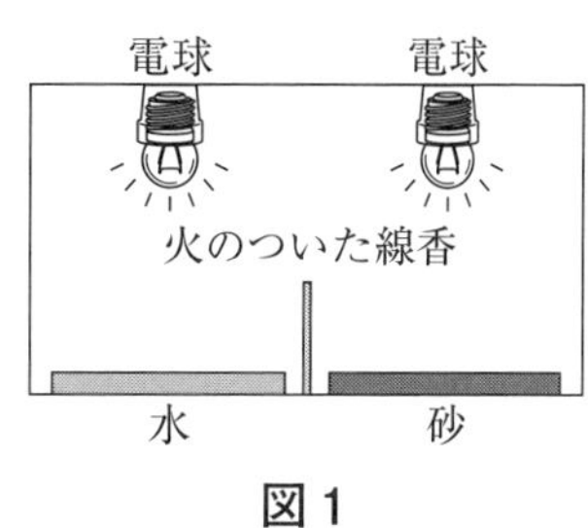

図1

(1) 〔実験〕で，線香の煙はどのように流れるか，次のア～エの中から一つ選び，記号で答えなさい。また，この実験と同じ原理によって，海岸沿いで日中に吹く風を何というか，答えなさい。

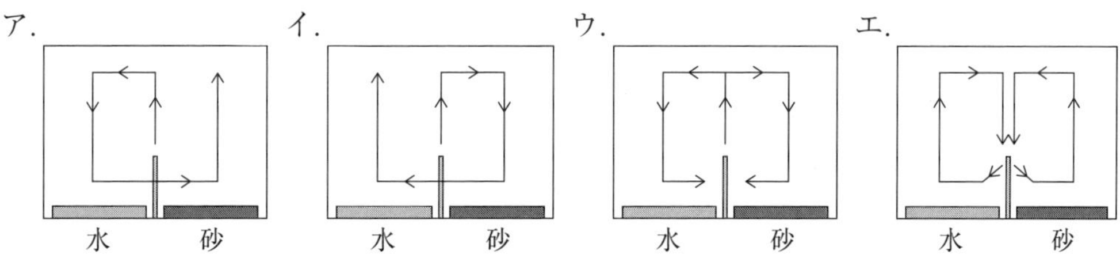

(2) 〔実験〕の後，電球を消してしばらくすると，線香の煙の流れる向きが変わった。このように風向が変わるときに，容器の水と砂の温度が等しくなり一時的に風が止む状態が見られた。海岸沿いにおいて，一日のうちで，風が止む時間帯として最も適切なものを次のア～エの中から二つ選び，記号で答えなさい。

ア．朝方　　イ．正午ごろ　　ウ．夕方　　エ．真夜中ごろ

〔文章〕

A日本は四季がはっきりと分かれている国の一つである。日本の夏の暑さは東南アジアにあるマレーシアやフィリピン並みで，冬の寒さは北欧のスウェーデンやフィンランドに匹敵する。では，Bなぜ日本の夏の暑さが，日本よりも南の地域である東南アジア諸国に並ぶのか。それはヒトが体で感じる暑さには気温だけでなく，湿度や風の強さなども大きく影響を及ぼしているからであり，これらを組み合わせてヒトが感じる暑さを表したものを体感温度という。夏の場合，同じ気温でも，湿度が高く風が弱いと暑く感じ，湿度が低く風が強いと涼しく感じる。

体感温度の基準にC不快指数(温湿指数)というものがある。この指数はアメリカで考え出されたもので，冷房の使用にどのくらいの電力が必要かを予測するために用いられ始めた。体感温度には風が影響を及ぼすが，不快指数は室内での冷房の使用を想定しているため，はじめから無風状態を前提としている。不快指数の計算方法は次の通りである。

不快指数＝0.81×気温〔℃〕＋0.01×湿度〔%〕×(0.99×気温〔℃〕－14.3)＋46.3

(3) 〔文章〕中の下線部Aについて，日本の天気について説明した次のア～エの文章のうち，正しいものをすべて選び，記号で答えなさい。

ア．冬は，シベリア気団が発達して，西高東低の気圧配置となり，縦じま模様に見える南北方向に伸びる等圧線の間隔が広いため，北西の季節風が日本列島に強く吹きつける。

イ．春は，温帯低気圧と，ユーラシア大陸の南東部で発生し偏西風によって運ばれてくる移動性高気圧の影響を受け，天気が周期的に変化しやすく，古くから三寒四温として知られてきた。

ウ．梅雨は，シベリア気団の寒気と小笠原気団の暖気がぶつかりあうことで停滞前線が生じて，雨の降る日が多くなる時期である。この停滞前線を特に，梅雨前線という。

エ．夏は，小笠原気団が発達して，南高北低の気圧配置となり，日本列島が全体的に太平洋高気圧に覆われる。南東の季節風が吹き，太平洋側の地域を中心に，湿度が高く蒸し暑い日が多い。

(4) 〔文章〕中の下線部Bについて，日本の夏の気温が高くなる理由の一つとして，フェーン現象がある。フェーン現象について次の問いに答えなさい。ただし，雲がないときは空気が100 m上昇すると気温は1℃低下し，雲があるときは100 m上昇すると0.5℃低下するものとする。また，**表1**に示した気温と飽和水蒸気量の関係を用いて，答えが小数になる場合は小数第1位を四捨五入し整数で答えなさい。

表1

気温〔℃〕	15	16	17	18	19	20	21	22	23	24
飽和水蒸気量〔g/m^3〕	12.8	13.6	14.5	15.4	16.3	17.3	18.4	19.4	20.6	21.8
気温〔℃〕	25	26	27	28	29	30	31	32	33	34
飽和水蒸気量〔g/m^3〕	23.1	24.4	25.8	27.2	28.8	30.4	32.1	33.8	35.7	37.6

① **図2**の地点Pで気温28℃，湿度60％の空気が山の斜面を上昇すると，標高900 mの地点Qで雲が発生した。地点Qでの湿度を答えなさい。

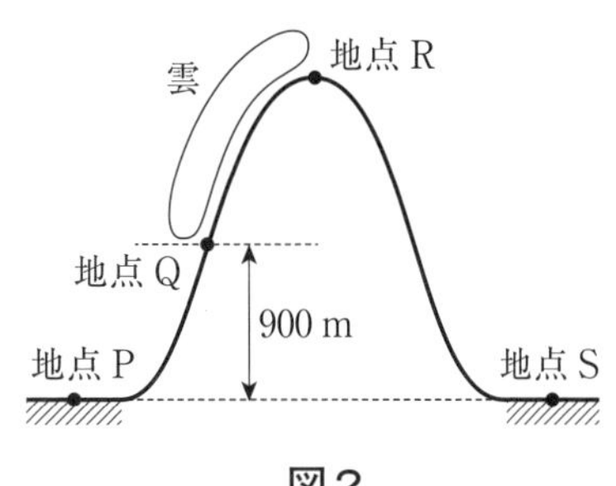

図2

② ①の空気が**図2**の山頂の地点Rまで上昇すると，気温は15℃であった。この地点Rでの標高は何mか。ただし，地点Qから地点Rまでは雲が発生しているものとする。

③ ②の空気が，**図2**の山頂の地点Rから，地点Pと反対側で標高が等しい地点Sまで下降したときの，地点Sでの気温と湿度をそれぞれ答えなさい。

⑸ 〔文章〕中の下線部Cについて，不快指数と体で感じる暑さや寒さの度合いの関係は**表2**のようになっている。部屋の気温が28℃で湿度が50％のとき，不快指数をもとに考えると，体で感じる暑さや寒さの度合いはどのようになるか。適切なものを後のア～カの中から一つ選び，記号で答えなさい。

表2

不快指数	55未満	55以上 60未満	60以上 75未満	75以上 80未満	80以上 85未満	85以上
暑さや寒さの度合い	寒い	肌寒い	快適	やや暑い	暑くて 汗が出る	暑くて たまらない

ア．寒い　　イ．肌寒い　　ウ．快適

エ．やや暑い　　オ．暑くて汗が出る　　カ．暑くてたまらない

2023 第2回
サピックスオープン

第2回　社会

社　会

中学３年

2023年７月２日実施

【受験上の注意事項】

1 試験時間は、50 分です。
2 答えは全て解答用紙の定められた解答欄の中に書きなさい。
小さすぎる文字・薄すぎる文字は採点できません。
3 解答用紙には、生徒 ID・氏名を必ず書きなさい。
4 問題用紙の白いところは、メモなどに使いなさい。
5 質問がある時や気分が悪くなった時は、黙って手をあげなさい。
6 終わったら解答用紙だけを提出しなさい。

1 次の地図Ⅰ～Ⅲを見て、以下の各問いに答えなさい。

地図Ⅰ

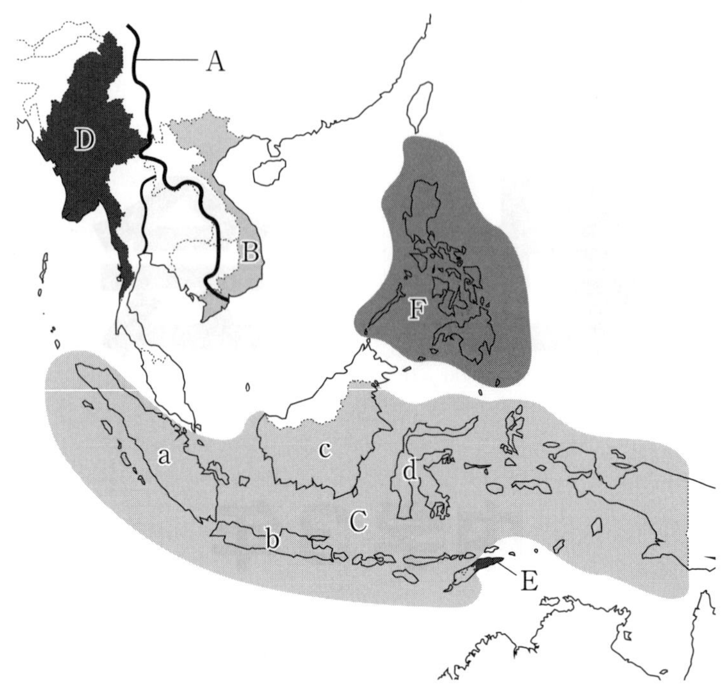

問1 地図Ⅰ中のAの河川名を解答欄に合わせてカタカナで答えなさい。

問2 右の表は地図Ⅰ中のB国、C国を含む、ある農産物の国別の生産量である。1位と3位の国は首都の緯度・経度を示している。この表が示す農産物として適切なものを次の中から1つ選び、記号で答えなさい。

	国	生産量(千トン)
1位	南緯15度48分　西経47度55分	3,009
2位	B	1,684
3位	北緯4度35分　西経74度4分	885
4位	C	761

2019年 『データブック オブ・ザ・ワールド2022年版』より作成

ア．米　　イ．コーヒー豆　　ウ．茶　　エ．大豆

問3　地図Ⅰ中のＣ国では過度な人口集中を防ぐため2024年以降に首都を移転させる計画が進んでいる。現在の首都名をカタカナで答えなさい。また、現在の首都が位置している島を地図Ⅰ中のａ～ｄの中から選び、記号で答えなさい。

問4　次の表は地図Ⅰ中のＤ国、Ｅ国の旧宗主国(かつて植民地支配を行っていた国)について記したものである。表中の空欄に当てはまる国の組み合わせとして適切なものを次の中から選び、記号で答えなさい。なお、Ｂ～Ｅ国はすべて異なる国を旧宗主国としている。

国名	旧宗主国
D	（　Ⅰ　）
E	（　Ⅱ　）

ア．Ⅰ－フランス　Ⅱ－オランダ
イ．Ⅰ－フランス　Ⅱ－ポルトガル
ウ．Ⅰ－イギリス　Ⅱ－オランダ
エ．Ⅰ－イギリス　Ⅱ－ポルトガル

問5　地図Ⅰ中のＦ国を説明した次の①～③の文の正誤の組み合わせとして適切なものをあとのア～クの中から１つ選び、記号で答えなさい。

①　国の中心宗教はイスラム教であるが、仏教徒、ヒンドゥー教徒も数多く居住しており多くの民族が共生する国家として知られる。

②　プランテーションで栽培されたバナナが輸出品としては有名であるが、機械類と比べれば、バナナが輸出額に占める割合は高くはない。

③　立憲君主制国家である。石油や天然ガスの輸出が多いことから裕福な国家として知られ、一人当たり国内総生産もこの地域では上位に位置する。

	ア	イ	ウ	エ	オ	カ	キ	ク
①	正	正	正	正	誤	誤	誤	誤
②	正	正	誤	誤	正	正	誤	誤
③	正	誤	正	誤	正	誤	正	誤

地図Ⅱ

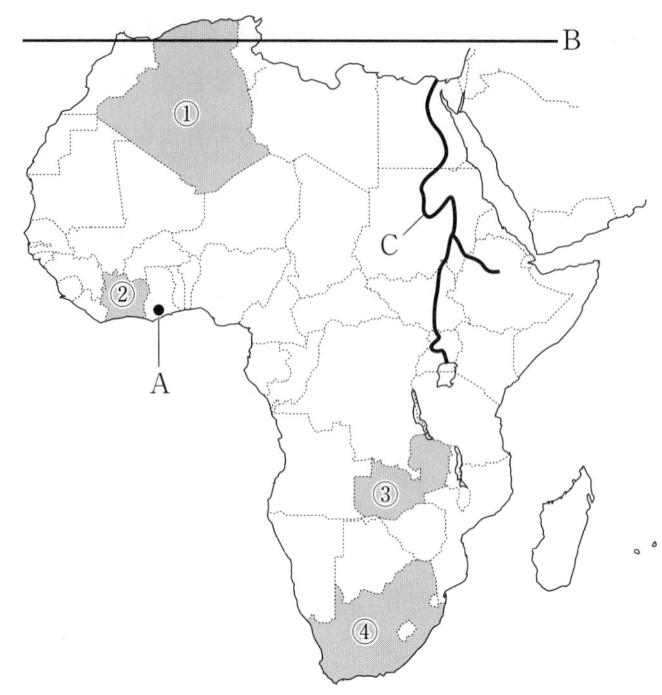

問6　地図Ⅱ中のＡの都市で現地時刻の11月15日午後2時からはじまる国際会議に東京からリモートで参加する場合、東京での時刻はどのようになるか、適切なものを次の中から1つ選び、記号で答えなさい。なお、Ａの都市は本初子午線を標準時子午線としている。

ア．11月15日　午後7時　　イ．11月15日　午後9時

ウ．11月15日　午後11時　　エ．11月16日　午前1時

問7　次の表は地図Ⅱ中の①～④のいずれかの国の輸出品の上位品目と総額(百万ドル)を示したものである。③の輸出品の上位品目と総額を示しているものを選び、記号で答えなさい。

	ア	イ	ウ	エ
1位	銅	カカオ豆	原油	白金族
2位	銅鉱	石油製品	天然ガス	自動車
3位	セメント	金(非貨幣用)	石油製品	金(非貨幣用)
4位	機械類	野菜・果実	液化天然ガス	機械類
5位	葉たばこ	天然ゴム	液化石油ガス	鉄鉱石
総額	7,805	12,718	35,191	85,227

ア・エは2020年、イは2019年、ウは2017年　『世界国勢図会 2022/23』より作成

問8 地図Ⅱ中にあるBの緯線が示す緯度を次の中から選び、記号で答えなさい。

ア. 北緯25度線　　イ. 北緯30度線　　ウ. 北緯35度線　　エ. 北緯40度線

問9 地図Ⅱを参考にしつつ、河川Cに関して説明した次の文中ア～エの下線部の中から適切でないものを1つ選び、記号で答えなさい。

> この河川の源流の1つはア.ビクトリア湖であり、イ.スーダンの首都ハルツーム付近でウ.ナイジェリア方面からの流れと合流し、地中海に注ぐ。下流のエ.エジプトには多目的ダムとしてアスワンハイダムが位置している。

問10 下のグラフは次の地図Ⅲ中の①～④のいずれかの都市の月平均気温と月降水量を示したものである。当てはまる都市を選び、番号で答えなさい。

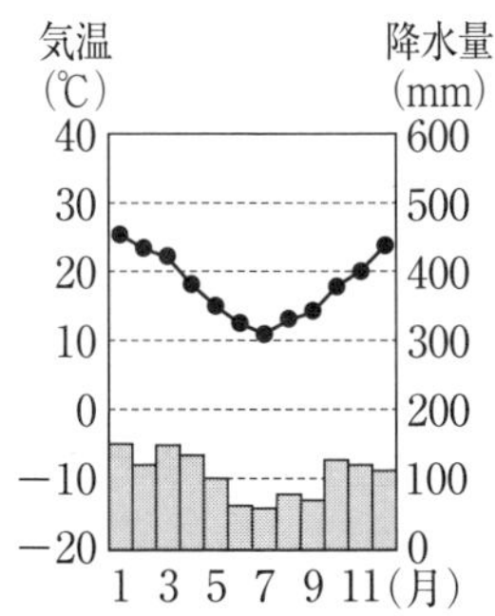

『データブック オブ・ザ・ワールド 2022年版』より作成

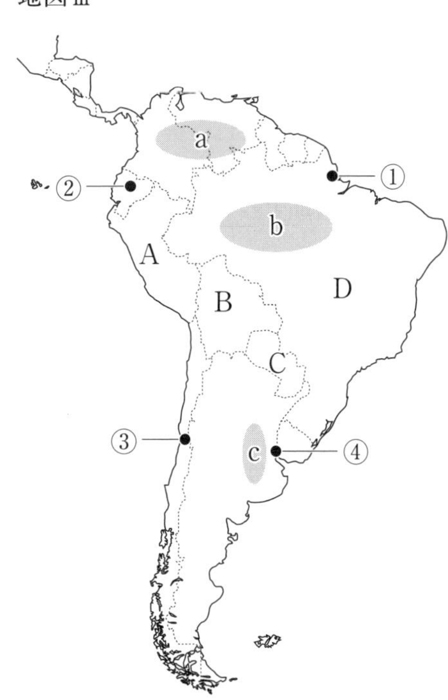

問11　次の表は地図Ⅲ中のA、B、Cの国の主な人種・民族構成を示したものである。表中およびあとの文の空欄に共通して当てはまる語句をカタカナで答えなさい。

国名	主な人種・民族
A	先住民 45%、(　　　) 37%、白人 15%
B	先住民 55%、(　　　) 30%、白人 15%
C	(　　　) 86%、白人 9%、先住民 2%

『データブック オブ・ザ・ワールド 2022年版』より作成

16世紀になるとヨーロッパから白人の入植が進み、その後、(　　　)と言われる先住民と白人の混血が多くなっていった。

問12　地図Ⅲ中のa、b、cの地域の説明として適切なものを次のア～ウの中からそれぞれ選び、記号で答えなさい。

ア．アマゾン川流域の熱帯に広がる密林

イ．オリノコ川流域の熱帯に広がる草原

ウ．ラプラタ川流域の温帯に広がる草原

問13　地図Ⅲ中のDの国に関して説明した次の文の中で適切なものを1つ選び、記号で答えなさい。

ア．首都は内陸部に位置し、この国最大の人口を抱えている都市である。

イ．カラジャス一帯は石油の埋蔵量が世界有数であり、日本にも輸出されている。

ウ．国土面積はロシア・カナダ・アメリカ・中国に次ぐ5番目である。

エ．公用語はスペイン語で、国民の多くはカトリック教徒である。

2　次の地図Ⅰ・Ⅱを見て、以下の各問いに答えなさい。

問１　北海道に関して

地図Ⅰ中のＸの台地に戦後、実験農場が建設された。この実験農場をカタカナで答えなさい。また、この地で行われている主な農業を漢字で答えなさい。

地図Ⅰ

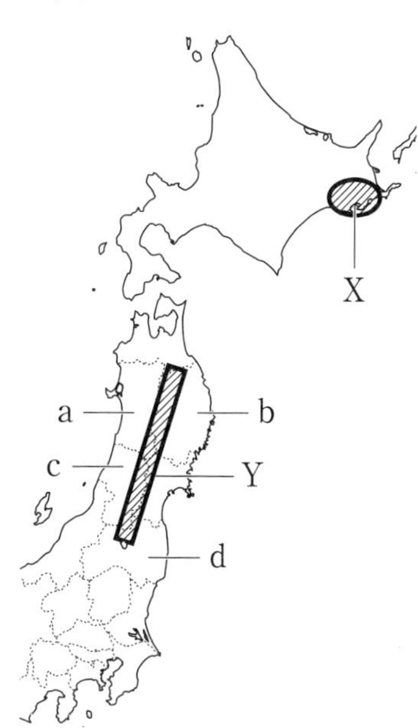

問２　東北地方に関して

(1)　次のア～エは、地図Ⅰ中のａ～ｄのいずれかの県の農業統計(単位は全て％)を示したものである。ｃの県に当てはまるものを１つ選び、記号で答えなさい。

	米	野菜	果実	畜産
ア	35.1	18.0	28.1	14.5
イ	22.5	9.7	4.9	58.6
ウ	58.3	14.6	4.4	18.7
エ	39.0	21.0	13.1	20.9

2020年、『データブック オブ・ザ・ワールド 2022年版』より作成

(2)　地図Ⅰ中のＹで示した山脈の名称を解答欄に合わせて漢字で答えなさい。

問3　関東地方に関して

次のア～エは、関東地方に位置する群馬県、東京都、神奈川県、千葉県に関する昼夜間人口比率、老年人口、第２次産業人口の割合(単位は全て%)を表したものである。群馬県に当てはまるものを選び、記号で答えなさい。

	昼夜間人口比率	老年人口	第２次産業人口割合
ア	99.8	30.2	31.8
イ	117.8	22.7	17.5
ウ	89.7	27.6	20.6
エ	91.2	25.6	22.4

昼夜間人口比率・第２次産業人口割合 2015年、老年人口 2020年
『日本国勢図会 2022/23』より作成

問4　中部地方に関して

この地域の工業を説明した次の文中の(　①　)(　②　)に当てはまる語句の組み合わせとして適切なものをあとのア～エの中から選び、記号で答えなさい。

> 中京工業地帯は現在の日本で最も工業出荷額が多く、(　①　)を中心とした機械工業が工業出荷額の６割以上を占める。北陸地域では、福井県鯖江(さばえ)市の眼鏡(めがね)など、地域の中小資本が集まった(　②　)が発達している。

ア．①造船　②地場産業　　　イ．①自動車　②地場産業

ウ．①造船　②ベンチャー企業　　エ．①自動車　②ベンチャー企業

問5　近畿地方に関して

近畿地方の自然に関して説明した次の文Ⅰ・Ⅱの正誤を判断し、適切なものの組み合わせを次のア～エの中から選び、記号で答えなさい。

> Ⅰ．琵琶湖は「近畿の水がめ」といわれ、琵琶湖疏水(そすい)やここから大阪湾に向かって流れ出る淀川は京都・大阪・兵庫などに必要な水を供給している。
>
> Ⅱ．紀伊山地は温暖で降水量が多いことから林業が発達し、天竜スギや尾鷲ヒノキなど良質な木材を供給している。

ア．Ⅰ－正　Ⅱ－正　　イ．Ⅰ－正　Ⅱ－誤
ウ．Ⅰ－誤　Ⅱ－正　　エ．Ⅰ－誤　Ⅱ－誤

地図Ⅱ

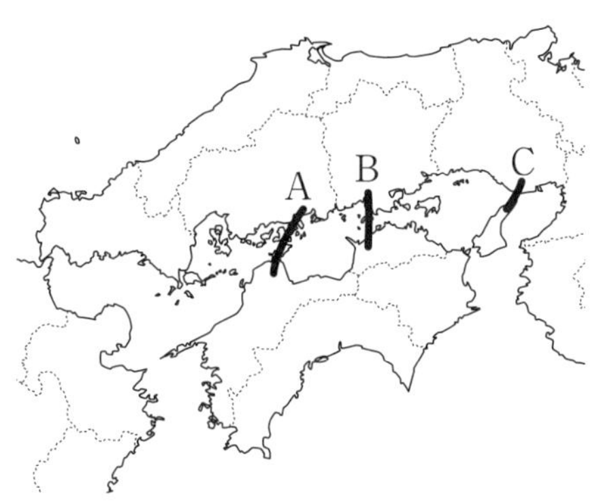

問6　中国・四国地方に関して

地図Ⅱ中の本州と四国をつなぐ瀬戸大橋に関して説明した次の文の中で適切なものを1つ選び、記号で答えなさい。

ア．瀬戸大橋は児島・坂出間をつなぐAのルートに含まれる。
イ．瀬戸大橋は尾道・今治間をつなぐAのルートに含まれる。
ウ．瀬戸大橋は児島・坂出間をつなぐBのルートに含まれる。
エ．瀬戸大橋は尾道・今治間をつなぐBのルートに含まれる。
オ．瀬戸大橋は児島・坂出間をつなぐCのルートに含まれる。
カ．瀬戸大橋は尾道・今治間をつなぐCのルートに含まれる。

問7　九州・沖縄地方に関して

九州・沖縄地方に位置する県に関して説明した次の文の中で適切なものを1つ選び、記号で答えなさい。

ア．九州・沖縄地方では福岡市・北九州市・那覇市が政令指定都市となっている。
イ．大分県には別府や由布院など有名な温泉や、八丁原地熱発電所がある。
ウ．鹿児島県・沖縄県を除く6つの県に新幹線の路線が整備されている。
エ．熊本県水俣市周辺では1950年代からカドミウムを原因とする公害病が発生した。

3 次の年表を見て、以下の各問いに答えなさい。

	日本の宗教・学問に関する歴史
6世紀	仏像・経典が百済から日本へ正式に伝わる
	【A】
8世紀	日本の神話が『古事記』・『日本書紀』にまとめられる
	【B】
9世紀	最澄・空海が唐からもどり、それぞれ天台宗・真言宗を開く
	【C】
13世紀	一遍が時宗を開く
	【D】
16世紀	織田信長が延暦寺焼き討ちを行う
	【E】
17世紀	①島原・天草一揆が起こる
	【F】
18世紀	江戸幕府老中の(　②　)が寛政異学の禁を発し、幕府教育機関における朱子学以外の講義を禁じた

問1　Aの時期に関して

(1)　この時期の出来事に関して説明した次の文の中で適切でないものを1つ選び、記号で答えなさい。

ア．富本銭・和同開珎の発行　　イ．墾田永年私財法の制定

ウ．壬申の乱　　エ．大宝律令の制定

(2)　この時期には百済に侵攻した唐・新羅と百済の復興を支援する日本との間で白村江の戦いが起こった。白村江の場所を右の地図中から1つ選び、記号で答えなさい。

問2　Bの時期に関して

この時期の文化と関連が深い像として適切でないものを1つ選び、記号で答えなさい。

ア．東大寺盧舎那仏像

イ．興福寺阿修羅像

ウ．法隆寺金堂釈迦三尊像

エ．唐招提寺鑑真和上像

問3　Cの時期に関して

(1)　次の資料は、天台宗僧侶の慈円が著した『愚管抄』の一部を現代語訳したもので、11世紀の様子を示している。（　a　）に当てはまる貴族などの私有地のことを漢字2字で答えなさい。また、下線部bに当てはまる人物をあとのア～エの中から選び、記号で答えなさい。

> この後三条天皇の御時に、……延久の記録所というものを初めて設けられたのは、全国にある（　a　）が、宣旨や官符で認められていたわけでもないのに公田をかすめ取っており、それが大いなる害悪だとお聞きになっておられ、特にb.宇治殿の時に、「摂関家の御領だ、摂関家の御領だ」といって諸国に（　a　）があふれ、受領の任務が果たせないなどという不満の声があがっていたのを御耳にとめておいでになったからでしょう。……

ア．藤原純友　　イ．藤原道長　　ウ．藤原頼通　　エ．藤原秀衡

(2)　この時期に関して説明した次の文Ⅰ・Ⅱの正誤の組み合わせとして適切なものをあとのア～エの中から選び、記号で答えなさい。

> Ⅰ．源義家は前九年合戦・後三年合戦に参加し、東国で源氏の勢力を確立した。
> Ⅱ．源頼朝は白河上皇から全国に守護と地頭を設置する権限を与えられた。

ア．Ⅰ－正　Ⅱ－正　　イ．Ⅰ－正　Ⅱ－誤

ウ．Ⅰ－誤　Ⅱ－正　　エ．Ⅰ－誤　Ⅱ－誤

問4　Dの時期に関して

この時期に関して説明した次の文の中で適切でないものを1つ選び、記号で答えなさい。

ア．元寇に対する出費や分割相続に伴う領地の縮小で困窮する御家人を救うために、鎌倉幕府は徳政令を発した。

イ．建武の新政を開始した後醍醐天皇に不満を持った足利尊氏は吉野に別の天皇を立てると、この地で新たな幕府を開いた。

ウ．借金の帳消しを求めるため、近江の馬借が酒屋や土倉などを襲う正長の土一揆がおこった。

エ．足利義政の跡継ぎ争いや守護大名の権力争いがきっかけで応仁の乱が起こり、長引く戦乱によって京都の町は荒廃した。

問5　Eの時期に関して

この時期に関して説明した次の文の中で適切でないものを1つ選び、記号で答えなさい。

ア．九州のキリシタン大名である有馬・大村・大友氏などによってローマ教皇のもとに天正遣欧使節が派遣された。

イ．豊臣秀吉が宣教師の国外追放を命じるバテレン追放令を発したが、南蛮貿易は制限しなかったため禁教は不徹底に終わった。

ウ．仙台藩主の伊達政宗によって支倉常長をはじめとする慶長遣欧使節がローマ教皇のもとに派遣された。

エ．江戸幕府は禁教令を出し、スペイン船とポルトガル船の来港を禁止した後も、日本人の海外渡航は認め、朱印船貿易を奨励した。

問6　F前後の時期に関して

(1)　次のグラフは、各将軍の時代における大名の※改易数と転封数を示している。グラフから読み取れる内容として適切でないものを次のア～エの中から1つ選び、記号で答えなさい。

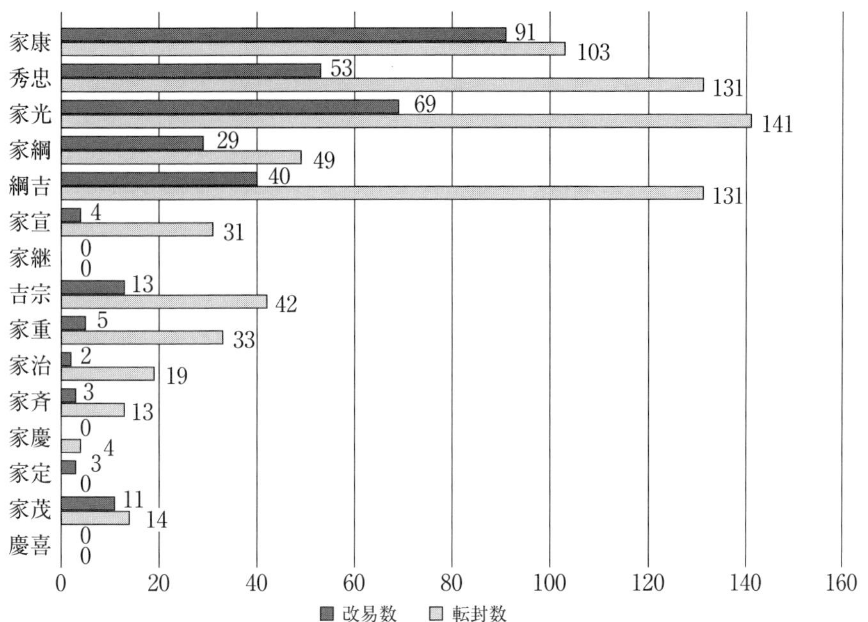

※改易とは大名の身分を幕府が取り上げること、転封とは幕府が大名に領地替えを命令することである。

ア．転封数の全体の合計は、改易数の全体の合計の２倍以上となっている。

イ．家康～綱吉の時代の改易数は、改易数全体の８割を上回っている。

ウ．家宣～慶喜の時代の転封数は、転封数全体の２割を下回っている。

エ．改易・転封のどちらも行わなかった将軍は、合計２名となっている。

(2) 次の資料は、新井白石が著した『折りたく柴の記』の一部を示している。資料の内容として適切なものを次ページのア～エの中から１つ選び、記号で答えなさい。

> 今、重秀が議り申す所は、1)御料すべて四百万石、歳々に納めらるる所の金は凡ソ七十六、七万両余、此内、長崎の運上というもの六万両、酒運上というもの六千両、これら近江守申し行ひし所也。此内、夏冬御給金の料三十万両余を除く外、余る所は四十六、七万両余也。しかるに、2)去歳の国用、凡ソ金百四十万両に及べり。此外に内裏を造りまいらせらるる所の料、凡ソ金七、八十万両を用ひらるべし。されば、今国財の足らざる所、凡ソ百七、八十万両に余れり。…しかるに、只今、御蔵にある所の金、わづかに三十七万両にすぎず。…前代の御時、歳ごとに其出る所の入る所に倍増して、国財すでにつまづきしを以て、3)元禄八年の九月より金銀の製を改造らる。これより此かた、歳々に収められし所の公利、総計金凡ソ五百万両、これを以てつねにその足らざる所を補ひしに、同き十六年の冬、大地震によりて傾き壊れし所々を修治せらるるに至て、彼歳々

に収められし所の公利も忽（たちまち）につきぬ。

※注　1)幕領　2)1708年　3)1695年

ア．現在、長崎で運上の営業税は、幕領全体で納められる税の１割を超えている。

イ．現在、幕府の財政は、百七、八十万両の黒字になっている。

ウ．現在、幕府の蔵にある金は四十万両を超えている。

エ．徳川綱吉が貨幣を改鋳したことにより差益額が五百万両出たが、地震の影響で修築費に当てたので差益額はすべてなくなった。

(3)　この時期を説明した次の文Ⅰ～Ⅲの正誤の組み合わせとして適切なものを、あとのア～クの中から選び、記号で答えなさい。

Ⅰ．上方を中心に町人が担い手となった元禄文化が発達し、葛飾北斎や歌川広重が描く浮世絵が流行した。

Ⅱ．徳川吉宗は、湯島聖堂を建て、忠孝や礼儀によって幕府の安泰をはかる政策を進めていった。

Ⅲ．享保のききんがおこると、困窮した大阪の人々を救済すべく大塩平八郎は門人らと豪商を襲うなどの乱をおこした。

	ア	イ	ウ	エ	オ	カ	キ	ク
Ⅰ	正	正	正	正	誤	誤	誤	誤
Ⅱ	正	正	誤	誤	正	正	誤	誤
Ⅲ	正	誤	正	誤	正	誤	正	誤

問７　下線部①に関して

島原・天草の所在する県の組み合わせとして適切なものを次のア～エの中から１つ選び、記号で答えなさい。

ア．長崎県、佐賀県　　イ．熊本県、福岡県

ウ．長崎県、熊本県　　エ．大分県、福岡県

問８　（　②　）に当てはまる人物名を漢字で答えなさい。

問9 次の①～⑥の世界史上の出来事を年表中の【A】～【F】の時期に当てはめたとき、①～⑥のいずれにも当てはまらないものが2つある。この2つの時期をアルファベット順に答えなさい。

① 第一回十字軍が派遣された。

② アメリカで独立宣言が発表された。

③ コロンブスがアメリカ大陸に到達した。

④ オスマン帝国がビザンツ帝国を滅ぼした。

⑤ ムハンマドがイスラム教を創始した。

⑥ 李成桂によって朝鮮王国が建国された。

4 次の文を読み、以下の各問いに答えなさい。

日本の近代産業発展の中心となったのは、（　Ⅰ　）の生産である。日本の（　Ⅰ　）の輸出は、安政の五か国条約によって1859年に貿易が始まった当初から急速に拡大した。これは、1850年代から①ヨーロッパで微粒子病（びりゅうしびょう）という伝染病が蔓延（まんえん）して（　Ⅰ　）の生産が不調になったことが背景にある。中国からヨーロッパへの（　Ⅰ　）の輸出が一時活発になったものの、②中国で内乱がおこり、上海からの（　Ⅰ　）の輸出が減少したことで、日本産の需要が拡大した。明治に入ると、「殖産興業」により、③渋沢栄一らが中心となって（　Ⅱ　）をエネルギー源とする機械をヨーロッパから輸入し、群馬県に（　Ⅰ　）を生産する官営模範工場がつくられた。生産された（　Ⅰ　）は、④鉄道で横浜まで送られ、横浜港から世界中に輸出されるようになり、1859年の貿易開始から1930年代前半まで、（　Ⅰ　）は日本の最大の輸出品であり続けた。

戦前から現在に至るまでアメリカは日本の主要な貿易相手国であったが、満州事変や日中戦争などを経てアジアで勢力を拡大する日本に対してアメリカは危機感を強めていった。1941年、日ソ中立条約を結んで北方の安全を確保した日本軍が⑤東南アジアのフランス支配地域に進駐すると、アメリカは在米日本資産の凍結（とうけつ）や、対日石油輸出の禁止を決定し、これは、太平洋戦争開戦の引き金となった。太平洋戦争中は⑥アメリカ西海岸諸州に住む日系アメリカ人は各地の強制収容所に収容されるなどの出来事もあった。

第二次世界大戦が終わり、⑦1955年頃から日本は⑧高度経済成長期を迎えた。個人所得が増大し都市化が進行し、⑨日本人の生活様式にいちじるしい変化が生じることになった。

問1　(　Ⅰ　)(　Ⅱ　)に当てはまる語句の組み合わせとして適切なものを次のア～エの中から1つ選び、記号で答えなさい。

ア．Ⅰ－綿糸　Ⅱ－石炭　　イ．Ⅰ－綿糸　Ⅱ－石油

ウ．Ⅰ－生糸　Ⅱ－石炭　　エ．Ⅰ－生糸　Ⅱ－石油

問2　下線部①に関して

次の文が説明するヨーロッパの国の国名をカタカナで答えなさい。

・第一次世界大戦開戦時は中立を保ったが、のちに連合国側で参戦した。
・戦後、国際連盟の理事国の1つになった。
・戦後に樹立した政権は、世界恐慌による国内の不満をそらすため、アフリカで侵略行動を行った。
・1930年代には、海を挟んだ隣国でおこった内戦で反乱軍を支援した。

問3　下線部②に関して

このとき、洪秀全がキリスト教信仰をもとにした組織を作り、南京を首都として打ち立てた国の名称を漢字で答えなさい。

問4　下線部③に関して

渋沢栄一に関して説明した次の文の(　1　)(　2　)に当てはまる語句とa～dの組み合わせとして適切なものを、あとのア～エの中から選び、記号で答えなさい。

渋沢栄一は1872年当時、(　1　)の下に置かれていた大蔵省(現財務省)の官僚であった。当時の政府は歳出の負担に苦しんでおり、(　2　)などの政策によってこれを打開しようとした。

a. 内閣　　b. 太政官

c. 地租を2.5%に引き下げる　　d. 華族・士族への禄(ろく)(給与)の支給を廃止する

ア．1－a　2－c　　イ．1－a　2－d

ウ．1－b　2－c　　エ．1－b　2－d

問5 下線部④に関して

(1) 右の表は、1890年度から1930年度までの鉄道(国鉄・民営鉄道)の旅客輸送の推移を表したものである。表から読み取れる内容として適切なものを、あとのア～エの中から1つ選び、記号で答えなさい。

	旅客輸送(百万人)	
年度	国鉄	民鉄
1890	11	12
1900	32	82
1910	139	393
1920	406	1388
1930	824	2119

『数字でみる日本の100年 第7版』より作成

ア．表中の各年度において、民鉄の旅客輸送が国鉄の3倍を超えた年はない。

イ．1890年度に比べ、1930年度は国鉄と民鉄を合わせた旅客輸送が1000倍以上になっている。

ウ．表中の各年度において、10年間に旅客輸送を最も多く増やしたのは、国鉄・民鉄ともに1920年度から1930年度にかけてである。

エ．1900年度に比べ、1920年度は国鉄と民鉄の旅客輸送の差が約20倍になっている。

(2) (1)の表の時期の日本の対外関係の中で、鉄道に関わる諸政策・事件を説明した次の文Ⅰ～Ⅲを年代の古い順に並べかえたものとして適切なものを、あとのア～カの中から選び、記号で答えなさい。

Ⅰ．日本軍の一部が、張作霖(ちょうさくりん)の乗った列車を爆破した。

Ⅱ．日本が、南満州鉄道株式会社を設立した。

Ⅲ．日本が二十一カ条の要求を行い、鉄道の租借(そしゃく)期限を99年間延長させた。

ア．Ⅰ－Ⅱ－Ⅲ　　イ．Ⅰ－Ⅲ－Ⅱ　　ウ．Ⅱ－Ⅰ－Ⅲ

エ．Ⅱ－Ⅲ－Ⅰ　　オ．Ⅲ－Ⅰ－Ⅱ　　カ．Ⅲ－Ⅱ－Ⅰ

問6 下線部⑤に関して

日本軍が進駐した地域に当てはまる都市を、右の地図中から1つ選び、記号で答えなさい。なお、地図中の国境は現在のものである。

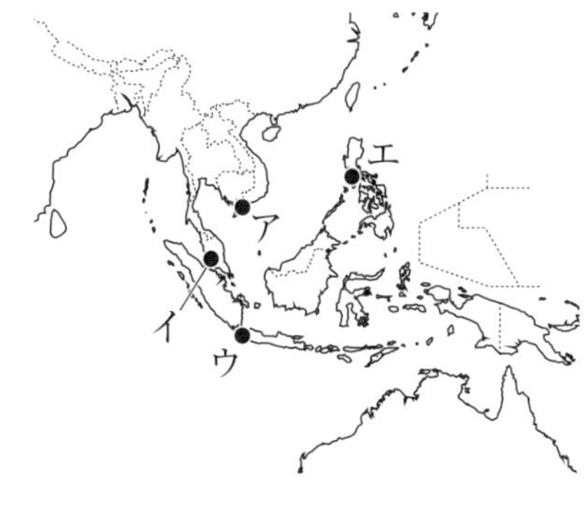

問7　下線部⑥に関して

日本と海外の人的交流について説明した次の文Ⅰ～Ⅲを年代の古い順に並べかえたものとして適切なものを、あとのア～カの中から選び、記号で答えなさい。

Ⅰ．多くの日本人がシベリアの収容所に抑留され、死亡した。

Ⅱ．日本政府は、パリ講和会議で人種差別禁止の取り決めを提案した。

Ⅲ．朝鮮総督府が設置され、土地調査事業を行うと、朝鮮の人々の日本移住が始まった。

ア．Ⅰ－Ⅱ－Ⅲ　　イ．Ⅰ－Ⅲ－Ⅱ　　ウ．Ⅱ－Ⅰ－Ⅲ

エ．Ⅱ－Ⅲ－Ⅰ　　オ．Ⅲ－Ⅰ－Ⅱ　　カ．Ⅲ－Ⅱ－Ⅰ

問8　下線部⑦に関して

1955年から最も離れた時期の出来事を次のア～エの中から1つ選び、記号で答えなさい。

ア．まぐろ漁船第五福竜丸がアメリカの水爆実験で被ばくする事件がおこった。

イ．防衛庁の新設とともに、自衛隊が発足した。

ウ．自由党と日本民主党が合同し、自由民主党を結成した。

エ．日韓基本条約が調印され、両国の国交が樹立された。

問9　下線部⑧に関して

高度経済成長期の日本に関して説明した次の文の中で適切でないものを1つ選び、記号で答えなさい。

ア．若者の農村から都市部への移動により、農村の過疎化と都市部の過密化が進んだ。

イ．マスメディアの影響もあって人々の生活様式が画一化し、中流意識が生まれた。

ウ．高校進学率が80%をこえ、大学・短期大学への進学率も20%を上回った。

エ．投機によって株式と土地の価格が異常に高くなったが、数年で崩壊した。

問10　下線部⑨に関して

次の表は、敗戦後から1995年度までの1人1日当たりの食料供給量(単位は全てg)を示したものであり、X～Zは米、肉類、魚介類のいずれかである。X～Zに当てはまる食料の組み合わせとして適切なものを、あとのア～カの中から選び、記号で答えなさい。

年度	1946年	1955年	1965年	1975年	1985年	1995年
X	1.8	6.0	19.5	46.2	62.1	77.7
Y	25.5	72.0	77.0	95.4	96.8	107.3
Z	254.0	302.4	306.2	240.6	204.3	185.3

『数字でみる日本の100年　第7版』より作成

	ア	イ	ウ	エ	オ	カ
米	X	X	Y	Y	Z	Z
肉類	Y	Z	X	Z	X	Y
魚介類	Z	Y	Z	X	Y	X

5 以下の各問いに答えなさい。

問1　大日本帝国憲法に関して

(1)　草案の最終的な審議が行われた機関の名称を漢字で答えなさい。

(2)　大日本帝国憲法の条文を示した次の文中の(　①　)(　②　)に当てはまる語句の組み合わせとして適切なものを、あとのア～エの中から選び、記号で答えなさい。

> 第11条　天皇ハ陸海軍ヲ(　①　)ス
> 第29条　日本臣民ハ(　②　)ニ於(おい)テ言論著作印行(いんこう)集会及(および)結社ノ自由ヲ有ス

ア．①統帥　②天皇ノ許シ　　イ．①統帥　②法律ノ範囲内
ウ．①指導　②天皇ノ許シ　　エ．①指導　②法律ノ範囲内

問2　日本国憲法に関して

(1)　公布された年月日を解答欄に合わせて算用数字で答えなさい。

(2)　基本的人権の尊重に関わる条文として誤りを含むものを次の中から1つ選び、記号で答えなさい。

ア．何人も、公共の福祉に反しない限り、居住、移転及び職業選択の自由を有する。
イ．この憲法が国民に保障する自由及び権利は、政府の努力によつて、これを保持しなければならない。

ウ．すべて国民は、勤労の権利を有し、義務を負ふ。

エ．すべて刑事事件においては、被告人は、公平な裁判所の迅速(じんそく)な公開裁判を受ける権利を有する。

⑶ 憲法改正を説明した次の文Ⅰ～Ⅲの正誤の組み合わせとして適切なものを、あとのア～クの中から選び、記号で答えなさい。

Ⅰ．憲法改正の発議は、国会における各議院の出席議員の３分の２以上の賛成によって行われる。

Ⅱ．国会が憲法改正を発議したのちに国民投票が行われる。改正には国民投票で有効投票総数の過半数の賛成が必要である。

Ⅲ．日本国憲法は施行されてから１度も改正が行われていない。

	ア	イ	ウ	エ	オ	カ	キ	ク
Ⅰ	正	正	正	正	誤	誤	誤	誤
Ⅱ	正	正	誤	誤	正	正	誤	誤
Ⅲ	正	誤	正	誤	正	誤	正	誤

Memo

凝らされた質の高い能を演じることで、相手の演じ手が動揺して力を発揮できないから。

ウ　思うように実力を出せず以前の勝負は終わったが、それを帳消しにしてしまうほどの素晴らしい能の演技に、観衆が意表をつかれて感動するから。

エ　運が下向いているにもかかわらず、それを全く感じさせることのない渾身（こんしん）の能を見せつけられ、相手の演じ手が動揺して力を発揮できないから。

オ　以前の能で力を抜いていたことを知っているため、全力を尽くした能の演技を目の当たりにすることで、観衆が意表をつかれて感動するから。

問5　『風姿花伝』は室町時代に成立した能(能楽。日本の古典芸能の一つ)の理論書である。

(1)　作者を次の中から選び、記号で答えよ。

ア　紀貫之　　イ　小野小町　　ウ　西行
エ　世阿弥　　オ　小林一茶

(2)　『風姿花伝』より後の時代に成立した作品を次の中から一つ選び、記号で答えよ。

ア　徒然草　　イ　竹取物語　　ウ　奥の細道
エ　万葉集　　オ　源氏物語

＊5　申楽……現在の能楽の源流である猿楽。
＊6　立ち合ひ勝負……流派の異なる者同士で芸を競い合うこと。
＊7　我意執……勝ちにこだわる気持ち。
＊8　手をたばひて……力を温存して。
＊9　精励……精髄。最もよいところ。

問1　空欄部A～Dに入る語の組み合わせとして最も適切なものを次の中から選び、記号で答えよ。

ア　A果　B果　C因　D因
イ　A因　B果　C因　D果
ウ　A因　B因　C因　D果
エ　A果　B因　C果　D因
オ　A因　B因　C果　D果

問2　二重傍線部a・bの意味として最も適切なものを次の中からそれぞれ選び、記号で答えよ。

a「しかれば」
ア　それでも　イ　それならば　ウ　それにしても
エ　それ故（ゆえ）に　オ　それから

b「折らで」
ア　折らないで　イ　折らせて　ウ　折って
エ　折られずに　オ　折られて

問3　傍線部①「時分にも恐るべし」とあるが、ここで筆者が主張していることの説明として最も適切なものを次の中から選び、記号で答えよ。

ア　調子のよい時と悪い時の落差を知ることが大切であるということ。
イ　運が悪い時に備えて力を蓄えておくことが大切であるということ。
ウ　行動するのに最適な時機を見極めることが大切であるということ。
エ　常に揺らぐことのない実力をつけることが大切であるということ。
オ　運を上昇させるための努力を続けることが大切であるということ。

問4　傍線部②「定めて勝つことあり」とあるが、なぜか。理由として最も適切なものを次の中から選び、記号で答えよ。

ア　大事ではない能であえて手を抜いておき、重要な申楽では打って変わって力の入った能を演じることで、観衆が意表をつかれて感動するから。
イ　あからさまに質が低かった以前の能とは裏腹に、工夫の

エ　努力を過剰に美化するあまり、効率化を目指す工夫は否定されてしまうから。

オ　負担の大きさを過剰に強調し、いたずらに相手の不安を駆り立てているから。

問7　傍線部⑤「はぐれてしまったサメの子が海に戻れたとして、それで生きていけるのだろうか」とあるが、この時の早柚の心情を、本文全体の内容を踏まえて八十字以内で説明せよ。

4

次の文章を読んで、後の問いに答えよ。

一切みな因果なり。初心よりの芸能の数々は［A］なり。能を極め、名を得る事は［B］なり。しかれば、稽古(けいこ)する所の［C］おろそかなれば、［D］を果たす事も難し。これをよくよく知るべし。

また、①時分[*1]にも恐るべし。去年(こぞ)盛りあらば、今年は花なかるべき事を知るべし。時の間[*2]にも、男時(をどき)・女時(めどき)[*3]とてあるべし。いかにすれども、能にも、よき時あれば、かならず悪き事またあるべし。これ、力なき因果[*4]なり。これを心得て、さのみに大事になからん時の申楽(さるがく)[*5]には、立ち合ひ[*6]勝負に、それほどに我意執(がいしふ)[*7]を起こさず、骨をも折らで、勝負に負くるとも心にかけず、手をたばひて[*8]、少な少なと能をすれば、見物衆も、「これはいかやうなるぞ」と思ひ醒(さ)めたる所に、大事の申楽の日、手立てを変へて、得手の能をして、精励(せいれい)[*9]を出(い)だせば、これまた、見る人の思ひの外(ほか)なる心出で来れば、肝要の立ち合ひ、大事の勝負に、②定めて勝つことあり。

（『風姿花伝』）

（注）＊1　時分……その時々で移り変わる運気。

＊2　時の間……短い時間。

＊3　男時・女時……運が上向く時と下向く時。

＊4　力なき因果……人の力ではどうしようもない因果。

じている。

イ　大好きな魚を殺さねばならない魚屋の仕事を苦痛に感じている。

ウ　彼自身や店への評価を過剰に気にしてしまう神経質な一面がある。

エ　激しく主張はしないものの自分の考えはしっかりと持っている。

オ　人と関わるのが苦手な自分を必死に隠しながら日々過ごしている。

問3　空欄部※に入る内容として最も適切なものを次の中から選び、記号で答えよ。

ア　店を目立たせないで細々と続けられれば十分だったから

イ　あくまで生の魚だけを提供することに誇りがあったから

ウ　刺身よりもフライの方が人気になると確信していたから

エ　魚はともかく酒まで豊富に取りそろえるのは難しいから

オ　子どもも気軽に立ち寄れるような魚屋にしたかったから

問4　傍線部②「どうしてずる休みだなんて言ってしまったんだろう」とあるが、その理由を説明したものとして最も適切なものを次の中から選び、記号で答えよ。

ア　自分の意思とは無関係に復職を拒絶する体の反応が、仕事をしない口実を早柚に与えている自覚があるから。

イ　働いていること自体が自分を支えていたのに、軽率に休職を選択してしまった自分のことを軽蔑(けいべつ)しているから。

ウ　世の中のあらゆる仕事にやりがいがあることに気付かず、ただ楽な道を選んだ自分を批判する気持ちがあるから。

エ　仕事を続けることが難しくなったとはいえ、逃げるように休職したことについては後ろ暗さを感じているから。

オ　自分が休職を選択したのには正当な理由があるのに、無関係な人にあれこれ詮索(せんさく)されるのは面倒だったから。

問5　傍線部③「喉が詰まった」とあるが、その理由を六十字以内で説明せよ。

問6　傍線部④「修行、修行、って言う人、ちょっと苦手です」とあるが、その理由を説明したものとして最も適切なものを次の中から選び、記号で答えよ。

ア　ただ相手の行動を急(せ)かすだけで、明確な目標や到達度を示してくれないから。

イ　嫌なことや辛いことをごまかすことで、苦しむ相手を見て楽しんでいるから。

ウ　自分自身は何の努力もせずに、ただ一方的に相手に負担を強制しているから。

かしたい時によく使われる。修行、という言葉で気をそらそうとしても背負っている荷物は軽くならない。修行だからやれ、と言うなら、せめて今どの山頂を目指しているのか、今何合目あたりにいるのかくらいは情報共有して欲しい。

「怖いよ、うちの親。お客さんには優しいけどね。だから大丈夫。もしかしてうちのイメージ悪くなっちゃった？　怖い親父のいる店にはもう来ない、なんて言わないでよね。怖がられたらちょっと悲しいな。ここ、僕のお店でもあるから」

お兄さんはもともと魚屋をやりたかったわけじゃなかった。ただ、生きていくために何かしなければと考え始めた時、そこに親がやってる魚屋があり、他の選択肢が見つかるまでの腰掛けとして始めた仕事が、いつの間にか本業扱いになってしまっただけだという。

「よそ見するのって難しかったんだよ。僕にとっては」

早柚が百円硬貨を二つ差し出すと、お兄さんは手のひらで受け取り、大して見もせずにレジに突っ込んだ。

「毎度」

硬貨を受け取った魚屋さんの手のひらは火傷(やけど)したように真っ赤だった。右手の手のひらだけでなく、左手も赤く、ところどころに擦(す)り傷ができている。

「その傷は」

早柚が指摘すると、お兄さんは気恥ずかしそうに手をすり合わせた。

「ああ、今朝、海で」

打ち上げられたサメを海に押し戻した時についた傷だろうか。

打ち上げられてしまったサメの姿を想像する。まだ朝日がのぼったばかりの、人の気配のしない海、身動きもせず浜に横たわっていたというサメの子ども。シュモクザメは群れで暮らす。⑤はぐれてしまったサメの子が海に戻れたとして、それで生きていけるのだろうか。

自分の横腹を押してくる人間の手は、海水の温度に慣れたサメにとってどれほど熱かっただろう。サメの子に怪我(けが)がなければいい。

（片瀬チヲル「カプチーノ・コースト」・『群像（二〇二二年一〇月号）』所収・講談社）

問1　本文中のある段落の末尾からは、次の一文が抜けている。戻すべき箇所の直前の五字を抜き出して答えよ。（字数に句読点・記号等を含む。以下同様。）

海が見たいなら、わたしに気を使わなくてよかったのに。

問2　傍線部①「魚屋のお兄さん」の説明として最も適切なものを次の中から選び、記号で答えよ。

ア　何となく始めた魚屋の仕事に今では心からやりがいを感

「ほう」

ずる休みじゃない。②どうしてずる休みだなんて言ってしまったんだろう。会社を休んだのは正当な理由があったからだった。働いていないというだけでズルいことをしている気分になる。仕事しないで生きることがどこか疚しい。やりがいもなく、誰の役にも立たない仕事だとしても、働いているという状態それ自体が、自分を支えていたように思う。誰とも関わらず、何もすることがないまま暮らしていても、目眩や息苦しさが増すばかりで、心身ともに全く休まらなかった。いっそ働いた方が楽なのではないか。けれど同じ職場に戻ることを考えると動悸が激しくなり、汗が止まらなくなる。会社には行けない、けれど家にもいられない。右にも左にも行けないまま、暗い場所に留まって目を回しているばかりで、行動も決断もできない自分はずるいと思う。

「いいね。たまには大事だよ、そういうのも。ずる休みして何するの?」

「え、っ、と」

③喉が詰まった。今の自分は、善意も悪意もこめられていない小さな塩おむすびみたいな普通の世間話で、簡単に喉を詰まらせるくらい過敏になっている。何するの？　なんて他人に聞かれるまでもなく、毎日、毎時間、早柚自身が問い続けている。答えの見つからない問いを自問自答すること自体が自傷の一つになりつつある。自問自答は一日に一度まで、と自分を守るために定めた約束すら、毎夜破ってうなだれている。とにかく今日はお休みだ。休んだところで何をするんだろう。やりたいことはない。けど何もしないで時間が経つのに身を任せているのも苦しい。自分の癒し方がわからない。休んでるだけで何もしてません、と正直に答えるのも苦痛で、手元のアジフライを指差した。

「休んで……おいしいものでも食べようかなって」

「うちのアジフライでいいの？　嬉しいね」

他愛ない世間話ですら、一語一語どう返したら良いだろうかと立ち止まり、自分の舌で喉を詰まらせそうになる。舌の置き場が決まらない。反射神経で会話ができないのは、隠したいことがあるからだ。

「いつまで休みなの？」

「ちょっと長いんですけど……今月いっぱいはお休みなんです」

休職期間は二ヵ月間だ。一ヵ月後には復職することになっている。休む時には、たった二ヵ月間の休みなんてすぐに消えてしまいそうだと思ったけれど、いざ休み始めると、一日は長い。ベッドから出ずに夜を迎えるだけの日々を送る自分は、休職明けには働いていた頃よりもっと堕落した人間になってしまうだろう。

「僕もそろそろ休みたいな。うちの親、全然休ませてくれなくてさ。修行だと思ってもっと働け、とか普通に言うんだよ」

「④修行、修行、って言う人、ちょっと苦手です」

修行、という言葉は、嫌なこと、キツイこと、辛いことをごま

今度は酒の肴を欲しがるだろう。

※

刺身は出さないのだという。

「アジフライ一つお願いします」

「五分待って頂戴」

　魚屋の前にある木造ベンチに腰掛けていると、奥から油の跳ねる音が聞こえる。向かいに見える海は荒れていて、白波が立っていた。風がある。海からやってくる潮のにおいに、香ばしい油の香りが混ざって、食欲を刺激した。唇をなめると、わずかに塩みを感じた。

「揚がったよ」

　籐で編まれた籠に、紙でくるまれたアジフライがのせられていた。余計な油を吸い込んだ紙はくたっている。衣をたっぷりまとったアジフライは尻尾の先までピンと伸びていて、衣から染み出した黄金色の油が光っている。

「五分って言ったけど、七分くらいかかっちゃったな、嘘ついてごめん」

　魚屋さんはお店に掛かっている時計を見て悔しそうに太ももを叩いた後、早柚が嵌めている腕時計に目を留めた。

「腕にしてる時計、止まってません？」

「電池替えるのが面倒くさくて」

「時計屋さんに持ってかないといけないもんなぁ。そうだ、何かかける？　塩、ソース、マヨネーズ」

　アジフライにかぶりついていた早柚は、咀嚼しながら首を横に振る。

「それがいいよ。僕もそうしてる。せっかくカリッと揚げてるのに、ソースかけるとしんなりしちゃうのが嫌なんだよね」

　魚屋のお兄さんは、早柚に直射日光があたらないよう、店の前にある簾を下げてくれた。おかげで眩しくなくなったけど、向かいにある海が見えにくくなる。

「海が見える方がよかった？」

「どちらでも」

　お兄さんは海の方を向いている。簾の隙間から差し込む光が眉間を照らしている。簾に覆われた向こうの様子を感じ取ろうとするみたいに、じっとしている。

「お兄さんは海の生き物が好きなんですか」

「うーん、好き、なんだよね」

　お兄さんは照れくさそうに答えた。

「好きだから、生きている魚を殺すことに最初は抵抗があったんだ。仕事だから今は慣れてきたけどね。死んだ魚なら平気で捌けるんだけど、それっておかしいかな」

「おかしくないんじゃないですか。生きてくのに必要ですもん」

「そう。生活のためにね。働かないといけないからな。ところで今日はお仕事お休みですか？」

「まぁ……そうですね。ずる休みです」

発心を抱くから。

オ　講演を通じ、無気力な子ども達に勉強する意味を理解させることで、低学力の子ども達を蔑ろ（ないがし）にしている教師を戒めたいから。

問7　傍線部⑤「ヨーロッパの教育者」とあるが、筆者が彼らとの話を通じて構築した教育観を説明したものとして適切でないものを次の中から一つ選び、記号で答えよ。

ア　教育とは子ども達一人ひとりの個性の伸長を図ることであり、学力は個性の尊重の結果もたらされるものにすぎない。

イ　成績による順位付けは、子ども同士が妬みあったり蔑み（さげす）あったりすることにつながるため、避けなければならない。

ウ　教育方針を個性の尊重に切り替えれば、仮に多人数で構成されたクラスであっても自然と学力が向上するものである。

エ　子ども達は一度劣等感を抱くとそれを簡単には取り除くことができないため、その原因となる教育競争は不毛である。

オ　子ども達に対する個性の尊重は、子ども達の友好関係の維持や向上のみならず、世界の平和にも通ずるものである。

3

次の文章を読んで、後の問いに答えよ。

今朝、サメの子どもが打ち上がったという。

こっそり海に戻してやったんだ、と①魚屋のお兄さんが言う。早朝の出来事で、サメを見たのは彼一人だけだったらしい。打ち上がったのは群れからはぐれたシュモクザメで、波打ち際に尾だけを浸し（ひた）、砂浜に顔を伏せ（ふ）ていた。静かに横たわっている姿は安らかに眠っているようにも見えた。体長は一メートル少ししかなく、まだまだ小さな子どもだった。魚屋のお兄さんが近寄ると、サメは彼を追い払うように静かに尾を振って見せたそうだ。

「この話は内緒だよ」

漁師さんにバレたら怒られちゃうからね、とお兄さんは付け加えた。

「漁師さんはサメが嫌いなんですね」

「そりゃそうだよ。大抵の漁師はね。サメは売り物になる魚を傷つけるから」

「漁師さんは海の生き物を愛してるものかなって」

「愛してても殺すことはあるよ。生活のためだもん」

店先に貼ら（は）れたメニュー表はどれも手書きだ。漁港のそばにある魚屋さんでは、捕れたばかりの魚をフライにして出してくれる。

鮮度が良いのだから刺身（さしみ）にして出した方が評判が上がりそうだけど、刺身を出せば、酒も求められるだろう。そして酒を出せば、

問2　二重傍線部a・bの語の品詞名をそれぞれ漢字で答えよ。

問3　傍線部①「日本の子どもは、決まった手順で答えを出す問題には強いが、複数の考え方があるなかから自分の結論を出していく問題や、論理の入り組んだ問題の解釈には弱い」とあるが、その原因と考えられるものを本文中から七字で抜き出して答えよ。（字数に句読点・記号等を含む。以下同様。）

問4　傍線部②「それが意図的に排除されている」とあるが、筆者の主張を踏まえて、その理由を五十字以内で説明せよ。

問5　傍線部③「戦後教育」とあるが、戦後教育を踏まえて成立した現在の教育を説明したものとして最も適切なものを次の中から選び、記号で答えよ。

ア　平和主義のもと、愛国心や公共の精神や道徳心の育成が重視されるようになったことで、学力向上の意義が不透明になった。

イ　学校区が取り払われ進学先の選択肢が増えたことに伴い、地域社会の範囲が以前よりも広くなり、地域の一体感が損なわれた。

ウ　教育に対する国家の介入はなくなったが、教育の結果を子ども達自身に還元するという仕組みは依然として成立していない。

エ　日本の伝統や文化を尊重するよう強制し、それができない子ども達を個性のない人としてみなすようになってしまった。

オ　軍国主義教育は敗戦により見直されたはずであるのに、現在においても愛国心を教育するという本質は変わっていない。

問6　傍線部④「私は大学に進学しないクラスにも話をさせてほしいと頼むことにしている」とあるが、その理由を説明したものとして最も適切なものを次の中から選び、記号で答えよ。

ア　大学進学を前提にした教育方針は不適切だという信念のもと、学力の有無で人間の価値が測れるわけではないことを伝えたいから。

イ　学力面で劣っている子ども達に個性を持つことの素晴らしさを伝え、大学進学に少しでも興味を持ってもらいたいから。

ウ　さまざまな学力の生徒を目の当たりにすることによって、子ども達の学力と心の持ちようの相関関係を明らかにしたいから。

エ　学力の高い生徒にのみ話をしてほしいという依頼を受けると、教師が学力至上主義に陥っていることを実感し、反

模倣して、自分の能力を伸ばしていくのだという。あたかも年下の子が、年上の兄姉の知恵に引っぱり上げられるように。できない子だけを集めて、ていねいに教えても、諦めの感覚が蔓延して子ども同士の刺激がないのでは効果はあがらないという。しかも人間として諦めきれない鬱屈した感情が下位のクラスの子どもの心に残る。

また別の教師は言う。

「一人ひとりの個性やその子の環境を理解し、対応していれば、引き出すことが可能であった生徒の能力が、選別によって無気力の中に捨て去られていくのはなんとも残念です。それこそ国富の損失ではないかと思います。でも習熟度別のクラスにしないと、教師の定員増も認められない。それが現在の流れなのです。学校は塾とは違って生活共同体の場でもある。それは子どもの居場所なのです。しかし、その場は崩されつつあり、それをどうしていいかわからない」

⑤ヨーロッパの教育者と話し合ってみたが、一度植え付けられた劣等感を払拭して、本来の力を甦らせることは、至難の業だというのが全員の意見だった。国の管理下での教育競争が天から与えられた能力を開花させることを妨げているとしたら、これも一種の罪悪ではないだろうか。

「あなたの教育の目的はなんでしょう」

私はドイツでもスウェーデンでもフィンランドでも、学校の先生に会うたびに尋ねてみた。

「そうですね。子ども達一人ひとりがかけがえのないものとしての自分の価値にめざめることでしょう」

「競争で順番づけをすれば下位の子を上位の子が軽蔑したり、妬みあったり攻撃的になったりして、お互いの友情や助け合う感情は生まれにくいのではありませんか。お互いに違っていても認め合い尊重し合うことは、これから地球上に平和をつくり、環境を守り、異文化の多様性を尊重する二一世紀にとっては、何よりも必要なことだと思いますよ」

（暉峻淑子『豊かさの条件』岩波書店）

（注）＊1　ＯＥＣＤ……経済協力開発機構。世界経済の成長・安定や発展途上国の援助を目的とした国際機関。

＊2　エコノミック・アニマル……利益のみを追い求める人を蔑んで言う語。

＊3　『心のノート』……文部科学省が作成、配布していた道徳教材。

＊4　旭川学力テスト事件……学力テストの実施を拒否した教師が罪に問われた事件。

問1　空欄部Ａ～Ｄに入る語として最も適切なものを次の中からそれぞれ選び、記号で答えよ。

ア　すなわち　　イ　たとえば　　ウ　さらに

エ　あるいは　　オ　ところで　　カ　しかし

し、子ども自身のための教育にしたはずだった。いま再びエリート教育や愛国心教育で、子どもは何かの手段にされようとしている。

「企業社会の競争システム」をそのまま教育にとり入れて、人間関係に不可欠な助け合いや共感能力、個性を認め合うこと、地球市民としての責任などは、軽視されている。

おそらく子どもの不登校の原因はそこにある。他の民主主義国の学校教育が七〇年代から少人数学級の中で、子ども一人ひとりの個性を開花させようとする流れへと変化してきたとき、日本だけは、あいかわらず「国家の統制と競争教育」という、古い原理にしがみついた教育を行なってきた。そして、バブル崩壊後、経済の国際競争に敗れて、その立て直し策に、さらにそれを強化しようとしている。産業利益に直結する研究には、湯水のように研究費がつぎ込まれ、研究の選別は主として官僚が行なっている。

すでに高校段階から、ハイパーサイエンス高校や、英語教育などのハイパー語学高校には多額の補助金が与えられ、いわゆるトップ大学のトップ研究にも重点的に研究費が支給される。つまり、楽しく豊かな経験に満ちた子ども時代をいまでさえも失っている子ども達を、いっそう一定方向に駆り立てようというわけである。

この競争志向は子どものほうから出てきた要求ではない。子どもはもっと自由空間で人生を豊かにする経験を望んでおり、あふれる好奇心で知をわがものにしたがっている。無限の競争の歯車の一部としてみずみずしい青少年時代をすりへらすことなど望んではいない。

私は高校に招かれて、大学での勉強や生活について話してほしいと頼まれることがある。

高校側では受験クラスへの話を期待しているようだが、④私は大学に進学しないクラスにも話をさせてほしいと頼むことにしている。生徒達と話し合ってみると、いわゆる「できる子」と「できない子」に分けられた二つのグループの持つ雰囲気が大きく異なっていることに危機感を持つ。

「できない子」とされている生徒達の持つ諦めと無気力感。ある中学の先生は私に言った。

「学校では口にだしてこそ言わないものの、教師達が関心を持っているのは、習熟度別の上位のクラスだけなのです。下位の子のことは、どうでもいいのです。私の経験では下位のクラスの子が勉強して上位のクラスに上がってくることなんかありませんよ。いよいよやる気をなくしてダメになっていくだけです。もちろんどこかに例外はあるでしょうが」

教育学者によれば、子どもが能力を伸ばしていくのは、いわゆる「引っぱり上げ効果」によることが大きい。つまり、さまざまな個性を持った子が他の子の長所とふれ合うことで、刺激をうけ、

リートにはふんだんに国費を投入するが、「その他多数」の子どもの教育費は減らして、かわりに愛国心や公共の精神や道徳心、日本の伝統や文化の尊重を上から押し付けようとしている。後述する『心のノート』*3がそれを側面援助する。個性とはできる子とできない子の差異であり、教育の二極分解を進める。日本の学校で共に学ぶ外国人の子どもへの言及はない。しかも、教育の二極分解は、第一章に述べた労働世界の正規社員と、非正規のパート・フリーター・派遣労働者の二極分解に対応している。

　こうして手っとり早く経済競争に勝つ人間を育てようとすれば、現在の教育基本法がめざす真理と平和を求め、平和的な国家・社会を形成する人間は育たない。なぜなら、個人の尊厳を尊ぶ教育を受けた者こそが平和的共存社会の良さを知り、その実現を心から望むからだ。現行の教育基本法は、憲法にうたわれた平和と人権を教育の力によって実現するために制定されたものであった。②それが意図的に排除されている。

　競争教育と個性尊重の教育とは根本的にちがう。

　愛国心が強調されたのは、いつも戦時だった。愛国心とか伝統の尊重という人間の内面に国家が介入するのは、戦前への逆戻りである。愛するという感情は外から強制できるものでは[b]ない。だからこそ教育基本法制定の国会でのやり取りの中でも、また旭川*4学力テスト事件最高裁判決（一九七六年）でも、教育に対する国家権力の介入を、きびしく戒めている。

　個性を尊重したいのならば、何よりもまず少人数学級を実現させ、教師を忙しすぎる校務から解放し、教育委員会の権力的束縛を解くこと、そして教師自身が子ども一人ひとりの個性に向き合い、子どもの能力をのびのびと発展させることができる教育を志向すべきだ。それが結果として子どもの学力を上げることにつながる。北欧の好成績はすべてそのような結果として得られたものである。

　公立校も義務教育段階から学校間競争をあおって、ある学校には点数の高い子ばかりが集まり、ある学校にはそうでない子が集まることをよしとしている。［　D　］生徒が集まらない学校は廃校にしてもよいという。まるで市場の商品と人間の教育を同一視しているかのようだ。

　競争による選別教育は、小学校から学校区をなくして遠くの学校に子どもを通わせることを可能にする。しかしそれは、文科省自体が提唱している「地域社会・住民の、教育への参加」とも矛盾する。歴史的に見ても学校は、もともと市民が次世代のための不可欠な生活組織のひとつとして、住民共同で創（つく）ってきた資産なのである。

　明治以降、教育は富国強兵策の手段とされ、教育勅語（ちょくご）による軍国主義教育は、子どもを国家に奉仕し命をささげるべき存在とした。その反省として出発した③戦後教育は、教育を国民の手に返

見と、乱脈な広告は許されるのになぜ落書きは許されないのか、と反論するふたつの相反する意見についての設問である。問題は「広告を引き合いに出している理由は何か」というもので、文章で自由に回答するようになっている。

一位のフランスが六四・五%の正答率であるのに比べ、日本は四二・二%と低く、各国のうち最下位となっている。しかも、わからないとする無答率が二八・八%とずば抜けて高い。無答率が一桁である国(アメリカ四・四%、カナダ四・八%、オーストラリア五・六%、韓国六・四%、イギリス六・八%など)に比べると、日本は異常な高率を示しているように思える。

テストには限界があり、PISAの結果に対しても軽率[a]な感想を述べることはつつしまなければならない。だが、自分の頭を使って独自の判断ができない、日本の詰め込み式教育の弱点が出ていることは確かだろう。

PISAの調査は、生徒の家庭や学校の社会的背景についても情報を収集している。それを見ると日本の子どもの高得点が豊かな教養を反映しているとも言えないようなのがさみしい。

「毎日、趣味としての読書をどれくらいするか」という質問に対して、日本の子どもは、各国の中で最も読書をしない子ども達である。「趣味として読書をしない」と答えた生徒はOECD平均で三二%だが、日本は五五%ときわだって高いのだ。

「本を最後まで読み終えるのは困難だ」という子は日本が最も多く、OECD平均が九%であるのに対して、日本は一七%もある。図書館の利用頻度も低い。じっと座って本を読むことが数分しかできない子が、一一%もいる。

伝記・ルポルタージュをまったくまたはほとんど読まない子は、OECD平均が三三%に比べて、日本は五三%と高い。

[C] 家に詩集があると答えた家庭が日本ではたった三六%で、各国の中でも、かけはなれた最下位になっている。それに対して、韓国は八〇・九%の家庭に詩集がある。イタリア七〇・五%、ドイツ六五・四%などと比べても、日本は何か索漠とした[*2]エコノミック・アニマル文化国みたいだ。

子どもの求めるものと国が与えようとする教育の現実は離れすぎている。

教育基本法の見直しを答申した中央教育審議会の「新しい時代にふさわしい教育基本法と教育振興基本計画のあり方について」は、知の大競争時代に持続的に発展し、世界をリードし、人材大国として世界に貢献する国になるための教育改革を、新しい時代にふさわしい教育の目的とした。つまり、子ども一人ひとりの個性を大切にし、人間としての自己形成を助ける教育のかわりに、エリートとしてのたくましい日本人育成の教育に名実ともに切り替えようとしているのである。

子ども達は一部のエリートとその他多数とにふりわけられ、エ

1　次の傍線部のカタカナを漢字に、漢字をひらがなに直して答えよ。ただし、楷書（かいしょ）で丁寧に書くこと。

①　北海道でラクノウ業を営む。

②　この時間帯は車のオウライが激しい。

③　大会への参加をジタイする。

④　喫茶店でイップクする。

⑤　国旗を高くカカげる。

⑥　ここ数日、曇天が続いている。

⑦　業務が遅滞なく進行する。

⑧　澄明な空気を吸い込む。

⑨　悔恨の念にさいなまれる。

⑩　子どもの健気な姿に感心する。

2　次の文章を読んで、後の問いに答えよ。なお、この文章は二〇〇三年に発表されたものである。

ＰＩＳＡは、各国の子ども達が将来生活していくうえで必要とされる知識や技能を、どの程度身につけているか、またそれらの知識や経験をもとに、将来の生活に関する問題を積極的に考え活用する能力があるかどうかを測定しようとしたものであった。

［　Ａ　］、人間が生きていくうえで同じように必要な、子どもの感性や芸術的能力、人と人との間をつなぐ同情心や洞察力、共感能力などはこのテストでははかれない。

そうした限界を承知のうえで、このテストから、いくつかの日本の教育の特質を見てみよう。

①日本の子どもは、決まった手順で答えを出す問題には強いが、複数の考え方があるなかから自分の結論を出していく問題や、論理の入り組んだ問題の解釈には弱い。機械的な問題処理能力にはすぐれているが、問題が何を問うているかを見きわめ、自分の回答を出すことには劣っている。

一例をあげよう。読解力のうち、「解釈」について言えば、上位五％に位置する者の得点は、国別比較で日本は上から一八番目、上位一〇％に位置する者の得点が、同じく一七番目で、双方の得点は＊1ＯＥＣＤ平均よりも低い。

［　Ｂ　］読解力の問題のひとつは、壁の落書きを否とする意

2023 第2回

サピックスオープン

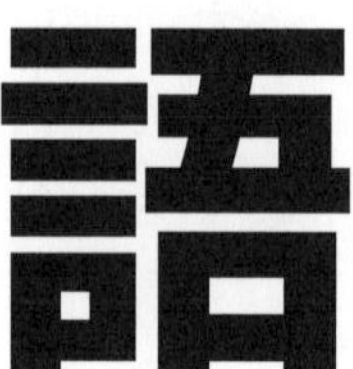

中学３年

2023年７月２日実施

【受験上の注意事項】

1 試験時間は、50 分です。

2 答えは全て解答用紙の定められた解答欄の中に書きなさい。
小さすぎる文字・薄すぎる文字は採点できません。

3 解答用紙には、生徒 ID・氏名を必ず書きなさい。

4 問題用紙の白いところは、メモなどに使いなさい。

5 質問がある時や気分が悪くなった時は、黙って手をあげなさい。

6 終わったら解答用紙だけを提出しなさい。

2023 第3回
サピックスオープン

英　語

中学３年

2023年９月10日実施

【受験上の注意事項】

1 試験時間は、50 分です。
2 答えは全て解答用紙の定められた解答欄の中に書きなさい。
小さすぎる文字・薄すぎる文字は採点できません。
3 解答用紙には、生徒 ID・氏名を必ず書きなさい。
4 問題用紙の白いところは、メモなどに使いなさい。
5 質問がある時や気分が悪くなった時は、黙って手をあげなさい。
6 終わったら解答用紙だけを提出しなさい。

1 このリスニング問題はPart A、Bの2つの部分に分かれています。それぞれの指示に従い、答えなさい。放送は、すべて2回ずつ流れます。

Part A　ある男女の対話文を聞き、女性の最後の発言に続く男性の発言として最も適切な答えをア～エの中からそれぞれ1つずつ選び、記号で答えなさい。

No. 1　ア　I know that.
イ　I want to see him, too.
ウ　Do you know why he came back ?
エ　Where did you see him ?

No. 2　ア　In ten minutes.
イ　For ten minutes.
ウ　Thirty minutes ago.
エ　Thirty minutes left.

No. 3　ア　I like it very much.
イ　I would like you to give it back to me.
ウ　It was around seven thirty.
エ　It's black and looks pretty old.

No. 4　ア　Then I'll borrow the two books today.
イ　Then I'll borrow the three books today.
ウ　Then I'll borrow the four books today.
エ　Then I'll borrow the five books today.

Part B　これから放送される英文は、イギリスのイベントについてのスピーチです。放送を聞き、質問に答えなさい。No. 1 と No. 4 はア～エの中から 1 つずつ選び、記号で答えなさい。No. 2 と No. 3 は質問に対する答えとなるように、空所に適切な語を答えなさい。なお、算用数字は使わず、すべて英語で書きなさい。

No. 1　Which is true about Twelfth Night ?

ア　It is celebrated on Christmas Eve and people hope for good luck.

イ　As it was named, it is on December twelfth.

ウ　It is related to Christmas decorations.

エ　People celebrate this day by giving cakes to each other.

No. 2　When is St. George's Day ?

It is on (　　　　)(　　　　).

No. 3　What is said about St. George ?

It is said that he (　　　　) against a (　　　　).

No. 4　Which is NOT true about the Harvest Festival ?

ア　The Harvest Festival is celebrated in autumn.

イ　People give thanks for the food grown on the land as well as in the sea in the UK.

ウ　A lot of food is used as decorations.

エ　People sing and pray to celebrate the Harvest Festival.

2 各組の英文の(　　)内に入る発音が同じでつづり、意味の異なる単語をそれぞれ答えなさい。

(1) For (　　　　) or to go? — I'll eat it at home. And can I get a bag for it?
Could you speak a little louder? I can't (　　　　) you.

(2) She speaks completely the same (　　　　) as her mother.
The fish is so big! How much does it (　　　　)?

(3) I have (　　　　) eyes, so I need glasses and always sit in the front row.
I go to the gym once a (　　　　).

(4) Little Mermaid is a very famous fairy (　　　　) in the world.
You can understand your dog's feelings if you watch its (　　　　).

(5) Solar power is energy of the (　　　　).
How old is your (　　　　)?

3 正しい英文になるように、(　　)内に入る適切な語(句)をア～エから1つ選び、記号で答えなさい。

(1) Your mother said she was busy, so stay there until your father (　　　　).

ア come　　イ is coming　　ウ will come　　エ comes

(2) You'll get used to (　　　　) soon.

ア live with others　　イ your new life

ウ staying in abroad　　エ the badly weather

(3) I wonder (　　　　) Tommy was so angry yesterday.

ア whom　　イ which　　ウ why　　エ what

(4) I know Mary was in this room by the smell because she always (　　　　) strong perfume.

ア wears　　イ puts　　ウ holds　　エ takes

(5) I run in the park every day (　　　　) keep fit.

ア so as not to　　イ so that I can

ウ in order to not　　エ because of

4 次の[　]内の語(句)を並べかえて、与えられた日本語とほぼ同じ意味になるような英文を完成させるとき、不足する1語を英語で、空所(　①　)、(　②　)に入る語を記号で答えなさい。ただし、文頭に来る語も小文字になっている。

(1) この映画は今まで見た中で一番面白いものです。

(　　)(　①　)(　　)(　　)(　　)(　　)(　②　)(　　)(　　)(　　).

[ア interesting　イ seen　ウ ever　エ the　オ have　カ movie　キ this　ク I　ケ is].

(2) 彼が成功した話を聞いて嬉しかった。

(　　)(　　)(　　)(　①　)(　　)(　②　)(　　)(　　).

[ア the story　イ pleased　ウ his　エ was　オ with　カ I　キ of].

(3) 彼は事の深刻さをわかっていないようだ。

(　　)(　①　)(　　)(　　)(　　)(　　)(　②　)(　　)(　　).

[ア the situation　イ doesn't　ウ how　エ he　オ serious　カ understand　キ seem　ク is].

(4) 生徒たちが使った部屋を掃除する必要がある。

(　　)(　　)(　　)(　　)(　①　)(　　)(　　)(　②　)(　　).

[ア clean　イ it　ウ by　エ the room　オ to　カ necessary　キ the students　ク is].

(5) あなたの妹たちにクッキーを食べているところを見られないようにね。

(　　　)(　①　)(　　　)(　　　)(　②　)(　　　)(　　　)(　　　).

［ア eating　イ see　ウ your　エ let　オ the cookies　カ sisters　キ don't］.

5 次の英文を読み，後の問いに答えなさい。ただし，*の付いている語(句)には(注)がある。

Being raised in different countries, it is quite natural that we see things differently. For example, in England most people do not worry about how other people see them. (1)［ア close　イ as　ウ who　エ as　オ long　カ the people　キ are］ understand them, they are happy. In Japan, however, people are more concerned about their *outward appearance and how other people — even strangers — see them. Although I think this is a very good custom, sometimes I get the feeling that things are being taken too far. My wife, for example, looks very surprised if I wear sunglasses in the winter. From my point of view, sunglasses were designed to be worn in bright sunshine, no matter what the season. From my wife's point of view, however, sunglasses are a fashion item for summer only.

Another difference of opinion is umbrellas. I remember an event in my home about twenty years ago. We were in the middle of a typhoon, and I needed to go shopping. Noticing that the wind and rain were very strong, I decided to take a golf umbrella. Golf umbrellas are much larger than normal umbrellas, and the handle is straight, not *curved. Perfect for heavy rain, I thought. Considering the conditions outside, a normal umbrella would have been useless.

'You can't go out with that !' said my wife. 'It's far too big !'

'But I need a big umbrella.'

'The neighbors will think you're crazy if you use that. Use a normal umbrella !'

This conversation continued for about ten minutes, and I *eventually left the house and walked down to the supermarket.

With a [A].

And returned home very, very wet...

Another Japanese custom that I have trouble understanding is the *slippers provided in dentists' offices, doctors' offices, schools, some companies and most hot springs and *inns. The idea of wearing a pair of slippers that hundreds of other people have worn is not very nice. Especially when they are worn with *bare feet at hot springs or other such places. *Mizumushi* and other foot diseases are common in Japan, so why take the risk ? I therefore try to avoid the slippers provided whenever possible. My wife, however, says that I have to wear them. I explain that she would never consider wearing any other piece of clothing that hundreds of other people have worn; especially if it hadn't been washed. But, she says the slippers are there for wearing, so I must wear them.

[B]...

The biggest cultural difference that we have in my home, however, is vacations. My idea of the perfect vacation is going for long walks and relaxing on a beach or in the shade of a tree reading a book. My wife's idea of the perfect vacation is shopping, shopping, shopping, shopping and more shopping. I realize that vacations in Japan tend to be very short and there is not much time to do everything, but come on... ! We can go shopping on any day of the year. Why wait until we are on vacation ?

We are both very fond of Karuizawa. It is close enough to drive to, and the food, scenery, and pleasant weather make it a very nice place for a vacation. One year we stayed two nights at hotel in front of the station. The view from our room was beautiful. I started planning a long walk, and hoped to end the day sitting in the shade with a beer and a book. My wife, however, had a different plan.

Naturally, we followed her plan.

Her plan included spending the entire time shopping in the outlet mall right next to the hotel. This mall has more than 200 shops spread over a wide area of land. We visited every single one of them.

Twice !

Actually, it is not only my wife's opinion of vacations that is different to mine. One year we went to Guam for our summer vacation. I went alone to *book the vacation at the travel agency, so I was able to decide exactly what we would be doing. As I made the booking, I discovered that the airplane did not arrive in Guam until past midnight, but that sightseeing was *arranged for 9am the following morning. (2)私は男性にその観光を取り消すよう言った。 He explained that it was included in the price, so I had to accept it. I told him that I didn't mind paying for it, but I didn't want to go on it. He looked very surprised, but agreed.

The late arrival in Guam meant that we didn't check into the hotel until nearly 2am. The local assistant told us that we would receive a *morning call at 7:30am. *Apparently the guy who had taken my booking had thought I was joking. He hadn't told the local travel agency that we didn't want the sightseeing tour. I explained again, and was told that [C], so I had to accept it. I explained that I had already paid the full price, but didn't want the sightseeing tour. The local assistant agreed.

At 7:30 the next morning I was woken by a telephone call. It was the tour guide. I explained in a very (あ) voice that I had already cancelled the sightseeing tour because I didn't want to be woken up so early in the morning.

'Yes, I know,' she said. (3)'I just wanted to check to see if you have changed your mind.'

(注) outward appearance：外見　curved：曲がった　eventually：最終的に
slippers：スリッパ　inn：宿　bare foot：裸足　book ～：～を予約する
arrange ～：～を手配する
morning call：モーニングコール(アメリカ英語では通例 wake-up call という)
apparently：どうも～らしい

問１ 下線部(1)を意味が通るように並べかえたとき、２番目と５番目に来る語(句)をそれぞれ記号で答えなさい。なお、文頭に来る語も小文字で示してある。

問２ 空所 [A] に入る語句を本文中から２語で抜き出して答えなさい。

問3　空所 [B] に入る最も適切な文を次のア～エから１つ選び、記号で答えなさい。

ア　Rome was not built in a day

イ　When in Rome, do as the Romans do

ウ　All roads lead to Rome

エ　*Fiddle while Rome burns　　（注） fiddle　バイオリンを弾く

問4　下線部(2)を英訳しなさい。

問5　空所 [C] に入る語句を本文中から６語で抜き出して答えなさい。

問6　空所（　あ　）に入るのに最も適切なものを、次のア～エから１つ選び、記号で答えなさい。

ア　delightful　　イ　dangerous　　ウ　tired　　エ　kind

問7　下線部(3)の発言を聞いた筆者の気持ちとして最も適切なものを次のア～エから１つ選び、記号で答えなさい。

ア　He was impressed that the tour guide kindly gave him a wake-up call.

イ　He was surprised that the tour guide didn't know his decision about the sightseeing.

ウ　He was confused because the tour guide was not flexible about the tour cancellation at all.

エ　He was scared because the tour guide called him again and again.

問8　次のア～カについて、本文の内容に合うものはT、合わないものはFを書きなさい。ただし、すべて同じ記号で答えた場合は無得点とする。

ア　The writer has no idea why Japanese people behave so differently from English people.

イ　The writer thinks sunglasses can be worn all year round but his wife doesn't think so.

ウ　The writer wanted to play golf though the wind and rain were very strong.

エ　The writer doesn't want to wear the slippers because he has *mizumushi.*

オ　In Karuizawa, the writer's wife said she wanted to go shopping while he was reading.

カ　About the sightseeing in Guam, the writer had to explain the same thing three times.

6　次の英文を読み、後の問いに答えなさい。ただし、*の付いている語(句)には(注)がある。

Most people feel lonely sometimes, but it usually only lasts between a few minutes and a few hours. This kind of loneliness is not serious. In fact, it is quite normal. For some people, though, loneliness can last for years. Psychologists are studying this complex *phenomenon in an *attempt to better understand *long-term loneliness. These researchers have already identified three different types of loneliness.

The first kind of loneliness is *temporary. This is the most common type. It usually disappears quickly and does not require any special attention. The second kind, situational loneliness, is a natural result of [　A　] — for example, a divorce, the death of a loved one, moving to a new place, or going away to college. Although this kind of loneliness can cause physical problems, such as headaches and sleeplessness, it usually does not last for more than a year. Situational loneliness is easy to understand and to *predict.

The third kind of loneliness is the most severe. Unlike the second type, *chronic loneliness usually lasts more than two years and has no specific cause. People who experience habitual loneliness have problems socializing and becoming close to others. Unfortunately, many chronically lonely people think there is little (1)[can, improve, nothing, or, their, they, to, do] condition. Psychologists agree that one important factor in loneliness is [　B　], *e.g., friends, family members, coworkers, etc. We depend (　あ　) various people for different reasons. For instance, our families give us emotional support, our parents and teachers give us guidance, and our friends share similar interests and activities. However, psychologists have found that the number of social contacts we have is not the only reason for loneliness. It is more important how many social contacts we think or expect we should have. In other words, though lonely people may have many social contacts, (2)<u>they sometimes feel they should have more.</u> They question their own popularity.

Most researchers agree that the loneliest people are between the ages of 18 and 25, so a group of psychologists decided to study a group of college (3)<u>freshmen</u>. They found that more than 50 percent of the freshmen were situationally lonely (い) the beginning of the semester (う) a result of their new *circumstances, but adjusted after a few months. Thirteen percent were still lonely after seven months due (え) shyness and fear. They felt very uncomfortable meeting new people, even though they understood that their fear was not *rational. The situationally lonely freshmen *overcame their loneliness by making new friends, but the chronically lonely remained unhappy because they were afraid to (4)<u>do so</u>.

Psychologists are trying to find ways to help habitually lonely people (お) two reasons. First of all, they are unhappy and unable to socialize. Secondly, researchers have found a connection between chronic loneliness and [C], such as heart disease. While temporary and situational loneliness can be a normal, healthy part of life, chronic loneliness can be a very sad, and sometimes dangerous, condition.

（注） phenomenon：現象　attempt：試み　long-term：長期の　temporary：一時的な
predict ～：～を予期する　chronic：慢性の　e.g.＝for example
circumstances：状況　rational：理性的な　overcome ～：～を乗り越える

問1　空所 [A] ～ [C] に入るのに最も適切なものを次のア～ウから１つずつ選び、記号で答えなさい。

ア　a person's social contacts

イ　a particular situation

ウ　serious illnesses

問2　本文の内容に合うように、下線部(1)の[　]内の語を並べかえなさい。

問3　空所（　あ　）～（　お　）に入れるのに最も適切なものを次のア～カから１つずつ選び、記号で答えなさい。ただし、同じ記号は１度しか使えない。

［ア　for　イ　as　ウ　of　エ　at　オ　to　カ　on］

問4　下線部(2)の内容を表すように、（　　　）内に適語を補いなさい。ただし、最初の文字が与えられているのでそれに従い、解答欄には最初の文字も含めて書くこと。

sometimes lonely people can't be (s　　　) (w　　　) the number of their social contacts

問5　下線部(3)は大学何年生のことか、次のア～エから１つ選び、記号で答えなさい。

ア　１年生　　イ　２年生　　ウ　３年生　　エ　４年生

問6　下線部(4)は具体的にどのようなことか、日本語で答えなさい。ただし、最後が解答欄の「～こと。」につながるように解答すること。

問7　本文の内容と一致するものを次のア～カから２つ選び、記号で答えなさい。

ア　Some lonely people don't need any treatment for their loneliness.

イ　Situationally lonely people may get sick, and this usually lasts for more than two years.

ウ　There is nothing doctors can do for chronically lonely people.

エ　Our friends have a better effect on our emotions than our parents or teachers.

オ　Researchers say people who are around twenty are lonelier than others.

カ　According to the research, thirteen percent of the freshmen overcame their loneliness.

問8　以下の英文は本文をまとめたものである。次の空所(　1　)～(　7　)に適切な1語をそれぞれ入れなさい。ただし、最初の文字が与えられている場合はそれに従い、解答欄には最初の文字も含めて書きなさい。

There are three kinds of loneliness. The first type, temporary loneliness, is the most common and disappears in a (　1　) time. (　2　) kind of loneliness is situational. Some events such as a divorce or someone's death can be one of the (3 : c-　) for this kind of loneliness, so we don't have (4 : d-　) understanding and predicting it. The third one is the hardest to (　5　) with. Chronically or habitually lonely people are too shy to (　6　) to their new environment. This type of loneliness can (　7　) to a serious disease, so researchers try to help these lonely people.

2023　第3回
サピックスオープン

数　学

中学３年

2023年９月10日実施

【受験上の注意事項】

1. 試験時間は、50 分です。
2. 答えは全て解答用紙の定められた解答欄の中に書きなさい。
   小さすぎる文字・薄すぎる文字は採点できません。
3. 解答用紙には、生徒 ID・氏名を必ず書きなさい。
4. 問題用紙の白いところは、メモなどに使いなさい。
5. 質問がある時や気分が悪くなった時は、黙って手をあげなさい。
6. 終わったら解答用紙だけを提出しなさい。

【解答の際の注意事項】

1. 解答は最も整理された形で表せ。
   ① 分数は特にことわりがない限り，完全に約分された形にせよ。
   比についても同様で，完全に整理された形にせよ。
   ② 解答に根号が含まれる場合は，根号の中の数字はできるだけ小さくして，整理せよ。
2. 円周率は，特にことわりがない限り π を用いよ。
3. 解答が複数考えられる場合は，全て答えよ。

1 次の各問いに答えよ。

(1) $(-3x^2y)^2 \div \left(\dfrac{xy^2}{2}\right)^3 \times (-xy^2)$ を計算せよ。

(2) 連立方程式 $\begin{cases} 17x+13y=18 \\ 3x+7y=22 \end{cases}$ を解け。

(3) $(x+y)(x+y+1)-12$ を因数分解せよ。

(4) $x=3-\sqrt{5}$ のとき，$x^2-6x+13$ の値を求めよ。

(5) 二次方程式 $(2x-5)(2x+3)-3(x-1)(x+3)=0$ を解け。

2 次の各問いに答えよ。

(1) 右の図のように一辺の長さが $2\sqrt{3}$ の正方形ABCDがある。

辺BC，CD上にそれぞれ点P，Qを，BP＝CQとなるようにとり，BQとAPの交点をRとする。

AR＝3となるとき，△ARQの面積を求めよ。

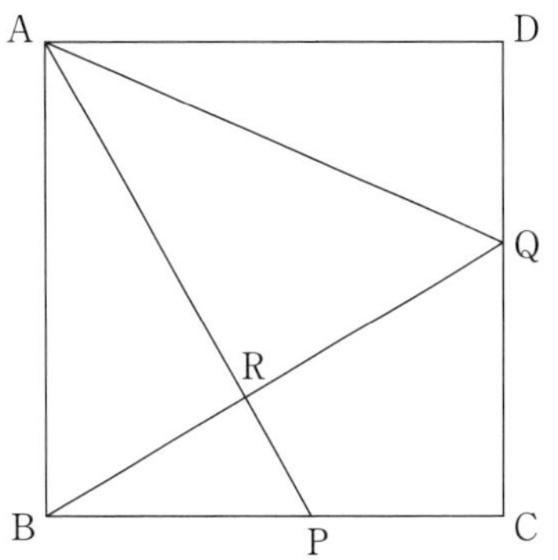

(2) 自然数 x の約数の個数を【x】で表すこととする。例えば，【12】＝6，【64】＝7となる。次の各問いに答えよ。

① 【x】＝4となるような x のうち，最小の数を求めよ。

② 【x】＝【y】＝4となる自然数 x，y について，【xy】＝10となった。このような xy のうち，最小の数を求めよ。

第3回 数学

3 右の図のように放物線 $y=\frac{1}{4}x^2$ 上に3点A，B，Cを，点Aの x 座標は負，点B，Cの x 座標は正で，OB//ACとなるようにとる。

直線ABの式が $y=-\frac{1}{4}x+\frac{1}{2}$ であるとき，次の各問いに答えよ。

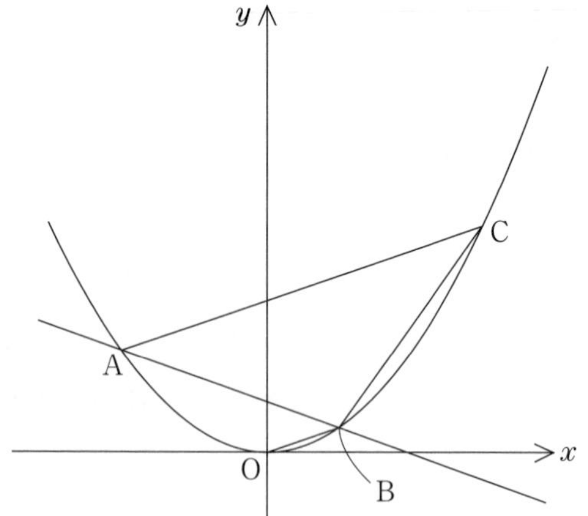

(1) 2点A, Bの x 座標をそれぞれ求めよ。

(2) △AOB：△ABCを求めよ。

(3) 放物線上に点Cより x 座標が大きい点Dをとり，直線ADと y 軸の交点をEとする。

△DBC＝△AOCであるとき，四角形ABCEの面積を求めよ。

【この問題は，答えに至るまでの途中過程を，解法欄に記入すること。】

4 右の図のようにAC＝16，BC＝4の∠ABC＝90°の直角三角形ABCと，点Cを通る円がある。

円とAC，BCとの交点をそれぞれD，Eとする。次の各問いに答えよ。

(1) ABの長さを求めよ。

(2) 円が点Bで直線ABと接するとき，DBの長さを求めよ。

(3) DE＝3となるとき，この円の半径を求めよ。

5 1，2のカードが2枚ずつ合計4枚入った袋Aがある。この袋からすべてのカードを1枚ずつ順番に取り出し，左から並べて自然数を作っていく。

このとき，1枚並べるごとにできた自然数を確認し，すべてのカードを並べるまでは3の倍数にならないような取り出し方を考える。

例えば，袋Aからカードを取り出して，1→1→2→2の順で取り出された場合，できる自然数は1→11→112→1122となり，4枚すべて並べて初めて3の倍数となる。

もし，1→2→1→2と取り出した場合，できる自然数は1→12→121→1212となるが，これは2枚目の時点で12が3の倍数になっており，適さない並べ方となる。

次の各問いに答えよ。

(1) 袋Aからカードを取り出すとき，条件を満たす1122以外の数を答えよ。

(2) 1，2，3のカードが2枚ずつ合計6枚入った袋Bがある。この袋からも袋Aで取り出したのと同様の条件で6枚すべて並べるとき，条件を満たす取り出し方は何通りあるか。

【この問題は，答えに至るまでの途中過程を，解法欄に記入すること。】

(3) 1，2，3，4，5，6のカードが1枚ずつ合計6枚入った袋Cがある。この袋からも袋Aで取り出したのと同様の条件で6枚すべて並べるとき，条件を満たす取り出し方は何通りあるか。

6 右の**図１**のようにひし形 ABCD の辺 AB, BC の中点をそれぞれ P, Q とする。

図２は**図１**を線分 PQ, QD, DP で折り曲げてできた四面体 OPQD である。

ただし，頂点 O は３点 A, B, C が重なった点である。

BD＝16, AC＝$8\sqrt{3}$ であるとき，次の各問いに答えよ。

図１

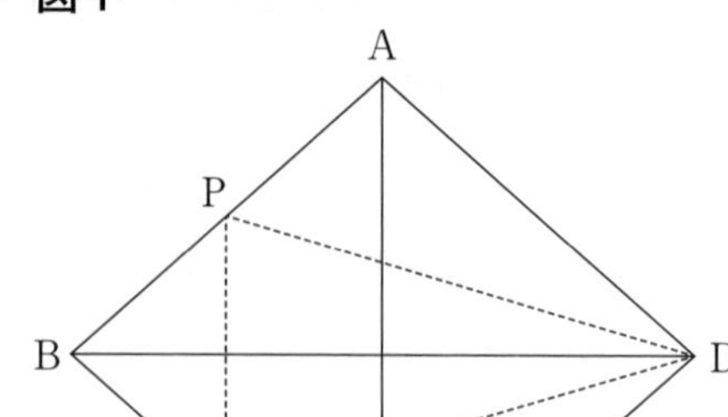

図２

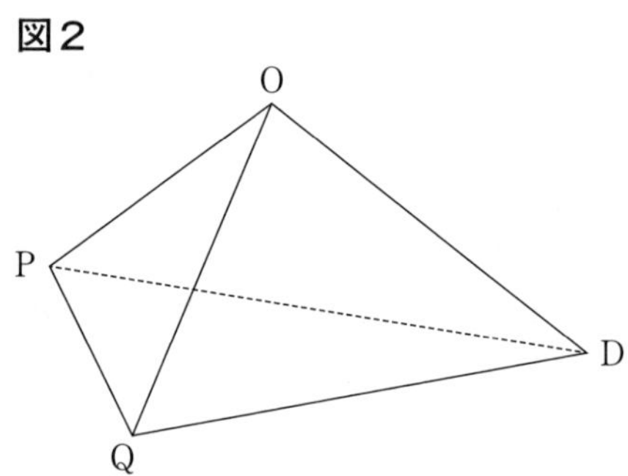

(1) **図２**の OD の長さを求めよ。

(2) 四面体 OPQD の体積を求めよ。

2023 第3回
サピックスオープン

理　科

中学３年

2023年９月10日実施

【受験上の注意事項】

1 試験時間は、50 分です。
2 答えは全て解答用紙の定められた解答欄の中に書きなさい。
小さすぎる文字・薄すぎる文字は採点できません。
3 解答用紙には、生徒 ID・氏名を必ず書きなさい。
4 問題用紙の白いところは、メモなどに使いなさい。
5 質問がある時や気分が悪くなった時は、黙って手をあげなさい。
6 終わったら解答用紙だけを提出しなさい。

1 次の問いに答えなさい。

(1) **図1**のようなギターで低い音を出すための方法として適切なものを，次のア～エの中からすべて選び，記号で答えなさい。

ア．6本の弦のうち，最も太い弦をはじく。

イ．フィンガーボード上で弦を押さえて，弦の振動する部分を短くしてから弦をはじく。

ウ．弦をできるだけ弱くはじく。

エ．ペグ(糸巻き)を回して，弦の張りを弱くしてから弦をはじく。

図1

(2) 人体において，空気中の酸素が体の各部の細胞に届くまでの経路を次のように表すとき，[①]にあてはまる肺の中の小さな袋の名称と，[②]にあてはまる血しょうが毛細血管からしみ出した液の名称を，それぞれ答えなさい。

口または鼻 → 咽頭 → 喉頭 → 気管 → 気管支 → [①]
→ 肺の毛細血管 → 肺静脈 → 左心房 → 左心室 → 大動脈
→ 体の各部の動脈 → 体の各部の毛細血管 → [②] → 細胞

(3) 次の文章の[①]～[③]にあてはまる語句として適切なものを，それぞれの選択肢A～Cの中から一つずつ選び，記号で答えなさい。

図2はある岩石を顕微鏡で見たものである。岩石が[①]からできているので，地下深くにあったマグマが地表付近まで上昇して急激に冷えて固まってできた岩石，つまり[②]であるとわかる。**図2**の岩石をつくる[③]は，輝石やカンラン石などの有色[③]が多いので，玄武岩であると考えられる。

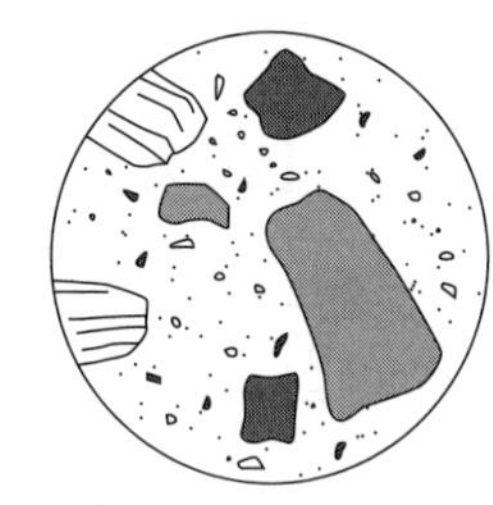

図2

[①]の選択肢　A．石基と斑晶　B．れき・砂・泥　C．等粒状組織と斑状組織
[②]の選択肢　A．火成岩　B．花こう岩　C．火山岩
[③]の選択肢　A．元素　B．鉱物　C．岩体

(4) 水溶液をろ過するときの様子を表した図として最も適切なものを，次のア～エの中から一つ選び，記号で答えなさい。

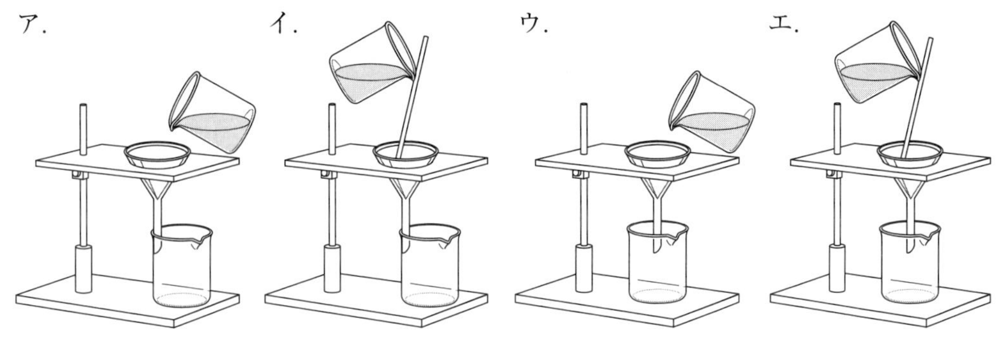

(5) **図３**は，ある季節に典型的な日本付近の等圧線の様子を表す。ある季節とはいつか，次のア～オの中から一つ選び，記号で答えなさい。また，このときに最も発達している気団の性質を，後のA～Dの中からすべて選び，記号で答えなさい。

ア．春　　イ．夏　　ウ．秋　　エ．冬
オ．梅雨

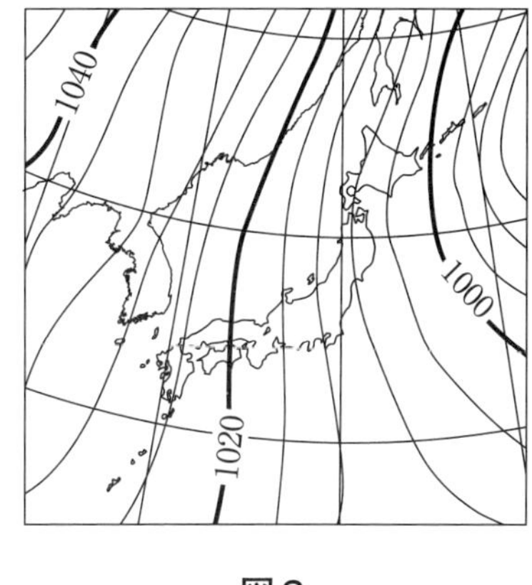

図３

A．湿潤　　B．乾燥　　C．温暖　　D．寒冷

(6) 次の①～③の文章について，正しいものには○，誤りを含むものには×を，それぞれ答えなさい。

① 魚類や両生類など，体温を自由に調節できる動物を変温動物という。

② 裸子植物には子房がないため，果実ができない。

③ 顕微鏡のピントを合わせるには，はじめに対物レンズとプレパラートをできるだけ近づけておき，次に少しずつ遠ざけながらピントの合う位置を探す。

2 次の問いに答えなさい。

(1) 内部を真空にした放電管の内部にスリットのついた蛍光板を入れた装置を用意した。**図1**のように，端子P，Qを誘導コイルにつないで高電圧を加え，端子R，Sを電源装置につないで電圧を加えたところ，緑色に光るすじが蛍光板上に現れた。誘導コイルの＋極，電源装置の＋極を接続した端子の組み合わせとして適切なものを，次のア～エの中から一つ選び，記号で答えなさい。

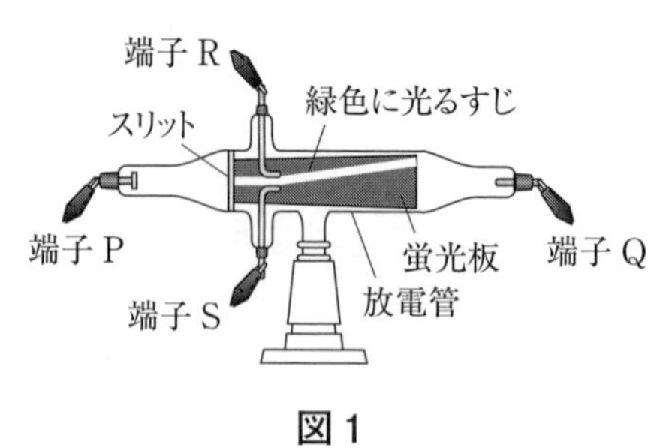

図1

	ア	イ	ウ	エ
誘導コイルの＋極を接続した端子	端子P	端子P	端子Q	端子Q
電源装置の＋極を接続した端子	端子R	端子S	端子R	端子S

(2) **図2**のように，ゴム管とピンチコックを取り付けた丸底フラスコに1.00 gの銅粉末を入れた装置を用意し，次の①～③の順に操作を行った。m，x，yの大小関係を表す式として適切なものを，下のア～オの中から一つ選び，記号で答えなさい。

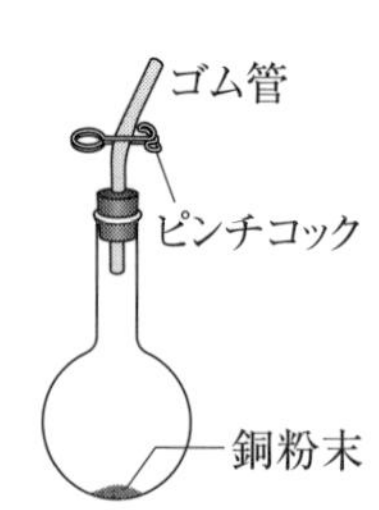

図2

① **図2**の装置のピンチコックを閉じてから，電子てんびんで**図2**の装置全体の質量m〔g〕を測定したところ，151.24 gだった。

② **図2**の丸底フラスコの底面をガスバーナーで十分に加熱したところ，銅粉末が黒色の物質に変化した。装置が室温まで冷えた後，電子てんびんで装置全体の質量を測定したところ，x〔g〕だった。

③ ピンチコックを開けたところ，シュッという音がした。再びピンチコックを閉じてから，電子てんびんで装置全体の質量を測定したところ，y〔g〕だった。

ア．$m=x=y$　イ．$m=x<y$　ウ．$y<m=x$　エ．$m<x<y$
オ．$y<m<x$

(3) **図3**はヒトの腕の骨格と筋肉の様子を表したものである。熱いものに触れてとっさに腕が曲がったとき，収縮した筋肉と，筋肉を収縮させる信号を出した部分の組み合わせとして適切なものを，次のア～エの中から一つ選び，記号で答えなさい。

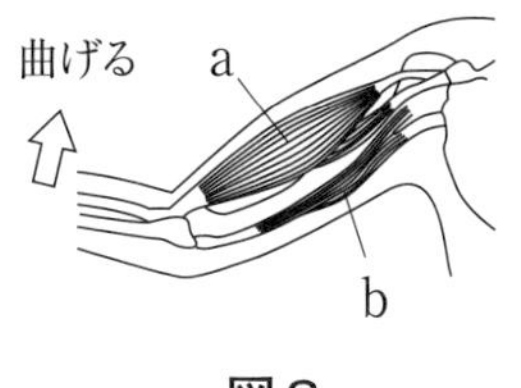

図3

	ア	イ	ウ	エ
収縮した筋肉	**図3**のa	**図3**のb	**図3**のa	**図3**のb
信号を出した部分	せきずい	せきずい	皮膚	皮膚

第3回　理科

(4) 緊急地震速報は，震源の近くの地点で観測したP波の情報からS波の到達時刻や震度を予測した後，気象庁から発表されて各地に知らされる。緊急地震速報について述べた文として誤りを含むものを，次のア～エの中から一つ選び，記号で答えなさい。

ア．震源の近くに地震計がなかった場合，緊急地震速報の発表が遅くなってしまう。

イ．緊急地震速報は，電波などの電気信号と地震波の伝わる速さの違いを利用している。

ウ．緊急地震速報は，P波とS波の伝わる速さの違いを利用している。

エ．緊急地震速報は，P波とS波の発生する時刻の違いを利用している。

(5) **図4**は，水平な台の上に，光源装置から出る光に垂直になるように鏡c，dが置かれた様子を真上から見たものである。光源装置から出た光を鏡c，dの順に反射させて，**図4**の破線で示した道すじを進むようにするためには，鏡c，dをそれぞれ反時計回りに何度回転させればよいか。それぞれ0～180度の範囲の整数で答えなさい。

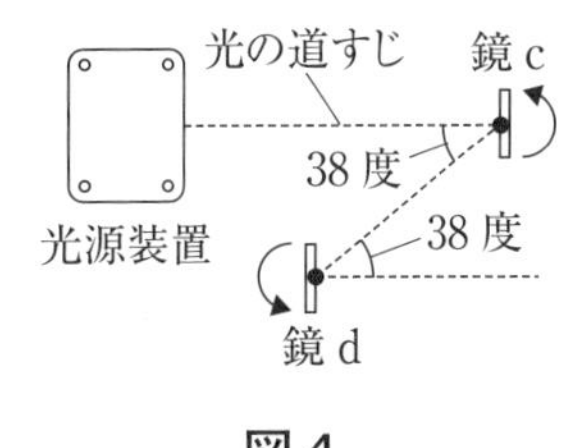

図4

(6) 家庭用のガスには，都市ガスと液化石油ガス(LP ガス)の２種類がある。次の**表１，２**は，都市ガスと LP ガスの成分やその性質についてまとめたものである。室内にガス漏れを検知するガス警報器を設置する場合の位置は，使用しているガスが都市ガスか LP ガスかによって，次の A，B いずれかの高さになる。LP ガスを使用している住宅の室内に，ガス警報器を設置する位置の高さとして適切なものを，次の A，B から一つ選び，記号で答えなさい。また，そのように判断する根拠となる情報を，**表１**の(a)〜(d)の中から一つ，**表２**の(e)〜(l)の中からすべて選び，それぞれ記号で答えなさい。

A：天井から 30 cm 以内　　　　B：床から 30 cm 以内

表１

	都市ガス	LP ガス
主成分	(a) メタン	(b) プロパン，ブタン
供給方法	(c) 地下のガス管で供給	(d) ガスボンベを配送

表２

	メタン	プロパン	ブタン	空気
密度〔g/L〕	(e) 0.72	(f) 2.02	(g) 2.76	(h) 1.29
沸点〔℃〕	(i) −162	(j) −42	(k) −0.5	(l) 約 −190

3 次の文章や実験について，後の問いに答えなさい。

〔文章１〕

分解者は，生物の死がいや排出物などに含まれる有機物を栄養源とする生物であり，土中の微生物や小動物の一部，菌類(カビやキノコのなかま)，細菌類などが含まれる。分解者は，自然界における炭素などの循環で重要な役割を果たしているだけでなく，私たちの日常生活においてもそのはたらきが利用されている。例えば，ヨーグルトをつくる乳酸菌，納豆をつくる納豆菌，チーズをつくるカビのなかまなど，発酵食品をつくる際に利用されたり，人間の生活によって生じる下水の処理にも利用されたりしている。下水処理では，汚水に含まれる大量の有機物を分解するため，分解者を多く含んだ活性汚泥を混ぜた上で(　①　)を大量に送り込み，分解者のはたらきである(　②　)を活発にするという処理を行う。分解者のはたらきを利用することで，効率よく汚水を浄化することができる。

(1) 分解者について正しく述べた文を，次のア～オの中から二つ選び，記号で答えなさい。

ア．分解者は有機物であればどのような物質であっても分解できる。

イ．分解者の中には光合成を行うものもある。

ウ．分解者はすべて消費者にも含まれる。

エ．分解者のうち，植物の死がいを分解するものは菌類，動物の死がいや排出物を分解するものは細菌類に分類される。

オ．分解者の一部は，空気中や人体の皮膚上にも存在する。

(2) 〔文章１〕の（　①　），（　②　）にあてはまる語を，それぞれ漢字２字で答えなさい。

〔実験１〕

土中に含まれる小動物を集めるための装置として，**図１**のようなツルグレン装置が知られている。ツルグレン装置では，土中の小動物が光や熱を嫌う性質を利用して，土中の小動物を装置の下部のエタノールに落とすしくみになっている。あるクラスでツルグレン装置を用いて土中の小動物を集める実験の際，班Ａは**図１**の装置を，班Ｂは**図１**の白熱電球をLED電球に変えた装置を用いた。班Ｂが用いたLED電球は，班Ａが用いた白熱電球と同じ明るさだが消費電力が小さく，ほとんど発熱しないという特徴がある。班Ａ，Ｂは表面近くの土の温度を測定しながら実験を行い，装置の下部に集まった土中の小動物の数を数えた。なお，班Ａ，Ｂが用いた装置は，電球以外の違いがないものとする。

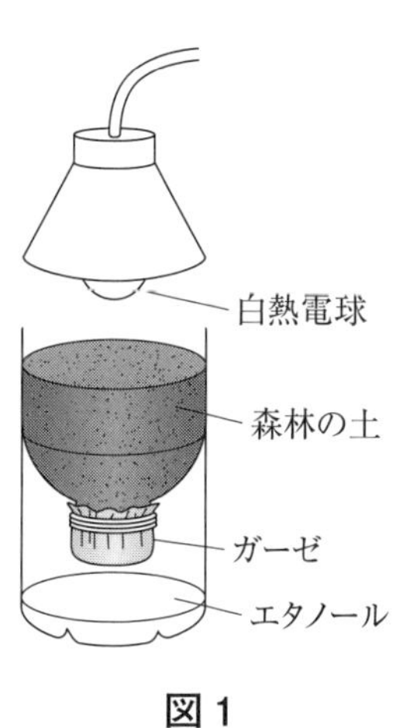

図１

〔結果１〕

装置の下部に集まった土中の小動物の数は，班Ａは23匹，班Ｂは６匹だった。**図２**は，班Ａ，Ｂが測定した土の温度をまとめたものである。また，集まった土中の小動物には，<u>ダニ，ダンゴムシ，ムカデ，センチュウ，トビムシ，ミミズ</u>が見られた。

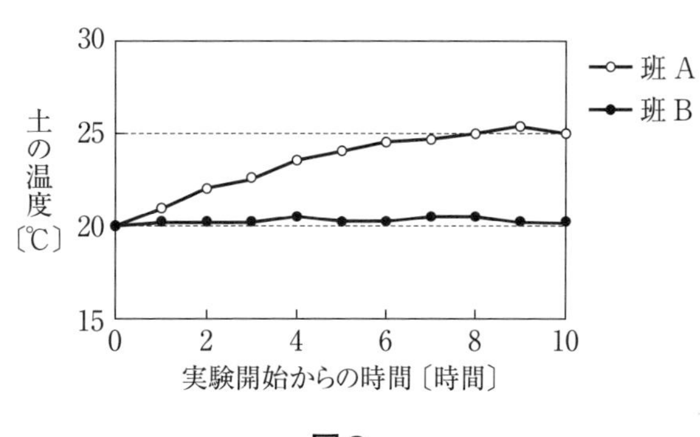

図２

〔考察１〕

班ＡとＢの結果を比較することで，土中の小動物を集めるためには熱によって土をあたためることが重要だと考えられる。

(3) 〔結果１〕の下線部の小動物のうち，ダニ，ダンゴムシ，ムカデ，トビムシは共通のからだのつくりをもっている。ダニ，ダンゴムシ，ムカデ，トビムシが分類され，センチュウとミミズは分類されない動物のなかまを何というか。

(4) 班Ｂのメンバーは，白熱電球の代わりにLED電球を用いても土中の小動物を６匹集められたことから，次の〔仮説〕を立て，〔実験２〕を行った。

以下の文章で，ⅰ～ⅲにあてはまる文や数値を，後の{　　　}のア～ウの中からそれぞれ一つずつ選び，記号で答えなさい。

〔仮説〕

図１の白熱電球をLED電球に変えた装置において，土中の小動物はLED電球の光を避けて装置の下部に落下した。

〔実験２〕

図１の装置で，ⅰ{ア．白熱電球を土に近づけて　イ．エタノールを水に取り替えて　ウ．白熱電球を取り外して}から，その他は〔実験１〕と同様の実験を行った。

〔結果２〕

装置の下部に集まった土中の小動物の数はⅱ{ア．０　イ．６　ウ．23}匹で，予想と異なっていた。

〔考察２〕

班Ｂのメンバーは〔仮説〕にしたがって，〔実験２〕で装置の下部に集まる土中の小動物の数がⅲ{ア．０　イ．６　ウ．23}匹程度になると予想したが，結果は異なっていた。

〔結果２〕から，〔考察１〕は否定されないが，〔仮説〕は間違っていると考えられる。

4 次の〔実験１〕，〔実験２〕と後の文章を読み，後の問いに答えなさい。

〔実験１〕

塩化銅 1.70 g を溶かした水溶液を，**図１**のような装置で，十分に時間をかけて塩化銅がなくなるまで電気分解した。このとき，陽極には1種類の気体のみが発生し，陰極には銅が付着した。その後，電極を取り出して純粋な水で洗い，乾燥させてから質量をはかると，陽極の質量は実験前と同じで，陰極の質量は実験前より 0.80 g 大きくなっていた。はじめに溶かす塩化銅の質量をさまざまに変えて同様に電気分解すると，塩化銅の質量と陰極の増加した質量との関係は，**図２**のようになった。

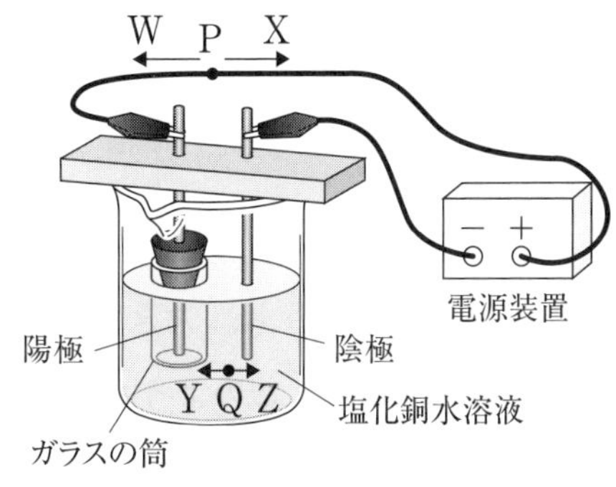

図１

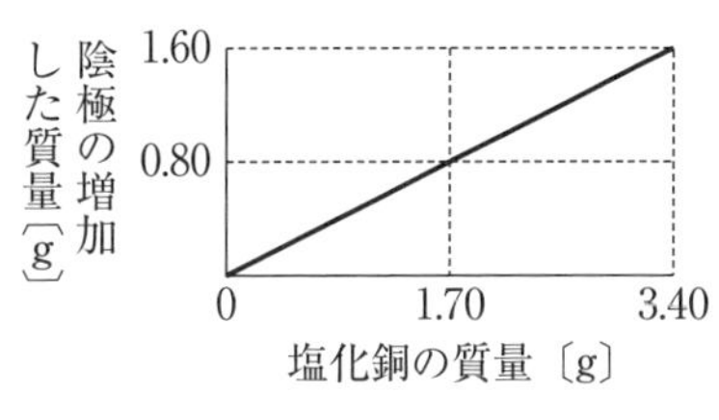

図２

〔実験２〕

〔実験１〕と同様に，塩化銅 1.70 g を溶かした水溶液を用いて，**図１**の装置で５分間電気分解した。その後，〔実験１〕と同様に陰極の質量をはかると，実験前から 0.24 g 増加していた。また，陽極のガラスの筒に集まった気体の体積は 30 mL だった。

(1) 塩化銅の電気分解を，化学反応式で表しなさい。

(2) **図１**のＰ点付近にある電子が移動する方向と，Ｑ点付近にある陽イオンが移動する方向を正しく組み合わせたものを，次の表のア～エの中から一つ選び，記号で答えなさい。

	Ｐ点付近にある電子が移動する方向	Ｑ点付近にある陽イオンが移動する方向
ア	W	Y
イ	W	Z
ウ	X	Y
エ	X	Z

(3) 〔実験２〕について，次の問いに答えなさい。ただし，陽極のガラスの筒に集まった気体の密度は2.9 g/Lとする。

① ５分間で分解された塩化銅の質量は何gか。

② 陽極のガラスの筒に集まった気体の質量は何gか。

③ 陽極で発生する物質の質量を，①をもとに計算すると，②とは異なる値になる。二つの値のうち，大きいのはどちらか。次のA，Bから一つ選び，記号で答えなさい。また，このような違いが生じた主な理由を，集まった気体の名称とその性質に触れながら，簡潔に答えなさい。

A. ①をもとに計算した値　　　　B. ②の値

塩化銅水溶液を電気分解すると，陰極に銅が発生するが，塩化カリウム水溶液を電気分解すると，陰極にはカリウムではなく水素が発生する。この原因は，銅とカリウムのイオンへのなりやすさ(イオン化傾向)の違いにある。一般に，電気分解のときに起こる化学反応は，次のような〔規則〕に従う。

〔規則〕

・イオンになりやすい物質ほど，イオンから原子に戻りにくい。逆に，原子に戻りやすい物質ほど，原子からイオンになりにくい。

・陽極では，陽極付近にあるすべての物質やイオンのうち，最も電子を放出しやすいものが電子を放出する。陰イオンが電子を放出すると原子に戻り，原子が電子を放出すると陽イオンになる。水酸化物イオンや水分子が電子を放出すると，酸素が発生する。

・陰極では，陰極付近にあるすべての物質やイオンのうち，最も電子を受け取りやすいものが電子を受け取る。陽イオンが電子を受け取ると原子に戻り，原子が電子を受け取ると陰イオンになる。水分子が電子を受け取ると，水素が発生する。

例えば，塩化銅水溶液の電気分解の陰極付近には，**図３**に模式的に表したように，陰極の炭素棒，水分子，銅イオン，塩化物イオンがある。これらの中で最も電子を受け取りやすい銅イオンが電子を受け取り，固体の銅が発生した。

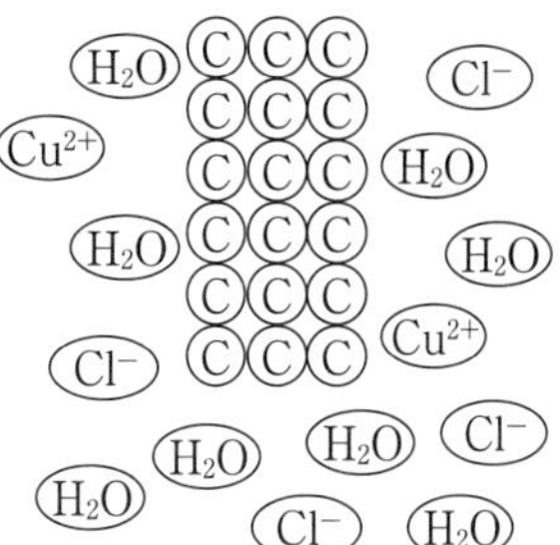

図３

(4) 塩化カリウム水溶液の電気分解の陰極で，水分子が電子を受け取って水素が発生する様子を，電子を e$^-$として化学反応式で表したい。解答欄の反応式の(　　)内には係数を，《　　》内には化学式を補って，化学反応式を完成させなさい。ただし，係数が１の場合は省略すること。

(5) 水を電気分解するとき，水に電流を流しやすくするために水酸化ナトリウムを加えることがある。水を電気分解するために，水酸化ナトリウムのかわりに水に加える物質として適切なものはどれか。次のア～クの中からすべて選び，記号で答えなさい。

ア．食塩　　イ．砂糖　　ウ．塩酸　　エ．水酸化カリウム

オ．硫酸　　カ．硫酸銅　　キ．硫酸バリウム　　ク．エタノール

5 定期テストに向けて勉強するAさんとBさんの〔会話文1〕，〔会話文2〕について，後の問いに答えなさい。ただし，質量100gの物体にはたらく重力の大きさを1Nとする。

〔会話文1〕

Aさん：今回のテスト範囲には仕事が含まれているから，仕事について理解を深めておいた方が良さそうだね。問題を出してくれるかな？

Bさん：わかった。**図1**のように，質量450gの直方体の物体が斜面上にあって，ばねばかりとつないだ糸でなめらかな斜面に沿って一定の速さで引き上げる実験を考えるよ。物体を斜面に沿って元の高さから12cmだけ高くなるように動かしたとき，糸が物体を引く力がした仕事の大きさは何Jかな？

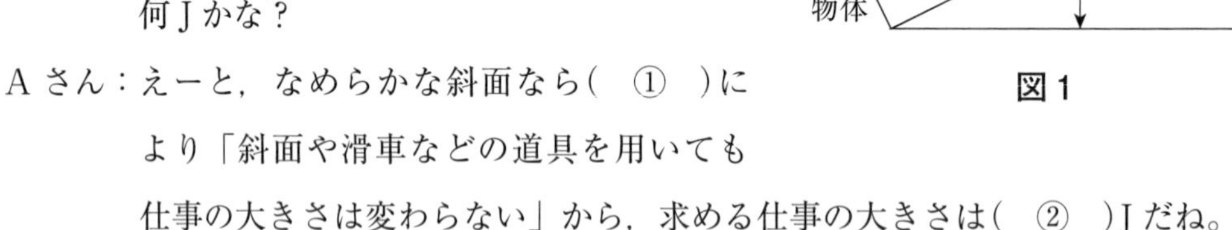

図1

Aさん：えーと，なめらかな斜面なら(　①　)により「斜面や滑車などの道具を用いても仕事の大きさは変わらない」から，求める仕事の大きさは(　②　)Jだね。

Bさん：正解。この実験で，ばねばかりの示す値が2.0Nで一定であったとして，物体を斜面に沿って引き上げた距離は何cmかな？

Aさん：まず，**図1**において，物体にはたらく力が③{ア．つり合っている　イ．つり合っていない}ことが(　④　)という条件からわかる。斜面がなめらかで摩擦力がはたらかないことと合わせて考えると，重力の斜面に平行な分力の大きさは2.0Nだとわかる。あとは，三角形の相似を使って(　⑤　)cmと求められるよ。

Bさん：それも正解。二つ目の問題は(　①　)を用いて，斜面を使わない場合の仕事の大きさと比較することでも求められるよ。

Aさん：あ，そっちの方が簡単だったね。じゃあ，今度は私が問題を出すね。**図1**と同じ斜面と物体で，**図2**のように，モーターで糸を一定の速さで巻き取って物体を

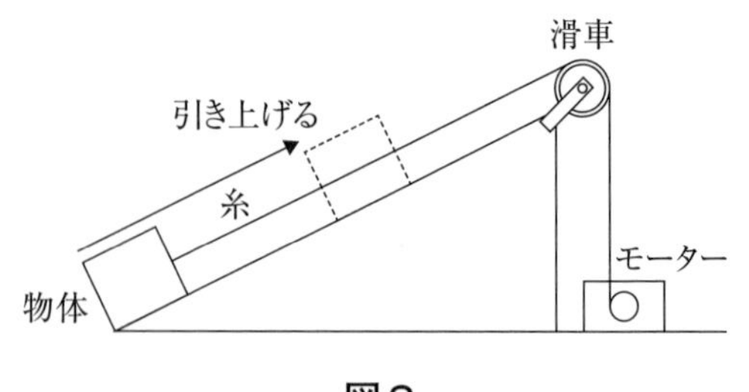

図2

斜面に沿って引き上げる実験を考えるよ。モーターの消費電力のうち 0.15 W が物体を引き上げる仕事に使われたとすると，物体が斜面に沿って引き上げられる速さは何 cm/s かな？

B さん：えーと……(　⑥　)cm/s だね。

A さん：正解！

(1)〔会話文１〕の(　①　)にはあてはまる語句を，(　②　)にはあてはまる数値を答えなさい。

(2)〔会話文１〕について，③にあてはまる内容を，直後の{　　　}のア，イの中から一つ選び，記号で答えなさい。また，(　④　)にあてはまる文を，「物体」という語を用いて答えなさい。

(3)〔会話文１〕の(　⑤　)，(　⑥　)にあてはまる数値を答えなさい。

〔会話文２〕

B さん：動滑車についても確認しておこう。

A さん：そういえば，通学途中に見たクレーン車に動滑車が使われていたよ。わかりやすく作図すると，滑車とワイヤーのかかり方は**図３**のようになるね。どのくらいの質量のものを持ち上げられるのだろう？

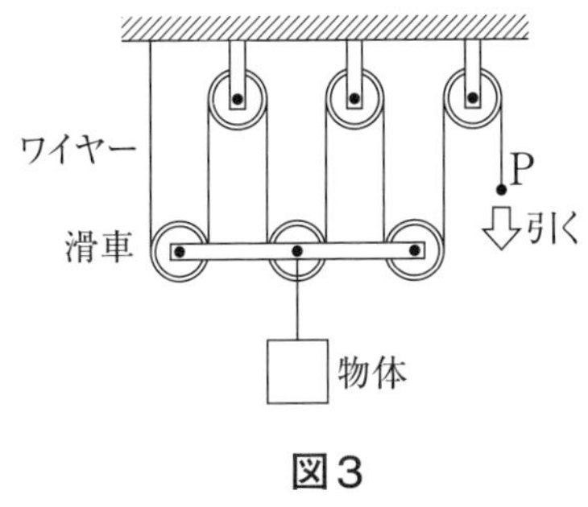

図３

B さん：例えば，滑車１個の質量を 10 kg，物体を引き上げるために**図３**のワイヤーの端 P を引く力の大きさが 2000 N の場合について考えてみよう。滑車と物体以外の質量を無視できるとすると，質量が(　⑦　)kg の物体を引き上げていることになるね。

A さん：クレーン車って，すごいんだね。

(4)〔会話文２〕の(　⑦　)にあてはまる数値を答えなさい。

6 中学生のSさんは，天体望遠鏡を用いて，秋分の日に**図1**のような太陽の黒点を観察しようと考え，太陽と黒点について調べた。Sさんが調べた次の〔文章1〕～〔文章3〕を読み，後の問いに答えなさい。

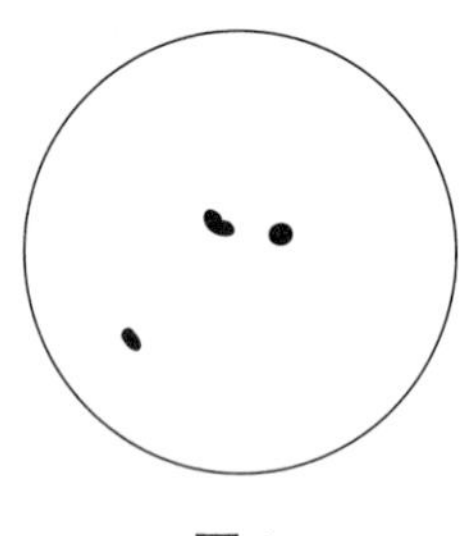

図1

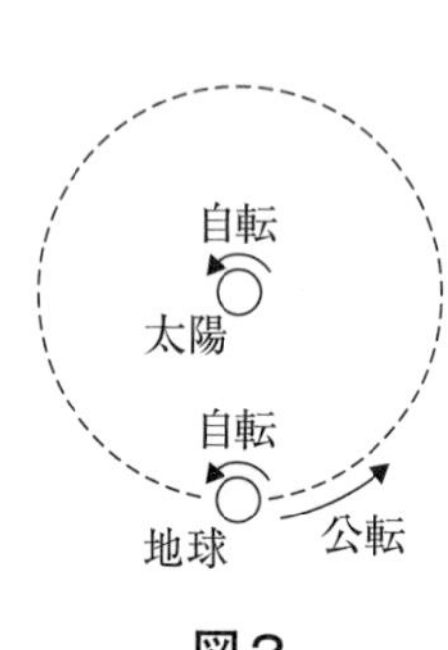

図2

〔文章1〕太陽について

太陽は，太陽系の中心にあり，太陽系で唯一の（　A　）である。半径は約70万km（地球の約109倍），質量は約2.0×10^{30}kg（地球の約33万倍），地球からの距離は約1.5億kmで，**図2**のように，地球の北極側から見て反時計回りに$_{\text{I}}$25～30日で1周する速さで自転している。表面の温度は5500～6000℃で，黄色く光って見える。$_{\text{II}}$地球から見て，太陽に次いで明るい（　A　）はおおいぬ座のシリウスだが，太陽はシリウスに比べ，約130億倍明るく見える。

〔文章2〕黒点と太陽の活動について

黒点は太陽の表面にあり，周囲より温度が低いため，暗く見える。発生してから数日～数か月たつと消滅する。黒点の数や分布は，太陽の活動にともなって11年前後の周期で変化している。太陽の活動が活発になると，黒点が増えるだけでなく，太陽の周囲に広がる約100万℃のガスの層である（　B　）が厚くなり，静電気を帯びた粒子（太陽風）が多く放出される。太陽風は地球にオーロラをつくるが，電波障害を引き起こすこともある。

〔文章3〕黒点の観察方法について

黒点は望遠鏡を使わなくても観察できることがある。望遠鏡を使わない場合，紫外線によって目を傷めないように，必ず専用の遮光板（日食グラスなど）を使う。また，望遠鏡を使う場合でも，望遠鏡やファインダーを直接のぞいて太陽を見てはいけないので，遮光板と太陽投影板を使う。投影板に太陽の像が映るように望遠鏡を固定し，$_{\text{III}}$像の輪郭と黒点をすばやくスケッチし，その後$_{\text{IV}}$太陽が動いていく方向を記録する。数日間のスケッチを比べると，黒点の動きや見かけ上の形の変化が読み取れる。

(1) 〔文章1〕の(A)にあてはまる語句を，漢字2字で答えなさい。

(2) 〔文章1〕の下線部Ⅰで，太陽の自転周期が「約25.38日」などの詳しい数値ではなく，「25～30日」となっているのはなぜか，簡潔に答えなさい。

(3) 〔文章1〕の下線部Ⅱについて，星の明るさは等級という数値で表す。明るい星ほど等級が小さく，等級が1小さいと明るさは約2.5倍，等級が5小さいと明るさは100倍である。等級は負の数になることもある。おおいぬ座のシリウスを－1.5等級とすると，太陽の等級はいくらか。最も近い値を整数で答えなさい。

(4) 〔文章2〕の(B)にあてはまる語句を答えなさい。

(5) 日本国内で，秋分の日の5日前に，太陽が南中したときに，望遠鏡を使わずに観察した黒点が**図1**のようであった。このとき，秋分の日に投影板上でスケッチした太陽の像として最も適切なものを，次のア～エの中から一つ選び，記号で答えなさい。また，太陽の像が投影板上で動いた方向を，ア～ウを選んだ場合はア～ウのX，Yの中から選び記号で答え，エを選んだ場合は空欄のままにしなさい。ただし，太陽には**図1**以外の黒点はなく，**図1**の黒点は秋分の日にもそのまま存在したものとする。また，選択肢エは黒点が映っていないことを表す。

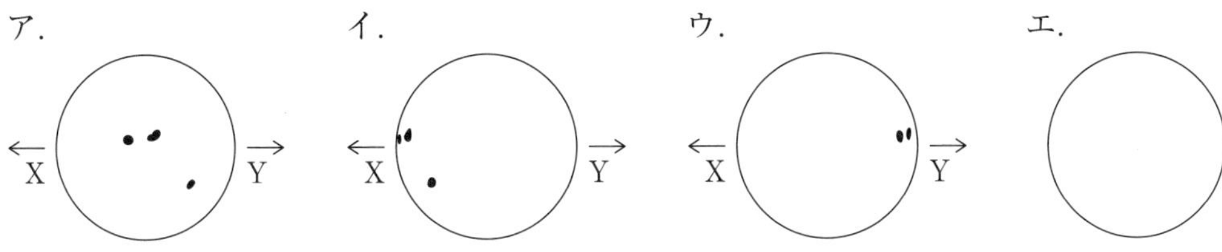

(6) 〔文章3〕の下線部Ⅲですばやくスケッチするのは，望遠鏡を固定して観察すると，下線部Ⅳのように太陽の像が投影板上を動いてしまうからである。像が動く速さを計算した次ページの文章について，［①］，［④］にあてはまるものを，あとのア～エの中からそれぞれ一つずつ選び，記号で答えなさい。また，［②］，［③］にあてはまる数値を，それぞれ整数で答えなさい。必要であれば小数第1位を四捨五入しなさい。

太陽の見かけの大きさは，**図３**のように目から50 cm 離して持った［ ① ］とほぼ同じ大きさで，角度 A は約 0.5 度である。秋分の日の太陽は**図４**のように動き，日の出から日没までが約 12 時間なので，**図５**のように太陽が太陽一つ分だけ動くのに，約［ ② ］分かかる。よって，投影板上の太陽の像の直径が 12cm のとき，像は約［ ③ ］mm/s の速さで動く。同様の観測を 1 年間続けると，太陽の像が動く速さは，［ ④ ］。

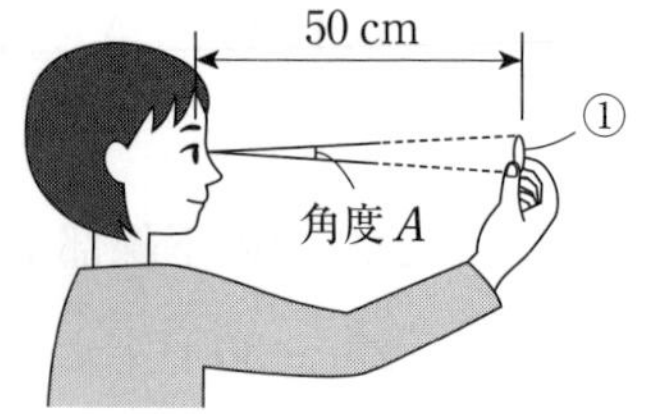

図３

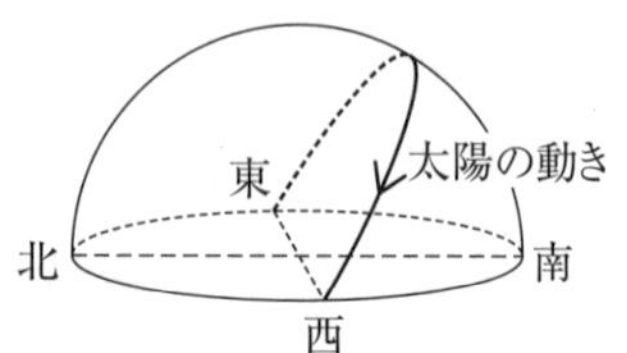

図４

［ ① ］ ア．直径 1.5 mm の砂粒　イ．直径 5 mm の手芸用ビーズ
ウ．直径 1.5 cm のビー玉　エ．直径 5cm の団子

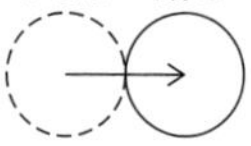

［ ④ ］ ア．夏至の日に最も速くなり，冬至の日に最も遅くなる
イ．冬至の日に最も速くなり，夏至の日に最も遅くなる
ウ．春分の日と秋分の日に最も速くなり，夏至の日と冬至の日に最も遅くなる
エ．夏至の日と冬至の日に最も速くなり，春分の日と秋分の日に最も遅くなる

太陽の動き

図５

2023 第3回
サピックスオープン

社　会

中学３年

2023年９月10日実施

第３回　社会

【受験上の注意事項】

1 試験時間は、50分です。
2 答えは全て解答用紙の定められた解答欄の中に書きなさい。
小さすぎる文字・薄すぎる文字は採点できません。
3 解答用紙には、生徒ID・氏名を必ず書きなさい。
4 問題用紙の白いところは、メモなどに使いなさい。
5 質問がある時や気分が悪くなった時は、黙って手をあげなさい。
6 終わったら解答用紙だけを提出しなさい。

1 以下の各問いに答えなさい。

問1 次のア～エのグラフは、アジア・ヨーロッパ・アフリカ・北アメリカのいずれかの大陸の高度別面積割合(%)を示したものである。アジアに当てはまるものを1つ選び、記号で答えなさい。

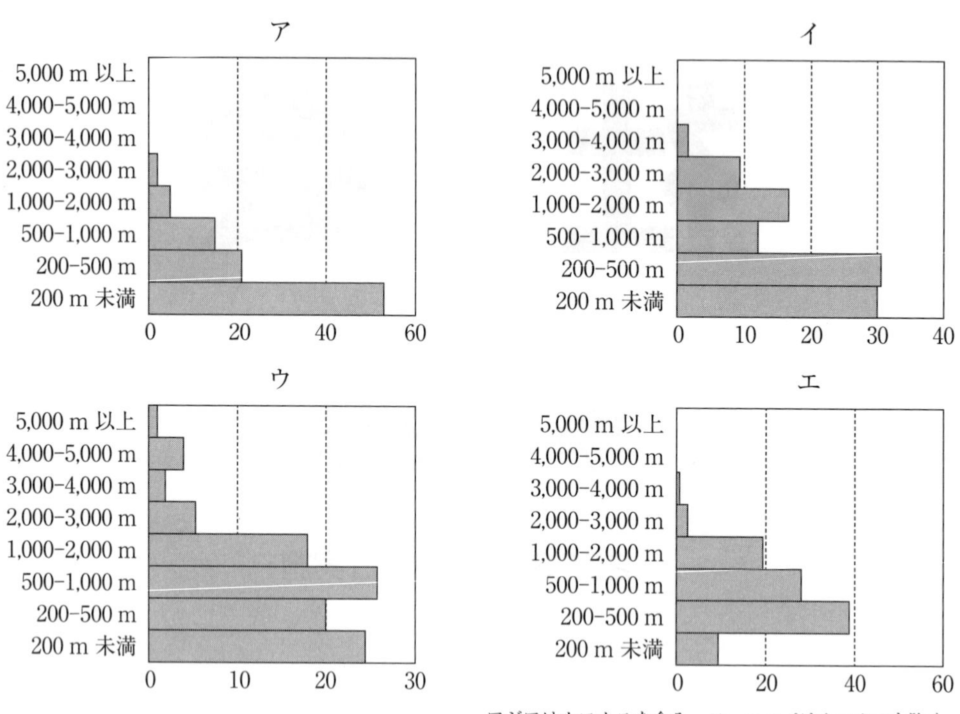

アジアはカフカスを含み、ヨーロッパはカフカスを除く。
『データブック オブ・ザ・ワールド2023年版』より作成

問2 世界の自然環境に関して説明した次の文の中で適切なものを1つ選び、記号で答えなさい。

ア．熱帯の地域では、沖合の深い海にサンゴ礁がみられる。

イ．乾燥帯のモンゴルには、短い草の生えるサバナとよばれる草原が広がる。

ウ．温帯の地中海沿岸は、冬は比較的湿潤だが、夏は雨が少なく乾燥する。

エ．寒帯の地域では、緯度が高いため、夏は太陽が昇らない極夜(きょくや)が続く。

問3　世界の農牧業に関して

(1)　世界の農牧業に関して説明した次の文の中で適切でないものを1つ選び、記号で答えなさい。

ア．中国東部では、長江流域やチュー川流域で米や茶の栽培が、黄河流域や東北地方では小麦やとうもろこしの栽培が行われており、西部では主に牧畜が行われている。

イ．インドでは、東部の降水量が多いインダス川の下流部で米やジュートが、西部の降水量が少ないガンジス川の流域で小麦の栽培が主に行われている。

ウ．ヨーロッパのアルプス山脈以北では、冷涼で土地が痩せていることから、穀物栽培と家畜の飼育を組み合わせた混合農業や酪農が行われている。

エ．アメリカでは、西経100度より西側は降水量が少なく、肉牛の飼育やセンターピボット農法を用いたかんがい農業が行われている。

(2)　次の表のア～エは、大豆・コーヒー豆・さとうきび・てんさいのいずれかの生産量上位5カ国とその割合(%)を示したものである。大豆とさとうきびに当てはまるものを1つずつ選び、記号で答えなさい。

	ア	イ	ウ	エ
1位	ブラジル 40.5	ブラジル 34.6	ロシア 13.4	ブラジル 34.5
2位	インド 19.8	ベトナム 16.5	アメリカ 12.1	アメリカ 31.8
3位	中国 5.8	コロンビア 7.8	ドイツ 11.3	アルゼンチン 13.8
4位	パキスタン 4.3	インドネシア 7.2	フランス 10.4	中国 5.5
5位	タイ 4.0	エチオピア 5.5	トルコ 9.1	インド 3.2

2020年、『データブック オブ・ザ・ワールド 2023年版』より作成

第3回　社会

問4　世界の鉱工業に関して

⑴　世界の鉱工業に関して説明した次の文の中で適切なものを１つ選び、記号で答えなさい。

ア．東南アジアではインドネシアがいち早く工業化をすすめ、アジアNIESとよばれてきたが、近年はマレーシアやタイにも外国企業が進出するようになった。

イ．西アジアの産油国では、イスラム教の教義に基づいて多くの国が労働などを目的とする外国人の入国を禁止している。

ウ．アフリカには多くの鉱産資源があり、コンゴ民主共和国からザンビアにかけての地域は世界的な銀鉱の産地として知られている。

エ．オーストラリアでは、主に北西部で採掘される鉄鉱石や、主に東部で採掘される石炭のほか、アルミニウムの原料となるボーキサイトなども採掘されている。

⑵　次の文の空欄に当てはまる語句をカタカナで答えなさい。

ロシアは石油・天然ガス・石炭などの鉱産資源に恵まれ、石油や天然ガスの多くは(　　　)を用いてヨーロッパ諸国に輸出されている。ロシアによるウクライナ侵攻が始まるとヨーロッパ諸国は、ロシアが天然ガスの供給を停止するなどエネルギーを武器に揺さぶりをかけていることに警戒を強めた。

問5　世界の水資源問題の原因として、人口増加・気候変動・水紛争などが挙げられる。

⑴　人口増加と気候変動に関して説明した次の文の中で適切でないものを１つ選び、記号で答えなさい。

ア．中国では一人っ子政策により人口の抑制を続けてきたが、少子高齢化の進行に伴いこの政策は緩和されている。

イ．アジアやアフリカの発展途上国の中には、高い出生率に加えて衛生や栄養状態が改善されて死亡率が低下したことで、人口が急激に増加している国がある。

ウ．アメリカ合衆国は自動車の生産台数・保有台数はともに世界最大であるが、二酸化炭素排出量は中国に次いで２番目となっている。

エ．シベリアでは近年、温暖化の影響により永久凍土が融解し、建物が傾いたり、凍土に含まれるメタンガスや二酸化炭素が放出したりする問題がおきている。

(2) 近年、エチオピアはナイル川の水運を利用した「大エチオピア・ルネサンスダム」の発電を開始した。このダムの建設に反対している国の組み合わせとして適切なものを、次のア～エの中から1つ選び、記号で答えなさい。

ア．エジプト－スーダン　　　イ．エジプト－ナイジェリア

ウ．アルジェリア－スーダン　エ．アルジェリア－ナイジェリア

問6 地域主義に関して

(1) 次の文の空欄に当てはまる語句をアルファベット大文字で答えなさい。

> 2022年に発効した(　　　)には、中国・日本・韓国・ASEANに、オーストラリアとニュージーランドを加えた15カ国が参加する。TPPに比べて関税の撤廃率は低いが、参加国全体の経済規模は大きいため、貿易やサービスの動きの自由化が進むものとみられる。

(2) 次の表は、ASEANに加盟するタイ・ベトナム・インドネシアのいずれかの国の輸出総額、主な輸出品目と割合(%)を示したものである。組み合わせとして適切なものを、あとのア～カの中から選び、記号で答えなさい。

	輸出総額	主な輸出品目と割合(%)
Ⅰ	229,511	機械類 31.4　自動車 9.9　金(非貨幣用)5.8　プラスチック 3.4
Ⅱ	163,308	パーム油 11.5　石炭 11.5　鉄鋼 9.2　機械類 7.9
Ⅲ	282,529	機械類 46.0　衣類 10.0　履物 6.1　家具 4.0

輸出総額は2020年・百万ドル、主な輸出品目と割合は2021年
『データブック オブ・ザ・ワールド 2023年版』より作成

ア．Ⅰ－タイ　　　　　Ⅱ－ベトナム　　　Ⅲ－インドネシア

イ．Ⅰ－タイ　　　　　Ⅱ－インドネシア　Ⅲ－ベトナム

ウ．Ⅰ－ベトナム　　　Ⅱ－タイ　　　　　Ⅲ－インドネシア

エ．Ⅰ－ベトナム　　　Ⅱ－インドネシア　Ⅲ－タイ

オ．Ⅰ－インドネシア　Ⅱ－タイ　　　　　Ⅲ－ベトナム

カ．Ⅰ－インドネシア　Ⅱ－ベトナム　　　Ⅲ－タイ

2 次のⅠ・Ⅱの文を読み、以下の各問いに答えなさい。

Ⅰ

日本は本州・北海道・九州・四国を始めとする大小さまざまな①島々から成り立っており、季節風や海流の影響で変化に富んだ②気候がみられる。面積は約37.8万㎢と決して世界の国々と比較すると小さいほうではないが、森林面積が国土の約3分の2を占めているので、限られた③耕地で集約的な農業が行われている。

工業では加工貿易がさかんであったが、海外に生産拠点を移し、現地生産を行う企業が増加し、中国や東南アジア諸国の経済成長も重なって、④工業製品の輸入が増えている。

サービス産業では新型コロナ感染症の影響で宿泊業や飲食サービス業が業績を悪化させるなか、個人や組織などの間で使用されていない資産を売買・貸借・交換しあう⑤シェアリングエコノミーの動きも活発化している。

問1 下線部①に関して

日本の最北端である択捉島は北緯46度付近に位置し、日本の最南端である沖ノ鳥島は北緯20度付近に位置している。同一経線に北緯46度地点と北緯20度地点がある場合、その2点間の距離を解答欄に合わせて算用数字で答えなさい。なお、十の位以下は四捨五入し、地球一周は40,000 kmとして計算すること。

問2 下線部②に関して

右の地図は、北海道の札幌・旭川・稚内・釧路の位置を示したものであり、次のア～エの雨温図はこの4都市にそれぞれ該当する。旭川と釧路の雨温図に当てはまるものを次の中から1つずつ選び、記号で答えなさい。

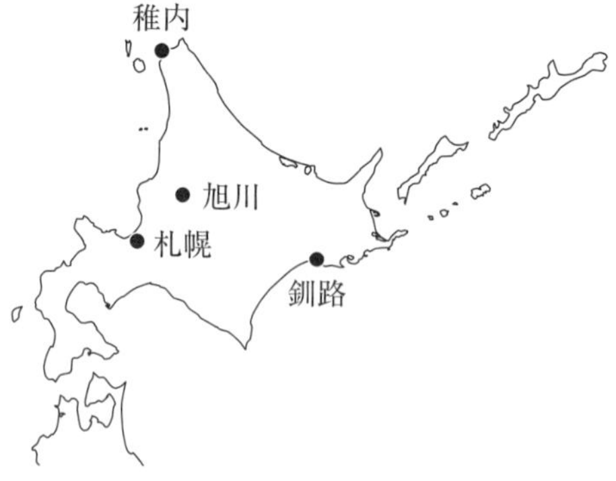

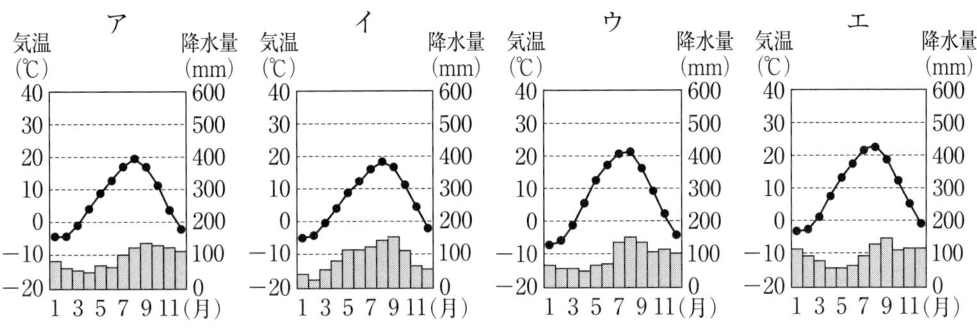

『データブック オブ・ザ・ワールド 2023年版』より作成

問3 下線部③に関して

右の表は、日本の耕地利用率と耕地利用率の高い都道府県上位３県を示したものである。いずれも九州地方の県であるが、これは温暖な九州地方でさかんな農業の形態と関係がある。この農業の形態とは何か、漢字３字で答えなさい。

	耕地利用率(%)
全国	91.4
佐賀県	133.7
福岡県	115.0
宮崎県	104.2

2021年
『データブック オブ・ザ・ワールド 2023年版』より作成

問4 下線部④に関して

次の表中ア〜エは、衣類・自動車・医薬品・集積回路のいずれかの日本の輸入先上位４カ国／地域とその割合(%)を示したものである。医薬品に当てはまるものを１つ選び、記号で答えなさい。

	ア	イ	ウ	エ
1位	中国 54.1	台湾 57.5	ドイツ 31.7	アメリカ 17.7
2位	ベトナム 16.0	アメリカ 10.6	アメリカ 9.6	ドイツ 15.3
3位	バングラデシュ 4.1	中国 9.4	タイ 8.9	スイス 10.1
4位	カンボジア 4.1	韓国 5.3	イギリス 8.7	アイルランド 10.1

2020年、『日本国勢図会 2022/23』より作成

問5　下線部⑤に関して

シェアリングエコノミーとは持続可能な循環型社会を実現するために、遊休資産の有効活用を促進する考え方である。この例として適切でないものを次の中から1つ選び、記号で答えなさい。すべて適切な場合はオと答えなさい。

ア. 空き家を所有している人が、空き家を民泊用の宿泊施設として提供する。

イ. 子育てが一段落した人が、仕事で忙しい家庭の子どもを預かる。

ウ. 使用しない品物をWeb上のフリーマーケットで出品し、購入した人が使用する。

エ. 移動手段を持っている人が、飲食店から注文者に商品を運ぶ。

Ⅱ

ジオパークとは地質学的に重要な地域を保護し、持続可能な開発のための教育(ESD)と一体化した領域を指す。日本では46地域が認定されており、そのうち、⑥洞爺湖有珠山(とうやこうすざん)、⑦糸魚川(いといがわ)、島原半島、山陰海岸、室戸(むろと)、隠岐、阿蘇、アポイ岳、⑧伊豆半島、白山手取川の10の地域が⑨ユネスコ世界ジオパークに登録されている。近年では、風力発電施設や太陽光発電施設など、⑩再生可能エネルギーの開発と観光を共存させるエネルギーパークの認定も進んでいる。

問6　下線部⑥に関して

北海道の有珠山(うすざん)は2000年に噴火し、洞爺湖(とうやこ)温泉などに大きな被害を与えたが、周辺住民は防災(ハザード)マップを利用した避難訓練を徹底しており、人命に被害は出なかった。災害発生時の対応について説明した次の文の正誤を判断し、組み合わせとして適切なものをあとのア～エの中から選び、記号で答えなさい。

A. 避難情報の警戒レベルは5段階で設定されており、警戒レベル2で避難行動を確認しなければならないが、避難時の情報収集には、マスメディアよりも速報性の高いソーシャルメディアの情報を優先しなければならない。

B. 避難所は震災に伴う火災などから人々が身を守るため、大きい公園や河川敷などの広い場所が指定され、避難場所は災害のため自宅で生活することが困難になったときに、しばらくの間生活する場所で、学校や公民館などが主に指定される。

ア. A－正　B－正　　イ. A－正　B－誤

ウ. A－誤　B－正　　エ. A－誤　B－誤

問7　下線部⑦に関して

新潟県の糸魚川（いといがわ）と静岡を結ぶ構造線は日本を東西に分ける断層の西縁にあたる。この断層のことを何というか、カタカナで答えなさい。

問8　下線部⑧に関して

伊豆半島に関して説明した次の文の空欄に当てはまる語句を答えなさい。

> 伊豆半島は、かつては現在の小笠原諸島付近にあった海底火山であった。その後に伊豆半島が位置している(　　　)プレートが日本列島に向けて北に移動したことによって、噴火を繰り返しながら島となった伊豆は日本列島に接続して半島になった。

問9　下線部⑨に関して

次の表中ア〜エは、ユネスコが登録している世界遺産が位置する北海道・兵庫県・広島県・福岡県のいずれかの旅客輸送を示したものである。広島県に当てはまるものを1つ選び、記号で答えなさい。

	鉄道(百万人)	営業用自動車(百万人)	海上(千人)	航空(千人)
ア	843	189	1,470	568
イ	380	206	872	3,227
ウ	154	72	5,900	341
エ	261	309	698	4,001

2020年度、『データでみる県勢 2023』より作成

問10　下線部⑩に関して

次ページの表は、再生可能エネルギーにあたる水力・風力・太陽光・地熱発電のいずれかの発電量と発電量上位5都道府県を示したものである。それぞれの発電に当てはまるものを1つずつ選び、記号で答えなさい。

ア.

順位	都道府県	発電量
1位	青森県	1,253
2位	北海道	1,130
3位	秋田県	926
4位	三重県	409
5位	岩手県	404
全国		7,441

イ.

順位	都道府県	発電量
1位	福島県	1,547
2位	茨城県	1,372
3位	岡山県	1,346
4位	北海道	1,187
5位	宮城県	1,129
全国		19,053

ウ.

順位	都道府県	発電量
1位	大分県	823
2位	秋田県	399
3位	鹿児島県	376
4位	岩手県	204
5位	北海道	87
全国		1,962

エ.

順位	都道府県	発電量
1位	富山県	9,300
2位	岐阜県	8,870
3位	長野県	7,373
4位	新潟県	7,346
5位	福島県	6,453
全国		85,759

2021年度、単位：百万kWh 『データでみる県勢2023』より作成

3 日本史上の主な地震についてまとめた次の年表を見て、以下の各問いに答えなさい。

西暦	地震の名称
684年	①<u>白鳳(はくほう)地震</u>
869年	②<u>貞観(じょうがん)三陸地震</u>
1185年	③<u>文治(ぶんじ)京都地震</u>
1361年	正平(しょうへい)(康安(こうあん))地震
1586年	天正(てんしょう)大地震
1707年	④<u>宝永(ほうえい)地震</u>
1854年	(　⑤　)東海地震、(　⑤　)南海地震
1855年	(　⑤　)江戸地震
1923年	⑥<u>大正関東地震</u>(関東大震災)
1933年	昭和三陸地震 ……… ↑ ⑦
1995年	兵庫県南部地震(阪神・淡路大震災)
2011年	東北地方太平洋沖地震(東日本大震災) ……… ↓

問１　下線部①に関して

(1)　この地震の発生に最も近い時期に起こった出来事を次の中から１つ選び、記号で答えなさい。

ア．聖徳太子は蘇我馬子と協力して、大王中心の政治を目指した。

イ．中大兄皇子は中臣鎌足と協力して、蘇我氏を打倒すると新たな政治を開始した。

ウ．天武天皇は天皇の力を高めることに努め、律令や歴史書をまとめるように命じた。

エ．聖武天皇は仏教の力で国を守り、不安を取り除こうとして東大寺を建てた。

(2)　この地震により、土佐は津波の被害に見舞われた。土佐（現在の高知県）の歴史に関して説明した次の文の中で、適切なものを１つ選び、記号で答えなさい。

ア．土佐守（とさのかみ）の任期を終えた紀貫之は、都に帰るまでの紀行文を漢文で書いた。

イ．元土佐藩士の坂本龍馬らの仲介で、薩摩藩と長州藩は同盟を結んだ。

ウ．板垣退助らは高知で自由党を設立すると、民撰議院設立の建白書を提出した。

エ．高知出身の内閣総理大臣である浜口雄幸（おさち）は、五・一五事件で暗殺された。

問２　下線部②に関して

この地震により多賀城が損壊したとされる。多賀城を説明した次の文の４つの下線部には１つ誤りがある。誤っている語句を正しい語句に改め、答えなさい。

奈良時代、東北地方の政治・軍事に当たらせるため、現在の<u>宮城県</u>に多賀城が築かれた。平安時代になると、征夷大将軍に任じられた<u>源義家</u>により、蝦夷（えみし）を征討する拠点は岩手県の胆沢城（いさわじょう）に移された。 朝廷の東北進出に対して、蝦夷は激しく抵抗したが、指導者の<u>アテルイ</u>はついに降伏した。まもなく<u>桓武天皇</u>は、蝦夷の征討と平安京の造営が人々の負担になっているという意見を取り入れ、両事業を停止した。

問3　下線部③に関して

次の文は、各時代の史料を現代語訳したものである。この地震が起きた1185年の出来事にもっとも関連が深い史料を次の中から１つ選び、記号で答えなさい。

ア．今日、山城の国人(こくじん)が集会をした。同じく山城国中の土民(どみん)たちが集まった。今度の畠山(はたけやま)両陣の処理を決めるためだという。もっともなことだが、これは下剋上の極みである。

イ．……因幡前司(いなばのぜんじ)大江広元(おおえのひろもと)が次のように申し上げた。「世も末となり、悪巧みをする者が時流に乗って栄えています。……この機会に諸国に支配権を伸ばして国衙(こくが)領・荘園ごとに守護・地頭を任命されれば、各地の乱を恐れることはありません。」……

ウ．近頃京都で流行しているものは、夜討ち、強盗、偽の綸旨(りんじ)、囚人(しゅうじん)、急な知らせを伝える早馬(はやうま)、たいしたことでもないのに起きる騒動。……

エ．……太閤(たいこう)が私を招いて「和歌を詠(よ)もうと思う。一緒に詠みなさい」と言うので、「きっと返歌をお詠みいたしましょう」と答えると、……「この世をばわが世とぞ思う望月の欠けたることも無しと思えば」と歌った。……

問4　下線部④に関して

この地震の後に将軍を補佐し、政治を行ったのは新井白石である。新井白石の政治に関して説明した次の文の中で適切なものを１つ選び、記号で答えなさい。

ア．株仲間を解散させ、江戸に流入していた人々を強制的に農村に帰らせた。

イ．貨幣の質を元に戻し、長崎貿易を制限して金・銀の海外への流出を抑えた。

ウ．目安箱を設置し、公事方御定書を制定して裁判の基準を明確にした。

エ．質素・倹約を勧め、凶作に備えて各地に倉を設けて米を蓄えさせた。

問5　（　⑤　）に共通して当てはまる元号を次の中から１つ選び、記号で答えなさい。

ア．慶安　　イ．元禄　　ウ．天明　　エ．安政

問6　下線部⑥に関して

次のグラフ は、大正元年(1912年)を100としたときの1922年までの米価・平均賃金・輸出総額のいずれかの指数を示したものである。X～Zに当てはまるものの組み合わせとして適切なものを、あとのア～カの中から選び、記号で答えなさい。

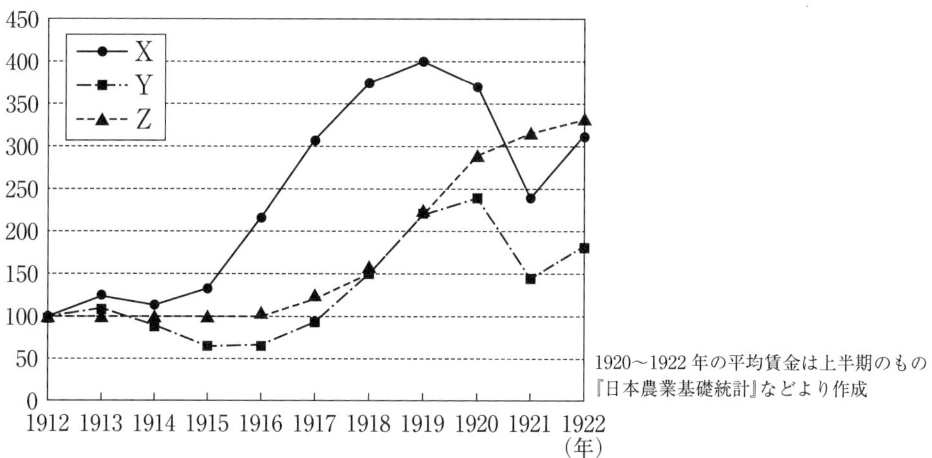

1920～1922年の平均賃金は上半期のもの
『日本農業基礎統計』などより作成

	ア	イ	ウ	エ	オ	カ
X	米価	米価	平均賃金	平均賃金	輸出総額	輸出総額
Y	平均賃金	輸出総額	米価	輸出総額	米価	平均賃金
Z	輸出総額	平均賃金	輸出総額	米価	平均賃金	米価

問7　⑦の期間に関して

この期間に起きた次の出来事を年代の古い順に並べかえ、記号で答えなさい。

ア．相互に領土の保全と不可侵を約束した日ソ中立条約を締結した。

イ．日韓基本条約を締結し、日本は韓国と国交を樹立した。

ウ．吉田茂内閣は日米安全保障条約を締結し、米軍の国内駐留を認めた。

エ．日中共同声明に調印し、日本と中国の国交が回復した。

4 次の文を読み、以下の各問いに答えなさい。

農耕は約1万年前にはすでに始まっていたことが分かっている。西アジアではマメ・ムギ類の栽培や家畜の飼育の跡が見つかっており、温暖になった気候の中で安定して食料を得ようとしていたと考えられる。①約5000年前からは大河の流域で農耕や牧畜が発達し、都市が形成された。それぞれの地域で発見されている記録や出土品からは、耕作の様子や、暦を作って収穫の時期を予測していたことがうかがえる。②中国の長江流域では水田跡や稲作の道具が出土した。

現在は世界各国で食されているじゃがいも、トマト、とうもろこしはアメリカ大陸原産の作物で、③大航海時代にヨーロッパ人が持ち帰ったことで世界中に広まった。また、現在はヨーロッパやアメリカの嗜好品(しこうひん)のイメージがあるコーヒー豆も、アフリカが原産地であり、その後西アジアに伝わり、④イスラム教の国々で飲み物として親しまれた。⑤ヨーロッパでは17世紀にコーヒーハウスが誕生し、文化人による議論が交わされたことで政治にも影響を与えた。

19世紀以降は農耕技術や品種改良が発展し、生産性が大きく向上した。産業革命を迎えた⑥列強諸国は次々に通交の範囲を拡大し、農作物は貿易の目的ともなっていった。自国での栽培が難しい食物を手に入れることが容易になった一方で、領土を巡る⑦紛争や貿易摩擦などの問題もみられるようになった。

問1 下線部①に関して

次の写真は、いずれかの古代文明で使用された文字を示したものであり、あとの資料は、この文字で刻まれた文を示したものである。この文明が分布していた地域を次の地図中のア～エから1つ選び、記号で答えなさい。

PIXTA

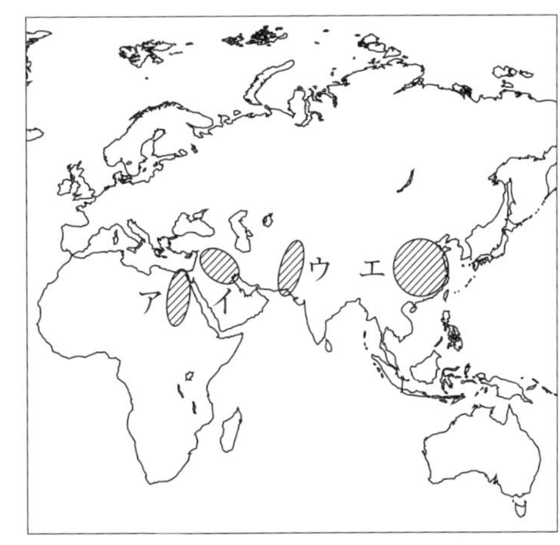

資料

もし人が人の目をつぶしたときは、かれの目をつぶす。

問2　下線部②に関して

次の文は、中国と日本の外交に関する史料を現代語訳したものである。これらを年代の古い順に並べかえ、記号で答えなさい。

ア．天帝のいつくしみを受ける大蒙古国皇帝が、書簡を日本国王に差し上げる。……日本は高麗に近接し、国の初め以来、ときには中国とも通交してきた。しかし私の治世には一度も遣いを送ったことがない。

イ．順帝の昇明二年、武は使者を遣わして文書で次のように述べた。「私の国は中国から遥か遠いところを領域としています。昔から私の祖先は自ら甲冑をつけ、山を越え川を渡って各地で戦い、休む暇もありませんでした。……」

ウ．日本国で准三后の待遇を受けている私が国書を大明皇帝陛下に差し上げます。……私は幸運にも政権を掌握し、国内の者は誰もが私の権威に従っています。そこで古くからのしきたりに従って肥富を祖阿に同行させ、親交のために貢ぎ物を献上させます。

エ．建武中元二年、倭の奴国が貢ぎ物を持って挨拶に来た。遣いは自らを大夫だと名乗った。……光武帝は奴の国王の位を認め、その証として印を授けた。

問3　下線部③に関して

この時代を説明した次の文中の４つの下線部に誤りはいくつあるか、０～４の算用数字で答えなさい。

> 15世紀末、ポルトガルの援助を受けたコロンブスは、西に進めばインドに着くと考え、カリブ海の西インド諸島に到達した。一方、スペインのバスコ＝ダ＝ガマは東回りでインドに到達した。
>
> 16世紀になると、マゼランが率いるスペインの艦隊は初めて世界一周を成し遂げた。17世紀に東インド会社を設立したイギリスは、現在のインドネシア（ジャワ島）に位置するバタビアを拠点に東アジアでの貿易の実権を握った。

問4　下線部④に関して

11世紀末、ローマ教皇がイスラム勢力から奪還するために十字軍を派遣した聖地（都市）をカタカナで答えなさい。

問5　下線部⑤に関して

次のア～エは16～18世紀のヨーロッパの出来事を説明したものである。この中から17世紀の出来事として適切なものを１つ選び、記号で答えなさい。

ア．イギリスでピューリタン革命が起こり、クロムウェルは共和政を樹立した。

イ．ドイツのルターは教会による贖宥状（しょくゆうじょう）の販売を批判し、宗教改革を始めた。

ウ．フランスのルイ16世が議会を弾圧しようとしたことに反発し、革命が起こった。

エ．イギリスのアダム＝スミスは『国富論』を著し、自由放任主義を主張した。

問6　下線部⑥に関して

19 世紀の交通に関して説明した次のⅠ・Ⅱに関して正誤を判断し、組み合わせとして適切なものをあとのア～エの中から選び、記号で答えなさい。

Ⅰ. 19 世紀にアメリカはパナマ運河を完成させ、東西の結びつきを強めるとともに、戦争や領土の買収によって太平洋沿岸まで領土を拡大した。

Ⅱ. 19 世紀にロシアは不凍港を求めて南下政策をとり、アラビア海に進出しようとすると、オスマン帝国や南下政策を警戒するイギリス・フランスとの間で戦争となった。

ア. Ⅰ－正　Ⅱ－正　　イ. Ⅰ－正　Ⅱ－誤

ウ. Ⅰ－誤　Ⅱ－正　　エ. Ⅰ－誤　Ⅱ－誤

問7　下線部⑦に関して

次の文が説明する出来事が起こった時期として適切なものをあとの年表中のア～エの中から選び、記号で答えなさい。

パレスチナ地方を巡りイスラエルとアラブ諸国の間で戦争が起こり、アラブの産油国がイスラエルを支持する国に対し石油の輸出を制限・停止した。これにより世界経済は混迷し、日本でも「狂乱物価」とよばれる物価の高騰がみられた。

年表

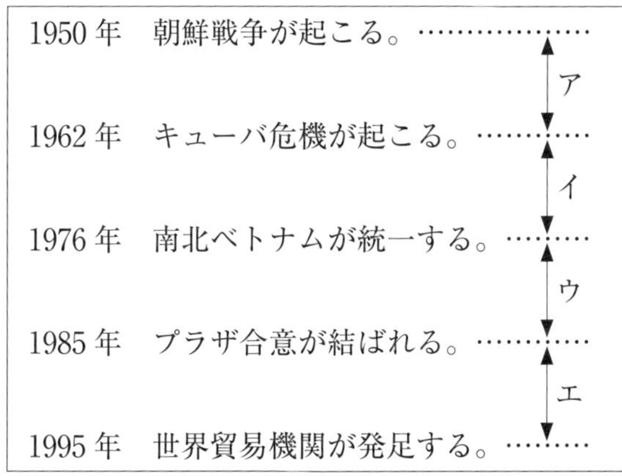

1950 年　朝鮮戦争が起こる。
　ア
1962 年　キューバ危機が起こる。
　イ
1976 年　南北ベトナムが統一する。
　ウ
1985 年　プラザ合意が結ばれる。
　エ
1995 年　世界貿易機関が発足する。

5 次の文を読み、以下の各問いに答えなさい。

偏(かたよ)りを分散することは民主的な政治を行ううえで重要である。モンテスキューは自身の著書である『法の精神』において三権分立を主張し、内閣・①国会・②裁判所が互いに独立して監視しあうことで、権力の濫用による国民の③基本的人権の侵害などを防ぐことができるとした。また、中央集権から地方分権の流れに関しては、日本では戦前は憲法で規定されなかった④地方自治も、日本国憲法では規定された。

近年の日本では高齢化に伴って「シルバー民主主義」といわれるように、若年層の意見が通りにくくなっているという問題がある。選挙権が20歳以上から18歳以上に改められたことは、こうした問題をわずかながら緩和するものであった。なお、2022年4月1日には、選挙権年齢に続いて⑤民法が改正され、成人年齢が20歳から18歳へと改められた。

問1 下線部①に関して

(1) 参議院議員選挙に関して説明した次の文中ア～オの下線部から適切でないものを2つ選び、記号順に答えなさい。

> 参議院議員選挙は原則、都道府県で区切られた選挙区制とア.全国を1ブロックとした比例代表制によって実施されている。選挙区制では1票の格差を是正するために、人口の少ないイ.徳島県・高知県と鳥取県・島根県が「合区」とされ、それぞれ1つの選挙区とされている。比例代表制はウ.中小政党に有利で死票が少なくなる特徴があり、参議院議員選挙ではエ.候補者名を記載して投票することはできない。議員数としてはオ.比例代表制で選出される議員が選挙区制で選出される議員より多くなっている。

(2) 日本国憲法にある「衆議院の優越」に関して、説明した次の文中(　①　)に当てはまる語句を漢字2字で答えなさい。また、(　②　)に当てはまる説明として適切でないものをあとのア～エの中から1つ選び、記号で答えなさい。

> 任期が短く(　①　)がある衆議院は優越を認められている。(　②　)において衆議院・参議院で議決が異なった場合は、両院協議会が開かれるが、それでも意見が調整できない場合は、衆議院の議決が国会の議決となる。

ア．内閣総理大臣の指名　　イ．法律案の議決
ウ．予算の議決　　　　　　エ．条約の承認

問2　下線部②に関して

次の図1は民事裁判と刑事裁判の略図である。図1中の［Ⅰ］〜［Ⅵ］に当てはまる語句をあとのア〜カから1つずつ選び、記号で答えなさい。なお、同じ記号は2度は使用しないものとする。

図1

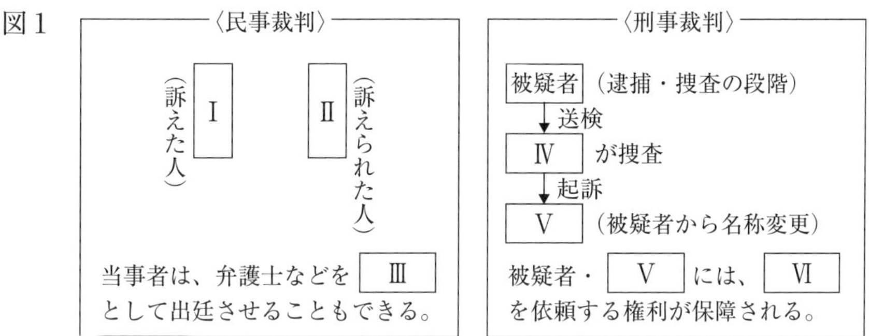

ア．弁護人　　イ．検察官　　ウ．原告　　エ．被告人　　オ．代理人　　カ．被告

問3　下線部③に関して

(1)　次のア〜エは日本国憲法の自由権について定めた条文である。この中から居住・移転・職業選択の自由と同じ種類に属する自由権を1つ選び、記号で答えなさい。

ア．思想及び良心の自由は、これを侵してはならない。

イ．財産権は、これを侵してはならない。

ウ．学問の自由は、これを保障する。

エ．信教の自由は、何人に対してもこれを保障する。

(2)　次の文が説明している権利(人権)の名称を解答欄に合わせて答えなさい。

> この新しい人権は、政府が保有する情報を国民が自由に手に入れることを保障する内容である。国民が政府や地方公共団体の政策などに関して、賛成や反対などの意見を表明するためには、国の持つ情報を入手できることが不可欠であり、日本国憲法第21条の「表現の自由」を根拠にこの新しい人権は主張されている。この新しい人権に基づいて1999年には情報公開法が制定された。

第3回　社会

問4　下線部④に関して

次の図２は直接請求権に関して示したものである。

図２

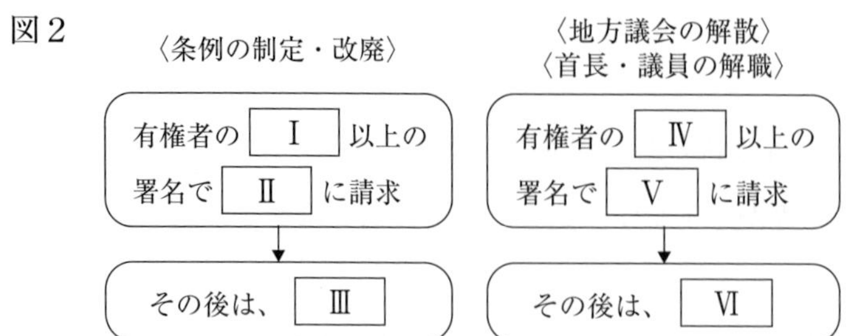

⑴　図２中の Ⅰ ～ Ⅵ に当てはまる語句・文を次のア～クからそれぞれ選び、記号で答えなさい。なお、この地方公共団体の人口は40万人未満とし、同じ記号を複数回使用して解答してもよい。

ア．50分の１　　イ．20分の１　　ウ．３分の１

エ．選挙管理委員会　　オ．首長　　カ．監査委員

キ．議会が招集され、審議が行われる。

ク．住民投票を実施し、有効投票数の過半数の賛成が必要とされる。

⑵　図２中の地方議会の解散や首長・議員の解職請求のことをカタカナで何というか、答えなさい。

問5　下線部⑤に関して

民法改正に関連する次のⅠ～Ⅲの正誤の組み合わせとして適切なものを、あとのア～クの中から選び、記号で答えなさい。

Ⅰ．18歳以上は親の同意なしで携帯電話を契約したり、クレジットカードを作ったりすることができるようになった。

Ⅱ．これまで16歳以上で結婚が可能であった男性の結婚可能年齢が変更され、男女ともに18歳未満は結婚ができなくなった。

Ⅲ．飲酒や喫煙、競馬などの公営ギャンブルへの参加や親の同意なくローンを組むことは引き続き20歳以上とされた。

	ア	イ	ウ	エ	オ	カ	キ	ク
Ⅰ	正	正	正	正	誤	誤	誤	誤
Ⅱ	正	正	誤	誤	正	正	誤	誤
Ⅲ	正	誤	正	誤	正	誤	正	誤

6 次の文を読み、以下の各問いに答えなさい。

2022年、日本はウクライナ問題など、不安定な世界情勢を背景とした物価の高騰にみまわれた。①企業による商品の値上げが相次ぎ、②消費者物価指数が大幅に上昇して家計を圧迫した。また、値上げは鉄道やバス・電気・ガス料金などの(　③　)にまで及んだ。こうした中で消費の冷え込みや、④景気後退が懸念(けねん)される。さらにこうした状況に拍車をかけたのがアメリカの⑤金利引き上げなどを要因とした記録的な円安であった。また、この数年でコロナ禍の影響もあり、⑥紙幣などの現金ではなく、電子マネーでの支払いが進んだ。

問1　下線部①に関して

企業に関して説明した次の文の中で適切なものを1つ選び、記号で答えなさい。

ア．造幣局などの独立行政法人や農業協同組合、生活協同組合などの組合企業は公企業に分類される。

イ．製造業において総事業所数に占める中小企業の割合は5割程度であるが、製造品出荷額においては9割を超えている。

ウ．株式会社は無限責任制によって運営され、株主は会社が倒産した場合などに出資金以上の負債義務を負わなければならない。

エ．株式会社においては、株主総会で株主が所有する株式に応じた票を投じることができ、株主総会で選出された取締役が会社の経営を行う。

問２　下線部②に関して

(1)　家計に関して説明した次の文の空欄に当てはまる語句をあとのア～オの中から２つ選び、記号順に答えなさい。

家計の支出は財やサービスを入手するための消費支出、(　　　)などの非消費支出に分類できる。消費支出・非消費支出・貯蓄の合計は家計の収入と等しくなる。

ア．株式の購入　　イ．年金保険料の支払い　　ウ．国債の購入
エ．自動車保険料の支払い　　オ．税金の支払い

(2)　次のグラフ１は、１世帯あたり１カ月間の消費支出の内訳(%)を示したものである。グラフ１から読み取れる内容として適切でないものをあとのア～エから１つ選び、記号で答えなさい。

グラフ１

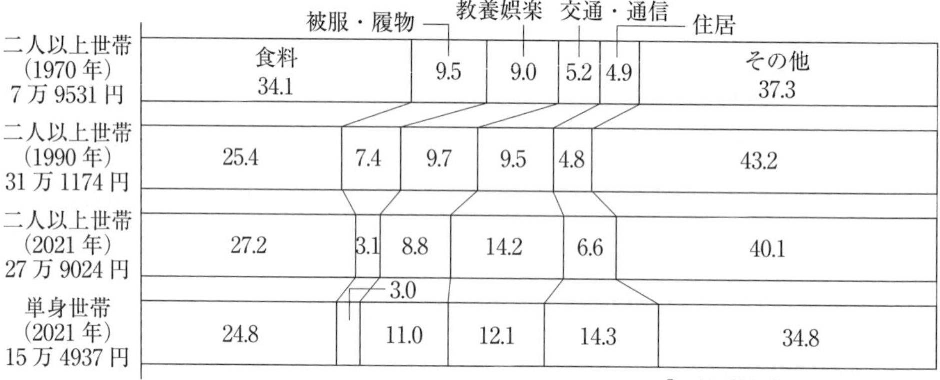

『日本国勢図会 2022/23』より作成

ア．二人以上世帯の支出総額は増減を繰り返しているが、内訳をみると「交通・通信」のみ割合が増加し続けている。

イ．二人以上世帯の 1970 年と 2021 年を比較すると、「教養娯楽」の割合はほぼ同じだが、金額にすると３倍以上の差がある。

ウ．2021 年で二人以上世帯と単身世帯の割合を比較すると、「住居」の差が最も大きく、金額でも倍以上の差がある。

エ．2021 年で二人以上世帯と単身世帯の割合を比較すると、「食料」と「その他」を除いた最大項目は異なるが、最少項目は同じとなっている。

問３　(　③　)に当てはまる語句を漢字４字で答えなさい。

問４　下線部④に関して

右のグラフ２は、景気変動を示したものである。グラフ２中のａ～ｄに当てはまる状況を説明したものとして適切なものを、次のア～エからそれぞれ選び、記号で答えなさい。

グラフ２

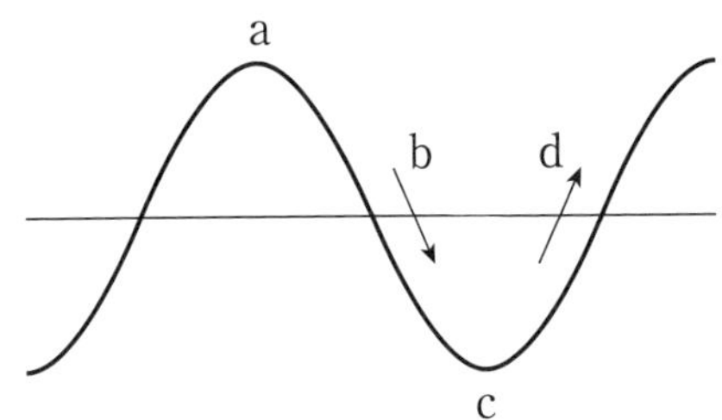

ア．次第に供給が過剰となって売れ残りが生じて在庫が増加し、企業は生産の縮小を検討しはじめた。

イ．消費が冷え込んで企業の利益が減少し、これに伴って所得の減少や企業の倒産の増加などがおこった。

ウ．所得の増加などを原因として消費がさかんとなって需要が高まり、企業の利益が大きくなった。

エ．消費が回復しはじめて需要が高まり、生産を縮小していた企業もこれにあわせて生産を拡大しはじめた。

問５　下線部⑤に関して

金利引き上げに関して説明した次の文中の(　Ｘ　)・(　Ｙ　)に当てはまる文の組み合わせとして適切なものをあとのア～エの中から選び、記号で答えなさい。

> 景気の(　Ｘ　)ために金利の引き上げが行われ、同じ目的で行われる金融政策として(　Ｙ　)があげられる。

【X】ａ．過熱を抑える

　　ｂ．回復を目指す

【Y】ｃ．公開市場操作における国債などの買い入れ

　　ｄ．公開市場操作における国債などの売却

ア．Ｘ－ａ　Ｙ－ｃ　　イ．Ｘ－ａ　Ｙ－ｄ

ウ．Ｘ－ｂ　Ｙ－ｃ　　エ．Ｘ－ｂ　Ｙ－ｄ

問6　下線部⑥に関して

紙幣に関して説明した次の文の空欄に当てはまる語句を漢字１字で答えなさい。

かつて紙幣は各国の中央銀行が保有する(　　　)の量に応じて発行されていたが、1929年から始まった世界恐慌以降は、これまでの仕組みを改め、国の信用のもとで紙幣を発行する管理通貨制度に移行した。

るということ。

問4　傍線部②「これをだに」とあるが、この部分を省略を補って訳したものとして最も適切なものを次の中から選び、記号で答えよ。

ア　せめて手紙をお送りしよう
イ　せめて和歌を献上しよう
ウ　手紙を送りさえすればよいだろう
エ　和歌を献上さえすればよいだろう
オ　ぜひ和歌を頂戴したい

問5　本文中のⅠの和歌には、複数の掛詞が用いられている。それを踏まえて口語訳した次の文の空欄部に当てはまる言葉を、指定の字数で自分で考えて答えよ。ただし、それぞれ漢字仮名交じりで書くこと。

軒端が荒れて、もう A（二字） 見ることのない水無瀬離宮の月は、かつて私が B（三字） いたときのままに C（二字）、寂しく照っていることだろうか。

問6　本文中のⅠ・Ⅱの和歌はそれぞれどこで詠まれたと考えられるか。組み合わせとして最も適切なものを次の中から選び、記号で答えよ。

ア　Ⅰ　隠岐　　Ⅱ　都
イ　Ⅰ　隠岐　　Ⅱ　水無瀬
ウ　Ⅰ　水無瀬　Ⅱ　都
エ　Ⅰ　水無瀬　Ⅱ　隠岐
オ　Ⅰ　都　　　Ⅱ　水無瀬

問7　空欄部※に入る言葉として最も適切なものを次の中から選び、記号で答えよ。

ア　勝　　イ　持（引き分け）　　ウ　負

問8　後鳥羽上皇と同時代の人物による文学作品を次の中から一つ選び、記号で答えよ。

ア　源氏物語　　イ　土佐日記　　ウ　風姿花伝
エ　金槐和歌集　　オ　おくのほそ道

はれにやさしき御事なめり。

（注）＊1　敷島の道……和歌の道。
＊2　御心をのべける……御心を晴らしなさった。
＊3　判じて……歌の優劣を判断し、意見を述べる。特に、歌人を左右二組に分けて歌の優劣を競う「歌合（うたあわせ）」において、審判として勝敗を判定すること。
＊4　家隆の二位……藤原家隆。『新古今和歌集』の撰者の一人である歌人。この時点で約八十歳と高齢であった。
＊5　ここより……自分の手元から。
＊6　左……送られてきた歌を左右に分けて行っている歌合の左方。
＊7　御製……天皇・上皇がお作りになった詩歌。
＊8　水無瀬……後鳥羽上皇の離宮。京都と大阪の中間に位置する。

問1　波線部A・Bの意味として最も適切なものを次の中からそれぞれ選び、記号で答えよ。

A「つれづれに」
ア　心からうれしく
イ　少しなつかしく
ウ　何となく不快に
エ　所在なく寂しく
オ　あれこれ忙しく

B「こと」
ア　ほかの
イ　特別な
ウ　親しい
エ　疎遠な
オ　優れた

問2　二重傍線部a・bの敬語の種類として最も適切なものを次の中からそれぞれ選び、記号で答えよ。ただし、同じものを複数回選んでもよい。

ア　尊敬語　　イ　謙譲語　　ウ　丁寧語

問3　傍線部①「尽きせぬ御嘆きぐさのみしげりそふ」とはどういうことか。説明として最も適切なものを次の中から選び、記号で答えよ。

ア　幕府についてのよくない評判を聞いても、隠岐にいる自分には何もできないという嘆きが、どんどん強まっているということ。
イ　自分を慕う都の人々の訴えが耳に入ると、このまま隠岐で一生を終えてしまうことが惜しく、耐えられない様子であるということ。
ウ　都に戻れないまま年を重ねてしまった情けない現状への嘆きが、様々な都のうわさを耳にするたびに次々にわいてくるということ。
エ　よいこともあるだろうと思っていた隠岐は期待外れで、都の楽しいうわさを聞くにつけても、望郷の念が増してきているということ。
オ　隠岐では和歌に打ち込むことができないため、老いてしまう前に早く都に戻って歌人として活躍したいと焦ってい

表現している。

エ　ハラスメントをする側である「男」を演じる三橋の姿について、攻撃性や恐ろしさだけでなく、美しさや色気を強調して表現することで、強者と弱者の対比をくっきりと描き出している。

オ　過去に自分がやったであろう台本内の行為を思い出そうとしても思い出せない一雄の姿を描くことで、「ハラスメントをする側」「傷つける側」の鈍感さや自覚のなさをうまく表している。

問7　本文中からは次の一文が省略されている。戻すべき箇所の直前の五字を抜き出して答えよ。

だがその形相は、ホラー映画の殺人鬼のように歪んでいた。

4

次の文章は、歴史物語『増鏡(ますかがみ)』の一節である。承久(じょうきゅう)の乱で鎌倉幕府に敗れた後鳥羽(ごとば)上皇(法皇)は、隠岐(おき)島に流されたが、都の人々との交流は続いていた。これを読んで、後の問いに答えよ。

さまざま、めでたくもあはれにも、色々なる都のことどもを、ほのかに伝へ聞こし召して、隠岐には、あさましの年の積もりやと、御齢(よはひ)にそへても、①尽きせぬ御嘆きぐさのみしげりそふ慰めには、思(おぼ)しなれにしこととて、*1敷島(しきしま)の道にのみぞ*2御心をのべける。都へも便りにつけつつ題を遣はし歌を召せば、あはれに忘れがたく恋(こ)ひ聞(きこ)ゆる昔の人々、われもわれもと奉れるを、Aつれづれに思さるるあまりに、みづから*3判じて a御覧ぜられけり。*4家隆(いへたか)の二位も、今まで生ける思ひ出でに、②これをだにと、あはれにかたじけなくて、Bこと人々の歌をも、*5ここよりぞとり集めて b参らせける。

（中　略）

山家といふ題にて、*6左、*7御製(ぎょせい)、

Ｉ　軒端荒れてたれか*8水無瀬(みなせ)の宿の月すみこしままの色やさびしき

右、家隆、

Ⅱ　さびしさはまだ見ぬ島の山里を思ひやるにもすむ心地して

法皇みづから判のこと葉を書かせ給へるに、「まだ見ぬ島を思ひやらんよりは、年久しく住みて思ひ出でんは、今少し心ざし深くや」とて、わが御歌を［　※　］とつけさせ給へる、いとあ

ような場違いな素人は早く帰ったほうがよさそうだということ。

イ　自分の台詞に、口にするのもはばかられるようなハラスメントが含まれ、それを自分が演じなければならないということ。

ウ　演じているシナリオが、かつて自分が実際に三橋にしたひどい仕打ちが元になっているものであるらしいということ。

エ　劇団の中で、三橋が一雄の悪口を言いふらしていて、他の団員たちからも白い目で見られているようだということ。

オ　仕事上の恨みを持つ三橋が、実体験よりも誇張した話を演出家に伝え、大げさなシナリオが作られたらしいということ。

問3　傍線部②「内側から抑え切れずに放出される力」とは、具体的にはどのような心情であると考えられるか。本文中の語句を用いて、六十字以内で答えよ。（字数に句読点・記号等を含む。以下同様。）

問4　空欄部※には、井手口が一雄に与えた演技指導の言葉が入る。その内容を考え、十五字以内で答えよ。

問5　傍線部③「二人とも素晴らしい！」とあるが、演技経験のない一雄がよい演技をできた理由を説明した次の文の空欄部A～Cに当てはまる言葉を、本文中から指定された字数でそれぞれ抜き出して答えよ。

三橋からの二十年越しの逆襲を受けた一雄が、ワークショップの場から［A（四字）］こともできず、本能的な［B（二字）］や、どうしようもない［C（三字）］を覚える様子が、シナリオ上の「女」の様子にマッチしていたから。

問6　本文の内容や表現の説明として適切でないものを次の中から一つ選び、記号で答えよ。

ア　最初は三橋の好意すら感じて上機嫌だった一雄が、三橋との間の緊張が高まったことで、一転してどんどん追い詰められていく様子を、比喩を効果的に用いてリアルに表現している。

イ　同じ台本の同じ人物を、一雄と三橋が交代して順に演じるという構成により、途中で視点が移り変わり、主人公の一雄の心情だけでなく、三橋の心情も直接的に描き出している。

ウ　過去の事情を知らない井手口や他の団員たちが、三橋と一雄の真に迫った演技に引き込まれる様子を描くことで、二人の間に流れる緊張感が並々でなかったことを間接的に

「芳子さんがあんな下品な物言い、ちょっとこれから見え方が変わっちゃうねー」

ビリケンがちゃかすと、三橋は「いやだっ」と慌てて顔の前で手を振った。

「あれはあくまで演技ですよ。いろんなところで見聞きした人を参考にしたり、テレビで見たり、想像したり、です」

井手口の指示で、他のグループも役を入れ替えて練習を続けることになった。いくつもの台詞の声が重なり、さざ波のようにスタジオを満たしていく。

「私たちは少し休憩しましょうか」

三橋に促されても、一雄はその場でしばらく動けなかった。ずっと握っていた掌（てのひら）が強張っている。なんとか指を開くと、ひどく汗ばんでいた。

（白尾悠『ゴールドサンセット』小学館）

（注）＊1　ビリケンと加藤……トーラスシアターの団員。

＊2　販促物……販売促進のための広告物。チラシやカタログなど。

＊3　井手口……トーラスシアターの演出補で、このワークショップの講師。

＊4　スラップスティック……体を使ったドタバタ喜劇。

＊5　エチュード……演劇用語で、場面を設定して行う即興劇。演技の練習などで行われることが多い。

＊6　GOLDEN GIRL……この日三橋が着ていたTシャツの胸に書いてある文字。二人が再会した場面で、一雄が「〝GIRL（少女）〟なんて年齢ではないだろうに。だがそれもまた愛嬌（あいきょう）か」と思ったという描写がある。

＊7　行き遅れ……婚期を逃して年を重ねた独身の女性をさげすんで表す語。

問1　二重傍線部a～eの文法的説明として適切なものを次の中からそれぞれ選び、記号で答えよ。なお、同じ記号を複数回使ってもよい。

ア　断定の助動詞

イ　格助詞

ウ　接続助詞

エ　形容動詞の一部

オ　副詞の一部

カ　連体詞の一部

キ　助動詞の一部

ク　助詞の一部

問2　傍線部①「次の台詞を読んだとき」とあるが、一雄はこのときに何に気付いたと考えられるか。説明として最も適切なものを次の中から選び、記号で答えよ。

ア　ワークショップの雰囲気が思ったより本格的で、自分の

が絶対的に強いという優越感と万能感、さあどうやって叩き潰そうか――その表情は、絶望を覚えるほど恐ろしかった。[*6]「GOLDEN GIRL」が目の前に立ちはだかる。経験したことのない、本能的な恐怖が一雄の心臓を握り潰し、思考を奪う。膝下から力が抜けていく。

（もうやめてくれ、帰らせてくれ）

今や演出家魂に火がついた井手口が、非情に告げる。

「『すぐに戻ります』以降もアドリブで、僕が合図するまでできる限り続けてください」

三橋は頷くと、いきなり一雄に向かって大きく舌打ちした。

「――わかったらとっとと修正して、土下座するなりして印刷所の調整してこいよ。ったく、これだから女は。仕事もできないくせに、口答えばっか一人前でやりにくいんだよ」

一雄が半ば本気で立ち去ろうとすると、三橋が「あーちょっと待て！」と叫んだ。

「あーあーあー、すぐそうやって泣けばいいと思って。言っとくけどオレに泣き落としは通じないから。[*7]行き遅れのブスの涙なんて誰も見たくないよ」

スタジオのどこからか、クスクス笑いが漏(も)れた。何がおかしいというのか。

「……泣いてなんか……」

（中　略）

「は？　何まだ口答えすんの？　こうしてる間にもムダに時間が経(た)つんだよ？　そんぐらい、いい加減わかんないかなぁ。なぁ!?」

上昇する高速エレベーターのようにどんどん声を荒らげられると、怒りを感じる前に恐怖に飲まれる。論理的に反論しようにも、頭の中が真っ白になり無力感に支配される。黙り込んでただ力なく立ち尽くす一雄を見下ろす三橋が、薄ら笑いを浮かべているのは、見なくてもわかった。

井手口がパンパン、と大きく手を叩く。

「とってもよかったですよ！　③二人とも素晴らしい！」

固唾(かたず)を飲んで一雄たちを見つめていた参加者たちからも、ワッと拍手が上がる。

「これが〝芝居の呼吸〟です。ただ順番に自分の台詞を並べるだけじゃなく、相手の演技に反応する、そこに唯一無二のリアリティが生まれる。初心者にはなかなかできないことです。吉松さん、本当に演技経験ないんですか？」

一雄が曖昧に頷くと、三橋も「すごいです！　驚きました」と笑った。

「三橋さんが上手くリードしたのも大きかったです。台詞回しもテンポもいいし、なかなか迫真の演技でしたね。身近にいいお手本があったのかな」

さい」

なにを、ばかな――言葉は喉の奥にひっかかったまま、傍目には緊張した一雄が奇妙な音を発しながら、微かに頷いたように見えただろう。一方で三橋の瞳はらんらんと輝き、頬は紅潮していた。②内側から抑え切れずに放出される力が、彼女を一層若々しく、美しく見せている。

台詞の文字を辿る間、一雄は顔を上げることができなかった。三橋は女にしては低めの声に更にドスを効かせて、驚くほど下卑た話し方に変わった。身長は一雄の方がずっと高いはずなのに、三橋の発する一語一語が、上から押さえ付けるように頭の上で響く。

「そこ調整すんのがお前らの仕事だろうが！」

野蛮でひどく攻撃的な本物の怒鳴り声に、すぐ傍で練習していたグループがハッとして振り向いたのがわかった。

「……スケジュールの件は、当初からかなり厳しいと……」

こんなのは、恫喝以外の何ものでもない。俺は本当に、彼女にこんなことを、こんな風に言ったのか？　もしそうだったとして、彼女は今になって何がしたいんだ？　こんな回りくどいやり方で……。

この場を立ち去る適当な理由を思い付けず、じりじりと追い詰められていく一雄のか細い声やたどたどしい物言いは、皮肉にも場面にマッチし、真に迫って聞こえた。いつの間にかスタジオ中の参加者が練習をやめて、二人の演技に注目している。

「三橋さん、今のところもう一回、このノートの表紙をバンと叩きながら言ってみて。吉松さん、台詞は今の感じでいいから、話しながら一度は［　※　］」

井手口が素早く自分のノートを三橋に差し出しながら言う。

「なんのために代理店なんかに高い金払ってると思ってんだよ！　お宅との契約なんかオレのひと声ですぐ切れんだよ？」

バシン、と叩かれたノートは、思いのほか大きな音を立てた。否応なく一雄の心臓は縮み上がる。三橋が台詞を言うたびにバサバサと揺さぶられたノートが、今にもこちらに叩き付けられそうだ。

「こちらとしてもできる限りの調整をしてまいりましたが、これ以上……」

「こっちが悪いって言いたいのか⁉」

一雄の台詞が終わらないうちに、三橋は噛み付くように激昂する。

「……そ、そうではありま……」

そのとき井手口に促され、慌てて台本から顔を上げた一雄は戦慄する。

三橋は艶やかな唇を歪めながら、しかしその目に怒りはなかった。代わりにあったのは、今にも笑い出しそうな喜び――少なくとも一雄にはそう見えた。自分より弱い者を見つけた興奮、自分

はどこにいるのか、それぞれの関係は？　状況を相手と相談して、シーンを一緒に作り出してみてください」

　三橋はいつの間にか立ち上がり、一雄を見下ろしている。

「次は立ってやってみましょうか。吉松さんはここ、どんな場所だと思います？」

「……これは、その……」

　舌がうまく回らない。そもそも何を言うべきか、頭の中は真っ白だ。水のボトルに伸ばそうとした手を慌てて引っ込める。これは休憩のとき、三橋にもらったものだ。

「私は深夜のオフィスを思い浮かべました。女は担当になって日が浅く、男より十歳ほど若い。徹夜続きでとても疲れていて、まともな食事もしてないから少しフラフラしてる……」

　目に見えない無数の小さな針に、全身が隙間なく囲まれているような気分だった。少しでも動けばたちまち針が皮膚を貫く。唾を飲み込むこともままならない。促されてもう一度通しで音読をする間、一雄は体にも声にもまったく力が入らなかった。三橋は一雄よりさらに弱々しい声で、台詞を言いながら手元や口元を震わせる演技までしてみせた。

　順繰りに各グループの読み合わせをチェックしていた井手口が、一雄たちのところに回ってくる。

「三橋さん、最後の台詞のあと、女はどんな動きを見せたと思います？　演ってみて」

　三橋は瞬時に「……すぐに、戻ります……！」と言いながら、目元を押さえ、肩を狭めて小走りに去る。一雄はかつてこんな後ろ姿を見たのだろうかと、思い出そうとする。だが二十年前の三橋をどんなに想像しようとしても、できなかった。

　数メートル先で立ち止まっていた三橋が、両手に何かを抱えて――正確には、抱える真似をして、再び小走りに戻ってくる。演技はまだ終わっていなかったのだ。視線はひたと一雄を見据え、肩で息をしながらその幻の何かを思い切り振り上げ、渾身の力でスウィングした。一雄の顔のすぐ傍を、三橋のいい香りのする微風が掠める。

「いいですねー、面白いスラップスティック[*4]ができそう」

　井手口が手を叩いて褒めると、三橋は照れくさそうに微笑んだ。その落差に、一雄の背を冷たいものが落ちていく。

「椅子を振り上げたつもりだったんですが、伝わりましたでしょうか」

「ええ、この前のエチュード[*5]が生きてましたよ。本物の重量が感じられました」

　井手口は一雄の方に向き直り、「じゃあ今度は、男女逆転してやってみましょうか」さらりと言った。

「……え？」

「吉松さんが〝女〟役をやるんです。三橋さんの演技を真似る必要はありません。役になりきって、三橋さんの〝男〟に対峙してくだ

を私でいいですか」

三橋が足を伸ばして壁に寄りかかり、くつろいだ様子を見せたので、一雄もそれに倣(なら)う。

――男　この枠を青い色にするようにって、オレ言ったよね？

――女　そのあとに背景色との兼ね合いのご説明をしましたら、ご納得いただいたかと

――男　はぁ？　元の色に戻せとはひと言も言ってないよね？　部長にも青にするって説明してんだから、さっさと修正して

――女　でも、今すぐ入稿しないともう間に合いません。既に四回も印刷所に調整していただいて、今も無理を言ってオペレーターに待機してもらってるんです

さすがに三橋は、ただの音読でも抑揚があって真に迫っている。一雄はつっかからずに読むのが精一杯だった。文字を追うばかりで、内容はほとんど頭に入ってこない。しかし①次の台詞を読んだとき、ざらりとしたもので心臓を撫(な)でられたような気がした。

――男　そこ調整すんのがお前らの仕事だろうが！　こっちがなんのために代理店なんかに高い金払ってると思ってんだよ。お宅との契約なんかオレのひと声ですぐ切れんだよ？

――女　スケジュールの件は、当初からかなり厳しいと再三お伝えしたかと思います。こちらとしてもできる限りの調整をしてまいりましたが、これ以上は……

――男　それこっちが悪いって言いたいの？　こっちが悪いから、製品発売日に販促物*2が一個も間に合いませんって？

――女　そうではありません。間に合わせるために、なんとかご協力いただきたい、と

――男　損害賠償と違約金、とんでもないことになるよ？あんた責任取れんの？

――女　そんな……！

――男　わかったらとっとと修正して、土下座するなりして印刷所の調整してこいよ。ったく、これだから女は。仕事もできないくせに、口答えばっか一人前でやりにくいんだよ

――女　……すぐに、戻ります……！

投げ出した足の爪先(つまさき)が冷えて、感覚が辿(たど)れない。頬から胸まで強張(こわば)り、唾(つば)を飲み込む音がやけに大きく聞こえる。

「みなさーん、シナリオに書かれていない背景を想像してみてください」

*3井手口(いでぐち)の大声に、一雄の肩はびくりと跳ねた。

「登場人物がどんな人間なのか、自由に想像を膨らませて。彼ら

イ　日本を本格的なデジタル社会にする必要から、高校や大学では情報教育の拡充が進められる傾向にあり、政府は情報の分野を担う人材育成に力を入れようと考えていることがわかる。

ウ　政府はＤＸ、メタバースといった概念をそのまま国民に押し付けるのではなく、知的エリートが外来文化を受容しその知識を一般の人々に広めていくというかつての方法を検討すべきである。

エ　ＡＩの技術の発展に比例してネット犯罪もますます複雑かつ巧妙なものになっており、ネット環境は生活のなかで必要不可欠になっているため、政府が率先して安全なものを整備するべきである。

オ　日本のネット環境は、一般の人々から見ると外国企業に独占されているため信頼できないものであり、欧米やアジア諸国と比較しても設備が脆弱（ぜいじゃく）であるため、犯罪組織から狙われやすくなっている。

カ　日本は伝統的に親密な間柄による狭い共同体のなかで安定した社会を作り出してきたため、ネット環境についても日本人の価値観に合わせたクローズドなものを政府が作り出すべきである。

3　次の文章を読んで、後の問いに答えよ。

電機メーカーを定年退職した吉松一雄（よしまつかずお）は、取引先の広告代理店にいた三橋芳子（みつはしよしこ）と二十年ぶりに街で再会し、彼女が所属する劇団「トーラスシアター」のワークショップに誘われ、参加することになった。

「……これはトーラスの団員たちがそれぞれ実体験をベースに書いた文章の一部を、僕がシナリオ化したものです。グループで内容が違います。右のグループは登場人物が二人の台本ですので二人ずつチームを組ん[a]で、左のグループは三人ずつのチームを組んでください」

一雄は右のグループだった。

「吉松さん、私と組みませんか」

「あ、ああ、お願いしようかな」

すぐ傍（そば）にいたビリケン[*1]と加藤の悔しそうな視線を目の端[b]で捉えながら、一雄は三橋と隣り合って壁際[c]に座る。彼女の自分に対する好意は、もう八割がた間違いないの[d]ではないか？　思いが高揚し、頬（ほお）が緩む。女らしい花のような香りが鼻をくすぐる。一雄の老妻からこんな香りがすることは、ついぞなかった。妻が女だという認識もとう[e]にない。

「まず音読してみましょう。〝男〟の台詞（せりふ）を吉松さん、〝女〟の台詞

問5 傍線部③「アメリカニズム自体が、国際的なお手本としての魅力を失いつつある」とあるが、なぜか。説明として最も適切なものを次の中から選び、記号で答えよ。

ア　アメリカの価値観に基づく多様性・変化・平等という理念は、いまや当たり前のものになりつつあり、特に目新しいものではなくなってきているから。

イ　アメリカの価値観に基づく多様性・変化・平等という理念は、アメリカを支える資本主義とは相容れないものである矛盾に気がついているから。

ウ　アメリカの価値観に基づく社会はオープンな性質を有しており、日本のようなクローズドな社会とは相性が悪く本質的になじまないものであるから。

エ　アメリカの価値観による理想の社会は、表向きの理念とは反対にきびしい競争に敗れた弱者を虐げることでしか成り立たないものであるから。

オ　アメリカの価値観は経済格差の拡大を招き、経済的に豊かな国民とそうでない国民が分断されてしまうという負の側面が強くなってきているから。

問6 傍線部④「情報教育の深化と見直し」とあるが、筆者が考える情報教育について説明した次の文章の空欄部a～cに当てはまる語を、後の語群からそれぞれ選び、記号で答えよ。

本格的なデジタル社会の建設には、まず人材育成が必要であり、デジタルに関する専門家だけでなく、［ a ］の見識を養うことも不可欠である。

現在計画されている情報教育では、［ b ］などの［ c ］が重要視されている。しかし、［ c ］はデジタル文明を支える情報学のほんの一部にすぎず、その能力を磨くだけでは、情報教育としては不十分である。情報教育で大切なのは、情報のもつ意味の考察である。

〔語群〕

ア　メタバース　　イ　インフラ
ウ　コミュニケーション　　エ　データ処理
オ　AI技術　　カ　プログラミング
キ　ICTエンジニア　　ク　一般人
ケ　知的エリート　　コ　集合知
サ　記号　　シ　安全性

問7 本文の内容と合致するものを次の中から二つ選び、記号で答えよ。

ア　産官学のリーダーたちは世界のデジタル競争における日本の地位を取り戻そうとしているが、国民にとっては魅力のある分野ではないことが日本のデジタル化が進まない原因となっている。

（注）＊1　ウェブ2・0……新奇性のあるウェブサービスの総称。
＊2　DX……デジタルトランスフォーメーション。デジタル技術で生活をより良くしていくこと。
＊3　ICT……情報通信技術。
＊4　アテンション・エコノミー……人々の関心の度合いが経済的価値をもつという概念。
＊5　トランプ現象……アメリカ大統領選においてドナルド・トランプ氏が大きな支持を集めた現象。
＊6　オルタナ右翼……今までの保守主義とは異なる、排外主義的な新しい右翼思想。
＊7　ポピュリズム……民衆の支持を得ようとする政治態度。
＊8　ボトムアップ……下の立場の意見を方針に反映させること。
＊9　ディープフェイク……高度な合成技術による偽物の動画像。
＊10　仄聞……うわさに聞く。

問1　空欄部A～Cに入る語の組み合わせとして最も適切なものを次の中から選び、記号で答えよ。

ア　A　たとえば　B　また　C　だが
イ　A　あるいは　B　また　C　さらに
ウ　A　たとえば　B　また　C　さらに
エ　A　あるいは　B　だから　C　だが
オ　A　たとえば　B　だから　C　だが

問2　二重傍線部X・Yの意味として最も適切なものを次の中からそれぞれ選び、記号で答えよ。

X「アイデンティティ」
ア　自分だけに備わっている唯一無二の資質
イ　自分とは何者でどんな存在かという認識
ウ　自己決定権を保持しているという自負
エ　個人は集団より優先されるという見解
オ　自分自身を顧みて高めようとする意識

Y「喧伝する」
ア　騒がしくして目を向けさせる
イ　良い面だけを誇張して述べる
ウ　ありもしないことをふれ回る
エ　盛んに言いふらして知らせる
オ　楽観的な見通しを言い伝える

問3　傍線部①「タテマエ」の対義語をカタカナで答えよ。

問4　傍線部②「日本社会でアメリカ流のDXが進まない最大の原因」とは何か。アメリカとの違いを明確にして説明せよ。

とで、リモートワークやオンライン授業を続けていかなくてはならないのか。道路や下水道と同じく、国民生活のインフラの信頼性・安全性を保障するのは、政府の役目ではないのだろうか。

（中　略）

第二に、もっと長期的な提案をしよう。それは④**情報教育の深化と見直し**である。

本格的なデジタル社会を建設していくためには、それを担う人材を育てなくてはならない。また、デジタル技術というものに対する一般の人々の見識を養うことも不可欠だ。２０２２年度から高校の情報教育は以前より強化され、プログラミングなどを学ぶ「情報Ｉ」が新設されることになった。これとともに、２５年度の大学入学共通テストでは、「情報」が出題科目に加わることになるという。さらに幾つかの大学では、第三章でのべた「データ科学」を専攻する学部が新設されつつある。デジタル文明が急速に本格化するなかで、情報についての教育が拡充されること自体は歓迎すべきなのだが、懸念されるのは、扱われる情報概念のとらえ方があまりに狭すぎることだ。

筆者が仄聞[*10]するところでは、計画中の情報教育の主眼は、70年以上前に米国の通信工学者クロード・シャノンが明示した機械的な情報つまり「データ」を処理する、という範囲を一歩も出るものではない。シャノンの理論はデータの処理効率のみに関わり、情報のもつ意味内容には一切関与しない。しきりに大事だと力説されている「プログラミング学習」とは、このデータ処理の技術を訓練する教育である。データ処理技術は確かに重要ではあるが、デジタル文明を支える情報学のほんの一部分でしかない。意味の考察は情報学の中心なのに、この守旧的な視野狭窄には首を傾げる。

大学のコンピュータ学科の新入生が最初の２、３カ月で学ぶレベルの知識を高校生に教えたところで、ただちにまともなプログラムを作れるようになりはしないし、さらに、ＡＩの限界もふくめてデジタル文明についての洞察力がつくわけでもない。中途半端なＩＣＴエンジニアを量産すれば、かえって社会は混乱するだろう。また本書で述べてきたように、データ科学も決して万能ではないのだ。

情報とは本来、「意味」をもつものであり、その「意味」をもたらすのは生命活動の流れである。デジタル社会で上手に暮らしていくには、**機械化の是非**をめぐる直観力がもっとも大事なのだ。この基本原則を忘れると、ＡＩと人間の自律性の違いも判らなくなり、人間は取り換えのきく機械部品のようにされてしまう。薄っぺらな数理主義が蔓延し、まさにハイデガーの批判した「総かり立て体制」が暴走を始める。生活はより苛酷になり、人々の不幸は増していく。だから情報教育はまず、この基本原則から出発しなくてはならない。

（西垣通『超デジタル世界――ＤＸ、メタバースのゆくえ』岩波書店）

レイ画面で手続きの案内をしたのはＡＩエージェントらしいが、アイツは信用できるのか。それとも、端末から入力した自分のミスなのか……。

　冷静に顧(かえり)みると、小さなミスでも気にかかる大半の日本人は、多少不完全でも新奇性のある生活を追い求めるとはとても思えない。親密な共同体での気配りコミュニケーションが、暗黙の了解に基づく完璧で安定した社会関係をもたらしてきた。こういう伝統的な価値観が、すぐれたＩＣＴ[＊3]潜在能力がありながら、②日本社会でアメリカ流のＤＸが進まない最大の原因なのだ。

　さらに、③アメリカニズム自体が、国際的なお手本としての魅力を失いつつある、という点も見逃せない。多様性・変化・平等という理念そのものは納得できるとしても、グローバルなデジタル文明はいまや、金融資本主義やアテンション・エコノミー[＊4]としっかり結びつき、経済格差を異常に拡大させている。これが現在、米国民を悩ませている分断の元凶である。トランプ現象[＊5]やオルタナ右翼[＊6]の台頭は、没落していく経済的中間層・下層の人々の反発の現れだが、同じようなポピュリズム[＊7]が世界各国で勃興(ぼっこう)しつつあるのだ。

　弱者にたいするネットでの誹謗(ひぼう)中傷やヘイトスピーチは、日本でも数多い。共同体の絆(きずな)を断ち切られ、きびしい競争に投げ込まれて敗れた人々の怨念(おんねん)は、日に日にふくれ上がっていく。グローバルなオープンネスに基づく経済発展によって一部の経済的エリートの富は増えるかもしれないが、中間層・下層の平均的な国民は、デジタル化の恩恵にほとんどあずかれない。とすれば、日本流のトランプ現象がいつ暴発してもおかしくないだろう。

　にもかかわらず、この国の産官学リーダーたちは、相変わらず直輸入したアメリカニズム一点張りで、やれＤＸだ、やれメタバースだとＹ喧伝(けんでん)するだけだ。いま求められるのは、それらの概念を日本人の国民性に沿ったかたちで再編成し、活用する方向を模索していくことなのである。

　［Ａ］、小規模なチームプレーを積みあげ、ボトムアップ[＊8]の本格的集合知をネットで形成する努力は有効だろう。［Ｂ］、仮想空間ではなくあくまでリアル空間に立脚したＡＩロボットの開発が、21世紀の国民生活を豊かにしていく可能性もある。

　最後に、関連する具体的な提案をしておこう。

　第一に望まれるのは、一般の人々が安心して利用できるネット環境の整備である。周知のように現在のインターネットは（プロバイダ料金をのぞき）、無料のインフラである。［Ｃ］それゆえに、アテンション・エコノミーが猛威をふるっているだけでなく、犯罪の温床にもなっているのだ。詐欺(さぎ)メールや怪しげな投資勧誘など、いかがわしい情報が連日のように押し寄せてくる。罠(わな)にかけるディープフェイク[＊9]のＡＩ技術はますます巧妙になっていく。日本人は今後ずっと、こういう危険千万なネット環境のも

1

次の傍線部のカタカナを漢字に、漢字をひらがなに直して答えよ。ただし、楷書（かいしょ）で丁寧に書くこと。

① 動かぬショウコを見せる。

② ピアノで簡単なセンリツを奏でる。

③ 昨年の実績をシヒョウにする。

④ シコウサクゴを繰り返す。

⑤ 図書館でサワぐのはやめましょう。

⑥ 堕落した政治に失望する。

⑦ 計画は漸次進展しつつある。

⑧ 偏狭な考え方を改める。

⑨ 先例に鑑みて対応する。

⑩ 傍若無人な態度を注意する。

2

次の文章を読んで、後の問いに答えよ。

昔の日本では知的エリートが海外文献を読破し、時間をかけてその知識を一般の人々にひろめていくという慣習があった。一般の人々は外来の知識を①タテマエとして尊重し、活用しながらも、古来のクローズドな共同体的結合性を失うことなく、無難に暮らしてきたのである。だがこの二重構造の文化伝達の仕組みは、2000年代の「ウェブ2・0」[*1]の到来とともに大きく揺らいでしまった。一般の人々が外来文化に直接ふれ、SNSでコミュニケートし合うとき、思いがけない副作用が生じる。今回のデジタル化では、外来知識が日常生活と直接むすびつくこともあり、オープンとクローズドの国民性の違いがはっきり表面化してしまったのだ。

移民からなるアメリカ社会はオープンで、人々は独立したＸアイデンティティに基づく自己責任の言動を求められるから、DX[*2]に抵抗はない。「多様性・変化・平等」がその価値観だ。一方、ムラで水田耕作をしてきた日本社会は伝統的にクローズドで、人々は周囲の空気を読む言動を求められ、「同質性・安定・階層秩序」という価値観を捨てきれない。信頼関係は顔見知りの狭い共同体のなかで築かれるのが原則だから、急に「ネットを信用しろ、取引の契約も役所の手続きも、全部ネットでやれ」と言われても戸惑ってしまうのだ。もし万一、ネット取引で多額の損失をこうむったら、いったい誰が責任を取ってくれるのか。ディスプ

2023 第3回

サピックスオープン

国　語

中学３年

2023年９月10日実施

【受験上の注意事項】

1 試験時間は、50分です。
2 答えは全て解答用紙の定められた解答欄の中に書きなさい。
小さすぎる文字・薄すぎる文字は採点できません。
3 解答用紙には、生徒ID・氏名を必ず書きなさい。
4 問題用紙の白いところは、メモなどに使いなさい。
5 質問がある時や気分が悪くなった時は、黙って手をあげなさい。
6 終わったら解答用紙だけを提出しなさい。

2023 第4回

サピックスオープン

英　語

中学３年

2023年11月3日実施

第4回　英語

【受験上の注意事項】

1 試験時間は、50 分です。

2 答えは全て解答用紙の定められた解答欄の中に書きなさい。
小さすぎる文字・薄すぎる文字は採点できません。

3 解答用紙には、生徒 ID・氏名を必ず書きなさい。

4 問題用紙の白いところは、メモなどに使いなさい。

5 質問がある時や気分が悪くなった時は、黙って手をあげなさい。

6 終わったら解答用紙だけを提出しなさい。

1 このリスニング問題はPart A、Bの２つの部分に分かれています。それぞれの指示に従い、答えなさい。放送中、メモを取っても構いません。

Part A　No. 1からNo. 3までの対話文を聞き、会話の内容に合うもの、または会話の内容から推測できるものを、ア～エの中から１つずつ選び、記号で答えなさい。なお、Part Aは１回のみ放送されます。

No. 1　ア　The man ordered a hamburger, a medium French fries, and a large coffee.

イ　The man ordered a hamburger, a medium French fries, and a large coke.

ウ　The man ordered a hamburger, a medium French fries, an apple pie, and a large coffee.

エ　The man ordered a hamburger, a medium French fries, an apple pie, and a large coke.

No. 2　ア　Jack can take notes with his left hand.

イ　Jack is sure that his injury will get better by next week.

ウ　Jack and Emily were planning to go camping together next week.

エ　When Jack got injured, Emily was practicing basketball with him.

No. 3　ア　David and Sophia will meet at ABC station at 5:45.

イ　The baseball game will start at 6:10.

ウ　David and Sophia will get to the stadium at 6:30.

エ　The gate of the stadium will be crowded around 7:00.

Part B　放送される対話文を聞き、英語の質問に対して、最も適切なものをア～エの中から１つずつ選び、記号で答えなさい。なお、Part B は２回放送されます。

(1) Where are Ryan and Olivia talking ?

ア At a city library.　　イ At a city hall.

ウ At school.　　エ At a café.

(2) When is the city library going to be closed ?

ア In December.　　イ In January.

ウ In February.　　エ In March.

(3) Which is true about Olivia ?

ア She believes e-books are better for studying than paper books.

イ The reason she goes to a café is not only drinking coffee.

ウ She enjoys reading on the tablet with her father.

エ Most of her textbooks are digital ones.

(4) Which is <u>NOT</u> described as a good point of the city library ?

ア The events which people of all generations can enjoy together are held in the library.

イ People can get information in the library.

ウ There are not only books but also magazines and newspapers in the library.

エ Ryan can concentrate on what he is doing in the library.

(5) Which is Ryan most likely to do ?

ア To study at a café.

イ To read today's newspaper.

ウ To communicate on social media.

エ To talk with his friends at a café.

2 日本語の意味を表す英文になるように、(　)内に適語を補いなさい。ただし、最初の文字が与えられている場合はそれに従うこと。

(1) 彼らは結婚して25年になります。

Twenty-five years (　　　　) (　　　　) since their marriage.

(2) 彼の家を見つけるのに苦労したよ。町の様子が変わったからさ。

I had a (t　　　　) time finding his house. The town is not (　　　　) it used to be.

(3) エンジンの調子が悪いに違いない。

There (　　　　) be something (　　　　) with the engine.

(4) 「電話をお借りしてもよろしいですか」―「もちろん、いいですよ」

"Would you mind (　　　　) I use your telephone ?" — "Certainly (　　　　)."

(5) 私の誕生日は2005年1月16日です。

I was (　　　　) (　　　　) January 16, 2005.

3 次の英文には文法的・語法的な誤りがそれぞれ1か所ずつあります。誤りが含まれる箇所を下線部①〜④から1つずつ選び、番号で答えなさい。

(1) ①Recently, ②a number of foreigners who visit Japan ③has been ④increasing.

(2) I tried ①moving the table ②myself, but I couldn't, ③so I asked my brother ④for help.

(3) The population ①of Japan is ②almost twice as ③large as ④Italy.

(4) He worked ①with ②so diligence that he ③can't have failed ④in business.

(5) I don't know if it ①<u>will be</u> fine tomorrow, but if it ②<u>will be</u>, we ③<u>will go</u> camping ④<u>by</u> the lake.

4 次のAとBの対話が成り立つように[　　]内の語(句)を並べかえたとき、空所(A)～(C)に入る語(句)をそれぞれ記号で答えなさい。ただし、文頭に来るものも小文字になっている。

(1) A : The other day, [ア first, イ for, ウ heard, エ Anne, オ time, カ I, キ five, ク the, ケ in, コ from] years.
B : Really? How is she doing? I hear she got married last year.
The other day, (　　)(　　)(A)(　　)(　　)(　　)(B)(　　)(C)(　　) years.

(2) A : [ア you, イ last, ウ the pictures, エ me, オ took, カ the amusement park, キ see, ク at, ケ let] Sunday.
B : Here you are. This one is my favorite. Everyone is in the picture.
(A)(　　)(　　)(　　)(B)(　　)(　　)(C)(　　) Sunday.

(3) A : Don't [ア letter, イ way, ウ forget, エ this, オ post, カ your, キ to, ク on] to the library.
B : Of course, I won't.
Don't (　　)(　　)(A)(　　)(　　)(B)(　　)(C) to the library.

(4) A : [ア there, イ know, ウ in, エ countries, オ do, カ many, キ you, ク how, ケ are] the world?
B : I don't know exactly, but I guess about 200.
(　　)(　　)(　　)(A)(　　)(B)(　　)(C)(　　) the world?

第4回　英語

5 次の英文を読み、後の問いに答えなさい。ただし、*のついている語(句)には(注)がある。

I sat in the uncomfortable chair in our living room, staring at my parents, who had just given me the news that my hero, best friend, and grandpa, had *Alzheimer's. I did not want to believe it. Alzheimer's would slowly rob my grandpa（　A　）his *intellect and his social abilities, severely enough to *interfere with daily functioning. It has no known cure.

The thought of that happening to my grandpa scared me. How could someone who I love so much and who lived such a great life slowly lose his memories of everything around him? (1)[ア do,　イ was,　ウ I,　エ think,　オ and,　カ all,　キ cry,　ク could] of all the good times we used to have.

(☆)"Grandpa!" I call, as I run（　B　）full speed into his arms just like every Sunday afternoon before, my feet *pounding on the *gravel driveway. He opens his arms and *braces for the *leap. He is a strong man of about five feet five inches with welcoming eyes and never ending love. I am about six years old, and we have carried on this tradition every Sunday since I could walk. It is something I look forward（　C　）when Mom says, "Get ready, we are going to Grandpa's."

As we head inside the red *brick house, I smell the sweet aroma of Grandma's cooking. Grandpa puts his arms around me and gives me a tight *squeeze that is all too familiar. Since my dad works a second-shift job and someone needs to watch me, (2)Grandpa is like a second father and we have a deep connection.

"I love you, Grandpa," I say.

"I love you too, my pretty *Morgan," he replies.

The dinner table is not just a place where we eat a good meal, but also a place where we laugh together. Grandma tells us what the *preacher said today in church and Grandpa makes jokes. We *gossip about the things that have happened since our last encounter and share stories of the past. Then comes my favorite part of any meal—dessert! This is one of the many things for which Grandpa and I share an equal love.

As always, Grandma has a baked good or mint chocolate chip ice cream. Grandpa and I head to the kitchen and prepare the dessert.

"I want ice cream, Grandpa."

"Now, Morgan, do you know why mint chocolate chip ice cream is green ?"

"No, why ?"

"Well, they put grass in it," he says (D) a wink.

"Oh, really ?" I *shrug. "I will eat it anyway."

We both start to laugh and share a moment no one else would understand. That is just the way my grandpa is, always trying to make me laugh or *pull a fast one on me. My grandpa also has a serious side, and uses that to teach us grandchildren life lessons, like patience. He always says, "Now, Morgan, be patient and I will be right back." (★)

At this, I close my eyes, put my arms across my chest, and wait. Being the curious little kid that I am, I ask when he is coming back at least five times. Grandpa always comes back and we head off to the garden or to the *grocery store, places we can go by ourselves, with no interruptions.

As I come back to the (あ) and reality, I am sitting across from him at the table, but our relationship is completely different. It has been six years since we first learned that he had Alzheimer's. He now has *slouched shoulders and *wary eyes. This disease is terrible. His long-term memory is somewhat normal, but he cannot remember what he did ten minutes ago. (3)<u>This makes it very difficult to carry on a simple conversation.</u>

The role of grandchild and grandparent has *switched, and when we are around each other, I am the one teaching him lessons. But the lesson in patience he taught me long ago is the one I value the most now. When someone you love has Alzheimer's, it is very hard not to lose your cool with them. Right now, he probably has the mind and ability of a four-year-old. It is so bad he cannot even go to the bathroom or enjoy a (4)<u>[ア the, イ with, ウ having, エ meal, オ him, カ someone, キ without, ク help]</u> *basics.

We don't know what the future may hold for my grandpa, but as he slowly fades away, we will always remember the good times before he was sick—(5)<u>the times of (①), (②) and (③)</u>. This is how I want to remember him, because it is just too hard to think that, someday, he won't know who I am. But even if that does happen, I will always be his (い) and he will always be my hero, best friend, and my grandpa.

第4回 英語

（注） Alzheimer's：アルツハイマー病　intellect：思考力　interfere with ～：～を妨げる
pound：足を叩きつける　gravel：砂利　brace：身構える　leap：跳ぶこと
brick：れんが　squeeze：抱擁　Morgan：モーガン（ここでは女の子の名前）
preacher：牧師　gossip：おしゃべりをする　shrug：（興味なさそうに）肩をすくめる
pull a fast one on ～：～をだます　grocery store：食料雑貨店　slouched：丸まった
wary：警戒している　switch：変わる　basics：基本的なこと

問1　空所（　A　）～（　D　）に入る最も適切な語をア～オから１つずつ選び、記号で答えなさい。ただし、同じ記号は１度しか使えない。

ア　at　イ　for　ウ　of　エ　with　オ　to

問2　本文の内容に合うように、下線部(1)、(4)の語をそれぞれ並べかえたとき、［　］内で２番目、５番目、８番目にくるものをそれぞれ記号で答えなさい。ただし、文頭に来るものも小文字になっている。

問3　下線部(2)について、そのように主人公が感じていた背景として<u>適切ではないもの</u>をア～エから１つ選び、記号で答えなさい。

ア　毎週、母親と一緒に祖父の家へ遊びに行っていたこと。
イ　父親の仕事が忙しく、父親が働いている間、祖父が一緒にいてくれていたこと。
ウ　祖父と一緒に買い物や教会に行くのが習慣になっていたこと。
エ　人生の教訓になることを祖父から教えられたこと。

問4　本文の内容に合うように、空所（　あ　）に入る<u>pから始まる英語１語</u>を答えなさい。

問5　下線部(3)をわかりやすい日本語に直しなさい。ただし、This が指す具体的な内容を明らかにすること。

問6　下線部(5)について、空所（　①　）～（　③　）に入る語(句)の組み合わせとして最も適切なものをア～エから１つ選び、記号で答えなさい。

	（　①　）	（　②　）	（　③　）
ア	sports	jokes	deep relationship
イ	laughter	humor	lifelong lessons
ウ	love	curiosity	nursing care
エ	compassion	loneliness	dinner-table conversations

問7　本文の内容に合うように、空所（　い　）に入る連続する英語２語を、本文の(☆)から(★)までの中から抜き出して答えなさい。

問8　本文の内容に合うものを次のア～キから３つ選び、記号で答えなさい。

ア　Morgan's family didn't have enough money to cure her grandfather's disease.

イ　When Morgan visited her grandparents' house, both her grandfather and grandmother greeted her at the front door.

ウ　Morgan pretended not to have much interest in her grandfather's jokes about the ice cream.

エ　Before Morgan went to the garden or to the grocery store with her grandfather, she asked when he would return more than four times.

オ　Morgan's grandfather's short-term memory isn't so good as his long-term memory.

カ　Morgan learned the lesson in patience after her grandfather got Alzheimer's, which she respects the most now.

キ　Morgan doesn't know at all what to do for her grandfather now.

6 次の英文を読み、後の問いに答えなさい。ただし、*のついている語(句)には(注)がある。

The (1)<u>purpose</u> of the American court system is to protect the rights of the people. According to American law, if someone is *accused of a crime, he or she is considered innocent until the court proves that the person is *guilty. In other words, it is the responsibility of the court to prove that a person is guilty. It is not the responsibility of the person to prove that he or she is innocent.

In order to arrest a person, the police have to be reasonably sure that a crime has been *committed. The police must (A) the suspect the reasons why they are arresting him and tell him his rights under the law. Then the police take the suspect to the police station to "book" him. "Booking" means that the name of the person and the *charges against him are formally listed at the police station.

The next step is for the suspect to go before a judge. The judge decides whether the suspect should be held in jail or released. If the suspect has no previous criminal record and the judge feels that he will return to court rather than run away—for example, because he owns a house and has a family—(2)<u>he can go free</u>. Otherwise, the suspect must put up *bail. At this time, too, the judge will appoint a court lawyer to defend the suspect if he can't afford one.

The suspect returns to court a week or two later for a hearing, (B) a lawyer from the district attorney's office *presents a case against the suspect. This lawyer is called (3)<u>the prosecutor</u>. The attorney may present (4)<u>evidence</u> as well as *witnesses. The judge at the hearing decides whether there is enough reason to hold a *trial. If the judge decides that there is *sufficient evidence to call for a trial, he or she sets a date for the suspect to appear in court to formally *plead guilty or not guilty.

[あ] At the trial, a jury of 12 people listens to the evidence from the defense attorney and the prosecuting attorney and hears the *testimony of the witnesses. [い] Then the jury goes into a private room to consider the evidence and decide whether the defendant is guilty of the crime. [う] However, if he is *convicted, he remains in jail and the judge sets a date for the defendant to appear in court again for sentencing. [え] At this time, the judge tells the convicted person what his *punishment will be. [お] The judge may sentence him to prison, order him (C) a fine, or place him on *probation. If the person is imprisoned, the judge tells him how long he will remain in jail.

The American justice system is very (D) and sometimes operates slowly. However, every step is designed to protect the rights of the people. These individual rights are the basis, or foundation, of the American government.

（注） accuse ～：～を起訴する　guilty：有罪の　commit ～：～を犯す　charge：容疑
bail：保釈金　present a case against ～：証拠を挙げて～に反論する　witness：目撃者
trial：裁判　sufficient：十分な　plead ～：～を主張する　testimony：証言
convict ～：～に有罪を宣告する　punishment：刑罰　probation：執行猶予

第4回 英語

問１ 以下の英文の問いに対する答えとなるように、空所に入る最も適切な語をそれぞれ答えなさい。ただし、最初の文字が与えられている場合はそれに従うこと。

1. Why do the police take the suspect to the police station ?
   — They take him there (s　　)(　　) they will make a (f　　) report of the suspect.
2. Who decides whether the suspect should be brought to trial ?
   — The (　　)(　　).

問２ 下線部(1)、(4)の語と最も強く発音する母音の発音が同じものをア～エからそれぞれ１つずつ選び、記号で答えなさい。

(1) purpose
ア government　イ heart　ウ hardly　エ birthday

(4) evidence
ア bury　イ favorite　ウ children　エ breathe

問3　空所(　A　)～(　D　)に入る最も適切なものを以下のア～エからそれぞれ1つずつ選び、記号で答えなさい。

(　A　)	ア　ask	イ　give	ウ　inform	エ　say
(　B　)	ア　which	イ　whom	ウ　where	エ　what
(　C　)	ア　paying	イ　for paying	ウ　pay	エ　to pay
(　D　)	ア　respective	イ　considerate	ウ　punctual	エ　complex

問4　下線部(2)について、保釈金を払わなくても容疑者が保釈されるのはどのような場合か。句読点を含めて<u>35字以上45字以内の日本語</u>で答えなさい。

問5　本文の内容を参考に、下線部(3)を表すものとして最も適切なものをア～エから1つ選び、記号で答えなさい。

ア　裁判官　　イ　検察官　　ウ　弁護士　　エ　陪審員

問6　本文中には以下の1文が抜けている。本文の流れに合うように、その1文を補う場所として最も適切なものを［あ］～［お］から1つ選び、記号で答えなさい。

If the jury decides that the defendant is innocent, he is acquitted and goes free.

問7　以下の英文に関して、本文の内容と一致するものにはTを、一致しないものにはFを書きなさい。<u>ただし、全て同じ記号を答えた場合は無得点とする。</u>

ア　The American court system is based on the idea that individual rights should be respected.

イ　The police arrest a person in order to make sure whether the crime has been committed.

ウ　The police need to “book” the suspect before he goes to a court.

エ　Once the suspect is released, he doesn’t have to come back to a court again.

オ　The jury decides how long the defendant will be in jail and tells him about it at the trial.

2023 第4回
サピックスオープン

数

中学３年

2023年11月3日実施

【受験上の注意事項】

1 試験時間は、50 分です。
2 答えは全て解答用紙の定められた解答欄の中に書きなさい。
 小さすぎる文字・薄すぎる文字は採点できません。
3 解答用紙には、生徒 ID・氏名を必ず書きなさい。
4 問題用紙の白いところは、メモなどに使いなさい。
5 質問がある時や気分が悪くなった時は、黙って手をあげなさい。
6 終わったら解答用紙だけを提出しなさい。

【解答の際の注意事項】

1 解答は最も整理された形で表せ。
 ① 分数は特にことわりがない限り，完全に約分された形にせよ。
  比についても同様で，完全に整理された形にせよ。
 ② 解答に根号が含まれる場合は，根号の中の数字はできるだけ小さくして，整理せよ。
2 円周率は，特にことわりがない限りπを用いよ。
3 解答が複数考えられる場合は，全て答えよ。

1 次の各問いに答えよ。

(1) $(-2x^2y)^2 \times \dfrac{x}{3y} \div (-2xy)^3$ を計算せよ。

(2) $\dfrac{(\sqrt{5}-\sqrt{3})^2}{\sqrt{2}} - \sqrt{3}(2\sqrt{6}-\sqrt{10})$ を計算せよ。

(3) $(x-3)(y-2)-(y+3)(3-x)$ を因数分解せよ。

(4) $x+y=\sqrt{7}$，$xy=\sqrt{3}$ のとき，x^2+y^2 の値を求めよ。

(5) A 市では，S 湖に生息するコイの個体数を調べることにした。ある日，S 湖のコイを 100 匹捕獲して，捕獲したすべてのコイに 1 匹ずつ印をつけたあと S 湖に放流した。3 日後，S 湖でコイを 60 匹捕獲したところ，20 匹に印がついていた。

このとき，S 湖に生息するコイはおよそ何匹であると考えられるか。

ただし，放流したコイは 3 日間で偏りなく散らばり，また 3 日間でコイの個体数に変化はなかったものとする。

2　次の各問いに答えよ。

(1)　濃度x%の食塩水Aが200 g，濃度2%の食塩水Bが$100x$ gある。これらをすべて混ぜたときの濃度は，$\frac{x}{2}$%であった。このとき，xの値を求めよ。

ただし，xは0ではないものとする。

(2)①　右の図において，Aは円Oの円周上の点である。

円周上に，$\overset{\frown}{AB}:\overset{\frown}{BC}:\overset{\frown}{CA}=4:3:5$となる点B，Cを，反時計回りにA，B，Cの順になるようにとることを考える。

解答用紙の図をもとにして，<u>2点B，Cのうち点Bのみ</u>を作図し，その位置を表す文字Bを書け。

ただし，これらの弧はいずれも半円の弧より小さいものとする。

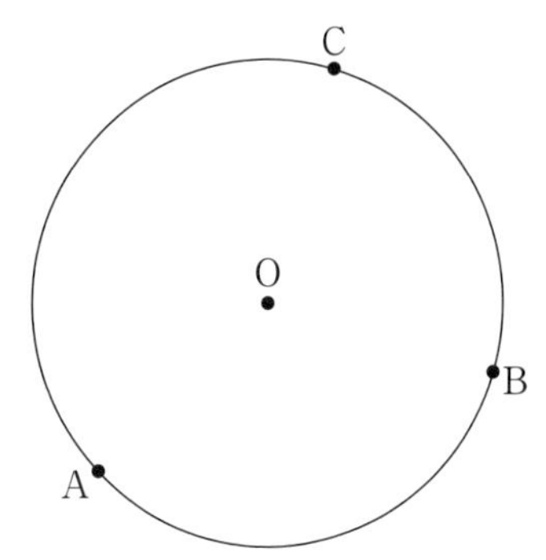

②　①において，円Oの半径が2のとき，線分ACの長さを求めよ。

(3)　赤玉4個，白玉3個が入った袋から3つの玉を同時に取り出すとき，2色の玉が出る確率を求めよ。

第4回　数学

3 右の図のように，放物線 $y=ax^2$ と $y=-bx^2(a>0,\ b>0)$ がある。$y=ax^2$ 上に 2 点 A，B があり，x 座標はそれぞれ -2 と 6 である。直線 AB と x 軸との交点を C とする。

$y=-bx^2$ 上に点 A と x 座標が等しい点 D をとり，直線 CD と $y=-bx^2$ の交点のうち，D でないほうを点 E とする。

このとき，次の各問いに答えよ。

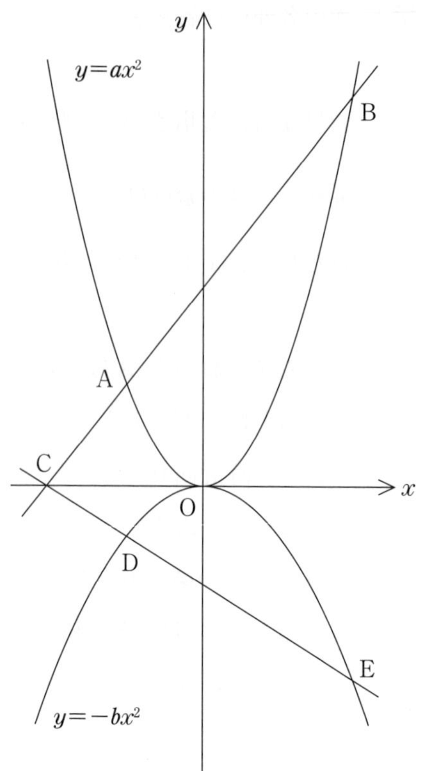

(1) 直線 AB の式を a を用いて表せ。

(2) 直線 CD の式を b を用いて表せ。

(3) 3 点 A，O，E が同一直線上にあるとき，C を通り，四角形 ADEB の面積を二等分する直線と直線 AE の交点の x 座標を求めよ。

【この問題は，答えに至るまでの途中過程を解法欄に記入すること。】

4 右の図のように，△ABC の辺 AB を直径とし，辺 BC に頂点 B で接する円がある。

この円と辺 AC の交点を D，∠BAC の二等分線と辺 BC，線分 BD，円周との交点をそれぞれ E，F，G とする。

AB＝15，AC＝25 のとき，次の各問いに答えよ。

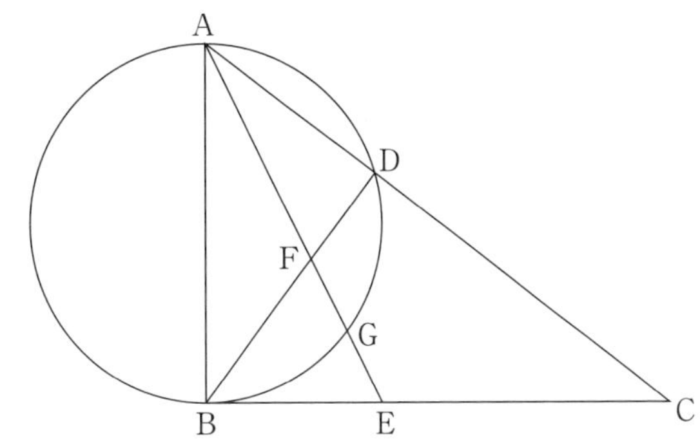

(1) 線分 AD の長さを求めよ。

(2) 線分 DF の長さを求めよ。

(3) 線分 BG の長さを求めよ。

(4) 直線 BG と辺 AC の交点を H とする。
△DFG と△BCH の面積比を求めよ。

第4回 数学

5 AE＝3，AD＝CD＝6である直方体ABCD－EFGHについて，次の各問いに答えよ。

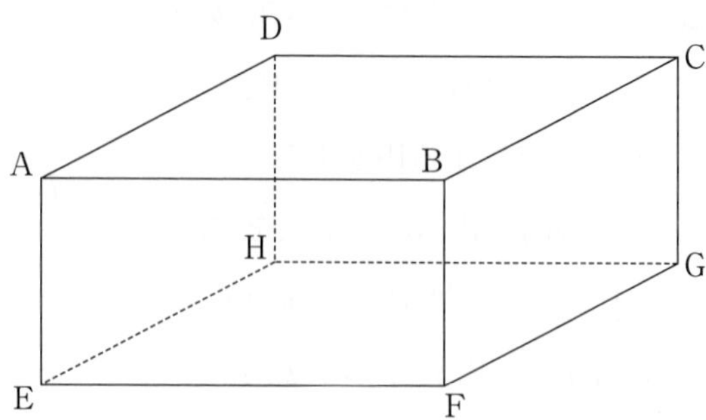

(1)① 対角線AGの長さを求めよ。

② 点Cから線分AGに垂線を下ろし，交点をIとするとき，線分IGの長さを求めよ。

(2) 点Bから線分DFに垂線を下ろし，交点をJとするとき，線分IJの長さを求めよ。

(3) 点Eから線分AG，点Hから線分DFに垂線を下ろし，交点をそれぞれK，Lとするとき，四角形IJKLの面積を求めよ。

(4) 四角錐B－IJKLの体積を求めよ。

2023 第4回

サピックスオープン

理　科

中学３年

2023年11月3日実施

【受験上の注意事項】

1 試験時間は、50 分です。

2 答えは全て解答用紙の定められた解答欄の中に書きなさい。
小さすぎる文字・薄すぎる文字は採点できません。

3 解答用紙には、生徒 ID・氏名を必ず書きなさい。

4 問題用紙の白いところは、メモなどに使いなさい。

5 質問がある時や気分が悪くなった時は、黙って手をあげなさい。

6 終わったら解答用紙だけを提出しなさい。

1 次の問いに答えなさい。

(1) ヒトの血液の組成に関する説明のうち誤っているものを，次のア～オの中から一つ選び，記号で答えなさい。

ア．赤血球や白血球は骨髄で作られ，赤血球の寿命は120日ほどで白血球の寿命より長く，どちらも脾(ひ)臓などで分解される。

イ．血液は，液体成分の血しょうと固体成分の赤血球，白血球，血小板からなる。

ウ．血液の固体成分である血球には，いずれも体を構成する細胞と同様に核がある。

エ．血しょうは血液の液体成分で，特に血管からにじみ出た血しょうを組織液という。

オ．白血球には体内に侵入した細菌などの異物を取り込み，酵素によって分解し体に害のないものに変えるはたらきがあり，これは免疫に関係している。

(2) 火成岩や火山に関する説明として適切なものを，次のア～エの中から一つ選び，記号で答えなさい。

ア．深成岩はマグマが地下深くでゆっくりと冷やされてできたもので，玄武岩，安山岩，流紋岩などの種類がある。

イ．火山岩はマグマが地表付近で急激に冷やされてできたもので，等粒状組織が見られる。

ウ．雲仙普賢岳や伊豆大島の三原山はマグマの粘り気が強い火山であり，その噴火は比較的激しく，火成岩の色は白っぽい。

エ．キラウエアやマウナロアはマグマの粘り気が弱い火山であり，その噴火は比較的おだやかで，火成岩の色は黒っぽい。

(3) 物質は目に見えないほど小さな粒子でできており，状態変化すると粒子の並び方や運動の様子が変化する。**図1**は固体，液体，気体それぞれの状態における粒子の様子を表したものである。**図1**の矢印Aが表す状態変化の具体例として適切なものを，次のア～エの中から一つ選び，記号で答えなさい。

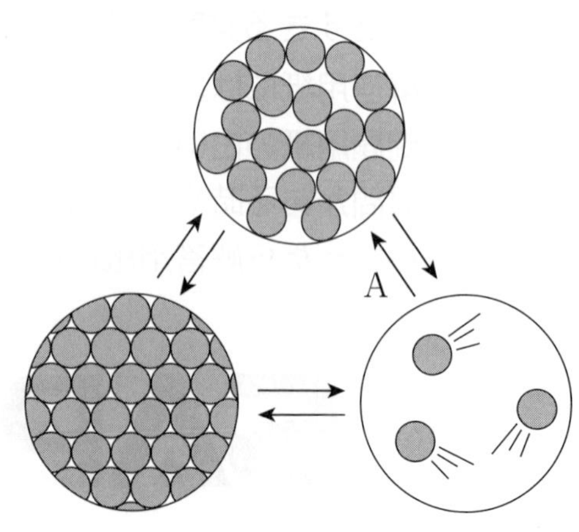

図1

ア．アイスクリームが溶けはじめる。

イ．よく晴れた日，洗濯物がよく乾く。

ウ．冬の朝，窓ガラスが曇っている。

エ．保冷剤に使っていたドライアイスが時間とともになくなっていく。

(4) 次の□の中の植物を観察し，そのからだのつくりについて分類したときの記録として適切なものを，後のア～エの中から一つ選び，記号で答えなさい。

ヒマワリ	イヌワラビ	アサガオ	スギゴケ
ツユクサ	マツ	ウメ	ツツジ

ア．ヒマワリとアサガオは，葉脈のつくりだけでは区別できないが，花弁の根元がくっついているかどうかによって区別することができる。

イ．イヌワラビとスギゴケは，根，茎，葉のつくりだけでは区別できないが，維管束の有無によって区別することができる。

ウ．ツユクサとマツは，子房の有無だけでは区別できないが，子葉の数の違いによって区別することができる。

エ．ウメとツツジは，根のつくりだけでは区別できないが，花弁の根元がくっついているかどうかによって区別することができる。

(5) ある雨の日に風向と風力の観測を行い，風向計を真上から見た様子は**図２**の通りで，風力は７であった。この日の天気図記号を解答欄に合うようにかきなさい。

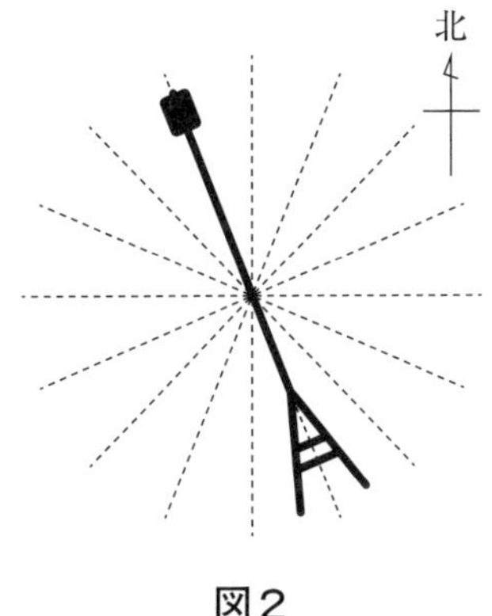

図２

(6) 次ページのＡ～Ｄは物理学や化学の分野の様々な法則や原理に関する説明である。説明の内容に関係が深い法則や原理の名称の組み合わせとして適切なものを，後のア～エの中から一つ選び，記号で答えなさい。

第4回 理科

A. ばねの自然の長さに近い範囲で，ばねの伸びはばねにかかる力の大きさに比例する。

B. 同じ物体を同じ高さまで，手で糸を引き持ち上げる場合と軽い動滑車を使って糸を引き持ち上げる場合とで，必要な力の大きさと糸を引く長さの積は変わらない。

C. 鉄粉 7.0 g に硫黄の粉末 4.0 g を混ぜて十分に加熱して過不足なく反応させたとき，反応後にできた硫化鉄の質量は 11.0 g である。

D. 流体(液体や気体)中の物体は，その物体が押しのけた流体の重さと同じ大きさの浮力を受ける。

	A	B	C	D
ア	フックの法則	エネルギー保存の法則	定比例の法則	アルキメデスの原理
イ	フックの法則	仕事の原理	質量保存の法則	アルキメデスの原理
ウ	ジュールの法則	エネルギー保存の法則	定比例の法則	パスカルの原理
エ	ジュールの法則	仕事の原理	質量保存の法則	パスカルの原理

2 次の問いに答えなさい。

(1) タンポポの葉の光合成と呼吸について調べるために行った次の〔実験〕について，〔考察〕のⅰ～ⅲにあてはまる内容を，{　　　}内のア，イの中からそれぞれ一つずつ選び，記号で答えなさい。ただし，光合成や呼吸が行われたかどうかは，試験管内の二酸化炭素の増減によって判断するものとし，**表1**の(　　　)は結果が省略されている。

〔実験〕

① **図1**のように，試験管 A，B には空気を入れてゴム栓をし，試験管 C，D には空気とタンポポの葉を入れてゴム栓をした。試験管 A，C は光が当たるところに置き，試験管 B，D は暗室に置いてしばらく放置した。その後，試験管 A ～ D に石灰水を少量入れて振って白く濁るかを調べ，結果を**表1**にまとめた。

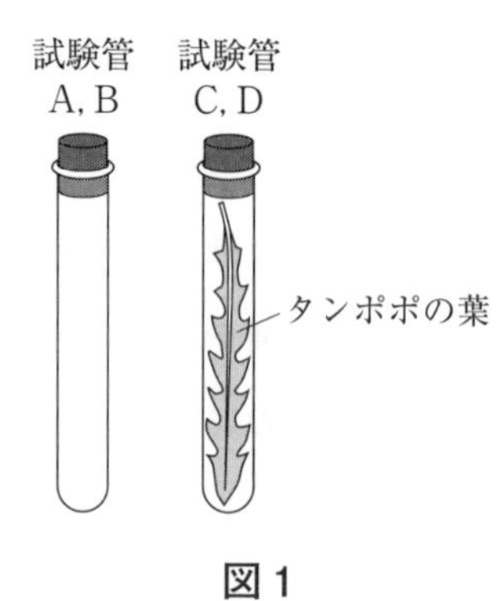

図1

② ①で，試験管 A ～ D に空気の代わりに息を吹き込んで同様の実験を行い，結果を**表1**にまとめた。

表1

試験管	A	B	C	D
置き場所	光が当たるところ	暗室	光が当たるところ	暗室
①の結果	(　　)	(　　)	濁らなかった	白く濁った
②の結果	白く濁った	白く濁った	濁らなかった	白く濁った

〔考察〕

①の結果で，試験管A，Bに加えた石灰水が両方とも i {ア．少し濁った　イ．濁らなかった}ことから，試験管Cに入れたタンポポの葉で光合成が行われたことは確かめられず，試験管Dに入れたタンポポの葉で呼吸が行われたことは確かめられた。

②の結果から，試験管Cに入れたタンポポの葉で ii {ア．光合成　イ．光合成と呼吸}が行われたことが確かめられ，試験管Dに入れたタンポポの葉で呼吸が行われたことが iii {ア．確かめられた　イ．確かめられなかった}。

(2) 硝酸銀水溶液に銅片を入れて放置したところ，銅の表面に銀の固体が樹枝状につき，水溶液は青色になった。この実験について述べた次の文章の i ～ iii にあてはまる内容を，{　　}内のア，イの中からそれぞれ一つずつ選び，記号で答えなさい。

銅原子は2個の電子を i {ア．受け取って　イ．失って}銅イオンになり，銀イオンは1個の電子を ii {ア．受け取って　イ．失って}銀原子になった。よって，反応で増えた銅イオンの数は減った銀イオンの数より iii {ア．多い　イ．少ない}ことがわかる。

(3) 一辺の長さが3 cmの立方体の物体P，Qと，一辺の長さが2 cmの立方体の物体R，Sを用意した。物体PとR，QとSはそれぞれ質量が等しい。物体P～Sを水槽の水に入れたところ，**図2**のように，物体PとRは一部が水面より上に出た状態で水面に浮かび，物体QとSは水槽の底に沈んだ。**図2**で，物体P，Q，R，Sにはたらく浮力の大きさをそれぞれp，q，r，sとおいたとき，その大小関係を等号(＝)と不等号(＜)を用いて例のように表しなさい。ただし，不等号(＞)は用いないこと。例：$p<q=r<s$

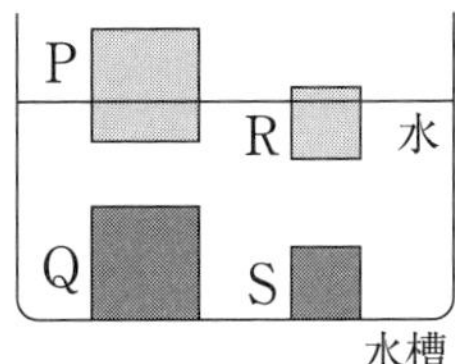

図2

第4回　理科

(4) **表2**は乾湿計の湿度表の一部，**表3**はそれぞれの気温での飽和水蒸気量を示したものである。**表2**や乾湿計の性質について正しく述べた文を，次のア～エの中から一つ選び，記号で答えなさい。

表2

乾球の示度〔℃〕	乾球と湿球の示度の差〔℃〕				
	0	0.5	1.0	1.5	2.0
15	100	94	89	84	78
14	100	94	89	83	78
13	100	94	88	83	77
12	100	94	88	82	76
11	100	94	87	81	75

表3

気温〔℃〕	11	12	13	14	15
飽和水蒸気量〔g/m^3〕	10.0	10.7	11.4	12.1	12.8

ア．乾湿計を用いて気温を測定することはできない。

イ．乾球の示度とは関係なく，湿球の示度は露点に等しいと判断できる。

ウ．湿球での水分の蒸発が少ないほど，乾球と湿球の示度の差が大きくなる。

エ．乾球と湿球の示度の差が同じでも，乾球の示度が低いほど湿度は低くなる。

(5) 気体の水素 20 cm^3 と酸素 10 cm^3 を密閉容器に入れて点火したところ，過不足なく反応して水ができた。水素 30 cm^3 と酸素 20 cm^3 で同様の実験を行うと，反応後の密閉容器内には気体の①{ア．水素　イ．酸素}が(　②　)cm^3 残る。①にあてはまる気体の名称を，{　　　}内のア，イの中から一つ選び，記号で答えなさい。また，(　②　)にあてはまる数値を答えなさい。ただし，気体の体積は同温・同圧で測定したものとする。

(6) **図3**は，斜面を下る台車の運動を1秒間に50回打点する記録タイマーを用いて調べた結果である。**図3**の定規に記された数値の単位は cm である。点Oを打った瞬間から0.1秒間の平均の速さは何 cm/s か。

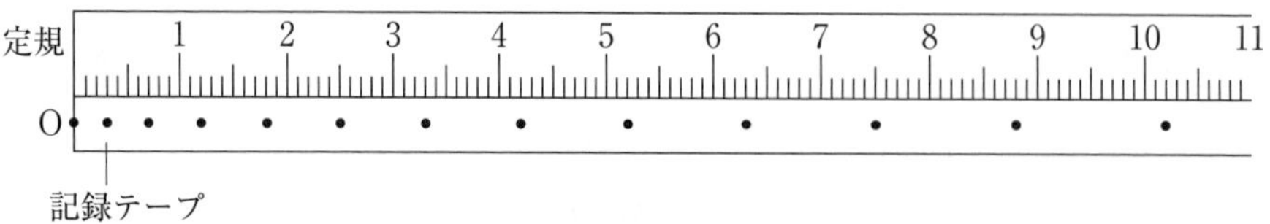

図3

3 エンドウには丈が高いものと低いものがあり，メンデルの法則にしたがって遺伝することがわかっている。エンドウの丈の高さに着目して行った次の〔実験１〕～〔実験４〕について，後の問いに答えなさい。ただし，エンドウの丈の高さについて，顕性形質の遺伝子をR，潜性形質の遺伝子をrで表すものとする。また，実験で意図していない受粉は起こらないものとし，丈の高さによって生育や種子のでき方に差はなかったものとする。

〔実験１〕

丈が高い純系のエンドウaから花粉を取り，丈が低い純系のエンドウbのめしべに受粉させて40個の種子を得た。<u>得られた40個の種子をすべてまいて育てたところ，いずれも丈が高い個体となり</u>，そのうちの一つの個体をエンドウcとした。

第4回 理科

〔実験２〕

丈が(　①　)，純系かどうかはわからないエンドウを用意した。このエンドウを自家受粉させて40個の種子を得た。得られた種子のうち1個をまいて育てたところ，丈が(　②　)個体となった。

〔考察〕

〔実験１〕の結果からも〔実験２〕の結果からも，エンドウの丈の高さについて，丈が高い形質が顕性，丈が低い形質が潜性であるとわかった。

(1) 〔実験１〕で受精を行う卵細胞と精細胞は，いずれも減数分裂によってつくられる。メンデルの法則のうち，減数分裂の際の遺伝子の伝わり方と関係が深い法則の名称を答えなさい。また，〔実験１〕でエンドウaから取った花粉の中の1個の精細胞に含まれる遺伝子を，R，rを用いて答えなさい。

(2) 丈が高い純系かどうかはわからないエンドウa′と，丈が低い純系かどうかはわからないエンドウb′を用いて〔実験１〕と同様の実験を行ったところ，結果は〔実験１〕の下線部と同じになった。〔考察〕と同じように，この実験の結果からも丈が高い形質が顕性であると推定することが適切である場合には○を，そうでない場合には×を解答欄に答えなさい。

(3) 〔考察〕の内容が適切であるとき，〔実験２〕の（ ① ），（ ② ）にあてはまる語の組み合わせとして適切なものを，次のア～エの中から一つ選び，記号で答えなさい。

	ア	イ	ウ	エ
①	高く	高く	低く	低く
②	高い	低い	高い	低い

〔実験３〕

丈の高さについて，〔実験１〕のエンドウｂと同じ遺伝子をもつ個体から花粉を取り，エンドウｃと同じ遺伝子をもつ個体のめしべに受粉させて多数の種子を得た。得られた種子から無作為に多数選んですべて育てたところ，丈が高い個体と丈が低い個体の数の比は１：１になった。

〔実験４〕

〔実験３〕で得られた種子を育てたエンドウを，すべて自家受粉させて種子を得た。得られた種子から無作為に多数選んですべて育てたところ，丈が高い個体と丈が低い個体の数の比が３：５になった。同様にして，育てたエンドウをすべて自家受粉させて種子を得て，得られた種子から無作為に多数選んですべて育てると，丈が高い個体と丈が低い個体の数の比は（ ③ ）になった。その後も，育てたエンドウをすべて自家受粉させて種子を得て，得られた種子から無作為に多数選んですべて育てることをくり返していったところ，遺伝子の組み合わせが（ ④ ）の個体の割合が０に近づいていった。

(4) 〔実験４〕の（ ③ ）にあてはまる比を，最も簡単な整数比で答えなさい。また，（ ④ ）にあてはまる内容として適切なものを，次のア～エの中から一つ選び，記号で答えなさい。

ア．RR　　イ．rr　　ウ．Rr　　エ．RR と rr

4 酸とアルカリの反応について，次の〔実験１〕，〔実験２〕を行った。後の問いに答えなさい。ただし，水溶液の密度はいずれも 1.0 g/cm^3 であるものとする。

〔実験１〕

うすい水酸化ナトリウム水溶液 15 cm^3 に，うすい塩酸 10 cm^3 を加えると，ちょうど中性になった。また，このとき混合溶液の温度を温度計で測ると，混合前のそれぞれの溶液の温度(ともに室温と等しい温度)から変化していることがわかった。この混合溶液から 10 cm^3 を取って蒸発皿に移し，ガスバーナーで十分に加熱して水をすべて蒸発させたところ，白い固体が 0.6 g 得られた。

(1) 〔実験１〕で，混合した溶液の温度が変化した理由として正しい文はどれか。次のア～エの中から一つ選び，記号で答えなさい。また，その原因となった化学反応の反応式をイオンの化学式を使って答えなさい。

ア．イオンが結びつくときに熱を吸収したため。

イ．イオンが結びつくときに熱を放出したため。

ウ．イオンの結びつきが切れるときもできるときも熱を吸収したため。

エ．イオンの結びつきが切れるときもできるときも熱を放出したため。

(2) 〔実験１〕で混合溶液を蒸発させたときに得られた白い固体とは何か。物質名を次のア～オの中から選び，記号で答えなさい。ただし，複数の物質が混ざっている場合はそれらをすべて選びなさい。また，混合溶液をすべて蒸発させたとき，得られる白い固体は全部で何 g か答えなさい。

ア．水酸化ナトリウム　イ．塩化水素　ウ．塩化ナトリウム　エ．ナトリウム

オ．塩素

〔実験２〕

〔実験１〕で用いたものと異なる濃度の塩酸と水酸化ナトリウム水溶液を用意した。ビーカー A ～ G に塩酸 15 cm^3 をそれぞれ入れ，水酸化ナトリウム水溶液の体積を 5 cm^3 ずつ変えてそれぞれ加えてから緑色の BTB 液を加えた。このとき，BTB 液が示した色と，それぞれのビーカーの混合溶液をすべて蒸発皿に移し，ガスバーナーで十分

に加熱して水をすべて蒸発させたときに得られた白い固体の質量は次の表のようになった。

表

ビーカー	A	B	C	D	E	F	G
水酸化ナトリウム水溶液〔cm^3〕	0	5	10	15	20	25	30
BTB 液が示した色	黄	黄	黄	黄	黄	青	青
白い固体の質量〔g〕	0	0.90	1.80	2.70	3.60	4.35	4.95

(3) 次の①～④の問いに答えなさい。

① 〔実験２〕で加えた水酸化ナトリウム水溶液の体積と，混合溶液に一定の電圧を加えたときに流れる電流の大きさの関係をグラフにするとどうなるか。最も適切なものを次のア～エの中から一つ選び，記号で答えなさい。ただし，グラフの縦軸は電流の大きさ〔mA〕，横軸は加えた水酸化ナトリウム水溶液の体積〔cm^3〕とする。

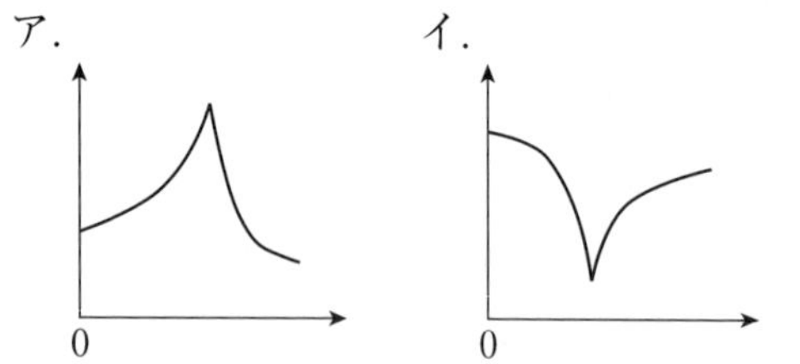

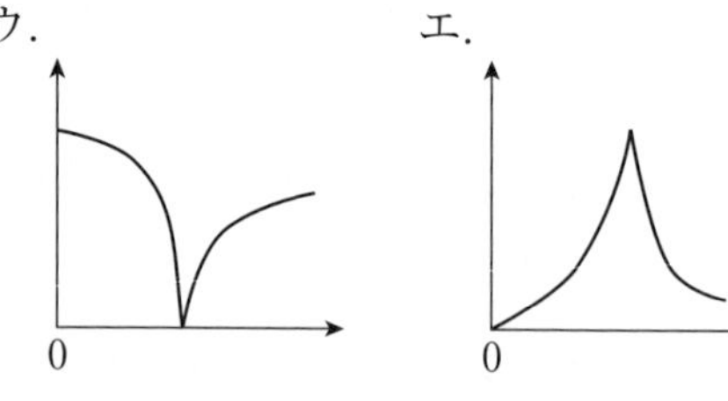

② 〔実験２〕で用いた塩酸 15 cm^3 と過不足なく反応する水酸化ナトリウム水溶液の体積は何 cm^3 か，答えなさい。

③ ②のように，塩酸 15 cm^3 に過不足なく反応する水酸化ナトリウム水溶液を加えた。この混合溶液をすべて蒸発皿に移し，ガスバーナーで十分に加熱して水をすべて蒸発させたときに得られた白い固体の質量は何 g か，答えなさい。

④ 〔実験２〕で用いた水酸化ナトリウム水溶液の質量パーセント濃度は何％か，整数で答えなさい。ただし必要であれば，小数第１位を四捨五入しなさい。

5 次の〔実験１〕・〔実験２〕について，後の問いに答えなさい。ただし，コイル，導線，電流計の抵抗や地磁気の影響は無視できるものとする。

〔実験１〕

① **図１**のように，電源装置，スイッチ，電流計，24 Ω の抵抗器 X，コイルを接続し，コイルの ab 間をはさむように U 字型磁石を置いた。

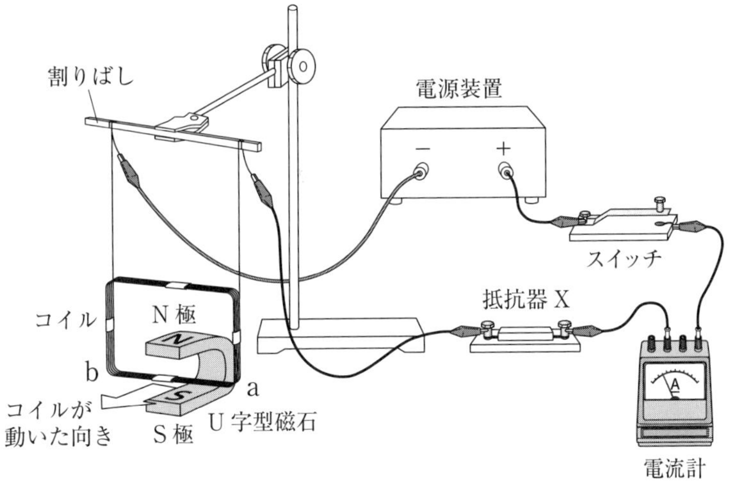

割りばし
電源装置
－　＋
スイッチ
抵抗器 X
コイル
N 極
b
a
コイルが動いた向き
S 極
U 字型磁石
電流計

図１

② 電源装置の電圧を 6.0 V に設定してスイッチを入れたところ，コイルが**図１**の矢印の向きに動き，少し傾いた状態で静止した。

③ しばらくしてから電流計の値を記録した。

(1) 〔実験１〕の③で記録した電流計の値は何 mA か。

(2) **図２**は，〔実験１〕の②でコイルが少し傾いて静止したとき，**図１**のコイルの ab 間の中点と U 字型磁石を含む断面をコイルの a 側から見て，磁界の様子を磁力線で表したものである。〔実験１〕の②で，コイルに力がはたらいた理由について説明した次の文章において，ｉ～ⅲにあてはまる内容を，{　　　}内のア，イの中からそれぞれ一つずつ選び，記号で答えなさい。

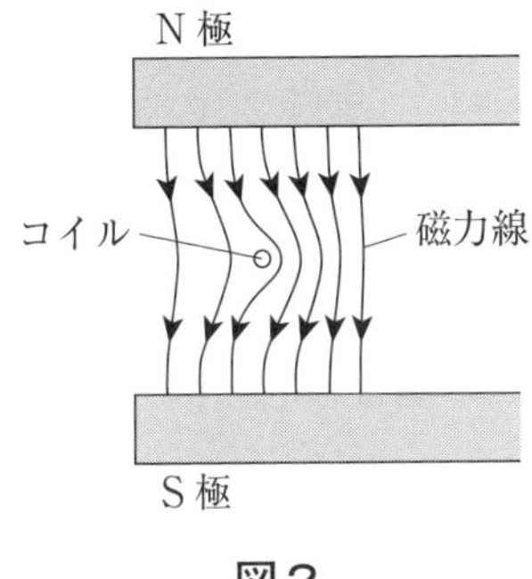

図２

コイルの ab 間を流れる電流によって，コイルの ab 間の周囲にはコイルの a 側から見てｉ{ア．時計回り　イ．反時計回り}の磁界が生じる。**図２**に示されている磁界は，U 字型磁石がつくる磁界とコイルの ab 間に流れる電流がつくる磁界を重ね合わせたもので，磁界は磁力線の間隔がⅱ{ア．狭い　イ．広い}ところほど強い。**図2**の磁力線の間隔が狭くなっている部分で，同じ向きの磁力線同士が互いにⅲ{ア．引き合う　イ．反発し合う}と考えると，**図1**の矢印の向きにコイルを動かすような力がはたらいたことを説明できる。

(3) **図1**の装置に24 Ωの抵抗器Yを接続してから〔実験1〕と同様の実験を行い，③におけるコイルの傾きが〔実験1〕より大きくなるようにすることを考える。**図1**の装置に抵抗器Yをどのように接続すればよいか。解答欄の「抵抗器Yを」という書き出しに続けて，「抵抗器X」という語を用いて答えなさい。

〔実験2〕

① **図3**のように，厚紙を垂直に貫くように2本の導線P，Qを通した装置を用意した。

② 導線P，Qをそれぞれ電源装置に接続して電流を流したところ，導線P，Qが互いに引き合うような力がはたらいた。このとき，導線Pに流れる電流の向きは，**図3**の矢印の向きであった。

③ 厚紙の上に鉄粉をまき，導線P，Qに流れる電流がつくる磁界の様子を調べた。

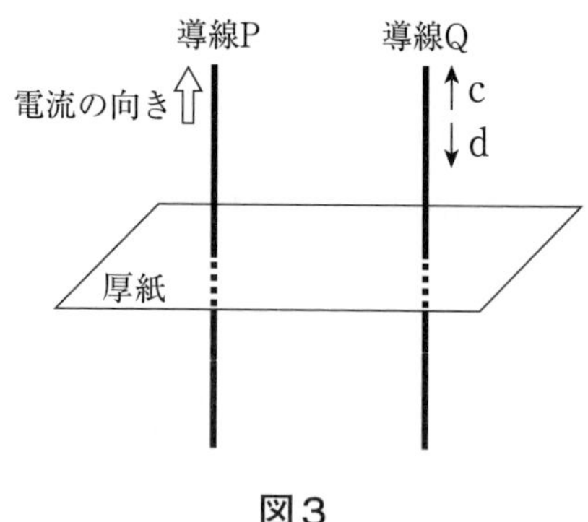

図3

(4) 〔実験2〕の③の結果からわかった，導線P，Qに流れる電流がつくる磁界の様子を磁力線で表したものを，次のア～エの中から一つ選び，記号で答えなさい。ただし，磁力線の向きは省略してある。また，導線Qに流れる電流の向きとして適切なものを，**図3**のc，dの中から一つ選び，記号で答えなさい。

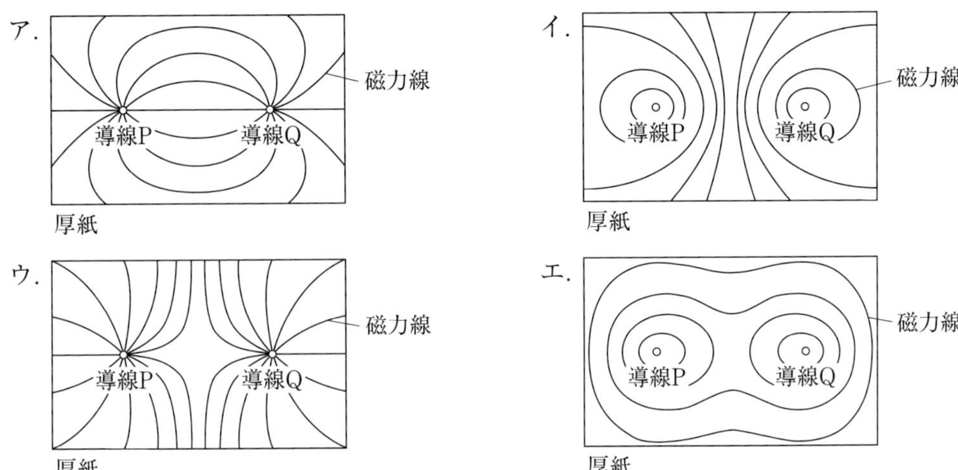
ア.
磁力線
導線P
導線Q
厚紙
イ.
磁力線
導線P
導線Q
厚紙
ウ.
磁力線
導線P
導線Q
厚紙
エ.
磁力線
導線P
導線Q
厚紙

6 〔文章Ⅰ〕,〔文章Ⅱ〕について，後の問いに答えなさい。

〔文章Ⅰ〕

古代ギリシャの天文学者ヒッパルコスは，夜空の星(恒星)を明るさに応じて区分した。最も明るく見える星を1等星，最も暗く見える星を6等星として，その間に該当する星を明るさに応じて2，3，4，5等星とした。19世紀に至って，科学者たちは星の明るさを正確に測定することができるようになり，1等星は6等星よりも100倍明るく，1等級ごとに約2.5倍ずつ明るくなるものと定めた。このようにして定められた，地球から目で見たときの天体の明るさを，見かけの等級という。

たとえば，太陽の見かけの等級は－26.8等級と最も明るく，夜空でひときわ明るく見えるシリウスの見かけの等級は－1.46等級である。しかし，星が実際に放出するエネルギーを比較すると，太陽よりシリウスの方が大きいことが知られている。このように，星が実際に放出するエネルギーが大きくても，星と地球の距離が遠ければ，星の見かけの等級は大きくなる。具体的には星の見かけの明るさは，距離の2乗に反比例することがわかっている。

また，天体間の距離は非常に大きいので，太陽と地球の距離である約［　あ　］kmを1天文単位とし，光が1年間に進む距離である約9.5兆kmを1光年とした特別な距離の単位を用いることが多い。太陽と金星の距離は，太陽と地球の距離である約［　あ　］kmの約70%の1億820万km程度であり，金星は地球より内側を公転している。

(1) 〔文章Ⅰ〕の下線部について，地球からの距離が250光年で，見かけの等級が6等級の恒星Xが，地球からの距離が40光年のところにあると仮定したとき，恒星Xの見かけの等級は何等級になるか，整数で答えなさい。

(2) 〔文章Ⅰ〕の［　あ　］に当てはまる数値として最も適切なものを，次のア～エの中から一つ選び，記号で答えなさい。

ア．15万　　イ．150万　　ウ．1500万　　エ．1億5000万

(3) 〔文章Ⅰ〕について，日本のある場所から，西の方角に見える金星を，天体望遠鏡を使って観測した。このとき金星の半分が光って見えた。この観測を行った時間帯はいつごろか。次のア～ウの中から一つ選び，記号で答えなさい。また，この日から1か月間，毎日同じ時間帯に観測したときの金星の見かけの大きさと満ち欠けについて，正しく説明した文章を次のエ～キの中から一つ選び，記号で答えなさい。

ア．明け方　　　イ．夕方　　　ウ．真夜中ごろ

エ．しだいに小さくなり，満ちていく　　オ．しだいに小さくなり，欠けていく

カ．しだいに大きくなり，満ちていく　　キ．しだいに大きくなり，欠けていく

〔文章Ⅱ〕

2022年11月8日，日本各地で皆既月食が観測された。またこの日は，日本のほとんどの場所で天王星食も同時に観測することができた。以前に日本で皆既月食と惑星食が重なったのは1580年7月26日の土星食で，実に442年ぶりのできごとである。

このような「食」という現象は，ある天体が異なる天体の動きによって隠される天文現象である。また，「食」には観測者が太陽のような光源天体からの光を隠す天体を見ている「掩蔽（えんぺい）」と，光を隠す天体が別の天体の表面に投射した影を見ている「影による食」の2種類がある。さらに「掩蔽」の中でも，隠す天体が隠される天体に比べて極端に見た目の大きさが小さい場合を「通過」といい，隠される天体が太陽の場合は「太陽面通過」という。

(4) 〔文章Ⅱ〕について，次の①，②の問いに答えなさい。

① 皆既月食と天王星食が同時に起こったときの地球，太陽，月，天王星はどのような順に一直線上に並んでいると考えられるか。惑星食とは月が惑星を隠す「掩蔽」であることを参考にして次のア～エを並べかえ，記号で答えなさい。

ア．地球　　　イ．太陽　　　ウ．月　　　エ．天王星

② 皆既月食のとき，月はどちらから欠け始めたか。また，天王星が隠れ始めるとき，天王星は月のどちらにあるか，それぞれ次のア，イの中から一つ選び，記号で答えなさい。ただし選択肢はすべて，地球の北半球から月や天王星を見たときの方向(方角)を表しているものとする。

ア．左(東)　　イ．右(西)

(5) 〔文章Ⅱ〕について，皆既月食と天王星食のように同時に起こる可能性があるものを次のア～エの中から二つ選び，記号で答えなさい。ただし，地球，月，惑星の公転面がすべて一致しているものとする。

ア．皆既月食と金星食　　イ．皆既月食と火星食　　ウ．日食と金星の太陽面通過

エ．下弦の月と金星食

(6) 〔文章Ⅱ〕について，皆既月食と天王星食が同時に起こったとき，月が**図1**のように天王星の前を通過したとする。このとき天王星食の始まりから終わりまでは何分間か。ただし，地球の公転，天王星の大きさや公転は考えないものとする。また，月の公転周期を27日，月と地球の距離を37.8万km，月の半径を1700km，円周率を3とし，**図2**の直角二等辺三角形の辺の比を用いて，整数で答えなさい。

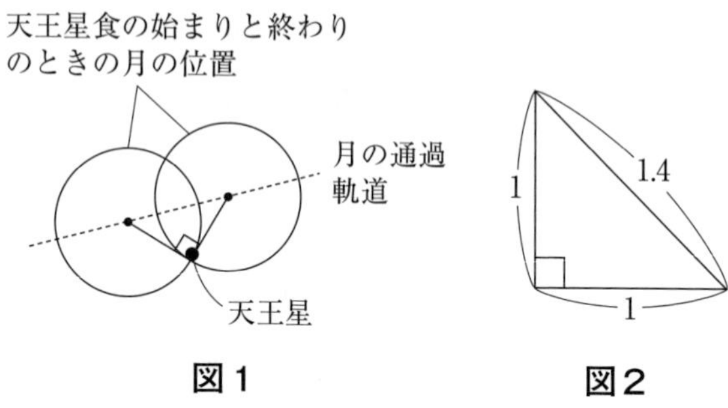

図1　**図2**

2023 第4回
サピックスオープン

社 

中学３年

2023年11月3日実施

【受験上の注意事項】

1 試験時間は、50 分です。
2 答えは全て解答用紙の定められた解答欄の中に書きなさい。
　小さすぎる文字・薄すぎる文字は採点できません。
3 解答用紙には、生徒 ID・氏名を必ず書きなさい。
4 問題用紙の白いところは、メモなどに使いなさい。
5 質問がある時や気分が悪くなった時は、黙って手をあげなさい。
6 終わったら解答用紙だけを提出しなさい。

1 次の地図を見て、以下の各問いに答えなさい。

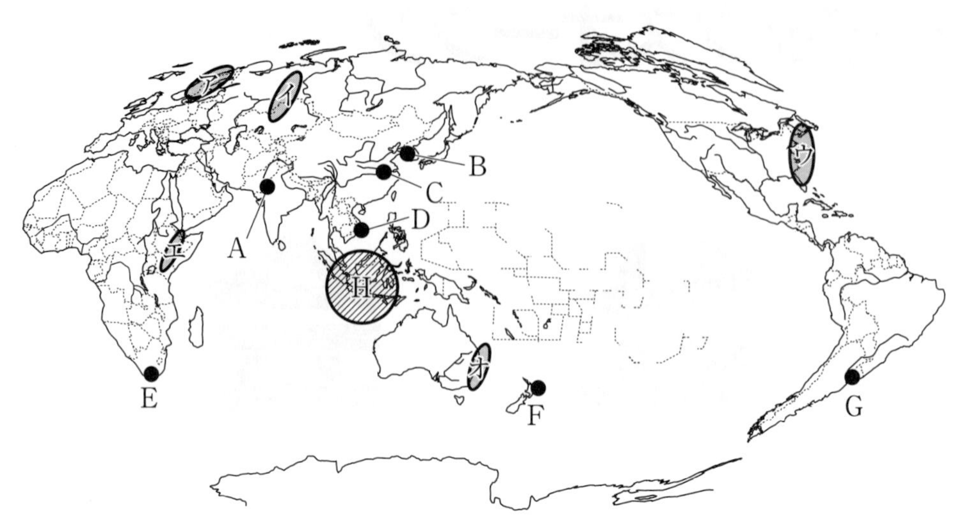

問1 変動帯とは、地震の震源や火山が帯状に連なる場所のことである。主な変動帯は、アルプス・ヒマラヤ造山帯と環太平洋造山帯にあるが、それ以外の場所にも変動帯が存在する。このような地域を地図中のア～オの中から１つ選び、記号で答えなさい。

問2 次のア～エは地図中のＡ～Ｄの地点を河口とする河川のいずれかを説明したものである。Ａ～Ｄに当てはまるものをア～エの中からそれぞれ１つずつ選び、記号で答えなさい。

ア．古代文明の発祥地で、流域では小麦や綿花などの畑作が行われている。流域にある高原からは細粒（さいりゅう）の土壌（どじょう）が西風に乗って日本などに運ばれる。

イ．中流域ではかんがいにより小麦・綿花が栽培され、下流域には古代文明の発祥地が存在する。中・下流域の乾燥地帯にはイスラム教徒が多く居住する。

ウ．チベット高原を水源とする国際河川で、中・下流域では主に稲作が行われている。下流は増水期と減水期の水量の差が大きく、流域の住民の多くは仏教徒である。

エ．チベット高原を水源とし、流域では稲作や茶の栽培が行われている。流域には大都市が分布するが、とくに三角州に位置する大都市には高層ビル群が立ち並んでいる。

問3　次のa～cは、地図上のE～Gのいずれかの都市の月平均気温と月降水量を示したものである。雨温図と都市の組み合わせとして適切なものを次のア～カの中から選び、記号で答えなさい。

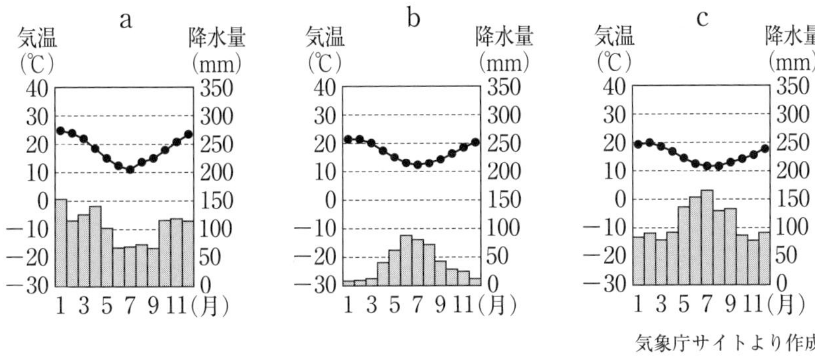

気象庁サイトより作成

	ア	イ	ウ	エ	オ	カ
E	a	a	b	b	c	c
F	b	c	a	c	a	b
G	c	b	c	a	b	a

問4　地図中のHの地域で発生している環境問題に関して説明した次の文中の空欄に当てはまる語句をカタカナで答えなさい。

> Hの地域では、波の穏（おだ）やかな入り江などで塩水に強い(　　　)林が育っている。エビの養殖池を建設する際などに、こうした樹木が伐採されており、生態系の破壊が危惧（きぐ）されている。

問5　次の表のI～Kは、アメリカ、フランス、ロシアのいずれかの国の、2019年における小麦の生産量、収穫面積1haあたりの小麦の収穫量、国土面積に占める農地の割合を示している。また、次ページのd～fの文は、表のI～Kのいずれかにおける小麦の生産地域について説明したものである。I～Kとd～fの組み合わせとして適切なものを、あとのア～カの中から選び、記号で答えなさい。

	小麦の生産量(千t)	1haあたりの収穫量(kg/ha)	国土に占める農地割合(%)
I	52258	3475	41.3
J	74453	2702	12.6
K	40605	7743	52.1

『世界国勢図会 2021/22』『世界国勢図会 2022/23』より作成

d．南部に分布する黒土地帯で生産されている。

e．首都のある盆地周辺で大規模に生産されている。

f．年降水量 500 mm の線とほぼ一致する経線に沿った地域で生産されている。

	ア	イ	ウ	エ	オ	カ
I	d	d	e	e	f	f
J	e	f	d	f	d	e
K	f	e	f	d	e	d

問6　表1は、2019 年における世界の一次エネルギー供給量を示している。また、表2は 2019 年における世界の原油の埋蔵量・産出量・消費量の上位 10 カ国とその世界における割合を示している。これらの資料から読み取れる内容として適切なものを、あとのア～エの中から1つ選び、記号で答えなさい。

表1　世界の一次エネルギー供給量(石油換算、単位：百万トン、2019 年)

計	石炭	石油	天然ガス	電力・バイオなど
14519	3850	4541	3347	2781

『データブック オブ・ザ・ワールド 2023 年版』より作成

表2　原油の埋蔵量・産出量・消費量とその割合(単位：%、2019 年)

埋蔵量		産出量		消費量	
国名	割合	国名	割合	国名	割合
ベネズエラ	17.5	アメリカ	15.4	アメリカ	18.8
サウジアラビア	17.2	ロシア	13.4	中国	13.5
カナダ	9.8	サウジアラビア	12.4	インド	5.2
イラン	9.0	イラク	5.9	日本	3.5
イラク	8.4	中国	4.9	ロシア	3.2
ロシア	6.2	カナダ	4.8	ブラジル	2.4
クウェート	5.9	アラブ首長国連邦	3.9	韓国	2.4
アラブ首長国連邦	5.6	ブラジル	3.6	カナダ	2.3
アメリカ	4.0	クウェート	3.5	ドイツ	2.3
リビア	2.8	イラン	3.0	サウジアラビア	2.2

『データブック オブ・ザ・ワールド 2021 年版』『データブック オブ・ザ・ワールド 2022 年版』より作成

ア．石油は世界の一次エネルギー供給量の３分の１以上を占めている。

イ．原油の埋蔵量の上位10カ国では、西アジア諸国の埋蔵量が50％以上を占めている。

ウ．原油の産出量の上位10カ国の産出量は、世界全体の産出量の８割を超えている。

エ．原油の消費量の上位10カ国のうち過半数の国は、産出量上位10カ国にも入っている。

問７　次の表のＬ～Ｎは、2017年における日本、ブラジル、フランスのいずれかの国における化石燃料と再生可能エネルギーによる発電量と、総発電量に占める割合を示したものである。Ｌ～Ｎと国名の組み合わせとして適切なものを、あとのア～カの中から選び、記号で答えなさい。

	化石燃料		再生可能エネルギー	
	発電量(億 kWh)	総発電量に占める割合(％)	発電量(億 kWh)	総発電量に占める割合(％)
L	1068	18.1	4664	79.1
M	629	11.2	926	16.5
N	8199	76.7	1682	15.7

再生可能エネルギーは、水力、太陽光、地熱、風力などの合計　『世界国勢図会 2020/21』より作成

	ア	イ	ウ	エ	オ	カ
L	日本	日本	ブラジル	ブラジル	フランス	フランス
M	ブラジル	フランス	日本	フランス	日本	ブラジル
N	フランス	ブラジル	フランス	日本	ブラジル	日本

問８　次ページの人口ピラミッドは、アメリカ、インド、エチオピア、日本のいずれかの国のものである。それぞれの国に当てはまる人口ピラミッドを１つずつ選び、記号で答えなさい。

第４回　社会

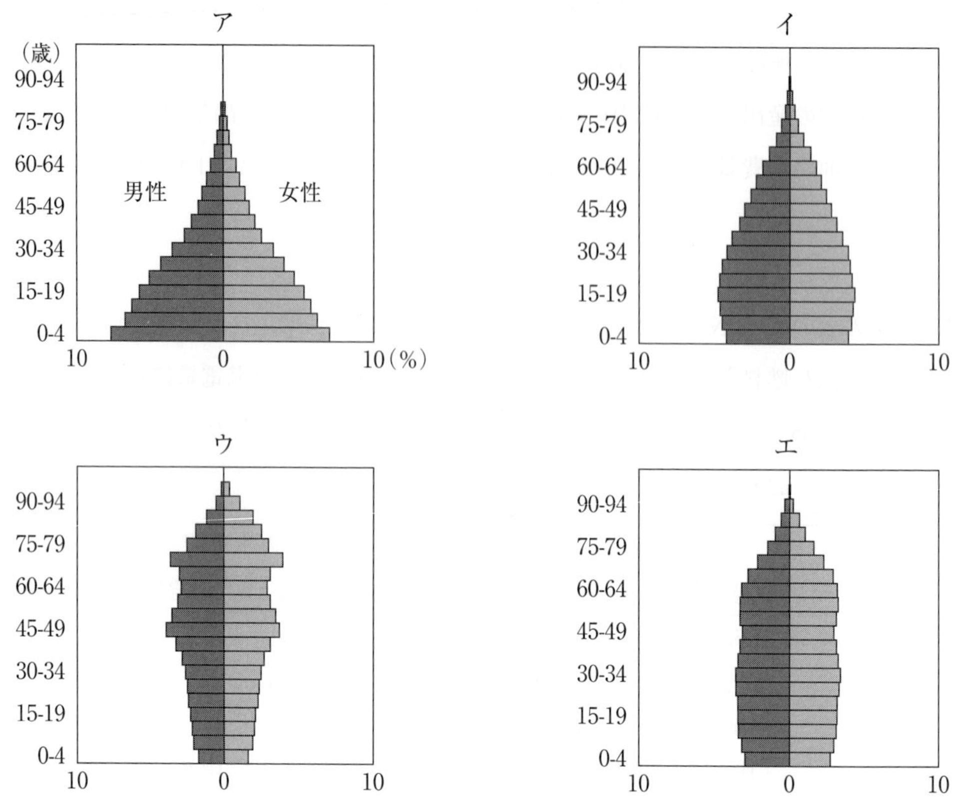

グラフは全て2021年のもの　World Population Prospects 2022 より作成

問9　世界の宗教が伝わった経路に関して説明した次の文の中で適切なものを１つ選び、記号で答えなさい。

ア．カトリックは、イギリスやフランスが他の大陸へ入植したり、植民地支配を進めたりしたことで広まった。

イ．ヒンドゥー教は、インドのほか、カタールなど西アジア諸国にも信者が少なくないが、これは出稼ぎ労働者が多いためと考えられる。

ウ．イスラム教は、領土の拡大によってアラビア半島から北アフリカに伝わったが、東南アジアでは領土を獲得できず、信者が多数を占める国はない。

エ．仏教は、中国を経由して東アジアへ伝わった上座部仏教と、南アジアから東南アジアへ伝わった大乗仏教に分かれる。

2 日本地理に関して、以下の各問いに答えなさい。

問1 次の日本地図に関して(1)〜(4)に答えなさい。

(1) 地図中Aに関して

次ページの資料は、地図中Aにある都市の一部の様子を示したものである。資料について説明したあとのア〜エの文の中で適切でないものを1つ選び、記号で答えなさい。

資料

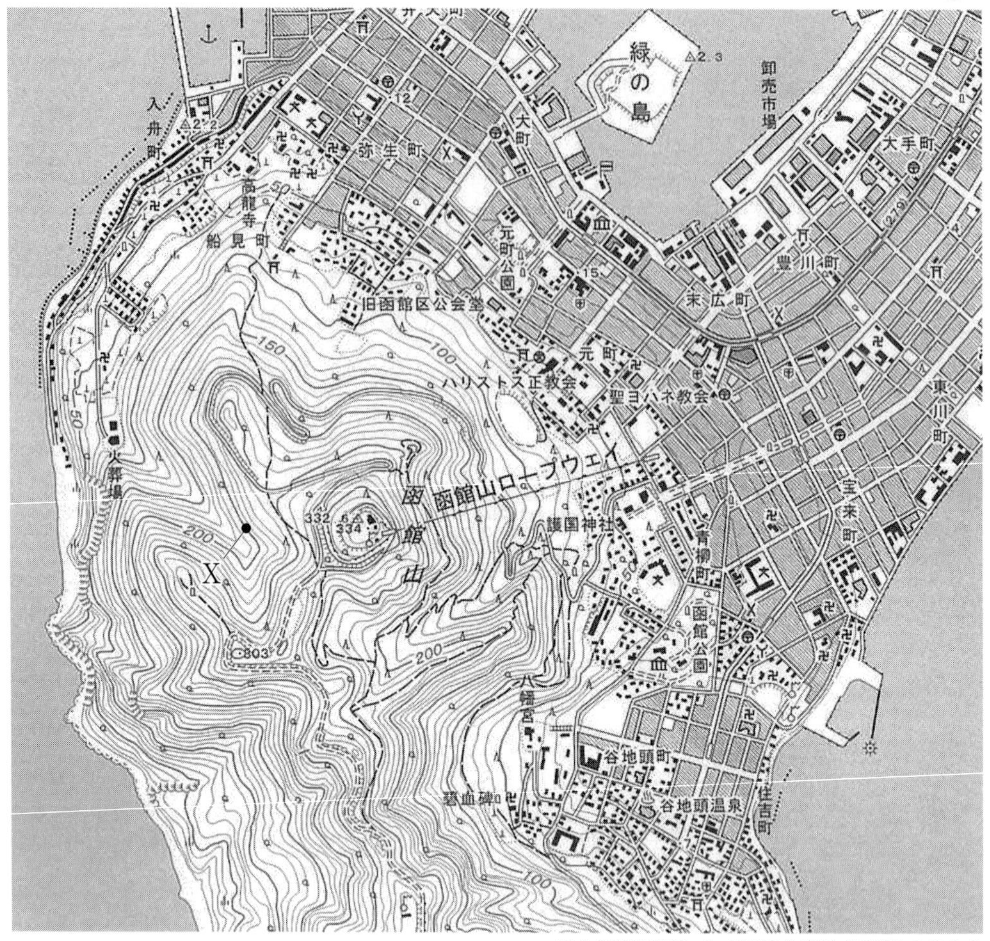

国土地理院発行　1：25000 地形図「函館」より作成

ア．資料中で 3.4 cm の函館山ロープウェイの実際の長さは、500 m 以上になる。

イ．函館山には針葉樹林、広葉樹林の両方が見られる。

ウ．資料中の地点 X から、北東にハリストス正教会を見ることができる。

エ．函館山周辺はもともと島であったが、堆積(たいせき)作用で陸地とつながった。

⑵　地図中 B に関して

次の表のア～エは、埼玉県、千葉県、東京都、神奈川県の住宅地平均価格と石油・石炭製品出荷額を示したものである。埼玉県と千葉県に当てはまるものをそれぞれ選び、記号で答えなさい。

	住宅地平均価格 (2021 年 7 月 1 日)(円／m^2)	石油・石炭製品出荷額 (2019 年・億円)
ア	114100	388
イ	380900	301
ウ	76500	28480
エ	180600	23373

『日本国勢図会 2022/23』より作成

(3) 地図中Cに関して説明した次の文中の空欄に当てはまる河川として適切なものをあとのア～エの中から選び、記号で答えなさい。

地図中Cの地域は年間降水量が少なく、古来よりため池を作るなどして農業用水のかんがいを行ってきた。現在は隣県の徳島県を流れる(　　　)より香川用水を引き、農業用水などで活用している。

ア．大淀川　　イ．四万十川　　ウ．筑後川　　エ．吉野川

(4) 地図中Dに関して説明した次の文中の空欄に当てはまる語句をカタカナ3字で答えなさい。

1972 年に本土復帰した沖縄では、その後リゾート地などの開発が積極的に行われてきた。しかし、開発のためにむき出しとなった赤土が雨の際に海中に流入して海水を濁らし、(　　　)を白化させるなどの問題が起こっている。

問2 次の表は、運転免許保有者数を示したものである。表中の①、②は 1970 年末か 2020 年末のいずれかを、また表中の③、④は 20 ～ 24 歳か 65 歳以上のいずれかを示している。2020 年末と 65 歳以上に当てはまる組み合わせとして適切なものを、あとのア～エの中から選び、記号で答えなさい。

	③	④	計
①	19078	4662	81990
②	214	5190	26449

(千人)『日本国勢図会 2022/23』より作成

ア．①と③　　イ．①と④　　ウ．②と③　　エ．②と④

第4回　社会

問３　次のグラフ は、国籍別の外国人労働者数の推移を示したものである。グラフ中のＥ～Ｈは中国、韓国、フィリピン、ベトナムのいずれかである。ＥとＧに当てはまる国の組み合わせとして適切なものを、あとのア～シの中から選び、記号で答えなさい。

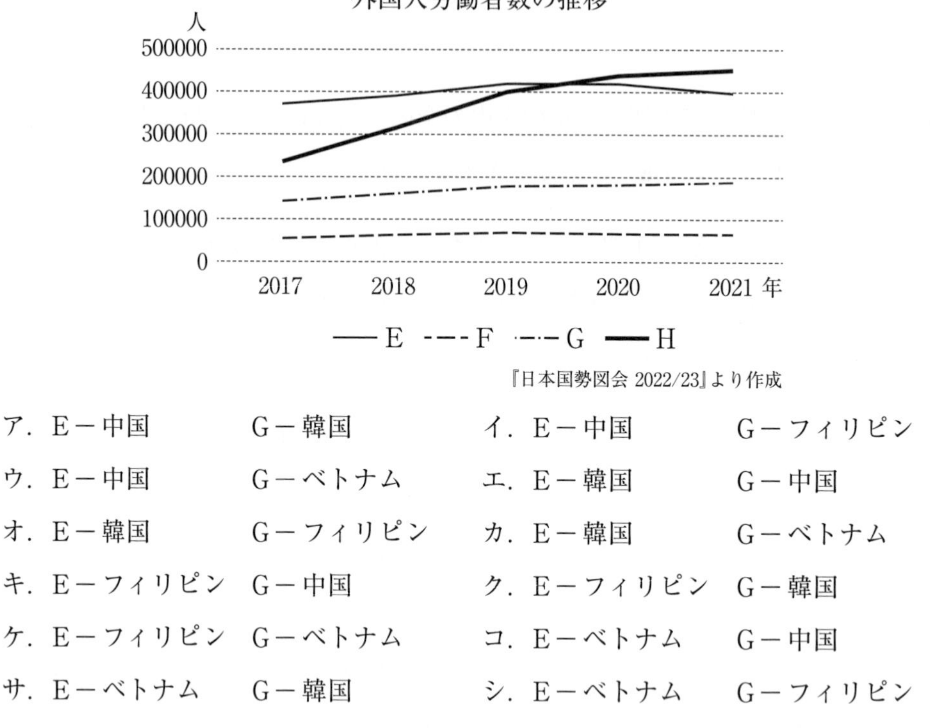

ア．Ｅ－中国	Ｇ－韓国	イ．Ｅ－中国	Ｇ－フィリピン
ウ．Ｅ－中国	Ｇ－ベトナム	エ．Ｅ－韓国	Ｇ－中国
オ．Ｅ－韓国	Ｇ－フィリピン	カ．Ｅ－韓国	Ｇ－ベトナム
キ．Ｅ－フィリピン	Ｇ－中国	ク．Ｅ－フィリピン	Ｇ－韓国
ケ．Ｅ－フィリピン	Ｇ－ベトナム	コ．Ｅ－ベトナム	Ｇ－中国
サ．Ｅ－ベトナム	Ｇ－韓国	シ．Ｅ－ベトナム	Ｇ－フィリピン

問４　次の表中のア～エは北海道地方、東北地方、関東地方、北陸地方(新潟県、富山県、石川県、福井県)におけるみかんとりんごの生産統計を示したものである。関東地方に当てはまるものを１つ選び、記号で答えなさい。

	みかん	りんご
ア	2	600680
イ	-	8270
ウ	248	2374
エ	16063	10782

単位はｔ
2020 年『日本国勢図会 2022/23』より作成

問５　次の文Ｉ～Ｍ は、東北地方、中部地方、近畿地方、中国地方、九州地方のそれぞれ最も人口の多い府県のいずれかを説明している。各府県を説明する文の内容が適切でないものを２つ選び、アルファベット順に答えなさい。

I．この府県の東部は山地・丘陵が多く、平野は西部中心に広がっている。府県内では戦国時代にいくつか合戦が行われており、代表的な古戦場には桶狭間や長篠がある。

J．この府県の西部には南北に連なる山脈があり、北東部の海岸線は入り組んでいる。県内には世界遺産にも登録されている中尊寺金色堂や毛越（もうつう）寺が存在する。

K．この府県の北部には過疎の問題を抱えている山地がある。南部の海には多くの島があり、海を挟んだ愛媛県との間の連絡橋は一部これらを経由している。

L．この府県は大陸と近く、北西部にある有明海は古くから大陸の玄関口となった。有明海沿岸には、「漢委奴国王」金印の出土地や大宰府跡などを見ることができる。

M．この府県の山地は周辺の府県境付近に限られ、平地面積の割合は都道府県の中でも高い。西部の臨海部の埋め立て地の一部は、2025年の万国博覧会の会場となる予定である。

問6 日本の自然災害に関して説明した次の文の中で適切なものを1つ選び、記号で答えなさい。

ア．災害が起こった際には、自分自身を守る自助に加えて、同じ地域で暮らす人々が積極的に助け合う公助が重要となる。

イ．四国地方には火山がないため他の地方と比べて地震が少なく、津波のリスクが低いと言われている。

ウ．過去の自然災害の教訓を後世に伝えるための自然災害伝承碑を周知させる目的から国土地理院はその地図記号を制定した。

エ．阪神・淡路大震災は北アメリカプレートの下に太平洋プレートが引きずり込まれたひずみによって発生した海溝型地震の典型であった。

3 次の年表を見て、以下の各問いに答えなさい。

時期	出来事
約1万6000年前ころ	①縄文時代が始まったとされる。
239年	②邪馬台国の女王・卑弥呼が中国に遣いを送った。
593年	聖徳太子が推古天皇の（　③　）となる。
894年	菅原道真が④遣唐使の停止を建議する。
14世紀	⑤ヨーロッパでルネサンスが起こる。
1588年	豊臣秀吉が後陽成⑥天皇を聚楽第（じゅらくだい）に招く。
17世紀	⑦イギリスで2度にわたる革命が起こる。
1787年	⑧徳川家斉（いえなり）が将軍となる。

問1 下線部①に関して

縄文時代に関して説明した次の文中の（　1　）（　2　）に当てはまる語句の組み合わせとして適切なものを、あとのア～エの中から選びなさい。

> 縄文時代の代表的な遺跡である（　1　）遺跡では、縄文人が比較的広範囲にわたって交流を行っていたことを証明する（　2　）が発見されている。

ア．(1)三内丸山　(2)矢が刺さった人骨

イ．(1)三内丸山　(2)黒曜石や翡翠（ひすい）

ウ．(1)吉野ヶ里　(2)矢が刺さった人骨

エ．(1)吉野ヶ里　(2)黒曜石や翡翠（ひすい）

問2 下線部②に関して

邪馬台国の記載がある「魏志」倭人伝の内容を説明した次のⅠ～Ⅲの正誤の組み合わせとして適切なものを、あとのア～クの中から選び、記号で答えなさい。

Ⅰ．帯方郡（中国が朝鮮半島に置いた行政単位）の海の先に倭人がいて30国程と国交があった。

Ⅱ．卑弥呼が中国の皇帝に使いを送った際には、光武帝から倭王の称号と金印と100枚あまりの銅鏡を授かった。

Ⅲ．下戸(げこ)(民衆)が大人(たいじん)(有力者)に道で会うと草むらの中に後ずさりして道を譲った。また、卑弥呼が死んだ際には巨大な塚に100人あまりの奴隷が一緒に埋められた。

	ア	イ	ウ	エ	オ	カ	キ	ク
Ⅰ	正	正	正	正	誤	誤	誤	誤
Ⅱ	正	正	誤	誤	正	正	誤	誤
Ⅲ	正	誤	正	誤	正	誤	正	誤

問3　(　③　)に当てはまる語句を漢字で答えなさい。

問4　下線部④に関して

遣唐使に関して説明した次の文中の(　1　)(　2　)に当てはまる語句の組み合わせとして適切なものを、あとのア～エの中から選びなさい。

> 遣唐使は8世紀頃から(　1　)との関係が悪くなったことなどを背景として(　2　)を航路とするようになった。

ア．(1)高麗　(2)朝鮮半島沿岸を進む北路

イ．(1)高麗　(2)東シナ海を進む南路

ウ．(1)新羅　(2)朝鮮半島沿岸を進む北路

エ．(1)新羅　(2)東シナ海を進む南路

問5　下線部⑤に関して

(1)　ルネサンスに関して説明した次の文中の空欄に当てはまる語句を漢字3字で答えなさい。

> ルネサンスが始まった頃のイタリアは、11世紀末から約200年間に渡って続いた(　　　)遠征の影響で東方貿易が活発となり、経済的にも繁栄していた。

(2)　ヨーロッパの歴史に関して説明した次の文の中で適切でないものを1つ選び、記号で答えなさい。

ア．ビザンツ帝国は15世紀半ばにオスマン帝国を滅ぼし、東ヨーロッパから北アフリカを支配する大国となった。

第4回　社会

イ．スペインはコロンブスやマゼランを支援し、大西洋を西に進む航路を開拓するとともに、中南米に進出してアステカ王国やインカ帝国を滅ぼした。

ウ．ドイツのルターは教会による免罪符の販売などを批判し、聖書に基づいた信仰を説き、聖書の翻訳などを進めた。

エ．プロテスタントによる宗教改革に対抗するため、カトリック修道会のイエズス会に所属する宣教師ザビエルは16世紀に鹿児島に上陸した。

問6　下線部⑥に関して

次の資料はある天皇が行った政治に関して説明したものである。この政治を行った人物として適切なものをあとのア～エの中から１つ選び、記号で答えなさい。

> 保元、平治、治承の内乱以降、武家の支配のもとに政治が勝手に行われてきたが、元弘３年において天下一統の世になったことは目新しいことである。(中略)この人物は「今の先例も昔は新例であった。自分の始める新例は将来の先例となるだろう」と発言し、次々と新しい勅裁（ちょくさい）を出した。

ア．桓武天皇　　イ．白河天皇　　ウ．後鳥羽上皇　　エ．後醍醐天皇

問7　下線部⑦に関して

この革命に際して出されたものとその内容の組み合わせとして適切なものを、あとのア～ケの中から選び、記号で答えなさい。

①　国王の権限によって、議会の同意なく、法を停止できるとする主張は、違法である。

②　すべて主権の根源は、本質的に国民のうちに存する。いかなる団体も、またいかなる個人も、明示的にその根源から発してはいない権限を行使することはできない。

③　我々は次のことが自明の真理であると信ずる。全ての人は平等につくられ、神によって、一定のゆずることのできない権利を与えられていること。その中には、生命、自由、そして幸福の追求が含まれていること。

ア．人権宣言－①　　イ．人権宣言－②　　ウ．人権宣言－③

エ．独立宣言－①　　オ．独立宣言－②　　カ．独立宣言－③

キ．権利章典－①　　ク．権利章典－②　　ケ．権利章典－③

問8　下線部⑧に関して

この絵画はこの人物が将軍だった頃に描かれたものである。これに関するＡとＢの会話について⑴⑵に答えなさい。

Ａ：右の絵は(　ａ　)だね。タイトルに地名が入っているから描かれたおおよその場所も想像できるね。

Ｂ：この地名は(　ｂ　)の宿場の１つだからね。小田原あたりまで進んでいくと中央に描かれた山ももう少し大きく見えるだろうね。

『「国立博物館所蔵品統合検索システム」(https://colbase.nich.go.jp/collection_items/tnm/A-10569-685?locale=ja)を加工して作成』

⑴　(　ａ　)に当てはまる説明として適切なものを次の中から１つ選び、記号で答えなさい。

ア．元禄文化を代表する作品

イ．歌川広重の代表的な作品

ウ．後の西洋画にも影響を与えた作品

エ．大和絵とよばれる多色刷りの版画

⑵　(　ｂ　)が示す街道を下の地図から選び、記号で答えなさい。

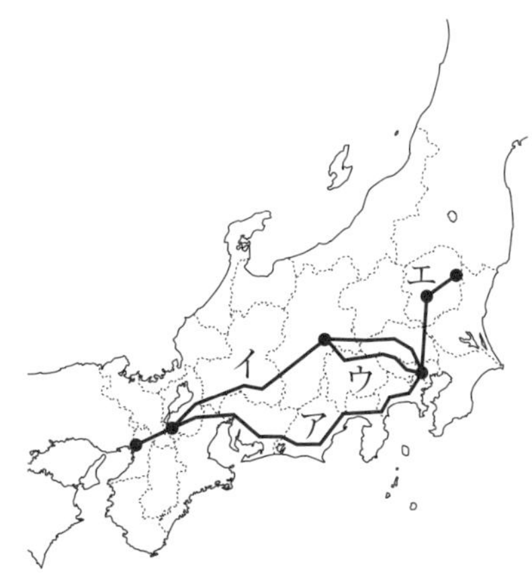

4 次の文を読み、以下の各問いに答えなさい。

日本に初めて鉄道が開通したのは新橋・横浜間で、① 1872年の出来事である。その後、1881年に発足した日本鉄道会社を始め、多くの私設鉄道も建設され、② 1889年には東海道本線も全線開通した。そして、③明治時代後期にあたる日露戦争後の1906年には鉄道国有法によって全国の約9割の鉄道を官設鉄道が占めることになる。

④大正期に入ると第一次世界大戦を契機とする好景気にともない、鉄道事業も急成長を遂げ、鉄道車両の国産化や長大トンネルの建設など鉄道技術も飛躍的に向上した。また、⑤昭和初期には都市部の急激な人口増加の影響もあって、都市内での輸送需要に対応するため1927年に浅草と上野を結ぶ日本最初の地下鉄が開通している。その後、満州事変を契機として鉄道輸送も戦時体制に組み込まれることとなり、戦時における政府の生産力拡充計画にともない輸送力の増強がはかられてゆく。

⑥第二次世界大戦による鉄道施設への被害は甚大であったが、経済復興のためその復旧に全力を傾けた。⑦高度経済成長期に至ると在来線の増強工事に加え、東海道新幹線も建設され、その後、新幹線は各地に延伸することとなった。さらに⑧ 1980年代になると国鉄が分割民営化され、JRが発足することとなる。

現在、鉄道のさらなる利便性の向上のためさまざまな取り組みが行われている。その一つが車体を浮かすことで時速500㎞での走行を可能とする超電導リニアモーターカーであり、現在さまざまな技術評価が実施されている。その一方で、環境やバリアフリーの観点から導入が進む、低床かつ建設コストの安い（　⑨　）のような新しいタイプの路面電車も注目を集めている。

問1　下線部①に関して

この年に起きた出来事に関して説明した次の文の中で適切なものを1つ選び、記号で答えなさい。

ア．地租改正が実施され、地価の3%を土地の所有者が現金で納入することとなった。

イ．日本の軍艦が江華島に侵入し、朝鮮がこれに対して砲撃を行った。

ウ．条約改正の予備交渉や欧米視察を目的とした岩倉遣欧使節団が出発した。

エ．学制が実施され、身分を問わず学校に通うことが目標とされた。

問2　下線部②に関して

次の文は1889年に行われた演説の一部を抜粋したものである。次の文中の空欄に当てはまる語句として適切なものをあとのア～エの中から選び、記号で答えなさい。

> 明治天皇が「外国から軍艦を購入するべき」と仰せられた際に、私は(当時大蔵大臣であった松方正義)は「日本の軍艦はすべて(　　　)で購入するので、(　　　)を多く生産することを計画するべきです」と答えました。

ア．鉄鋼　　イ．綿花　　ウ．生糸　　エ．石炭

問3　下線部③に関して

明治時代後期の出来事に関して説明した次の文の中で適切でないもの を1つ選び、記号で答えなさい。

ア．内村鑑三が天皇の暗殺を計画したとされ、処刑される大逆事件が起こった。

イ．日本を訪問中のロシア皇太子が大津で日本人警察官に切りつけられ負傷した。

ウ．南満州鉄道株式会社が開業し、鉄道警備のため関東軍が設置された。

エ．韓国併合に伴い設置された朝鮮総督府の総督に寺内正毅が任命された。

問4　下線部④に関して

次の文は大正時代に出されたある宣言である。この宣言に関して説明したあとのア～エの文の中から適切なものを1つ選び、記号で答えなさい。

> 元始、女性は実に太陽であった。真正の人であった。今、女性は月である。他によって生き、他の光によって輝く、病人のような蒼白い顔の月である。…私どもは隠されてしまった我が太陽を今や取り戻さなければならない。

ア．全国水平社の宣言であり平塚らいてうが寄稿したものである。

イ．全国水平社の宣言であり樋口一葉が寄稿したものである。

ウ．青鞜社の宣言であり平塚らいてうが寄稿したものである。

エ．青鞜社の宣言であり樋口一葉が寄稿したものである。

問5　下線部⑤に関して

昭和初期の出来事を説明した次のア～エを年代の古い順に並べかえ、記号で答えなさい。

ア．北京郊外で日中両国軍が武力衝突する盧溝橋事件が起こった。

イ．日本軍が満州で軍閥指導者である張作霖を爆殺する事件が起こった。

ウ．日本軍が柳条湖で南満州鉄道を爆破し、これを中国側の仕業とする事件が起こった。

エ．満州国が建国された年、犬養毅首相が青年将校によって暗殺される事件が起こった。

問6　下線部⑥に関して

第二次世界大戦に関して説明した次の文の（　A　）～（　D　）のいずれにも当てはまらない国をあとのア～カの中から２つ選び、記号順に答えなさい。

1938年、ドイツはオーストリアや（　A　）の一部を併合すると、翌年には（　B　）との間に不可侵条約を結び、（　C　）に侵攻し、第二次世界大戦が始まった。1940年に（　D　）が降伏したことで、日本はこの国が支配していたインドシナに侵攻した。

ア．フランス　　イ．ソ連　　ウ．イギリス

エ．チェコスロバキア　　オ．ポーランド　　カ．スペイン

問7　下線部⑦に関して

高度経済成長期の出来事に関して説明した次の文の中で適切でないもの を１つ選び、記号で答えなさい。

ア．当時最大の貿易相手国であったアメリカとの間で、特に自動車・半導体をめぐって貿易摩擦が深刻化した。

イ．公害が社会問題化し、公害対策基本法が制定され、環境庁が発足するなど、政府による公害防止策がとられた。

ウ．国の経済規模を表す指標となる国民総生産が資本主義諸国のなかで西ドイツを抜き、アメリカに次ぐ第２位となった。

エ．高度経済成長期では神武景気、岩戸景気、オリンピック景気、いざなぎ景気の順に４つの好景気が訪れた。

問8　下線部⑧に関して

右のグラフは、1980年以降の国際連合加盟国数の推移を示したものである。次の文は1990年から1995年にかけて、加盟国数が増えた理由を説明したものである。(　1　)(　2　)に当てはまる国名をそれぞれ答えなさい。

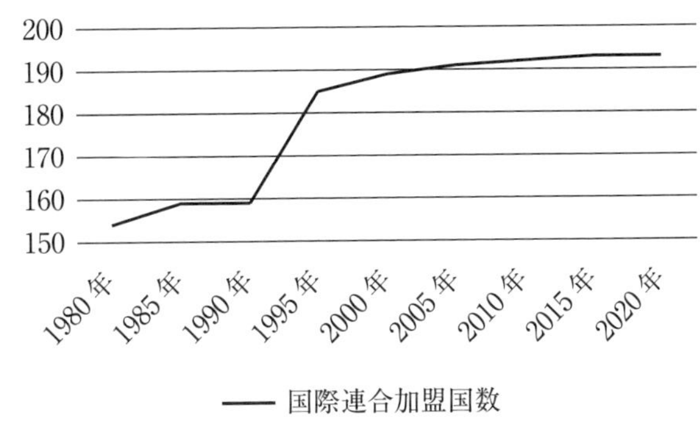

1991年	〈旧(　1　)構成国〉 エストニア・ラトビア・リトアニア
1992年	〈旧(　1　)構成国〉 アルメニア・アゼルバイジャン・ジョージア・タジキスタン トルクメニスタン・カザフスタン・キルギス・モルドバ・ ウズベキスタン 〈旧(　2　)構成国〉 ボスニアヘルツェゴビナ・クロアチア・スロベニア

> 1989年にマルタ会談で冷戦の終結が宣言されて以降、旧社会主義陣営では(　1　)や(　2　)が解体され、分離独立した国が国際連合に加盟するようになった。

問9　(　⑨　)に当てはまる語句をアルファベット3字で答えなさい。

5 次の文を読み、以下の各問いに答えなさい。

2023年は、①広島でG7サミットが開催された。ウクライナをめぐる問題以後、世界の緊張感が高まっている。そのため、「国際平和文化都市」と認定されている広島でG7サミットを行うことにより、広島から国際平和を目指すことの意思表示をし、②核兵器のない平和な世界や③人権確保の実現をさせていこうという動きが感じ取れる。

また、④広島には第二次世界大戦時に被ばくした地が世界遺産に登録されている。世界遺産により歴史が紡いできた文化や暮らしなどを現在の人々にもアピールするチャンスといえる。

近年は、グローバル化が進む中で、⑤世界中で様々な問題がおこるようになり、こうした中には、感染症の拡大、飢餓、人権侵害といった国家が軍事力を強化するだけでは対応できないものも増えている。こうした中で、⑥国家の枠を超えて1人1人の生命や人権を守り平和と安全を実現する考え方や新たな問題に対処するための国際的な⑦ルール作りが求められている。

問1 下線部①に関して

このサミットに参加した国と首脳の組み合わせとして適切でないものを次の中から1つ選び、記号で答えなさい。

ア．アメリカ－バイデン大統領　　イ．フランス－マクロン大統領
ウ．カナダ－トルドー首相　　エ．ドイツ－スナク首相

問2 下線部②に関して

次のア～エの核兵器に関する条約を採択(調印)された順に並べかえ、記号で答えなさい。

ア．包括的核実験禁止条約(CTBT)　　イ．核兵器禁止条約
ウ．核拡散防止条約(NPT)　　エ．部分的核実験禁止条約(PTBT)

問3 下線部③に関して

次のア～エは日本国憲法の条文の一部を抜粋したものである。この中から社会権に分類されるものを1つ選び、記号で答えなさい。

ア．集会、結社及び言論、出版その他一切の表現の自由は、これを保障する。

イ．財産権は、これを侵してはならない。

ウ．すべて国民は、法律の定めるところにより、その能力に応じて、ひとしく教育を受ける権利を有する。

エ．何人も、裁判所において裁判を受ける権利を奪はれない。

問4　下線部④に関して

広島県内にはこれ以外にも世界遺産に登録されているものがある。この名称を漢字4字で答えなさい。

問5　下線部⑤に関して

次のあ・いは、右の地図中A～Dのいずれかで起こった問題を説明したものである。あ・いとA～Dの組み合わせとして適切なものを、あとのア～シの中から選び、記号で答えなさい。

あ．この島の東部はポルトガルの、西部はオランダの植民地であった。島の東部が第二次世界大戦後に島の西部を領有する国に併合された。1999年に独立を問う住民投票の結果、独立が採択され、21世紀で最初の独立国となった。

い．この国では多数派である英語系住民に対し、少数派であるフランス語系住民がある州の自治権を求めて独立するかどうかを問う住民投票を1995年に行ったが、独立は否決された。

ア．あ－A　い－B	イ．あ－A　い－C	ウ．あ－A　い－D
エ．あ－B　い－A	オ．あ－B　い－C	カ．あ－B　い－D
キ．あ－C　い－A	ク．あ－C　い－B	ケ．あ－C　い－D
コ．あ－D　い－A	サ．あ－D　い－B	シ．あ－D　い－C

問6　下線部⑥に関して

この考え方を何というか、解答欄に合わせて漢字で答えなさい。

問7　下線部⑦に関して

ある学年においての運動会の練習の割り当て表を作成した。この表に関して説明したあとの文の(　1　)(　2　)に当てはまる説明をそれぞれ簡潔に答えなさい。

運動会の練習の割り当て表

	月	火	水	木	金	土	日
校庭	A組	C組	E組	F組	D組	B組	運動会
体育館	B組	D組	F組	E組	C組	A組	

> この割り当ては(　1　)使用できているという点において「効率」が重視されている。また、(　2　)使用できているという点に着目すると「公正」においても問題がないことがわかる。

6　次の文を読み、以下の各問いに答えなさい。

2023年10月よりインボイス①制度が導入された。インボイス制度は、インボイス(＝適格請求書)を用いた②税の控除を③企業や個人・事業主が受けるための制度である。インボイス制度が必要となったのは消費税率が複雑になったためである。2019年10月に消費税率が8%から10%に引き上げられたが、外食などを除く食料品や(　④　)などには8%の軽減税率が適用されている。インボイス制度の導入によって、売り手が買い手に⑤商品やサービスに適用される消費税額を明確に算出し、売り手が買い手に適切に伝えることができるようになると期待されている。

問1　下線部①に関して

社会保障の4つの柱に関して説明した次の文中の空欄に当てはまる語句を漢字4字で答えなさい。

> 将来への備えは貯蓄や民間保険会社への加入など、「自助」が基本である。しかし、現役世代の負担が高齢者世代の年金などに充てられる(　　　)は「共助」の、社会的弱者や生活に困窮する人たちを保護・支援する社会福祉や公的扶助は「公助」の性格を持っている。

問2 下線部②に関して

(1) 右の表は、所得税の税率表を示している。課税所得金額が2000万円の時の所得税額を解答欄に合わせて算用数字で答えなさい。

課税される所得金額	税率
195 万円以下の分	5%
195 万円を超え 330 万円以下の分	10%
330 万円を超え 695 万円以下の分	20%
695 万円を超え 900 万円以下の分	23%
900 万円を超え 1800 万円以下の分	33%
1800 万円を超え 4000 万円以下の分	40%
4000 万円を超える分	45%

(2) 次のグラフは、アメリカ、日本、スウェーデン、フランスのいずれかの国民が負担する租税負担率(%)と社会保障負担率(%)を示している。フランスに当てはまるものを1つ選び、記号で答えなさい。

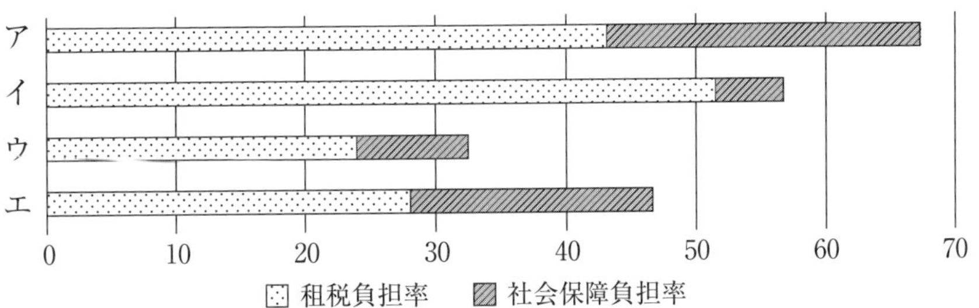

2019年『日本国勢図会 2022/23』より作成

(3) 次の表は、1980 ～ 2022 年における一般会計歳出額、一般会計税収額、建設国債発行高、赤字国債発行高を示している。建設国債発行高に当てはまるものを1つ選び、記号で答えなさい。

年	1980	1985	1990	1995	2000	2005	2010	2015	2020	2022
ア	43.4	53.0	69.3	75.9	89.3	85.5	95.3	98.2	147.6	139.2
イ	26.9	38.2	60.1	51.9	50.7	49.1	41.5	56.3	60.8	68.4
ウ	7.0	6.3	6.3	16.4	11.1	7.8	7.6	6.5	22.6	8.7
エ	7.2	6.0	0	2.0	21.9	23.5	34.7	28.4	86.0	53.8

単位は兆円　財務省ホームページより作成

問3　下線部③に関して

企業に関して説明した次の文の中で適切でないものを１つ選び、記号で答えなさい。

ア．日本銀行は国が資本をすべて出資している公企業に属する。

イ．企業は利潤を追い求めるだけでなく、CSRを果たすべきであると考えられている。

ウ．資本金が１円あれば株式会社を創設することができる。

エ．新しい技術で革新的な事業を展開する中小企業をベンチャー企業とよぶ。

問4　（　④　）に当てはまる語句を次の中から１つ選び、記号で答えなさい。

ア．新聞（定期購読）　　イ．医薬品・洗剤　　ウ．衣類　　エ．学習塾の月謝

問5　下線部⑤に関して

商品契約に関する消費者問題を扱う消費者庁が属する機関を次の中から１つ選び、記号で答えなさい。

ア．内閣府　　イ．経済産業省　　ウ．財務省　　エ．総務省

Memo

(1) この言葉は武士のどんな行為に対して出たものか。本文中から一文で探し、はじめとおわりの三字をそれぞれ抜き出して答えよ。(字数に句読点・記号等を含む。)

(2) ここから読み取れる心情を説明せよ。

問4 本文の内容に合致するものを次の中から一つ選び、記号で答えよ。

ア 武士二人はともに信仰心が厚かったが、貧富の差により供養の仕方には格差が生じていた。

イ 二人の武士のうち一人は、地蔵を美しく飾り立てた見返りとして、裕福な生活を手に入れた。

ウ 裕福な武士の死後、地蔵を譲り受けた貧しい武士は、元々あった古地蔵を捨ててしまった。

エ 古地蔵の和歌を聞いた武士は、地蔵のもたらす利益について、考えを改めるようになった。

オ 貧しい武士は古地蔵のお告げを受けた後で、裕福な武士と同様の供養を行うようになった。

4　次の文章を読んで、後の問いに答えよ。

鎌倉にある武士二人、A知音（ちいん）なりけるが、地蔵を信じて、ともにあがめ供養しけり。一人はB世間貧しかりければ、ふるき地蔵の*1相好（さうがう）も整（ととの）ほらぬを、花香奉りてあがめける。一人は世間ゆたかなりければ、いみじく造立（ざうりふ）して、*2厨子（ずし）なんどを美麗に*3したてて、あがめ供養しけり。この人先立ちて世をはやくしける時、貧しき知音に、地蔵を信ずる人なればとて、本尊をゆづりけり。喜びて今の本尊をあがめ供養して、年ごろのふる地蔵をば、かたはらにうち置きて供養もせざりけり。ある時、夢にこの地蔵、もの恨みたる気色にて、

世をすくふ心は我もあるものを仮の姿はさもあらばあれ*4

aかくうちながめ給ふと見て、おどろきさはぎて一つの厨子に安置して、b同じく供養をのべけるとぞ。

（『沙石集』）

（注）＊1　相好……顔つき。表情。
＊2　厨子……仏像などを安置する、両開きの扉（とびら）のある箱。
＊3　したてて……飾り立てて。
＊4　さもあらばあれ……たとえどんなふうであったとしても。

問1　二重傍線部A・Bの意味として最も適切なものを次の中からそれぞれ選び、記号で答えよ。

A「知音」
ア　兄弟　　イ　親子　　ウ　師弟
エ　親友　　オ　幼なじみ

B「世間」
ア　地位　　イ　暮らし向き　　ウ　周囲の人
エ　信仰心　　オ　人間関係

問2　波線部a「かくうちながめ給ふ」・b「同じく供養をのべける」の主語の組み合わせとして最も適切なものを次の中から選び、記号で答えよ。

ア　a　この人　　b　貧しき知音
イ　a　ふるき地蔵　　b　貧しき知音
ウ　a　ふるき地蔵　　b　作者
エ　a　今の本尊　　b　作者
オ　a　今の本尊　　b　この人

問3　傍線部「仮の姿はさもあらばあれ」について、次の各問いにそれぞれ答えよ。

問6　傍線部③「僕は腑に落ちなかった」とあるが、なぜか。理由として最も適切なものを次の中から選び、記号で答えよ。

ア　自分で論文を書くようになって初めて、小学校時代に行っていた「研究」が真の意味での研究とは異なるものであったことを理解したから。

イ　小学校時代に「研究」と称して行っていた調べものは、全て大人から与えられた知識の引き写しに過ぎず、自分で考えたものではないから。

ウ　子供時代の「僕」は今とは異なり、図鑑や百科事典から関連する内容を探し、レポートにまとめることが「研究」であると考えていたから。

エ　図書館にある本や関連する情報を全て調べても、自分の知りたいことを完全に把握できるわけではないということを、既に知っていたから。

オ　授業で習ったことも自分で調べたものも、全て大人からの受け売りであるのに、「自由研究」では自分で結論を導くことが求められたから。

問7　傍線部④「大学院を受験しておいて良かった」とあるが、「僕」がこのように考えるのはなぜか。理由として最も適切なものを次の中から選び、記号で答えよ。

ア　卒論発表会を無難に終え満足していた「僕」は、喜嶋先生の言葉を聞き、まだ解決しなければならない課題が残されていることに気づいたから。

イ　喜嶋先生の教えを受けて「研究」の意義を再確認していた「僕」は、大学院ならば自分の理想とする研究を行うことができると考えていたから。

ウ　卒業研究を通して継続して取り組むべきテーマに出会った「僕」は、大学院で研究を続けることができるという事実に、喜びを感じていたから。

エ　卒論の執筆を通して研究の意義を知った「僕」は、現在よりもさらに高度な問題に取り組むことのできる大学院に対して期待を抱いていたから。

オ　自分で書いた卒論の結論に満足のいかなかった「僕」は、大学院ではより多くの人の役に立つ研究に力を注ぎたいと決意を新たにしていたから。

問8　本文中からは次の文が抜けている。戻すべき箇所の直前の七字を抜き出して答えよ。(字数に句読点・記号等を含む。)

だから、卒論という言葉を聞いても、きっとレポートと同じもの、少しだけ本格的なもの、くらいに考えていた。

だ登ることができるのだ。

（森博嗣『喜嶋先生の静かな世界
──The Silent World of Dr. Kishima──』講談社）

（注）＊1　喜嶋先生……「僕」の指導教官。
＊2　中村さん……「僕」が所属する研究室の先輩。

問1　空欄部A〜Dに入る最も適切な語を次の中からそれぞれ選び、記号で答えよ。ただし、同じ記号は一度しか使えない。

ア　もちろん　イ　いかにも　ウ　たいした
エ　たとえ　オ　とうてい　カ　いかなる
キ　はたして　ク　まして

問2　空欄部X・Yに最もよく当てはまる一字を、それぞれ漢字で答えよ。

問3　二重傍線部a〜e「一般」について、性質が他と異なるものを一つ選び、記号で答えよ。

問4　傍線部①「固有名詞の数が増えるほど、論文は下品になる」とあるが、ここで「喜嶋先生」はどういうことを言いたいのか。説明として最も適切なものを次の中から選び、記号で答えよ。

ア　論文では、研究で得られたデータや具体的な事例と、そこから導かれた一般的な法則の両者を、バランスよくまとめることが重要であるということ。
イ　固有名詞は、先人の論文や研究結果をきちんと調べていることを示すものであり、自分の研究内容と直接的に関わりのあるものではないということ。
ウ　固有名詞を多く含む論文は、書かれている内容以上に意味を問われることがないため、人々から簡単に忘れ去られてしまう可能性があるということ。
エ　数学や物理の世界では、万人に理解されなくとも抽象的な内容を多く含む論文が好まれるため、固有名詞の使用は極力控えるべきであるということ。
オ　研究とは、具体的な事例から普遍的な法則や概念をひき出すことであり、詳細な知識をそのまま提示した文章は、論文としての質に劣るということ。

問5　傍線部②「喜嶋先生は、道ではなく目的地を最初に語られた」とあるが、なぜか。理由を説明せよ。

喜嶋先生はこう言われた。

「そうやって調べることで、何を研究すれば良いのか、ということがわかるわけだ。本や資料に書かれていることは、誰かが考えたことで、それを知ることで、人間の知恵が及んだ限界点が見える。そこが、つまり研究のスタートラインだ。文献を調べ尽くすことで、やっとスタートラインに立てる。問題は、そこから自分の力で、どこへ進むのかだ」

つまり、「研究」というのは、まだ世界で誰もやっていないことを考えて、世界初の結果を導く行為……、喜嶋先生のようにもっと劇的な表現をすれば、人間の知恵の領域を広げる行為なのだ。先生はこうもおっしゃった。

「既にあるものを知ることも、理解することも、研究ではない。研究とは、今はないものを知ること、理解することだ。それを実現するための手がかりは、自分の発想しかない」

「論文」には、世界初の知見が記されていなければならない。それがない場合には、それは論文ではないし、研究は失敗したことになる。もちろん、世界初の知見であっても、ピンからキリまである。それを評価するには、実はその発見があった時点では無理かもしれない。初めてのことの価値は、基準がないからわからない場合が多いのだ。特に、それが新しい領域における最初の一歩の場合にはそうなる可能性が高い。それでも、もちろん手応(てごた)えというものがある。これは凄(すご)い発見なのか、それとも些細(ささい)な確認に過ぎないのか、ということはだいたいわかるだろう。それを研究した本人だったらなおさらである。

僕は、卒論の結論に全く満足できなかった。本当に枝 X 末 Y の特殊な解が確認されただけだったからだ。こんな細かいことは、誰もわざわざ調べないだろう。調べたところで、それが役に立つようなケースが非常に限られていることがわかっているからだ。

やっている最中には、そんなことはどうでも良くて、ただ目の前にある壁を登りたい、という気持ちしかない。登り切ったところに何があるのか、その壁がどれほど高いのか、などといったことは登っているときには見えにくい。登る行為、登る楽しさとは無関係なのだ。これは明らかに、研究における「陶酔(とうすい)」というものだろう。

喜嶋先生によれば、壁を登り切ったところにあるものは、やはり壁だという。こんな会話をした覚えがある。

「この問題が解決したら、どうなるんですか？」

「もう少し難しい問題が把握できる」

僕もそれは想像できた。それはどんな問題でも、きっと同じだろう。ゴールがあって、そこに楽園が待っているわけではない。

僕にとっては、卒論で得られたささやかな発見よりも、次に見えてきた壁の方がずっと魅力のあるものだった。④大学院を受験しておいて良かったと心から思った。また登ることができる。ま

化」しているような印象を与えるためではないか。逆に、固有名詞がない文章は、抽象的な印象を持たれ、ぼんやりとしたものだと認識されるか、それとも、これがいったい何の役に立つのか、実際問題として、ここで導かれた結論はどこで起こるどんな事象を取り扱おうとしているのか、そんな条件が現実に実在するのか、といった漠然とした疑問しかもたらさない。この場合、質問がとてもしにくくなるだろう。

「いったい何の役に立つのですか?」という問いは、「何の研究をしているのですか?」と同義であり、すなわち「研究の目的」に行き着いてしまう。それは［ B ］研究論文にも最初に明記されていることだ。そこに書かれていることがわからないから質問をしているのだが、実際には、質問をすると、書かれていることをそのまま読まれてお終(しま)いになる。

（中　略）

ところで、そもそもこの「論文」というものを、僕は卒業研究で初めて書いた。卒論とは、卒業研究の論文のことだ。論文という言葉は、［ C ］以前から知っていたわけだけれど、いったい論文とは何なのか、ということは実はよくわかっていなかったのだ。

これは、喜嶋先生が最初に僕たちに説明をされたことだった。中村さんは、こんな話をせず、ただ親切にやり方を教えてくれた。道を示して、ここを歩きなさい、と僕を導いてくれた。これに対して、②喜嶋先生は、道ではなく目的地を最初に語られた。卒論レベルでは道は示せるけれど、いずれ道はなくなる。道は自分で見つけ、自分で作らなければならないからだ。

たとえば、これこれについて調べなさい、という宿題が課され、図書館へ行って関連の図書を探し、該当していそうな部分をピックアップして書き写す。これをまとめてレポートにする。こうして出来上がった文章は、論文だろうか? そして、そのときに行った作業は、［ D ］研究だろうか?

子供のときには、それは研究だと思っていた。「夏休みの自由研究」といった言葉もあった。図鑑や百科事典をちょっと調べれば良かった。これをみんなに報告して、「研究発表会」と称していたではないか。あのときから、③僕は腑(ふ)に落ちなかったのだ。何故(なぜ)って、全部単なる受け売りに過ぎないからだ。しかし、そんなことをいったら、授業で習ったことも全部受け売りである。いずれにしても、小学生にとっては、「調べる」とは、つまり大人にきく、大人が書いたものを読む、というくらいの意味しかなかった。

でも、それは違う、と喜嶋先生はおっしゃった。僕も、卒論を書いたあとだったから、それがよく理解できた。

図書館にある本を調べ、世界中に存在する文献を検索して、関連する情報をすべて得ても、また、それを把握し、整理しても、それは研究ではない。

3 次の文章を読んで、後の問いに答えよ。

卒論発表会で僕は、特別に難しい質問を受けることもなく、無難に終わった方だった。これはほかのみんなと比べて、僕のテーマが[a]一般的ではなく、他分野の先生たちには突っ込みにくかったためだと思われる。聴いている学生たちも、いったい何を研究しているのかわからない、という人が多かったのではないか。

これに関連したことで、＊1喜嶋先生はこう言われた。

「だいたい、①固有名詞の数が増えるほど、論文は下品になる」

どうも、喜嶋先生は「下品」なことが嫌いみたいだった。＊2中村さんのことを思い出すように、「あいつは、ちょっと下品だからな」とも言われた。どんな点が下品なのか僕にはわからない。中村さんが半ズボンを穿いているからだろうか。それは、喜嶋先生のサンダルと五十歩百歩ではないだろうか。

プログラミングのときにも、喜嶋先生はよく「下品なコードだなぁ」と眉を顰められる。ようするに、機能はするけれどスタイルがエレガントではない、というような意味らしい。僕はプログラミングでなら、なんとかその下品さがわかる。でも、それ以外の、たとえば数式展開なんかでは、まだまだ下品なのかどうか、しっかりとはわからない。論文を書くときにも、参考文献のリストの数をもっと減らすように、と先生から指摘されたことがある。「人の論文を引用しなければならないようでは品がない」と言われるのだ。「読んでますよ、ということを示すために引用文献があるのではない。本当にその理論に立脚したとき、その理論がなければ議論にならないときだけ、しかたなく引用する。可能なかぎり少ない方が良い。引用がゼロの論文が理想だ」

たしかに、引用文献のリストには、必ず固有名詞が含まれるわけだから、同じ理由の下品さだろうか。

[b]一般的には、固有名詞が多いほど、普通の人は安心する傾向にあるみたいだ。固有名詞は、それ以上意味がないものであり、そのまま鵜呑みにすれば良い言葉だ。社会科の教科書を開けば、それがわかる。試験で問われるのも、大部分は固有名詞だ。一方で、数学や物理の教科書には、滅多に固有名詞が登場しない。誰がどこでしたことなのか、という具体的な事例は問題ではない。それが「[c]一般」という意味だからだ。しかし、普通の世間における「[d]一般」は、もっと具体的な知識、すなわち固有名詞のデータで構築されている。固有名詞が多く登場する文章が、データ量が多く有益なものだと認識されやすい。論文だってそうだ。固有名詞が出てこないと、［　A　］胡散臭い感じにとられてしまう。それが[e]一般的な感覚だろう。

発表会でも、固有名詞が出てくれば質問がしやすい。その固有名詞について、少し詳しく説明してほしい、という問いがなされる。この固有名詞は、あの固有名詞とどう違うのか、という質問が簡単に成立する。きっとこれは、固有名詞がものごとを「具体

問5 傍線部④「机上の教科」の「机上」の意味に最も近いことわざを次の中から選び、記号で答えよ。

ア 砂上の楼閣（ろうかく）　イ 畳の上の水練（すいれん）

ウ 虎の威を借る狐　エ 取らぬ狸の皮算用

オ 案ずるより産むが易し

問6 傍線部⑤「肝を冷やした」の意味に最も近い熟語を次の中から選び、記号で答えよ。

ア 憤然　イ 愕然（がくぜん）　ウ 泰然　エ 慄然（りつぜん）

オ 騒然

問7 傍線部⑥「英語や日本語には簡単に翻訳できない」とあるが、それはなぜか。理由として最も適切なものを次の中から選び、記号で答えよ。

ア 「オボソン」とはフィールドで体験しないと理解できないものだから。

イ 「オボソン」のような目に見えないものを信じる文化を持たないから。

ウ 「オボソン」という内面世界のイメージは現地語でないと表せないから。

エ 「オボソン」という概念が自文化の概念からかけ離れたものであるから。

オ 「オボソン」という人間以外の存在がわかる身体感覚を備えていないから。

問8 空欄部Bに入る語として最も適切なものを次の中から選び、記号で答えよ。

ア 普遍的　イ 能動的　ウ 機械的

エ 感覚的　オ 決定的

問9 傍線部⑦「新たな可能性が立ち現れてくる」とあるが、どういうことか。七十字以内で説明せよ。

のっとられていくような経験でもあるのだろう。

（石井美保「あいづちと変身」・『わたしの外国語漂流記——未知なる言葉と格闘した25人の物語——』所収・河出書房新社）

（注）＊1　口蓋……口の中の上あごの部分。
＊2　間投詞……感動や応答、呼びかけなどを表す語。
＊3　フィールドワーク……野外での学問的な実地調査。
＊4　フィールドノート……実地記録。

問1　傍線部①「フィールド」で学んだことを自分のものにするために、人類学者はどのようなやり方をしているか。その内容を説明した次の文の空欄部に当てはまる言葉を、本文中から十字で抜き出して答えよ。（字数に句読点・記号等を含む。以下同様。）

現地の人びとと［　　　　　　　　］というやり方。

問2　傍線部②「ながら」と同じ意味・用法のものを次の中から一つ選び、記号で答えよ。

ア　兄弟三人ながら高名な学者になった。
イ　今日の料理は我ながらうまく作れた。
ウ　喫茶店のナポリタンは昔ながらの味だ。
エ　悪いことだと知りながらつい嘘（うそ）をつく。
オ　台風は進路を変えながら被害を与えた。

問3　空欄部Aに入る最も適切な語を次の中から選び、記号で答えよ。

ア　感覚　　イ　才覚　　ウ　錯覚　　エ　自覚
オ　幻覚

問4　傍線部③「英文和訳し、和文英訳し」とあるが、これを筆者はどのようにとらえているか。説明として最も適切なものを次の中から選び、記号で答えよ。

ア　異文化理解を軽視したままの受験英語は時代遅れの学習である。
イ　フィールドでの経験は伴っていないが、現地で十分に役に立つ。
ウ　自文化の枠組みや規範で異文化の言語を理解しようとしている。
エ　コミュニケーション能力の向上について全く配慮されていない。
オ　理論を知るだけで異文化を自文化と比較する視点に欠けている。

話だけれど、私はガーナで暮らすうちに、さまざまな儀礼や霊的(れいてき)存在に関する語彙の豊かさを知ることになった。私自身の研究テーマがそうした土着の宗教実践(じっせん)だということにもよるが、⑥英語や日本語には簡単に翻訳できない、豊かで多義的な語彙を学び、同時に儀礼や呪術(じゅじゅつ)の実践にふれるうちに、私はいつのまにか呪術師や精霊(せいれい)たちの住む世界を、現実そのものとして受けとめている自分に気づいた。ガーナの村で、「オボソン」と呼ばれる精霊について語りあうことは、外側からそうした「お話」の世界を観察することではなくて、精霊や呪術師が躍動している現実世界に全身で参入し、その世界を生きることでもある。それは、英文和訳のように、異文化の言葉や概念が自文化の言葉や概念にスムーズに置き換えられることを前提とした言語の学習とは異なり、自分の身体感覚や世界認識そのものが揺らぎ、不安定化していくような経験だ。だから、人類学のフィールドワーク*3は楽しくもあり、ときに非常に疲れる体験でもある。

人類学者のタラル・アサドは、「文化の翻訳」をテーマとした論文の中で次のように書いている。人類学者が調査地の言語を母国語に翻訳しようとするとき、彼/彼女は一組の文と文を対応させるような[B]な翻訳を行うのではない。あるいはまた、現地の人たちの語りが常に論理的にみえるように、都合のよい解釈を施しているのでもない。むしろそれは、フィールドでの生活を通して異なる言語や思考のあり方を学び、それを自国の人びとに伝えようと試みる中で、人類学者自身の言語の⑦新たな可能性が立ち現れてくるような翻訳なのである、と。

言葉は何よりもまず声であり、リズムであり、やりとりであるのだから、それを学ぶには全身で他者や世界と関わり、とっくみあわなくてはならない。その過程で、私は言語を自分のものにしていくと同時に、その語彙や身ぶり、リズムが織りなす世界に取りこまれていく。私の身体はそのとき、母国語と現地語を媒介するものになる。現地語の世界に没入し、そこに生きる「私」に変身しながら、母国語でフィールドノート*4をつけるとき、そこには常に「没入(変身すること)」と「再帰(我に帰ること)」の往復運動がある。そんな風に没入と再帰をくりかえしていくうちに、自分自身がしだいに根底から変容してゆき、ついにはどちらが「我」で、どちらが「変身」なのかもわからなくなってくる。日本に戻って、日本人の学生としてふるまっているつもりでも、思わず口から飛びだす「ハッ」というあいづちとともに、長く暮らしたフィールドでの「私」がふいに蘇(よみがえ)ってくることがあるのだ。からだ全体を使って、身ぶりやリズム、やりとりとしての言葉を身につけることはだから、常に変わらない「この私」が異文化の言語を知り、理解し、習得する、といった一方的なプロセスではない。そうではなくて、それは変身の経験、別な世界に生きる「私」の生成であると同時に、その世界によって「私」が少しずつ知られ、

ルドに滞在しているうちに、人類学者の身体に深く染みこんで離れないものになるからではないだろうか。ある土地に暮らしながら言葉を学んでいくとき、言葉は常に声であり、身ぶりであり、やりとりの中にある。それをまるごと学んでいくことは、人びとの声音や身ぶり、やりとりの作法を学ぶことだ。そのとき、「学ぶ」ことはまさに「まねる」ことであり、身体的な行為にほかならない。だから長期の調査から戻って間もなく、頭では日本にいるとわかっていても、身体はまだフィールドの［　A　］のままであるとき、とっさに出てくる間投詞が現地語になってしまうのだろう。

ところで、現在中学三年生の長女は目下、受験英語と格闘中である。文法を覚え、単語を覚え、③英文和訳し、和文英訳し……と奮闘している娘をみていると、「ああ、こういうの私もやったな」と懐かしく思う一方で、自分が中学生だった頃と学習方法がほとんど変わっていないことに驚きもする。最近でこそ、読み書きだけではなく「聴く・話す」能力も重要云々といわれているが、それでも中学校で学ぶ英語は基本的に、頭で覚えて問題を解くという④机上の教科であることには変わりがないらしい。それはさっき書いたような、ある言語を話している人たちと暮らし、必死にやりとりしながら、からだ全体を使ってその言葉を「まねる・学ぶ」方法とは対照的であるようにみえる。とにかくやりとりする、という無謀で野蛮な後者の方法では、「私が理解すること」よりも「お互いが了解すること」、「頭でわかること」よりも「腑に落ちること」の方が重要になる。そんなやりとりには、その場の状況、相手との関係性、言葉のリズムや話しだすタイミングなどのすべてが関わっている。それは言語の「学習」というよりも、相手との間に身体的・感覚的な関わりをつくりだすことだ。

ガーナの村に住んでいた頃、よく耳にするにもかかわらず、意味のわからない単語があった。ある日、近所の子どもと一緒に幹線道路の端を歩いていたら、ミニバスが私たちの横スレスレを猛スピードで追い抜かしていき、⑤肝を冷やしたことがあった。そのとき、その子がすかさずバスに向かって拳を振り上げ「クワッシア！」と叫んだのをみて、私は悟った。クワッシア＝「バカ」だったのか。

そんな風に、ある状況の中で発せられる言葉を、声音や身ぶりや表情と一緒に全身でまねて／学んでいるうちに、だんだんと自分の思考や独り言や夢の一部が現地語のそれになってくる。それは、単に語彙が増えた、文法がわかってきた、という以上に、自分の身体感覚、ひいては身のまわりの世界や他者との関わり方が少しずつ変化していることを感じる段階だ。ある言語が「自分のものになっていく」という感覚をもつとき、同時に私はその言語の語彙や、リズムや、やりとりが生みだしつづける独特な世界の網の目の中に少しずつ取りこまれている。

雪の多い土地で、雪を表現する語彙が豊富だというのは有名な

1

次の傍線部のカタカナを漢字に、漢字をひらがなに直して答えよ。ただし、楷書(かいしょ)で丁寧に書くこと。

① 反対派の動きをオサえる。

② 表現の自由をオカしてはならない。

③ 速やかにゼンゴ策を講ずる。

④ 料金がイチリツに値上げされる。

⑤ 彼の短所はユウジュウフダンなところだ。

⑥ 悪寒がするので熱を測った。

⑦ 国語辞典の凡例を読む。

⑧ 腹話術のコツを会得する。

⑨ 鬼のような形相でわめき散らす。

⑩ 選挙のため地方に遊説に出る。

2

次の文章を読んで、後の問いに答えよ。

私がなりわいとしている文化人類学は、「①フィールド」と呼ばれる調査地に出かけてゆき、そこに長期間住みこんで、人びとの暮らしについて調査をするという学問だ。人びとの暮らしや考えていることを理解するためには、その土地の言葉ができなくてはならない。少なからぬ人類学者は、日本であらかじめ調査地の言語を勉強してから調査に出かけるのではなく、とりあえずフィールドに入り、そこで暮らし②ながら少しずつ言葉を学んでいく。私自身もそんな風にして、これまでタンザニアやガーナ、南インドで調査を行ってきた。

大学院の修士課程に在籍していた頃、同じく人類学者の卵としてモンゴル研究をしていた友人と、「日本で思わず現地語が出てきちゃうケース」について語りあったことがあった。モンゴル語では、「ハッ」と息を吸いこむあいづちがあるらしく、彼女は日本語で会話をしている最中にも、「思わず『ハッ』ってやっちゃうことがある」という。私も同じく、舌で*1口蓋(こうがい)を「タッ」と軽く打つあいづちがひょっこり出てしまうことがあった。驚いたときの「エイ！」といった*2間投詞(かんとうし)も、現地語が「思わず出ちゃう」ケースに含まれる。日本語で話しているにもかかわらず、なぜそんな表現が飛びだしてしまうのか。それは、それらが言語というよりも声、もっといえば身ぶりに近い表現であって、だからこそフィー

2023 第4回
サピックスオープン

中学３年

2023年11月３日実施

【受験上の注意事項】

1. 試験時間は、50 分です。
2. 答えは全て解答用紙の定められた解答欄の中に書きなさい。
   小さすぎる文字・薄すぎる文字は採点できません。
3. 解答用紙には、生徒 ID・氏名を必ず書きなさい。
4. 問題用紙の白いところは、メモなどに使いなさい。
5. 質問がある時や気分が悪くなった時は、黙って手をあげなさい。
6. 終わったら解答用紙だけを提出しなさい。

Memo

Memo

Memo

< DTP >アールジービー株式会社
<表紙デザイン>中村　ひろし

2025年度用　高校入試公開模試問題集
サピックスオープン

2024年4月1日　初版発行
編　　者　SAPIX中学部
発 行 者　髙宮英郎
発 行 所　株式会社日本入試センター　代々木ライブラリー
　　　　　〒151-0053　東京都渋谷区代々木1-38-9-3階
印刷製本　三松堂印刷株式会社

●落丁・乱丁本については送料小社負担にてお取り替えいたします。
☎03-3370-7409（代々木ライブラリー営業部）

　ISBN978-4-86346-522-0　Printed in Japan

2025年度用

高校入試公開模試問題集

サピックスオープン

解答・解説・成績データ編

目　次

〈第１回〉

〈第２回〉

〈第３回〉

〈第４回〉

SAPIX中学部

英語　第1回 解答

1

No.1	エ	No.2	イ	No.3	イ	No.4	エ	No.5	エ

各2点×5

2

(1)	covered	with	(2)	stranger	driving
(3)	Will [Can/Would/Could]	show	(4)	has	gone
(5)	used	worker	(6)	impolite	made

各1点×12

3

(1)	ア	(2)	ア	(3)	ウ	(4)	エ	(5)	エ	(6)	イ

各2点×6

4

(1)	(A)	キ	(B)	エ	不要語	ク
(2)	(A)	ケ	(B)	ア	不要語	ウ
(3)	(A)	イ	(B)	ケ	不要語	キ
(4)	(A)	ケ	(B)	イ	不要語	ア

(A)(B)：各2点×4(完答)、不要語：各1点×4

5

問1	(A)	called	(B)	increased	(C)	made
	(D)	sounds	(E)	connected		

問2　国際化の時代では、人だけでなく動物も架け橋として重要な役割を担っている。

問3										
①	(1)	first	(4)	number						
②	(2)	オ	(3)	ウ	(5)	ア	(7)	エ	(8)	イ
③	(6)	nineteen ninety-six								

問2：3点
問3②：各1点×5、その他：各2点×8

6

問1	ア					
問2	(い)	in	(く)	from		
問3	ウ					
問4	イ					
問5	3番目	ク	6番目	カ	9番目	ウ
問6	go to the lowest point on the ground(.)					

問7	ア	×	イ	○	ウ	×	エ	○	オ	○

問1～5：各2点×6(問5完答)、問6・7：各3点×6

解説

1 リスニング

読まれた英文と解説は、以下の通り。

No. 1

Son : Hey, mom, where is my smartphone ?

Mom : I don't know. Where did you put it ?

Son : I think I put it on the table in the living room.

Mon : Jake was there until a few minutes ago. He might have it.

息子 : ねぇ、お母さん、僕のスマートフォンどこにあるの。

母親 : 知らないわ。どこに置いたの。

息子 : リビングのテーブルの上だったと思うんだけど。

母親 : さっきまでそこにジェイクがいたわね。彼が持ってるかも。

What will the son do after the talk ?「会話の後、息子は何をするでしょうか」

ア He will put his smartphone on the table.「テーブルの上にスマートフォンを置く」

イ He will look for his smartphone in his room.
「自分の部屋でスマートフォンを探す」

ウ He will say to his mother, "Where is my smartphone ?"
「母親に『僕のスマートフォンはどこにあるの』と聞く」

エ He will look for Jake.「ジェイクを探す」

▶母親の最後のセリフから、ジェイクがスマートフォンを持っている可能性があり、そのためジェイクを探しに行くと考えることができる。

No. 2

Woman : How many classes do you have today ?

Man : I have four today.

Woman : Fewer classes than I thought. You have about twenty classes a week in total, don't you ?

Man : No way. Basically, I have six classes from Monday to Friday, and no classes on Saturday and Sunday. But I sometimes have four classes on weekdays.

Woman ： Really ? You sometimes don't have thirty classes in a week, do you ?

Man ： You got it.

女性 ： 今日は何時間授業があるの。

男性 ： 今日は4時間だよ。

女性 ： 思ったより少ないのね。1週間で合計20時間くらいってことかしら。

男性 ： まさか。基本的には月曜から金曜まで毎日6時間あって、土日は授業がないよ。でも平日は4時間授業のこともあるんだ。

女性 ： そうなの。1週間の授業時間が30時間以内のこともあるのね。

男性 ： その通り。

Which of the following sentences is true ?「以下の記述のうち正しいのはどれか」

ア The boy usually has twenty classes in a week.
「その男の子はたいてい1週間に20時間授業がある」

イ The boy sometimes has less than thirty classes in a week.
「その男の子は授業数が1週間に30時間以下のことがある」

ウ The boy always has four classes once a week.
「その男の子は週に一度は1日4時間授業がある」

エ The boy sometimes has four classes on weekends.
「その男の子は時々、週末に4時間授業がある」

▶男性の2回目のセリフと女性の3回目のセリフより、授業時間数が30時間以下の週もあるということがわかる。

No. 3

Woman ： Hey, look at this picture. I went to climb a mountain the other day.

Man ： Wow. It's a very beautiful view. The weather was also fine, wasn't it ?

Woman ： Yes, it was fine at the time. Later that day, it got cloudy and very cold.

Man ： In this picture, I can see many people. They are in front of a building.

Woman ： Yeah, it's the popular restaurant at the top of the mountain.

女性 ： ねぇ、この写真見てよ。このあいだ山登りに行ったの。

男性 ： おぉ、とてもきれいな景色だね。天気も良かったんだね。

女性 ： うん、その時は晴れてたね。その後曇ってとても寒くなったわ。

男性 ： この写真には人がたくさん写ってるね。みんな建物の前にいるね。

女性 ： そうね、そこは山頂の人気のあるレストランだわ。

Which is not true about the mountain ?「山について正しくないのはどれか」

ア It was a beautiful view.「きれいな景色だった」

イ The weather was good all day long.「天気は１日中良かった」

ウ Lots of people visited the popular restaurant.
「たくさんの人が人気のレストランを訪れていた」

エ There were many people at the top of the mountain.
「山の頂上にたくさんの人がいた」

▶対話で述べられたものを順に消していけばよい。天気については男性の１回目のセリフとそれに対する女性の返答からわかる。

No. 4

Mom ： I've got two tickets for the Central Museum. Why don't you go with your wife ?

Son ： Thanks, mom. Can I go anytime ?

Mom ： You can use these tickets only this Saturday.

Son ： Ah, both of us will work on that day.

Mom ： That's a pity. Well, I will give them to someone else.

母親 ： セントラル博物館のチケットを２枚もらったのよ。奥さんと行ってきたらどう。

息子 ： ありがとう、お母さん。いつでもいけるのかな。

母親 ： このチケットは今週の土曜日にしか使えないわ。

息子 ： あぁ、２人ともその日は仕事なんだ。

母親 ： それは残念。それなら他の人にあげることにするわ。

What will happen after the talk ?「会話のあと、何が起こるでしょうか」

ア The man will go to the museum with his wife soon.
「男性はすぐに奥さんと博物館へ行く」

イ The man will decide to go to the museum with his mother.
「男性は母親と博物館へ行くことに決める」

ウ The woman will go to the museum by herself.「女性は一人で博物館へ行く」

エ **The woman will look for someone to give the tickets to.**

「女性はそのチケットをあげる相手を探す」

▶母親の最後のセリフより、チケットをあげる別の相手を探すと考えられる。

No. 5

Clerk : May I help you ?

Customer : I'd like two sandwiches and one large French fries.

Clerk : The sandwich is five dollars, and the French fries are three dollars. The total is thirteen dollars.

Customer : Ah, I'd like to have a drink.

Clerk : You can drink as much as you like for two dollars.

Customer : Thanks. My daughter will be glad. She is waiting over there.

Clerk : You need to order one for each person.

Customer : OK.

店員 : いらっしゃいませ。

客 : サンドウィッチを2つとLサイズのフライドポテトを1つください。

店員 : サンドウィッチは5ドル、フライドポテトは3ドルです。合計で13ドルです。

客 : あぁ、飲み物もいただきたいのですが。

店員 : 2ドルで飲み放題がございます。

客 : ありがとう。娘も喜ぶよ。向こうで待っているんだ。

店員 : お一人様一つの注文をお願いします。

客 : わかったよ。

How much will the customer pay ?「客はいくら払うか」

ア 10 dollars.「10ドル」　　イ 13 dollars.「13ドル」

ウ 15 dollars.「15ドル」　　**エ 17 dollars.**「17ドル」

▶食べ物の代金が13ドルで飲み物が2ドルであることはわかりやすいが、飲み物については「一人一つずつ」頼む必要があり、それに対して客も了承している。自分と娘の分、計4ドルを加えた17ドルが支払う額となる。

2 同意文完成

(1) I can't see the ground because of snow.「雪のせいで地面が見えない」

The ground is (**covered**) (**with**) snow.「地面が雪で覆われている」

▶上記の通り、日本語訳を言いかえて考える。「～で覆われている」は〈 be covered with ～ 〉で表す。

(2) I saw a man when I was going to the hospital in my village by car, but I didn't know him.

「車で村の病院へ向かっているときにある男性を見かけたが、私は彼を知らなかった」

I saw a (**stranger**) when I was (**driving**) to the hospital in my village.

「車で村の病院へ向かっているときに、見知らぬ人を見かけた」

▶「見知らぬ人」は stranger という。〈 go to ～ by car 〉「車で～へ行く」は〈 drive to ～ 〉で書きかえることができる。

(3) May I see your broken watch ?「君の壊れた時計を見てもいいかい」

(**Will** [**Can/Would/Could**]) you (**show**) me your broken watch ?

「君の壊れた時計を見せてもらえるかい」

▶〈 Will [Would] you ～ ? 〉は相手に何かを頼むときに用いる表現。2つ目の空所の後ろには目的語が2つ(me と your broken watch)あるため第4文型をとる動詞を考える。

(4) He went to Paris, and he is still there.「彼はパリへ行き、そしてまだそこにいる」

He (**has**) (**gone**) to Paris.「彼はパリへ行ってしまった」

▶「～へ行ってしまった」(=「～へ行ったきり帰ってきていない」)は〈 have [has] gone to ～ 〉で表す。「～へ行ったことがある」を表す〈 have [has] been to ～ 〉との使い分けを確実にマスターしておきたい。

(5) He worked very hard, but now he doesn't.

「彼はとても熱心に働いていたが、今は違う」

He (**used**) to be a very hard (**worker**).

「彼はかつてとても熱心な働き者だった」

▶「かつて～だった(が今はそうではない)」という過去の状態を表すのは〈used to ～〉である。過去の状態以外にも「よく～したものだ」という過去の習慣も表す。

(6) She didn't feel comfortable at all because his way of talking was not polite.

「彼の話し方は失礼なものだったので、彼女はまったく居心地がよくなかった」

His (**impolite**) way of talking completely (**made**) her uncomfortable.

「彼の失礼な話し方は完全に彼女を不快にさせた」

▶上の文の内容から、下の文の構造を考えると正解にたどり着く。まず、空所の直後に way があることから1つ目の空所には形容詞が入るとわかる。2つ目の空所には動詞を入れる必要があるが、空所の直後の構造(her＝uncomfortable の関係)から第5文型をとる動詞だと推測できる。このことから、「彼の[　　]な話し方が完全に彼女を不快に[　　]」という文の構造がわかれば上記の答えがわかるだろう。

ちなみに impolite「失礼な」の im-は否定の意味を表す接頭辞であり、これらの接頭辞や接尾辞を含み、品詞変換に意識を向けて英単語の学習をしていくことで、語彙力は格段に上がっていくので今後の学習に活かしていこう。

[形]…polite「礼儀正しい」⇔ impolite「失礼な」 im-(in-)は否定の意味を表す接頭辞

[名]…politeness「礼儀」 -ness は名詞を作る接尾辞

3 適語句選択

(1) Joseph was born (ア **on**) May 14, 2008, wasn't he?

「ジョセフは2008年の5月14日に生まれたんだよね」

▶日付や曜日を表す際に用いる前置詞はon。以下の使い分けを確認しておこう。

・in＋月、季節、年

・on＋曜日、日付

・at＋時刻

(2) Please (ア **remember**) to turn off the light when you go out.

「外出するときに忘れずに電気を消してください」

▶〈remember to 原形〉で「～することを覚えている、忘れずに～する」の意味。〈remember ～ing〉「～したことを覚えている」との使い分けを求める問題は頻出。

(3) (ウ **Where**) have you been? — I've been to the bakery in order to get some bread for breakfast.

「どこに行っていたの」—「朝食のパンを買いにパン屋に行ってきたところよ」

▶返事の英文から「相手がどこに行っていたのか」を聞いていることがわかる。

(4) Each of the students (エ **has**) to sign their own name on their belongings.

「生徒たちはみんな自分の持ち物に名前を書かなければいけません」

▶ each「それぞれ、各々」は単数扱いであるため、三人称・単数・現在の形であるhasが正解。

(5) He looked (エ **surprised**) when he saw me.

「彼は私に会ったとき、驚いているようでした」

▶ surprise ～「～を驚かせる」は分詞の使い分けに注意が必要。現在分詞のsurprisingは「驚かせるような」、過去分詞のsurprisedは「驚かされた(＝驚いた)」の意味で用いる。日本語の「驚いている」に惑わされないように気をつけよう。

(6) If I cannot finish the work today, I will lose (イ **face**). I carelessly told him I would be able to do it.

「もし今日その作業が終わらなかったら面目を失ってしまうよ。軽率にも彼にできると言ってしまったんだ」

▶「できると言ってしまった」のに「終わらなかったら」何を失うのかを考える。日本語の「面目を失う」が思い浮かべば答えがわかる。以下を参考に、face＝「面」のイメージをもっておくと語彙の幅が広がる。

動 …～に面する(～を向いている)、～に直面する

名 …顔(顔面)、表面、面目

4 整序英作文

(1) A：**キ that** B：**エ in** 不要語：**ク too**

I was [so busy that I wasn't able to go fishing in] the sea last summer.

▶「～すぎてSは…できない」は〈 so ～ that S can't … 〉と〈 too ～ for S to … 〉で表すことができるが、今回の問題では can't の代わりに wasn't able to を使うことがわかるため、前者を用いる。また、go fishing と the sea を結ぶものが to ではなく in であることも注意しよう。

(2) A：**ケ impossible** B：**ア a** 不要語：**ウ can't**

[It is impossible for me to eat such a big] meal.

▶ can't に対応する主語がないことから、can't が不要語だとわかる。同時に〈 it is impossible for 人 to ～ 〉の形で英文を作ることにも気付くだろう。「そんなに」を表す such は〈 such (a) (形) 名 〉の形で名詞を伴って使うため、such a big meal のまとまりを作ればよい。

(3) A：**イ it** B：**ケ if** 不要語：**キ OK**

[Is it all right if I use this] room ?

▶「もし私がこの部屋を使っても大丈夫ですか」と言いかえて考えればよい。

(4) A：ケ **try** B：イ **many** 不要語：ア **must**

[Try to talk with foreigners as many times as] possible.

▶ must に対応する主語がないため、「～するようにしなさい」は〈 Try to ～ 〉の形で表す。次に「少しでも多く(の回数)外国人と話すようにしなさい」と考えると as many times as possible のまとまりができる。「たくさんの」を表す many(much) は〈 as many[much] ＋ 名詞 as 〉の形で名詞とセットで使うことに注意。

5 対話文読解

〔全訳〕

タクヤとマサトは中学生です。彼らはアメリカからの留学生であるブライアンと教室で話をしています。

タクヤ：やぁ、ブライアン。来週のプレゼンのテーマはもう決めたかい。

ブライアン："sister city"(姉妹都市)について考えているよ。僕はニューヨーク出身で、そこは東京の "sister city" なんだ。

マサト："sister city" ってなに。

ブライアン："municipality"(地方自治体)がほかの国の "municipality" と提携して……。

マサト：待って待って、muni……ってなに。

ブライアン：地方自治体だよ。都市や州などのことだよ。

タクヤ：日本の村とか市、県みたいなものだね。

マサト：わかったよ。

ブライアン：地方自治体の中には友好関係を促進するために様々な国と提携しているところがあるんだ。それらが "sister city" だよ。

タクヤ：日本語だと姉妹都市って呼ぶよね。

マサト：あぁ、聞いたことがあるよ。学校でも同じことをしているところがあるよね。それらは姉妹校って呼ばれてるね。でも僕は姉妹都市についてあまり知らないな。

タクヤ：僕は外国の文化と歴史に興味があって調べたことがあるんだけど、姉妹都市を結ぶ日本の都市が増えてきているみたいだね。ちょっと待ってね。ええと……。

～タクヤはスマートフォンでインターネットを見ています。～

タクヤ：これを見てよ。日本で最初の姉妹都市は長崎市だよ。1955年に長崎市はアメリカのミネソタ州にあるセントポール市の姉妹都市になったんだ。その後1994年には、日本で1,000以上の姉妹都市があって、2021年にはその数は1,700以上に増えたよ。

マサト：すごいね。有名な姉妹都市はあるのかい。

ブライアン：うん、1つ知っているよ。その都市はアメリカのフロリダ州のある都市と提携を結んだんだ。千葉県にあってそこには大きくて有名な遊園地があるよ。

マサト：あぁ、浦安市のことだね。

タクヤ：僕も面白い例を知ってるよ。かつて鳥取県に羽合（はわい）町という町があったんだ。

ブライアン：ハワイみたいだね。

タクヤ：そうだよ。それで1996年にハワイと姉妹都市の関係を結んだんだ。2004年に新しい名前の町に変わっちゃったんだけどね。両親に教わってからずっとこの町に興味があったんだ。

マサト：とても面白いね。ところで、姉妹都市になったあとは何をするの。

ブライアン：実際にその都市を訪れて、その都市の文化や歴史について学ぶんだよ。

タクヤ：より多くの人にその都市を知ってもらうとても良い機会になるよね。今やこの国際社会では、世界は様々な形でつながりつつあるんだ。

ブライアン：そうだね。様々な文化を学ぶことで、僕たち自身が都市同士、国同士の架け橋になりうるんだ。

タクヤ：姉妹都市は贈り物を贈りあうことがあるらしいね。

ブライアン：そうだね。手紙や写真、像なんかがよく感謝のしるしとして贈られるね。1989年には、カナダの都市が北海道との姉妹都市締結3周年を祝って木製の柱を寄贈したんだ。それはトーテムポールと呼ばれるもので、樹齢150年を超える木から作られたものなんだ。

マサト：ほかに贈り物として贈られたものはあるのかい。

ブライアン：1994年に、中国の四川省が和歌山県に友好の証としてパンダのつがいを贈ったよ。

タクヤ：これを見てよ。このウェブサイトによると、メキシコシティから名古屋市に1978年にクロコンドルが贈られ、2002年にはメガネグマが贈られているよ。

マサト：とても興味深いね。国際社会の時代では、人だけでなく動物も架け橋として重要な役割を担っているんだね。姉妹都市と外国の文化について本当に興味がわいてきたよ。もっと調べてみよう。

問1 （　A　）：**called**

▶「～と呼ばれている」を表すように受動態(be動詞＋過去分詞)を作ればよい。

（　B　）：**increased**

▶文脈より「(日本の姉妹都市の)数が1,700以上へと増えた」ことがわかる。

（　C　）：**made**

▶「その都市はアメリカのフロリダ州のある都市と提携を結んだ」となるように過去形で答えればよい。

（　D　）：**sounds**

▶かつて鳥取県にあった羽合町とアメリカ合衆国のハワイの発音が似ていることを述べている。

（　E　）：**connected**

▶文脈より「世界が様々な形でつながりつつある」ことがわかる。connectは「～をつなぐ・結びつける」という意味で、「世界が様々な形で『結びつけられ』つつある」と考えられれば正解となる。

問2 ［解答例］**国際化の時代では、人だけでなく動物も架け橋として重要な役割を担っている。**

▶〈not only A but also B〉「AだけでなくBも」の表現を中心に文構造をつかもう。〈play a ~ role〉「~な役割を担う・果たす」という熟語は頻出。これらを合わせて「人だけでなく動物も重要な役割を担っている」の部分ができる。intermediariesはブライアンの8回目のセリフに出てきており、ここから「仲介者」などといった意味を推測できると良い。

問3 ① (1) **first** (4) **number**

▶タクヤの5回目のセリフを参照。前半部分から、長崎市は日本で姉妹都市を結んだ最初の都市であることがわかる。また後半部分からは、姉妹都市を結ぶ日本の都市の数が1994年には1,000を超えたとわかる。

② (2) **オ** (3) **ウ** (5) **ア** (7) **エ** (8) **イ**

▶年表にある年号を本文中で探し、その付近から素早く情報を読み取ることが求められる。ここは時間をかけずに全問正解を目指したい。

③ (6) **nineteen ninety-six**

▶スペリングミスをしやすそうな以下のものを中心に、正しく書けるか確認しておこう。

基数…forty「40」、ninety「90」

序数…fourth「4番目」、ninth「9番目」、twelfth「12番目」、twentieth「20番目」

6 説明文読解

〔全訳〕

毎日毎秒、世界中で100回以上も雷が落ちている。一日で約1000万回だ。雷は私たちを驚かせるが、ぞっとさせることもある。私たちが雷を怖がるのにはちゃんとした理由がある。毎年、アメリカとカナダで100人ほどが雷で亡くなり、さらに300人は怪我をしている。雷で亡くなるすべての人の中で84%が男性なのは奇妙なことである。雷は森林火災の主な原因である。それは毎年9,000件以上の火事の原因となっている。

雷とは雲の内部にある電気のことである。科学者は何がこの電気を生み出しているのか正確にはわかっていない。しかし彼らは雲の内部の電気が1億ボルトほどもあることを知っている。この非常に強力な電気によって、空から明るい光の筋のような、つまり雷が降ってくるのである。その温度は数百万分の1秒のうち50,000°Fに達することがある。それは太陽の表面のほぼ5倍の温度である。雷は非常に素早い。雷は秒速87,000マイルの速度で移動する。このスピードで移動するロケットがあるならば、2.5秒で月へたどり着くだろう。稲妻とともにたいていは雷鳴が聞こえてくるが、それは高温の空気が破裂する音である。稲妻と雷鳴は全く同時に発生する。しかし私たちはまず稲妻を見る。なぜなら光は音よりも100万倍速く進むからだ。

雷はしばしば高い建物に落ちる。しかしながら、多くの建物には雷の被害を防ぐために避雷針がある。雷が落ちるとその電気はその金属の棒を安全に伝って地面へと流れる。アメリカの政治家であるベンジャミン・フランクリンが1760年に避雷針を発明した。そういうわけでニューヨークのエンパイアステートビルのような高い建物は安全なのだ。20分に12回、1年では500回もこの建物には雷が落ちているかもしれないのである。飛行機は建物ほど守るのが簡単ではなく、実際に事故が起こる。1963年にはボーイング707のジェット機が雷に打たれ大破した。81名の人が亡くなった。

もしあなたが稲妻や雷が近づいているのを見た場合、自分の身を守るためにできることがある。家の中へ入ったり、車の中に入ったり、あるいは橋の下へ行きなさい。もし隠れる場所が見つからなければその場で最も低い地点へ行きなさい。もし屋外にいるのならば、木、特に背の高いものは雷を引きつけるということを覚えておきなさい。決して一本だけで立っている背の高い木の下には行ってはいけない。もし野原にいる場合には、膝をついて前かがみになり、手を膝の上に置きなさい。濡れた地面は雷を通すので寝転んではいけません。湖や海など、水場から離れなさい。鉄は非常に素早く雷を引きつけるため、鉄製のフェンスやゴルフクラブ、自転車など鉄でできたものに触れたり近づいたりしてはいけない。緊急時以外は電話も使ってはいけない。

出典：Milada Broukal *Weaving It Together 2 Connecting Reading and Writing* HEINLE CENGAGE Learning

問1　ア

▶正答へのカギはセミコロンと代名詞である。空所直後の「;(セミコロン)」の働きを考え、itが指すものを明確にすることで答えを導くことができる。「;」は「,(コンマ)」と「.(ピリオド)」の間の働きを持っているのだが、大事なことは「;」で結ぶ2つの文が意味の上で途切れていないということである。そのため空所の内容を考えるうえで、「;」以降の英文を正しく解釈する必要がある。したがって空所の後ろの it starts more than 9,000 fires each year の意味を考える。動詞 start の後ろに目的語「9,000件以上の火事」があることから、start を他動詞「〜を始める、引き起こす」という意味だと考えると「それは毎年9,000件以上の火事の原因となっている」という日本語訳になる。文脈から火事の原因となっている「それ」は雷であるため、空所に雷(lightning)を用いていて火事(fires)に関係のある選択肢を探す。

問2　(　い　)　**in**

▶「〜の後に」や「〜が経って」を表すのは in。

(　く　)　**from**

▶ここでは雷に遭遇した際の対処法が述べられている。「湖や海など水場から離れる」と考えて from を答える。

問3　ウ

▶空所前後の意味を考える。

we (　う　) first because light travels a million times (　え　) than sound

「私たちはまず［　う　］。なぜなら光は音よりも100万倍［　え　］進むからだ」

光は音よりも進む速度が速く、そのため我々人間が先に認識するのは雷の音よりも光であるため、ウが正解となる。

問4　イ

▶設問箇所直後の1文を参照。

When lightning strikes, the electricity goes safely down the metal rod to the ground.

「雷が落ちるとその電気はその金属の棒を安全に伝って地面へと流れる」

上記より、雷の被害を減らすために設置される避雷針のことであるとわかる。

問5　3番目：**ク**　6番目：**カ**　9番目：**ウ**

[Airplanes are *not* as easy *to* protect as *buildings*]

▶まずは与えられた選択肢から are not as easy as のまとまりを作る。簡単ではないことが何なのかを考えると、[　　]の直後とそれに続く1文から、「飛行機は(建物ほど)雷から守るのが簡単ではない」となることがわかり、上記の形となる。「守るのが簡単」という意味上のまとまりを作るために to protect を easy につなげることに注意しよう。

問6　[解答例] **go to the lowest point on the ground(.)**

▶「行きなさい」の部分は命令文のほか、you must go の形でも表すことができる。文中の一部分であるため文頭も小文字で表すことに注意しよう。「最も低い」は最上級表現の the lowest を用いて表せばよい。

問7　各選択肢の意味と解説は以下の通り。

ア　In the U.S. and Canada, about 300 people are injured by lightning and 84 percent of them die from it every year.(×)

「アメリカとカナダでは毎年約300人が雷によって負傷し、その84%が亡くなる」

▶第1段落の内容と反する。

イ　We can say the temperature of the sun's surface is about 10,000 degrees Fahrenheit.(○)

「太陽の表面温度はおよそ10,000°Fであると言える」

▶第2段落より、雷の温度が50,000°Fで太陽の表面温度のほぼ5倍とあるので一致。

ウ　The speed of the lightning bolt is about 2.5 times as fast as a rocket.(×)

「稲妻の速度はロケットの約2.5倍である」

▶第2段落の内容に反する。2.5という数字は、仮に稲妻と同じ速度でロケットが月へ向かった場合にかかる時間が2.5秒であるというもの。

エ Thanks to Benjamin Franklin's invention, tall buildings are protected from lightning.（○）

「ベンジャミン・フランクリンの発明のおかげで背の高い建物は雷から守られている」

▶第3段落の内容と一致する。雷の被害を避けるために設置される避雷針はベンジャミン・フランクリンが発明したのである。

オ When we see lightning, we should be careful of something metallic because it attracts lightning.（○）

「雷を見た時、金属製のものは雷を引きつけるため気をつけた方が良い」

▶第4段落の内容と一致する。

数学　第1回 解答

1

(1)	$2a$	(2)	$x=$ 7 , $y=$ 4
(3)	x^2-9	(4)	$2(x-3y)^2$
(5)	73.5 人		

(5点×5)

2

(1)	6 通り	(2)	70 人
(3)	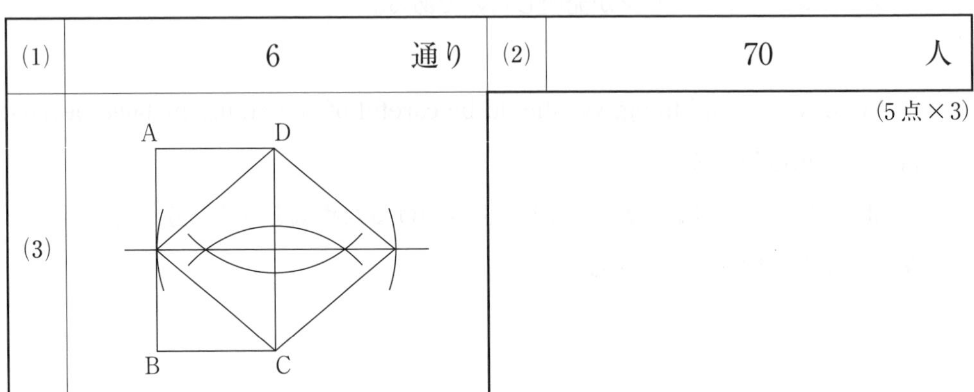		

(5点×3)

3

(1)ア	AC	(1)イ	BAF
(1)ウ	FAC	(1)エ	AF
(1)オ	2組の辺とその間の角		
(2)	10 °	(3)	2

((1)2点×5, (2)5点, (3)6点)

4

(1)	(0 , 3)	(2)①	2
(2)②	〈解法欄〉 ※解説ページ参照	(答)	$-\frac{18}{11}$

((1)5点, (2)①6点, (2)②7点)

5

(1)	45	(2)①	$\frac{15}{2}$
(2)②	$\frac{225}{2}$	(3)	$\frac{8}{3}$

((1)(2)5点×3, (3)6点)

解説

1 計算系小問

(1) $9a^2 \times \left(-\frac{2}{5}b\right)^2 \div \frac{18}{25}ab^2 = 9a^2 \times \frac{4b^2}{25} \times \frac{25}{18ab^2} = 2a$ …(答)

(2) $\begin{cases} 0.4x + 0.3y = 4 & \cdots① \\ \frac{1}{3}x - \frac{5}{6}y = -1 & \cdots② \end{cases}$ とする。①×10 より $4x + 3y = 40$ …③,

②×6 より $2x - 5y = -6$ …④, ③－④×2 より $y = 4$

$y = 4$ を③に代入し $x = 7$, よって $x = 7$, $y = 4$ …(答)

(3) $x + 3 = \mathrm{A}$ とおくと $(x+3)(2x+1) - (x+3)(x+4) = \mathrm{A} \times (2x+1) - \mathrm{A} \times (x+4)$

$= \mathrm{A} \times \{(2x+1) - (x+4)\} = \mathrm{A} \times (x-3) = (x+3)(x-3) = x^2 - 9$ …(答)

(4) $2x^2 - 12xy + 18y^2 = 2(x^2 - 6xy + 9y^2) = 2(x - 3y)^2$ …(答)

(5) 6 日間の来客数の平均が 66.5 人なので, 6 日間の来客数の合計は $66.5 \times 6 = 399$(人)

よって, 水曜日の来客数は $399 - (67 + 11 + 72 + 83 + 91) = 75$(人)

6 日間の来客数を少ない順に並べると 11, 67, 72, 75, 83, 91 となるので,

中央値は $(72 + 75) \div 2 = 73.5$(人) …(答)

2 小問集合

(1) $2a$ の値として考えられるのは 2, 4, 6, 8, 10, 12。

b の値として考えられるのは 1 ～ 6 なので $2a \times b$ の値が平方数になるような組み合わせを右のような表を書いて調べると, $(2a, b) = (2, 2)(4, 1)(4, 4)(6, 6)(8, 2)(12, 3)$ の 6 通り …(答)

b \ $2a$	2	4	6	8	10	12
1		○				
2	○			○		
3						○
4		○				
5						
6			○			

(2) 参加賞のお菓子は 8 個入りパックだけを必要なだけ買うと 2 個余ることから，参加人数は$(8a-2)$人と表せる。 …①

また，12 個入りパックだけを必要なだけ買っても 2 個余るので，参加人数は$(12b-2)$人と表せる。 …②

①，②より参加人数は 8 と 12 の公倍数より 2 人少ない，つまり$(24c-2)$人と表せることが分かる。

$24c-2=22$，46，70，94…となり，イベントは 1 チーム 5 人で参加するため，参加人数は 5 の倍数であり，条件を満たす最小の数は 70 だと分かる。

問題文より参加人数は 100 人以下なので，参加人数は 70 人　…**(答)**

(3) (手順)

① CD の垂直二等分線をかき，AB，DC との交点をそれぞれ E，M とする。

② M を中心に半径が EM の円をかき，E と逆側にある①との交点を F とする。

③ 四角形 DECF が作図すべき図形になる。

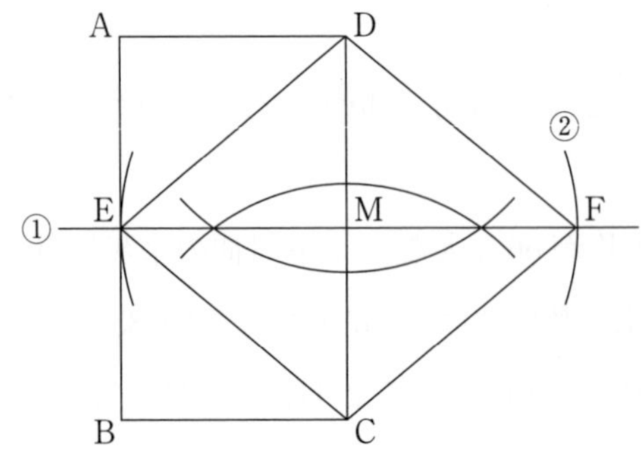

3 平面図形

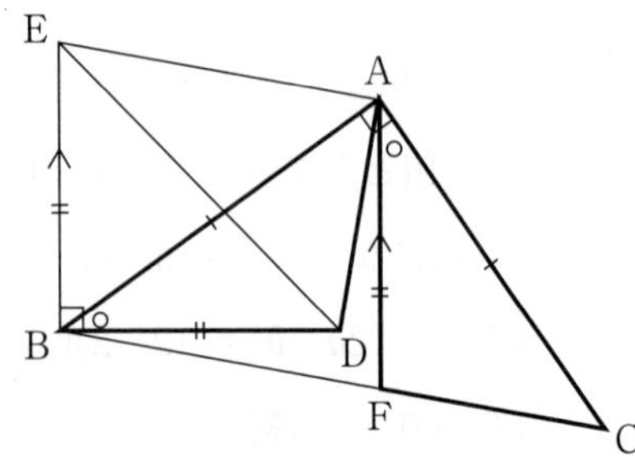

(1) △BDA と△AFC において，

仮定より，BA＝[ア AC]　…①，

BD＝BE　…②

また，EB//AF より，平行線の錯角は等しいので，∠EBA＝∠[イ BAF]

∠EBD＝∠BAC＝90° より，

$\angle DBA = 90^\circ - \angle EBA = 90^\circ - \angle$ [イ BAF] $= \angle$ [ウ FAC] …③

さらに，EA//BC，EB//AF より，四角形 EBFA は平行四辺形であるから，

BE＝[エ AF] …④

②，④より，BD＝[エ AF] …⑤

①，③，⑤より，[オ 2 組の辺とその間の角]がそれぞれ等しいので，

△BDA≡△AFC

以上より，

ア：AC，イ：BAF，ウ：FAC，エ：AF，オ：2 組の辺とその間の角 …**(答)**

(2) △ABC は AB＝AC の直角二等辺三角形なので，$\angle ABC = \angle ACB = 45^\circ$

よって，$\angle DBA = 45^\circ - 10^\circ = 35^\circ$

△BDA≡△AFC より，対応する角の大きさは等しいので，$\angle FAC = \angle DBA = 35^\circ$，$\angle BAD = \angle ACF = 45^\circ$

よって，$\angle DAF = 90^\circ - 45^\circ - 35^\circ = 10^\circ$ …**(答)**

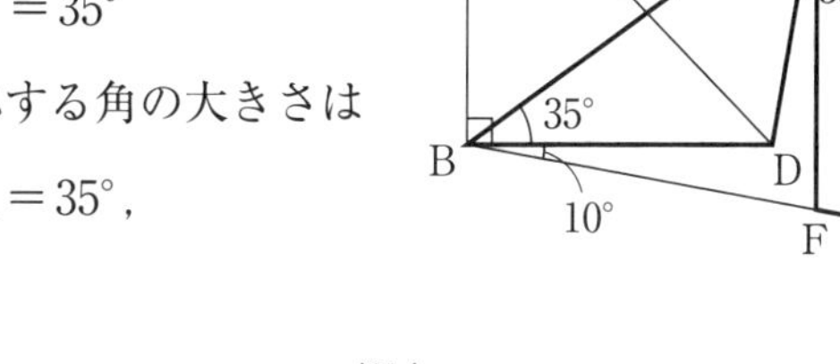

(3) $\angle BAD = \angle ACF = 45^\circ$，$\angle BAC = 90^\circ$ より，AD は∠BAC の二等分線となり，点 G は辺 BC の中点となる。

よって，BG：GF：FC＝3：1：(3－1)

＝3：1：2

また，$\angle ABG = \angle BAG = 45^\circ$ より，BG＝AG

さらに，△BDA≡△AFC より，DA＝FC

よって，AD：AG＝FC：BG＝2：3

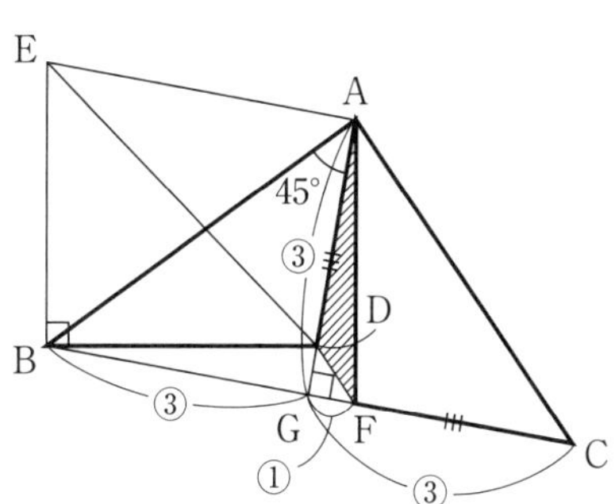

したがって，$\triangle ADF = \triangle ABC \times \dfrac{1}{3+1+2} \times \dfrac{2}{3}$

$$= 6 \times 6 \times \frac{1}{2} \times \frac{1}{6} \times \frac{2}{3} = 2$$ …**(答)**

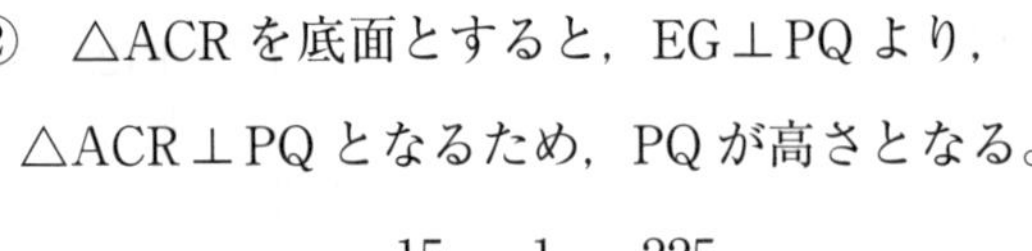

② △ACR を底面とすると，EG⊥PQ より，

△ACR⊥PQ となるため，PQ が高さとなる。

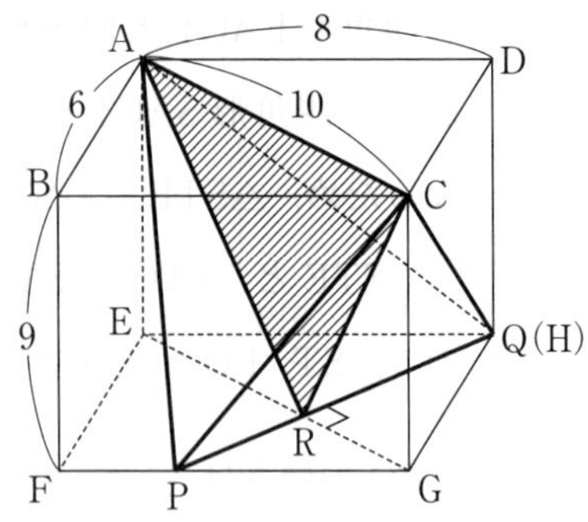

よって，$45\times\dfrac{15}{2}\times\dfrac{1}{3}=\dfrac{225}{2}$ …**(答)**

(3) 四面体 ACPQ を，三角錐 PACR と三角錐 QACR の 2 つに分割して考える。

FP＝GQ＝x とすると，PG＝8－x

また，2 点 P，Q から線分 EG に垂線 PI，QJ をそれぞれ下ろす。

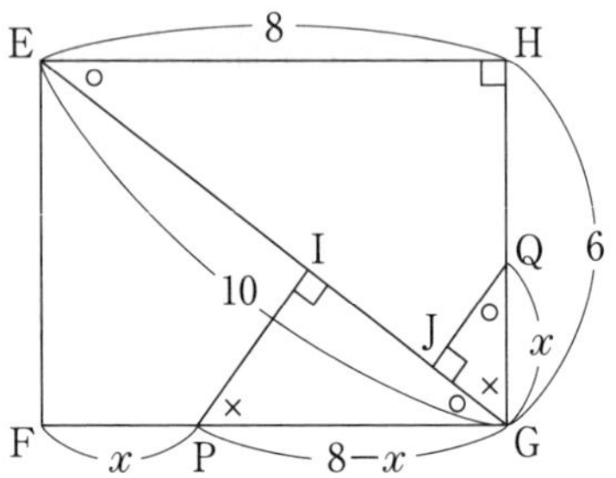

△GPI と△QGJ はともに△EGH と相似（拡大・縮小の関係）であるから，それらの 3 辺比は 6：8：10＝3：4：5

よって，$\mathrm{PI}=(8-x)\times\dfrac{3}{5}=\dfrac{24-3x}{5}$，

$\mathrm{QJ}=x\times\dfrac{4}{5}=\dfrac{4}{5}x$ より，

$45\times\dfrac{24-3x}{5}\times\dfrac{1}{3}+45\times\dfrac{4}{5}x\times\dfrac{1}{3}=80$，

$45\times\left(\dfrac{24-3x}{5}+\dfrac{4}{5}x\right)\times\dfrac{1}{3}=80$，$45\times\dfrac{24+x}{5}\times\dfrac{1}{3}=80$，

$3(24+x)=80$，$72+3x=80$，$3x=8$，$x=\dfrac{8}{3}$

よって，FP＝$\dfrac{8}{3}$ …**(答)**

理科　第1回 解答

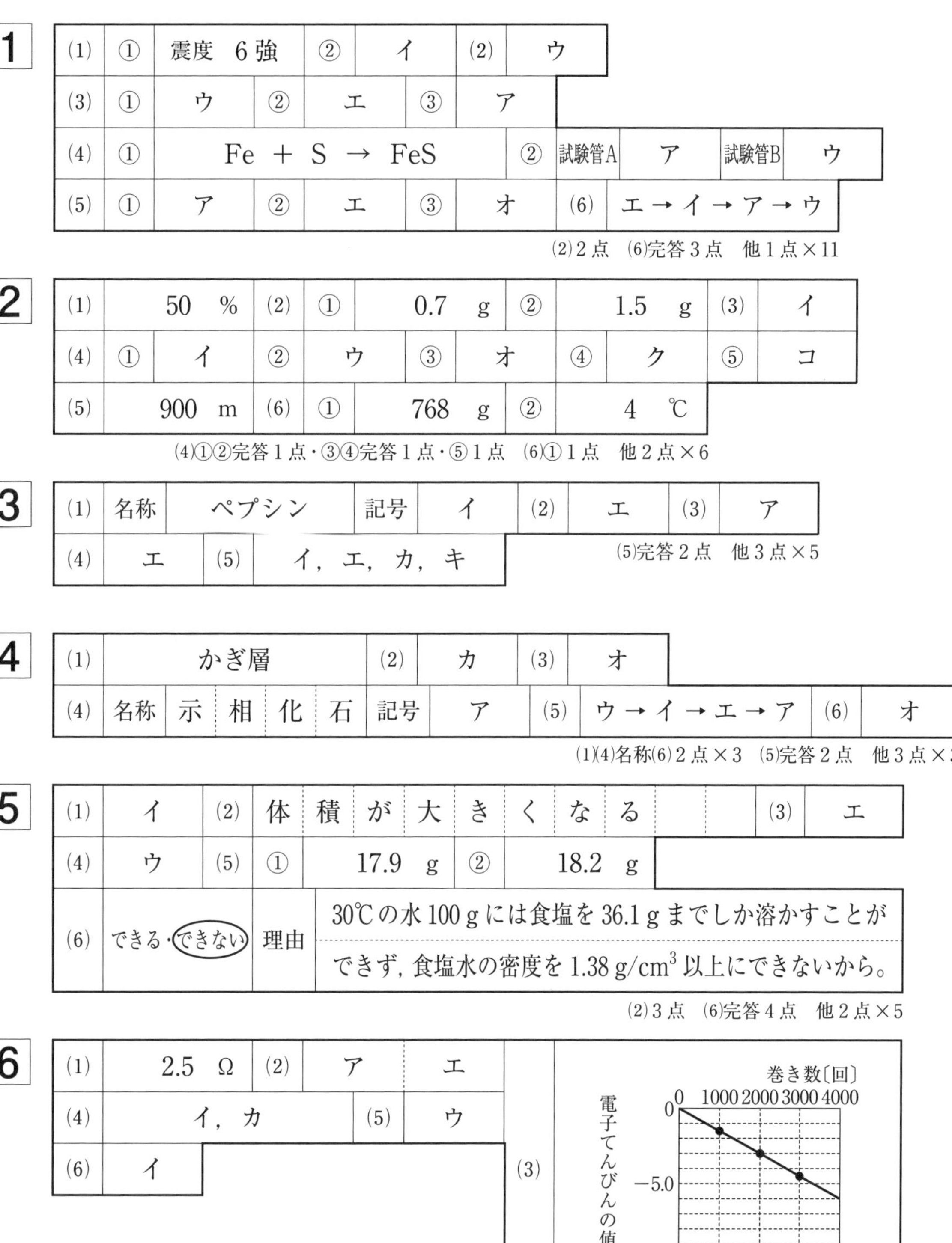

1

(1)	①	震度 6強	②	イ	(2)	ウ		
(3)	①	ウ	②	エ	③	ア		
(4)	①	Fe + S → FeS	②	試験管A	ア	試験管B	ウ	
(5)	①	ア	②	エ	③	オ	(6)	エ → イ → ア → ウ

(2) 2点　(6)完答3点　他1点×11

2

(1)	50 %	(2)	①	0.7 g	②	1.5 g	(3)	イ
(4)	① イ	②	ウ	③	オ	④ ク	⑤	コ
(5)	900 m	(6)	①	768 g	②	4 ℃		

(4)①②完答1点・③④完答1点・⑤1点　(6)①1点　他2点×6

3

(1)	名称	ペプシン	記号	イ	(2)	エ	(3)	ア
(4)	エ	(5)	イ，エ，カ，キ					

(5)完答2点　他3点×5

4

(1)	かぎ層		(2)	カ	(3)	オ		
(4)	名称	示相化石	記号	ア	(5)	ウ → イ → エ → ア	(6)	オ

(1)(4)名称(6)2点×3　(5)完答2点　他3点×3

5

(1)	イ	(2)	体積が大きくなる			(3)	エ
(4)	ウ	(5)	①	17.9 g	②	18.2 g	
(6)	できる・(できない)	理由	30℃の水100gには食塩を36.1gまでしか溶かすことができず，食塩水の密度を1.38 g/cm^{3}以上にできないから。				

(2) 3点　(6)完答4点　他2点×5

6

(1)	2.5 Ω	(2)	ア	エ	(3)
(4)	イ，カ		(5)	ウ	
(6)	イ				

(3)

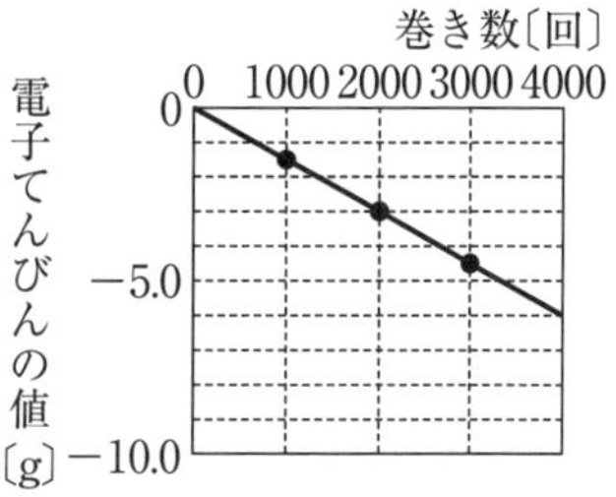

(1)(6)2点×2　(2)完答3点　(4)完答4点　他3点×2

解説

1 小問集合

(1)① 震度階級は大きい方から順に，7，6強，6弱，5強，5弱，4，3，2，1，0の10段階に分かれている。なお，震度0は地震計に記録されるが人体には感じない地震である。

② 震度7の地点は，震度1の地点に比べて震源に近いと考えられる。初期微動継続時間は震源からの距離にほぼ比例するため，震度7の地点では，震度1の地点に比べて短くなる。また，マグニチュードは一つの地震全体での規模(エネルギーの大きさ)を表す値なので，観測地点ごとに決まる値ではない(ウ，エは誤り)。

(2) 図1の生物は，A：ミドリムシ，B：ゾウリムシ，C：ミジンコ，D：アオミドロである。これらのうち，光合成を行うのはミドリムシとアオミドロである。なお，ミドリムシとゾウリムシは単細胞生物であり，ミジンコとアオミドロは多細胞生物である。

(3)① 物体の影がはっきりとできるのは，光の直進による。もし光が直進せずに，物体の裏側に回り込むように進むならば，影がはっきりとできることはない。

② 凸レンズは屈折によって光を1点に集め，温度を高めることができる。

③ 海面が光って見えるのは，日光が海面で反射するためである。

(4)② 試験管Aには鉄粉と硫黄の混合物が入っているため，加えた塩酸が鉄粉と反応して水素が発生する($2HCl + Fe \rightarrow FeCl_2 + H_2$)。水素は無臭の気体である。

また，試験管Bには硫化鉄が入っているため，加えた塩酸が硫化鉄と反応して硫化水素が発生する($2HCl + FeS \rightarrow FeCl_2 + H_2S$)。硫化水素は腐卵臭の気体である。

(5) 偏西風は北半球と南半球の中緯度付近に吹く西風(西から東に吹く風)で，温帯低気圧や移動性高気圧は偏西風によって東へと移動する。このため，日本付近では天気は西から変わりやすい。図3の低気圧の南西に伸びる前線は寒冷前線であるため，地点Pを寒冷前線が通過する。寒冷前線が通過すると，激しい雨が短時間降り，風向きは北寄りに変わり，気温は下がる。

(6) 植物のおもななかま分けは，下図の通りである。

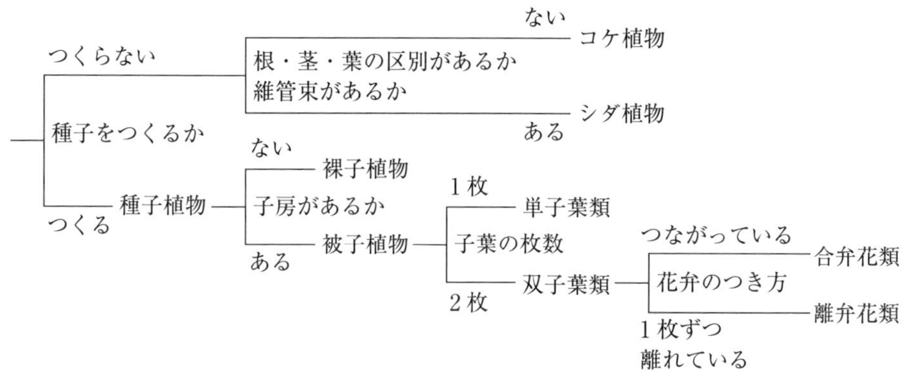

2 小問集合

(1) 水溶液の質量パーセント濃度は，濃度〔%〕$=\dfrac{\text{溶質の質量〔g〕}}{\text{溶液全体の質量〔g〕}}\times 100$で求められる。溶液全体の質量は溶質(砂糖)と溶媒(水)の質量の和であるので$30+30=60$〔g〕。よって，濃度は$\dfrac{30}{60}\times 100=50$〔%〕となる。

(2)① 表より，マグネシウムと酸化マグネシウムの質量比は3：5であるので，質量保存の法則より，マグネシウムと化合した酸素の質量比は3：2となる。よって，1gのマグネシウムと化合する酸素の質量は，$1\times(2/3)\fallingdotseq 0.7$〔g〕である。

② 質量が6.0gから9.0gへ3.0g増えているため，化合した酸素の質量は3.0gである。マグネシウムはすべて酸化したので，①の質量比より，もとの混合物中のマグネシウムの質量は$3.0\times(3/2)=4.5$〔g〕である。よって，砂粒は$6.0-4.5=1.5$〔g〕である。

(3) 植物は常に呼吸を行い，二酸化炭素を放出している。一方で，強い光のもとでは盛んに光合成を行うため，呼吸で放出した以上の二酸化炭素を吸収する。袋Aの二酸化炭素の濃度が袋Cと同じになったのは，弱い光による光合成の量が呼吸の量と打ち消しあったためと考えられる。よって，袋Aの植物の葉は光合成と呼吸をどちらも行い(アは誤りでイが正しい)，袋Bの植物の葉は呼吸のみを行っていた(ウは誤り)。また，袋Cと袋Dの結果より，暗室だけでは二酸化炭素の濃度は変化しないとわかる(エは誤り)。

(4)　直列回路では，回路全体の抵抗値は各抵抗器の抵抗値の和になるため，抵抗器を多くつなぐほど抵抗値が大きくなり，電流は流れにくくなる。一方，並列回路では，並列につないだ抵抗器に同じ大きさの電圧が加わり，回路全体に流れる電流は各抵抗器に流れる電流の和になるため，抵抗器を多くつなぐほど流れる電流が大きくなり，回路全体の抵抗値は小さくなる。以上より，図２の回路全体の抵抗値は 30 Ωの抵抗１本分より大きく，図３の回路全体の抵抗値は 30 Ωの抵抗１本分より小さいため，図３の電流計の方が大きな値を示す。

(5)　音が返ってくるまでに移動した距離は，1500〔m/s〕×1.2〔秒〕＝1800〔m〕である。これが海底までの往復の距離なので，海底の深さは 1800÷2＝900〔m〕である。

(6)①　空気の湿度は，$\text{湿度〔\%〕}=\dfrac{\text{空気 } 1\,\mathrm{m}^3 \text{ に含まれる水蒸気の量〔g〕}}{\text{その気温での飽和水蒸気量〔g/m}^3\text{〕}}\times 100$ で求められる。気温が 22℃，湿度が 66% より，空気 1 m^3 に含まれる水蒸気の量は，

$\dfrac{x}{19.4}\times 100=66$ を解いて $x=12.804$〔g〕となる。部屋の容積は 60 m^3 であるので，

部屋全体での水蒸気の量は 12.804×60≒768〔g〕となる。

②　①より，この部屋の空気 1 m^3 あたり約 12.8 g の水蒸気が含まれているので，半分を凝結させるには，空気 1 m^3 あたりに含まれる水蒸気の量を約 6.4 g にすればよい。飽和水蒸気量の表より，気温を 4℃まで下げることで，空気 1 m^3 あたりに含まれる水蒸気の量を約 6.4 g にすることができる。

3　人体

(1)　それぞれの消化液に含まれる主な消化酵素は，次の通りである。

だ液：アミラーゼ

胃液：ペプシン

すい液：アミラーゼ，トリプシン，リパーゼ

胆汁：消化酵素は含まれていない。

小腸の壁の消化酵素：マルターゼ，ジペプチダーゼ

また，ペプシンは塩酸が含まれる胃液の中で活発にはたらくため，酸性の水溶液中でよくはたらく。

(2)　タンパク質を多く含む牛肉の赤身が，パイナップルのしぼり汁でもメロンのしぼり

汁でも分解されたことから，パイナップルとメロンの果汁にはタンパク質を分解する酵素が含まれていると考えられる。また，ヨウ素液を加えた際に，パイナップルのしぼり汁を加えた試験管 a とだ液を加えた試験管 b で，デンプンが分解され青紫色への変化がなかったことから，パイナップルのしぼり汁とだ液に，デンプンを分解する酵素が含まれていると考えられる。デンプン溶液とメロンのしぼり汁を用いた実験は行っていないため，今回の実験からメロンのしぼり汁にデンプンを分解する酵素があるかどうかはわからない。

(3) 胆汁には消化酵素は含まれていない。胆汁には脂肪を水と混ざりやすくする乳化作用があり，脂肪の消化を助ける役割がある。脂肪を消化する消化酵素であるリパーゼが含まれているのは，すい液である。

(4) 肝臓の主なはたらきは，次の三つである。

・胆汁をつくる。

・有害なアンモニアを害の少ない尿素にする。

・ブドウ糖をグリコーゲンにつくり変えてたくわえる。

(5) 動脈血とは，酸素が多く含まれ，鮮やかな赤色をした血液である。静脈血とは，二酸化炭素が多く含まれる暗い赤色の血液である。動脈血が流れているのは，肺で酸素を受け取ってから全身に酸素を届けるまでであるため，肺静脈，左心房，左心室，大動脈である。

4 地層

(2) れき岩を構成するれきの粒の大きさは 2 mm 以上であり，砂岩を構成する砂の粒の大きさは0.06 mm～2 mm, 泥岩を構成する泥の粒の大きさは0.06 mm以下である。粒の大きさが大きいほど重たく，河口近くで堆積する。そのため，泥岩，砂岩，れき岩の順に堆積する海底の深さは浅くなっていき，河口に近づいていく。

(3) 各地点でのかぎ層である凝灰岩の地層の上面の標高を比較する。図 1 の等高線の図より各地点での地表面の標高を求め，図 2 の柱状図より地表から凝灰岩の上面までの深さを求めると，凝灰岩の上面の標高は次ページの表の通りとなる。

	地点W	地点X	地点Y	地点Z
地表面の標高〔m〕	294	296	290	292
凝灰岩の上面までの深さ〔m〕	6	8	2	4
凝灰岩の上面の標高〔m〕	288	288	288	288

いずれの地点においても，凝灰岩の上面の標高は288 mとなるため，地域Sでは地層の傾きは見られず，水平に堆積していると考えられる。

(4) 主な示相化石とそれらが生息した当時の環境は次の表の通りである。

あたたかく浅い海	サンゴ
浅い海	アサリ，ハマグリ
河口付近，湖や沼	シジミ
冷たく深い海	ホタテ

(5) 主な示準化石とそれらが生息した地質時代は次の表の通りである。新生代は，古第三紀，新第三紀，第四紀に分かれることに注意する。

古生代	フズリナ，三葉虫
中生代	アンモナイト，恐竜，シソチョウ
新生代古第三紀	ビカリア(古第三紀～新第三紀)
新生代新第三紀	ビカリア(古第三紀～新第三紀)，デスモスチルス，マンモス(新第三紀～第四紀)
新生代第四紀	ナウマンゾウ，マンモス(新第三紀～第四紀)

(6) まず，地層B，C，D，Eは，下から順に堆積している。ポイントは，いつ地下からマグマが上昇し，冷えて固まって地層Aができたかということである。地層Aと地層Bの接触面で大理石が見つかったことから，まず地層Bが存在し，そこに地層Aのマグマが上昇し，地層Bの下部を溶かしたと考えられる。また，断層F–F′が，地層Eまでは切断しているが，地層Aは切断していないことから，地層B，C，D，Eが形成され，断層F–F′ができた後，地層Aのマグマが上昇してきたと考えられる。

5 物質の特徴

(1) 下方置換法で集める気体は，塩素のような，水に溶けやすく空気より重い気体である。アンモニアは水に溶けやすく，空気より軽い気体のため上方置換法で集める。酸素と窒素は水に溶けにくい気体のため，水上置換法で集める。水に溶けにくい気体は，水素のように空気より軽い気体であっても水上置換法で集めるため，注意が必要である。

⑵ 一般に，液体から固体に状態変化すると原子や分子などの粒子と粒子の間隔がせまくなり，体積は小さくなる。ただし，水が氷に状態変化すると，水分子同士の間隔が広がり，体積が大きくなる。ここで，密度〔g/cm^3〕＝質量〔g〕÷体積〔cm^3〕であるため，体積が大きくなると，密度は小さくなる。

⑶ 炭素を含み，加熱すると燃焼して二酸化炭素と水が発生する物質は有機物であり，生物に由来するものの多くは有機物である。塩化ナトリウムには炭素は含まれていないため，無機物である。また，二酸化炭素，炭酸水素ナトリウム，炭酸ナトリウム，石灰石(炭酸カルシウム)などは，炭素を含むが燃焼しないため無機物であるので，注意が必要である。

⑷ 2種類以上の原子から構成される物質を化合物といい，1種類の原子から構成される物質を単体という。一方で，単体や化合物が混ぜ合わさっているものを混合物といい，海水や水溶液はすべて，水(化合物)に単体や化合物が溶けているため混合物となる。なお，塩酸は塩化水素の水溶液である。

⑸① 表より，20℃の水100 gには塩化ナトリウムは35.8 gまで溶ける。水の量を半分の50 gにすると，水に溶ける塩化ナトリウムの量も半分となり，
35.8〔g〕÷2＝17.9〔g〕まで溶ける。

② はじめ30℃の水100 gに塩化ナトリウムを36.1 g溶かしていたが，20℃の水50 gに塩化ナトリウムは17.9 gまでしか溶けないため，36.1〔g〕－17.9〔g〕＝18.2〔g〕の塩化ナトリウムが結晶として出てくる。

⑹ ペットボトル本体の断片を液体上に浮かせるには，液体の密度が1.38 g/cm^3以上でなければならない。塩化ナトリウム水溶液の体積は100 cm^3で変わらないとすると，塩化ナトリウム水溶液の質量を138 g以上にすれば，138〔g〕÷100〔cm^3〕＝1.38〔g/cm^3〕より，食塩水の密度を1.38 g/cm^3以上にすることができる。しかし，30℃の水100 gには食塩を36.1 gまでしか溶かすことができないため，食塩水の密度を1.38 g/cm^3以上にすることができない。よって，ペットボトル本体の断片を30℃の食塩水に浮かせることはできない。

6 電流

(1) オームの法則より，10〔V〕÷4.0〔A〕＝2.5〔Ω〕。

(2) 右ねじの法則より，コイルを流れる電流と磁界の向きの関係は，たとえば右図のようになる。すなわち，右手を握って親指を立てたまま親指以外の 4 本の指をコイルの電流の向きに合わせると，親指の向きがコイル内部の磁力線の向きになる。磁力線がコイルから出る側(親指の先端側)が電磁石の N 極である。

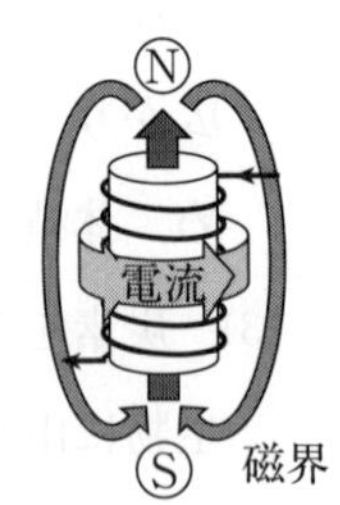

(3) 実験 1 より，巻き数が 2000 回のときの電子てんびんの値は －3.0 g である。実験 2 の表から直径 1 cm, 長さ 10 cm のデータを探すと, 巻き数が 1000 回のとき －1.5 g, 巻き数が 3000 回のとき －4.5 g であるので，巻き数に比例しているとわかる。

(4) 右の表の①のデータを比べることで，直径を太くすると電子てんびんの値が増加するが，比例していないとわかる(ア, ウは誤り)。

	直径〔cm〕	長さ〔cm〕	巻き数〔回〕	電流〔A〕	電子てんびん〔g〕
①	1	15	2000	4.0	－2.0
	2	15	2000	4.0	－5.6
②	1	5	2000	4.0	－6.0
	1	10	2000	4.0	－3.0
	1	15	2000	4.0	－2.0

(3)の結果より，②のデータをつくって比べると，長さに反比例していることがわかる(イは正しくオは誤り)。

電流はすべて 4.0 A であるため, 電流を変えたときの電子てんびんの値との関係は, この実験からはわからない(カは正しくエは誤り)。

(5) 電磁誘導とは, コイルを貫く磁界が変化したとき(コイルや磁石を動かしたとき)に, コイルに誘導電流が流れる現象である。コイルと磁石を遠ざけると，コイルと磁石が引きあう磁界をつくる方向に誘導電流が流れる。近づけると，コイルと磁石がしりぞけあう磁界をつくる方向に誘導電流が流れる。問題文では，電源装置から流れる電流によってコイルと磁石は引きあっているので，コイルを磁石から遠ざけると，誘導電流は電源装置からの電流と同じ向きになる(強めあう)。同様に，コイルを磁石に近づけると，誘導電流は電源装置からの電流と逆向きになる(弱めあう)。右の図1のように，コイルを磁石に対して①遠ざける，②近づける，③遠ざけるという順に動かしたので，コイルに流れる電流は，右の図2のように，もとの値より①強い，②弱い，③強いという順に変化する。

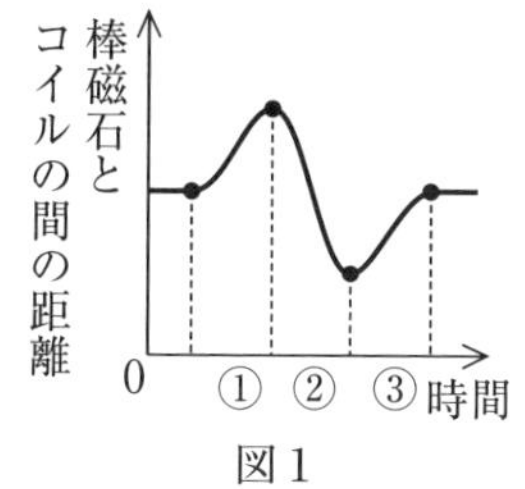

図1

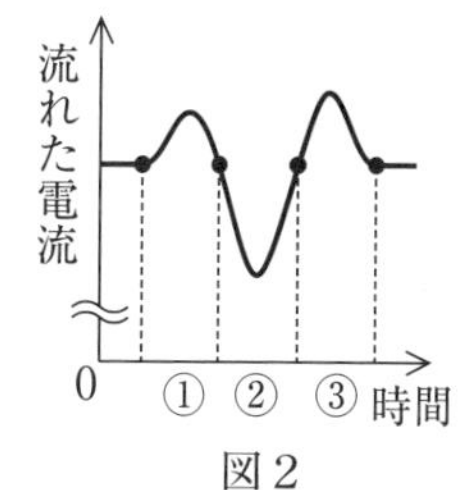

図2

(6) モーターは，コイルに電流を流して磁界をつくり，磁力によって回転運動を発生させている。逆に，発電機は，回転などの運動から，電磁誘導によって電流を発生させている。また，IH 調理器は，コイルに交流電流を流して磁界をつくり，その磁界の変化による電磁誘導で調理器具に電流を流すことで熱を発生させている。一方，電熱線は電気エネルギーを直接熱エネルギーに変換しており，磁界を利用していない。

社会　第1回　解答

1

問1	(1)	エ	(2)	14 時間 30 分	(3)	ア	問2	冷害		
問3	Gの国名－ タイ　Gの位置－ア　Hの国名－ベトナム Hの位置－エ									
問4	ウ	問5	エ	問6	エチオピア－ イ　南アフリカ共和国－ エ					
問7	(1)	ア	(2)	黒海	問8	ウ	問9	エ	問10	APEC

2点×13＝

2

問1	ア	問2	イ	問3	キャベツ	ウ	Fの県	Y	問4	エ
問5	記号	K	名称	種子島	問6	飼料	問7	エ		
問8	ウ	問9	ア	問10	ウ					

2点×12＝24点

3

問1	(1)	イ	(2)	ア	問2	(1)	ア	(2)	ウ	問3	(1)	エ
問3	(2)	風土記	問4	(1)	人物－ 藤原道長　語句－ 太政							
問4	(2)	職を継いだ子孫が先例を間違えずに行事を遂行するため。										
問5	(1)	ウ	(2)	エ	問6	(1)	ウ	(2)	ア	問7	エ	

2点×13＝26

4

問1	(1)	A－エ　B－ウ　C－イ	(2)	D－エ　E－ウ　F－ア					
問1	(3)	風説書	(4)	ピューリタン	問2	イ			
問3	(1)	ウ	(2)	ウ	(3)	イ	問4	エ	問5	ウ
問6	G－カ　H－エ　I－ア　J－オ	問7	イ・ウ・エ						

2点×12＝24点

解説

1 世界地理

問1

(1) エが正しい。赤道(緯度0度)はビクトリア湖(アフリカ)の北部、シンガポールの南、アマゾン川の河口部を通過する。また、日付変更線の基準となる180度の経線はロシアの最北東部やニュージーランドの東側を通る。

(2) 日本とロンドンの時差は9時間(135÷15＝9)であり、出発時刻の12月15日午後1時(日本時間)は、ロンドンの時刻で12月15日午前4時となる。到着時刻はロンドンの時刻で12月15日午後6時30分なので、羽田空港を出発してロンドンに到着するまでの所要時間は14時間30分となる。

(3) アが正しい。サンフランシスコは温帯のうち、夏に乾燥し、冬に雨が多くなる地中海性気候の代表的な都市である。

イ. シャンハイ(温暖湿潤気候)　　ウ. パリ(西岸海洋性気候)

エ. カイロ(砂漠気候)

問2 中国ではチンリン山脈とホワイ川あたりを境に年間降水量1000 mmを超える南部で稲作がさかんであるが、省別にみると、品種改良によって、冷害に強い米を栽培できるようになった中国最北部の黒竜江(こくりゅうこう)省の生産量が多い。黒竜江省では日本と同じジャポニカ米を生産しており、日本の米の収穫量が多い都道府県が東北日本に集中している様子を示した資料も解答の参考としたい。

問3 Gは「植民地時代に唯一独立を保った」からタイ(ア)と分かる。また、Hは「ASEAN結成時には南北で内戦が行われていた(ベトナム戦争)」からベトナム(エ)と分かる。

イ. ミャンマー　　ウ. マレーシア

問4 ウが誤っている。バングラデシュはイスラム教徒の割合が高い。バングラデシュは1947年に宗教上の理由からインドとパキスタンがイギリスから分離独立したときに、パキスタンの一部(東ベンガル州、1955年からは東パキスタン)として独立し、1971年にパキスタンから分離独立した。

問5　天然ガスの輸出量はエである。まず、サウジアラビアを含むアとウは原油に関するものと判断し、除外する(ア．原油の輸出量、ウ．原油の生産量)。残るイとエのうち、イは国内での消費量が多いことから輸出上位国とはならない中国が含まれるため、天然ガスの生産量と判断する。

問6　エチオピアはイ、南アフリカ共和国はエである。輸出品にはその国の産業の特色があらわれることが多く、エチオピアは「コーヒー豆」、南アフリカ共和国は「白金族(プラチナなど)」「自動車」から判断する。

ア．ガーナ。「金」「カカオ豆」から判断する。

ウ．ナイジェリア。「原油」から判断する。

問7

(1)　アが正しい。EU加盟国間での関税は撤廃され、国境を越えた移動も一部の国を除き、自由になっている。なお、ヨーロッパ諸国における国境を越えた移動についてはシェンゲン協定に加盟している国々の間で自由化されており、EU加盟27カ国のうち23カ国が参加し、EUに加盟していないスイスやノルウェーなども参加している。

イ．アムステルダムをブリュッセルに直せば、正しい文になる。

ウ．西ヨーロッパを東ヨーロッパに直せば、正しい文になる。

エ．EUの共通通貨ユーロはEU加盟27カ国のうち20カ国で導入されている。

(2)　黒海が正解となる。黒海の西側にはルーマニアやブルガリアがあり、その国境の一部を形成しながら国際河川であるドナウ川が注いでいる。

問8　ウが正しい。K・Lから判断するのが解答しやすい。センターピボット農法は、降水量の少ないアメリカ西部などで行われており、地下水を汲み上げて円形状に散水する大規模なかんがい農法である。

問9 エが誤っている。貿易風の影響を受け、ペルーの沖合(太平洋東部)を流れる寒流や周辺海域においてエルニーニョ現象やラニーニャ現象が発生する。これは世界的な異常気象の要因にもなっている。

問10 1989年に多文化社会の構築を目指すオーストラリアが主導して結成した枠組みはAPEC(アジア太平洋経済協力)である。日本、中国、アメリカなど21の国・地域が参加しており、中国と政治的に対立している台湾も参加している。

2 日本地理

問1 アは冬の降水量(雪)が多いので日本海側のD(鳥取市)、エは年間を通して降水量が少ないのでC(高松市)である。イとウのうち、年間の降水量が多く梅雨の時期(6月～)から秋にかけて降水の多いイは夏の南東季節風の影響を受けるB(宮崎市)となる。A(熊本市)は九州山地の西側に位置するため東シナ海から暖かい空気がもたらされ、梅雨前線の影響も受けやすく梅雨の時期の降水量が多くなりやすい(ウ)。

問2 第一次産業は農林水産業、第二次産業は製造業や建設業など、第三次産業はサービス業や情報通信産業などが含まれる。福岡県(E)は人口が多く、生活に密着した第三次産業の割合が高くなるため、イとなる。アは瀬戸内工業地域を抱え第二次産業の割合が高い岡山県(H)、ウは促成栽培がさかんで第一次産業の割合が高い高知県(G)、残ったエは鹿児島県(F)となる。

問3 アはピーマン、イは茶、ウはキャベツ、エはぶどうである。ピーマンは近郊農業がさかんな茨城県に加え、宮崎平野や高知(X)平野における促成栽培での収穫量が多い。また、鹿児島県(Y)では温暖な気候を利用して3～4月の早い時期から茶が栽培されており、収穫量は静岡に次いでいる。

X. 高知県　Y. 鹿児島県　Z. 岡山県

問4 エが正しい。岡山県(H)は瀬戸内工業地域の一部となっており、倉敷市の水島地区には石油化学コンビナートが形成されている。

ア．瀬戸内海沿岸の地域は冬の北西季節風が中国山地に、夏の南東季節風が四国山地にさえぎられるため、年間を通して降水量が少ないことから日照時間は長くなる。

イ．岡山県でもかきなどの養殖は行われているが、生産量日本1位となるのは隣県の広島県である。

ウ．瀬戸大橋が開通したのは児島(岡山県)と坂出(香川県)の間である。

問5　Kの種子島が正しい。種子島宇宙センターは日本最大のロケット発射場で、日本の宇宙開発において人工衛星打ち上げの中心的な役割を果たしている。種子島は鹿児島県に属し、16世紀にポルトガル人により鉄砲が伝来した場所としても知られる。

I．対馬（つしま）。朝鮮半島と九州の間に位置し、古くからの大陸との交易の拠点である。

J．屋久島。屋久杉で知られ、世界自然遺産に登録されている。

L．隠岐（おき）諸島。島根県に属し、承久の乱の折に後鳥羽上皇が流された場所である。

問6　シラスとよばれる火山灰が堆積した土がつもり土地が痩せている九州南部では畜産が発達しており、その飼料となるとうもろこしをアメリカなどから輸入している。

問7　エが正しい。機械の割合が最も高いウは豊田市における自動車工業がさかんな中京工業地帯、化学の割合が高いアは製鉄所や石油化学コンビナートが広がる京葉工業地域と判断する。残るイとエのうち、横浜市における自動車工業がさかんな京浜工業地帯は機械の割合が高いイ、小千谷ちぢみなどの伝統産業がさかんな北陸工業地域は繊維の割合が高いエと判断する。

問8　ウが正しい。秋田県八郎潟で北緯40度線と東経140度線が重なり、兵庫県西脇（にしわき）市で北緯35度線と東経135度線が重なる。北緯35度線は、西は島根県から東は千葉県まで本州を東西に横断している。

問9　アが正しい。Oは富山県の神通（じんづう）川流域を指しており、イタイイタイ病が発生した。大正時代頃から発生し、神岡（かみおか）鉱山(岐阜県)から排出されたカドミウムが神通川の水や流域を汚染し、この川水や汚染された農地に実った米などを通じて体内に入ることで引き起こされた。

問10 ウが誤っている。最上川が流れ、庄内平野が広がっているのは山形県であり、東北地方の農業に関する説明となっているので、誤りとなる。

ア．愛知県の渥美(あつみ)半島では温暖な気候をいかした施設園芸農業がさかんであり、温室メロン、電照菊(電照によって開花時期を遅らせる抑制栽培)、ビニールハウスなどを利用した野菜の促成栽培が行われている。

イ．果樹栽培がさかんな山梨県の甲府盆地ではかつては桑を栽培して蚕(かいこ)を飼い、まゆを生産する養蚕(ようさん)業がさかんであった。交通網が整備されると観光農園も増え、ワインの生産も行われている。

エ．関東平野では近郊農業がさかんで、輸送にかかる時間や費用を抑え、新鮮さが求められる野菜・果物・牛乳・鶏卵(けいらん)・食肉などを生産している。

3 歴史

問1

(1) イが正しい。弥生時代には中国や朝鮮から伝わった青銅器や鉄器といった金属器が使用された。島根県の荒神谷(こうじんだに)遺跡からは、1カ所に埋められていた大量の銅鐸(どうたく)や銅剣(どうけん)、銅矛(どうほこ)が出土している。

ア．縄文時代　　ウ．旧石器時代　　エ．古墳時代

(2) アが正しい。中国は漢のあと、魏(ぎ)・呉(ご)・蜀(しょく)の三国時代になった。『三国志』の「魏志」倭人伝には、邪馬台国への道筋などのくわしい記録が残されているが、邪馬台国の所在は不明であり、九州説や畿内説などがある。

ア．魏　　イ．蜀　　ウ．呉

問2

(1) アが誤っている。氏(うじ)とよばれる同族の集団に姓(かばね)とよばれる地位を与える氏姓(しせい)制度は大和政権における身分秩序である。冠位十二階の制度(603年)は、家柄にとらわれず才能や功績のある人物を役人に取り立てるためにつくられた。

(2) ウが正しい。7世紀初めに、アラビア半島のメッカで唯一の神であるアッラーのお告げを受けたとして、ムハンマドがイスラム教を開いた。ムハンマドが神から預かっ

た言葉は聖典である『コーラン』にまとめられた。

ア．紀元前4世紀　　イ．395年　　エ．1096年

問3

(1) エが正しい。稲を納める租は、口分田を与えられた6歳以上の男女が負担するもので、地方の財源となった。特産物を納める調と、麻の布を納める庸は、一般の成年男子が負担し、都まで運ばれて中央の財源に充てられた。

(2) 『風土記(ふどき)』が正しい。奈良時代になると、国のおこりや天皇の由来をまとめる動きが進み、歴史書の『古事記』『日本書紀』が作られ、地誌の『風土記』、和歌集の『万葉集』なども作られた。

問4

(1) 太政官は律令制における政治の最高機関で各役所を担当する八省を統括していた。資料は藤原道長が書いた『御堂関白記(みどうかんぱくき)』の一部であり、藤原道長は当時の最高職である左大臣(太政大臣は臨時の最高職であるため)の立場にあった。

(2) 当時の日記は私的なものではなく、仕事内容や儀式の次第、日常生活の様子が細かく記されており、職を継いだ子孫が先例を間違えずに行事を遂行するために参考とすることを前提に記されていた。

問5

(1) ウが正しい。源頼朝は平氏の滅亡後に対立した弟の源義経をとらえることを口実に、朝廷に守護・地頭を置くことを認めさせた。義経が奥州藤原氏のもとに逃れると、頼朝は義経と奥州藤原氏を滅ぼし、東北地方を支配下に置いた。

ア．保元の乱(1156年)を平治の乱(1159年)に直せば、正しい文になる。

イ．源義家の説明である。

エ．承久の乱が起こるのは源頼朝の死後にあたる1221年で、三代将軍の源実朝が暗殺されたあとに後鳥羽上皇が執権北条義時の追討を命じて起こした。

(2) エが正しい。

Ⅰ．一遍は時宗を開き、踊念仏によって人々に念仏を説いた。

Ⅱ．日蓮は日蓮宗を開き、法華経のみがシャカの正しい教えであるとした。

Ⅲ. 栄西は臨済宗を開き、座禅による厳しい修行で自ら悟りを開くことを説いた。

問6

(1) ウが正しい。室町幕府は金融業を営んでいた土倉(どそう)や酒屋を保護する代わりに税を取り立てるなどして収入を得た。15世紀に入ると、土倉や酒屋などをおそい、借金の帳消しなどを求める土一揆(つちいっき)がおこるようになった。

(2) アが正しい。「百姓が持っている国のようになってきている」とあるため、加賀の一向一揆(1488～1580年)であると判断する。浄土真宗(一向宗)の信仰で結びつき、加賀では守護大名を倒して約100年間にわたって自治が行われた。

問7 エが誤っている。織田信長は自由な営業を認めるため、安土の城下町で市の税を免除し、座を廃止した(楽市・楽座)。また、堺や京都の豪商に軍用金を求めたものの、堺の豪商が拒否したため、自治権を奪って堺を直接支配した。

4 歴史

問1

(1) 「鎖国」体制下での「四つの窓口」について、オランダ・清との窓口は幕領である長崎(オランダは出島、清は唐人屋敷(とうじんやしき))、琉球王国との窓口は薩摩藩(エ、1609年に薩摩藩による琉球征服)、朝鮮国との窓口は対馬藩(ウ)、蝦夷地(アイヌ)との窓口は松前藩(イ)がそれぞれ担当していた。白河藩(ア)は現在の福島県にあった藩であり、寛政の改革を行った松平定信は元白河藩主だった。

(2) 貿易品について、オランダ・清からは生糸・絹織物(エ)、朝鮮国からは人参・木綿(ウ)、蝦夷地からは海産物・毛皮(ア)を輸入した。武器・艦船(イ)は幕末期の欧米からの輸入品である。蝦夷地以外に対しては、主に銀・銅・海産物(いりこ・ふかひれ・干しあわびを含めた俵物(たわらもの))を、蝦夷地に対しては、米・鉄製品などを輸出した。

(3) 幕府は海外情勢を知るため、オランダ商館長にオランダ船が入港するたびに報告書として風説書(ふうせつがき)の提出を命じた。この風説書は幕府の中でも老中などの限られた人物しか見ることはできず、これによって幕府はアヘン戦争での清の敗北やペリー来航などを把握し、その後の政策に反映した。

(4) 「鎖国」体制は1639年にポルトガル船の来航を禁止し、1641年にオランダ商館を出島に移したことで完成した。これとほぼ同時期の1642～49年にイギリスでピューリタン(清教徒)革命がおこった。この革命では国王が処刑され、クロムウェルによる共和政が行われたものの、独裁化が進み、再び絶対王政に戻った。そのため、1688年に名誉革命がおこり、1689年に議会の権利を認めさせる「権利章典」が定められた。

問2 イが正しい。

Ⅰ. (正)貿易黒字の年次は6年あり(1868、1885、1887、1889、1892、1906年)、貿易赤字の最大額は1億円以上である(1898年の1億1200万円)。

Ⅱ. (正)1868年の貿易額は1500万円＋1000万円＝2500万円、1908年の貿易額は3億7800万円＋4億3600万円＝8億1400万円であり、約33倍に増加している。

Ⅲ. (誤)輸入額に関しては、1868年が1000万円で40年後には4億3600万円となっているため30倍以上だが、輸出額に関しては、1500万円が3億7800万円へと25倍ほどとなっている。

問3

(1) ウが正しい。

ア. ノルマントン号事件(1886年)を江華島事件(1875年)に直せば、正しい文になる。ノルマントン号事件は領事裁判権の撤廃を求める声が高まり、条約改正の動きが加速するきっかけとなった出来事である。

イ. 日本で初めて衆議院総選挙が行われたのは1890年であり、内閣制度が成立して伊藤博文が初代首相に就任したのは1885年である。第1回衆議院総選挙では直接国税15円以上を納める25歳以上の男子に選挙権が与えられた。

エ. ポーツマス条約で日本が獲得したのは北緯50度より南の樺太である。戦争中に国民は重税に苦しんだものの、賠償金が得られないという講和条約の内容だったため、国民の間で不満が高まり、日比谷焼き打ち事件が発生した。

(2) ウが正しい。

Ⅱ. 1894年に民間信仰を基にした宗教である東学を信仰する団体を中心に東学党の

乱(甲午農民戦争)が発生し、朝鮮国は清に出兵を要求したものの、日本も出兵したため、日清戦争が始まった。

Ⅰ. 1900年ごろに北京で義和団の蜂起が起こり、列強諸国は鎮圧のために軍隊を派遣した。この際にロシアが中国東北部の満州を占領したため、ロシアに対抗できるように日英同盟(1902年)が締結された。

Ⅲ. 日露戦争のころから日本は韓国の外交権を奪ったり、軍隊を解散させたりするなどして圧力を強めていたが、1909年に伊藤博文が安重根(あんじゅうこん)によって暗殺されると翌年に韓国併合を行った。

(3) イが誤っている。ルソーの思想を日本に紹介したのは中江兆民である。福沢諭吉は幕府の遣欧米使節に参加し、帰国後に『西洋事情』を著して、西洋の様子を紹介した。また、慶應義塾を創設し、『学問のすゝ(す)め』を著した。

問4 エが正しい。

ア. 1869年に各藩の領地と人民を天皇に返還する版籍奉還が行われ、藩主は知藩事としてそのまま任命された。1871年には廃藩置県が行われ、旧藩主を東京に移住させ、中央から府知事・県令を派遣することで中央集権化を進めた。

イ. 四民平等が進み、解放令が発せられたことで、江戸時代に差別されていた人々も制度上は平民として扱われることとなった。しかし、こうした身分の人々に対する差別はなくならず、差別からの解放を求める運動が各地でおきた。

ウ. 初期の徴兵令では一家の主人や長男であることや代人料(だいにんりょう)を納めることなどのさまざまな免除規定があり、実際に徴兵されたのは対象全体の約2割で、農家の次男・三男が多かった。

問5 ウが誤っている。日露間の国境について最初に定められたのは1855年の日露和親条約であり、この条約では千島列島における日本領は択捉島以南まで、両国民が居住していた樺太は「雑居地」とされ、両国民が居住してよいとされた。その後、ロシアの樺太への支配が強まったこともあり、1875年の樺太・千島交換条約では樺太はロシア領・千島列島全てが日本領とされた。

問6　1871年に出発した岩倉使節団は東回りで世界を1周した。太平洋を渡ったのち、南北戦争(1861～65年)後の1869年に開通した大陸横断鉄道(カ)を利用してアメリカの東海岸へ移動した。ヨーロッパを歴訪したのち、地中海を通ってスエズ運河(エ、1869年開通)を通過し、インド洋に出た。シンガポール訪問後はベトナムのサイゴン(現・ホーチミン)→香港(ア)→上海(オ)を訪問し､横浜に帰着した。シベリア鉄道(ウ)はロシアの東西を結ぶ世界最長の鉄道であり、20世紀の初めごろに開通した。パナマ運河(イ)はカリブ海と太平洋を結ぶ運河であり、アメリカによって1914年に開通した。

問7　イ・ウ・エが正しい。象徴天皇制(ア)や基本的人権の公共の福祉による制限(オ)は日本国憲法の内容であり､大日本帝国憲法では人権は法律の範囲内でのみ認められた。日本国憲法における国民の義務は保護する子女に普通教育を受けさせる義務、納税の義務、勤労の義務であり、国会は衆議院と参議院で構成されている。

問6 ウは波線部Bの次の一文の内容と、エは本文の最後の二文の表現とそれぞれ合致している。よって、正解は**ウ・エ**（順不同）。アは「鶏が腹に金の卵を何個も抱えていると考えた」の部分が、本文中の「腹には大きな金があるに違いない」の内容と矛盾している。イは「あえて日に一つの卵しか生まないようにしていた」の部分が本文中からは読み取れない。オは「この世を生き抜くことはたやすい」の部分が本文中にはない表現である。

である。日々に少しの儲けがあると、その命を保って過ごせるのに、(儲けを)積み重ねたいと思う気持ちのせいで、最終的には飽き満ちることがない。そればかりか(元から持っている)宝を失いその身をほろぼすことになるものだ。

問1　波線部A「生ませばや」は、生ませたいという意味。「～ばや」で「～(し)たい」という願望を表す。波線部の直前にも「二つも三つも続けざまに」とあることから、一つでは満足できずにもっと生むことを望んでいることが予想できる。よって、正解は**ア**。波線部B「いかさまにも」は、「きっと、ぜひとも」などの意味がある。アとイで悩むが、波線部の直後で「この鳥の腹には大きなる金や侍るべき」とあり、これが「この鶏の腹には大きな金があるに違いない」という意味なので、ここでは「きっと」の意味がふさわしい。よって、正解は**ア**。ウ「いかにも」は、「全く、実に、どう考えても」などの意味があるが、これは程度・状態のはなはだしい様子に対して用いるため、主の予想に使用するには無理がある。

問2　係り結びの法則が用いられている。一文の中に「ぞ・なむ・や・か・こそ」の係助詞があった場合、文末表現が終止形から、連体形(「ぞ・なむ・や・か」の場合)または已然形(「こそ」の場合)に変わる。空欄部Xの直前には「ぞ」とあるため、連体形がふさわしい。助動詞「けり」は、(けら)(未然形)／○(連用形)／けり(終止形)／ける(連体形)／けれ(已然形)／○(命令形)と活用する。よって、正解は**ウ**「ける」。

問3　古文中では会話文のカギ括弧が省略されていることが多い。この場合、会話の終了時に「と・とて・など」の言葉があり、区切りになっていることが多い。また、文中に「申す」という謙譲語が登場するが、これは「申し上げる」という意味で、発言を意味する。空欄部の直前に「とぞ申し」という部分があるので、この直前の「もとのままにて置かましものを」までが会話内容だとわかる。よって、正解は**もとのまま～ましものを**。

問4　歴史的仮名遣いを現代仮名遣いに改める際は、語頭以外の「は・ひ・ふ・へ・ほ」が、それぞれ「わ・い・う・え・お」となる。よって、正解は**かいける**。

問5　前半と後半に分けて考える。「つみ重ねたく思ふによつて」は「積み重ねたいと思って」を意味しているが、目的語が抜けている。ここでは直前の「儲け」を積み重ねたいという意味である。後半の「終にあきたることなし」は、欲心がどんどんと増加していって、「最終的な満足に至ることがなくなってしまう」いう意味。ここでの「飽く」は「飽きる」ではなく、「満足する」という意味。よって、**さらなる金銭を稼ぎたいと思って、十分に満足することはない**などとまとめるとよい。

が不適切。母は「私」の変化は察知していても、翌日のことまで予感していない。

問6 (1) 「『生きようと』することと反対の内容」なので、「生きることを諦める」「死を意識する」という内容になる。また設問で与えられた文に「『ひよこ』のように」とあるので、ひよこの回想場面に着目する。波線部a・bの段落でひよこが「死を予期しているかのように澄んだ瞳を見開いていた」とあり、「諦観という言葉を、その頃、知る由もなかったけれども、私は、ひよこの瞳を見詰めながら、そのことを思っていた」とある。ひよこが死を予期する目には生への「諦観」が表れているのである。よって、正解は**諦観**。(「諦め」も許容)

(2) 「確かに生きようとしていた」ことについて「具体的」に表現する必要があるので、幹生が「あの公園」で「私の手をきちんと握った」場面に着目する。傍線部④の前で「私は、幹生の手に触れた。彼は、私の手を握り、…」とあるので、この前の会話文が根拠になる。幹生は家庭環境から「諦めてた」高校進学について「大丈夫のような気がして来た…」と「前向き」な発言をしている。よって、**高校進学について前向きになること。**(17字)などとまとめるとよい。

問7 二重傍線部からは亜紀の驚きや衝撃を受けていることが読み取れる。その理由は、波線部a・bの前の段落の「幹生の瞳に出会った時…」からわかる。相沢幹生の瞳が死を意識したひよこの目に重なったためである。理由の二つ目は、二重傍線部の前の「憑かれたように」亜紀がひよこの目を「見続けていた」という内容や二重傍線部以降の内容が根拠になる。亜紀が相沢幹生に恋をしたのは彼の恐ろしさすら感じさせる死を見詰めている瞳に引かれたためなのだ。これらの内容を踏まえ、**相沢幹生の瞳が死を意識したひよこの目に重なることに気がつくとともに、自分が幹生に恋をしたのは彼の恐怖すら感じさせる目に引かれたことが理由だと気がつき、ひどく驚いている。**などとまとめるとよい。

4 古文の読解

出典『伊曽保物語』

【口語訳】

ある人が、鶏を飼っていたが、(その鶏は)毎日金の丸い物を卵として生むことがある。飼い主(のある人)はこれを見て限りなく喜ぶ。しかし、一日に一つ生むことに堪えきれず、二つも三つも続けて生ませたいと思って、その鶏をぶって苦しめるが、その効果もない。一日に一つ以外は生まない。飼い主が思うことには、きっとこの鶏の腹には大きな金があるに違いないと思って、その鶏の腹を切り開く。このようにして頭のてっぺんから足の爪先に至るまで見るが、他の金は見当たらない。その時飼い主は後悔して、「元のままにしておくべきだったのに(腹を割いて殺してしまった)」と申した。そのように、人が欲にふけることは、例の主が鶏の腹を割くことと同じ

全身をめぐり、日常生活に害を及ぼすものが入るとわかる。よって、正解は**ア**。

問2　a「まるで」は、自立語で活用がなく、その後の用言を修飾しているので「副詞」。よって、正解は**オ**。「まるで」は直後に「~ようだ」などを伴う「呼応の副詞」である。b「小さな」は、自立語で活用がなく、その後の体言を修飾しているので「連体詞」。よって、正解は**カ**。「小さな」「大きな」「いろんな」は形容詞や形容動詞と混同しやすいが、全て連体詞。

問3　傍線部①・②は、両方とも「私」が相沢幹生を呼んだときの表現だが、①では名字に「くん」付けで呼んでいるのに対して②では名前の呼び捨てになっている。①から②の間で、相沢幹生も「私」に好意を寄せていることがわかり、「私」の相沢幹夫に対する好意がより強いものになったのである。よって、正解は**オ**。他の選択肢は前述の内容と合致しないためいずれも不適切である。

問4　「私」が「涙ぐみそうになった」のは直前の会話を受けてなので、そこに理由がある。「私」は「空気が冷たくなる」季節の「夕方の空」が「綺麗」で「寒くなって行く」ことが嫌いではないと言っているのに対して、幹生は寒い季節が「なんか寂しい」ため「嫌いだった」が、「今はいい」「これからも平気かも」と述べている。また傍線部の後に「私が側にいることが、彼の瞳を濡らしているに違いない」とあることから、幹生の考えが「私」という存在によって変化したことに私は感激し、「涙ぐみそうになった」とわかる。よって、正解は**ウ**。アとイは前述の内容と合致しないので、それぞれ不適切。エとオは傍線部の直後の内容と関連するが直前の内容が抜けている。またエの「決意」は傍線部直後の「寂しい思いをさせたくないなあと思う」という表現とそぐわないため不適切。オは「寒い季節を寂しいものだという『彼』のとらえ方に魅了され」とあるが、この考え方は相沢幹生の心情が変化する前の考え方なので不適切。

問5　相沢幹生との幸せな時間を過ごした後、帰宅した「私」は妹と母とが口論する場面に遭遇する。はじめ「私」は二人の喧嘩を「馬鹿馬鹿しく」思っていたが、ひよこを死なせてしまったときのことを言う母の言葉に衝撃を受け、「幹生の瞳」と「ひよこの目」の共通点に気がつくことになる。母は「私」の様子が変わったことは気がついているが、風邪が原因だと考えるにとどまり、本当の理由は理解していなかったのである。よって、正解は**ウ**。アは「『妹』と口論する自分を見下すような『私』に苛立ちを覚え」「あたっている」が不適切。「私」に対して母は腹を立てているわけではない。イは後半の内容が不適切。妹は衝動的にうさぎを飼いたいと言っているだけで、「考えを巡らせて」はいない。エは「その経験を生かしてうさぎの世話はできる」という部分が不適切。ひよこは最初から「生きる気」がなかったために死んでしまったと言うだけで、経験を生かそうと考えていない。オは「予感した通り体調を崩した『私』」という部分

主張と齟齬がある。ウは「彼らの主体的な授業態度によって評価を決めるべき」、エは「能動的学習の手法研究に尽力すべき」、「優秀な教員が辞める可能性が出てくる」、オは「世界基準での授業の質保証が早急に必要」が本文中では書かれていない内容のため、それぞれ不適切。

問7 設問条件にあるとおり、矛盾する対象を明確にする必要があるが、傍線部の段落でその対象が二つ示されている。学生の個性化を求めて能動的学習を促している一方で、教育の質保証と教員評価が重視されている。この二つの矛盾点として、教員評価には一定の基準が必要で教育の平均化(画一化)が起き、個性化とは反対であることが挙げられている。よって、**学生に個性を求め能動的学習を推進しつつ、教育の質保証や教員評価を用いると、基準設定により教育の平均化や画一化が生じて当初の目的と逆行する点。**(70字)などとまとめるとよい。

問8 アは「大学は嫌な大人を見せることで」とあるが、本文中では多様性を見せる、とあるに過ぎない。イは「言葉に馴染みがなかったため」とあるが、その理由で取り組みに懐疑的だったわけではなく、教育が画一化していくことへの懸念によるものと述べられている。ウは「どのような場だとしても」とあるが、「企業」は「みんなが一つ方向に向かって力を合わせるというのが理想」とあるため、例外も存在する。エは一般的に能動的学習を導入する際の懸念として挙がる指摘だが、そのような指摘は見当たらない。オは本文中での筆者の主張と合致する。よって、正解は**オ**。

3 小説文の読解

出典 山田詠美「ひよこの眼」・北上次郎編『青春小説傑作選 14歳の本棚――初恋友情編――』所収・新潮社

【本文の概要】

転校生の相沢幹生の目を見たときから、私は名状しがたい気持ちを覚え、徐々に彼を意識するようになった。私はついに彼に思いを告げ、彼も同じ思いでいることがわかり、幸せな気分に浸ることができた。しかし、その日の帰宅後、妹と母の喧嘩をきっかけにして私はなぜ彼に魅了されたのかを理解することになる。昔飼っていた「ひよこ」が亡くなる前に見せた目が彼の目にとても似ていたのである。自分の死を意識し、生きることを諦めている目。私が彼に恋をしたのはその目の恐ろしさからであった。その後彼は亡くなってしまった。

問1 空欄部が二つあるので、一方だけから解答を考えるのではなく、両方を確認して的確に答えを出したい。空欄部Aは直後に「のように胸を覆い、心を湿らせた」とあり、エの「霜」やオの「霰」はこの表現とそぐわない。空欄部Bは直後に「のように全身にまわり、日常的なことが、すべてくだらないように思えていた」とあるので、

多くの価値観がしのぎを削りあうところである」という一文が見つかる。設問の条件である三十字以上三十五字以内で抜き出すと、「さまざまの考え方を許容し、多くの価値観がしのぎを削りあうところ」(31字)がふさわしい。よって、正解は「**さまざまの～あうところ**」。(「さまざまの～ころである」・「さまざまの～ろである。」も許容)

問3　「残念なことに」とあるように、傍線部では質問をする学生がいないことへの不満を述べている。さらに前に戻ると、「質問してくれれば、どんなにうれしいだろう」という表現が見つかり、筆者は質問を歓迎していることが読み取れる。その理由は傍線部の次の段落にて説明されている。筆者はアクティブラーニングによって思考を促し、意見を言わせ、その結果新たな疑問や着眼点にたどり着く可能性を望んでいるのである。よって、正解は**オ**。アは「自身の授業評価が上がらないことを懸念している」が、イは「授業の流れを汲み取って～頭の良い学生の存在が見当たらない」が、ウは「教科書を読んでさえいれば当然浮かぶ質問」が、エは「内容が薄くなってしまう可能性が出てきた」が本文中の内容と合致せず、それぞれ不適切。

問4　傍線部中の「曲者」は注釈にもあるとおり、油断ならないもの、得体の知れないものという意味。ここでは直前の「『一様に』あるいは『みんな』」ということへの嫌悪感を表現している。その理由は直後で「見渡す限りいい先生ばかりが見えるような大学はおぞましい」と説明されている。傍線部から続く四つの段落では、大学は多様性があって然るべきであり、画一化の流れのままでは学生の人を見る目は養われなくなってしまうと述べられている。よって、正解は**ア**。イは「授業に感銘を受け」という部分が、本文中ではいい授業をする教師だけがいればよいというわけではなく、多様性に満ちた環境で学ばせるべきだという主張なので、矛盾する。ウは「いい授業をする色々なタイプの教員が既に大学にいる」、エは「いい教授を見抜く力が付きさえすれば、社会人になってから上手くいく」、オは「グローバリズム化が進むこれからは主体性が不可欠だ」が本文中の内容と合致せず、それぞれ不適切。

問5　与えられた説明文の内容から空欄部Xに入る内容を予想した後に、本文中の該当箇所にあたりを付けて探すとよい。説明文では、初等中等教育と大学の講義内容が対比的に述べてあり、大学の講義は最新の学説を扱っているとある。学説は年月と共にさらなる状況に変化していく可能性がある。筆者がそのことについて説明している箇所を探すと、学生に語りかける場面が＊4の前の段落に「そのままずっと正しいということはない」(18字)という表現が見つかる。よって、正解は**そのままず～ことはない**。

問6　傍線部中の「胡散くささ」とは疑わしさ、怪しさという意味。ここでは文科省の方針への疑問をぶつけ、最終段落にて筆者の主張(反論)が展開されていく。よって、正解は**イ**。アは「斬新な手法として能動的学習」とあるが、筆者は三十年前から実践していて本文中の

解説

1　漢字

①　**固有**（こゆう）……そのものだけにあるもの。

②　**輸入**（ゆにゅう）……外国から、資源などの財を購入すること。対義語は「輸出」。

③　**酉**（とり）……十二支の十番目。十二支で時刻や方角を表すとき、西の方角や午後六時頃に対応する。

④　**不可避**（ふかひ）……避けられないこと。

⑤　**意味深長**（いみしんちょう）……簡単に理解できないような含みがあること。

⑥　**ふぜい**（風情）……独特の味わい。また、気配や様子のこと。

⑦　**おだ**（穏）―やか……何事もなく静かで安らかな様子。

⑧　**かんわ**（緩和）……厳しさの程度をやわらげ、ゆるめること。

⑨　**せっちゅうあん**（折衷案）……複数の異なる考えのそれぞれよい特徴を合わせた考え。

⑩　**とむら**（弔）―う……人の死を悲しみ、悼（いた）むこと。

2　論説文の読解

出典　永田和宏『知の体力』新潮社

【本文の概要】

昨今の大学教育では文科省の意図に従って、FD活動とアクティブラーニングが声高に推奨されているが、私はそれよりも大切なことがあると思っている。三十年前からアクティブラーニングを実践している私は、大学で教鞭（きょうべん）をとる者が一律に能動的学習を組み込んだ授業に尽力するのではなく、大学という学びの場の多様性が担保された状態にすることが肝要だと考えている。実際の社会にはさまざまな人間がいるので、最後の教育機関である大学は、学生に「先生は素晴らしい」という幻想から眼を覚まさせる役割を担い、どれがほんものかを見抜く目を養わせる必要があるのだ。

問1　二重傍線部a「禁じ得ない」は、「抑えられない、我慢できない」という意味。ウ・エ・オが当てはまる。傍線部直前に、「それでほんとうにいいのか、という思い」とあるため、全国一斉の指導方針に疑念があることが読み取れる。二重傍線部b「堰を切った」は、「たまっていたものがどっと溢れ出すさま」という意味。イ・ウが該当する。文中の内容でも文科省の通達があったうえで、みな一斉に同じ意見を出す様子が見られる。よって、正解は**ウ**。

問2　筆者が大学について説明している箇所まで読み進める。二重傍線部bの次の段落にて、「大学という場は、さまざまの考え方を許容し、

国語　第1回 解答

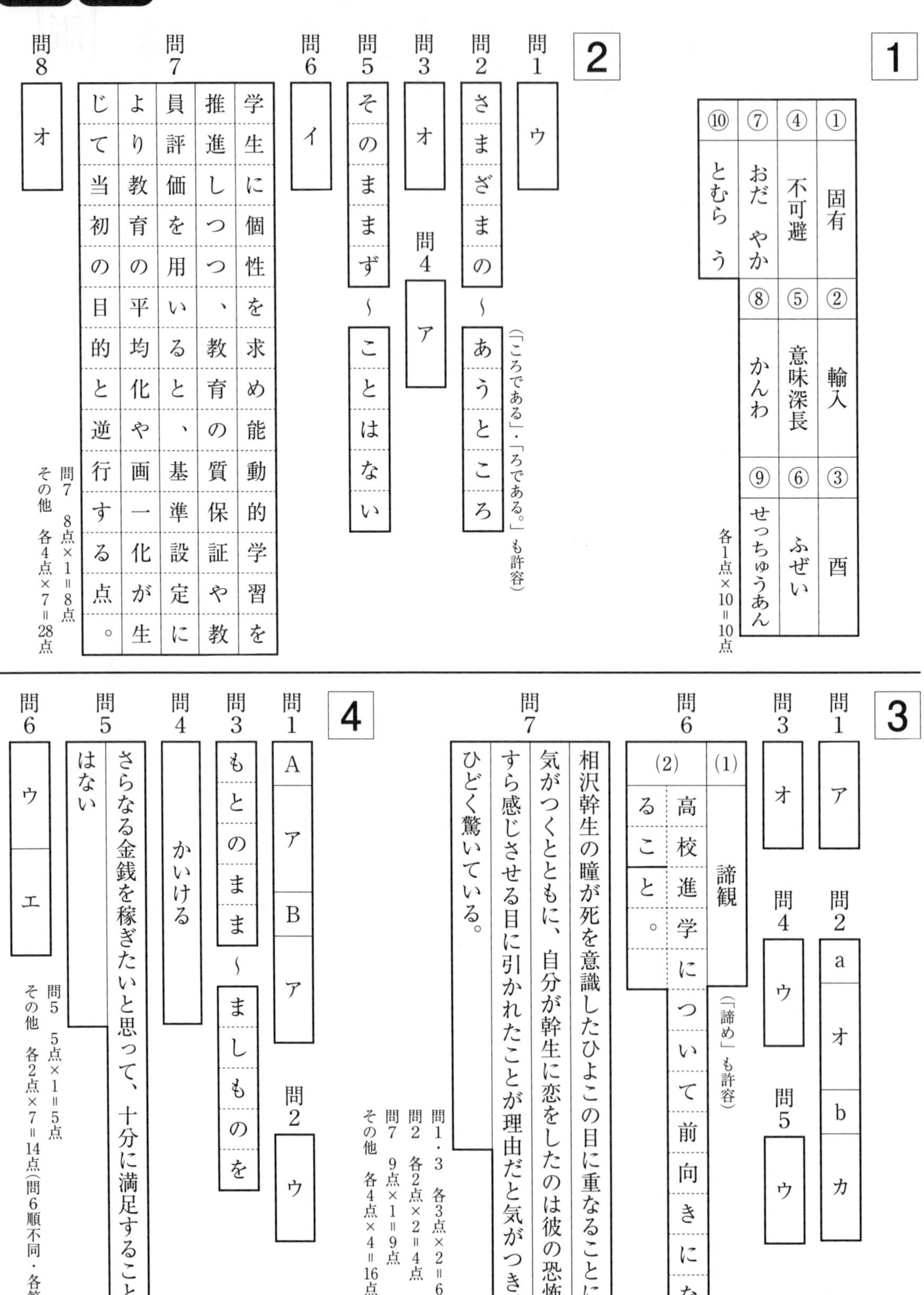

1

①固有　②輸入　③西　④不可避　⑤意味深長　⑥ふぜい　⑦おだやか　⑧かんわ　⑨せっちゅうあん　⑩とむらう

各1点×10＝10点

2

問1　ウ
問2　さまざまの～あうところ（「ころである」・「ろである。」も許容）
問3　オ
問4　ア
問5　そのままず～ことはない
問6　イ
問7　学生に個性を求め能動的学習を推進しつつ、教育の質保証や教員評価を用いると、基準設定により教育の平均化や画一化が生じて当初の目的と逆行する点。
問8　オ

問7　8点×1＝8点
その他　各4点×7＝28点

3

問1　ア
問2　a オ　b カ
問3　オ
問4　ウ
問5　ウ
問6　(1) 諦観（「諦め」も許容）　(2) 高校進学について前向きになること。
問7　相沢幹生の瞳が死を意識したひよこの目に重なることに気がつくとともに、自分が幹生に恋をしたのは彼の恐怖すら感じさせる目に引かれたことが理由だと気がつき、ひどく驚いている。

問1・3　各3点×2＝6点
問2　各2点×2＝4点
問7　9点×1＝9点
その他　各4点×4＝16点

4

問1　A ア　B ア
問2　ウ
問3　もとのまま～ましものを
問4　かいける
問5　さらなる金銭を稼ぎたいと思って、十分に満足することはない
問6　ウ　エ

問5　5点×1＝5点
その他　各2点×7＝14点（問6順不同・各答）

英語 第2回 解答

1

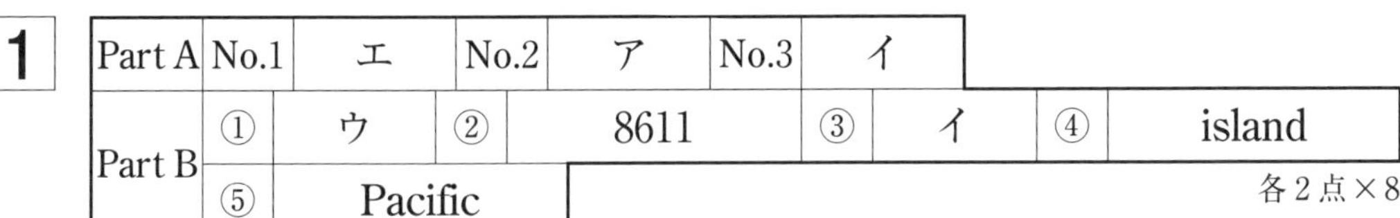

Part A	No.1	エ	No.2	ア	No.3	イ		
Part B	①	ウ	②	8611	③	イ	④	island
	⑤	Pacific						

各2点×8

2

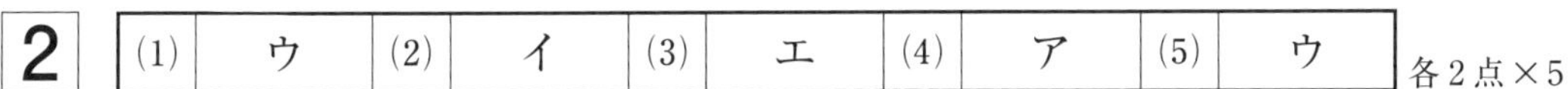

(1)	ウ	(2)	イ	(3)	エ	(4)	ア	(5)	ウ

各2点×5

3

(1)	enough	for	(2)	an	honest
(3)	difficult	hands	(4)	ten	twelve
(5)	sure	closed			

各1点×10

4

(1)	○	(2)	ア	(3)	○	(4)	イ	(5)	×

各2点×5

5

(1)	186 kcal	(2)	(c)	(3)	18 grams	(4)	(c)

各3点×4

6

問1	ア						
問2	(A) with	(B) Under		(C) at		(D) of	
問3	エ	問4	イ	問5	ウ	オ	

問1・2：各2点
その他各3点(問5各答・順不同)

7

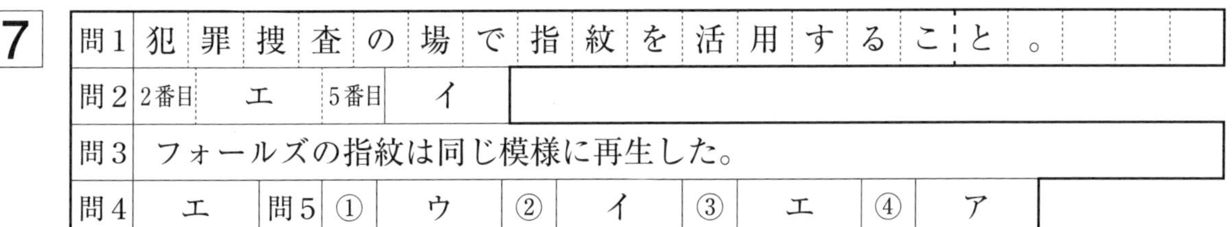

問1	犯罪捜査の場で指紋を活用すること。							
問2	2番目	エ	5番目	イ				
問3	フォールズの指紋は同じ模様に再生した。							
問4	エ	問5	①	ウ	②	イ	③	エ	④	ア

問1～4：各3点(問2完答)、問5：各2点

解説

1 リスニング

読まれた原稿と解説は以下の通り。

Part A

No. 1

Man ： May I take your order ?

Woman ： I'd like a hot cappuccino. And this is my point card.

Man ： Certainly. Now you've got enough points. You can order any drink under five dollars for free next time.

Woman ： Thanks. I'll come again soon.

男性 ： ご注文はいかがされますか。

女性 ： ホットのカプチーノを１つください。これ、ポイントカードです。

男性 ： かしこまりました。これで十分なポイントが貯まりましたね。次回、５ドル以下のお飲み物を無料でご注文いただけます。

女性 ： ありがとう。またすぐ来ます。

(1) What is true about the woman ?「女性について、当てはまるものはどれですか」

ア This is her first visit to this coffee shop.「彼女がこのカフェに来るのは初めてだ」

イ She doesn't have to pay any money for the cappuccino.
「彼女は(頼んだ)カプチーノの代金を払う必要がない」

ウ She will never return to this coffee shop.
「彼女は二度とこのカフェに来店しないだろう」

エ She can use the coupon next time.「彼女は次回クーポンを使える」

▶男性の２回目のセリフの３文目で、次回５ドル以下の飲み物が無料になると言っている。女性の２回目のセリフで、またすぐ来ると言っており、そのときにクーポン(無料引換券)を使うだろう。したがって、正解はエである。

No. 2

Woman ： Did you do your homework ? Can you hand it in ?

Man ： I'm sorry. I tried to do it, but I couldn't.

Woman ： Why not ? You said you had enough time to do it yesterday evening.

Man ： I did. I was planning to do it after dinner, but there was a soccer game on TV. I couldn't miss it.

女性 ： 宿題はしましたか。提出できますか。

男性 ： ごめんなさい。しようと思ったけど、できませんでした。

女性 ： なぜできなかったのですか。昨日の晩は時間があると言っていましたよね。

男性 ： はい。夕食後にするつもりだったんですが、テレビでサッカーの試合があったんです。見ずにはいられませんでした。

(2) What did the boy do yesterday evening ?「男の子は昨晩何をしましたか」

ア **He watched a sports program.**「彼はスポーツ番組を見た」

イ He lost his homework and looked for it.「彼は宿題をなくして探した」

ウ He washed the dishes after dinner.「彼は夕食後皿を洗った」

エ He practiced soccer.「彼はサッカーの練習をした」

▶男性の最後の発言に注目する。夕食後に宿題をしようとしていたが、サッカーの試合があり、I couldn't miss it.「見ずにはいられませんでした」と言っている。サッカーの試合、つまりスポーツ番組を見ていたので、正解はアである。

No. 3

Man ： Do you have any plans after work this week ?

Woman ： I will have a yoga lesson on Wednesday and dinner with my friend on Friday. But why ?

Man ： I have two movie tickets. How about going to the movie on Monday ?

Woman ： Let me see... I have a lot of work to do, so going at a late hour is better.

Man ： OK, I will check the theater schedule right away.

男性 ： 今週は仕事の後に何か予定はあるかい。

女性 ： 水曜日にヨガのレッスンがあって、金曜日は友達と夕食の予定があるわ。でもどうして。

男性 ： 映画のチケットが２枚あるんだ。月曜日に見に行かないかい。

女性 ： えーっと、仕事がたくさんあるから、遅い時間の方がいいな。

男性 ： わかった、今すぐに劇場のスケジュールを確認するよ。

(3) When will the man and the woman go to the movie ?

「男性と女性はいつ、映画に行きますか」

ア In the early evening on Monday.「月曜の晩早く」

イ In the late evening on Monday.「月曜の晩遅く」

ウ In the late evening on Wednesday.「水曜の晩遅く」

エ Soon after the conversation.「会話のあとすぐ」

▶男性の２回目のセリフの２文目でHow about going to the movie on Monday ?「月曜日に(映画を)見に行かないかい」と聞いている。それに対して、女性は仕事があるので、遅い時間がいいと答えている。したがって、正解はイである。

Part B

Woman ： Did you decide your presentation topic ?

Man ： Yes, I am going to talk about The Seconds in the World.

Woman ： The Seconds in the World ? What do you mean ?

Man ： For example, the world's highest mountain is Mt. Everest. It's 8848 meters high. And do you know the second highest mountain in the world ?

Woman ： Well, I have no idea.

Man ： It is K2. It is 237 meters lower than Mt. Everest.

Woman ： How do you spell it ?

Man ： It is simple. A capital K and the number two. Only two letters.

Woman ： I see. Your topic sounds interesting. Tell me about another world number two.

Man ： OK. The second longest river is The Amazon, 6516 kilometers long, following The Nile.

Woman ： I know that. The river flows into the sea on the coast of Brazil, right ?

Man ： Exactly. Well, do you know the second largest island in the world ?

Woman ： Umm... The largest island is Australia, so...

Man ： Stop ! Australia is a continent, not an island.

Woman ： Oh, sorry. Then, what is the answer ?

Man : First of all, the largest island is Greenland and the second is New Guinea. It lies in the Pacific Ocean and is split between Indonesia and Papua New Guinea. The island is 771,900 square kilometers.

Woman : OK. Anything else ?

Man : I did research on other number twos, but I can't tell you everything now. Just look forward to my presentation.

Woman : I will.

女性 : プレゼンテーションのテーマは決めたの。

男性 : うん。世界の第2位について話すつもりだよ。

女性 : 世界の第2位ですって。どういう意味なの。

男性 : 例えば、世界で一番高い山はエヴェレストでしょ。標高8848メートルだよね。そして、世界で二番目に高い山を知っているかい。

女性 : うーん、わからない。

男性 : K2だよ。エヴェレストより237メートル低いんだ。

女性 : どうやって綴るの。

男性 : 簡単だよ。大文字のKと数字の2だよ。たった2文字さ。

女性 : なるほど。あなたのテーマは面白そう。他の世界第2位についても教えてよ。

男性 : いいよ。世界で二番目に長い川はアマゾン川で、6516キロメートル。これはナイル川の次に長いんだ。

女性 : それは知ってる。ブラジルの海岸から海に流れ込むんだよね。

男性 : その通り。じゃあ、世界で二番目に大きい島は知っているかい。

女性 : うーん。世界最大の島がオーストラリアだから……。

男性 : 待って。オーストラリアは大陸だよ。島じゃない。

女性 : あ、ごめん。じゃあ正解は何。

男性 : まず、世界最大の島はグリーンランドで、二番目はニューギニア島だよ。太平洋にある島で、インドネシアとパプアニューギニアに分かれているんだ。島の大きさは771,900平方キロメートルだよ。

女性 : なるほど。他にはあるかな。

男性 : 他の第2位も調べたけど、今全部を話すわけにはいかないよ。僕のプレゼンを楽しみにしていて。

女性 ： そうするね。

▶① 男性の４つ目の発言から、山の名前は大文字のＫと数字の２の２文字である。選択肢**ウ**が正解。

② 男性の3つ目の発言から、K2はエヴェレストより237メートル低いことがわかる。そして、男性の２つ目の発言からエヴェレストの標高は8848メートルであるとわかる。8848 － 237＝**8611**(メートル)がK2の標高である。

③ 女性の６つ目の発言から、アマゾン川はブラジルから海に流れ込むことがわかる。選択肢**イ**が正解。

④ 男性の８つ目の発言から、ニューギニアは世界で二番目に大きい島(**island**)である。

⑤ 男性の８つ目の発言から、ニューギニア島が浮かぶのは太平洋(the **Pacific** Ocean)だとわかる。

以上の情報をまとめると、以下のようになる。

世界の第２位		
（① ウ K2）	アマゾン	ニューギニア
山	河川	（④ 島）
・（② 8611）メートル	・6516キロメートル ・（③ イ ブラジル）で終わる	・（⑤ 太平）洋にある

2 適語句選択

(1) She enjoyed (**ウ talking**) with her friends after school.

「彼女は放課後、友人たちとおしゃべりして楽しんだ」

▶「～して楽しむ」は〈 enjoy ～ ing 〉と表現する。

(2) (**イ It is not necessary for you**) to do the work in a day.

「その作業を一日でする必要はない」

▶〈 it is ～ (for 人) to V 原形〉で「(人にとって)Vすることが～だ」という意味である。正解の文の同意表現は、You don't have[need] to do the work in a day. もしくは、You need not do the work in a day. である。

(3) The word "DIY" (**エ　stands for**) "do-it-yourself."
「DIY という言葉は do-it-yourself (日曜大工、日曜大工の) を表す」
▶〈 stand for ～ 〉「～を表す、意味する」という熟語である。進行形はある動作の途中であることを表す。DIY の言葉の意味は時間が経過しても変化しないので、進行形で表すことはできない。

(4) I found the movie (**ア　boring**) because I could predict the ending of it without watching until the end.
「その映画は最後まで見なくても結末が予測できたので、つまらなかった」
▶ because 以下の内容から映画に対する感想は否定的なものであると考えられる。前半は〈 find O C 〉「O が C だとわかる、気づく」の第5文型の形である。映画は bored「退屈している」ものではなく、boring「つまらない、退屈するような」ものである。

(5) The heavy traffic every morning makes (**ウ　passengers**) on the bus irritated.
「毎朝の交通渋滞で、バスの乗客はいらいらしている」
▶(4)同様、この英文も〈 make O C 〉「O を C にする」という第5文型の形である。補語にあたる irritated「いらいらした」は動詞 irritate「いらいらさせる、じらす」の過去分詞形である。空所に入るのはバスに乗っている人、つまり passengers「乗客」である。ア　customers「顧客・常連客」、イ　clients「依頼人・顧客」、エ　guests「招待客」。

3 適語補充

(1) The hotel didn't have (**enough**) rooms (**for**) all the tourists to stay in.
「そのホテルには、観光客全員が泊まれるだけの部屋はなかった」
▶日本語から「観光客全員が泊まれるほど十分な数の部屋がない」という意味を補う。最後の to stay in という不定詞句の意味上の主語は all the tourists になるので、前置詞 for を置く。〈 enough (for 人) to V 原形〉「(人が) V できるほど十分」という表現は頻出である。

(2) What (**an**) (**honest**) boy he is !「彼はなんて正直な少年なのだろう」

▶感嘆文の語順〈what (a/an) 形容詞 + 名詞 + SV ～ ! 〉に従う。honest「正直な」は発音が母音から始まるので、冠詞は an になる。正解の文を how から始まる感嘆文で表すと次のようになる。

How honest the boy is !「その少年はなんて正直なのだろう」

(3) The question was so (**difficult**) that I could just throw my (**hands**) up.

「その問題は手強すぎて、わたしは降参するしかなかった」

▶「問題が手強い」とは難しいということである。後半の「降参する」は具体的な動作を思い浮かべる。両手を挙げて降参の意思を表すことができる。

(4) It is (**ten**) to (**twelve**) in the morning now.「今は、午前 11 時 50 分です」

▶11 時 50 分を「12 時まで 10 分」と捉える。時刻の表現は様々なので、場合に応じて使い分けができるようにしよう。

(5) Make (**sure**) that you keep the windows (**closed**) before you leave home.

「家を出る前に窓が閉まっていることを確かめてね」

▶〈 make sure that ～ 〉「～であることを確かめる」という熟語表現である。that 以下は第 5 文型〈 keep O C 〉「O を C に保つ」の英文である。目的語にあたる the windows は「閉まっている(閉められている)」ので、補語には過去分詞 closed を補う。

4 正誤

(1) ○ (2) ア (3) ○ (4) イ (5) ×

(1) ア Lake Biwa is larger than any other lake in Japan. →○

「琵琶湖は日本の他のどの湖より大きい」

▶最上級を用いた表現 Lake Biwa is the largest lake in Japan.「琵琶湖は日本で一番大きい湖だ」の書きかえとして正しい。

イ　Three years have passed since my grandfather died. →○

「わたしの祖父が亡くなってから3年が経った」

▶My grandfather died three years ago.「わたしの祖父は3年前に亡くなった」の書きかえとして正しい。

(2)　ア　The cat will be taken care of by that kind man. →○

「その猫はあの親切な男性に世話されるだろう」

▶能動態で表すと That kind man will take care of the cat.「あの親切な男性はその猫を世話するだろう」である。受動態の文だと、助動詞 will の直後に be 動詞の原形を置くこと、taken care of の後ろに前置詞 by が続くことに気をつけよう。

イ　He can play the piano more better than his brother. →×
→（*much*）*better*

「彼は弟より(ずっと)上手にピアノを弾くことができる」

▶比較級の前に強調の言葉を置きたいときは、much や far を使う。more だと比較級が連続することになり、正しくない。また very も比較級の前では使わない。

(3)　ア　Don't forget to visit the temple in traveling in Thailand. →○

「タイを旅行するときはぜひその寺を訪れてみて」

▶〈don't forget to V 原形〉で「忘れずに(必ず)～しなさい」という命令や推奨の表現になる。また、「～するとき」は〈when SV〉だけでなく、〈in ～ ing〉でも表すことができる。

イ　Hurry up. We have little time left. →○

「急いで。少ししか時間が残っていない」

▶〈little time left〉で「残された時間が少ししかない」という意味になる。形容詞 little は冠詞 a がつくと「少し」、つかないと「少ししかない」と意味が変化する。

(4) ア If the sky will clear tonight, you can see some shooting stars. → ×
→ *clears*

「今夜天気が良ければ、流れ星が見られるだろう」

▶ If から始まる前半は条件を表す副詞節なので、現在形になる。動詞 clear は「～を片付ける、取り除く」の他に「(空が)晴れる」という意味がある。

イ This tower is as tall a building as that one. →○

「この塔はあの塔と同じくらいの高さの建築物だ」

▶ as tall a building as の部分は見慣れないかもしれないが正しい表現である。1つ目の as は副詞で「～と同じくらい」という意味である。副詞 as は形容詞 tall を修飾したいので、tall が直後に来る。そのため通常の文だと a tall building という語順になるところが、tall が前に来る形になる。

(5) ア Astronomy, or the study about outer space, the sun, stars, and planets, are interesting. → ×
→ *is*

「天文学、つまり宇宙や太陽や星、惑星についての学問は面白い」

▶ 1つ目のカンマから5つ目のカンマの間(or ～ planets)は挿入句になっていて主語の Astronomy の説明である。この部分はなくても文型に影響がない。be 動詞は、直前の planets に惑わされずに Astronomy に合わせる。

イ Susan is fond of collecting stationeries, such as erasers, notebooks, and rubber stamps. → ×
→ *stationery*

「スーザンは文房具、例えば消しゴムやノート、スタンプ印を集めるのが好きだ」

▶ stationery「文房具」は不可算名詞である。文房具はそれぞれ形・大きさが異なるので、数えることはできない。

5 図表

ワグナー・アンド・ウォールデン

ワグナー・アンド・ウォールデンは1886年創業、英国発祥の由緒ある
チョコレート工房です。
我々の最高品質のチョコレートは映画スターや英国王室の方々をはじめ、
多くの人々にご愛顧いただいております。
ロンドンのブロンプトン通りにある、本店へのお越しをお待ちしています。

こちらは長年製造している3種の味が4つずつ入った詰め合わせとなっています。

ミルク・原材料
砂糖、ココアバター、**全乳粉**、カカオマス、乳化剤
ピスタチオ・原材料
砂糖、ココアバター、**全乳粉**、**ピスタチオ**、カカオマス、**ピスタチオペースト**、乳化剤
ラム・原材料
砂糖、ココアバター、**全乳粉**、ホワイトラム酒、カカオマス、乳化剤
車を運転される方、お子様へ：アルコールを含むものはお控えください。
アレルギー情報：**太字**の原材料をご確認ください。

栄養成分表示

(1粒当たり)	ミルク	ピスタチオ	ラム
エネルギー	64 kcal	58 kcal	54 kcal
脂質	3.5 g	3.6 g	3.2 g
たんぱく質	0.4 g	0.6 g	0.5 g
炭水化物	7.8 g	6.0 g	5.9 g
食塩相当量	0.03 g	0.02 g	0.03 g

直射日光の当たらない涼しい乾燥した場所で保管してください。
ご不明点やご質問がありましたら、こちらにお問い合わせください。
www.wagnerandwalden.co.uk
賞味期限　2023年11月8日
内容量　216グラム / 7.6オンス

(1) ミルクチョコレート2粒とピスタチオチョコレート1粒を食べると、摂取カロリーはどれだけになりますか。算用数字で答えなさい。

正解：186(kcal)

▶栄養成分表示の表よりミルクチョコレートは1粒64キロカロリー、ピスタチオチョコレートは1粒58キロカロリーである。64×2＋58＝186(kcal)が正解である。

(2) 子供が食べるべきでないのはどの味ですか。

正解：(c) **Rum**

▶ラムは名前の通り、原材料にラム酒が入っている。原材料表示の下にも運転手と子供に向けて「アルコールを含むものはお控えください」と注意書きがある。

(3) 1粒の重さは何グラムですか。どの味の粒も同じ重さだとする。算用数字で答えなさい。

正解：18 (grams)

▶包装上部にある謳い文句の最後に three flavours, four pieces each「3種の味が4つずつ」とあるので、一箱に12粒入っている。一箱の重量は包装の右下にあるように、216グラムである。216÷12＝18(grams)が正解。

(4) この包装について正しいものはどれですか。

正解：(c) **Not only citizens but famous people have enjoyed Wagner & Walden chocolate.**

「市民だけでなく有名人もまたワグナー・アンド・ウォールデンのチョコレートを楽しんできた」

▶謳い文句の2文目に Our best-quality chocolate is enjoyed by many people, including movie stars and even members of the Royal Family.「我々の最高品質のチョコレートは映画スターや英国王室の方々をはじめ、多くの人々にご愛顧いただいております」とあるので、正しい。

その他の選択肢の和訳と解説は以下の通り。

(a) The chocolate has to be put in the fridge.

「チョコレートは冷蔵庫に保管しなければならない」

→右下に Keep in a cool, dry place away from sunlight.「直射日光の当たらない涼しい乾燥した場所で保管してください」とあるが、冷蔵庫に必ず入れる必要はない。

(b)　If you have some trouble with the chocolate, you should make a phone call.
「もしチョコレートに問題があれば、電話をかけるべきだ」
→右下に If you have any questions or comments, please contact us ～「ご不明点やご質問がありましたら、こちらにお問い合わせください」とあり、その下には電話番号ではなく、ウェブサイトの URL(www.wagnerandwalden.co.uk)がある。

(d)　Wagner & Walden has been making chocolate for over 150 years.
「ワグナー・アンド・ウォールデンは 150 年以上チョコレートを作っている」
→謳い文句の 1 文目には established in 1886「1886 年創業」とあり、右下には BEST-BEFORE-DATE 8/11/23「賞味期限　2023 年 11 月 8 日」とある。まだ創業から 150 年は経過していない。ちなみに、イギリス英語では日付を〈date/month/year〉「日 / 月 / 年」で表示するが、アメリカ英語だと〈month/date/year〉「月 / 日 / 年」で表すことが多い。

6　物語文読解

〔全訳〕

エド・ジョーンズは、暇な時間にリサイクルショップで買い物をするのが好きだ。彼は、金銭的価値があるかもしれないもの、例えば古い皿とか古書を探す。もし値打ち物を見つけたら、安く買って骨董品業者にまた売るのだ。

ある日、ジョーンズ氏はインディアナ州インディアナポリスのリサイクルショップで買い物をしていたが、ついていなかった。めぼしいものは何も見つからず、ドアに向かって歩き始めた。そのとき彼の目に留まったものがあった。壁に立てかけてあったのは、大きな厚紙でできた地図だった。彼は近づいていってよく眺めた。

その地図は埃に覆われていたので、ジョーンズ氏はハンカチでそれを拭いた。埃の下には彩色されたパリの地図があった。それは古そうだった。地図の裏には値段が 3 ドルと書かれていた。ジョーンズ氏はそれは 3 ドル以上の値打ちがあると確信したので、それを買った。おそらく 40 ドルで売れるだろうと彼は考えた。

のちほど、家で、ジョーンズ氏は地図をもっとじっくり眺めてみた。彼は地図がとても古そうだと考えた。もしかしたら 40 ドル以上の価値があるかもしれない。

翌日、ジョーンズ氏は地図を近所の大学の地理学の教授のところに持っていった。その教授は地図の専門家だった。数分間地図を眺めて、彼はとても興奮した。「この地図について読んだことがあります」と彼は叫んだ。そして、彼はジョーンズ氏に知っていることを話した。

1671年、フランス国王ルイ14世は、地図製作者にパリの地図を作るよう依頼した。地図製作者はその地図製作に4年間かけた。彼が描いた地図は美しかった。ただの地図ではなく、芸術品でもあった。地図製作者はその地図をいくつか白黒版で複写した。そして、その複写の1つを丁寧に彩色して、河川は青、木々は緑、建築物は茶色で塗った。教授は白黒版の複写の1枚はロンドンの大英博物館に、もう1枚はパリの国立図書館に収蔵されていると言った。「私が思うに」教授はジョーンズ氏に言った。「あなたはカラー版の地図を見つけたのだ、インディアナポリスのリサイクルショップで」教授はジョーンズ氏にその地図をニューヨークに持っていくように提案した。そこで専門家が、教授の言ったことが正しいかどうかジョーンズ氏に教えてくれるだろう。

ニューヨークの専門家は教授が正しいと言った。彼らはジョーンズ氏が手に入れたのは一つしかないカラー版の地図で、とんでもなく貴重だと言った。「地図にどれだけの値打ちがあると思いますか」とジョーンズ氏が専門家に尋ねると「何百万ドルもする」という答えが返ってきた。「その地図の価値をはっきり断言することはできない。いくらでも喜んでお金を出す人がいるくらい価値があるものだ」

すぐにジョーンズ氏は人々がいくらでも地図に支払うつもりであるとわかった。1000万ドルで買い取る申し出があると、すぐに他から1200万ドルの提示があった。次の提示は1950万ドルだった。もちろん、それらは単なる申し出であり、お金そのものではない。しかし、それらの提示によって、ジョーンズ氏は専門家が正しいとわかった。地図はとんでもなく貴重なものだったのだ。

いったいどうやって、この地図はインディアナポリスのリサイクルショップに流れ着いたのだろう。専門家は次のように考えている。地図はおそらくフランスの博物館か裕福な家庭の家に飾られていた。そして、第一次、もしくは第二次世界大戦の混乱のなか窃盗にあった。泥棒は盗品をフランスの骨董品業者に売った。そのフランスの骨董品業者は、地図の本当の値打ちを知らずに、インディアナポリスの骨董品業者に売った。その骨董品業者も地図の価値を見抜けずに、隣人にあげた。10年間、隣人の家に地図はかかっていた。そして、隣人は見飽きた地図をリサイクルショップに売った。何か月も地図はリサイクルショップにあった。そしてついに、ジョーンズ氏が発見した。

ジョーンズ氏がリサイクルショップに買い物に行ったとき、彼はお買い得品を探していた。彼は自分が払った金額以上に価値があるものを探していた。彼は地図に3ドル支払い、それはおそらく何百万ドルもの価値がある。まさにお買い得品だ。

出典：Sandra Heyer *True Stories: Level 4, Silver Edition* Pearson Education

問1　ア　beau-ti-ful

▶valuableは第一音節にアクセントを持つ。同じく第一音節を強く読むのはアである。他は第二音節にアクセントがある。

問2　(A)　**with**　(B)　**Under**　(C)　**at**　(D)　**of**

▶空所(A)について、〈be covered with ～〉「～で覆われた」は頻出の熟語表現なので、覚えておこう。空所(B)は、(A)の内容とそれに続く、Mr. Jones wiped it with his handkerchief「ジョーンズ氏はハンカチでそれを拭いた」から、地図が埃の下にあるという位置関係を読み取りたい。空所(C)は〈look at ～〉「～を見る」の表現を知っていれば正解できる。lookedと空所(C)の間にあるmore closely「より密接に」に惑わされないように。空所(D)は、〈get[be] tired of ～〉「～に飽きる(飽きている)」という意味である。類似表現として、〈get[be] bored with ～〉「～にうんざりする(している)」がある。

問3　エ　自分の専門分野にかかわる、希少だと思われる地図を目にしたから。

▶he became very excited「彼はとても興奮した」の彼(＝自分)にあたるのは、地理学の教授である。教授は、ジョーンズ氏が大学に持ってきた地図を見てこのような状態になった。リサイクルショップで地図を見つけたのはジョーンズ氏なので、アは不適。また、持ち込まれた地図に歴史的・金銭的価値があることを下線部以降で話しているが、教授自身が地図の美しさについて言及している箇所はないので、イは不適。また、ずっと探していたという記述もないので、ウも不適。

問4　イ

▶文整序は、選択肢だけでなく本文の前後からの文脈も合わせて考えることが肝心だが、いくつかのキーワードをヒントに解き進めることも大事である。今回は、冠詞に注目する。冠詞は、基本的に a/an から the の順番で使われる。これを踏まえて選択肢を確認すると、① a thief、③ The thief の組と、③ an antique dealer in France、② The French antique dealer の組がある。①から③、③から②の順番になっている選択肢はイしかない。

文整序の出題形式として、自分ですべて並べかえる場合も存在する。もし、今回の問題が自分ですべての順番を考える形式であるならば、上述の冠詞に注目することに加えて、①(a thief stole) it が④ The map を指すこと、② an antique dealer in Indianapolis が空所(あ)直後の That antique dealer につながることなどもヒントにして答えを組み立てたい。

問5　ウ，オ

各選択肢の和訳と解説は以下の通り。

ア　Mr. Jones bought the map because it was colorful and beautiful.

「ジョーンズ氏は地図が色鮮やかで美しかったから購入した」

▶ジョーンズ氏が地図を買ったのは、第3段落5文目 Mr. Jones was quite certain that the map was worth more than $3「ジョーンズ氏はそれは3ドル以上の値打ちがあると確信した」からであり、地図の美しさが理由ではない。

イ　At first, Mr. Jones thought the map was worth $40 million, but it was worth more.

「当初、ジョーンズ氏は地図が4000万ドルの価値があると思ったが、それ以上だった」

▶第3段落6文目 He thought he could probably sell it for $40.「おそらく40ドルで売れるだろうと彼は考えた」と一致しない。最初の予想は4000万ドルではなく、40ドルである。

ウ　Mr. Jones wanted to know the real value of the map and took it to the professor.

「ジョーンズ氏は地図の本当の値打ちが知りたくて、教授のところに持っていった」

▶第4･5段落の内容から、ジョーンズ氏は地図を購入後に家でじっくり眺めると当初の予想より価値が高そうだと考え、翌日大学に持ち込んでいる。よって正しい。

エ　The professor knew little about the map, so Mr. Jones took it to the New York experts.

「教授は地図についてあまり知らなかったので、ジョーンズ氏は地図をニューヨークの専門家のところに持っていった」

▶第5段落4文目 “I've read about this map !” he exclaimed.「『この地図について読んだことがあります』と彼は叫んだ」とあり、第6段落では地図の来歴が詳しく書いてある。ニューヨークの専門家のところに持っていくのは Experts there could tell Mr. Jones if the professor was right.「そこで専門家が、教授の言ったことが正しいかどうかジョーンズ氏に教えてくれるだろう」(第6段落9文目)ということが理由である。

オ　Some people wanted to spend a lot of money on the map.

「地図に大金をかけようとする人もいた」

▶第8段落では、ジョーンズ氏に対して地図を買い取るため1000万ドル、1200万ドル、1950万ドルの提示があったと書かれている。よって正しい。

カ　Mr. Jones sold the map for about $20 million.

「ジョーンズ氏は地図を約2000万ドルで売却した」

▶第8段落では地図に対して最高1950万ドルの提示があり、第10段落3文目では He paid $3 for the map, and it is probably worth millions.「彼は地図に3ドル支払い、それはおそらく何百万ドルもの価値がある」とある。しかし、実際にジョーンズ氏が地図を売る描写も、その金額についての記述もない。

7　長文読解総合

〔全訳〕

1892年アルゼンチン、フアン・ブセティッチという警官は2人が殺害された事件を捜査していた。犯罪現場で、彼はドアにある痕跡を見つけた。指紋だった。彼はこれを殺人の容疑者２人のものと照らし合わせてみた。その指紋のうち１つが合致し、ブセティッチは事件を解決した。このことの何がそんなに特別なのだろうか。指紋が殺人事件の解決に役立てられた初めての機会だったのだ。

古代において人々は指紋を個人を特定するために使用していた。ビジネスの場で署名としても指紋を使っていた。しかし、犯罪捜査の場では1880年代後半まで指紋が役立てられたことはなかった。世界の異なる３地域で活躍した、３人の男によって可能になったのだ。

最初に膨大な数の指紋を収集したのは、ウィリアム・ハーシェルだった。彼はインドでイギリス政府のために働いていた。彼は公式文書に人々が署名した時の指紋を採取していた。何年もかけて、彼は同一人物の指紋を数回にわたって集めていた。彼は重大な発見をした。指紋は年月を経ても変化しない。

ほぼ同時期に、日本在住のスコットランド人医師が指紋の研究を始めた。ヘンリー・フォールズはある日、古代日本の陶器を眺めているときに、鉢に浮かぶ小さな文様に気がついた。彼はその文様が2,000年前の指紋であるとひらめいた。フォールズは「指紋は個々人に特有なのだろうか」と考えた。彼は友人、同僚、彼が勤める医学学校の生徒みんなの指紋を採取した。それぞれの指紋が特有のものだった。彼はまた「指紋を変化させることはできるのだろうか」とも考えた。疑問の解明のため、彼は自分の指の指紋をカミソリを使って剃り落とした。同じように再生するだろうか。そうなった。

ある日、フォールズの医学学校で盗難事件があった。アルコールがいくらか無くなっていた。フォールズは瓶に残った指紋を見つけた。彼はその指紋を自分の記録と照らし合わせて、合致するものを見つけた。泥棒は彼が教える医学生のうちの１人だった。指紋を精査することで、フォールズは事件を解決した。

ハーシェルとフォールズは２人とも指紋を収集したが、ある問題があった。彼らが収集したものを、特定の指紋を同定するために活用するのがとても難しかった。イギリスのフランシス・ゴルトンによって、それはより簡単になった。彼は指紋には共通するパターンがあると気づいた。彼はこれらを指紋を分類するのに役立てた。これらの特徴は「ゴルトン項目」と呼ばれ、おかげで警察は指紋の記録を検索しやすくなった。このシステムは現在も使われている。警察が指紋を発見すると、ゴルトン項目を参照する。そして、警察は似た特徴を持つ別の指紋を探すのだ。

フォールズと同様に、ゴルトンは個々人は特有の指紋を持つと信じていた。ゴルトンによると、２人の人間が同じ指紋を持つ確率は640億分の１であった。一卵性双生児の指紋でさえ異なるものなのだ。指紋は犯罪者を特定するのに完璧な道具だった。

100年以上、同じ指紋を持つ2人の人間が見つかることはなかった。そして、2004年にスペインのマドリードでテロリストが事件を起こした。マドリード警察は指紋を見つけた。コンピュータを使って世界中の指紋のデータベースを調べた。指紋の専門家3人がアメリカ西海岸在住の男が犯人の1人だと同意した。警察は彼を逮捕したが、専門家は間違っていた。その男性は無実だったのだ。他の男が有罪だった。驚くべきことに、お互いが6,000マイル離れたところにいる2人の男の指紋はほぼぴったり同じだったのだ。

マドリードの事件での専門家の過失により、警察はとても注意しなければならなくなった。今日では何百万もの指紋がデータベース上にある。それらの多くはほぼ同一である。しかし、全く同じでない限り、それらの指紋は特有のものなのだ。

出典：Daphne Mackey and Alice Savage *Read this ! 2: fascinating stories from the content areas*
Cambridge University Press

問1　(解答例)**犯罪捜査の場で指紋を活用すること。**(17字)

▶指示語thisが指し示す内容は、基本的に直前にある。下線部が含まれる文の1つ前の文は、However, no one used fingerprints in crime work until the late 1880s.「しかし、犯罪捜査の場では1880年代後半まで指紋が役立てられたことはなかった」である。この文はno one「誰も～ない」から始まるが、下線部の直後にはpossible「可能である」とあるため、できなかったことができるようになると解釈する。

問2　2番目：**エ**　5番目：**イ**

(It) occurred to him that the lines were 2,000-year-old (fingerprints.)

▶並べかえる部分の直前にItがあり、これがこの一文の主語にあたる。並べかえる部分の先頭には動詞が来るが、選択肢の中で動詞はイ wereとウ occurredである。基本的にItの後ろにwereを置くことはできないので、ウが先頭に来る。一方、wereに対する主語は名詞の複数形のア the linesがふさわしい。It occurredとthe lines wereの2つのかたまりをつなぐものとして、カ thatを接続詞として使うことができる。文脈より、古代日本の陶器についた文様が何かを考えているので、オ 2,000-year-old「2,000年前の」は文様、つまり指紋にかかる。並べかえる部分の直後にある fingerprints にかかるように、オは最後に置く。残ったエ to him は occurred の後ろに置く。〈S occur to ～〉「S が～に起こる、～が S をひらめく」という表現を知っているとスムーズだが、知らなくても、ここまでに組み立てた It occurred that the lines were 2,000-year-old fingerprints の文のどの位置に前置詞と名詞の組み合わせ（＝修飾語）が入るべきか考えると、自動詞 occur の後ろであると見当がつくだろう。ちなみにこの文は、形式主語 it を置いて that 以下の内容を後置した形になっている。

問３　(解答例) **フォールズの指紋は同じ模様に再生した。**

▶問 1 同様、代名詞 they も代動詞 did も、示す内容は直前である。直前の一文は Would they grow back the same ?「(それらは)同じように再生するだろうか」である。did の内容は「同じように再生した」(時制を調整することに気をつけよう)だとわかる。しかし、直前のこの文だけだと、they が何を指すかはまだわからない。さらにもう一文前を見ると、He shaved the fingerprints off ～「彼は指紋を剃り落とした」とあるので、they は指紋を表す。「指紋が同じように再生した」という内容をもう少し詳しくすると解答例のようになる。

問４　**エ**

(A)　Even the fingerprints of identical twins are (**different**).

「一卵性双生児の指紋でさえ異なるものなのだ」

▶一文前の the chance of two people with the same fingerprint was 1 in 64 billion「2 人の人間が同じ指紋を持つ確率は 640 億分の 1 であった」をヒントにする。指紋が同じである確率がとても低いということは、たとえ容姿が似通っている双子であっても指紋は異なるものだという意味である。

(B)　Police arrested him, but the experts were (**wrong**).

「警察は彼を逮捕したが、専門家は間違っていた」

▶マドリードで起きたテロ事件の現場に残された指紋から容疑者を見つけ出して逮捕した場面である。直後に The man was innocent. Another man was guilty.「その男性は無実だったのだ。他の男が有罪だった」とあるので、警察が逮捕の根拠にした専門家の判断は間違っていたということである。

(C) However, unless they are exactly identical, each one is still (**unique**)!
「しかし、全く同じでない限り、それらの指紋は特有のものなのだ」
▶接続詞 unless ～「～でない限り」は英文を逆接でつなぐ。identical「同一の」の対義語である unique「特有の」が当てはまる。

問5 ①：ウ ②：イ ③：エ ④：ア

▶① Juan Vucetich フアン・ブセティッチについての記述は第1段落にある。ブセティッチは殺人事件の捜査で指紋を用いた。これは初めてのことであると7文目に書かれている。ウ He found that fingerprints could be used in searching for murderers earlier than anyone else.「彼は指紋が殺人犯を捜すときに使えると誰よりも早く気づいた」と一致する。

② William Herschel ウィリアム・ハーシェルは第3段落で登場する。彼はイギリス政府で働きながら、公式文書に捺された指紋を収集した。そして、同段落6文目 Fingerprints do not change over time.「指紋は年月を経ても変化しない」ことを発見した。イ He compared the same people's fingerprints with their previous ones for many years and found they were the same.「彼は何年間も同じ人々の指紋を以前のものと比べ、それらが同じであることに気づいた」と一致する。

③ Henry Faulds ヘンリー・フォールズについては第4･5段落に詳しく書かれている。陶器に残る指紋に気づいたフォールズは、周囲の人々の指紋を集め始めた。あるとき、勤務先で盗難が起きて現場に残された指紋と彼のコレクションを照らし合わせて犯人を突き止めた。エ He used his own database about the fingerprints to solve the theft at his workplace.「彼は指紋に関する自らのデータベースを使い、職場での盗難事件を解決した」と一致する。

④ Francis Galton フランシス・ゴルトンは第6･7段落に記述がある。ゴルトンは大量の指紋を効率的に調べるために特徴を分類して "Galton details"「ゴルトン項目」を作った。これは The system is still in use today.「このシステムは現在も使われている」(第6段落7文目)とある。ア He arranged the collection of fingerprints and made a useful system.「彼は指紋のコレクションを整理し、便利なシステムを作った」と一致する。

数学　第2回 解答

1

(1)	$-\frac{18}{b^2}$	(2)	$(x-y)(x-2y-5)$
(3)	$\frac{\sqrt{3}}{3}$	(4)	$x=\frac{-5\pm\sqrt{37}}{2}$
(5)	$\frac{1}{5}$		

(5点×5)

2

(1)	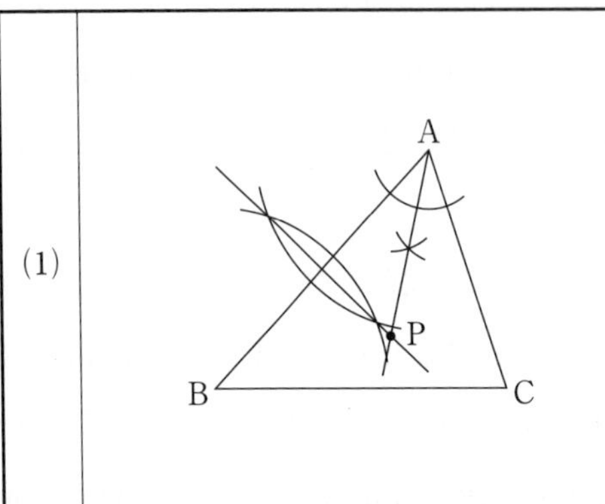	(2)	$x=$ 50
		(3)	45π cm^2

(5点×3)

3

(1)	65 °		
(2)①	BP＝ 6		，∠BPC＝ 60 °
(2)②	1 : 4	(3)①	4 : 3
(3)②	$x=$ 4		

((1)5点，(2)①② 4点×2，(3)①② 5点×2)

4

(1)①	P(3 , 6)	(1)②	90
(2)①	$y=-\frac{1}{2}x+\frac{5}{2}p$		
(2)②	〈解法欄〉 ※解説ページ参照	(答)	座標 M(12 , 6) 面積 108

((1)①②(2)① 5点×3，(2)② 7点)

5

(1)	28 通り	(2)	35 通り
(3)	84 通り		

(5点×3)

解説

1 計算系小問

(1) $\left(\frac{3}{2}ab\right)^3 \div \left(-\frac{3}{16}a^3b^5\right) = \frac{27a^3b^3}{8} \times \left(-\frac{16}{3a^3b^5}\right) = -\frac{18}{b^2}$ …(答)

(2) $x^2 - 3xy + 2y^2 - 5x + 5y = (x-y)(x-2y) - 5(x-y)$

ここで，$x - y = \mathrm{A}$ とおくと，

$\mathrm{A}(x-2y) - 5\mathrm{A} = \mathrm{A}(x-2y-5) = (x-y)(x-2y-5)$ …(答)

(3) $\sqrt{48} - \frac{(4+\sqrt{5})(4-\sqrt{5})}{\sqrt{3}} = 4\sqrt{3} - \frac{16-5}{\sqrt{3}} = 4\sqrt{3} - \frac{11}{\sqrt{3}}$

$= 4\sqrt{3} - \frac{11\sqrt{3}}{3} = \frac{\sqrt{3}}{3}$ …(答)

(4) $3x^2 - (2x-3)(x-1) = 0$，$3x^2 - (2x^2 - 5x + 3) = 0$，$x^2 + 5x - 3 = 0$

二次方程式の解の公式を用いて，

$x = \frac{-5 \pm \sqrt{5^2 - 4 \times 1 \times (-3)}}{2} = \frac{-5 \pm \sqrt{37}}{2}$ …(答)

(5) 5枚中3枚のカードを並べるので，作れる整数は5×4×3(通り)

4の倍数は，必ず下2けたが4の倍数になる。考えられる下2けたは12，24，32，52の4通りで，それぞれ百の位は3通りずつ考えられる。

したがって，$\frac{4\times3}{5\times4\times3} = \frac{1}{5}$ …(答)

2 小問集合

(1) ∠ABP＝∠BAPより，△APBはAP＝BPの二等辺三角形になる。

また，∠BAP＝∠CAPより，直線APは∠BACの二等分線である。

したがって，以下の手順で作図をする。

(手順)

① 辺 AB の垂直二等分線を引く。

② ∠BAC の二等分線を引く。

③ ①と②の交点が点 P となる。

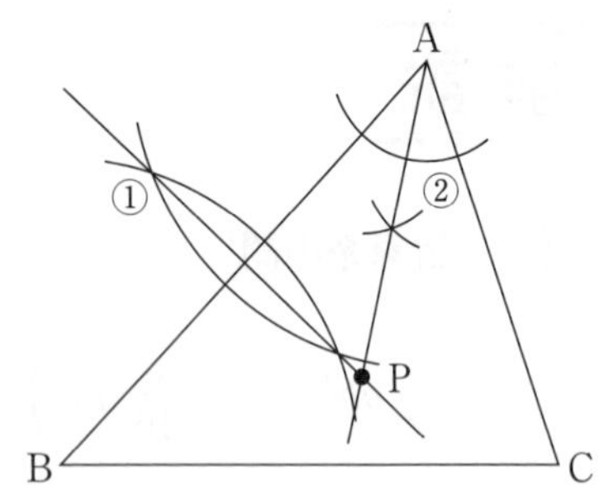

(2) PR 間，RQ 間の距離をそれぞれ $3a$(m)，$2a$(m)とおく。

A さんが Q 地点に着くまでにかかった時間は $\frac{3a}{40}+\frac{2a}{80}=\frac{a}{10}$ (分)であり，B さんも同じ時間をかけて合計 $5a$(m)を進んだので，$x=5a\div\frac{a}{10}=50$ …**(答)**

(3) 直線 AB を軸として，正方形 ABCD を一回転させた立体を V，おうぎ形 ABD を一回転させた立体を W とする。求める立体は，V から W を除いたものである。

V は円柱であり，底面積は $9\pi\text{cm}^2$，側面積は $6\pi\times3=18\pi(\text{cm}^2)$

W は半球(球を二等分した立体)であり，半径は 3 cm である。半径 r の球の表面積は $4\pi r^2$ であるので，これを二等分すると，$(4\pi\times3^2)\div2=18\pi(\text{cm}^2)$

よって，求める立体の表面積は，$9\pi+18\pi+18\pi=45\pi(\text{cm}^2)$ …**(答)**

3 直線図形

(1) ∠DAP＝40° より，∠BAP＝90° − 40° ＝50°

AB＝AP＝6 なので，△ABP は二等辺三角形となり，

∠ABP＝(180° −50°) ÷ 2＝65°

AB∥DC より，平行線の錯角は等しいため，∠BPC＝∠ABP＝65° …**(答)**

(2)① 点Hが AP の中点なので，BH が AP の垂直二等分線であることがわかるため，

BP＝BA＝6 …**(答)**

よって，△ABP は正三角形だから，∠BPC＝∠ABP＝60° …**(答)**

② ①より，△APD，△BAH，△BPH，△BPC はすべて斜辺が6で，内角が30°，60°，90°の直角三角形であることがわかる。

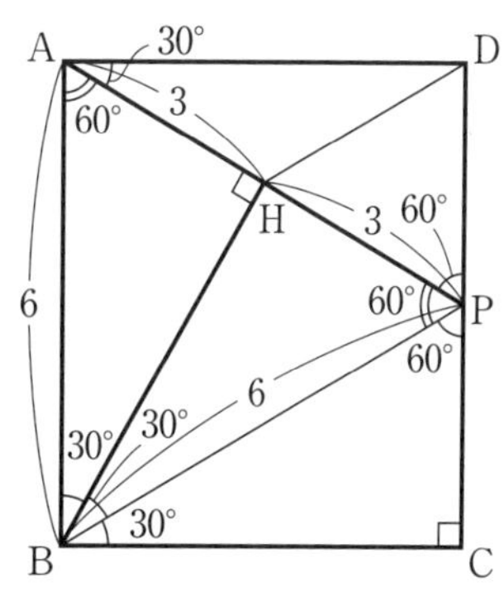

よって，△AHD：(四角形 HBCP)

$=\left(\triangle APD\times\frac{1}{2}\right):(\triangle APD\times 2)$

$=\frac{1}{2}:2$

＝1：4 …**(答)**

(3)① △HBP と△CBP において，

∠BHP＝∠BCP＝90° …(i)

(1)より，∠BPH＝∠ABP＝∠BPC …(ii)

BP は共通 …(iii)

(i)，(ii)，(iii)より，直角三角形の斜辺と一つの鋭角がそれぞれ等しいので，△HBP≡△CBP

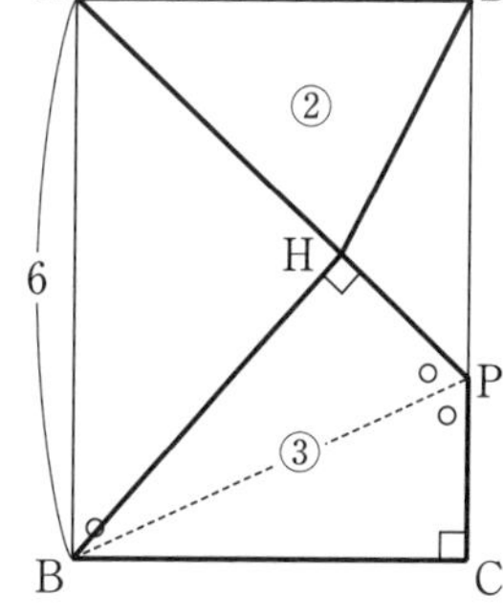

よって，△HBP＝(四角形 HBCP)×$\frac{1}{2}$ となるため，

△AHD：△HBP＝△AHD：(四角形 HBCP)×$\frac{1}{2}$

$=2:\left(3\times\frac{1}{2}\right)$

＝4：3 …**(答)**

② AH＝x より，△AHD：△DHP＝x：$(6-x)$

△APD と△BAH において，AP＝BA＝6　…(i)

∠ADP＝∠BHA＝90°　…(ii)

AB//DC より，∠APD＝∠BAH　…(iii)

(i), (ii), (iii)より，直角三角形の斜辺と一つの鋭角がそれぞれ等しいので，△APD≡△BAH

よって，

△AHD：△DHP：△APD：△BAH＝x：$(6-x)$：6：6

(3)①より，△AHD：△HBP＝4：3＝x：$\frac{3}{4}x$ となるため，

△BAH：△HBP＝6：$\frac{3}{4}x$

高さの等しい三角形の面積の比は，底辺の比と等しいため，

△BAH：△HBP＝6：$\frac{3}{4}x=x:(6-x)$

これを解き，

$\frac{3}{4}x^2=36-6x$, $3x^2=144-24x$, $x^2+8x-48=0$, $(x-4)(x+12)=0$

$0<x<6$ より，$x=4$　…**(答)**

4 一次関数

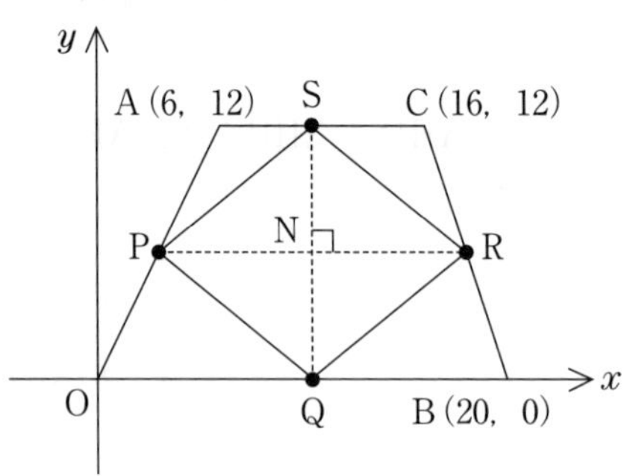

(1)① 直線 SQ と PR の交点を N とする。

ひし形の対角線は直交し，その交点はそれぞれの対角線の中点である。

SQ⊥PR より，AC//PR//OB

SN：NQ＝1：1 より，点 P，R はそれぞれ線分 OA，BC の中点である。

したがって，O(0, 0)と A(6, 12)の中点の座標は$\left(\frac{0+6}{2}, \frac{0+12}{2}\right)$　よって，P(3, 6)　…**(答)**

② 点Rの座標は$\left(\dfrac{20+16}{2},\ \dfrac{0+12}{2}\right)$より，R(18，6)

よって，PR＝18－3＝15

SQの長さは台形AOBCの高さと等しく，SQ＝12

したがって，15×12÷2＝90　…(答)

(2)① 直線AOの式は$y=2x$

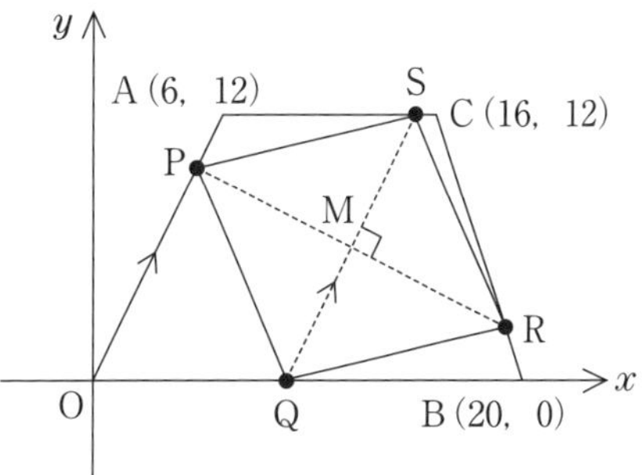

SQ∥AO，PR⊥SQより，PR⊥AOで，

直交する直線は傾きの積が－1となるので，

直線PRの傾きは$-\dfrac{1}{2}$

$y=-\dfrac{1}{2}x+b$（bは直線PRの切片）に

P(p，$2p$)を代入し，$2p=-\dfrac{1}{2}p+b$，$b=\dfrac{5}{2}p$　よって，$y=-\dfrac{1}{2}x+\dfrac{5}{2}p$　…(答)

② 点Rは，直線PRと直線BCの交点である。

B(20，0)，C(16，12)より，直線BCの式は$y=-3x+60$

これと直線PRの式を連立して解き，

$-\dfrac{1}{2}x+\dfrac{5}{2}p=-3x+60$，$\dfrac{5}{2}x=60-\dfrac{5}{2}p$，$x=24-p$

よって，点Rのx座標は$24-p$

点MはPRの中点だから，x座標は$\dfrac{p+(24-p)}{2}=12$

点MはSQの中点だから，y座標は$\dfrac{12+0}{2}=6$

したがって，M(12，6)　…(答1)

また，ひし形PQRSは対角線SQによって二等分されるため，

$\triangle QSP = \frac{1}{2}$(四角形PQRS)　…(ⅰ)

さらに，SQ∥AO，AS∥OQより四角形AOQSは平行四辺形なので，

$\triangle QSP = \triangle QSO$

$= \frac{1}{2}$(平行四辺形AOQS)　…(ⅱ)

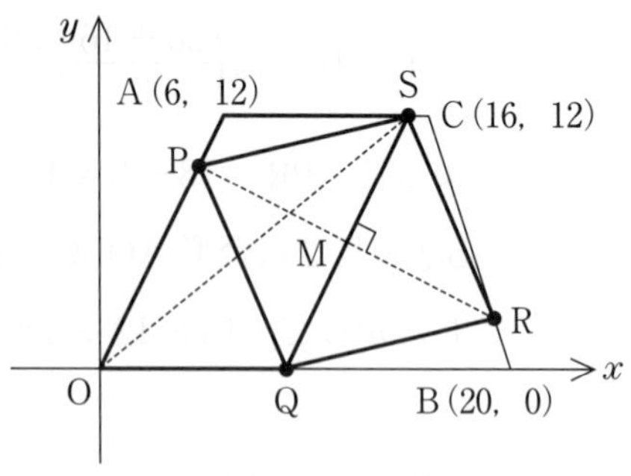

(ⅰ)(ⅱ)より，四角形PQRSの面積は，平行四辺形AOQSの面積と等しい。

直線SQの式は，$y=2x+b$ にM(12, 6)を代入し，$6=2\times 12+b$，$b=-18$

$y=2x-18$ に $y=0$ を代入してQ(9, 0)

よって，OQ＝9より，求める面積は $9\times 12=108$　…**(答2)**

5　場合の数

(1)　和が9となる1以上7以下の自然数の組合せを考えると，(1, 1, 7)，(1, 2, 6)，(1, 3, 5)，(1, 4, 4)，(2, 2, 5)，(2, 3, 4)，(3, 3, 3)の7組考えられる。

この上記7組について，並べ替えを考えればよいので，

$6\times 3+3\times 3+1=28$(通り)　…**(答)**

【別解】

9個の“○(丸)”を一列に並べ，これを3つの領域に分ける場合の数を考えればよい。

領域に分ける際に“|(棒)”を用いると，

たとえば，○○|○○○|○○○○の場合，$x=2$，$y=3$，$z=4$ であり，

○○○|○|○○○○○の場合，$x=3$，$y=1$，$z=5$ となる。

よって，“|”の置き場所は，“○”と“○”の間の8か所のうち2か所を選べばよいので，$_8C_2=\frac{8\times 7}{2\times 1}=28$(通り)　…**(答)**

(2)　1から7の7個の数字から3個を選ぶ場合の数と同じである。

(たとえば，2と3と5を選んだ場合，$x=2$，$y=3$，$z=5$の1通り)

よって，$_7C_3=\dfrac{7\times6\times5}{3\times2\times1}=35$(通り)　…**(答)**

(3)　$x\leqq y\leqq z$となるのは，(2)の$x<y<z$のとき以外に，以下の(ア)(イ)(ウ)の場合が考えられる。

(ア)　$x=y<z$のとき

1から7の7個の数字から2個を選ぶ場合の数と同じである。

(たとえば，3と5を選んだ場合，$x=3$，$y=3$，$z=5$の1通り)

よって，$_7C_2=\dfrac{7\times6}{2\times1}=21$(通り)

(イ)　$x<y=z$のとき

(ア)と同じであるから，21通り

(ウ)　$x=y=z$のとき

(1，1，1)から(7，7，7)の7通り

以上と(2)より，$x\leqq y\leqq z$となる場合の数は，$35+21\times2+7=84$(通り)　…**(答)**

【別解】

$1\leqq x\leqq y\leqq z\leqq 7$を満たす$x$，$y$，$z$は，$1\leqq x<y+1<z+2\leqq 9$を満たす$x$，$y$，$z$と同じであるので，(2)と同様に1から9までの数字から3個選ぶ場合の数を考えればよい。

よって，$_9C_3=\dfrac{9\times8\times7}{3\times2\times1}=84$(通り)　…**(答)**

理科　第2回　解答

1

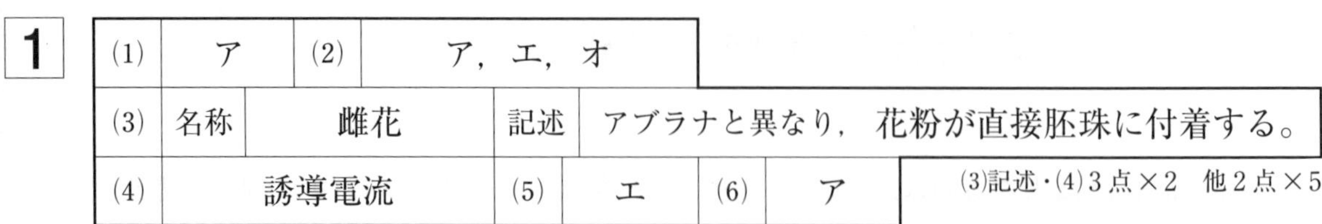

(1)	ア	(2)	ア，エ，オ		
(3)	名称	雌花	記述	アブラナと異なり，花粉が直接胚珠に付着する。	
(4)	誘導電流	(5)	エ	(6)	ア

(3)記述・(4)3点×2　他2点×5

2

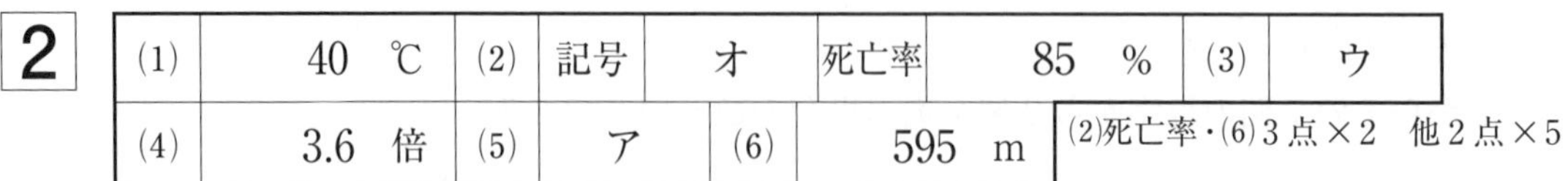

(1)	40 ℃	(2)	記号	オ	死亡率	85 %	(3)	ウ
(4)	3.6 倍	(5)	ア	(6)	595 m			

(2)死亡率・(6)3点×2　他2点×5

3

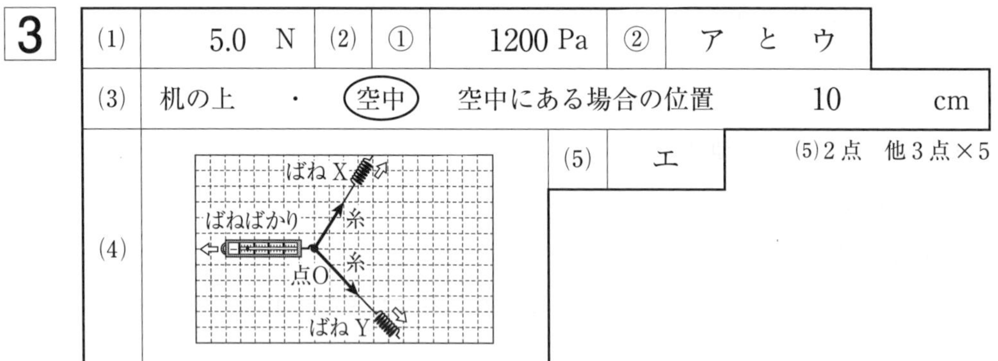

(1)	5.0 N	(2)	①	1200 Pa	②	ア と ウ
(3)	机の上 ・ (空中)	空中にある場合の位置	10 cm			
(4)	（図）	(5)	エ			

(5)2点　他3点×5

4

(1)	①	イ	②	$CaCO_3$ + 2(HCl) → $CaCl_2$ + (CO_2) + (H_2O)			
(2)	ウ	(3)	2.8 g	(4)	ウ		
(5)	塩酸	31 cm^3	二酸化炭素	1250 cm^3	(6)	90.5 %	

(1)② 3点　他2点×7

5

(1)	A	キ	C	ア	D	イ	(2)	ア	(3)	脱皮	
(4)	ア	(5)	①	ア	②	エ	(6)	①	オ	②	ウ

(1)1点×3　他2点×7

6

(1)	記号	ア	名称	海風	(2)	ア	ウ
(3)	イ，エ	(4)	①	100 %	②	1700 m	
(4)	③	気温	32 ℃	湿度	38 %	(5)	エ

(1)1点×2　(3)3点　他2点×6

解説

1 小問集合

(1) 石灰岩とチャートの違いをまとめると，次の表の通りである。

	石灰岩	チャート
堆積したもの	サンゴやフズリナの死がい	ケイソウや放散虫の死がい
主成分	炭酸カルシウム($CaCO_3$)	二酸化ケイ素(SiO_2)
うすい塩酸をかける	溶けて二酸化炭素が発生する	変化しない
ナイフでけずる	傷がつく	傷がつかない

凝灰岩は火山灰や軽石などの火山噴出物が堆積したものである。また，火成岩の種類と含まれる鉱物の割合は右図の通りである。右図の鉱物の割合は縦幅が長いほど多く含まれていることを示すため，花こう岩に含まれている鉱物のうち，縦幅の長さが最も短いのはクロウンモである。

火山岩	流紋岩	安山岩	玄武岩
深成岩	花こう岩	閃緑岩	はんれい岩
鉱物の割合			

(2) 三大栄養素について，それぞれの栄養素を分解する過程ではたらく消化液と消化酵素についてまとめると，右図の通りである。脂肪の消化に関わる胆汁は肝臓でつくられ，胆のうにたくわえられる。また，胆汁は消化酵素を含まないことに注意する。

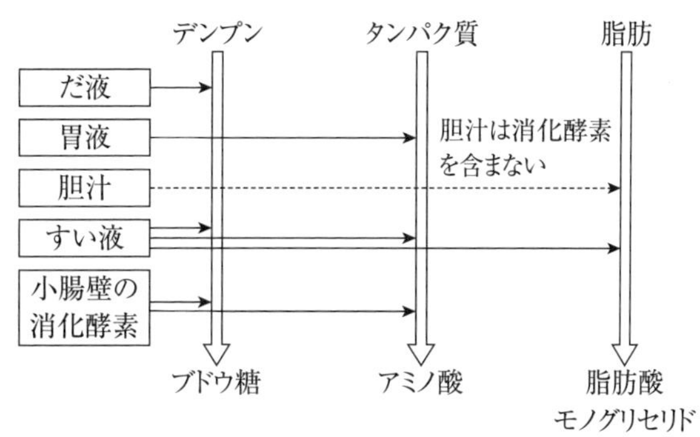

(5) オキシドールは過酸化水素の水溶液であり，二酸化マンガンによって，過酸化水素の分解($2H_2O_2 \rightarrow 2H_2O + O_2$)が起こり，気体の酸素が発生する。このとき，二酸化マンガンは，それ自体は反応せず，分解を促進するはたらきをもつ物質(触媒)である。

(6) 代表的な示準化石についてまとめると，次の表の通りである。

地質時代	代表的な示準化石
古生代	フズリナ，三葉虫
中生代	始祖鳥，アンモナイト，恐竜
新生代	ビカリア(古第三紀～新第三紀)，ナウマンゾウ(第四紀)， マンモス(新第三紀～第四紀)

新生代はマンモスやナウマンゾウをはじめとした多くのホ乳類が繁栄していること，ゾウやクジラはホ乳類であることから，アケボノゾウやインカクジラが繁栄したのは新生代と推定される。

2 小問集合

(1) 60℃の水 80 g にはホウ酸が 14.9〔g〕×0.8＝11.92〔g〕溶けている。この飽和ホウ酸水溶液をある温度まで冷やすと，4.8 g の溶け残りが生じたので，その温度の水 80 g には，11.92〔g〕－4.8〔g〕＝7.12〔g〕のホウ酸が溶けることが分かる。溶解度は水 100 g に溶ける物質の限度の質量なので，水の質量を 100 g にしたとき，

$7.12\times\frac{5}{4}=8.9$〔g〕までホウ酸が溶ける水温を求めればよい。

【別解】

水の質量を 100 g に変えて同様の実験を行ったときの溶け残りが

4.8〔g〕$\times\frac{5}{4}=6.0$〔g〕となる温度を表 1 から求めればよい。60℃から 40℃まで冷やしていくと，溶解度の差(溶け残る質量)が 14.9－8.9＝6.0〔g〕となるので，水温は 40℃とわかる。

(2) 表 2 より，次の成長段階までに明らかに個体数が半数以下に減少しているのは，五令幼虫とさなぎだと分かる。それぞれの成長段階における死亡率は，五令幼虫が

$\frac{102-15}{102}\times100\fallingdotseq85$〔%〕，さなぎが $\frac{15-6}{15}\times100=60$〔%〕なので，もっとも死亡率が高い時期は，五令幼虫である。

(3) 川が曲がって流れている場所では，川の流れが速い外側(b 側)の川底がより削られる。また，流れが速い部分では，小さな石は流されて(運搬されて)しまうため，川底

には大きな石が堆積する。

(4)　抵抗器の抵抗の大きさは，1.5〔V〕÷0.6〔A〕＝2.5〔Ω〕である。また，豆電球の抵抗の大きさは，1 A は 1000 mA であることに注意して，2.7〔V〕÷0.3〔A〕＝9.0〔Ω〕である。よって，9.0〔Ω〕÷2.5〔Ω〕＝3.6〔倍〕なので，豆電球の抵抗の大きさは抵抗器の抵抗の大きさの 3.6 倍である。

(5)　固体の比重が液体の比重より小さければ浮き，大きければ沈む。比重 1 の水に浮くプラスチックは比重 0.91 のポリプロピレン(PP)である。比重 1 の水に沈み，比重 1.1 の 15% 食塩水に浮くのは比重 1.05 のポリスチレン(PS)，沈むのは比重 1.38 のポリエチレンテレフタラート(PET)である。プラスチックの主な性質は次の表の通りである。

名前(略称)	水に浮くか	用途
ポリエチレン(PE)	浮く	レジ袋，バケツ
ポリプロピレン(PP)	浮く	ストロー，キャップ
ポリスチレン(PS)	沈む	CD ケース
ポリエチレンテレフタラート(PET)	沈む	ペットボトル
ポリ塩化ビニル(PVC)	沈む	消しゴム，水道管
アクリル樹脂(PMMA)	沈む	水槽，定規

(6)　花火の開花の円の中心，S さん，船の位置関係は右図のようになる。花火は高さ 350 m で開花し，その音が 2 秒かけて S さんに届いたので，開花の球の中心と S さんの距離は 700 m となる。三角形の辺の比より，花火を打ち上げた船と S さんの間の距離と，船と開花の球の中心の間の距離の比は 1.7：1 となることから，花火を打ち上げた船と S さんの間の距離は，350〔m〕×1.7＝595〔m〕となる。

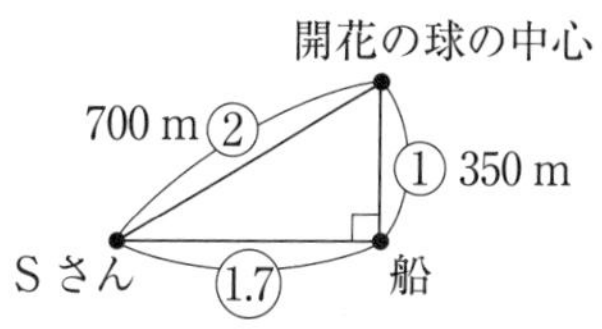

3　カ

(1)(3)　ばね X を上方へ 10 cm 引いたとき伸びが 10 cm で，それ以上引いても伸びが一定であることから，上方へ 10 cm を超えて引いたとき，物体は机から離れている。ばね X は 1.0 N のおもりをつるすと 2.0 cm 伸びることから，物体の重さを x〔N〕とすると，1.0〔N〕：2.0〔cm〕＝x〔N〕：10.0〔cm〕より，5.0 N とわかる。また，図 1 の状態からばねXを上方へ10 cm引いたときに物体は机を離れることから，20 cm引いたとき，物体は机から10 cm離れた空中でつるされている。

(2)① ばねXを上方へ4.0 cm引いたとき，ばねXは4.0 cm伸びていることから，物体を上向きに2.0 Nで引いている。物体の重さは5.0 Nのため，物体が床を押す力は3.0 Nとなる。圧力は，圧力〔Pa〕＝力の大きさ〔N〕÷力がはたらく面積〔m^2〕で求められることを用いて，3.0〔N〕÷$\frac{25}{10000}$〔m^2〕＝1200〔Pa〕となる。

② 右図(図3)のア～エの力は次のように表される。

ア：手がばねXを引く力

イ：ばねXが物体を引く力

ウ：物体がばねXを引く力

エ：机が物体を押す力

つり合いの関係にある二つの力は，同じ物体にはたらき，逆向きで大きさが等しく，同一直線上にあるものである。この条件を満たす力はアとウだとわかる。

(5) ばねばかりの示す値とばねXにつないだ糸が点Oを引く方向を保ったまま，ばねXとばねYにつないだ糸がなす角度を大きくしたとき，合力の大きさは変わらないことから，ばねXとばねYが引く力の大きさも大きくなる。

4 化学変化

(2)(3) 実験結果より，1.0 gの炭酸カルシウムがすべて反応すると，二酸化炭素が250 cm^3発生することが分かる。また，40 cm^3の塩酸と過不足なく反応する炭酸カルシウムの質量をx〔g〕とすると，1.0〔g〕：250〔cm^3〕＝x〔g〕：700〔cm^3〕よりx＝2.8〔g〕となる。つまり，問題文の下線部のときは，炭酸カルシウムが不足しているため，塩酸の量を増やしても二酸化炭素はこれ以上発生しない状態であるといえる。

(4) (2)(3)で求めたように，点Xのときに加えた炭酸カルシウム2.8 gが塩酸40 cm^{3}と過不足なく反応する。よって，右図のように，点Yまでは塩酸は余り，炭酸カルシウムが不足している。そして点Y以降，塩酸はすべて反応し，無くなってしまっているので，炭酸カルシウムが反応せずに残っている。

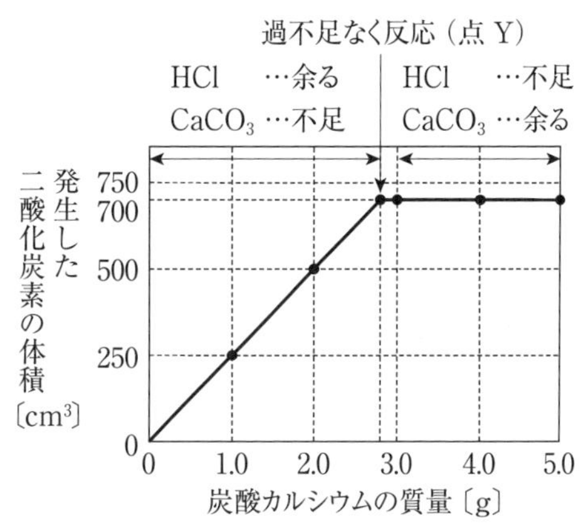

(5) 塩酸40 cm^{3}と過不足なく反応する炭酸カルシウムは2.8 gなので，炭酸カルシウムを5.0 g加えたときに，溶け残るのは2.2 gとわかる。この2.2 gの炭酸カルシウムをすべて溶かすのに必要な塩酸は，$40\times\frac{2.2}{2.8}\fallingdotseq 31$〔cm^3〕となる。また，1.0 gの炭酸カルシウムがすべて反応すると，250 cm^{3}の二酸化炭素が発生することから，5.0 gの炭酸カルシウムがすべて反応したときに発生する二酸化炭素の体積は5倍の1250 cm^{3}となる。

(6) 石灰石中の炭酸カルシウムがすべて溶けて二酸化炭素が430 cm^{3}発生したことから，石灰石1.9 gに含まれる炭酸カルシウムは，
(430〔cm^3〕÷250〔cm^3〕)×1.0〔g〕＝1.72〔g〕となる。よって，石灰石中の炭酸カルシウムの質量の割合は，(1.72〔g〕÷1.90〔g〕)×100＝90.52…≒90.5〔%〕となる。

5 生物の分類

(1)(2) 無セキツイ動物は，主にCの軟体動物(イカ，タコ，貝類)，Bの節足動物(昆虫類，甲殻類，多足類，クモ類)などに分類される。そのほかの無セキツイ動物である棘皮(きょくひ)動物(ナマコ，ヒトデ，ウニなど)，刺胞動物(クラゲなど)，環形動物(ミミズ，ゴカイ，ヒルなど)，線形動物(ゾウリムシ，センチュウなど)がAに分類される。

セキツイ動物のうち胎生のDは，ホ乳類である。卵を陸上に産み，恒温動物のEは鳥類，変温動物のFはハ虫類である。また，卵を水中に産むのはアカハライモリなどの両生類とGの魚類である。両生類と魚類の特徴の違いとしては，呼吸器官や体表のようす，移動手段などがある。その他，セキツイ動物の特徴は以下の通りである。

分類	魚類	両生類	ハ虫類	鳥類	ホ乳類
体表	うろこ	しめった皮ふ	うろこ	羽毛	毛
呼吸器官	えら	子…えら・皮ふ 親…肺・皮ふ	肺		
ふえ方	卵生				胎生
卵を産む場所	水中		陸上		―
卵の殻	なし		あり		―
体温	変温動物			恒温動物	
子の数	多い ←				→ 少ない

(5)① ヒツジはホ乳類なので，近縁なものから順に，カモノハシ(ホ乳類)，カワセミ(鳥類)，ジンベエザメ(魚類)となる。

② ペンギンは鳥類なので，近縁なものから順に，ウミネコ(鳥類)，リクガメ(ハ虫類)，コウモリ(ホ乳類)となる。

(6)② 一般的に卵生の生物の産卵数は多いが，成熟期までに死んでしまう個体が多いため，卵胎生や胎生より多くの子孫を残せるというわけではない。一部のサメなどを除く多くの卵胎生の生物は，親とガス交換を行うが，栄養の供給は受けていない。栄養は卵内の卵黄などから得るものが一般的である。

6 天気

(1) 白熱電球の光によって砂も水も温められるが，砂は水よりも温まりやすいため，砂の方で上昇気流が発生する。逆に水の方では下降気流が発生するため，容器内では反時計回りの空気の循環が起こる。このような原理で，日中に海から陸へ吹く風を海風という。

(2) 〔実験〕のように，昼と夜で気流が逆向きになるので，朝方や夕方に陸と海の温度が等しく，一時的に風が止んでいる状態が発生する。これを凪(なぎ)といい，特に，朝方に起こるものを朝凪(あさなぎ)，夕方に起こるものを夕凪(ゆうなぎ)という。

(3) ア．冬は等圧線の間隔が狭いため，北西の季節風が強く吹きつける。よって，アは誤り。

ウ．梅雨はオホーツク海気団の寒気と小笠原気団の暖気がぶつかりあうことで停滞前線(梅雨前線)が生じることが原因である。よって，ウは誤り。また，日本付近の気団の位置と性質は，右図の通りである。

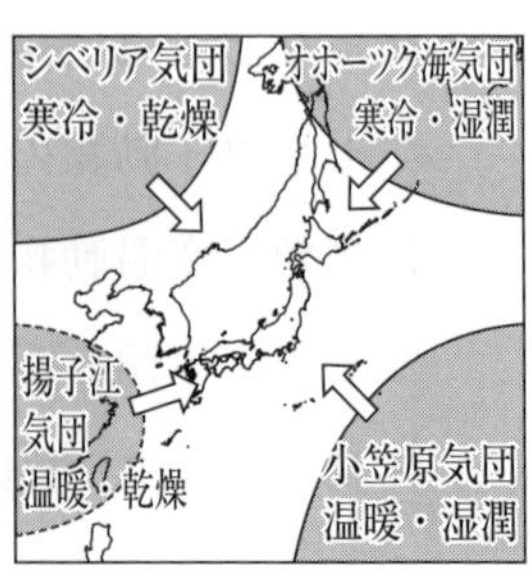

(4)① 地点Qでは雲が発生したので，露点に達していることが分かる。よって，湿度は100%となる。

② 地点Pから地点Qまで，空気が900 m上昇するので，気温は9℃低くなる。よって地点Qでの気温は19℃となる。そして，地点Qから山頂の地点Rまでで，気温が4℃低下している。雲がある場合に気温が4℃低下したということは，空気が800 m上昇したということなので，地点Rの標高は900〔m〕＋800〔m〕＝1700〔m〕となる。

③ 地点Rから地点Sまでは，雲は無く，空気が1700 m下降するため，地点Sでの気温は15〔℃〕＋17〔℃〕＝32〔℃〕となる。このとき地点Sでの飽和水蒸気量は33.8 g/m^3 で，空気に含まれる水蒸気量は，地点R（気温15℃）のときから変化していないと考えられるので12.8 g/m^3 である。よって地点Sでの湿度は，
(12.8÷33.8)×100＝37.8…≒38%となる。

(5) 〔文章〕中の不快指数の計算方法に，気温28℃，湿度50%を代入して計算を行うと，不快指数＝0.81×28＋0.01×50×(0.99×28－14.3)＋46.3＝75.69≒76となる。よって，体で感じる暑さや寒さの度合いは，「やや暑い」となる。

第2回 理科

社会　第2回 解答

1

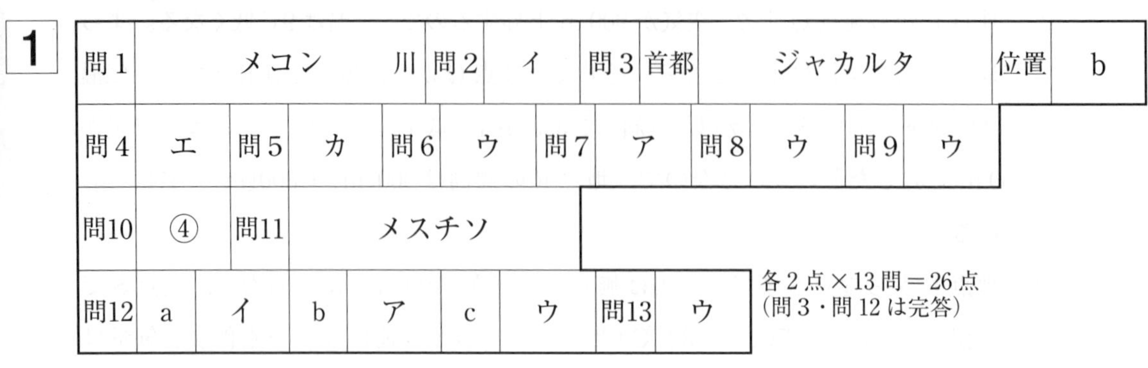

問1	メコン 川	問2	イ	問3	首都	ジャカルタ	位置	b			
問4	エ	問5	カ	問6	ウ	問7	ア	問8	ウ	問9	ウ
問10	④	問11	メスチソ								
問12	a	イ	b	ア	c	ウ	問13	ウ			

各2点×13問＝26点
(問3・問12は完答)

2

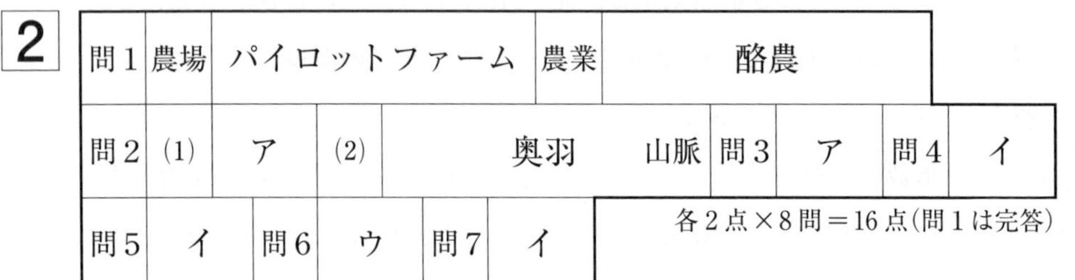

問1	農場	パイロットファーム	農業	酪農					
問2	(1)	ア	(2)	奥羽 山脈	問3	ア	問4	イ	
問5	イ	問6	ウ	問7	イ				

各2点×8問＝16点(問1は完答)

3

問1	(1)	イ	(2)	ウ	問2	ウ	問3	(1)	a	荘園	b	ウ
問3	(2)	イ	問4	イ	問5	エ	問6	(1)	ウ	(2) エ	(3)	ク
問7	ウ	問8	松平定信	問9	B・E							

各2点×13問＝26点
(問3(1)は完答)

4

問1	ウ	問2	イタリア	問3	太平天国	問4	エ						
問5	(1)	エ	(2)	エ	問6	ア	問7	カ	問8	エ	問9	エ	
問10	オ												

各2点×11問＝22点

5

問1	(1)	枢密院	(2)	イ		
問2	(1)	1946年 11月 3日	(2)	イ	(3)	オ

各2点×5問＝10点

解説

1 世界地理

問1 地図Ⅰ中のAの河川はメコン川である。メコン川は中国のチベット高原を源流とし、タイとラオスの国境を形成しながら、カンボジアを流れ、ベトナム南部から南シナ海に注ぐ国際河川である。

問2 1位(ブラジル)・3位(コロンビア)は首都の緯度・経度から南アメリカ大陸の低緯度に位置する国であることがわかる。これらの国とB国(ベトナム)・C国(インドネシア)が生産上位国となるのはイのコーヒー豆である。

ア．米は中国・インド・バングラデシュ・インドネシアなどモンスーンアジアが上位国となる。

ウ．茶は中国・インドの生産量が多く、ほかにもケニアやスリランカの生産が有名である。

エ．大豆はブラジル、アメリカ、アルゼンチンで世界生産量の8割近くを占めている。

問3 インドネシア(C)の現在の首都はジャカルタでジャワ島(b)に位置している。ジャワ島に人口が集中していることもあり、首都をカリマンタン島(c)に移転させる計画が進行している。

問4 地図Ⅰ中のミャンマー(D)の旧宗主国はイギリスである。イギリスが植民地支配したインドに隣接していることに注目したい。Eは東ティモールで旧ポルトガルの植民地である。オランダを旧宗主国とするインドネシアから2002年に独立を果たした。

問5 ②のみが正しい文である。フィリピンはプランテーションで行われるバナナの栽培と輸出が有名であるが、近年は工業化が進み、主な輸出品は機械類となっている。

① マレーシアを説明した文章である。マレーシアは多数派でイスラム教徒のマレー人のほか、華人、タミル人などからなる多民族国家である。

③ ブルネイを説明した文章である。ブルネイは石油、天然ガスなどの地下資源が豊

富なことから国民の所得水準は高い。

問6　地図Ⅱ中のAの都市はガーナの首都アクラで、本初子午線を標準時子午線とすることから、日本の時刻はアクラよりも9時間進んでいる。したがってアクラの現地時刻が11月15日午後2時のとき日本時間は11月15日の午後11時となる。

問7　アが正しい。コンゴ民主共和国からザンビア(③)にかけての地域は、カッパーベルトとも称され、銅鉱の産出が多い地域である。

①　(アルジェリア)はウである。原油・天然ガスを産出し、OPECにも加盟している。

②　(コートジボワール)はイである。世界的なカカオ豆の生産国として知られる。

④　(南アフリカ共和国)はエである。白金族などのレアメタルを多く産出し、BRICSの1つでもあることから、自動車や機械類も輸出品の上位に含まれる。

問8　地図Ⅱ中にあるBの緯線は北緯35度線である。アフリカ大陸北端と南端はそれぞれ北緯35度、南緯35度付近に位置している。

問9　ウが誤っている。ナイル川はアフリカ大陸の東部を南から北に向かって流れる河川であるため、アフリカ大陸西部に位置しているナイジェリアは誤りとなる(正しくはエチオピア)。ナイジェリアはアフリカ大陸西部を流れるニジェール川河口に位置する。

問10　雨温図は温暖湿潤気候を示しているので、アルゼンチンの首都ブエノスアイレス(④)が正解となる。

①　マカパ(ブラジル)…熱帯雨林気候　　②　キト(エクアドル)…高山気候

③　サンティアゴ(チリ)…地中海性気候

問11　南アメリカ大陸は、大西洋側南部に位置するウルグアイやアルゼンチンを除いては、白人に対して先住民や混血の割合が大きい。白人と先住民の混血はメスチソ(メスチーソ)とよばれる。

問12 bは「アマゾン川」からア、cは「ラプラタ川」「温帯」からウと判断する。残ったaを示すのがイである。オリノコ川を知らなかった場合でも「熱帯」の部分から赤道付近であると推測できる。

問13 ウが正しい。

ア．首都は内陸部にあるブラジリアであるが、最大の人口を抱えているのは、サンパウロである。

イ．カラジャスは鉄鉱石の産地である。

エ．公用語はポルトガル語である。

2 日本地理

問1 根釧台地(X)は夏に発生する濃霧の影響もあり、十分な日照が得られず、作物を栽培するには難しい土地であった。1950年代半ばから入植者を募り、パイロットファーム(実験農場)が経営されると、冷涼な気候のもとで酪農がさかんになった。

問2

(1) 果実の割合が高いアを山形県(c)と判断すればよい。山形盆地を中心に栽培されるおうとうなど、山形県では果物の栽培がさかんである。

イ．岩手県(b)　ウ．秋田県(a)　エ．福島県(d)

(2) Yは奥羽山脈である。奥羽山脈は「日本の背骨」ともいわれ、青森県から栃木県に至るまで500 kmに渡って延びる日本最長の山脈である。

問3 昼夜間人口比率は常住人口(夜間人口)100人に対する昼間人口の割合を指す。100を上回るイを周辺の県からの通勤・通学者の多い東京都、100を大きく下回るウ・エを東京のベッドタウンである神奈川県(エ)・千葉県(ウ)、100に最も近いアを昼夜間で人口移動が少ない群馬県と判断すればよい。

問4 中京工業地帯は日本最大の工業出荷額を誇る工業地帯である。豊田市を中心に自動車関連工業が発達しており、これを含む機械工業の割合は工業出荷額の6割以上を占めている。水田単作地帯である北陸地方は、農閑期に行う多くの伝統的工芸品が発達し、これを土台とした地場産業が発達した。なお、ベンチャー企業とは革新的なアイディアや技術をもとにして事業を展開する企業である。

問5　Ⅰは正しく、Ⅱが誤っている。

Ⅱ．天竜スギは天竜川下流域(静岡県西部)で栽培される。紀伊山地で栽培されるのは尾鷲ヒノキと吉野スギで、天竜スギを含め人工の三大美林と称される。

問6　A．瀬戸内しまなみ海道　　尾道(広島県)～今治(愛媛県)

B．瀬戸大橋　　児島(岡山県)～坂出(香川県)

C．明石海峡大橋　　淡路島(兵庫県)～神戸(兵庫県)

※大鳴門橋が淡路島(兵庫県)～鳴門(徳島県)を結んでいる。

問7　イが正しい。

ア．九州・沖縄地方における政令指定都市は北九州・福岡・熊本の3つである。

ウ．博多駅から鹿児島中央駅を結ぶ九州新幹線、長崎駅から武雄温泉駅(佐賀県)までが西九州新幹線で結ばれている。大分県、宮崎県に新幹線は通っていない。

エ．水俣市周辺でおこった水俣病は有機水銀を原因とする公害病である。カドミウムは富山県神通川流域を中心とするイタイイタイ病の原因となった。

3　歴史

問1

(1)　イが誤っている。ア・ウ・エはいずれも乙巳(いっし)の変(645年)以降に律令政治が整っていく過程でおきた飛鳥時代の出来事である。イの墾田永年私財法は選択肢の中では最も遅い年代であり、奈良時代(聖武天皇の時代)である743年に発令された。

ア．富本銭は日本最古の貨幣とされる。和同開珎は武蔵国西部(現在の埼玉県)から献上された銅をもとに708年に鋳造されたとされ、流通した最も古い貨幣とされる。

ウ．壬申の乱は、天智天皇のあとつぎを巡る乱である。この乱で大友皇子(天智天皇の子)に勝利した大海人皇子(天智天皇の弟)は天武天皇として即位した。

エ．大宝律令が制定されたのは701年のことであり、この完成は律令制度が整ったことを意味した。

(2) 白村江とは朝鮮半島の地名であり、新羅や唐から侵攻を受けた百済が朝鮮半島南西部を支配していたことを考えれば、ウを正解と判断できる。

ア．大連　　イ．青島　　エ．釜山

問2 ウが誤っている。法隆寺は7世紀初頭(飛鳥時代)に聖徳太子が建立した寺院であり、法隆寺金堂釈迦三尊像はこの時代に栄えた飛鳥文化を代表する像である。ア・イ・エはいずれも奈良時代の天平文化を代表する像である。

ア．東大寺は総国分寺として聖武天皇が建立した。盧舎那仏は東大寺の大仏を指す。

イ．阿修羅像が安置されている興福寺は藤原氏の氏寺である。

エ．鑑真和上像は日本に戒律をもたらすために来日した鑑真をモデルとしたものであり、鑑真が建立した唐招提寺にある。

問3

(1) (a)の直後の「宣旨(せんじ)や官符(かんぷ)で認められていたわけでもないのに公田(朝廷が所有する田)をかすめ取っており」から「荘園」を想起したい。また、bの人物は、「宇治殿(宇治に所在する平等院鳳凰堂を建立した人物)」や「摂関家」から藤原頼通を想起したい。

(2) Ⅱのみ誤っている。源頼朝は、弟の源義経を捕らえる目的で、後白河上皇から全国に守護と地頭を設置する権限を与えられた。なお、白河上皇は1086年に院政を開始した天皇である。

問4 イが誤っている。後醍醐天皇と対立した足利尊氏が京都に別の天皇を立てると、後醍醐天皇は吉野(奈良)に逃れた。以降、北朝(京都)と南朝(奈良)による対立が約60年間に渡って続いた。

問5 エが誤っている。徳川家康の時代は禁教令(1612～13年)を出しながらも、ヨーロッパとの貿易や朱印船貿易は許容されていた。しかし、家康の死後である1624年にスペイン船の来航が禁じられると、1635年には日本人の海外渡航・帰国が禁じられたことで朱印船貿易も行われなくなった。ポルトガル船の来港が禁止されたのはこの後の1639年のことであり、これによって南蛮貿易も行われなくなった。1641年にオランダ商館が出島に移されると鎖国体制が確立した。

問6

⑴　ウが誤っている。全体の転封数は711、家宣～慶喜の時代の転封数は156であり、156÷711×100(%)≒22%のため、全体の2割を上回っている。

⑵　エが正しい。

ア．1･2行目の「歳々に納めらるる所の金は凡ソ七十六、七万両余、此内、長崎の運上というもの六万両」から、長崎で運上の営業税は、幕領全体で納められる税の1割を超えていないことがわかる。

イ．6行目の「されば、今国財の足らざる所、凡ソ百七、八十万両に余れり。」から、幕府の財政は、百七、八十万両の赤字になっていることがわかる。

ウ．6･7行目の「しかるに、只今、御蔵にある所の金、わづかに三十七万両にすぎず。」から、幕府の蔵にある金は四十万両を超えていないことがわかる。

⑶　Ⅰ～Ⅲの全てが誤っている。

Ⅰ．「富嶽三十六景」で有名な葛飾北斎や「東海道五十三次」で有名な歌川広重は19世紀初頭の化政文化期の浮世絵(錦絵)画家である。

Ⅱ．徳川吉宗を徳川綱吉とすれば正しくなる。

Ⅲ．大塩平八郎は1837年に天保のききんで苦しむ大阪の人々を救済するために乱をおこした。

問7　1637年、領主によるキリスト教信者への迫害や厳しい年貢の取り立てに苦しんでいた島原(長崎県)や天草(熊本県)の人々が天草四郎を中心とする一揆を起こした。

問8　寛政異学の禁を発し、幕府教育機関である昌平坂学問所において朱子学以外の講義を禁じたのは松平定信である。「寛政」から寛政の改革を行った松平定信を想起したい。

問9　いずれにも当てはまらないものはB･Eである。

①第1回十字軍が派遣されたのは1096年(Cの時期)のことである。

②アメリカ独立宣言が発表されたのは1776年(Fの時期)のことである。

③コロンブスがアメリカ大陸に到達したのは1492年(Dの時期)のことである。

④オスマン帝国がビザンツ帝国を滅ぼしたのは1453年(Dの時期)のことである。

⑤ムハンマドがイスラム教を創始したのは610年頃(Aの時期)のことである。

⑥李成桂によって朝鮮王国が建国されたのは1392年(Dの時期)のことである。

4 歴史

問1 Ⅰ. 幕末の貿易開始以来の日本の最大の輸出品で、群馬県の官営模範工場(富岡製糸場)で生産された生糸が当てはまる。なお、明治中期の1882年には渋沢栄一が大阪紡績会社(1883年開業)を設立するなど、綿糸の国産化が進み、明治末期の日清戦争後には綿糸の輸出量が輸入量を上回るようになった。

Ⅱ. 富岡製糸場などの当時の工場における機械の動力は蒸気力であり、その燃料は石炭であった。石油が石炭にとって代わるのは、1960年代前後のエネルギー革命においてである。

問2 イタリアの説明である。イタリアは、ドイツ・オーストリアと三国同盟を結んでいたが、オーストリアとは領土問題を抱えており、第一次世界大戦開戦時には中立を保った後、連合国側で参戦した。戦後は戦勝国としてイギリス・フランス・日本と並んで国際連盟の理事国となった。さらに、不況の中で活発化した労働者や農民の社会運動を弾圧したムッソリーニ率いるファシスト党は、地主・資本家・軍部など支配層の支持を得ると、1922年にはムッソリーニが首相に就任し、一党独裁体制を樹立した。世界恐慌に際し、ムッソリーニ政権は、景気の悪化による国内の不満をそらすために1935年にエチオピアに侵攻した。また、スペイン内戦(1936～39年)ではドイツとともにフランコ率いる反乱軍を支援し、内戦は反乱軍の勝利に終わった。

問3 キリスト教の影響を受けた洪秀全は、「滅満興漢」を掲げて1851年に太平天国を建国した。清はその鎮圧に手を焼き、また、イギリス・フランスはこの苦境につけ入って清に対し第2次アヘン戦争(アロー戦争)を起こし(1856～60年)、清に対してさらに有利な条件を認めさせた。その後イギリス・フランスは清への協力姿勢に転じ、太平天国の乱は1864年にようやく平定された。

問4　明治初期には、新政府は天皇親政の方針から大宝律令の形式を復活して、太政官のもとに各省をおく太政官制をとった。その後、1885年には伊藤博文を初代内閣総理大臣とする内閣制度に変わった。したがって、1872年当時の中央政府は太政官制である。また、明治初期、歳出の負担に苦しんだ新政府は、1876年には華族・士族への禄を全廃した。同年には廃刀令も出されたため、これにより士族はおもな特権を失った。この結果、各地で士族の反乱が起こり、また、地租改正反対一揆も起こったため、政府は1877年、地租を3%から2.5%に引き下げた。(　2　)の直前に「政府は歳出の負担に苦しんでおり」とあることからも税収減につながるcは誤りであると判断したい。

問5

(1)　エが正しい。

ア．1920年度には、民鉄の旅客輸送が国鉄の3倍を超えている。

イ．1890年度の国鉄と民鉄を合わせた旅客輸送は2300万人であり、1930年度の合計は29億4300万人であるため、1000倍は超えていない。

ウ．国鉄は表中では1920年度から1930年度にかけて最も旅客輸送を増やしているが、民鉄は1910年度から1920年度にかけて最も旅客輸送を増やしている。

(2)　Ⅱ(1906年)→Ⅲ(1915年)→Ⅰ(1928年)となる。

問6　第二次世界大戦が始まり、ドイツが圧倒的に優勢となると、日本ではドイツとの結びつきを強め、ドイツに降伏したヨーロッパ諸国の植民地を影響下において、日中戦争の継続に必要な資源を確保しようとの主張が急速に高まった。そこで1940年、日本は日独伊三国同盟を結んだのとほぼ同時にフランス領インドシナ(現在のベトナム・ラオス・カンボジア)の北部に進駐した。これと前後して、アメリカは日本への経済制裁を本格化させた。また、翌1941年には、日本はソ連と日ソ中立条約を結んで北方での平和を確保し、フランス領インドシナの南部(ア)に進駐した。これに対してアメリカは対日石油輸出の禁止を決定し、日本軍はさらに危機感をつのらせてアメリカとの戦争へと向かうことになった。

問7　Ⅲ．朝鮮総督府が設置されたのは1910年の韓国併合の際である。

Ⅱ．パリ講和会議は、第一次世界大戦後の1919年に開かれた。

Ⅰ．日本人のシベリア抑留は、1945年の太平洋戦争敗戦にともなって行われた。

問8　1955年から最も遠いのはエ(1965年の出来事)である。

ア．1954年　　イ．1954年　　ウ．1955年

問9　エが誤っている。投機によって株式と土地の価格が異常に高くなったのはバブル経済である。バブル経済は1980年代後半に発生し、1990年代初めには崩壊した。

問10　米の供給量は高度経済成長期の半ばである1965年度がピークで、それ以降は食生活の洋風化にともない減少している(Z)。日本の食生活は、伝統的には肉類よりは魚介類が中心だが(Y)、肉類の供給量も食生活の洋風化にともない伸びている(X)。なお、近年は魚介類の供給量を肉の供給量が上回っており、食生活の洋風化が進んでいる。

5 政治

問1

⑴　大日本帝国憲法はドイツなどでヨーロッパの憲法を調査した伊藤博文が草案を起草した後に、天皇の諮問機関である枢密院で審議され、1889年2月11日に発布された。

⑵　大日本帝国憲法の条文は以下の通りである。

> 第11条　天皇ハ陸海軍ヲ統帥ス
> 第29条　日本臣民ハ法律ノ範囲内ニ於(おい)テ言論著作印行(いんこう)集会及結社ノ自由ヲ有ス

問2

⑴　日本国憲法は、マッカーサー率いるGHQが原案を作成し、その後、帝国議会で修

正された後に議決され、1946年11月3日に公布(文化の日)、1947年5月3日(憲法記念日)に施行された。

(2) イが誤っている。日本国憲法第12条の条文で、「政府の努力」ではなく、「国民の不断の努力」が正しい文となる。

ア．第22条の経済活動の自由に関する条文

ウ．第27条の社会権に関する条文

エ．第37条の身体の自由に関する条文

(3) Ⅰが誤っており、Ⅱ・Ⅲが正しい。

Ⅰ．憲法改正の発議は、各議院の総議員の3分の2以上の賛成が必要である。

変へて、得手の能をして、精励を出だ」したことであることを踏まえて解答を選べばよい。よって、正解は**ア**。「思ひの外なる心」が出るのは「見る人（＝観衆）」なので、イとエは不適切。ウは「思うように実力を出せず」の部分が、わざと手を抜いたという本文の内容と異なるため不適切。オは「力を抜いていたことを知っている」が本文から読み取れないため不適切。

問5 (1) 『風姿花伝』は室町時代に成立した、世阿弥による能の理論書。よって、正解は**エ**。ア「紀貫之」は平安時代前期の歌人。『古今和歌集』の撰者の一人であり、『土佐日記』の作者でもある。イ「小野小町」は平安時代前期の歌人。『古今和歌集』の序文（仮名序）で平安時代を代表する歌人（六歌仙）の一人として名を挙げられている。ウ「西行」は平安時代後期の歌人・僧。諸国を行脚しながら数多くの和歌を残した。私家集（個人の和歌を集めたもの）に『山家集』がある。オ「小林一茶」は江戸時代後期の俳人。著作に『おらが春』がある。

(2) ア『徒然草』は鎌倉時代後期に成立した随筆で、作者は兼好法師。イ『竹取物語』は平安時代前期に成立した、現存する最古の作り物語で、作者不詳。ウ『奥の細道』は江戸時代前期に成立した紀行文で、作者は松尾芭蕉。エ『万葉集』は奈良時代に成立した現存する最古の和歌集で、編者は大伴家持（おおとものやかもち）。オ『源氏物語』は平安時代中期に成立した物語で、作者は紫式部。よって、正解は**ウ**。

た自分自身と重ね合わせ、休職期間が明けた後自分がうまくやっていけるか不安に思っている。(80字)などとまとめればよい。

4 古文の読解

出典『風姿花伝』

【口語訳】

あらゆるものは因果関係で成り立っている。初心者の時以来の芸能の数々は因である。能(の道)を極め、名声を得ることは果である。それ故に、稽古をするという因がいい加減であると、果を成すことも難しい。これをよくよく理解するべきである。

また、その時々で移り変わる運気のことも恐れ慎むべきである。去年に(芸の)盛りがあるならば、今年は(芸の)花が咲かないだろうことを知るべきだ。短い時間であっても、運が上向く時と下向く時があるだろう。どのようにしても、能にも、よい時があると、必ず悪い時がまたあるはずだ。これは、人の力ではどうしようもない因果である。このことを心得て、それほどに大切でないような時の申楽では、立ち合い勝負でも、それほど勝ちにこだわる気持ちを起こさず、骨も折らないで、勝負に負けても気にかけず、力を温存して、控えめ控えめに能を演じると、見物する人々も、「これはどうしたことだ」と興ざめしているところに、大事な申楽の日には、やり方を変えて、得意の能をして、最もよいところを出すようにすると、これもまた、見る人が意外に思う心が出てくるので、重要な立ち合い、大事な勝負に、きっと勝つことになるのである。

問1 空欄部Aは「初心よりの芸能の数々」を受けている。これがもととなって、「能を極め、名を得る」ことにつながるので、空欄部Aに「因」、Bに「果」が入るとわかる。これを能の稽古に当てはめているのが空欄部C、Dを含む文なので、空欄部Cに「因」、Dに「果」が入る。よって、正解は**イ**。

問2 a「しかれば」は「しかあれば」が短くなった表現で、「しか」は指示語、「あれば」は「已然形＋ば」の形である。「已然形＋ば」は「①～ので　②～と」と訳すが、今回は①の理由の意味で訳すとよい。よって、正解は**エ**。b「折らで」の「で」は「～ないで」という意味。よって、正解は**ア**。

問3 傍線部以降では、運気のよい時、悪い時は逃れがたく存在するので、そのことを心得て大事な能楽に力を入れるべきであるという内容が述べられている。以上の内容を踏まえて解答を選べばよい。よって、正解は**ウ**。アは「落差を知ること」を重視している点が不適切。筆者は落差の存在を知ったうえで適切な行動をとることの必要性を述べている。それ以外の選択肢は、傍線部以降の内容と合致しないため、それぞれ不適切。

問4 傍線部直前の内容を確認する。直接の理由は「見る人の思ひの外なる心出で来れば」である。「見る人」が「思ひの外」の気持ちになる理由が、以前「少な少なと能を」していた者が、突然「手立てを

齢層の客が利用しづらい状況になるのを避けたかったというのが、刺身を出さない理由であると考えられる。よって、正解は**オ**。アは「細々と続けられれば十分だった」、ウは「フライの方が人気になると確信していた」が本文から読み取れず、それぞれ不適切。イは魚屋がフライを提供していること、エは空欄部直前では酒ではなく「酒の肴」の話をしていることとそれぞれ矛盾する。

問4　傍線部を含む段落の内容をもとに、休職について早柚がどのように感じているかを確認する。早柚が休職したのは「正当な理由があったから」ではあるものの、「働いていないというだけでズルいことをしている気分」になってしまう。「同じ職場に戻る」ことは現状考えられないが、それではこれからどうするのか、「行動も決断もできない自分」のことを「ずるい」と感じている。つまり、辛い仕事から距離を置いたのはいいものの、今後の自分について何ら結論を出せていないことが、「ずる休み」という表現の理由であるとわかる。よって、正解は**エ**。アは「自分の意思とは無関係に」、ウは「あらゆる仕事にやりがいがある」、オは「あれこれ詮索されるのは面倒」が本文の内容から読み取れず、それぞれ不適切。イは「軽率に休職を選択してしまった」の部分が、「会社を休んだのは正当な理由があったからだった」という本文の記述と矛盾する。

問5　傍線部の場面において、早柚は「ずる休みして何するの?」という問いに即答することができていない。同じ段落の「何するの?なんて他人に聞かれるまでもなく、…早柚自身が問い続けている」「答えの見つからない問い」という内容から、魚屋のお兄さんに問われた内容について早柚自身が答えを見つけられていないため、即答することができなかったということがわかる。よって、**仕事を休んで何をするのかという、早柚自身が自問自答し、思い悩み続けていることを突然問われ、動揺してしまったから。**(56字)などとまとめればよい。

問6　「修行」という言葉について早柚が抱いている心情は、傍線部の次の段落に述べられている。「嫌なこと、キツイこと、辛いことをごまかしたい時によく使われる」「せめて今どの山頂を目指しているのか、今何合目あたりにいるのかくらいは情報共有して欲しい」といった記述に合致する選択肢を選べばよい。よって、解答は**ア**。イは「苦しむ相手を見て楽しんでいる」が、ウは「自分自身は何の努力もせず」が、エは「効率化を目指す工夫」が、オは「相手の不安を駆り立てている」が本文から読み取れないため、それぞれ不適切。

問7　傍線部は打ち上げられたサメの子の今後を思って早柚が心配する心情を表した箇所であるが、「本文全体の内容を踏まえて」という設問の指示を踏まえる必要がある。「はぐれてしまったサメの子」の境遇と、休職して今後がどうなるか不透明な早柚の置かれた状況が重ね合わせられていることを読み取りたい。よって、**浜辺に打ち上げられたサメの子どもを案じるとともに、サメの境遇を会社を休職し**

問7 ヨーロッパの教育に関しては、主に本文の後半で述べられている。アは「個性を尊重したいのならば」から始まる段落の内容に合致する。イとオは最終段落の内容に合致する。ウは「仮に多人数で構成されたクラスであっても自然と学力が向上する」の部分が、「個性を尊重したいのならば」から始まる段落の「何よりもまず少人数学級を実現させ」という内容と矛盾する。エは傍線部を含む段落の内容に合致する。よって、正解は**ウ**。

3 小説文の読解

出典　片瀬チヲル「カプチーノ・コースト」・『群像(二〇二二年一〇月号)』所収・講談社

【本文の概要】

休職中の早柚は、自分が望む生き方がどういうものか、答えを見出せず日々を過ごしていた。たまたま訪れた魚屋で店のお兄さんと他愛ない会話に興じるなかで、早朝に浜辺に打ち上げられたサメの子の話を聞いた彼女は、そこに己の境遇を重ね、サメの子の行く末を案じるのだった。

問1 抜けている文の内容から、戻すべき箇所は、「海が見たい」人物が、「わたしに気を使」っている場面であることがわかる。本文に登場するのは「わたし(早柚)」と「魚屋のお兄さん」のみなので、「魚屋のお兄さん」が海を見たがっている描写を探す。「お兄さんは海の方を」から始まる段落で、「早柚に直射日光があたらないよう、店の前にある簾を下げてくれた」お兄さんが「海の方を向いて」「じっとしている」様子が描かれていて、ここが条件に合致する。よって、正解は**している**。

問2 本文で描かれている「魚屋のお兄さん」の発言や行動から、人物像を推測していく。本文冒頭における、漁師からは嫌われているサメの子をこっそり助けてやったという発言から、周りと考えが異なるときに、直接対立することを避けながらも、自分が考える正しい行動を実行できる人物であることがわかる。よって、正解は**エ**。傍線部④の後ろに「他の選択肢が見つかるまでの腰掛けとして始めた仕事が、いつの間にか本業扱いになってしまっただけだ」とあるが、「心からやりがいを感じている」かどうかまでは読み取れないため、アは不適切。イは「魚屋の仕事を苦痛に感じている」とあるが、傍線部②の前で「(生きている魚を殺すことに)今は慣れてきた」とあるのと矛盾する。また、ウのように周囲を「過剰に」気にする様子や、オのように「自分を必死に隠し」ている様子は本文から読み取れないため、それぞれ不適切。

問3 空欄部の直前の内容を確認すると、「魚屋のお兄さん」が刺身を出さない理由として、「刺身を出せば、酒も求められ」、さらに「酒の肴を欲しが」られることが予想できたからであると述べられている。つまり、魚屋がまるで居酒屋のようになってしまい、幅広い年

活用する用言である。よって、正解は**形容動**（詞）。b「ない」には助動詞と形容詞があり、「ぬ」に置き換えられる場合は助動詞である。傍線部を含む箇所は「強制できるものではない」であり、「ない」を「ぬ」に置き換えることができない。よって、正解は**形容**（詞）。

問3 傍線部直後に「機械的な問題処理能力にはすぐれている」とあることから、日本の教育は答えの決まっている計算問題や知識問題を重視していることがわかる。そのような内容の表現を指定字数を踏まえながら探していくと、空欄部BとCの間にある「テストには限界があり」から始まる段落に、「だが、自分の頭を使って独自の判断ができない、日本の詰め込み式教育の弱点が出ていることは確かだろう」という一文を見つけることができる。よって、正解は**詰め込み式教育**。

問4 傍線部の「それ」は、直前の「憲法にうたわれた平和と人権を教育の力によって実現するために制定された」「現行の教育基本法」を指し示している。国はそのような教育基本法の目的を排除し、経済競争に勝つ人間の育成を重視している。その理由は、傍線部の直後で「競争教育と個性尊重の教育とは根本的にちがう」と述べられているように、「競争教育と個性尊重の教育」の両立ができないからである。よって、**個性尊重の教育が競争教育の妨げになるという考えのもと、経済競争に勝つ人間の育成を推進しているから。**（49字）などとまとめればよい。

問5 傍線部を含む一文には、「その反省として出発した戦後教育は、教育を国民の手に返し、子ども自身のための教育にしたはずだった」とあり、先頭の「その」が指し示す内容は、直前の「明治以降、教育は富国強兵策の手段とされ、教育勅語による軍国主義教育は、子どもを国家に奉仕し命をささげるべき存在とした」という一文である。つまり、富国強兵の手段であった教育を、戦後は国のためではなく教育を受ける子ども達自身のためのものとしようとしたのである。しかし、直後に「いま再びエリート教育や愛国心教育で、子どもは何かの手段にされようとしている」とあることから、実際には「愛国心」を重視する戦前教育の性質を現代の教育は帯びているのである。よって、正解は**オ**。アは「学力向上の意義が不透明になった」、イは「地域社会の範囲が以前よりも広くなり」が本文から読み取れず、それぞれ不適切。ウは「教育に対する国家の介入はなくなった」が、「愛国心が強調されたのは」から始まる段落の内容と矛盾する。エは、「子ども達は」から始まる段落の「個性とはできる子とできない子の差異であり」という内容と矛盾する。

問6 筆者は学力を重視した国の教育方針を否定的に捉え、ヨーロッパ諸国の学校が取り入れる個性を重視した教育方針を肯定的に捉えている。よって、正解は**ア**。イは「大学進学に少しでも興味を持ってもらいたい」、ウは「子ども達の学力と心の持ちようの相関関係を明らかにしたい」、エは「反発心を抱く」、オは「教師を戒めたい」が本文から読み取れず、それぞれ不適切。

解説

1 漢字

①　**酪農**（らくのう）……牛や羊などを飼育し、乳や乳製品を生産する農業。
②　**往来**（おうらい）……行ったり来たりすること。
③　**辞退**（じたい）……勧められたことを遠慮して引き受けないこと。
④　**一服**（いっぷく）……茶を飲んだり煙草（たばこ）を吸ったりして休むこと。
⑤　**掲**（かか）―げる……物を高く持ち上げたり、人目につくような高い場所に置いたりすること。
⑥　**どんてん**（曇天）……曇（くも）り空。
⑦　**ちたい**（遅滞）……期日に遅れること。
⑧　**ちょうめい**（澄明）……水や空気が澄み切っていること。
⑨　**かいこん**（悔恨）……過（あやま）ちを後悔し残念がること。
⑩　**けなげ**（健気）……年少者や力の弱いものが懸命に努力するさま。

2 論説文の読解

出典　暉峻淑子『豊かさの条件』岩波書店

【本文の概要】

現代の日本の子ども達は、決まった手順で答えを出す問題を得意とする一方、複数の考え方があるなかから自分の結論を出していく問題や、論理の入り組んだ問題は苦手としている。これは、日本が教育における個性の重要性を忘れ、エリートを育成することばかりに注力してしまった結果である。ヨーロッパの学校では、子ども達の個性を尊重し、子どもの能力をのびのびと発展させる教育を行なっているが、それが結果として子どもの学力を上げることにつながっている。

問１　空欄部補充形式の問題は、空欄部の前後を精読し、文章の展開をしっかりと把握する必要がある。空欄部Ａの前では、ＰＩＳＡが子ども達の知識や生きるうえでの能力を測定するものであることが述べられているのに対して、後では感性や芸術的能力を測定することはできないと述べられている。よって、正解は**カ**「しかし」。空欄部Ｂの前では、日本の子ども達は読解力のうち「解釈」の力が低いことが述べられていて、後では読解力の問題の例が挙げられている。よって、正解は**イ**「たとえば」。空欄部Ｃの前では、ＯＥＣＤ加盟国の中での日本の子どもの読書率の低さについて述べられていて、後では日本における詩集を所持する家庭の割合の低さについて付け足されている。よって、正解は**ウ**「さらに」。空欄部Ｄの前では、学力の高い子が集まる学校と低い子が集まる学校の二分化が生じることを国が肯定していることが述べられていて、後では生徒が集まらない学校が廃校になることを国が肯定していることが並列的に述べられている。よって、正解は**エ**「あるいは」。

問２　ａ「軽率な」は、「だろ／だっ・で・に／だ／な／なら／○」と

第2回 解答

1

①酪農 ②往来 ③辞退
④一服 ⑤掲げる ⑥どんてん
⑦ちたい ⑧ちょうめい ⑨かいこん
⑩けなげ

各1点×10＝10点

2

問1 A カ　B イ　C ウ　D エ

問2 a 形容動詞　b 形容詞

問3 詰め込み式教育

問4 個性尊重の教育が競争教育の妨げになるという考えのもと、経済競争に勝つ人間の育成を推進しているから。

問5 オ

問6 ア

問7 ウ

問1・2 各2点×6＝12点
問4 8点×1＝8点
その他 各4点×4＝16点

3

問1 している。

問2 エ

問3 オ

問4 エ

問5 仕事を休んで何をするのかという、早柚自身が自問自答し、思い悩み続けていることを突然問われ、動揺してしまったから。

問6 ア

問7 浜辺に打ち上げられたサメの子どもを案じるとともに、サメの境遇を会社を休職した自分自身と重ね合わせ、休職期間が明けた後自分がうまくやっていけるか不安に思っている。

問5 6点×1＝6点
問7 8点×1＝8点
その他 各4点×5＝20点

4

問1 イ

問2 a エ　b ア

問3 ウ

問4 ア

問5 (1) エ　(2) ウ

問2・5 各2点×4＝8点
その他 各4点×3＝12点

英語　第3回　解答

1

Part A	No.1	イ	No.2	ア	No.3	エ	No.4	エ
Part B	No.1	ウ	No.2	April	twenty-third			
	No.3	fought	dragon	No.4	イ			

Part B(No.2・3)：各1点(各答)
その他：各2点

2

(1)	here	hear	(2)	way	weigh
(3)	weak	week	(4)	tale	tail
(5)	sun	son			

各2点×5(完答)

3

(1)	エ	(2)	イ	(3)	ウ	(4)	ア	(5)	イ

各2点×5

4

(1)	不足語	most	①	ケ	②	ク
(2)	不足語	success	①	オ	②	キ
(3)	不足語	to	①	イ	②	オ
(4)	不足語	used	①	ア	②	ウ
(5)	不足語	you	①	エ	②	イ

各1点×10(①②完答)

5

問1	2番目	オ	5番目	ウ	問2	normal umbrella	問3	イ
問4	I told the guy to cancel the sightseeing.							
問5	it was included in the price				問6	ウ		
問7	ウ	問8	ア	F	イ	T	ウ	F
			エ	F				
問8	オ	F	カ	T				

問1：3点(完答)、その他：各2点

6

問1	A	イ	B	ア	C	ウ			
問2	or nothing they can do to improve their								
問3	(あ)	カ	(い)	エ	(う)	イ	(え)	オ	(お) ア
問4	satisfied	with	問5	ア					
問6	新しい友達を作る	こと。	問7	ア	オ				
問8	(1)	short	(2)	Another	(3)	causes	(4)	difficulty	
	(5)	deal	(6)	adjust	(7)	lead			

問1・3・8：各1点
その他：各2点(問4完答／問7各答)

解説

1 リスニング

読まれた英文と解説は、以下の通り。

Part A

No. 1

Woman ： Guess what ? Yesterday, I saw Mark at the supermarket near the station.

Man ： Really ? You mean *the* Mark, don't you ?

Woman ： Exactly ! He said he had come back to see his family.

女性 ： ねえ聞いてよ。昨日駅の近くのスーパーでマークを見かけたの。

男性 ： 本当に。マークってあのマークだよね。

女性 ： そうそう。家族に会いに帰ってきたって言ってたよ。

ア　I know that.「知ってるよ」

イ　I want to see him, too.「私も彼に会いたいな」

ウ　Do you know why he came back ?「彼がなんで帰ってきたか知ってるの」

エ　Where did you see him ?「どこで彼を見たの」

▶男性のセリフからマークの帰省については知らなかったことが述べられ、さらに女性のセリフでマークを見かけた場所と帰ってきた理由が述べられているので、ア、ウ、エの選択肢が正解ではないことがわかる。よってイが正解。

No. 2

Woman ： Hey, what are you doing ? I've been waiting for you for half an hour.

Man ： I'm so sorry. My alarm clock didn't work.

Woman ： No excuses. Anyway, how soon will you get here ?

女性 ： ちょっと、今何してるの。30 分も待ってるんだけど。

男性 ： 本当にごめん。目覚ましが鳴らなくてさ。

女性 ： 言い訳はなしだよ。それはそうとして、あとどれくらいで着きそうなの。

ア　In ten minutes.「10 分後」　　イ　For ten minutes.「10 分間」

ウ　Thirty minutes ago.「30 分前」　　エ　Thirty minutes left.「残り 30 分」

▶女性の最後のセリフに注目する。soon は「すぐに」という意味であることから〈How soon ～？〉で「どれくらいすぐに＝あとどれくらいで～」と聞いていることがわかる。その答えとして正しいのはアである。

No. 3

Man ： Hi. I came to this restaurant with my friends last night. I might have left my wallet on the table then.

Woman ： Which is the exact table you sat at？

Man ： This one, I think.

Woman ： What is your wallet like？

男性 ： こんにちは。昨晩友達とこのレストランに来たのですが、その時に財布をテーブルに忘れてしまったかもしれません。

女性 ： 具体的にどのテーブルに座りましたか。

男性 ： このテーブルだったと思います。

女性 ： お財布はどういったものですか。

ア　I like it very much.「財布をとても気に入っています」

イ　I would like you to give it back to me.「財布を返していただきたいのですが」

ウ　It was around seven thirty.「だいたい7時半くらいでした」

エ　It's black and looks pretty old.「財布は黒くて結構古いです」

▶〈What is ～ like？〉は「～はどういうものか」という、物や人の様子や特徴を聞く表現である。よって財布の見た目について説明しているエが正解。

No. 4

Man ： Excuse me. Can I ask you something？

Woman ： How can I help you？

Man ： I'm looking for some books about American history. I want to borrow as many books as possible.

Woman ： We have seven books about it, but two of them have been borrowed and will be returned in three days.

男性 ： すみません。ちょっと聞いてもいいですか。

女性 ： どうしましたか。

男性 ： アメリカ史の本を探しています。できるだけたくさん借りたいと思っているんですが。

女性 ： それについての本は7冊ありますが、そのうちの2冊は借りられていて3日後に返却予定です。

ア　Then I'll borrow the two books today.「では今日はその2冊を借ります」

イ　Then I'll borrow the three books today.「では今日はその3冊を借ります」

ウ　Then I'll borrow the four books today.「では今日はその4冊を借ります」

エ　Then I'll borrow the five books today.「では今日はその5冊を借ります」

▶最後の女性のセリフの数字を正確に聞き取ろう。7冊中2冊が借りられているのでエが正解となる。

Part B

Have you ever been to the United Kingdom? This country has unique holidays and festivals. Today, I'm going to talk about some of them.

The first event is called Twelfth Night on January 5. It was named "Twelfth" because it comes twelve days after Christmas Day. In the UK, it is said that Christmas decorations should be removed by Twelfth Night so as not to bring bad luck upon the home. Some people have parties, serve Twelfth Night cakes and play a little game with them.

Next, St. George's Day. It is on April 23 and England's national day as well. One of the best-known stories about St. George is his fight against a dragon, which is hard to believe. He killed it while riding on a horse. On that day, there are typically parades, parties, and the flying of flags.

The last one is a Harvest Festival. The date is not the same every year, but usually in September or October. The Harvest Festival is a celebration of the food grown on the land. In the UK, people give thanks for successful harvests. Also, they bring food from home to help people in need. They celebrate this day by singing, praying, and decorating the churches with a lot of food.

These are some of the events which take place in the UK. Is there anything you found interesting ? If so, please visit the UK someday and experience it !

「イギリスに行ったことはありますか。この国には特有の祝日やお祭りがあります。本日は、そのうちのいくつかについてお話しします。

まず初めのイベントは1月5日にある十二夜と呼ばれるものです。『12番目の』と名付けられたのはクリスマスの日の12日後にあるからです。イギリスでは、クリスマスの装飾は家に悪運を寄せ付けないために十二夜の日までに取り外すべきだと言われています。パーティを開いたり、十二夜のケーキを出してそれでちょっとしたゲームをしたりする人もいます。

次は、聖ジョージの日です。この日は4月23日にあり、イングランドの国家記念日でもあります。聖ジョージにまつわる最も有名な話の1つはドラゴンとの戦いなのですが、信じ難い話です。彼は馬に乗ってドラゴンを倒しました。この日には通常、パレード、パーティ、そして旗揚げがあります。

最後は収穫祭です。日にちは毎年同じではありませんが、たいていは9月か10月に行われます。収穫祭とはその土地で育った食べ物に対してのお祝いです。イギリスでは、豊作に対して感謝を伝えます。また、困っている人々を助けるために食べ物を家から持ってきたりもします。彼らは歌ったり、祈ったり、そしてたくさんの食べ物で教会を装飾したりしてこの日を祝います。

これらがイギリスで行われるイベントの一部です。何か面白いと感じるものはありましたか。もしそうならいつかイギリスを訪ねて実際に体験してみてくださいね」

No. 1 Which is true about Twelfth Night ?「十二夜について正しいものはどれですか」

ア It is celebrated on Christmas Eve and people hope for good luck.
「クリスマスイブに祝われ、人々は幸運を祈る」

イ As it was named, it is on December twelfth.「名前の通り、12月12日にある」

ウ It is related to Christmas decorations.
「クリスマスの装飾に関連するものである」

エ People celebrate this day by giving cakes to each other.
「人々はこの日を、お互いにケーキを贈り合うことで祝う」

▶十二夜については第2段落で説明されている。クリスマスから12日後の1月5日に行われるもので、同じ段落の3文目にChristmas decorations should be removed by Twelfth Night so as not to bring bad luck upon the home「クリスマスの装飾は家に悪運を寄せ付けないために十二夜の日までに取り外すべきだ」とあるのでウが正解。〈 be related to ～ 〉は「～と関係のある」という意味なので覚えておこう。また、ケーキを贈り合うことは話されていないのでエは不正解。

No. 2　When is St. George's Day ?「聖ジョージの日はいつですか」

It is on (**April**) (**twenty-third**).「4 月 23 日」

▶第 3 段落目に説明があり、4 月 23 日であることはすぐにわかると思うが、この問題ではスペリングに気をつけよう。23 で 1 つの単語なので間にハイフンを入れることと、日にちは序数で表すので third にすることを忘れないようにしよう。

No. 3　What is said about St. George ?

「聖ジョージについて言われていることは何ですか」

It is said that he (**fought**) against a (**dragon**).

「彼はドラゴンと戦ったと言われている」

▶第 3 段落 3 文目に One of the best-known stories about St. George is his fight against a dragon「聖ジョージにまつわる最も有名な話の 1 つはドラゴンとの戦いなのです」とあるため、この部分をまとめればよい。スピーチの中での fight「戦い」は名詞だが、解答は動詞にする必要がある。動詞 fight「戦う」の過去形・過去分詞形は fought である。

No. 4　Which is NOT true about the Harvest Festival ?

「収穫祭について正しくないものはどれですか」

ア　The Harvest Festival is celebrated in autumn.「収穫祭は秋に祝われる」

イ　People give thanks for the food grown on the land as well as in the sea in the UK.

「人々はイギリスの土地と海の両方で育った食べ物に対して感謝する」

ウ　A lot of food is used as decorations.「たくさんの食べ物が装飾として使われる」

エ　People sing and pray to celebrate the Harvest Festival.

「人々は収穫祭を祝うために歌ったり祈ったりする」

第3回　英語

▶ 第 4 段落 3 文目に The Harvest Festival is a celebration of the food grown on the land.「収穫祭とはその土地で育った食べ物に対してのお祝いです」とあり、海に関しては言及されていないのでイが誤りだとわかる。

2 語彙

(1) For (**here**) or to go ? — I'll eat it at home. And can I get a bag for it ?

「店内ですか、お持ち帰りですか」—「家で食べます。あと袋をもらえますか」

Could you speak a little louder ? I can't (**hear**) you.

「もう少し大きな声で話してもらえますか。聞こえないです」

▶ For here or to go ? のフレーズはぜひ覚えておこう。下の文については、大きな声で話してほしいのは聞こえないからである。

(2) She speaks completely the same (**way**) as her mother.

「彼女は母親と完全に同じ話し方をする」

The fish is so big ! How much does it (**weigh**)?

「その魚はとても大きいね。どれくらいの重さなの」

▶下の文から考えるとよい。魚の大きさを知りたいのだとわかれば長さや重さが思いつくだろう。How long ～ ? の文ではないので、「重さがある」という動詞の weigh を入れる。そして上の文に way「やり方・方法」を入れる。なお、weigh の名詞形の weight「重さ」は wait「待つ」の同音異義語なので、こちらもセットで頭に入れておきたい。

(3) I have (**weak**) eyes, so I need glasses and always sit in the front row.

「目が悪いので、メガネが必要でいつも前列に座ります」

I go to the gym once a (**week**).「私は 1 週間に 1 度ジムに行きます」

▶上の文を読むと、目が悪いとわかる。下の文では頻度を表しているので、1 年、1 か月…と考えていけば weak「弱い」と week「週」が正解だとわかる。

(4) Little Mermaid is a very famous fairy (**tale**) in the world.

「リトルマーメイドは世界でとても有名な童話である」

You can understand your dog's feelings if you watch its (**tail**).

「犬の気持ちは尻尾を見ればわかる」

▶ fairy tale「童話」とわかるので、発音が同じ tail「尻尾」が正解。

(5) Solar power is energy of the (**sun**).

「ソーラーパワーとは太陽のエネルギーである」

How old is your (**son**)?「息子さんはおいくつですか」

▶上の文から、ソーラーパワー＝太陽のエネルギーだとわかるので、sun「太陽」と son「息子」が正解。

3 適語句選択

(1) Your mother said she was busy, so stay there until your father (**エ comes**).

「お母さんは忙しいと言っていたから、お父さんが来るまでそこにいてね」

▶時を表す副詞節(今回の until「～まで」や when「～する時」、as soon as「～するとすぐに」など)や条件節(if「もし～ならば」など)の後ろは、未来の内容でも現在形にする。よってエが正解。

(2) You'll get used to (**イ your new life**) soon.「新しい生活にすぐに慣れるよ」

▶〈be[get] used to 名詞／Ving〉で「～に慣れている[慣れる]」の意味。助動詞の〈used to V〉「V したものだ、V だった」と混同しないように気をつけよう。よってアは最初に除外できる。ウは abroad「海外で」が副詞なので in が不要であり、エは the bad weather「悪天候」とすべきなので不正解。

(3) I wonder (**ウ why**) Tommy was so angry yesterday.

「トミーはなぜ昨日あんなに怒っていたのだろう」

▶何を不思議に思っているか考えると、怒っていた理由である。よって why が正解。

(4) I know Mary was in this room by the smell because she always (**ア wears**)

strong perfume.

「メアリーがこの部屋にいたってことが香りでわかる。いつも匂いの強い香水をつけているから」

▶身につけられるものはwearで表す。服、帽子、アクセサリーはもちろん、香水やひげ、化粧、顔の表情などもこの動詞で表すことができる。

(5) I run in the park every day (**イ so that I can**) keep fit.

「健康を保てるように毎日公園で走っています」

▶ fitはこの場合「健康的な」という意味である。そのために運動するので、イが正解になる。アは「～しないために」で逆の意味になるので誤り。ウは意味もnotの位置も不適なので誤り。エはofの後ろにはkeep(動詞)を置くことができないので誤り。

4 整序英作文

(1) 「この映画は今まで見た中で一番面白いものです」

This *is* the most interesting movie *I* have ever seen(.)

→不足語：**most** ①ケ ②ク

▶「この映画」につられてThis movieから書き始めると文が成立しなくなる。後ろから「今まで見た中で」と修飾するためには直前に先行詞(名詞)を持ってくる必要がある。よって最上級にするためのmostを加え、This is the most interesting movieのまとまりを作る。関係代名詞thatを省略して、I have ever seen「今まで見たことがある」と続ければよい。

(2) 「彼が成功した話を聞いて嬉しかった」

I was pleased *with* the story *of* his success(.)

→不足語：**success** ①オ ②キ

▶「～に喜んで」は〈be pleased with ～〉となる。「彼が成功した(という)話」はthatを用いて節を続けるか、ofを用いて名詞を続けるかのどちらかになるが、今回はhisがあるのでofを用いて名詞のsuccess「成功」を加える。

(3)「彼は事の深刻さをわかっていないようだ」

He *doesn't* seem [to] understand how *serious* the situation is(.)

→不足語：**to**　①**イ**　②**オ**

▶「SはVのようだ」は動詞のseemを用いて、〈S seem to V〉、または〈It seems that S＋V〉と表せるので、今回は前者を用いてHe doesn't seem to understandまでが完成する。「事の深刻さ」は「その状況がどれくらい深刻か」と言いかえることができるのでhow seriousのかたまりを作り、後ろに主語、動詞と置けばよい。

(4)「生徒たちが使った部屋を掃除する必要がある」

It is necessary to *clean* the room [used] *by* the students(.)

→不足語：**used**　①**ア**　②**ウ**

▶「(…にとって)Vする必要がある」は〈it is necessary (for …) to V〉で表す。後半は「生徒たちが使った」だが、by「〜によって」があるので「生徒たちに使われた」と変換できる。よってusedを加えてused by the studentsとなる。

(5)「あなたの妹たちにクッキーを食べているところを見られないようにね」

Don't *let* your sisters *see* [you] eating the cookies(.)

→不足語：**you**　①**エ**　②**イ**

▶許可を意味する使役動詞letの使い方は〈let+O+原形〉なので、「あなたの妹たちが見るようにはさせてはいけない」でDon't let your sisters seeのまとまりができる。そして知覚動詞seeの使い方は〈see＋O＋原形/Ving/Vp.p.〉「OがVする、Vしている、Vされるのを見る」なので、youを加えてsee you eating the cookiesとなり、文が完成する。

5 エッセイ読解

〔全訳〕

違う国で育っているので、私たちが物事を違う風に見ることはとても普通のことだ。例えば、イギリスでは他人が自分をどう見ているかなんてほとんどの人は気にしない。仲の良い人が自分を理解してくれていれば、それで幸せなのだ。しかし日本では、自分の外見についてや、他の人が、たとえ知らない人であっても、自分をどう見るのかをより気にしている。これはとてもいい習慣だと思うけれど、ときどき行き過ぎていると感じることがある。例えば、妻は私が冬にサングラスをかけるととても驚く。私の考えでは、サングラスというものは季節に関係なく、明るい日差しの下でかけるようにデザインされている。しかし妻の考えでは、サングラスとは夏限定のファッションアイテムなのだ。

別の意見の違いは、傘だ。約20年前に自宅で起こったとある出来事を覚えている。台風が来ている真っ最中で、私は買い物に行かなければならなかった。風と雨がとても強いとわかっていたので、ゴルフ用の傘を持っていくことにした。ゴルフ用の傘は普通の傘よりずっと大きくて、柄の部分が曲がっておらずまっすぐになっている。大雨にはもってこいだと思った。外の状況を考えてみれば、普通の傘なんて無意味だった。

「それで外は出られないよ」と妻が言った。「大きすぎだよ」

「でも大きな傘が必要なんだ」

「もしそれを使ったら近所の人におかしな人だと思われちゃうよ。普通の傘を使って」

この会話がだいたい10分くらい続き、最終的に家を出てスーパーへ歩いて向かった。

普通の傘を持って。

そしてすごく、すごく濡れて帰ってきた……。

私が理解に苦しむもう1つの日本の習慣は、歯医者、病院、学校、会社、そしてほとんどの温泉や宿で提供されているスリッパだ。何百人もの人が履いてきたスリッパを履くというのはあまりいい考えではない。特に温泉や他のそのような場所で裸足で履くときだ。水虫や他の足の病気は日本ではよくあるのに、なぜリスクを負うのだろうか。だから私は可能な限り提供されるスリッパを履かないようにしている。しかし妻は履かなければいけないと言うのだ。私は彼女にこう説明している。何百人もの人が着た衣類を身につけるなんて、考えもしないだろう、特にもし洗われてなかったら、なんてことを。それでも彼女は履くためにスリッパがそこにあるのだから、履かなければならないと言う。

郷に入っては郷に従えということか……。

しかしながら自国で経験した文化の違いで最も大きいものは休暇についてだ。私が思う完璧な休暇とは長い散歩をして海辺や木陰で本を読みながらリラックスすることだ。妻の完璧な休暇とは、買い物、買い物、買い物、買い物、そしてさらなる買い物だ。日本の休暇はとても短くなりがちで、すべてをやる時間がないことはわかるが、そうは言っても……。一年でいつだって買い物に行くことはできる。なぜ休暇の日まで待たなければならないのだ。

私たちは２人とも軽井沢がとても好きだ。近いので車で行けるし、食べ物、景色、快適な天候で休暇にはとても素晴らしい場所になる。ある年、私たちは駅前のホテルに２晩泊まった。部屋からの眺めは美しかった。長い散歩でもして、ビールと本を持って日陰に座りながらその日を終えたいと考えていた。しかし妻は違う計画を考えていた。

当たり前のように、彼女の予定に付き合った。

彼女の予定とは、ホテルのすぐ隣にあるアウトレットモールですべての時間を買い物に使うというものだった。このモールは200以上の店舗が広い土地に広がっている。私たちはそれら１つ１つに行った。

２回も。

とはいえ、休暇に対する考え方が私と違うのは妻だけではない。ある年、私たちは夏休みにグアムに行った。旅行代理店に一人で予約に行ったので、やりたいことを完全に自分で決めることができた。予約中､飛行機がグアムに真夜中を過ぎないと到着しないことと、翌朝の観光が９時に予定されていることに気がついた。私は男性にその観光を取り消すよう言った。彼は、それは料金に含まれていると説明し、私はそのことを了承しなくてはならなかった。私は彼に、支払うことは構わないが、ツアーには行かないと伝えた。彼はとても驚いているように見えたが、了解してくれた。

グアムへの遅い到着とはつまり、ホテルに夜中２時近くまでチェックインできないということだった。ローカルアシスタントは朝の７時半にモーニングコールがあるだろうと言った。どうやら私の予約を担当してくれた男性は私が冗談を言ったと思ったようだ。私たちが観光に参加しないことを地元の旅行代理店に伝えてくれていなかったのだ。私がもう一度説明すると､それは料金に含まれていると言われ､私はそれを了承せざるを得なかった。私はすでに全額支払っているが、観光ツアーは不要だと説明した。ローカルアシスタントは了解した。

翌朝の7時半、電話で目が覚めた。ツアーガイドからだった。私はとても疲れた声で、こんなに朝早くに起こされたくなかったからすでにツアーをキャンセルしておいたのだと説明した。

「わかっています」と彼女は言った。「ただ、気が変わっていないか確かめたくて」

出典：Christopher Belton *A State of Mind* IBC パブリッシング

問1　2番目：**オ**　5番目：**ウ**

As *long* as the people *who* are close (understand them, they are happy.)

▶ they are happy の前に接続詞がないことから、文頭に接続詞をおく必要があることがわかるので、〈as long as S＋V〉「S＋Vする限り」を用いる。そうすると the people understand them「人々が彼らを理解する」のまとまりができる。あとは関係代名詞 who を使ってどんな人々なのか修飾語句を加えればよい。今回の close は動詞「〜を閉める」ではなく、形容詞「親しい、近い」である。

問2　normal umbrella

▶空所の直後を見ると、雨でずぶ濡れになったことがわかる。つまり、ゴルフ用の大きな傘ではなく、妻の言った通り普通の傘を持って行ったということになる。

問3　すべてローマを使った表現である。訳と意味は以下の通り。

ア　Rome was not built in a day「ローマは1日にしてならず」

→大事業は長い間の努力なしには完成されない。

イ　When in Rome, do as the Romans do「ローマではローマ人のするようにせよ」

→その土地に住むにはそこの習慣に従うべきだ。(郷に入っては郷に従え)

ウ　All roads lead to Rome「すべての道はローマに通ず」

→1つの真理はあらゆることに適用される。

エ　Fiddle while Rome burns「ローマが燃えているときにバイオリンを弾く」

→周りで起こっている緊急事態に気を留めず、何もしないこと。

▶空所の直前では、公共のスリッパを履きたくないイギリス人筆者と、履くべきだと考える日本人妻との意見の違いが書かれている。つまり、妻の主張は「日本では日本の文化に従うべきだ」ということなので、イが正解になる。

問4　「私は男性にその観光を取り消すよう言った」を英訳する問題。

（解答例）**I told the guy to cancel the sightseeing.**

▶「OにVするよう言う」は〈tell＋O＋to V〉を使えばよい。取り消しや観光という単語は本文中にある cancel や sightseeing（tour）を使うとよりミスなく書くことができるだろう。

問5　**it was included in the price**

▶ツアーがキャンセルされておらず、もう一度頼んでいる場面である。同じことが繰り返されていると気がつけば、言われることは下線部(2)の直後にある通り、it was included in the price「それはツアー料金に含まれている」である。

問6　ウ　**tired**

▶空所直後で筆者が電話で伝えたことは、I had already cancelled the sightseeing tour because I didn't want to be woken up so early in the morning「こんなに朝早くに起こされたくなかったからすでにツアーをキャンセルしておいたのだ」である。にもかかわらずかかってきた電話に出る時の声色として適切なのはウの tired「疲れた」である。

問7　問6の続きであるが、筆者のセリフに対して'Yes, I know,'「わかっています」と答えていることから、ガイドはツアーに行かないことと、モーニングコールが不要なことは知っている。それでも朝早くに筆者を起こした理由は、念のための確認であった。そのセリフを聞いて筆者が感じるのは「戸惑い」や「怒り」である。

ア　He was impressed that the tour guide kindly gave him a wake-up call.

「ツアーガイドが親切にもモーニングコールをかけてくれたので彼は感心した」

▶電話は不要と伝えていたので誤り。

イ　He was surprised that the tour guide didn't know his decision about the sightseeing.

「ツアーガイドがツアーに対する彼の決定を知らなかったので彼は驚いた」

▶彼の決定（＝キャンセルのこと）は知っているので誤り。

ウ　**He was confused because the tour guide was not flexible about the tour cancellation at all.**

「ツアーガイドがツアーのキャンセルに対して全く柔軟ではなかったので彼は混乱した」

▶第16段落5･7文目に筆者がツアーをキャンセルするようにお願いしたが、第17段落3文目でそれが冗談だと思われていたということが述べられている。また、同段落5文目で再度筆者が説明したのにもかかわらず、第18･19段落で筆者の気持ちが変わっていないかどうかを確かめるために電話がかかってきたことが述べられているので、筆者の要求が柔軟に対応してもらえなかったことが読み取れる。

エ　He was scared because the tour guide called him again and again.

「ツアーガイドが何度も彼に電話をかけてきたので彼は怖かった」

▶本文中に記載がないので誤り。

問8　各選択肢の意味と解説は以下の通り。

ア　The writer has no idea why Japanese people behave so differently from English people.

「筆者はなぜ日本人がイギリス人とそんなに振る舞い方が異なるのか全くわからない」→ **F**

▶第1段落1文目に「違う国で育っているので、私たちが物事を違う風に見ることはとても普通のことだ」とあることや、2文目以降にイギリスと日本の人々がそれぞれ外見を気にするかどうかについて具体的に述べられているので不適。

イ　The writer thinks sunglasses can be worn all year round but his wife doesn't think so.

「筆者は、サングラスは年中かけられるものだと思っているが、妻はそう思わない」→ **T**

▶第1段落7･8文目を読むと、筆者はサングラスに季節は関係ないと言っているが、妻は夏だけのものだと考えているとあるので、本文と合う。

ウ　The writer wanted to play golf though the wind and rain were very strong.

「風と雨がとても強かったが、筆者はゴルフをしたかった」→ **F**

▶ゴルフがしたいという記載はないので不適。

エ　The writer doesn't want to wear the slippers because he has *mizumushi*.

「筆者は水虫があるのでスリッパを履きたくない」→ **F**

▶第 9 段落 4 文目に、*Mizumushi* and other foot diseases are common in Japan, so why take the risk ?「水虫や他の足の病気は日本ではよくあるのに、なぜリスクを負うのだろうか」とあるため、筆者は水虫がうつるのを心配しているのである。よって不適。

オ　In Karuizawa, the writer's wife said she wanted to go shopping while he was reading.

「軽井沢で、筆者が読書をしている最中に、妻は買い物に行きたいと言った」→ **F**

▶第 12 段落 5･6 文目を読むと、読書でもして過ごそうかと考えていたが、妻は買い物をする計画があったとあるため不適。

カ　About the sightseeing in Guam, the writer had to explain the same thing three times.

「グアムでの観光について、筆者は同じことを 3 回説明しなければならなかった」→ **T**

▶つまりツアーのキャンセルについてだが、下線部(2)が 1 回目、その次の段落 5 文目が 2 回目、第 18 段落 3 文目が 3 回目なので、本文と合う。

6　説明文読解

〔全訳〕

ほとんどの人が時折孤独に感じるが、普通は数分から数時間までしか続かない。この類の孤独は深刻ではない。実際、とても普通のことだ。しかしある人にとっては、孤独は何年も続くこともある。心理学者は長期的な孤独をより良く理解しようとするために、この複雑な現象について研究している。これらの研究者はすでに孤独を 3 種類に分類している。

最初の孤独の種類は一時的なものだ。これは最も一般的なタイプだ。通常はすぐに症状は消え、特別な注意は必要ない。2 つ目の状況的孤独は、特定の状況における自然な結果である。例えば、離婚、大切な人の死、新天地への引っ越し、大学進学など。この類の孤独は頭痛や不眠などの身体的問題を起こす可能性があるが、普通は 1 年以上続かない。状況的孤独は理解しやすく予想もしやすい。

3つ目の孤独が最も重いものだ。2つ目のタイプとは異なり、慢性的孤独は通常2年以上継続し、明確な原因がない。習慣的に孤独に感じる人は人付き合いや他人と距離を縮めるのに問題がある。残念ながら、慢性的孤独を抱えている人は自分たちの症状を改善するためにできることがほとんど、または全くないと考えている。心理学者は孤独に関する1つの重要な要因は人の社会的な付き合いであると賛同している。例えば友達、家族、同僚など。私たちは様々な理由でいろんな人に頼っている。例えば、家族は私たちに心情的な支持を、両親や教師たちは指導をしてくれ、そして友達とは似たような興味や活動を共有する。しかしながら、心理学者たちはどれだけの人と社会的な付き合いがあるかが孤独に感じる唯一の理由ではないことに気づいている。私たちがどれくらい社会的な付き合いを持つべきだと思っているか、あるいは期待しているか、ということの方がもっと重要なのだ。言いかえれば、孤独に感じる人がたくさんの社会的付き合いを持っていたとしても、時々もっと持たなければと感じてしまうのだ。自分の人気について疑問に感じているのだ。

ほとんどの研究者が、最も孤独に感じるのは18歳から25歳までの人であると意見が一致しているので、とある心理学者のグループは大学1年生の集団を研究することにした。新しい環境の結果として、学期の最初の時点では1年生のうち50%以上の生徒が状況的孤独を感じるとわかったが、数か月後には順応した。13%の生徒は、恥ずかしさや恐れのために、7か月経ってもまだ孤独に感じていた。彼らは新しい人に会うのがとても不安だったのだ。たとえその恐れが理性的なものではないとわかっていても。状況的孤独を感じた1年生は新しい友達を作ることで自分の孤独を克服したが、慢性的孤独を抱えている人はそうすることを怖がってしまい、寂しさが残ってしまった。

心理学者たちは、2つの理由から、習慣的に孤独を感じる人を助ける方法を見つけようとしている。まず初めに、彼らは社会的交流に喜びを見出せず、社会的交流ができない。2つ目に、研究者たちは慢性的孤独と心臓病などの深刻な病気との間に関係性を見つけた。一時的、状況的孤独は一般的で、健康的な生活の一部にすぎないのに対し、慢性的孤独はとても悲惨で、時には危険にもなりうる症状なのだ。

出典：Lorraine C. Smith, Nancy Nici Mare *Reading for Today 3: Issues* Cengage Learning

問1　この問題ではそれぞれの空所の後ろが具体例になっており、そこから判断ができる。

A ：イ　**a particular situation**

▶離婚、死、引っ越し、進学など、大きな出来事が列挙されているので a particular situation「特定の状況」が正解。

B ：ア　**a person's social contacts**

▶友達、家族、同僚など、周りの人々が並べられているので a person's social contacts「人の社会的な付き合い」が正解。もしくは、同じ段落内に social contacts という単語が出てくるので、それをヒントにすることもできる。

C ：ウ　**serious illnesses**

▶ disease は illness に書きかえることができるので、serious illnesses「深刻な病気」が正解。

第3回　英語

問2　or nothing they can do to improve their

▶［　］の前に着目すれば、この問題が there 構文中の並べかえであることがわかる。選択肢の中に動詞が複数あるので、関係代名詞の省略や、(to があるので) 不定詞の可能性を疑いたい。そして、直前に little があるので不可算名詞を続けたいところだが、選択肢中に該当する名詞がないため、今回は名詞としての little であることがわかる。また、等位接続詞 or があるので、否定語 nothing と結びつける。一方［　］の後ろに condition があるので、improve their (condition.) のまとまりができる。残りの they can do のかたまりを nothing の直後に続けて「私たちができることはほとんど、または全くない」として、improve の直前に不定詞の to を入れれば完成する。該当箇所は「自分たちの症状を改善するためにできることがほとんど、または全くない」という意味である。

問3　(　あ　)：**カ　on**

▶〈depend on ～〉で「～に頼る、依存する」の意味。

(　い　)：**エ　at**

▶大学１年生が孤独に感じるタイミングの話なので、時を表す at が正解。〈at the beginning of ～〉で「～の初めに」という意味である。

(　う　)：**イ　as**

▶文脈から、新しい環境の結果「として」孤独に感じるので as が正解。

(　え　)：**オ　to**

▶〈 due to ～ 〉で「～のために」の意味。

（　お　）：**ア　for**

▶空所直後に reasons があることから、理由を表す for が正解。

問４　satisfied with

▶下線部(2)を含む英文の意味は though lonely people may have many social contacts, they sometimes feel they should have more「孤独に感じる人がたくさんの社会的付き合いを持っていたとしても、時々もっと持たなければと感じてしまうのだ」である。それを問題文のように言いかえると sometimes lonely people can't be（ s　　）（ w　　）the number of their social contacts「孤独に感じる人は自分たちの持つ社会的付き合いの数に（　　　）できない時がある」となるので、頭文字をヒントに〈 be satisfied with ～ 〉「～に満足している」を導きたい。

問５　ア　１年生

▶ freshman は「1年生」の意味である。単語を知らなくても、文を読んで予想しよう。

①学期の最初に孤独を感じる

②彼らは新しい環境にいる

③新しい友達を作ることで孤独を解消する

以上の 3 点から、大学 1 年生だと考えることができる。

ちなみに、2 年生は sophomore、3 年生は junior、4 年生は senior である。

問６　新しい友達を作る（こと。）

▶下線部(4)を含む 1 文を読むとよい。The situationally lonely freshmen overcame their loneliness by making new friends, but the chronically lonely remained unhappy because they were afraid to do so.「状況的孤独を感じた 1 年生は新しい友達を作ることで自分の孤独を克服したが、慢性的孤独を抱えている人はそうすることを怖がってしまい、寂しさが残ってしまった」とあるので、making new friends の部分が正解となる。

問7 各選択肢の意味と解説は以下の通り。

ア Some lonely people don't need any treatment for their loneliness.

「孤独を感じる人の中には、なんの治療も必要ない人もいる」

▶第2段落3文目に一時的な孤独に関する説明があり、It usually disappears quickly and does not require any special attention.「通常はすぐに症状は消え、特別な注意は必要ない」とあるので正解。

イ Situationally lonely people may get sick, and this usually lasts for more than two years.

「状況的孤独を感じる人は体調不良になることもあり、これはたいてい2年以上続く」

▶第2段落5文目に状況的孤独の説明がある。Although this kind of loneliness can cause physical problems, such as headaches and sleeplessness, it usually does not last for more than a year.「この類の孤独は頭痛や不眠などの身体的問題を起こす可能性があるが、普通は1年以上続かない」とあるため不適。2年以上続くのは3つ目の孤独のことである。

ウ There is nothing doctors can do for chronically lonely people.

「慢性的孤独を抱える人に対して医者ができることは何もない」

▶本文にこのような記載はない。第3段落4文目に many chronically lonely people think there is little or nothing they can do to improve their condition「慢性的孤独を抱えている人は自分たちの症状を改善するためにできることがほとんど、または全くないと考えている」と書いてあるが、これは症状を持っている人がそう思っているだけである。よって不適。

エ Our friends have a better effect on our emotions than our parents or teachers.

「私たちの友達は両親や先生よりも感情に良い影響を与えてくれる」

▶第3段落7文目の For instance 以降で、家族や両親、先生、友人などとのつながりが述べられているが、優劣については言及されていないので不適。

オ Researchers say people who are around twenty are lonelier than others.

「研究者は、20代あたりの人が他の人より孤独に感じると言っている」

▶第4段落1文目に Most researchers agree that the loneliest people are between the ages of 18 and 25「ほとんどの研究者が、最も孤独に感じるのは18歳から25

歳までの人であると意見が一致している」とあるので正解。

カ According to the research, thirteen percent of the freshmen overcame their loneliness.

「研究によると、13%の１年生が孤独を乗り越えた」

▶第４段落３文目に Thirteen percent were still lonely after seven months「13%の生徒は７か月経ってもまだ孤独に感じていた」とあるので不適。

問８ 全訳と解説は以下の通り。

There are three kinds of loneliness. The first type, temporary loneliness, is the most common and disappears in a（1：**short**）time.（2：**Another**）kind of loneliness is situational. Some events such as a divorce or someone's death can be one of the（3：**causes**）for this kind of loneliness, so we don't have（4：**difficulty**）understanding and predicting it. The third one is the hardest to（5：**deal**）with. Chronically or habitually lonely people are too shy to（6：**adjust**）to their new environment. This type of loneliness can（7：**lead**）to a serious disease, so researchers try to help these lonely people.

〔全訳〕

孤独には３種類ある。最初の種類、一時的な孤独というのは最も一般的で短時間で消える。もう１つの孤独は状況的なものだ。離婚や誰かの死などの出来事がこの孤独の理由となるので、私たちがそれを理解して予測するのに苦労しない。３つ目が一番対処しにくいものだ。慢性的、または習慣的に孤独な人はあまりに人見知り過ぎて新しい環境に順応できない。このタイプの孤独は深刻な病気につながる可能性があるため、研究者は孤独な人々を助けようとしている。

（ 1 ）: **short**

▶第２段落３文目に一時的孤独の説明として、It usually disappears quickly「通常はすぐに症状は消える」とあるので、空所に合うように short に書きかえる。

（ 2 ）: **Another**

▶本文中で孤独は３種類に分類され、situational な孤独は２つ目である。Second を入れたいところだが、前に the がないため不可である。３つあるうち、１つ目を one、２つ目を another、そして最後の３つ目(残りの１つ)を the other と表すことを知っていれば正解にたどり着ける。

（　3　）：**causes**

▶第２段落４文目に２つ目の種類である状況的孤独についての記載があり、問１で問われている［　A　］がわからなくても、離婚などの結果で起こることがわかる。よってそれらの出来事はその孤独が生じる「きっかけ、原因、理由」となる。頭文字 c の指定があり、直前が one of the なので、複数形の causes が正解となる。

（　4　）：**difficulty**

▶⑶の続きであるが、原因がわかっているので理解や予測がしやすいことが第２段落最後の文からわかる。空所の前後の語句や頭文字 d をヒントにしながら、理解や予測を「しやすい」を「するのに苦労しない」と言いかえて、〈 have difficulty［ trouble ］(in) Ving 〉「V するのに苦労する」の表現を用いる。

（　5　）：**deal**

▶本文の内容から、３つ目の孤独が「最も深刻である」ことがわかるので、空所の後ろの with をヒントに「最も対処しづらい」と言いかえて、〈 deal with ～ 〉「～を対処する、扱う」を導きたい。

（　6　）：**adjust**

▶空所⑹を含む英文は〈 too ～ to V 〉「～すぎて V できない」の構文であり、「3つ目の孤独を抱えている人は、人見知りすぎて新しい環境に(　)できない」となるので、「順応する」や「適応する」を意味する adjust を入れればよい。

（　7　）：**lead**

▶最終段落より、３つ目の孤独は病気を引き起こすことが読み取れる。空所の後ろの to に着目して〈 lead to ～〉「～につながる」を導きたい。

数学　第3回　解　答

1

(1)	$-\frac{72x^2}{y^2}$	(2)	$x=$ -2 , $y=$ 4
(3)	$(x+y-3)(x+y+4)$	(4)	9
(5)	$x=$ $5\pm\sqrt{31}$		

(5 点×5)

2

(1)	$6-\frac{3\sqrt{3}}{2}$	(2)①	$x=$ 6
(2)②	$xy=$ 48		

(5 点×3)

3

(1)	点 A の x 座標… -2 , 点 B の x 座標… 1		
(2)	1 : 5		
(3)	〈解法欄〉 ※解説ページ参照	(答)	$\frac{15}{2}$

((1) 3 点×2, (2) 5 点, (3) 7 点)

4

(1)	$4\sqrt{15}$	(2)	$\sqrt{15}$
(3)	$\frac{2\sqrt{15}}{5}$		

(5 点×3)

5

(1)	2211		
(2)	〈解法欄〉 ※解説ページ参照	(答)	12 通り
(3)	96 通り		

((1) 5 点, (2) 7 点, (3) 5 点)

6

(1)	$4\sqrt{7}$	(2)	48

(5 点×2)

解説

1 計算問題

(1) $(-3x^2y)^2 \div \left(\dfrac{xy^2}{2}\right)^3 \times (-xy^2) = 9x^4y^2 \div \dfrac{x^3y^6}{8} \times (-xy^2) = -\dfrac{9x^4y^2 \times 8 \times xy^2}{x^3y^6}$

$= -\dfrac{72x^2}{y^2}$ …(答)

(2) $\begin{cases} 17x + 13y = 18 & \cdots① \\ 3x + 7y = 22 & \cdots② \end{cases}$ とする。

①＋②より，$20x + 20y = 40$，$x + y = 2$ …③

②－③×3 より，$4y = 16$，$y = 4$　　これを③に代入し，$x + 4 = 2$，$x = -2$

よって，$x = -2$，$y = 4$ …(答)

(3) $x + y = \mathrm{A}$ とすると，$\mathrm{A}(\mathrm{A}+1) - 12 = \mathrm{A}^2 + \mathrm{A} - 12 = (\mathrm{A}-3)(\mathrm{A}+4)$

よって，$(x + y - 3)(x + y + 4)$ …(答)

(4) $x = 3 - \sqrt{5}$ より，$x - 3 = -\sqrt{5}$，$(x-3)^2 = (-\sqrt{5})^2$，

$x^2 - 6x + 9 = 5$，$x^2 - 6x = -4$

よって，$x^2 - 6x + 13 = -4 + 13 = 9$ …(答)

(5) $(2x-5)(2x+3) - 3(x-1)(x+3) = 0$，$4x^2 - 4x - 15 - 3(x^2 + 2x - 3) = 0$，

$4x^2 - 4x - 15 - 3x^2 - 6x + 9 = 0$，$x^2 - 10x - 6 = 0$，$(x-5)^2 = 31$

$x - 5 = \pm\sqrt{31}$，$x = 5 \pm \sqrt{31}$ …(答)

2 小問集合

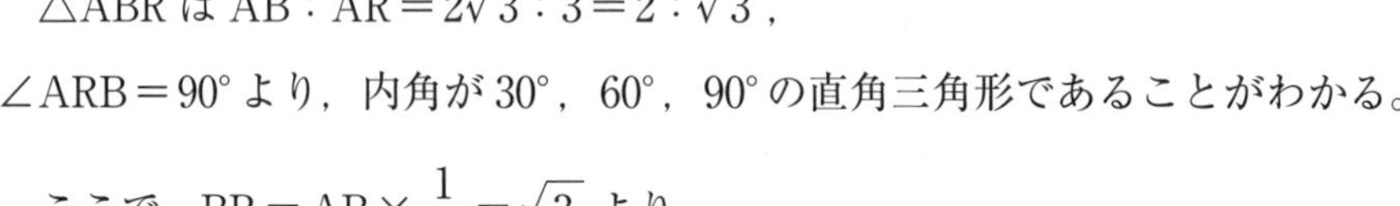

(1) △ABP と△BCQ について，AB＝BC，BP＝CQ，∠ABP＝∠BCQ＝90° より，2 組の辺とその間の角がそれぞれ等しいので

△ABP≡△BCQ

よって，∠BAR＝∠CBQ であることがわかるので，∠ARB＝180°－∠ABR－∠BAR

＝180°－∠ABR－∠CBQ＝90°

△ABR は AB：AR＝$2\sqrt{3}$：3＝2：$\sqrt{3}$，∠ARB＝90° より，内角が 30°，60°，90° の直角三角形であることがわかる。

ここで，BR＝AB×$\frac{1}{2}$＝$\sqrt{3}$ より，

△ARQ＝△ABQ－△ABR＝$2\sqrt{3}\times2\sqrt{3}\times\frac{1}{2}-\sqrt{3}\times3\times\frac{1}{2}=6-\frac{3\sqrt{3}}{2}$ …**(答)**

(2)① 【x】＝4 より，x は異なる素数 a，b を用いて ab または a^3 と表せる。

$x=ab$ のとき，x が最小となるのは，$a=2$，$b=3$ のとき，$x=6$

$x=a^3$ のとき，x が最小となるのは，$a=2$ のとき，$x=8$

よって，最小の数は 6 …**(答)**

② 【xy】＝10 のとき，xy は異なる素数 p，q を用いて p^9 または p^4q と表せる。

【x】＝【y】＝4 より，x，y は①と同様に表せるので，$xy=pq\times p^3$ のとき上記の条件を満たす。

よって，xy が最小となるのは，$p=2$，$q=3$ のときで，$xy=48$ …**(答)**

3　二次関数

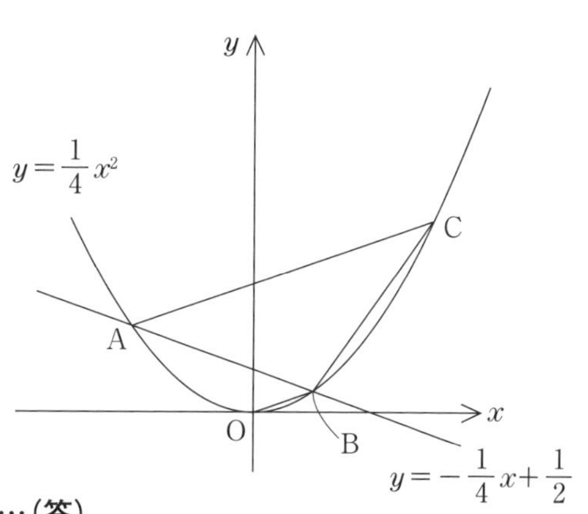

(1)　2点A，Bは放物線 $y=\frac{1}{4}x^2$ と直線

$y=-\frac{1}{4}x+\frac{1}{2}$ との交点なので，

$\frac{1}{4}x^2=-\frac{1}{4}x+\frac{1}{2}$，$x^2+x-2=0$，

$(x+2)(x-1)=0$，$x=-2$，1

　よって，

点Aの x 座標が -2，点Bの x 座標が 1　…**(答)**

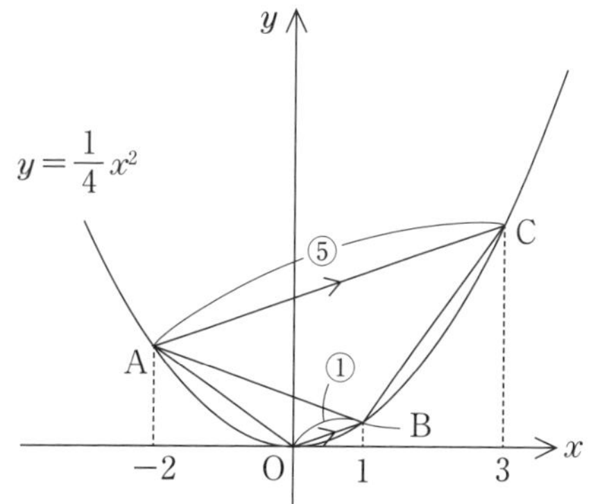

(2)　OB//ACより，

△AOB：△ABC＝OB：AC

(直線OBの傾き)＝(直線ACの傾き)となる。

　点Cの x 座標を t として，放物線と直線の関係より，

$\frac{1}{4}\times(0+1)=\frac{1}{4}\times(-2+t)$，$t=3$

　よって，△AOB：△ABC＝OB：AC

＝(点O，Bの x 座標の差)：(点A，Cの x 座標の差)

＝$(1-0):\{3-(-2)\}=1:5$　…**(答)**

(3) OB//AC より，△AOC＝△ABC となるので，△DBC＝△AOC＝△ABC

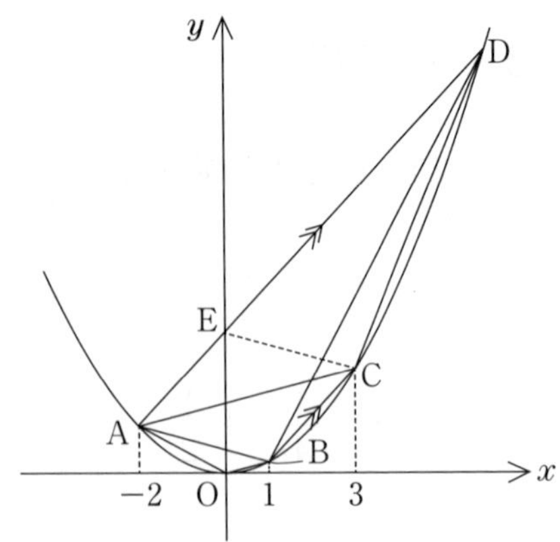

よって，AD//BC

さらに，

(2 点 A，E の x 座標の差)＝$0-(-2)=2$，

(2 点 B，C の x 座標の差)＝$3-1=2$ より，

AE＝BC

よって，1 組の対辺が平行でその長さが等しいので，四角形 ABCE は平行四辺形である。

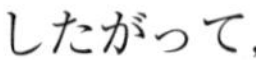

したがって，

(平行四辺形 ABCE)＝△ABC×2

＝5×△AOB×2

$=5\times\dfrac{1}{2}\times3\times\dfrac{1}{2}\times2$

$=\dfrac{15}{2}$ …**(答)**

4 円

(1) 直角三角形 ABC について三平方の定理より，

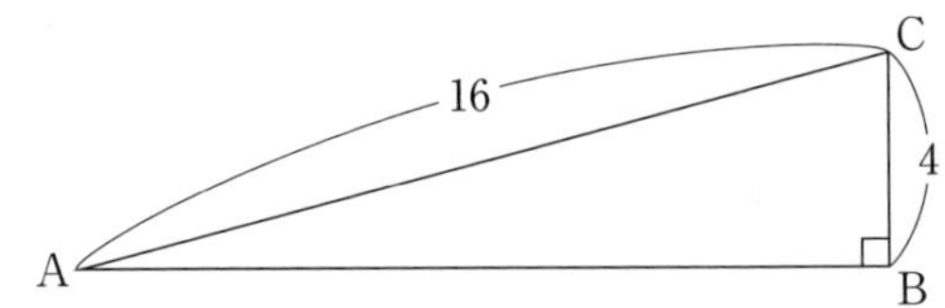

$AB^2=\sqrt{16^2-4^2}=4\sqrt{15}$ …**(答)**

(2) 円は直線 AB と点 B で接するので円の中心は，B を通り直線 AB と垂直な BC 上にある。

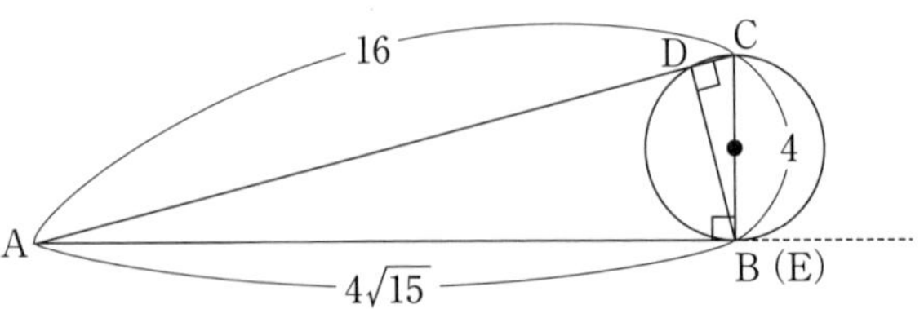

この円は点 C も通るので，CB がこの円の直径であることがわかる。よって，∠CDB＝90°

△ACB と△BCD について，

$\angle ABC = \angle BDC = 90°$，$\angle ACB$は共通で，2組の角がそれぞれ等しいので，

$\triangle ACB \backsim \triangle BCD$

$$DB = CB \times \frac{\sqrt{15}}{4} = \sqrt{15} \quad \cdots(\text{答})$$

(3) 点Dを通る円の直径を引き，円との交点のうち点DでないほうをFとする。

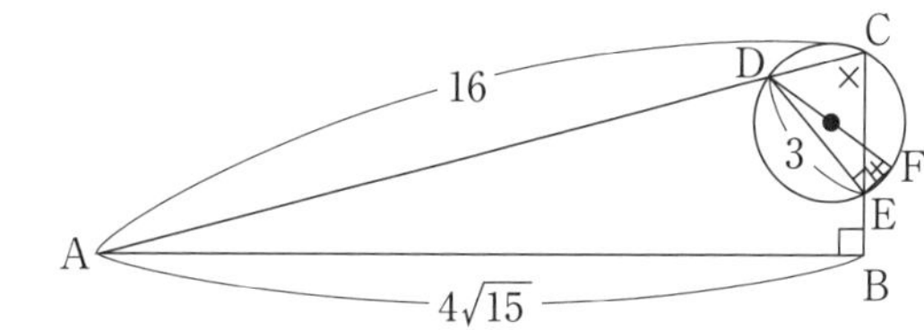

$\triangle ACB$と$\triangle DFE$について，

円周角の定理より，

$\angle ACB = \angle DFE \quad \cdots$①

$\angle ABC = \angle DEF = 90° \quad \cdots$②

①，②より，2組の角がそれぞれ等しいので，$\triangle ACB \backsim \triangle DFE$

$$DF = DE \times \frac{4}{\sqrt{15}} = \frac{4\sqrt{15}}{5}$$

よって，この円の半径は，$DF \times \frac{1}{2} = \frac{2\sqrt{15}}{5} \quad \cdots(\text{答})$

※条件を満たす円(DE＝3で，Cを通る)は無数にかけるが，どれも弧DEに対する円周角が一定であるため，円の半径はすべて等しくなる。

5 場合の数

(1) 自然数が3の倍数になる条件は，「各位の数の和が3の倍数になること」である。

最初の2枚で1と2を1枚ずつ並べると和が3になり，4枚並べる前に3の倍数になってしまう。そうならないためには，最初の2枚は1と2のどちらかを連続で並べなければならないことがわかる。

よって，1122以外の数は，2→2→1→1の順番で並べたときの，2211 …(答)

(2) 3のカードを並べる順番について考える。まず，最初に3を並べる場合は条件に適さない。次に，何枚かカードを並べたのち，新たに3を1枚取り出して並べると，3を加える前と後では，3で割ったときの余りが同じになる。

よって，6枚のカードをすべて並べるためには，並べたときに余りが変化する1と2のカードの順番に注意すればよいことがわかり，(1)より「1122」か「2211」の順で出る必要がある。

「1122」の順で出るとき，2枚の3はこの1と2を並べきるまでの途中で出ることになり，その位置としては右の a，b，c の3箇所が考えられる。

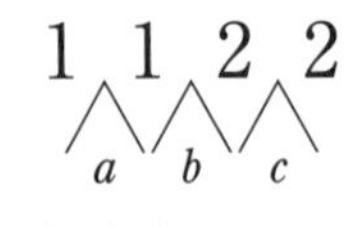

2枚の3の出方としては，この3箇所のうち1箇所に2枚とも並べるか，3箇所のうち2箇所に1枚ずつ並べるかなので，並べ方の場合の数は，${}_3C_1+{}_3C_2=6$(通り)

「2211」と並べたときも同様なので，求める場合の数は，$6\times2=12$(通り)　…**(答)**

(3)　まず，各カードを3で割ったときの余りに注目してグループ分けする。

3で割って1余るカードを①，2余るカードを②，3の倍数のカードを③とすると，各カードは以下のように分類される。

①	②	③
1，4	2，5	3，6

(2)より，各カードの並び順は「①①②②」または「②②①①」で，この4枚の間に③を並べることになる。例えば，「①③①③②②」と並べたとき，①，②，③に配置するカードの決め方はそれぞれ2通りずつあるので，$2\times2\times2=8$(通り)

2枚ずつある①，②，③の並べ方は(2)より12通りずつあるので，求める場合の数は，$12\times8=96$(通り)　…**(答)**

6 空間図形

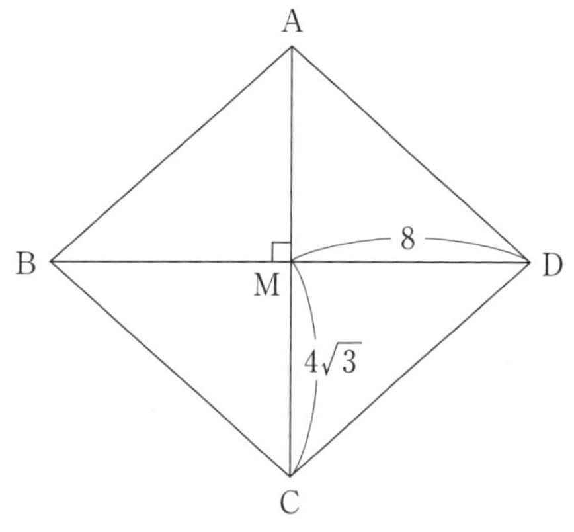

(1) 頂点Oは3点A，B，Cが重なった点なので，OD＝CD

対角線BD，ACの交点をMとすると，$BM=DM=8$，$AM=CM=4\sqrt{3}$ となる。

△MCDにおいて，三平方の定理より，

$OD=CD=\sqrt{8^2+(4\sqrt{3})^2}=4\sqrt{7}$ …**(答)**

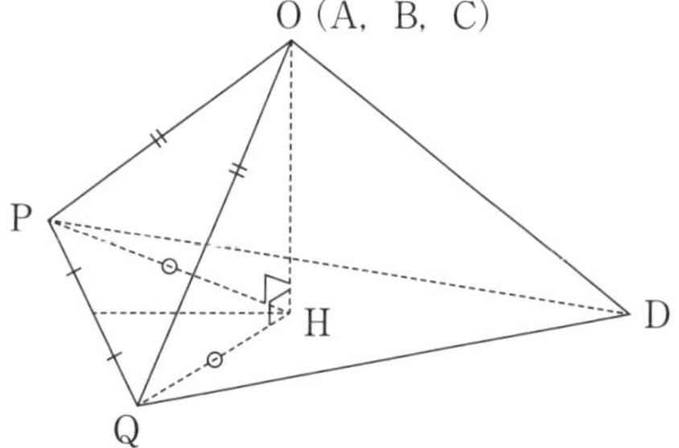

(2) 右図のように，頂点Oから引いた垂線と△PQDとの交点をHとすると，△OPHと△OQHにおいて，

OHは共通 …①

OP＝OQ …②

∠OHP＝∠OHQ＝90° …③

①，②，③より，直角三角形で，斜辺と他の1辺がそれぞれ等しいので，△OPH≡△OQH

合同な図形の対応する辺の長さはそれぞれ等しいので，PH＝QH

よって，Hは線分PQの垂直二等分線上にある。

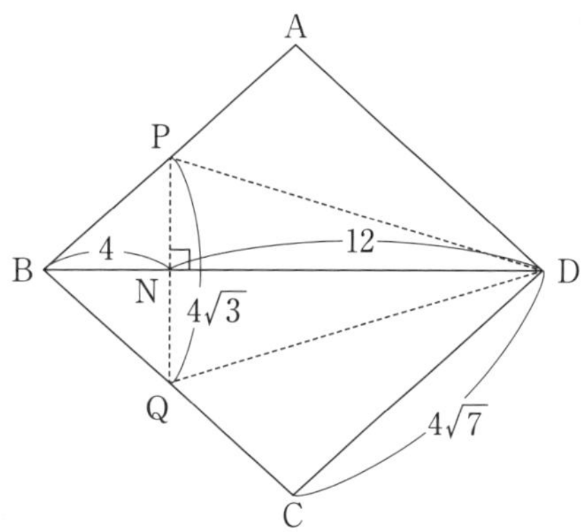

右図のように線分PQと対角線BDとの交点をNとすると，線分DNは線分PQの垂直二等分線なので，Hは線分DN上にあることがわかる。

また，$PQ=AC\times\frac{1}{2}=8\sqrt{3}\times\frac{1}{2}=4\sqrt{3}$，

$BN=BM\times\frac{1}{2}=8\times\frac{1}{2}=4$，$DN=16-4=12$ となる。

第3回 数学

NH＝x，OH＝h とすると，

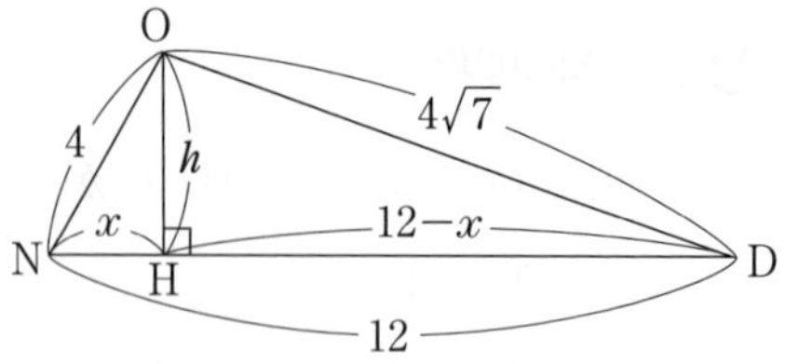

△ONH において，$h^2=4^2-x^2$　…(i)

△OHD において，

$h^2=(4\sqrt{7})^2-(12-x)^2$　…(ii)

(i)，(ii)より，$4^2-x^2=(4\sqrt{7})^2-(12-x)^2$，

$16-x^2=112-(144-24x+x^2)$，$x=2$，$h=\sqrt{4^2-2^2}=2\sqrt{3}$

したがって，(四面体 OPQD) $=$ △QPD $\times$ OH $\times \dfrac{1}{3}$

$$=4\sqrt{3}\times 12\times\frac{1}{2}\times 2\sqrt{3}\times\frac{1}{3}$$

$$=48$$ …**(答)**

理科　第3回　解答

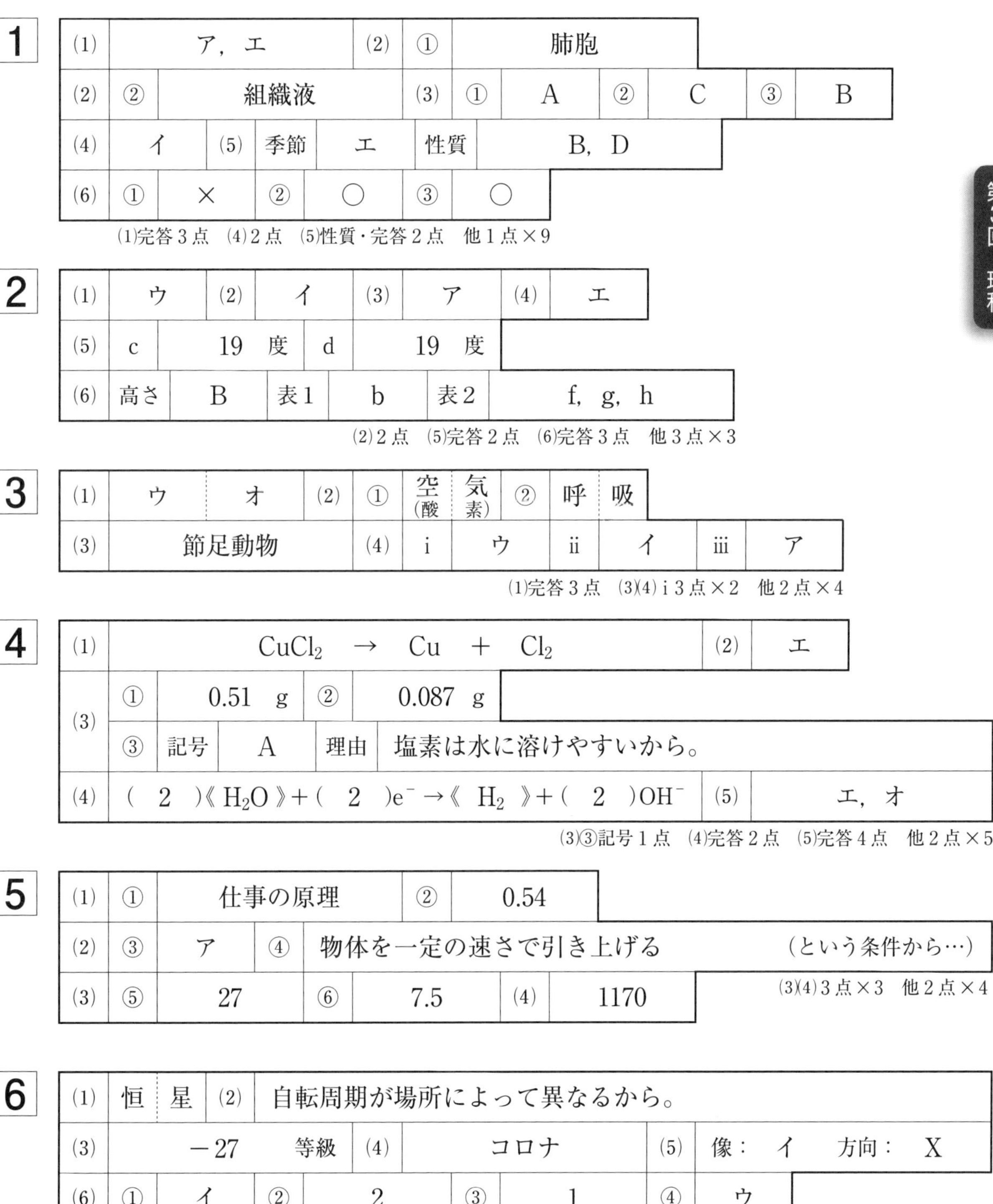

1

(1)	ア，エ	(2)	①	肺胞			
(2)	②	組織液	(3)	①	A	②	C	③	B
(4)	イ	(5)	季節	エ	性質	B，D	
(6)	①	×	②	○	③	○	

(1)完答3点　(4)2点　(5)性質・完答2点　他1点×9

2

(1)	ウ	(2)	イ	(3)	ア	(4)	エ
(5)	c	19　度	d	19　度			
(6)	高さ	B	表1	b	表2	f，g，h	

(2)2点　(5)完答2点　(6)完答3点　他3点×3

3

(1)	ウ	オ	(2)	①	空気(酸素)	②	呼吸		
(3)	節足動物		(4)	i	ウ	ii	イ	iii	ア

(1)完答3点　(3)(4) i 3点×2　他2点×4

4

(1)	$CuCl_2 \rightarrow Cu + Cl_2$				(2)	エ
(3)	①	0.51　g	②	0.087　g		
	③	記号	A	理由	塩素は水に溶けやすいから。	
(4)	(2)《 H_2O 》+(2)e^- →《 H_2 》+(2)OH^-				(5)	エ，オ

(3)③記号1点　(4)完答2点　(5)完答4点　他2点×5

5

(1)	①	仕事の原理	②	0.54		
(2)	③	ア	④	物体を一定の速さで引き上げる　（という条件から…）		
(3)	⑤	27	⑥	7.5	(4)	1170

(3)(4)3点×3　他2点×4

6

(1)	恒星	(2)	自転周期が場所によって異なるから。				
(3)	−27　等級	(4)	コロナ	(5)	像：　イ　　方向：　X		
(6)	①	イ	②	2	③	1	④	ウ

(4)(6)②③1点×3　(5)4点　他2点×5

解説

1 小問集合

(1) 弦をはじく強さを変えると，音の大きさは変わるが，音の高さは変わらない。弦の長さ，弦の太さ，弦を張る強さと音の高さの関係，弦をはじく強さと音の大きさの関係は，それぞれ次の表の通りである。

弦の長さ	長い ⇔ 短い
弦の太さ	太い ⇔ 細い
弦を張る強さ	弱い ⇔ 強い
音の高さ	低い ⇔ 高い

はじく強さ	弱い ⇔ 強い
音の大きさ	小さい ⇔ 大きい

(2)① 肺には肺胞という小さな袋が無数にあり，ここに入った酸素は，周囲の毛細血管を流れる血液へと取り込まれる。肺は肺胞によって表面積が大きくなっているため，酸素と二酸化炭素を効率よく交換できる。

② 血しょうが毛細血管からしみ出した液を組織液という。細胞は血液中の酸素を直接取り込むのではなく，赤血球が手放して組織液に溶けた酸素を取り込んでいる。

(3)① 図２のような構造を斑状組織といい，大きな結晶の部分を斑晶，小さな結晶や結晶化していない部分を石基という。なお，大きな結晶のみが集まってできた構造を等粒状組織という。れき・砂・泥は，風化した岩石が流水によって運ばれる間に，角が取れて丸みを帯びたものである。

② マグマが冷えて固まってできた岩石を火成岩といい，次のように分類できる。

火成岩
- 深成岩……マグマが地下深くでゆっくりと冷えてできた岩石。
  花こう岩・閃緑岩・はんれい岩など。
- 火山岩……マグマが地表付近で急激に冷えてできた岩石。
  流紋岩・安山岩・玄武岩など。

③　岩石に含まれる結晶のように，岩石中で化学組成が一定になったものを鉱物という。火成岩をつくる主な鉱物は6種類あり，岩石ごとの鉱物の割合は右図の通りである。

火山岩	流紋岩	安山岩	玄武岩
深成岩	花こう岩	閃緑岩	はんれい岩
鉱物の割合	セキエイ クロウンモ	チョウ石 カクセン石	キ石 カンラン石
色	白っぽい	←→	黒っぽい

無色鉱物　有色鉱物

(4)　水溶液をろ過するときは，水溶液がはねないように，ろうとの先のとがっている部分をビーカーの壁に沿わせておき，水溶液はガラス棒をつたわせて，ろ紙が3枚重なっているところに注ぐ。

(5)　図3は冬によく見られる西高東低の気圧配置で，大陸側の気圧が高いことと，日本海に南北方向の等圧線が並ぶことが特徴的である。また，このとき発達しているシベリア気団は，冷たく乾燥した気団である。

(6)①　正しくない。変温動物は，自身で体温を調節することが難しいため，まわりの温度に従って体温が変化する。このため，気温が低くなる冬には体温も低くなり，活動できなくなる動物が多い。

2　小問集合

(1)　緑色に光るすじは，端子Pから出た電子の流れ(電子線)が蛍光板に当たって光ったものである。よって，誘導コイルの－極が端子P，＋極が端子Qに接続されているとわかる。また，電子線が端子R側に曲がっていて，電子が－の電気をもっていることから，電源装置の＋極が端子R，－極が端子Sに接続されているとわかる。

(2)　ピンチコックを閉じている間は丸底フラスコへの物質の出入りがないため，質量保存の法則より，$m=x$ である。また，②でフラスコ内の酸素が銅粉末と結びついて酸化銅ができ，③でピンチコックを開けたときにフラスコ内に空気が流れ込んでいる。したがって，$x<y$ である。

(3)　ひじより手首側の骨を引き寄せるため，図3のaの筋肉が収縮して，bの筋肉がゆるむ。また，熱いものに触れてとっさに腕が曲がる反応は反射であり，筋肉を収縮させる信号はせきずいから出される。

(4) イ：電気信号はほぼ光と同じ速さ(約 30 万 km/s)で伝わるため，遠方の地点に地震波よりも早く危険を知らせることができる。

エ：P 波と S 波は同時に発生するが，伝わる速さが P 波の方が速いため，各地点には P 波が先に到達する。

(5) 入射角と反射角が等しいため，右図のように，鏡 c，d での入射角と反射角はすべて 19 度となる。このとき，光の道すじと鏡 c，d の垂線の間の角度は 19 度なので，鏡 c，d ともに図 4 の状態から反時計回りに 19 度だけ回転させればよい。

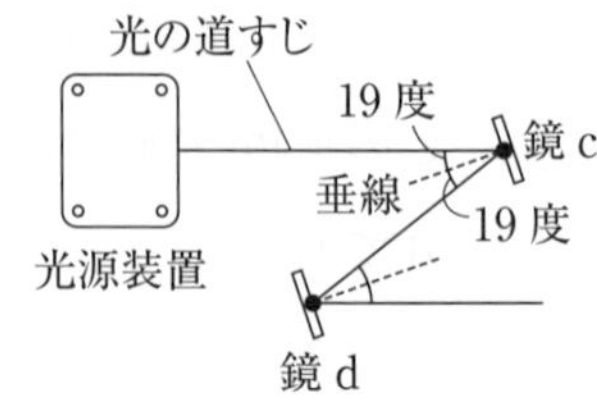

(6) 表 2 より，都市ガスの主成分のメタンの密度は空気より小さく，LP ガスの主成分のプロパンとブタンの密度は空気より大きい。よって，ガスが漏れた場合に，都市ガスは天井近く，LP ガスは床近くにたまりやすいので，ガス警報器は都市ガスでは天井近く，LP ガスでは床近くに設置する必要がある。

3 生態系

(1) ア：生物の種類によって分解できる物質とできない物質がある。例えば，木材を完全に分解できるのは一部の菌類のみである。また，人間がつくりだしたプラスチックは，有機物だが自然界には存在しなかった物質なので，分解できる生物はほとんどいないと考えられている。

イ，ウ：光合成を行うものは生産者である。分解者とは，他の生物を取り込むことで栄養分を得ている消費者のうち，特に死がいや排出物を栄養源としている生物のことである。

エ：〔文章 1〕に出てくる乳酸菌と納豆菌は細菌類，カビは菌類である。ヨーグルトは生乳からつくられるので動物由来，納豆はダイズからつくられるので植物由来の有機物で，細菌類が動物・植物のどちらに由来する有機物も分解していることがわかる。また，チーズも生乳からつくられるので動物由来の有機物で，菌類が動物由来の有機物も分解していることがわかる。なお，菌類と細菌類は細胞の構造が大きく異なる(細菌類の細胞には核がなく染色体がむき出しになっている)ことによって分類されている。

オ：食物を空気中に放置しておくだけでカビが生えるのは，空気中にカビの胞子などが浮遊しているためである。また，寒天培地を指で押してから放置すると，指で押した部分に菌類や細菌類が繁殖する。これも，皮膚に細菌類などが存在するためである。

(2) 分解者が有機物を分解するはたらきは呼吸である。したがって，分解者のはたらきを活発にさせるために，酸素を十分に送り込む必要がある。

(3) ダニはクモ類，ダンゴムシは甲殻類，ムカデはムカデ類(多足類)，トビムシは昆虫類に分類され，いずれも節足動物に含まれる。センチュウは線形動物に分類され，寄生虫としてよく知られている。また，ミミズは環形動物である。

(4) i：〔実験1〕で用いた白熱電球は光と熱を出していて，LED電球はほぼ光のみを出している。したがって，〔考察1〕にあるように，〔結果1〕では土中の小動物が熱を避けて装置の下部に落下したと考えられる。一方，光を避けて装置の下部に落下したことを確かめるには，光の有無のみが異なる対照実験を用意する必要がある。つまり，図1の装置から白熱電球を取り外して同様の実験を行えばよい。

ii，iii：装置の下部に集まった土中の小動物は，白熱電球を用いた場合に23匹，LED電球を用いた場合に6匹であった。土中の小動物がLED電球の光を避けていたならば，光を当てていないときに集まる数は6匹よりも少なくなるはずである。〔考察2〕では，〔結果2〕から〔仮説〕が間違っていると判断しているため，集まった土中の小動物の数は6匹と比べてあまり変わらなかったと考えられる。また，〔結果2〕で集まった小動物の数が23匹になった場合，〔考察1〕も否定されるが，そのような結果ではなかったと〔考察2〕に述べられている。

4 イオン

(1) 塩化銅($CuCl_2$)を電気分解すると，陽極に塩素(Cl_2)，陰極に銅(Cu)が生じる。

(2) P点での電流の向きはWである。電子の移動の向きは電流の向きと逆であるので，Xとなる。また，陽イオンは陰極へと引き寄せられるため，Zの方に動く。

(3)① 図2より，分解された塩化銅の質量と陰極の増加した質量は比例している。陰極が0.24g増加したとき，塩化銅は$1.70\times\frac{0.24}{0.80}=0.51$〔g〕が分解されている。

② 陽極に集まった気体は 30 mL(0.03 L)なので，質量は

0.03〔L〕× 2.9〔g/L〕＝0.087〔g〕となる。

③ ①で 0.51 g の塩化銅が分解されて 0.24 g の銅が生じたので，発生する塩素の質量は，質量保存の法則より 0.51－0.24＝0.27〔g〕と計算できる。実際には，塩素が水に溶けやすいため，あまり集まっていない。

(4) 水分子が電子を受け取って水素が発生しているため，化学式は順に H_2O, H_2 である。反応式の右辺全体では水素原子が酸素原子より 2 個多いため，左辺の H_2O は 2 個，右辺の OH^- も 2 個となる。両辺の電荷が等しいので，左辺の e^- も 2 個となる。

(5) 水の電気分解では，水酸化ナトリウム水溶液のほかに，硫酸を加えた水を用いることもある。水に電流を流しやすくするために加えるので，非電解質(砂糖，エタノール)や，水に溶けない物質(硫酸バリウム)を用いるのは適切ではない。よって，オは正しく，イ，キ，クは誤りである。

水を電気分解すると，陽極では酸素が，陰極では水素が発生する。〔規則〕より，陽極で水分子や水酸化物イオンが反応すると酸素が発生し，陰極で水分子や水素イオンが反応すると水素が発生する。塩化銅水溶液，塩化カリウム水溶液，水酸化ナトリウム水溶液の電気分解の様子をもとに，陽極と陰極で反応しやすい順にイオンや分子を並べると，それぞれ次のようになる。

陽極：塩化物イオン(Cl^-)　→　水分子(H_2O)・水酸化物イオン(OH^-)

陰極：銅イオン(Cu^{2+})　→　水分子(H_2O)

→　ナトリウムイオン(Na^+)・カリウムイオン(K^+)

このため，塩化物イオンを含む物質(食塩，塩酸)や銅イオンを含む物質(硫酸銅)は適切ではない。水酸化カリウムに含まれるカリウムイオンは反応しにくいため，水酸化ナトリウムと同じように用いることができる。よって，エは正しく，ア，ウ，カは誤りである。

5 運動とエネルギー

(1) 仕事の原理により，物体を斜面に沿って引き上げる仕事の大きさは，物体を真上に持ち上げる場合の仕事の大きさに等しい。よって，4.5〔N〕× 0.12〔m〕＝0.54〔J〕となる。

(2)　物体を斜面に沿って一定の速さ(等速直線運動)で引き上げていることから，物体にはたらく力はつり合っていることがわかる。

(3)⑤　物体にはたらく力がつり合っていることより，重力の斜面に平行な分力の大きさは，糸が物体を引く力の大きさに等しく，2.0 N である。右図のように，重力とその斜面に平行な分力がつくる直角三角形は，斜面の直角三角形と相似である。よって，求める長さを x〔cm〕と置くと，$x : 12 = 4.5 : 2.0$ となり，$x = 27$〔cm〕と求められる。

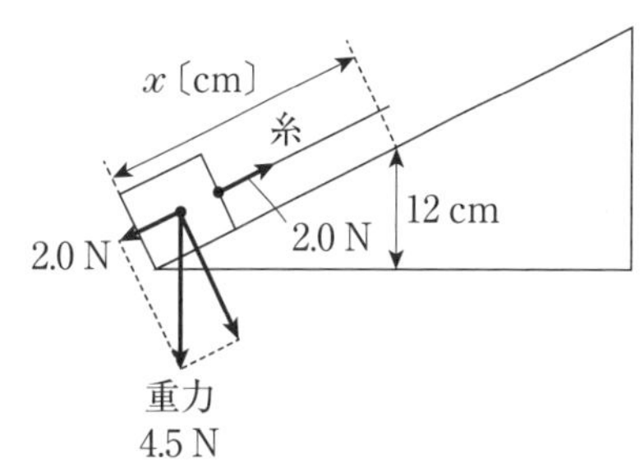

仕事の原理を用いて計算する場合は，(1)の結果より，$2.0〔\mathrm{N}〕\times \dfrac{x}{100}〔\mathrm{m}〕= 0.54〔\mathrm{J}〕$という式を立てることができる。

⑥　仕事率は単位時間あたりの仕事の大きさを表す。求める速さを y〔cm/s〕と置くと，物体は1秒あたり $\dfrac{y}{100}$〔m〕ずつ斜面に沿って引き上げられている。よって，モーターが物体を引く力の大きさは 2.0 N であることより，$2.0〔\mathrm{N}〕\times \dfrac{y}{100}〔\mathrm{m/s}〕= 0.15〔\mathrm{W}〕$である。これを解いて，$y = 7.5$〔cm/s〕と求められる。

(4)　物体の質量を z〔kg〕と置くと，物体と動滑車にはたらく重力の合計は
$10z〔\mathrm{N}〕+ 100〔\mathrm{N}〕\times 3 = (10z + 300)〔\mathrm{N}〕$である。
また，右図のように，動滑車にワイヤーは6本かかっていて，それぞれ 2000 N で滑車を引いている。よって，右図の破線で囲んだ部分にはたらく力のつり合いを考えると，$(10z + 300)〔\mathrm{N}〕= 2000〔\mathrm{N}〕\times 6$ となる。これを解いて，$z = 1170$〔kg〕となる。

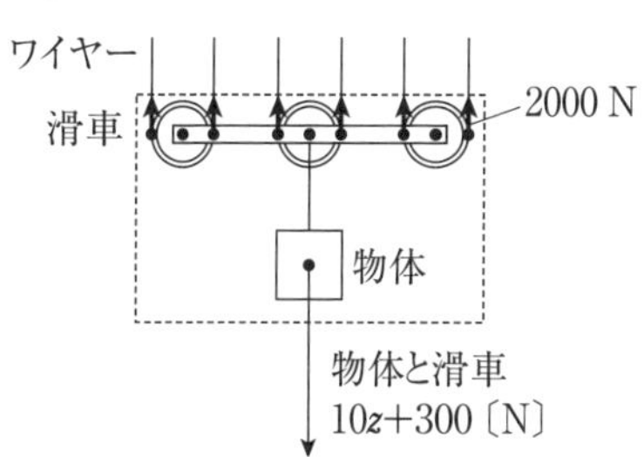

6　天体

(2)　太陽の表面は温度が高く，水素やヘリウムなどの気体でできている。太陽の赤道付近にある気体は約 25 日で自転(赤道を1周)しているのに対し，太陽の北極や南極付近の気体は約 30 日で自転(北極や南極のまわりを1周)している。

(3)　等級が1小さくなると明るさは約 2.5 倍，等級が5小さくなると明るさは 100 倍であるので，シリウスの明るさを1とすると，等級と明るさの関係は次ページのように

なる。

等級	−1.5	−6.5	−11.5	−16.5	−21.5	−26.5	−27.5
明るさ	1	100	1万	100万	1億	100億	約250億

太陽の明るさはシリウスの約130億倍であるため，等級は−26.5と−27.5の間であり，四捨五入すると−27となる。

(4) 太陽の周囲にある非常に高い温度のガスの層をコロナという。太陽の表面に比べると暗いため，普段は見ることができないが，皆既日食のときなどに観察することができる。

(5) 〔文章1〕に，太陽は地球の北極側から見て反時計回りに25〜30日で一周する速さで自転しているとあるので，黒点は地球から見て西(図1の右側)へと動き，正面にあった黒点は5日後には右端近くにあると考えられる。したがって，最も適切な図はイで，太陽の像が動く方向(図1の右側)にあたるのはXとなる。なお，投影板に映った像をスケッチしたため，左右が逆になっていることに注意する。

(6)① 〔文章1〕に，太陽までの距離は約1.5億km，直径は約140万kmとある。図3の物体までの距離50cmは太陽までの距離の3000億分の1であるので，見かけの大きさが同じになるのは，太陽の直径の3000億分の1にあたる約4.7mmの物体である。

(別解)角度Aが約0.5度であるので，物体の直径は，半径50cm，中心角0.5度の扇形の弧の長さにほぼ等しい。円周率を3.14とすると，

$2\times3.14\times50\times\frac{0.5}{360}=0.436\cdots$〔cm〕より，約4.4mmとなる。

② 太陽の見かけの大きさは図3の物体と同じであるため，観測者から見て角度A(0.5度)だけ動くと図5のように見える。図4より，太陽は日周運動によって180度動くのに12時間(720分)かかるため，0.5度を動くには，$720\times\frac{0.5}{180}=2$〔分〕かかる。

③ ②より，太陽の像は2分で12cmを動くので，120〔mm〕÷120〔秒〕＝1〔mm/s〕である。

④ 夜間の太陽は地平線の下にあって見えないが，その経路も考えると，右図のように1日で1周している。

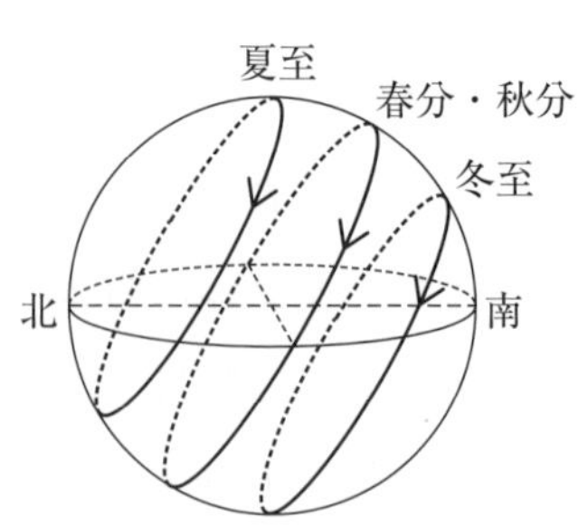

1周の長さは春分の日と秋分の日が最も長く，夏至の日と冬至の日が最も短い。よって，見かけの速さは春分の日と秋分の日が最も速く，夏至の日と冬至の日が最も遅い。投影板上の像の動く速さも同様になる。

社会　第3回 解答

1

問1	ウ	問2	ウ	問3	(1)	イ	(2)	大豆－ エ　さとうきび－ ア	
問4	(1)	エ	(2)	パイプライン	問5	(1)	ウ	(2)	ア
問6	(1)	RCEP	(2)	イ					

各2点×10問＝20点

2

問1	約　2,900　km	問2	旭川－ ウ　釧路－ イ	問3	二毛作	問4	エ
問5	オ	問6	エ	問7	フォッサマグナ	問8	フィリピン海
問9	ウ	問10	水力－ エ　風力－ ア　太陽光－ イ　地熱－ ウ				

各2点×10問＝20点

3

問1	(1)	ウ	(2)	イ	問2	坂上田村麻呂	問3	イ
問4	イ	問5	エ	問6	オ	問7	ア → ウ → イ → エ	

各2点×8問＝16点

4

問1	イ	問2	エ → イ → ア → ウ	問3	3				
問4	エルサレム	問5	ア	問6	エ	問7	イ		

各2点×7問＝14点

5

問1	(1)	エ・オ	(2)	①－ 解散　②－ イ				
問2	Ⅰ－ウ Ⅱ－カ Ⅲ－オ Ⅳ－イ Ⅴ－エ Ⅵ－ア	問3	(1)	イ	(2)	知る権利		
問4	(1)	Ⅰ－ア Ⅱ－オ Ⅲ－キ Ⅳ－ウ Ⅴ－エ Ⅵ－ク	(2)	リコール	問5	エ		

各2点×8問＝16点

6

問1	エ	問2	(1)	イ・オ	(2)	ウ	問3	公共料金
問4	a－ ウ　b－ ア　c－ イ　d－ エ	問5	イ	問6	金			

各2点×7問＝14点

解説

1　世界地理

問１　ウが正しい。アジアにはチベット高原、ヒマラヤ山脈などがあり高所の占める割合が高い。特にヒマラヤ山脈は世界で唯一8000 mを超える山々が位置する場所である。

ア．ヨーロッパ　　イ．北アメリカ　　エ．アフリカ

問２　ウが正しい。地中海沿岸に広がる地中海性気候は夏に乾燥することを特徴とし、オリーブやぶどう、オレンジなどの栽培に適した気候である。

ア．サンゴは温かく浅い海にすみ、サンゴの死骸などが海面付近まで積み重なってできる地形がサンゴ礁である。

イ．サバナをステップに直せば正しい文になる。サバナは熱帯の地域でみられ、雨季と乾季があることから低木がまばらに生える丈の長い草原が広がる。

エ．寒帯の地域では、緯度が高いため、季節による日照時間の差が大きく、夏は一日中太陽が沈まない白夜(びゃくや)が、冬は太陽が昇らない極夜(きょくや)が続く。

問３

(1)　イが誤っている。インダス川とガンジス川を入れかえれば、正しい文になる。ガンジス川中流域のヒンドスタン平原や河口部で稲作が、インダス川の中流域(パンジャブ地方)で小麦の栽培が行われている。

(2)　まず、ブラジルのほかにベトナム、コロンビア、エチオピアが生産上位国となるイをコーヒー豆、ブラジル、アメリカ、アルゼンチンが生産上位国となるエを大豆と判断する。残ったアとウを比べて生産１位がブラジルとなっているアを主に熱帯で栽培されるさとうきびと判断する。てんさい(ビート)は砂糖の原料となるが、さとうきびと異なり寒さに強いことから寒冷地で栽培されている(日本では北海道のみが生産地)。

ア．さとうきび　　イ．コーヒー豆　　ウ．てんさい　　エ．大豆

問4

⑴ エが正しい。オーストラリアはラッキーカントリーとも称され、石炭、石油、天然ガス、鉄鉱石、ボーキサイトなどが採掘され、主にアジアの国に輸出されている。

ア．アジアNIESは1970年代頃に発展した韓国・シンガポール・台湾・香港の4つの国・地域を指す。

イ．西アジアの産油国は近隣のアジア諸国などから積極的に移民を受け入れ、労働力の不足を補っている国が多い。

ウ．コンゴ民主共和国からザンビアにかけての地域は、世界的な銅鉱の産出地となっている。

⑵ ロシアは石油・天然ガス・石炭などの鉱産資源を、ヨーロッパ諸国や日本などに輸出することで経済を支えてきた。陸続きのヨーロッパ向けにはパイプラインとよばれる管路を利用して、海をまたぐ日本などにはタンカーを利用して輸出されている。

問5

⑴ ウが誤っている。アメリカの自動車保有台数は世界1位であるが、自動車生産台数は中国に次ぐ2番目である。

⑵ ナイル川がアフリカ大陸東部を北流していることを思い浮かべたい。したがってアフリカ大陸西部に位置するアルジェリア、ナイジェリアを含む選択肢を除外して、解答をアとすればよい。

問6

⑴ 2022年に発効したRCEP（アールセップ）(地域的な包括的経済連携協定)は、世界最大規模のEPA(経済連携協定)であり、日本にとっては、最大の貿易相手国である中国や、アメリカや台湾に次いで貿易額が多い韓国と結ぶ初のEPAとなる。

⑵ イが正しい。主な輸出品目の石炭からⅡをインドネシア、衣類・履物からⅢをベトナム、残ったⅠをタイと判断すればよい。

2 日本地理

問1 緯度1度の長さは地球一周40,000 kmを360度で割れば、111.111…(約111)kmと求められる。北緯46度と北緯20度の差は26度なので、111.111…(約111)km×26＝2,888.888…(約2,888)kmとなり、十の位以下を四捨五入すると約2,900kmとなる。

問2 まず、内陸に位置し、年間の寒暖差が大きいウを旭川のものと判断する。残ったア・イ・エのうち太平洋側に位置し、冬の北西季節風の影響を受けにくいため冬の降水量が少なく、親潮(千島海流)の影響を受け夏の気温が上がりにくいイを釧路のものと判断する。

ア．稚内　イ．釧路　ウ．旭川　エ．札幌

問3 九州では温暖な気候を利用した二毛作がさかんである。筑紫平野の広がる佐賀県や福岡県では米を収穫した後、同じ耕地で麦などを栽培し、宮崎県では飼料作物などを栽培している(裏作)ので、耕地利用率が100%を超える場合がある。

問4 医薬品はアメリカ、ヨーロッパなどの先進国が輸入先となっていることからエが正解となる。中国・ベトナム・バングラデシュからアを衣類、台湾が大きな割合を占めるイを集積回路、ドイツが大きな割合を占めるウを自動車と判断して消去法で解答をエと求めてもよい。

問5 シェアリングエコノミーとは、個人や組織等が保有する活用可能な品物やスキル・サービス等をインターネット上のマッチングプラットフォームを通して他の個人や組織等が利用できる経済活性化活動のことを指し、コロナ禍のなかでも市場規模を拡大し続けている。したがってア～エの選択肢はいずれもこの例に漏れないことから解答はオとなる。

問6 エが正しい。A・Bの誤りは以下の通り。

A．情報の発信元が明らかであるマスメディア(新聞・テレビ・ラジオなど)と異なり、ソーシャルメディアは発信元が明らかでなく、裏付けがない不確かな情報も多いことから慎重に情報を精査する必要がある。

B．避難所と避難場所を入れかえれば、正解となる。避難場所は災害による危険から逃れるために一時的に逃げ込む場所である。一方で避難所は災害によって自宅で過ごすことができなくなった人々が生活する場であり、視覚的に意味を伝えるピクトグラムでも避難所と避難場所は明確に分けられている。

問7 日本を東西に分ける断層をフォッサマグナとよぶ。糸魚川と静岡を結ぶ構造線はフォッサマグナの西縁にあたる。

問8 伊豆半島はもともとフィリピン海プレート上の海底火山であり、徐々に北上しつつ、島となり、約60万年前に本州にぶつかって現在の半島になったとされる。伊豆半島は日本列島を構成する4枚のプレートのうち、フィリピン海プレート、ユーラシアプレート、北アメリカプレートの境付近にある。このうち海洋プレートはフィリピン海プレートのみであることから解答を想起したい。

問9 ウが正しい。まず、航空旅客輸送が多いイ・エを北海道・福岡県のいずれかと判断して解答から除外する。残ったア・ウのうち、鉄道旅客輸送が多いアを大阪府への鉄道によるアクセスが良い兵庫県、海上旅客輸送が多いウを瀬戸内海に面しており離島観光などにもフェリーが使用される広島県と判断すればよい。

ア．兵庫県　　イ．福岡県　　ウ．広島県　　エ．北海道

問10 選択肢の説明は以下の通り。

ア．風力発電。欧米に比べると平地が少なく、台風などの影響もあり、日本の導入は遅れている。4つの中では地熱発電に次いで総発電量が少ない。

イ．太陽光発電。比較的設置しやすいことから、近年発電量を伸ばしている。

ウ．地熱発電。日本は火山が多く分布する国だが、環境に与える影響も懸念されており、実用化が進んでいない。大分県の八丁原発電所が最大の発電容量をもつ。

エ．水力発電。山間部に多く立地しているので山地が位置する県が上位となる。

3 歴史

問1

(1) ウが正しい。白鳳地震が起きた684年は天武天皇の時期にあたる。この時期に栄えた白鳳文化を思い浮かべればヒントになる。天智天皇の後継ぎ争いである壬申の乱(672年)に勝利した大海人皇子は、即位して天武天皇となり、律令政治を完成に近づけた。

ア．聖徳太子が摂政となり政治を行ったのは6世紀末から7世紀の初頭である。

イ．中大兄皇子が中臣鎌足と協力して大化の改新を始めたのは645年のことである。

エ．聖武天皇が東大寺を建立したのは8世紀の半ばである。

(2) イが正しい。元土佐藩士の坂本龍馬らの仲介で、薩摩藩の西郷隆盛と長州藩の木戸孝允らが会見し、薩長同盟を結んだ(1866年)。

ア．紀貫之による『土佐日記』は仮名文字で書かれた。

ウ．板垣退助らは1874年、民撰議院設立の建白書を提出すると、自由民権運動を進めるために高知で立志社を設立した。その後、立志社は愛国社、国会期成同盟へと発展し、1881年に結成された自由党の母体となった。

エ．五・一五事件で暗殺された首相は犬養毅である。浜口雄幸首相はロンドン海軍軍縮条約の調印(1930年)を天皇の統帥権(軍を指揮する権利)を犯すものであると批判され、東京駅で過激派から襲撃をうけた。

問2 源義家を坂上田村麻呂にすれば、正しい文となる。源義家は11世紀後半に起こった前九年・後三年合戦の平定に関わり、東国に源氏の拠点を築いた人物である。

問3 イが正しい。1185年、源頼朝の命を受けて弟の源義経が壇ノ浦の戦いにおいて平氏を滅ぼした。その後、頼朝と義経が対立し、頼朝は義経を捕えることを口実に、同年、朝廷に守護・地頭の設置を認めさせた。

ア．山城の国一揆(1485年)に関する史料である。

ウ．後醍醐天皇が行った建武の新政(1334～36年)を批判した「二条河原の落書」である。

エ．1016年に摂政となった藤原道長が詠んだ「望月の歌」に関する史料である。

問４　イが正しい。18 世紀の初頭に 6･7 代将軍を補佐し、儒教に基づく政治を行った新井白石は、幕府の財政を立て直すため、貨幣の質を元に戻した正徳小判を発行した。また、長崎貿易を制限して金・銀の海外への流出を抑えた(海舶互市新例)。

ア．水野忠邦による天保の改革(19 世紀半ば)。

ウ．徳川吉宗による享保の改革(18 世紀前半)。

エ．松平定信による寛政の改革(18 世紀後半)。

問５　エが正しい。安政は 1854 ～ 60 年にかけての元号である。大老の井伊直弼が幕府に反対する大名や公家を処罰した「安政の大獄」(1858 ～ 59 年)などで知られる。

ア．1648 ～ 52 年の江戸初期の元号である。

イ．1688 ～ 1704 年にかけての元号である。京都や大阪の上方を中心に栄えた「元禄文化」が有名。

ウ．1781 ～ 89 年にかけての元号である。浅間山が大噴火したことも重なり、各地で百姓一揆や打ちこわしが起き、老中・田沼意次が失脚する一因ともなった「天明のききん」が有名。

問６　オが正しい。

X．輸出総額。1914 年から始まる第一次世界大戦によってヨーロッパへの軍需品の輸出や、ヨーロッパが撤退したアジア市場への綿製品の輸出、アメリカへの生糸の輸出などが増加し、日本は好景気となった。

Y．大戦景気を受けて物価が上昇した。中でも米価は 1918 年のシベリア出兵に伴う米の買い占めで急激に上昇し、米騒動が起きた。

Z．大戦景気を受けて、平均賃金も上昇したが、物価も上昇したため、庶民の生活は苦しくなった。輸出額や米価のように急落せずに安定して上昇傾向にある。

問７　ア→ウ→イ→エが正しい。

ア．日本が東南アジアに侵攻するにあたって、北方の安全を確保するために日ソ中立条約が締結されたのは太平洋戦争直前の 1941 年である。

ウ．日米安全保障条約はサンフランシスコ平和条約とともに 1951 年に締結された。

イ．韓国が朝鮮半島唯一の合法政府であることを認めた日韓基本条約は 1965 年に締結された。

エ. 中華人民共和国が中国を代表する政府であることを認めた日中共同声明は1972年に調印された。

4 歴史

問1 イが正しい。写真はくさび形文字を、資料はメソポタミアの支配を確立したハンムラビ王が記したハンムラビ法典の一部を示したものである。したがってメソポタミア文明が発達したティグリス川とユーフラテス川の流域(現在のイラク)を指すイを選ぶ。

ア. エジプト文明　　ウ. インダス文明　　エ. 中国文明

問2 エ→イ→ア→ウが正しい。

エ. 57年に奴の国王が漢に遣いを送り、金印を授けられた(『後漢書』東夷伝(とういでん))。

イ. 478年に倭王武が南朝の宋に遣いを送り、朝鮮半島において優位に立とうとした(『宋書』倭国伝)。

ア.「大蒙古(だいもうこ)国皇帝」はフビライ＝ハンを指す。1268年、モンゴル帝国は日本に通交を求めたが、北条時宗はこれに応じなかったので元寇に至った。

ウ.「日本国で准三后(じゅさんごう)の待遇を受けている私」は足利義満を指す。1401年、足利義満は明に朝貢の使節を送り、日本と明の国交が開かれた。

問3 下線部に誤りは3つある。

・コロンブスはスペインの援助を受けて西回りでインドを目指した。

・バスコ＝ダ＝ガマはポルトガルの支援を受けてインドのカリカットに到達した。

・東インド会社を経営し、バタビアを拠点にアジア貿易を行ったのはオランダである。

問4 11世紀末、ローマ教皇は聖地エルサレムをイスラム勢力から奪還するために十字軍の派遣を呼びかけた。エルサレムはユダヤ教、キリスト教、イスラム教にとっての聖地となっている。

問5　アが正しい。17世紀、イギリスでは国王と議会の対立が内戦に発展し、ピューリタン革命(1642～49年)が起こった。内戦はクロムウェルが率いる議会派が勝利し、国王は処刑、王政が廃止され、共和政が樹立されたが、クロムウェルの死後は王政が復活したため、1688年に名誉革命が起こった。

イ．宗教改革は1517年(16世紀)に始まった。

ウ．フランス革命が始まったのは1789年(18世紀)である。

エ．アダム＝スミスが『国富論』で「見えざる手」を説いたのは1776年(18世紀)である。

問6　Ⅰ・Ⅱともに誤っている。

Ⅰ．パナマ運河の完成は1914年であり、19世紀半ばにアメリカの領土が太平洋岸まで拡大した後の出来事である。

Ⅱ．1853～56年のクリミア戦争の説明である。戦争の主な舞台となったクリミア半島は黒海沿岸に位置する。したがってアラビア海を黒海とすれば正しくなる。

問7　イが正しい。問題文は1973年の第4次中東戦争とこれに伴うオイルショックを説明したものである。物価高騰などの影響を受け、日本では1974年に戦後初めて経済成長率がマイナスとなり、高度経済成長期が終わりを迎えた。

5　政治

問1

(1)　エ・オが誤っている。参議院議員選挙の比例代表制では、非拘束名簿式が採用されているため、投票用紙には政党名か候補者名を記載する。基本的には候補者名の獲得票数の多い順に当選するが、2018年より導入された「特定枠」では政党の決めた順位に従って当選させることができるようになった。「特定枠」に関しては、活用するか否かは政党にゆだねられる。また、それぞれ選出される議員数については、選挙区制が148名・比例代表制が100名のため、選挙区制の方が比例代表制よりも多く議員が選出されている。

(2)①　「衆議院の優越」に関しては、予算の先議権や法律案の審議や条約の承認・内閣総理大臣の指名において定められており、その理由としては「任期が短く、解散もあるので、国民の意見を反映させやすいこと」があげられる。反対に、国政調査権や弾劾裁判・憲法改正の発議に関しては衆議院の優越は適用されない。

② イが誤っている。法律案の議決が衆議院と参議院で異なった場合、衆議院の議決が国会の議決とはならない。ただし、衆議院において出席議員の3分の2以上の賛成があれば再可決される。

第3回 社会

問2 私的な争いごとなどによって行われる民事裁判では原告(Ⅰ)と被告(Ⅱ)が主張を行い、その際に弁護士などを代理人(Ⅲ)として出廷させることもできる。刑事裁判は警察によって送検された被疑者を検察官(Ⅳ)が捜査し、起訴すると被疑者は被告人(Ⅴ)となる。被告人の無罪や減刑を求めて弁護するのが弁護人(Ⅵ)であり、民事裁判の場合、代理人を出廷させるかどうかは任意だが、重大な刑事裁判では弁護人を必ずつける必要がある。

問3

(1) 自由権は身体の自由・精神の自由・経済活動の自由に分類され、ア・ウ・エに関しては精神の自由だが、イのみ経済活動の自由に分類される。

(2) 文で説明されているのは、憲法に明記されていない新しい人権のうちの「知る権利」である。新しい人権に関しては、「知る権利」の他に環境権、プライバシーの権利、自己決定権などがある。

問4

(1) 地方自治における直接請求権に関しては、条例の制定・改廃は有権者の50分の1(ア)以上の署名で首長(オ)に請求する。請求後、首長は議会を招集し、議会で審議が行われ(キ)、可決されれば条例の制定・改廃が実現する。この他に有権者の50分の1以上の署名で実現できることとして監査請求がある。地方議会の解散や首長・議員の解職については有権者の3分の1(ウ)以上の署名が必要であり、選挙管理委員会(エ)に請求を行う。選挙管理委員会は住民投票を実施し、有効投票数の過半数の賛成があった場合(ク)、解散や解職が実現する。

(2) 地方議会の解散や首長・議員の解職請求をリコールという。また、有権者が提案を行う（地方自治の場合は条例の制定・改廃など）ことをイニシアティブ、有権者が投票により意思を示すこと（住民投票、国民投票など）をレファレンダムと称する。

問5　Ⅰが正しく、Ⅱ・Ⅲが誤っている。

Ⅱ．これまでは男性が18歳以上、女性が16歳以上、20歳未満は父母の同意を必要としていたが、民法改正により、男女ともに18歳以上で婚姻が可能で、20歳未満であっても父母の同意は不要となった。

Ⅲ．飲酒や喫煙・競馬などの公営ギャンブルへの参加に関しては年齢制限が引き下げられず、20歳のままであるが、ローンを組むことは契約であるため、Ⅰと同様、18歳以上で可能である。

6　経済

問1　エが正しい。

ア．農業協同組合、生活協同組合は組合企業といわれ、私企業に分類される。

イ．大企業と中小企業を比較すると、企業数（事業所数）は大企業が約1%、従業員数では約30%、製造品出荷額では約50%を占めている。

ウ．株式会社が倒産した場合、株主は出資した金額を超えて責任を負うことはない。

問2

(1)　支出は消費支出・非消費支出に分けることができ、貯蓄を合わせた金額は収入と等しくなる。消費支出は財やサービスを購入するための支出、非消費支出は税や社会保険料の支払いがこれに該当する。株式の購入（ア）、国債の購入（ウ）、自動車保険料の支払い（エ）はいずれも貯蓄に分類される。

(2)　ウが誤っている。2021年の二人以上世帯と単身世帯の割合を比較すると「住居」の差が最も大きいが、金額では二人以上世帯が18,416円（27万9024円×0.066）、単身世帯が22,156円（15万4937円×0.143）となり、倍以上の差はないことがわかる。

問3　空欄には公共料金が当てはまる。公共料金は政府が決定する社会保険診療・介護報酬、政府が認可する電気・鉄道・バス料金など、政府に届け出る固定電話・郵便料金など、地方公共団体が決定する水道料金・公立学校授業料などに分類される。

問4　資本主義経済においては、景気は好景気(a・ウ)→景気後退(b・ア)→不景気(c・イ)→景気回復(d・エ)の順に循環する。

問5　金利引き上げは通貨量を減らして景気の過熱を抑える(a)ために実施される。同様に景気の過熱を抑えるための金融政策としては公開市場操作における売りオペレーション(日本銀行が市中銀行に国債などの有価証券を売ることで市場の貨幣を回収する政策)が行われる。

問6　金本位制度は金との交換を約束した兌換紙幣を発行することで、紙幣の価値を保証するものであったが、1929年の世界恐慌を皮切りに、各国は金の保有量に制限されずに中央銀行が紙幣を発行できる管理通貨制度を採用するようになった。

問7　後鳥羽上皇の判の言葉から、どちらを上としているのかを読み取る。自身の歌のほうを「心ざし深くや」としているので、正解は**ア**。なお、歌合の判定では、上位者や客人への配慮が影響することがよくあった。この「遠島歌合」では、後鳥羽上皇は自らの歌十首と家隆の歌十首を番えているが、判者が上皇自身であることや、高齢の家隆への配慮もあり、後鳥羽上皇の勝ちとなっているのは「軒端荒れて」の一首のみで、残りは家隆の勝ちまたは持（引き分け）となっている。

問8　後鳥羽上皇は、文学史では『新古今和歌集』を作らせたこと、政治史では承久の乱を起こし鎌倉幕府に敗れたことで知られる、鎌倉時代前期の人物である。同時代のものは、鎌倉三代将軍源実朝の私家集であるエの『金槐(きんかい)和歌集』。アの紫式部『源氏物語』、イの紀貫之『土佐日記』は平安時代、ウの世阿弥(ぜあみ)『風姿花伝(ふうしかでん)』は室町時代、オの松尾芭蕉『おくのほそ道』は江戸時代の成立である。よって、正解は**エ**。

の後鳥羽上皇を高めている。よって、正解は**ア**。bの「参らす」は「奉る」の類義語で、「献上する、差し上げる」という意味である。動作の受け手の後鳥羽上皇を高めている。よって、正解は**イ**。

問3 傍線部の直前に「隠岐には」とあり、敬語が用いられていることからも、傍線部は後鳥羽上皇の心境を表しているとわかる。遠島になった後鳥羽上皇は、都に戻ることができないのはもちろん、都の出来事を知るのも容易でない。それでも、かつて自分が政治を行っていた都の出来事が伝聞、うわさで耳に入ると、「あさましの年の積もりや」と感じる。形容詞「あさまし」は、「驚きあきれる・意外だ」という意味が基本だが、「情けない・ひどい」という意味もある。都に戻れないまま島で過ごした年のことを表しているので、ここでは後者の意味である。以上を踏まえると、正解は**ウ**。アの「幕府についてのよくない評判」、イの「自分を慕う都の人々の訴え」、エの「都の楽しいうわさ」は、いずれも耳にした内容が異なっているため、不適切。オのような、「歌人として」の焦りであると読み取れる内容は本文になく、不適切。

問4 助詞「だに」は、現代語でも「予想だにしない」などと用いられることからわかるように、現代語の助詞「さえ」とほぼ同じ意味の語である。「さえ」と同様に、最低限度・限定を表す「せめて～だけでも」という意味があることに注意する。注にあるように、家隆はこの時点で非常に高齢であった。隠岐の後鳥羽上皇に対して、再びお目にかかったり、何か役に立つことをしたりするのは、もう難しい状況にある。それでも、このような機会をいただいたので、「せめて歌だけでも奉ろう」と思ったのである。よって、正解は**イ**。

問5 設問に「複数の掛詞が用いられている」とあることに注意する。掛詞を含む部分を訳すときは、漢字を書き分けてわかりやすく示すのが原則である。一つ目の掛詞は、「水無瀬」の「み」の部分で、「水無瀬（離宮）」の意味と「たれ（誰）か見る」の意味が掛けられている。「誰」は古語では「たれ」または「た」と濁らずに読む。ここでは、反語の「か」と組み合わされて、「誰が見るだろうか、いや、もう誰も見るものはいない」という意味になっている。よって、Aの正解は**誰も**。二つ目の掛詞は、「すみこし」の「すみ」で、自分が住んできたという意味の「住み」と、月が澄みわたっているという意味の「澄み」が掛けられている。よって、Bの正解は**住んで**、Cの正解は**澄み**。

問6 Ⅰ・Ⅱの和歌に付いている「左」「右」とは、注にあるように、歌合の左方、右方のことである。隠岐の後鳥羽上皇が、自らの歌と、送られてきた家隆の歌を左右に番（つが）えて、歌合を行っているのである。よって、Ⅰの歌が詠まれたのは隠岐。家隆は都にいて、隠岐の後鳥羽上皇を思いやっている。家隆が後鳥羽上皇がいるわけでもない水無瀬離宮にいて詠んでいるということは考えられない。よって、正解は**ア**。

て、もっぱら和歌の道にお心を晴らしなさった。都へもついでがあるたびにそれにつけて題を遣わして和歌をお召しになると、しみじみと忘れがたく（上皇を）恋い慕い申し上げている昔の人々が、我も我もと（和歌を）献上したのを、所在なく寂しくお思いになるあまりに、ご自身で（歌合のように）優劣の判をしてご覧になった。家隆の二位も、今まで生きてきた思い出に、せめて和歌を奉りたいと、（上皇のお心を）しみじみとありがたく思って、ほかの人の和歌も、自分の手元から取り集めて、献上した。

（中　略）

山家という題で、また、左、（後鳥羽上皇）御製、

軒端が荒れ果てて、もう誰も見ることもない水無瀬離宮の月は、かつて私が住んでいたときのままに澄み、寂しく照っていることだろうか。

右、家隆、

寂しさとは、まだ見たこともない隠岐島の山里を想像しただけでも、そこに住んでいるような気がして感じられるものです。

法皇ご自身で判の言葉をお書きになったものに、「まだ見たことのない島を思いやる（家隆の歌）よりも、長年住んでそれを思い出すという（私の歌の）ほうが、もう少し歌の感情が深いのではないだろうか」として、ご自身の歌を勝ちとお付けあそばしたのは、たいそうおいたわしくも、優美なことである。

問1　A「つれづれに」は「徒然に」と書き、「退屈だ、手持ち無沙汰だ、所在ない」という訳が基本である。さらにそこから派生して「もの寂しい、物思いに沈んでいる」という意味になることもある。ここでは、遠島ですることもなく、なじみの人と会うこともできず、退屈で寂しく思うあまりに、召した和歌で歌合をした、という内容を踏まえると、正解は**エ**。

B「こと」には、古文では様々な漢字・意味があるので、しっかりと把握しておきたい。「琴」「事」「言（＝言葉）」「異（＝ほかの）」「殊（＝とりわけ）」などが特に重要である。「こと人」「こと所」などと名詞に付けて使われている場合、「異」であることが多い。ここでは、「手元からとり集めて」とあることから、自分の歌だけでなく、他の人の歌まで集めて奉ったという内容であると考えられる。よって、正解は**ア**。

問2　古文の敬語の種類は、尊敬語は「動作主・主体を高めるもの」、謙譲語は「動作の受け手・客体を高めるもの」、丁寧語は「読者・聞き手に敬意を持って丁寧な言葉を使うもの」と理解するとよい。この中で現代語と最も大きく用法が違うのは謙譲語である。現代語では原則として、謙譲語は自分や身内が主語・主体の場合に限定して使われるが、古文はそうではなく、目上の人や身分が高い人が主語のときでも、動作の受け手が高貴な人であれば、謙譲語を多く用いる。以上の種類を理解した上で、重要な敬語を一通り覚えておくとよい。

aの「御覧ず」は、現代語の「御覧になる」と同じで、動作の主体

を上げる」という内容の指導が行われていた上でのやりとりであると考えられる。また、傍線部②の後には、「台詞の文字を辿る間、一雄は顔を上げることができなかった」とあることも重要である。このような一雄の様子を見て、「顔を上げる」「相手を見る」といった指導を与えたと考えられる。よって、**三橋さんの顔を見るように**（12字）などとまとめればよい。

問5　一雄には演技経験はなく、ワークショップにもただ誘われて参加しただけである。その一雄が迫真の演技ができたのは、特に、交代して「女」を演じ始めてからである。その場面以降を確認していく。交代後の一雄は、「この場を立ち去る適当な理由を思い付けず、じりじりと追い詰められていく一雄のか細い声やたどたどしい物言い」と描写され、その様子が「皮肉にも場面にマッチし、真に迫って聞こえた」とある。よって、Aの正解は**立ち去る**。さらに演技の後半では、「本能的な恐怖が一雄の心臓を握り潰し、思考を奪う」「論理的に反論しようにも、頭の中が真っ白になり無力感に支配される」とある。よって、Bは**恐怖**、Cは**無力感**が正解。

問6　表現に関する問題では、文体、視点、表現技法などの説明が本文と本当に一致しているかを、しっかりと確かめていくことが大切である。本文の説明として適切でないものは**イ**。台本を交代して演じたのは事実だが、視点は常に主人公の一雄にあり、一貫して一雄の心情が中心に描かれている。三橋の視点になったり、三橋の心情が直接描かれたりする部分は本文中にはない。その他の選択肢は、本文の説明として適切である。

問7　脱文挿入問題では、脱文の中にヒントがあることが多い。今回は、脱文の最初に逆接の接続語「だが」があり、その後に恐ろしい形相についての内容が続くことから、挿入箇所の直前にはよい内容、後ろには恐ろしい形相に関連する内容があると予想できる。この予想に沿って探していくと、注の＊4の直前に、「三橋のいい香りのする微風が掠める。」とあり、この部分で三橋は椅子を振り上げる怒りの演技をしているため、ここに入るのが適切だとわかる。また、この演技を井手口が褒めた後、三橋は「微笑んだ」とあり、その後に「その落差に、一雄の背を冷たいものが落ちていく」とあることから、微笑む前はそれとは正反対の、恐ろしい形相であったことも読み取れる。よって、正解は**が掠める。**となる。

4　古文の読解

出典　『増鏡』

【口語訳】

あれこれと、喜ばしいこともあわれなことも、色々な都の出来事などを、かすかに伝え聞きあそばして、隠岐の後鳥羽上皇は、情けない年ばかりが積もってしまったことだよと、ご年齢の加わっていくのにつれても、尽きることのないお嘆きの種になることばかり盛んに増えていくことの慰めとして、かねてお親しみになった事とし

が変わったようにいきいきと「男」を演じ、激しく一雄を責め立てる。一雄は恐怖と無力感を覚え、どんどん追い詰められていく。その様子はシナリオ上の「女」の様子にマッチし、皮肉にも迫真の演技となり、講師も周りの団員たちもいつしか二人の演技に見入っていた。演技が終わり、講師は一雄の演技を褒めたたえたが、一雄は休憩に入ってもその場で硬直し、しばらく動くこともできなかった。

問1　「で」「に」「だ」「な」などの一文字の識別問題は、複数の品詞が関係していて難度が高いので、パターンをしっかりと把握しておく必要がある。aは動詞の直後にあり、「して」「行って」などと同じ用法であり、接続助詞「て」が濁ったものである。よって、正解は**ウ**。bは体言に付き、場所を表す格助詞。よって、正解は**イ**。cも同様の格助詞。よって、正解は**イ**。dは「間違いないのだ」と活用させることができるため、断定の助動詞「だ」の連用形。よって、正解は**ア**。eは「とうに」で一つの意味を表していると考えられるが、「とうだ」「とうな」という形はないため、形容動詞ではない。このような場合、「とうに」で一語の副詞であると考える。同様のものに「すでに」「すぐに」などがある。よって、正解は**オ**。

問2　三橋の書いた「実体験」の話は、過去に一雄にされたハラスメントの話であったが、彼は最初そのことに気付いていないため、三橋の好意すら感じて、くつろいだ様子でいる。傍線部の次の台詞で彼が気付かされたのは、シナリオ上のひどい言動をする「男」のモデルが、自分であるということである。よって、正解は**ウ**。イは、ハラスメントについては触れているが、「モデルが自分である」という重要な点が抜けているため、不適切。エの「悪口を言いふらしていて」という部分は本文中から読み取れず、不適切。オは「実体験よりも誇張した話を演出家に伝え、大げさなシナリオが作られたらしい」という部分が不適切。一雄は「男」のモデルが自分であるらしいということはわかっているが、当時のことを思い出そうとしても思い出せない、と描かれている。「誇張」や「大げさ」かどうかは、記憶がない以上、判断できないはずである。

問3　三橋は、傍線部の直前で「男女逆転」をしたときから、様子が変わっている。この場面での三橋の様子は、力強さや若々しさ、美しさが強調され、一雄はそれに圧倒されていく。設問では、「本文中の語句を用いて」心情を説明するよう求められているので、「男」を演じる三橋の内面で、どのような感情が働いていたのかがわかる部分を探していく。注の＊6を含む段落に、一雄の目に映る三橋の心の動きが詳しく描かれている。この部分を参考にして、**自分より弱い者に対して、自分が絶対的に強いという優越感と万能感を持ち、どうやって叩き潰そうかと楽しみにしている気持ち。**(59字)などとまとめればよい。

問4　空欄部の少し後の場面で、「そのとき井手口に促され、慌てて台本から顔を上げた一雄は戦慄する」とある。これは、その前に「顔

容れないものである矛盾」、エは「きびしい競争に敗れた弱者を虐げることでしか成り立たない」がそれぞれ本文中から読み取れず、不適切。ウは「日本のようなクローズドな社会とは相性が悪く」とあるが、本文中では日本社会がクローズドであることについて、日本でDXが浸透しない理由の一つとして述べられており、アメリカニズムの魅力が失われつつあることとは関係ない。

問6　情報教育について、その問題点と取るべき方針について、傍線部の後の二段落に述べられているため、ここを参考にする。空欄部aの直前には「デジタルに関する専門家だけでなく」とあるため、デジタルに詳しい人以外も情報について学ぶべきだという内容にすればよいとわかる。よって、正解は**ク**「一般人」。空欄部bを含む一文を読むと、現在情報教育で重要視されている内容について述べられているとわかる。傍線部の二段落後には、情報教育の主眼だとされているのは「プログラミング学習」であり、プログラミングは「データ処理の技術を訓練する教育である」とあることから、空欄部b・cに当てはまる語句を選ぶ。よって、正解はbが**カ**「プログラミング」、cが**エ**「データ処理」。

問7　アは、デジタル競争は「国民にとっては魅力のある分野ではない」という内容が本文中から読み取れないため不適切。イは、傍線部④の次の段落にある通り、政府は情報教育の拡充を図る政策を取っていることから本文の内容と合致する。ウは、「知的エリートが～かつての方法を検討すべきである」という内容が本文中から読み取れないため不適切。エは、空欄部Cを含む段落にある通り、AI技術の発展に比例してネット犯罪も巧妙化していて、安全なネット環境を整備するのは政府の役目であると述べられていることから本文の内容と合致する。オは、日本のネット環境が信頼できない理由として述べられている「外国企業に独占されているため」という部分が本文中から読み取れないため不適切。カは、政府は安全なネット環境を整備するべきではあるが、それを「ネット環境についても日本人の価値観に合わせたクローズドなもの」にするべきだという内容は本文中から読み取れないため不適切。よって、正解は**イ・エ**。

3　小説文の読解

出典　白尾悠『ゴールドサンセット』小学館

【本文の概要】

電機メーカーを定年退職した吉松一雄は、取引先の広告代理店にいた三橋芳子に誘われ、彼女の所属する劇団のワークショップに参加した。最初は三橋の好意すら感じていた一雄だったが、「団員たちがそれぞれ実体験をベースに書いた文章」をもとにしたシナリオを三橋と組んで演じるところで、事態が一変する。三橋が書いたと思われるその話には、主人公の「女」にひどいハラスメントをする取引先の「男」が登場し、そのモデルが一雄であるらしいことに気付くが、その出来事を詳しく思い出そうとしても、どうしても思い出せない。やがて講師の指示により、男女を入れ替えると、三橋は人

こと」が求められるとあり、直後ではその具体的な提案が述べられていることから「たとえば」が当てはまる。空欄部Bは別の提案を述べていることから「また」が当てはまる。空欄部Cの直前、直後には、インターネットは無料のインフラであるため誰でも使うことができるが、それが原因で危険も多く存在していると述べられていて、対立する内容になっていることから「だが」が当てはまる。よって、正解は**ア**。

問2　X「アイデンティティ」とは、自分を自分たらしめているもの、他と区別される自分らしさ、他ならぬ自分であると感じられるその感覚や意識のことである。自己同一性とも訳される。よって、正解は**イ**。Y「喧伝」とは、盛んに言いふらして世間に知らせることである。よって、正解は**エ**。

問3　「タテマエ」とは、「建前」と書いて、表向きそのようになっている方針、原則のことである。そうした建前を取り除いた、本当の気持ちや考えを指す言葉が「本音」である。設問条件に「カタカナで答えよ」とあることに注意。よって、正解は**ホンネ**。

問4　傍線部を一文でとらえると、「日本社会でアメリカ流のDXが進まない最大の原因」は、日本の「伝統的な価値観」だとわかる。傍線部の前の段落に、日本社会は、「伝統的にクローズドで～信頼関係は顔見知りの狭い共同体のなかで築かれるのが原則」と述べられているので、この部分をまとめる。傍線部の直前に「冷静に顧みると、小さなミスでも気にかかる大半の日本人は、多少不完全でも新奇性のある生活を追い求めるとはとても思えない」とある通り、日本人は閉じた共同体のなかで親密な人間関係を築くため、失敗を恐れて新しいものを取り入れることへの抵抗感が強い。また、設問には「アメリカとの違いを明確にして」とあることから、傍線部の前の段落で述べられているアメリカの価値観と対比させて記述する。よって、**アメリカは、自己責任に基づく開かれた社会が前提であるため失敗を許容するのに対し、日本は、周囲の空気を読んで狭く親密な共同体を築くという伝統的価値観をもつため新奇性への抵抗感が強いということ。**などとまとめればよい。

問5　傍線部の直後に、「多様性・変化・平等という理念そのものは納得できるとしても～経済格差を異常に拡大させている」と述べられていて、次の段落では「グローバルなオープンネスに基づく経済発展によって～デジタル化の恩恵にほとんどあずかれない」とある通り、アメリカニズム由来のデジタル文明は、一部の経済的エリートと経済的中間層・下層の人々との断絶をますます広げてしまっている。国民が分断されているという現状を考えれば、アメリカニズムの考え方は魅力的であるとは言えないのである。よって、正解は**オ**。アは「多様性・変化・平等という理念は、いまや当たり前のものになりつつあり、特に目新しいものではなくなってきている」、イは「多様性・変化・平等という理念は、アメリカを支える資本主義とは相

解説

1　漢字

① **証拠**（しょうこ）……事実、真実を明らかにするための根拠となるもの。

② **旋律**（せんりつ）……メロディー。音の高低・長短の変化がリズムを伴って展開する連続的な流れ。

③ **指標**（しひょう）……物事の基準になる目印。

④ **試行錯誤**（しこうさくご）……さまざまな試みを繰り返し、失敗を重ねながら目的に近づいていくこと。

⑤ **騒**（さわ）―ぐ……やかましい大声を上げること。不平や要求、主張などを言い立てること。落ち着きを失いあわてふためくこと。

⑥ **だらく**（堕落）……物事が健全な状態から外れて劣悪になること。

⑦ **ぜんじ**（漸次）……しだいに。だんだん。

⑧ **へんきょう**（偏狭）……考え方が狭いこと。度量が小さいこと。

⑨ **かんが**（鑑）―みる……過去の事例や手本に照らして考える。

⑩ **ぼうじゃくぶじん**（傍若無人）……他人を気にせず勝手にふるまうこと。

2　論説文の読解

出典　西垣通『超デジタル世界――DX、メタバースのゆくえ』岩波書店

【本文の概要】

日本のデジタル化が進展しない原因の一つは、日本の伝統的価値観にある。日本では、信頼関係は顔見知りの狭い共同体のなかで築かれるのが原則であるため、オープンなインターネットによって社会を変革しようとする、アメリカ流のDXはなかなか受容されにくい。また、アメリカニズム自体が国際的なお手本としての魅力を失いつつあるということも原因である。にもかかわらず、日本の産官学のリーダーたちは、DXやメタバースといった概念をそのまま国民に押しつけようと躍起になっている。いま求められるのは、それらの概念を日本の国民性に沿ったかたちで再編し、活用することである。政府がまず取り組むべきなのは、国民にとって安心できるインフラの一つとして、信頼性・安全性を担保したネット環境を整備することである。また、情報教育の深化と見直しを図るべきである。本格的なデジタル社会建設のためには、それを担う人材だけでなく、一般の人々の見識を養うことも不可欠だ。情報教育の中身についても、データ処理を重視したプログラミングだけに偏るのではなく、情報の意味について考察することの重要性も考えるべきである。

問1　空欄部Aの直前には、DXやメタバースといった概念を「日本人の国民性に沿ったかたちで再編成し、活用する方向を模索していく

国語 第3回 解答

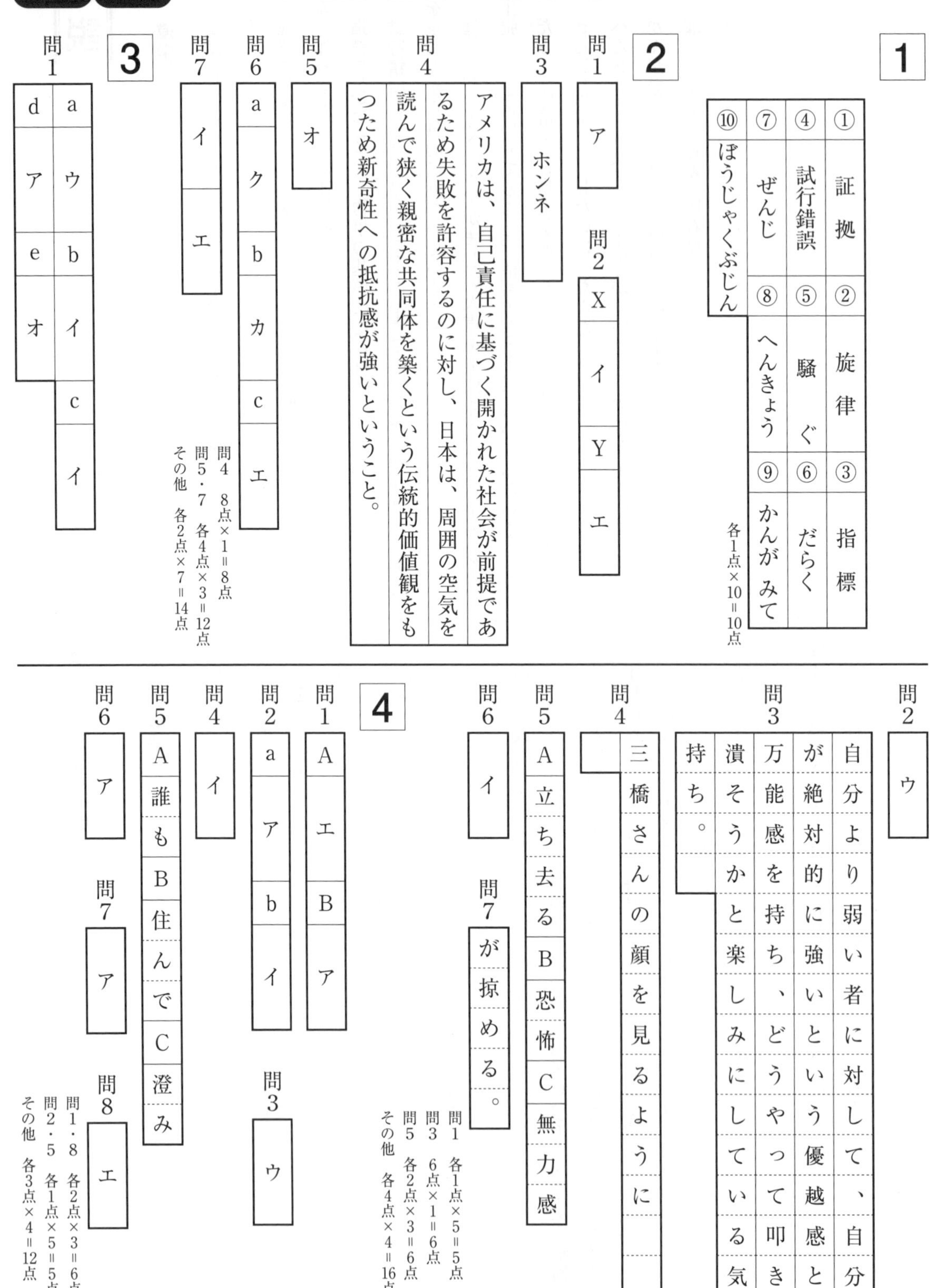

1

①	②	③
証拠	旋律	指標

④	⑤	⑥
試行錯誤	騒ぐ	だらく

⑦	⑧	⑨
ぜんじ	へんきょう	かんがみて

⑩
ぼうじゃくぶじん

各1点×10＝10点

2

問1 ア

問2 X イ　Y エ

問3 ホンネ

問4 アメリカは、自己責任に基づく開かれた社会が前提であるため失敗を許容するのに対し、日本は、周囲の空気を読んで狭く親密な共同体を築くという伝統的価値観をもつため新奇性への抵抗感が強いということ。

問5 オ

問6 a ク　b カ　c エ

問7 イ　エ

問4　8点×1＝8点
問5・7　各4点×3＝12点
その他　各2点×7＝14点

3

問1 a ウ　b イ　c イ　d ア　e オ

問2 ウ

問3 自分より弱い者に対して、自分が絶対的に強いという優越感と万能感を持ち、どうやって叩き潰そうかと楽しみにしている気持ち。

問4 三橋さんの顔を見るように

問5 A 立ち去る　B 恐怖　C 無力感

問6 イ

問7 が掠める。

問1　各1点×5＝5点
問3　6点×1＝6点
問5　各2点×3＝6点
その他　各4点×4＝16点

4

問1 A エ　B ア

問2 a ア　b イ

問3 ウ

問4 イ

問5 A 誰も　B 住んで　C 澄み

問6 ア

問7 ア

問8 エ

問1・8　各2点×3＝6点
問2・5　各1点×5＝5点
その他　各3点×4＝12点

第4回　解　答

1

Part A	No.1	イ	No.2	ウ	No.3	ア			
Part B	(1)	ウ	(2)	エ	(3)	イ	(4)	ア	(5)	ウ

各2点×8

2

(1)	have	passed	(2)	tough	what
(3)	must	wrong	(4)	if	not
(5)	born	on			

各1点×10

3

(1)	②	(2)	①	(3)	④	(4)	②	(5)	②

各2点×5

4

(1)	(A)	コ	(B)	ア	(C)	ケ
(2)	(A)	ケ	(B)	ア	(C)	カ
(3)	(A)	オ	(B)	ク	(C)	イ
(4)	(A)	ク	(B)	エ	(C)	ケ

各2点×4(完答)

5

問1	(A)	ウ	(B)	ア	(C)	オ	(D)	エ
問2	(1)	2番目 ウ	5番目 イ	8番目 エ				
	(4)	2番目 キ	5番目 ク	8番目 ア				
問3	ウ	問4	present					
問5	祖父はアルツハイマー病で短期記憶が良くないため、簡単な会話を続けることがとても難しい。							
問6	イ	問7	pretty	Morgan	問8	ウ	エ	オ

問1：各1点　問4～7：各3点
その他：各2点
(問2・7完答　問8各答)

6

問1	1.	so	that	formal							
	2.	judge	does								
問2	(1)	エ	(4)	ア	問3	(A)	イ	(B)	ウ	(C)	エ	(D)	エ
問4	過去に犯罪歴がなく、家と家族を持つため逃げることがないと裁判官が判断した場合。										
問5	イ	問6	う								
問7	ア	T	イ	F	ウ	T	エ	F	オ	F	

問4：3点　問7：各1点　その他：各2点(問1各完答)

解説

1 リスニング

読まれた英文と解説は以下の通り。

Part A

No. 1

Woman ： Hello. What would you like to have ?
Man ： I'll have a hamburger and a medium French fries.
Woman ： Would you like something to drink ?
Man ： Can I have a large coke, please ?
Woman ： Anything else ? I recommend the apple pie.
Man ： No, thank you.
Woman ： For here or to go ?
Man ： To go, please.

女性 ： こんにちは。ご注文は何になさいますか。
男性 ： ハンバーガーとMサイズのフライドポテトをお願いします。
女性 ： 飲み物は何になさいますか。
男性 ： コーラのLサイズをお願いできますか。
女性 ： 他にご注文はありますか。アップルパイがおすすめです。
男性 ： いいえ、結構です。
女性 ： こちらでお召し上がりになりますか。それともお持ち帰りされますか。
男性 ： 持ち帰りでお願いします。

ア The man ordered a hamburger, a medium French fries, and a large coffee.
「男性はハンバーガーとMサイズのフライドポテト、Lサイズのコーヒーを注文した」

イ The man ordered a hamburger, a medium French fries, and a large coke.
「男性はハンバーガーとMサイズのフライドポテト、Lサイズのコーラを注文した」

ウ The man ordered a hamburger, a medium French fries, an apple pie, and a large coffee.
「男性はハンバーガーとMサイズのフライドポテト、アップルパイ、Lサイズのコーヒーを注文した」

エ　The man ordered a hamburger, a medium French fries, an apple pie, and a large coke.

「男性はハンバーガーとMサイズのフライドポテト、アップルパイ、Lサイズのコーラを注文した」

▶男性の1回目のセリフから、① a hamburger と② a medium French fries、2回目のセリフから、③ a large coke を注文したことがわかる。また、女性の3回目のセリフで、I recommend the apple pie.「アップルパイがおすすめです」とあるが、男性の3回目のセリフで、No, thank you.「いいえ、結構です」と断っているので、アップルパイは注文していないことがわかる。よってイが正解。

No. 2

Emily ： Jack, what happened ? You are badly injured.

Jack ： Hi, Emily. Last week while I was practicing basketball, I fell down and broke my left arm.

Emily ： That's too bad.

Jack ： But luckily, I am right-handed, so I can take notes during class.

Emily ： Do you think you will be able to go camping next week ?

Jack ： I wish I could, but I can't. Sorry.

エミリー ： ジャック、どうしたの。ひどい怪我だね。

ジャック ： やあ、エミリー。先週バスケットボールの練習中に転んで左腕を骨折してしまったんだ。

エミリー ： それは気の毒だね。

ジャック ： だけど、僕は幸い右利きだから、授業中にノートをとることはできるんだ。

エミリー ： 来週のキャンプには行けそうかな。

ジャック ： 行けたらいいんだけど、難しいな。ごめんね。

ア　Jack can take notes with his left hand.

「ジャックは左手でノートをとることができる」

イ　Jack is sure that his injury will get better by next week.

「ジャックは来週までに怪我が良くなると確信している」

ウ　**Jack and Emily were planning to go camping together next week.**

「ジャックとエミリーは来週一緒にキャンプに行く予定だった」

エ　When Jack got injured, Emily was practicing basketball with him.

「ジャックが怪我をした時、エミリーは一緒にバスケットボールを練習していた」

▶エミリーの3回目のセリフとジャックの3回目のセリフから、2人が来週キャンプに行く予定だったことがわかる。アは、ジャックの2回目のセリフで、I am right-handed「僕は右利きだ」とあるので不適。イは、ジャックの3回目のセリフで、I wish I could, but I can't.「(キャンプに)行けたらいいんだけど、難しいな」とあるので、怪我が来週までには治らないと考えていることがわかり不適。エは、エミリーの1回目のセリフとジャックの1回目のセリフから、ジャックが怪我をした時、一緒にいなかったことがわかるので不適。

No. 3

Sophia ： Hi, David. My favorite baseball team is going to have a game next Friday. How about going to see the game with me ?

David ： That sounds good, Sophia. What time is the game going to start ?

Sophia ： At six thirty p.m.

David ： It takes about fifteen minutes from ABC station to the stadium on foot, right ?

Sophia ： Yeah.

David ： Shall we meet at ABC station at six fifteen ?

Sophia ： Well, the gate of the stadium is crowded just before the game, so we should get to the stadium at least thirty minutes before the game starts.

David ： Oh, I see.

ソフィア ： やあ、デイヴィッド。私の好きな野球チームが次の金曜日に試合をするんだ。一緒に試合を見に行かない。

デイヴィッド ： それはいいね、ソフィア。試合は何時に始まる予定なの。

ソフィア ： 午後6時30分だよ。

デイヴィッド ： ABC駅から球場まで徒歩だと15分くらいだよね。

ソフィア ： そうだよ。

デイヴィッド ： 6時15分にABC駅で待ち合わせをするのはどうかな。

ソフィア ： ええと、試合開始の直前は球場の門のところが混み合うんだ。だから、試合開始の少なくとも30分前には球場に着いているべきなんだ。

デイヴィッド ： そうなんだね。

ア David and Sophia will meet at ABC station at 5:45.

「デイヴィッドとソフィアは5時45分にABC駅で待ち合わせをするだろう」

イ The baseball game will start at 6:10. 「野球の試合は6時10分に始まるだろう」

ウ David and Sophia will get to the stadium at 6:30.

「デイヴィッドとソフィアは6時30分に球場に着くだろう」

エ The gate of the stadium will be crowded around 7:00.

「球場の門のところは7時頃に混み合うだろう」

▶高校入試のリスニング問題では、今回のように、時間や金額などの数字に関して、計算を必要とするものがしばしば出題される。今回放送された数字を整理しよう。

①試合は6時30分に始まる … ソフィアの2回目のセリフ

→この時点で、イが不適だとわかる。

② ABC駅から球場まで徒歩約15分 … デイヴィッドの2回目のセリフ

③ 6時15分にABC駅で待ち合わせしようと提案 … デイヴィッドの3回目のセリフ

④試合開始(6時30分)直前は球場の門のところが混み合う … ソフィアの4回目のセリフ →この時点で、エが不適だとわかる。

⑤試合開始の少なくとも30分前に球場に着くべき … ソフィアの4回目のセリフ

→この時点で、ウが不適だとわかる。

①②⑤から、ABC駅での待ち合わせ時刻が遅くとも5時45分になることが推測できる。よって、アが正解となる。

Part B

Olivia ： Ryan, did you read today's newspaper ?

Ryan ： Yeah, I can't believe the city library will be closed in two months.

Olivia ： I'm sorry to hear that, too. But maybe it can't be helped.

Ryan ： Why do you think so, Olivia ?

Olivia : It is because these days more and more people read e-books. They can enjoy reading on their tablet. My father is also one of them. No matter how many books he has, all he has to do is carry a tablet, and he says it's very useful.

Ryan : Oh, I see. But I prefer paper books to digital ones. It is easier for me to remember what we read in printed books. Actually, most of our textbooks are still printed ones.

Olivia : That's right. We still have a need for paper books and the city library.

Ryan : The library is also the best place to study in. I can concentrate there. After the library is closed, it will be inconvenient. What should we do ?

Olivia : How about studying at a café ? I sometimes go there. We can do our homework drinking coffee.

Ryan : Well, I can't concentrate there because some people enjoy talking with their friends. I will have to study in my room.

Olivia : I see.

Ryan : Besides, there are more elderly people than young children in this city. Some of them are not good at using the Internet and they read paper books, magazines, and newspapers in the library to get information, I think. They must be surprised at today's news.

Olivia : I agree. What is more, the Christmas event was held there last month, and young children had a good time. The library is necessary for people of all generations.

Ryan : There must be some people who think the same as I do. So I will share my thoughts on my smartphone after school, today.

Olivia : No matter what the results are, it is important to give your opinion as a citizen. I will support you.

Ryan : Thank you. The next class is starting. Talk to you later.

オリビア ： ライアン、今日の新聞を読んだかい。

ライアン ： うん、街の図書館が２か月後に閉館するなんて信じられないよ。

オリビア ： 私もそれを聞いて残念だわ。だけど仕方ないかもしれないわね。

ライアン　：　どうしてそう思うの、オリビア。

オリビア　：　この頃、ますます多くの人が電子書籍を読んでいるからね。タブレットで読書が楽しめるのよね。私のお父さんもその一人よ。どれだけ多く本を持っていたとしても、タブレットを持ち運ぶだけでいいからね。とても便利だってお父さんは言ってるよ。

ライアン　：　そうなんだね。だけど僕は電子書籍より紙の本の方が好きだな。印刷されたものに書かれているものの方が覚えやすいしね。実際に、僕たちの教科書のほとんどは未だに紙のものだしね。

オリビア　：　そうだね。私たちには引き続き、紙の本と街の図書館が必要だよね。

ライアン　：　図書館は勉強するための最適な場所でもあるからね。僕にとってはそこが集中できる場所なんだ。図書館が閉館したら不便になるね。どうしたらいいかな。

オリビア　：　カフェで勉強するのはどうかしら。私は時々行くわよ。コーヒーを飲みながら宿題ができるのよ。

ライアン　：　ええと、カフェには友達と楽しんで会話をしている人もいるから、僕は集中できないな。自分の部屋で勉強することになりそうだよ。

オリビア　：　そうなんだね。

ライアン　：　それに、この街は小さな子どもよりもお年寄りの人口が多いよね。お年寄りの中にはインターネットを使うのが得意ではなくて、情報を得るために、図書館で紙の本や雑誌、新聞を読む人たちもいると思うんだ。彼らは今日のニュースに驚いているに違いないよ。

オリビア　：　そうだね。それに、先月クリスマスのイベントが図書館で開かれて、小さな子どもたちが楽しんでいたね。図書館は全ての世代にとって必要なんだよ。

ライアン　：　僕と同じように考えている人々がいるに違いないよ。だから、今日の放課後にスマートフォンで自分の考えを共有しようと思う。

オリビア　：　結果がどうであっても、市民として意見を発信することは大切だね。応援するよ。

ライアン　：　ありがとう。もうすぐ次の授業が始まるよ。また後でね。

(1) Where are Ryan and Olivia talking ?「ライアンとオリビアはどこで話していますか」

ア At a city library.「街の図書館で」 イ At a city hall.「市役所で」

ウ At school.「学校で」 エ At a café.「カフェで」

▶ライアンの７回目のセリフの、So I will share my thoughts on my smartphone after school, today.「だから、今日の放課後にスマートフォンで自分の考えを共有しようと思う」や、８回目のセリフの、The next class is starting.「もうすぐ次の授業が始まるよ」から、この会話が学校で行われていることがわかる。

(2) When is the city library going to be closed ?

「街の図書館はいつ閉館される予定ですか」

ア In December.「12 月に」 イ In January.「１月に」

ウ In February.「２月に」 **エ In March.**「３月に」

▶日付に関する内容が放送されたのは以下の２か所である。

①図書館が閉館されるのは２か月後 … ライアンの１回目のセリフ

②先月、図書館でクリスマスのイベントが開かれた … オリビアの７回目のセリフ

②より、この会話が１月にされていることがわかる。その２か月後に閉館されるので、エの３月が正解となる。

(3) Which is true about Olivia ?「オリビアについて正しいものはどれか」

ア She believes e-books are better for studying than paper books.

「彼女は勉強には紙の本より電子書籍の方が良いと信じている」

イ The reason she goes to a café is not only drinking coffee.

「彼女がカフェに行く理由はコーヒーを飲むことだけではない」

ウ She enjoys reading on the tablet with her father.

「彼女はお父さんと一緒にタブレットで読書を楽しむ」

エ Most of her textbooks are digital ones.

「彼女の教科書のほとんどはデジタルのものである」

▶オリビアの５回目のセリフで、We can do our homework drinking coffee.「コーヒーを飲みながら宿題ができるのよ」とあるので、コーヒーを飲むこと以外に、宿題をすることもカフェに行く理由の１つだと考えられる。よって、イが正解。アは、オリビアの４回目のセリフで、紙の本の必要性を感じていることから、不適だとわかる。ウは、「お父さんと一緒に」という要素は放送されていないので不適。エは、

ライアンの3回目のセリフで、教科書のほとんどは紙のものだと述べているので不適。

(4) Which is NOT described as a good point of the city library?
「街の図書館の利点として述べられていないものはどれか」

ア The events which people of all generations can enjoy together are held in the library.
「全ての世代の人々が一緒に楽しめるイベントが図書館で開催される」

イ People can get information in the library.
「人々は図書館で情報を得ることができる」

ウ There are not only books but also magazines and newspapers in the library.
「図書館には本だけでなく雑誌や新聞もある」

エ Ryan can concentrate on what he is doing in the library.
「図書館ではライアンは自分のやっていることに集中できる」

▶イとウは、ライアンの6回目のセリフで述べられている。エは、ライアンの4番目のセリフの内容に一致する。アについては、オリビアの7回目のセリフに着目する。What is more, the Christmas event was held there last month, and young children had a good time.「それに、先月クリスマスのイベントが図書館で開かれて、小さな子どもたちが楽しんでいたね」とあるが、クリスマスのイベントは、小さな子どもたちに向けたもので、全ての世代の人々が一緒に楽しめるイベントではないので、放送の内容と矛盾することがわかる。今回は「述べられていないもの」を選ぶ問題なので、アが正解となる。

(5) Which is Ryan most likely to do?「ライアンはどれをする可能性が最も高いか」

ア To study at a café.「カフェで勉強をする」

イ To read today's newspaper.「今日の新聞を読む」

ウ To communicate on social media.「ソーシャルメディアでやりとりをする」

エ To talk with his friends at a café.「カフェで友達と会話をする」

▶ライアンの7回目のセリフで、So I will share my thoughts on my smartphone after school, today.「だから、今日の放課後にスマートフォンで自分の考えを共有しようと思う」とあるので、ウが正解だとわかる。

2 適語補充

(1) 彼らは結婚して 25 年になります。

Twenty-five years (**have**)(**passed**) since their marriage.

▶時の経過の表現は複数あるので、整理しておこう。今回の英文は以下のように書きかえができる。

It is [It has been / It's been] twenty-five years since they got married.
= It is [It has been / It's been] twenty-five years since their marriage.
= Twenty-five years have passed since they got married.
= Twenty-five years have passed since their marriage. …今回はこの形
= They have been married for twenty-five years.

(2) 彼の家を見つけるのに苦労したよ。町の様子が変わったからさ。

I had a (**tough**) time finding his house. The town is not (**what**) it used to be.

▶ 1 文目の「V するのに苦労する」は〈 have a tough [hard] time (in) Ving 〉で表せる。他にも〈 have difficulty [trouble] (in) Ving 〉なども併せておさえておきたい。2 文目は「昔の町ではない」と言いかえて、関係代名詞を用いた〈 what S used to be [S was]〉「かつての S」を導きたい。

(3) エンジンの調子が悪いに違いない。

There (**must**) be something (**wrong**) with the engine.

▶「～に違いない」と可能性が高いことを表す助動詞は must である。「～の調子が悪い、～は故障中である」を表すものは、〈 There is something wrong with ～ . 〉、〈 Something is wrong with ～ . 〉、〈 ～ is out of order. 〉、〈 ～ doesn't work [isn't working]. 〉など複数あるので、整理しておこう。

(4) 「電話をお借りしてもよろしいですか」－「もちろん、いいですよ」

"Would you mind (**if**) I use your telephone ?" － "Certainly (**not**)."

▶ 1 文目には S＋V が 2 つあるので、空所には接続詞を入れればよいことがわかる。〈 Would[Do] you mind if I ～ ? 〉で「(私が)～してもよいですか」と許可を求める表現である。また、この英文はWould you mind my[me] using your telephone ?のように動名詞を用いて書きかえられるようにしておこう。さらに、mindを含む疑問文は答え方にも注意が必要である。相手に「いいですよ」と許可を与える場合、相手の行為を「気にしない」ことになるので、今回のようにnotやnoを用いて返答をする。

(5) 私の誕生日は2005年1月16日です。

I was (**born**) (**on**) January 16, 2005.

▶問題文を「～に生まれた」と言いかえて、〈 be born 〉を導きたい。日付と共に用いる前置詞はonである。

3 正誤

(1) ①Recently, ②a number of foreigners who visit Japan ③has been ④increasing.

② a number of → the number of

「最近、日本を訪れる外国人の数が増えてきている」

▶〈 a number of ～ 〉は「たくさんの～」と数が多いことを表し、複数扱いとなる。一方で、〈 the number of ～ 〉は「～の数」を表し、単数扱いとなる。

(2) I tried ①moving the table ②myself, but I couldn't, ③so I asked my brother ④for help.

① moving → to move

「私は一人でテーブルを動かそうとしたが、できなかったので、兄に助けを求めた」

▶ tryは目的語に不定詞と動名詞のいずれも置くことができるが、意味が異なるので注意しよう。〈 try to V 〉は「Vしようとする(…実際にはVしていない)」、〈 try Ving 〉は「試しにVしてみる(…実際にVする)」であり、今回は一人ではテーブルを動かすことができなかったことが読み取れるので、不定詞を用いる。その他、②の〈(by [for]) oneself 〉「一人で」や、④の〈 ask O for ～〉「Oに～を求める」も確認しておこう。

(3) The population ①of Japan is ②almost twice as ③large as ④Italy.

④ Italy → that of Italy

「日本の人口はイタリアの人口のほぼ2倍である」

▶「日本の人口」と「イタリアの人口」を比較する必要がある。the population of Italy だと、同じ名詞の繰り返しになるので、代名詞 that を用いて that of Italy とする。人口は人の「多さ」を表すので、意味の重複する many や much は用いず、large「(人口が)多い」⇔ small「(人口が)少ない」を用いることも確認しておこう。

(4) He worked ①with ②so diligence that he ③can't have failed ④in business.

② so → such

「彼はとても勤勉に働いたので、事業で失敗したはずがない」

▶①の with は(抽象)名詞と用いると副詞の言いかえになる(with diligence = diligently, with ease = easily など)。また、of の場合は形容詞の言いかえになるので、セットでおさえておこう(of importance = important, of use = useful など)。②の so から、〈so ~ that S+V〉「とても~なのでS+V」の構文であることに気づきたいが、直後が名詞の diligence なので、今回は〈such ~ that S+V〉にする必要がある。③は〈can't have + Vp.p.(過去分詞)〉で「Vしたはずがない」という過去に対する推量の表現である。その他、〈must have + Vp.p.〉「Vしたに違いない」、〈might [may] have + Vp.p.〉「Vしたかもしれない」なども頭に入れておこう。

(5) I don't know if it ①will be fine tomorrow, but if it ②will be, we ③will go camping ④by the lake.

② will be → is

「明日晴れるかどうかはわからないが、もし晴れた場合、湖畔へキャンプに行く予定だ」

▶①を含む if 節は I don't know に続いているので、知らない「内容」を表す名詞節である。一方で②を含む if 節は後半の we will go camping by the lake にかかっている「条件」を表す副詞節である。条件を表す副詞節は未来の内容でも現在形を用いるので、②を is に直すのが正解である。

4 整序英作文

(1) A ： The other day, [I heard from Anne for the first time in five] years.

先日、5年ぶりにアンから連絡があったよ。

B ： Really ? How is she doing ? I hear she got married last year.

本当に。彼女はどうしているって。昨年結婚したそうだよね。

(A) : コ **from** (B) : ア **first** (C) : ケ **in**

▶選択肢の中に動詞はウ heard のみなので、heard を骨格に文を組み立てていきたい。選択肢から〈 hear from ～ 〉「～から連絡がある」と〈 for the first time in ～ years 〉「～年ぶりに」を結びつけられれば解答にたどり着ける。

(2) A ： [Let me see the pictures you took at the amusement park last] Sunday.

先週の日曜日にあなたが遊園地で撮った写真を見せて。

B ： Here you are. This one is my favorite. Everyone is in the picture.

はい、どうぞ。この写真がお気に入りなんだ。みんな写っているからね。

(A) : ケ **let** (B) : ア **you**

(C) : カ **the amusement park**

▶選択肢の中に動詞が複数ある場合は、接続詞や関係代名詞、間接疑問文などの可能性を疑おう。また、今回はBのセリフから、Aが写真を見せてほしいと頼んだことが考えられる。ケの let は〈 let＋O＋V 原形〉で「O に V させてあげる」という語法があり、〈 Let me see ～ . 〉で「～を見せて」(Please show me ～ . とほぼ同義)、〈 Let me know ～ . 〉で「～を教えて」(Please tell me ～ . とほぼ同義)となる。後半は写真の説明を続ければよいので、the pictures you took at the amusement park last (Sunday)とする。今回のような目的格の関係代名詞が省略されるものも高校入試では頻出である。

(3) A ： Don't [forget to post this letter on your way] to the library.

図書館へ行く途中にこの手紙を出すのを忘れないでね。

B ： Of course, I won't. もちろん忘れないよ。

(A) : オ **post** (B) : ク **on** (C) : イ **way**

▶ A のセリフが Don't から始まっているので、禁止の命令文を作ればよいことがわかる。〈 forget to V 〉で「(これから)V することを忘れる」となり、〈 forget Ving 〉「(過去に)V したことを忘れる」と区別が必要である。後半は選択肢から〈 on one's [the] way to ～ 〉「～への途中」を結びつけられれば正解にたどり着ける。

(4) A ： [Do you know how many countries there are in] the world ?

世界にはいくつ国があるか知ってる。

B ： I don't know exactly, but I guess about 200.

正確にはわからないけど、おそらく 200 カ国くらいかな。

(A)：ク **how** (B)：エ **countries** (C)：ケ **are**

▶ B のセリフや A の選択肢から、A が世界の国の数を知っているかどうか B に尋ねたことが考えられる。Do you know の後ろは平叙文の語順(間接疑問文)になることに注意しよう。また、今回とは異なり think を用いて尋ねる場合(「世界にはいくつの国があると思いますか」)は、Yes / No で答えないので、疑問詞を文頭に置き、How many countries do you think there are in the world ? となる。

5 物語文読解

〔全訳〕

私はリビングにある、座り心地の悪い椅子に座って、両親をじっと見つめていた。というのも彼らは、私にとってのヒーローであり親友でもある祖父がアルツハイマー病にかかっているという知らせを、ちょうど私に伝えたところだったからだ。私はそれを信じたくなかった。アルツハイマー病は、日常生活を送るのも難しくさせるくらい、徐々に祖父から思考力や社会生活能力を奪っていくものだった。アルツハイマー病の治療法は見つかっていない。

祖父のもとにそのことが起こっていると考えると私は怖くなった。私がとても大好きで、あんなに素敵な人生を送ってきた人が、徐々に身の回りの記憶をすべて失うはずがない。私はただ泣いて昔一緒に過ごした日々を思い出すことしかできなかった。

それまでの毎週日曜日の午後と同じように、彼の腕に向かって全速力で砂利道を叩きつけるように走りながら、私は「おじいちゃん」と呼ぶ。彼は腕を広げて、私を抱きしめる準備をする。彼は優しい目と永遠の愛を持った、およそ5フィート5インチの強い男である。私は6歳くらいで、歩けるようになってからは毎週日曜日にこの一連の流れを続けている。それは、お母さんが「ほら準備をして、おじいちゃんの家に行くよ」と言う時に私が楽しみにするものである。

赤いレンガの家に入ろうとする時、おばあちゃんの料理の良い匂いがする。おじいちゃんは私に腕を回し、強く抱きしめる。それは全てお馴染みの光景である。お父さんが二交替制の仕事をしていて、私の世話をする人が必要なので、おじいちゃんは第2のお父さんのような存在で、私たちはとても仲が良い。

「おじいちゃん、大好きだよ」と私が言う。

「私も大好きだよ、私のかわいいモーガン」と彼は返事をする。

夕食のテーブルは、ただ美味しい食事をする場所であるだけでなく、一緒に笑って過ごす場所でもある。おばあちゃんは今日教会で牧師さんが言っていたことを私たちに話してくれて、おじいちゃんは冗談を言っている。最後に会った時からどんなことが起こったのかについておしゃべりをしたり、昔の話をしたりする。そして私の一番好きな食事であるデザートがやって来る。おじいちゃんと私は大好きなものが同じであることが多いが、これもそのうちの1つだ。

いつものように、おばあちゃんは焼き菓子やチョコミントのアイスクリームを準備している。おじいちゃんと私はキッチンに向かい、デザートの準備をする。

「おじいちゃん、アイスクリームが欲しいな」

「ところでモーガン、チョコミントのアイスクリームはどうして緑色なのか知っているかい」

「知らないよ、どうしてなの」

「ええと、その中には草が入っているんだよ」と彼はウインクをしながら言う。

「本当なの。でも私は食べるよ」とさして興味がなさそうに返事をする。

私たちは2人とも笑いだして、他の誰もが理解できない瞬間を共有する。それがおじいちゃんのやり方で、いつも私を笑わせたり、私をだましたりする。私のおじいちゃんは真面目な一面もあって、我慢をすることなど、人生の教訓を私たち孫に教えるためにそれを使うこともある。彼はいつも「さあモーガン、我慢しておいてね、すぐに戻ってくるよ」と言う。

この時、私は目を閉じて、胸の前で腕を組んで待つ。好奇心旺盛な子どもの私は、いつ

第4回　英語

彼が戻ってくるのかを少なくとも5回は聞く。おじいちゃんはいつも戻ってくると、邪魔されずに過ごせる、私たちだけで行ける場所である庭や食料雑貨店に向かう。

今の現実に戻ってくると、私は彼とテーブルで向かい合わせに座っているが、私たちの関係性はすっかり変わってしまった。彼がアルツハイマー病にかかっていることを初めて知ってから6年が経った。彼の肩は丸まっていて、警戒した目つきをしている。この病気は恐ろしい。彼の長期記憶はそこまで問題ないが、10分前に自分がやったことを思い出すことができない。このことによって簡単な会話を続けることがとても難しい。

孫と祖父母の役割が変わってしまい、一緒にいるときは、私は彼に教訓を教える立場である。しかし、昔彼が私に教えてくれた、我慢することに関する教訓は、私が今一番大切にしている教訓である。もし大好きな人がアルツハイマー病になってしまったら、その人に対して冷静でいることは難しい。ちょうど今、彼はおそらく4歳の頭脳と能力を持っている。誰かに助けてもらわないと、トイレに行ったり、食事を楽しんだりすることさえもできないのは、とても辛いことだ。

私たちは、おじいちゃんを取り巻く状況が今後どうなるのかはわからないが、彼の記憶がゆっくりと消えていく間、彼が病気になる前の、笑いやユーモア、人生の教訓に満ちあふれた楽しかった頃をいつも思い出すだろう。このようにして私は彼のことを覚えていたい。というのも、彼がいつか私のことをわからなくなってしまうことを考えるのは辛すぎるからだ。しかし、たとえそのことが実際に起こったとしても、私は常に彼の可愛らしいモーガンであり続け、彼は常に私のヒーローであり、親友でもあり、おじいちゃんでもあり続けるのだ。

出典：Jack Canfield, Mark Victor Hansen, Amy Newmark *Chicken Soup for the Soul Just for Teenagers*
Chicken Soup for the Soul Publishing, LLC

問1　（　A　）**ウ　of**

▶〈 rob A of B 〉で「AからBを奪う」という意味で、このofは分離を表す。〈 steal B from A 〉「AからBを盗む」と混同しないようにしよう。

（　B　）**ア　at**

▶速度を表す前置詞は、スピードメーターの目盛りの1点のイメージのatである。〈 at full speed 〉で「全速力で」という意味である。

（　C　）**オ　to**

▶「〜を楽しみにする」は〈 look forward to 〜 〉であり、後ろは名詞または動名詞を置く。

（　D　）**エ　with**

▶「ウインクをしながら」は「〜を伴って」という意味を持つ with と共に用いる。

問2　(1)　2番目：**ウ**　5番目：**イ**　8番目：**エ**　All I could do was cry and think

▶選択肢の中にある動詞の数に対して、接続詞や関係代名詞、疑問詞が足りないので、目的格の関係代名詞の省略の可能性を疑いたい。all は〈 all (that) S＋V 〜 〉で「S＋V なのは〜だけだ」という表現を作ることができる。〈 all (that) S have [has] to do is (to) V 〜 〉「S は V しさえすればよい」が代表的な表現である。今回は All (that 省略) I could do was として、「私ができたのは V することだけだった」とする。次に was 以降は、等位接続詞 and を用いて動詞の原形を2つ結びつける必要があるが、[　　]の後ろが前置詞 of なので、〈 think of 〜 〉「〜について考える」となる think が and の後ろ、残りの cry が前となる。完成した英文は、「私はただ泣いて昔一緒に過ごした日々を思い出すことしかできなかった」という意味になる。

(4)　2番目：**キ**　5番目：**ク**　8番目：**ア**

meal without having someone help him with the

▶並べかえ問題は、[　　]の外側にもヒントが隠されていることが多い。今回は[　　]の直前が冠詞 a で、名詞が続くことがわかるので、(enjoy a) meal とする。また、having の前は前置詞 without を置く。次に、選択肢中の help は、主に動詞と名詞の2種類の使い方があるが、今回は他の選択肢に前置詞 with があることから、〈 help O with 〜 〉「O の〜を手伝う」の形をとる動詞として扱いたい。having の後ろについては、今述べた動詞の原形 help を用いて〈 have＋O＋V 原形〉「O に V させる・V してもらう」の形を作る。ここまでで meal without having someone help が結びつく。help の後ろは、上述の〈 help O with 〜〉「O の〜を手伝う」の形を作り、help him with the (basics.) とする。完成した英文は、「誰かに助けてもらわないと、トイレに行ったり、食事を楽しんだりすることさえもできないのは、とても辛いことだ」という意味になる。

問3　ウ　祖父と一緒に買い物や教会に行くのが習慣になっていたこと。

▶第15段落3文目に、we head off to the garden or to the grocery store「私たちは庭や食料雑貨店に向かう」とあり、主人公と祖父が一緒に買い物に行くことは述べられているが、教会に行くことについては記述がない。第7段落2文目にGrandma tells us what the preacher said today in church「おばあちゃんは今日教会で牧師さんが言っていたことを私たちに話してくれる」とあるが、これは祖母が教会に行ったのであり、主人公は行っていないことが考えられる。よってウが正解となる。その他、アは第3段落、イは第4段落3文目、エは第14段落3文目の内容に一致する。

問4　present

▶この問題を解くには、文章全体の構成を意識する必要がある。第1～2段落は、主人公が祖父の病気に関して知らされて呆然としているシーンである。第3段落から空所(あ)の直前の第15段落までは、主人公が幼かった頃の回想シーン(病気になる前の祖父との思い出)である。第16段落以降については、第16段落1文目に、our relationship is completely different「私たちの関係性はすっかり変わってしまった」や、3文目にHe now has slouched shoulders and wary eyes.「彼の肩は丸まっていて、警戒した目つきをしている」などとあることから、回想シーンから病気の祖父が目の前にいる現実に戻ってきたことが読み取れる。また、空所(あ)の前後は、I come back to the (　あ　) and reality となっているので、空所には名詞を入れればよいことがわかる。等位接続詞andで結ばれているrealityと同じような意味で、「過去から(　あ　)に戻ってきた」とする必要がある。頭文字pをヒントにして、「現在」を表すthe presentにすれば正解となる。presentは多義語で、①「現在(の)」、②「(～に)出席している(〈be present at ～〉)」、③「贈り物」の意味があるので確認しておこう。

問5　**(解答例)祖父はアルツハイマー病で短期記憶が良くないため、簡単な会話を続けることがとても難しい。**

▶下線部(3)の英文がThis(S) makes(V) it(仮O) very difficult(C) to carry on a simple conversation(真O).の仮目的語を含む第5文型であることに気づきたい。「このこ

とは簡単な会話を続けることをとても難しくする」が直訳であるが、This の内容を明確にする必要がある。代名詞なので基本的に直前の内容に着目しよう。会話を続けられなくするのはマイナスな原因であることが考えられるので、直前の文の he cannot remember what he did ten minutes ago「10 分前に自分がやったことを思い出すことができない」の内容をまとめればよい。

問6　イ

▶下線部(5)がダッシュ(—)の後ろにあるので、ダッシュの前の the good times before he was sick「彼が病気になる前の楽しかった頃」の言いかえになっていることが考えられる。よって、プラスの内容の選択肢を選べばよい。この時点でエが選択肢から外れる(loneliness が不適)。また、ウの nursing care「介護」は、祖父が病気になった後の現在の話なので、これも不適。アは sports に関して特に本文中では述べられていないので不適。よってイが正解となる。イの humor は第 8 ～ 14 段落のチョコミントアイスクリームに関するやり取りが該当する。

問7　pretty Morgan

▶空所(い)の前後は、I will always be his (　い　) and he will always be my hero, best friend, and my grandpa「私は常に彼の(　い　)であり続け、彼は常に私のヒーローであり、親友でもあり、おじいちゃんでもあり続けるのだ」となっているので、以下のように整理できる。

・主人公…(祖父にとって)his (　い　)

・祖父…(主人公にとって)my hero, best friend, and my grandpa

よって、本文の(☆)から(★)までの間で、祖父が主人公のことをどのように感じているのかについて述べた箇所を探せばよい。また、この文章が主人公(モーガン)主体で書かれているので、祖父の気持ちは祖父のセリフを確認するのがよい。さらに、今回は空所(い)の直前が所有格なので、同じように所有格が用いられている箇所に着目するのがポイントである。第 6 段落 1 文目に、"I love you too, my pretty Morgan,"「私も大好きだよ、私のかわいいモーガン」とあるので、ここが正解となる。本文から語句を抜き出す問題は、今回の所有格のように、前後の形も類似していることがしばしばある。

問８　各選択肢の和訳と解説は以下の通り。

ア　Morgan's family didn't have enough money to cure her grandfather's disease.

「モーガンの家族には祖父の病気を治療するための十分なお金がなかった」

▶モーガンの家族に治療費を払う余裕があるかどうかについての記述はないため不適。第１段落４文目に、It has no known cure.「アルツハイマー病の治療法は見つかっていない」とあるように、祖父の病気が治らないのは、治療法が見つかっていないからである。

イ　When Morgan visited her grandparents' house, both her grandfather and grandmother greeted her at the front door.

「モーガンが祖父母の家を訪ねた時、祖父と祖母の二人共が玄関まで出迎えてくれた」

▶主人公が祖父母の家に到着するのは第４段落である。２文目に祖父が出迎えてくれる様子が述べられているが、１文目にI smell the sweet aroma of Grandma's cooking「おばあちゃんの料理の良い匂いがする」とあり、祖母は台所で料理をしていると思われるので不適。

ウ　Morgan pretended not to have much interest in her grandfather's jokes about the ice cream.

「モーガンはアイスクリームに関する祖父の冗談についてさして興味がないふりをした」

▶主人公が祖父と一緒にアイスクリームを食べる場面は第８～14段落で述べられている。第10・12段落で祖父が「チョコミントアイスクリームには草が入っているよ」と冗談を言うが、主人公はI will eat it anyway.「でも私は食べるよ」と、肩をすくめて返事をした。ここまで読むと一見祖父の話に興味がなさそうだが、第14段落１文目でWe both start to laugh and share a moment no one else would understand.「私たちは２人とも笑いだして、他の誰もが理解できない瞬間を共有する」、２文目でalways trying to make me laugh「（おじいちゃんは）いつも私を笑わせようとする」とあるので、主人公は祖父の冗談を面白がっていることが読み取れる。よって、祖父の冗談に興味がないふりをしたと言いかえられる。pretendは「～のふりをする」という意味で、〈pretend to V〉「Vするふり をする」、〈pretend that S＋V〉「S＋Vのふりをする」などの形をとる。

エ　Before Morgan went to the garden or to the grocery store with her grandfather, she asked when he would return more than four times.

「モーガンは祖父と一緒に庭や食料雑貨店に行く前に、祖父がいつ戻ってくるのかということを4回以上尋ねた」

▶第15段落2文目に、I ask when he is coming back at least five times「私はいつ彼が戻ってくるのかを少なくとも5回は聞く」とあるので、ここの内容に一致する。

オ　Morgan's grandfather's short-term memory isn't so good as his long-term memory.

「モーガンの祖父の短期記憶は長期記憶ほど良くない」

▶第16段落5文目に、His long-term memory is somewhat normal, but he cannot remember what he did ten minutes ago.「彼の長期記憶はそこまで問題ないが、10分前に自分がやったことを思い出すことができない」とあるので、ここの内容に一致する。

カ　Morgan learned the lesson in patience after her grandfather got Alzheimer's, which she respects the most now.

「モーガンは我慢をすることについての教訓を、祖父がアルツハイマー病になった後で学び、モーガンはその教訓を今最も大切にしている」

▶第17段落2文目にthe lesson in patience he taught me long ago is the one I value the most now「昔彼が私に教えてくれた、我慢することに関する教訓は、私が今一番大切にしている教訓である」とあるが、この教訓は第14段落にあるように、祖父がアルツハイマー病になる前に教えてもらった教訓である。そのため不適。

キ　Morgan doesn't know at all what to do for her grandfather now.

「モーガンは今、祖父に何をしてあげたらよいか全くわからない」

▶第18段落に、祖父の病気が進行したとしても、主人公が祖父との思い出を覚えていたいと述べられている。そのため不適。

6 説明文読解

〔全訳〕

アメリカの裁判システムの目的は人々の権利を守ることである。アメリカの法律の下では、誰かが犯罪で起訴された場合、裁判所が有罪であると証明するまで、その人は無罪としてみなされる。言いかえると、その人が有罪であると証明するのは裁判所の責任である。その人が無罪であることを証明するのは当人の問題ではない。

1人の人間を逮捕するために、警察はその犯罪がすでに起こっているということについて、確信を持っておかなければならない。警察は容疑者に逮捕する理由を伝えたり、その人の法律の下での権利について教えたりしなければならない。それから警察は彼の「調書をとる」ために警察署に連行する。「調書をとる」とは、その人の名前や容疑が警察署で正式に記録されるということを意味する。

次の手順は、容疑者が裁判官の前に行くことである。容疑者を拘置所に入れるべきか解放するべきかを決めるのは裁判官である。もし容疑者に過去の犯罪歴がなくて、家を持ち、家族がいるといった理由から、裁判官がその容疑者は逃げることなく裁判所に戻ってくるだろうと思えば、彼は解放される。そうでなければ、容疑者は保釈金を支払わなければならない。加えてこの時、もし容疑者自身に弁護士を雇う金銭的余裕がなければ、裁判官は容疑者の弁護のため、国選弁護人を割り当てる。

容疑者は審問のために1～2週間後に裁判所に戻ってくる。そこでは地区検事の法律家が容疑者に対して証拠を挙げて反論をする。この法律家は検察官と呼ばれる。その検察官は目撃者と共に証拠も提示するかもしれない。審問において裁判官は裁判を開く十分な理由があるかどうか決める。もし裁判官が裁判を求める十分な証拠があると判断すれば、有罪か無罪かについて正式に申し立てをするために、容疑者が裁判所に来る日程を設定する。

裁判では、12人の陪審員が弁護士と検察官から根拠を聞き、目撃者の証言を聞く。それから陪審員は個別の部屋に行き、証拠について検討し、被告が有罪かどうかを判断する。もし陪審員が被告は無罪と判断すれば、無罪が言い渡されて解放される。しかし、有罪と判決されたら引き続き拘置所の中にいるままで、判決のために被告が次に法廷に現れる日程を裁判官が設定する。この時、裁判官は被告にどれくらいの刑になるかを伝える。裁判官は被告に刑務所に入るように言うか、罰金を支払うように命じるか、執行猶予とするかを述べるだろう。刑務所に入る場合は、どれくらいの間投獄されるのかも裁判官より伝えられる。

アメリカの司法制度はとても複雑で、進むのが遅いこともある。しかし、全ての手順は人々の権利を守るために作られている。これらの個人の権利はアメリカ政府の基礎である。

出典：Lorraine C. Smith, Nancy Nici Mare *Reading for Today 3: Issues* National Geographic Learning

問１　1. Why do the police take the suspect to the police station ?

「なぜ警察は容疑者を警察署に連行するのか」

— They take him there (**so**) (**that**) they will make a (**formal**) report of the suspect.

「警察は容疑者の正式な調書を作成するために容疑者を警察署に連行する」

▶第２段落３文目に、the police take the suspect to the police station to "book" him「警察は彼の『調書をとる』ために警察署に連行する」とあり、"book"「調書をとる」の意味について次の英文で述べられていて、"Booking" means that the name of the person and the charges against him are formally listed at the police station.「『調書をとる』とは、その人の名前や容疑が警察署で正式に記録されるということを意味する」とある。問題文では「調書」を report と言いかえているので、３つ目の空所には名詞 report を修飾する形容詞を入れればよいことがわかる。上述の内容と頭文字 f をヒントに、「正式な」を意味する形容詞 formal を入れれば正解となる。1･2つ目の空所については、前半の They take…と後半の they will make…の２つのＳ＋Ｖをつなぐ接続詞を入れればよいことがわかる。疑問詞 why で理由、目的を尋ねられていることや、頭文字 s をヒントに〈so that S may [can/will] V〉「ＳがＶする[できる]ように」を導きたい。

2. Who decides whether the suspect should be brought to trial ?

「誰が容疑者を裁判まで連れていく（裁判を開く）べきかどうかを決めますか」

— The (**judge**) (**does**).

「裁判官が決めます」

▶第４段落４文目に、The judge at the hearing decides whether there is enough reason to hold a trial.「審問において裁判官は裁判を開く十分な理由があるかどうか決める」とあるので、裁判官が判断することがわかる。今回は the judge が主語で、現在形の文であるので、does を用いて解答することに注意しよう。

問２　(1)　エ

purpose［pə́ːrpəs］「目的」

ア　government［gʌ́vərnmənt］「政府」　イ　heart［hɑ́ːrt］「心臓」

ウ　hardly［hɑ́ːrdli］「ほとんど〜ない」　エ　birthday［bə́ːrθdeɪ］「誕生日」

▶「アー」の発音は主に①［ɑːr］と②［əːr］の２通りあるが、基本的にスペリングで分類できる。①arを「アー」と発音する場合は［ɑːr］となり、ir / ur / or / er / earを「アー」と発音する場合は［əːr］となる。「ハート」と発音するものは２つあるが、hurt「〜を傷つける」はルール通り［hə́ːrt］と発音するのに対し、heart「心臓」は［hɑ́ːrt］とarの発音をするので注意しよう。

(4)　ア

evidence［évədəns］「証拠」

ア　bury［béri］「〜を埋める」　イ　favorite［féɪvərət］「お気に入りの」

ウ　children［tʃíldrən］「子どもたち」　エ　breathe［bríːð］「呼吸する」

問３　(　A　)：イ　give

▶空所を含む英文は The police$_{(S)}$ must (　A　)$_{(V)}$ the suspect$_{(O)}$ the reasons$_{(O)}$…の第４文型であることがわかる。選択肢の中で第４文型をとる動詞はア ask とイ give の２つである。また、この英文が「警察が容疑者に逮捕する理由を(　A　)する」という意味であることから、空所には「伝える」ようなニュアンスを入れればよいことがわかる。よってイが正解。ウの inform は〈 inform A of B 〉で「AにBを知らせる」という意味である。

(　B　)：ウ　where

▶選択肢からこの問題が関係詞を補うものであることがわかる。関係詞を補う場合、直後が不完全(名詞が１つ欠けている)であれば関係代名詞、直後が完全(名詞が欠けていない)であれば関係副詞を補う。今回は空所の直後が、a lawyer from the district attorney's office presents a case against the suspect「地区検事の法律家が容疑者に対して証拠をあげて反論をする」と完全(名詞が欠けていない)なため関係副詞の where を補えばよい。

(C) : エ **to pay**

▶ order は多義語であるが、動詞として用いる場合は「命令する、注文する」という意味になり、〈 order O to V 〉「O に V するように命令する」の形をとる。その他、名詞で「順序」「秩序」「命令」「注文」などの意味を持つ。

(D) : エ **complex**

▶空所の直後に、sometimes operates slowly「進むのが遅いこともある」とあるので、エ complex「複雑な」を入れればよい。その他、ア respective「それぞれの」、イ considerate「思いやりのある」、ウ punctual「時間を守る」もあわせて確認しておこう。

問4 (解答例) **過去に犯罪歴がなく、家と家族を持つため逃げることがないと裁判官が判断した場合。**(39 字)

▶下線部(2)を含む英文は2つのダッシュ(—)が挿入されているが、文の骨格は If the suspect has … and the judge feels …, he can go frec.「容疑者が…で裁判官が…の場合、彼は釈放される」なので、この英文の内容をまとめればよい。

問5 イ 検察官

▶下線部(3)を含む英文は This lawyer is called the prosecutor. となっているので、This lawyer の内容を確認しよう。This lawyer は直前の英文の a lawyer from the district attorney's office presents a case against the suspect「地区検事の法律家が容疑者に対して証拠を挙げて反論をする」と同じ人物である。また、直後の The attorney についても冠詞が the のため、the prosecutor の言いかえであることが考えられる。よって検察官が適切であることが考えられる。なお、アの裁判官は the judge、ウの弁護士は a court lawyer、the defense attorney、エの陪審員は the jury と本文中では用いられている。

問6 う

▶まず入れるべき英文は、If the jury decides that the defendant is innocent, he is acquitted and goes free.「もし陪審員が被告は無罪と判断すれば、無罪が言い渡されて解放される」という意味である。空所 い の次の英文に the jury … decide whether the defendant is guilty of the crime「陪審員は被告が有罪かどうかを判断する」とあることや、空所[う]の次の英文に However, if he is convicted, he remains in jail「しかし、有罪と判決されたら引き続き拘置所の中にいるままである」とあることから、空所[う]には「もし無罪と判決されたら～」といった意味が入るべきである。よって空所[う]に入れるのが最適である。また、文挿入の問題は、冠詞もヒントになることが多い。今回であれば、入れるべき英文に the jury とあるので、At the trial, a jury of …の前にある空所[あ]には入らないことがわかる。

問７ 各選択肢の和訳と解説は以下の通り。

ア The American court system is based on the idea that individual rights should be respected.

「アメリカの裁判システムは個人の権利が尊重されるべきであるという考えに基づいている」→ **T**

▶第１段落１文目の、The purpose of the American court system is to protect the rights of the people.「アメリカの裁判システムの目的は人々の権利を守ることである」や、第６段落２･３文目の、However, every step is designed to protect the rights of the people. These individual rights are the basis, or foundation, of the American government.「しかし、全ての手順は人々の権利を守るために作られている。これらの個人の権利はアメリカ政府の基礎である」の内容に一致する。

イ The police arrest a person in order to make sure whether the crime has been committed.

「警察は犯罪が行われたかどうかを確かめるために逮捕する」→ **F**

▶第２段落１文目に、In order to arrest a person, the police have to be reasonably sure that a crime has been committed.「１人の人間を逮捕するために、警察はその犯罪がすでに起こっているということについて、確信を持っておかなければならない」とあるため、この内容に一致しない。「犯罪が行われたかどうかを確かめるために逮捕する」のではなく、「犯罪が行われたことを確信した後で逮捕する」のである。

ウ The police need to “book” the suspect before he goes to a court.

「警察は容疑者が裁判所に行く前に『調書をとる』必要がある」→ **T**

▶第2段落3文目に、the police take the suspect to the police station to "book" him「警察は彼の『調書をとる』ために警察署に連行する」とあり、その後、第3段落1文目に、The next step is for the suspect to go before a judge.「次の手順は、容疑者が裁判官の前に行くことである」とあり、内容と一致する。

エ　Once the suspect is released, he doesn't have to come back to a court again.

「一度容疑者が解放されたら、二度と裁判所に戻ってくる必要はない」→ **F**

▶容疑者が解放(保釈)される場合については第3段落で述べられているが、次の第4段落1文目に、The suspect returns to court a week or two later for a hearing「容疑者は審問のために1～2週間後に裁判所に戻ってくる」とあるので、この内容に一致しない。

オ　The jury decides how long the defendant will be in jail and tells him about it at the trial.

「陪審員は被告がどれくらいの間刑務所に入るのかを決めて、それに関して裁判で被告に伝える」→ **F**

▶第5段落の空所 え の直後に、the judge tells the convicted person what his punishment will be「裁判官は被告にどれくらいの刑になるかを伝える」とあるので、この内容に一致しない。

数学　第4回　解答

1

(1)	$-\dfrac{x^2}{6y^2}$	(2)	$-2\sqrt{2}$
(3)	$(x-3)(2y+1)$	(4)	$7-2\sqrt{3}$
(5)	およそ　300　匹		

（5点×5）

2

(1)	$x=$　6	(2)①	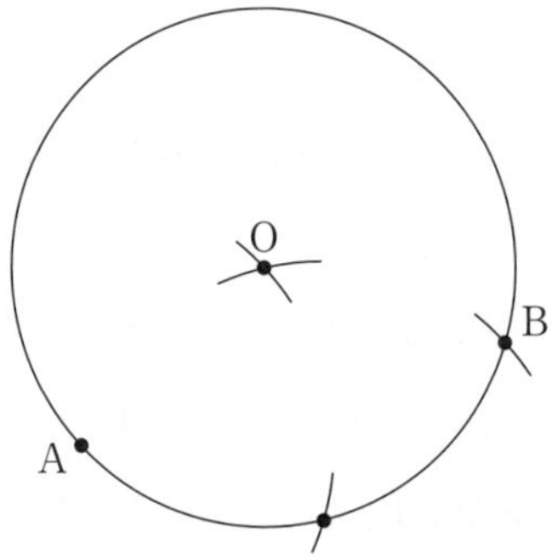
(2)②	$\sqrt{6}+\sqrt{2}$		
(3)	$\dfrac{6}{7}$		

（(1)4点，(2)①②(3)5点×3）

3

(1)	$y=4ax+12a$	(2)	$y=-4bx-12b$
(3)	〈解法欄〉 ※解説ページ参照	(答)	$-\dfrac{6}{5}$

（(1)(2)5点×2，(3)7点）

4

(1)	9	(2)	$\dfrac{9}{2}$
(3)	$3\sqrt{5}$	(4)	9　:　80

（(1)(2)4点×2，(3)(4)5点×2）

5

(1)①	9	(1)②	1
(2)	$\dfrac{14}{3}$	(3)	$\dfrac{98\sqrt{5}}{9}$
(4)	$\dfrac{196}{9}$		

（(1)3点×2，(2)(3)(4)5点×3）

解説

1 計算系小問

(1) $(-2x^2y)^2 \times \dfrac{x}{3y} \div (-2xy)^3 = 4x^4y^2 \times \dfrac{x}{3y} \times \dfrac{1}{-8x^3y^3} = -\dfrac{x^2}{6y^2}$ …(答)

(2) $\dfrac{(\sqrt{5}-\sqrt{3})^2}{\sqrt{2}} - \sqrt{3}(2\sqrt{6}-\sqrt{10}) = \dfrac{8-2\sqrt{15}}{\sqrt{2}} - 6\sqrt{2} + \sqrt{30}$

$= 4\sqrt{2} - \sqrt{30} - 6\sqrt{2} + \sqrt{30}$

$= -2\sqrt{2}$ …(答)

(3) $x-3=\mathrm{A}$ とおくと，$3-x=-\mathrm{A}$ と表せるので，

$(x-3)(y-2)-(y+3)(3-x) = \mathrm{A}(y-2)+\mathrm{A}(y+3)$

$= \mathrm{A}(2y+1) = (x-3)(2y+1)$ …(答)

(4) $x^2+y^2=(x+y)^2-2xy=(\sqrt{7})^2-2\sqrt{3}=7-2\sqrt{3}$ …(答)

(5) 3日後の調査時に捕獲した60匹のコイのうち20匹に印がついていたことから，S湖のコイには3匹に1匹の割合で印がついていると考えられる。

このとき，S湖のコイの総数は，印がついたコイの数のおよそ3倍であると考えられるから，S湖に生息するコイはおよそ $100\times3=300$(匹)であると推定される。

よって，およそ300匹 …(答)

2 小問集合

(1) 食塩の量に注目して方程式を作ると，

$200\times\dfrac{x}{100}+100x\times\dfrac{2}{100}=(200+100x)\times\dfrac{\frac{x}{2}}{100}$，$2x+2x=x+\dfrac{1}{2}x^2$，$x^2-6x=0$，

$x(x-6)=0$，$x=0,\ 6$　　ここで，$x\neq0$ より，$x=6$ …(答)

(2)① ある円において，円周角や中心角の大きさは弧の長さと比例するので，$\overset{\frown}{AB}$ の中心角は，

$\angle AOB = 360^\circ \times \dfrac{4}{4+3+5} = 120^\circ$ である。

また，$\angle ACB = \angle AOB \times \dfrac{1}{2} = 60^\circ$ である。

以上より，次のような作図をすればよい。

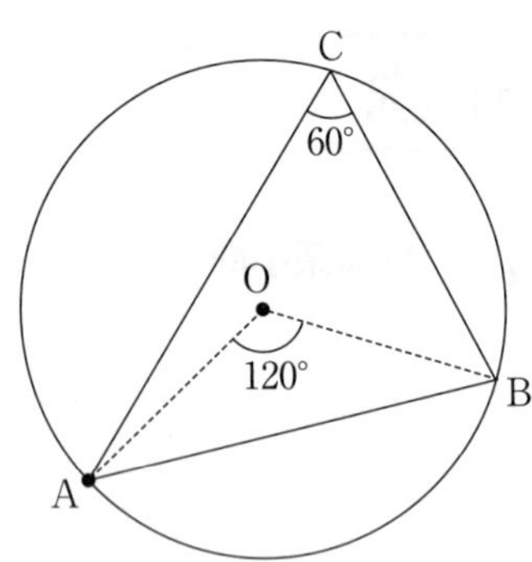

【解答例 1】

円周上の $\overset{\frown}{AB}$ に対して点 C と同じ側に点 P をとったとき，$\angle APB = \angle ACB = 60^\circ$ であることを利用する。

＜手順＞

(i) 優弧 AB 上に，適当に点 P をとる。

(ii) 点 A と P を中心とし，半径が AP である円の弧をかき，その交点を Q とする。このとき△APQ は正三角形で，$\angle APQ = 60^\circ$ である。

(iii) 線分 PQ の延長線と円 O の交点が B となる。

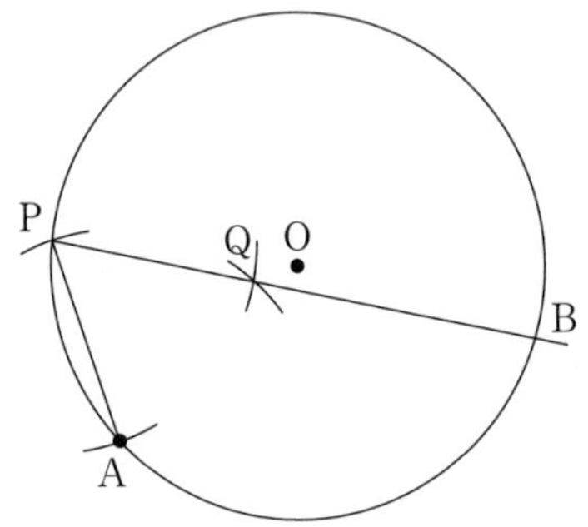

【解答例 2】

$\angle AOB = 120^\circ$ であることを利用する。

＜手順＞

(i) 点 A を中心とし，半径が AO である円の弧をかき，円 O との交点を R とする。このとき，△AOR は正三角形で，$\angle AOR = 60^\circ$ である。

(ii) 点 R を中心とし，半径が RO である円の弧をかくと，円 O との交点が B となる。
(このとき△ROB は正三角形で，$\angle ROB = 60^\circ$ であるから，$\angle AOB = 120^\circ$ である。)

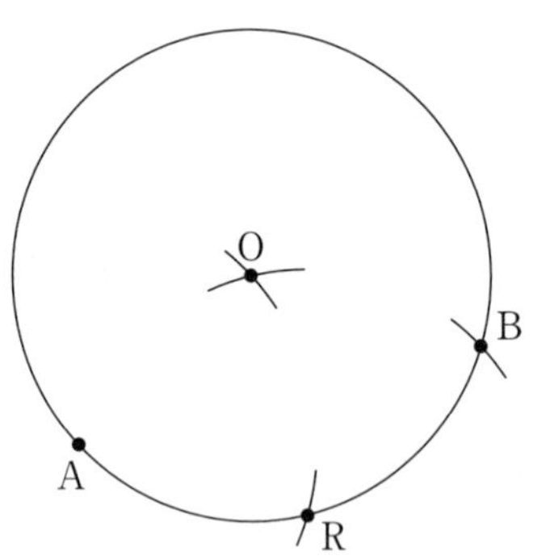

② $\overset{\frown}{AB}:\overset{\frown}{BC}:\overset{\frown}{CA}=4:3:5$ より，$\angle CAB=45^\circ$，$\angle COB=90^\circ$ である。

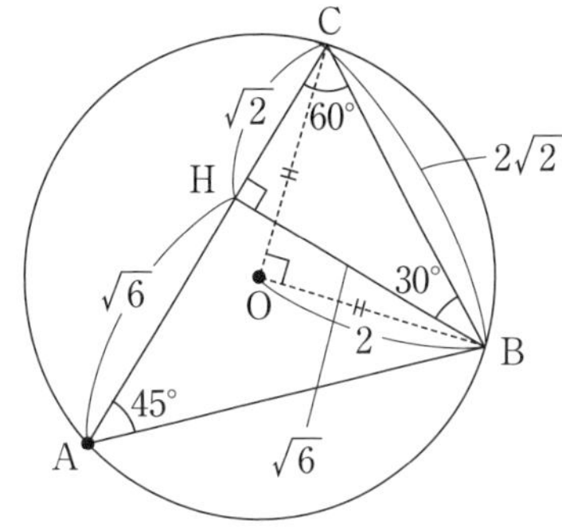

このとき，OC＝OB より△OBC は直角二等辺三角形であるから，$BC=OB\times\sqrt{2}=2\sqrt{2}$

点 B から辺 AC に垂線を下ろし，交点を H とすると，△BHC は 30°，60°，90° の三角定規形であるから，

$HC=BC\times\dfrac{1}{2}=\sqrt{2}$，$HB=HC\times\sqrt{3}=\sqrt{6}$

△AHB は直角二等辺三角形であるから，$AH=HB=\sqrt{6}$

よって，$AC=AH+HC=\sqrt{6}+\sqrt{2}$ …**(答)**

(3) 確率を求めるので，全ての玉を区別して考える。

7 個の異なる玉から 3 個の玉を取り出す場合の数は，${}_7C_3=\dfrac{7\times6\times5}{3\times2\times1}=35$(通り)

2 色の玉が出るのは「赤玉 2 個と白玉 1 個」が出るときか「赤玉 1 個と白玉 2 個」が出るときのいずれかである。これに当てはまる場合の数はそれぞれ，

${}_4C_2\times{}_3C_1=\dfrac{4\times3}{2\times1}\times3=18$(通り)，${}_4C_1\times{}_3C_2=4\times\dfrac{3\times2}{2\times1}=12$(通り)であるから，

求める確率は，$\dfrac{18+12}{35}=\dfrac{6}{7}$ …**(答)**

【別解】

1 色の玉しか出ない確率を全ての確率から引くことによって求める。

赤玉 3 個が出る場合の数は ${}_4C_3=4$(通り)，白玉 3 個が出る場合の数は ${}_3C_3=1$(通り)であるから，1 色の玉しか出ない確率は，$\dfrac{4+1}{35}=\dfrac{1}{7}$

よって，2 色の玉が出る確率は，$1-\dfrac{1}{7}=\dfrac{6}{7}$ …**(答)**

3 二次関数

(1) A，B はともに放物線 $y=ax^2$ 上の点なので，放物線と直線の関係より，

$y=a(-2+6)x-a\times(-2)\times 6$，$y=4ax+12a$ …(答)

(2) C の x 座標は，$0=4ax+12a$，$x=-3$ より，

C$(-3,\ 0)$

D の y 座標は，$y=-b\times(-2)^2$，

$y=-4b$ より，D$(-2,\ -4b)$

よって，直線 CD の式は，

$y=-4bx-12b$ …(答)

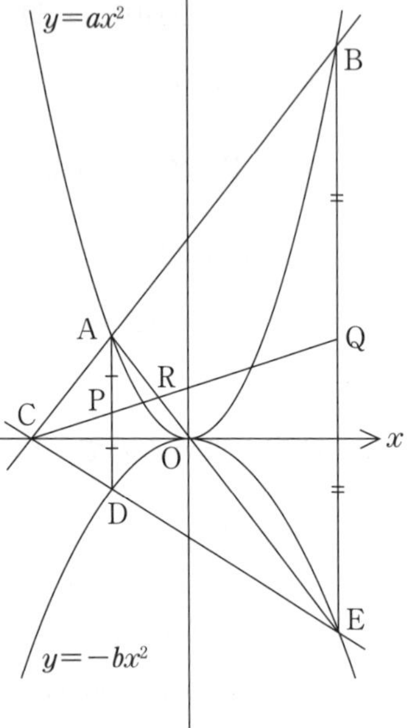

(3) E の x 座標を e とおいて，直線 CD の傾きを放物線と直線の関係を利用して表すと，

$-b(-2+e)$ となる。

これが(2)で求めた直線の傾きと一致するので，

$-b(-2+e)=-4b$，$e=6$

よって，B と E の x 座標が等しいことが分かるので，四角形 ADEB は台形である。

また，3 点 A，O，E が同一直線上にあるということは，直線 AO と直線 OE の傾きは等しくなるので，それぞれの傾きを放物線と直線の関係で表すと，

$a(-2+0)=-b(0+6)$，$a=3b$

よって，4 点 A，B，D，E の座標を b を用いて表すことができ，A$(-2,\ 12b)$，B$(6,\ 108b)$，D$(-2,\ -4b)$，E$(6,\ -36b)$ となる。

台形 ADEB の AB，DE の交点 C を通り，台形の面積を二等分する直線は，AD の中点，BE の中点を通る（※）ので，辺 AD の中点を P，辺 BE の中点を Q，面積を二等分する直線と直線 AE の交点を R とすると，P$(-2,\ 4b)$，Q$(6,\ 36b)$

よって，△APR∽△EQR より，

AR：ER＝AP：EQ＝$(12b-4b)$：$\{36b-(-36b)\}=8b:72b=1:9$

以上より，A$(-2,\ 12b)$，E$(6,\ -36b)$ を 1：9 に内分する点の x 座標は，

$-2+\{6-(-2)\}\times\frac{1}{10}=-\frac{6}{5}$ …(答)

※　AD//BE より，△CDP ∽ △CEQ かつ

△CAP ∽ △CBQ

　よって，

$$EQ : BQ = DP \times \frac{CQ}{CP} : AP \times \frac{CQ}{CP} = DP : AP$$

　ここで，EQ : BQ ＝ DP : AP ＝ $p : q$ とおいて，

△CEQ ＝ px，△CBQ ＝ qx，△CDP ＝ py，

△CAP ＝ qy と表すと，

(四角形 DEQP) : (四角形 ABQP) ＝ $(px - py) : (qx - qy)$

$$= p(x - y) : q(x - y) = p : q$$

　以上より，(四角形 DEQP) ＝ (四角形 ABQP)のときは，$p : q = 1 : 1$ であり，

EQ : BQ ＝ DP : AP ＝ 1 : 1，つまり P と Q は辺 AD，BE の中点となる。

4　円

(1)　△ABC と△ADB において，

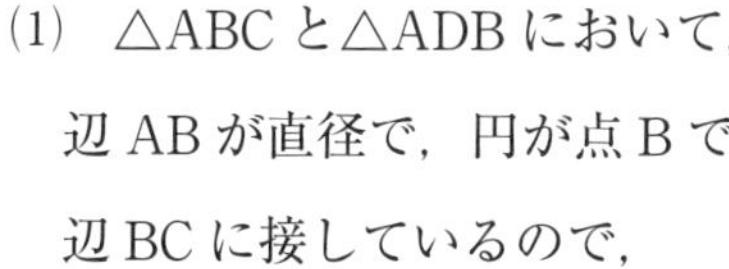

辺 AB が直径で，円が点 B で

辺 BC に接しているので，

∠ABC ＝ 90°　…①

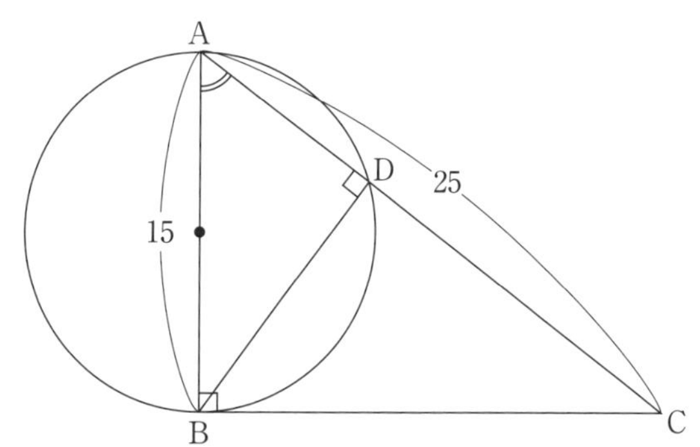

　直径 AB に対して，円周角の定理より，∠ADB ＝ 90°　…②

　共通なので，

∠BAC ＝ ∠DAB　…③

　①，②，③より，2 組の角がそれぞれ等しいので，△ABC ∽ △ADB

　以上より，AB : AD ＝ AC : AB，15 : AD ＝ 25 : 15，AD ＝ 9　…**(答)**

(2)　△ADB において，三平方の定理より，$DB=\sqrt{15^2-9^2}=12$

また，仮定より，AF は∠BAD の二等分線なので，角の二等分線定理より，

BF：DF＝AB：AD＝15：9＝5：3

以上より，

$DF=DB\times\frac{3}{8}=12\times\frac{3}{8}=\frac{9}{2}$　…**(答)**

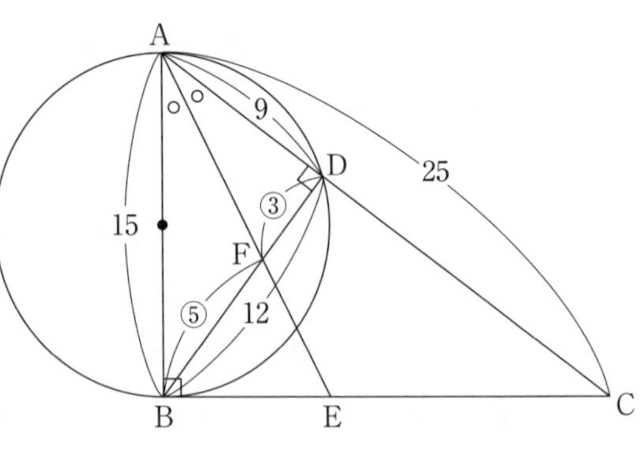

(3)　直径 AB に対して，円周角の定理より，∠AGB＝90°

△ABG と△AFD において，

∠AGB＝∠ADF＝90°　…①

仮定より，

∠BAG＝∠FAD　…②

①，②より，2 組の角がそれぞれ等しいので，△ABG∽△AFD

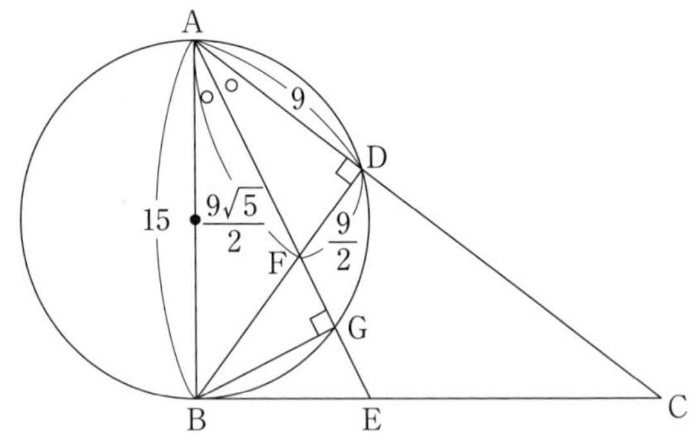

ここで△AFD において，三平方の定理より，$AF=\sqrt{9^2+\left(\frac{9}{2}\right)^2}=\frac{9\sqrt{5}}{2}$ なので，

AB：AF＝BG：FD，$15:\frac{9\sqrt{5}}{2}=BG:\frac{9}{2}$，$BG=3\sqrt{5}$　…**(答)**

(4)　△ABG と△AHG において，

∠AGB＝∠AGH＝90°　…①

仮定より，

∠BAG＝∠HAG　…②

AG は共通　…③

①，②，③より，1 組の辺とその両端の角がそれぞれ等しいの

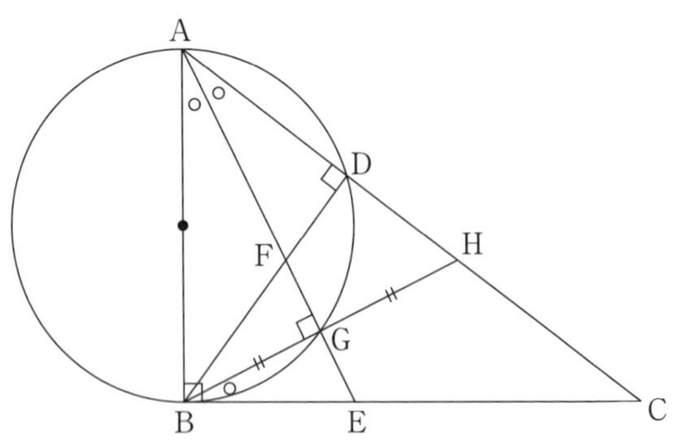

で，△ABG ≡ △AHG

よって，BG = HG

また，接線 BC において，接弦定理より，∠EBG = ∠EAB　…④

ここで(1)より，

△ABC ∽ △ADB なので，

∠ACB = ∠ABD　…⑤

以上より，

△DFG と△BHC において，

円周角の定理と④より，

∠FDG = ∠BAG = ∠HBC　…⑥

円周角の定理と⑤より，

∠DGF = ∠DBA = ∠BCH　…⑦

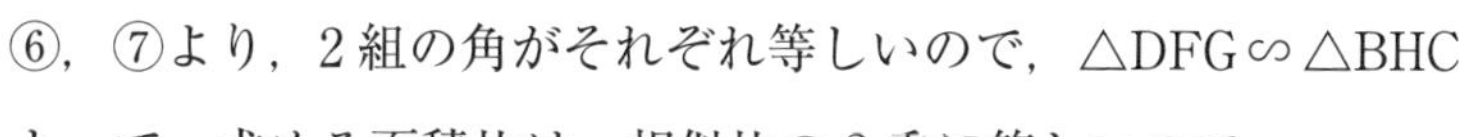

⑥，⑦より，2 組の角がそれぞれ等しいので，△DFG ∽ △BHC

よって，求める面積比は，相似比の 2 乗に等しいので，

$\triangle DFG : \triangle BHC = DF^2 : BH^2 = DF^2 : (2\times BG)^2$

$$= \left(\frac{9}{2}\right)^2 : (2\times 3\sqrt{5})^2 = 9 : 80$$ …(答)

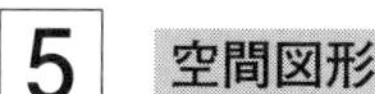

5 空間図形

(1)① 三平方の定理より，△ABC において

$AC = \sqrt{6^2+6^2} = 6\sqrt{2}$

△ACG において，

$AG = \sqrt{(6\sqrt{2})^2+3^2} = 9$　…(答)

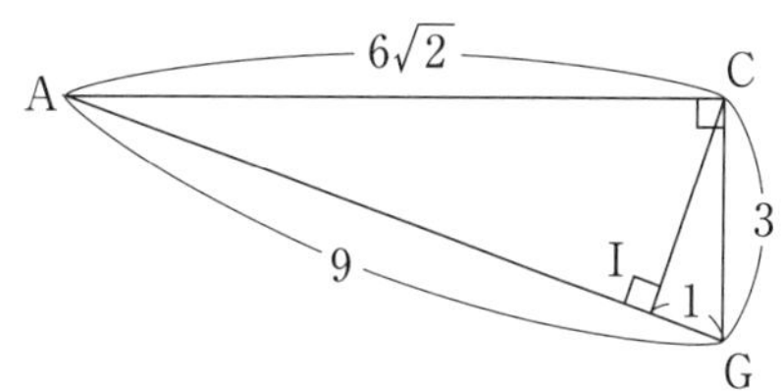

② △ACG と△CIG において，∠ACG = ∠CIG = 90°，∠AGC = ∠CGI（共通）より，

2 組の角がそれぞれ等しいので，△ACG ∽ △CIG

①より AG = 9 で，CG : AG = 1 : 3 なので，

$IG : CG = CG : AG = 1 : 3$ となり，$IG = 3\times\frac{1}{3} = 1$　…(答)

(2)　図形の対称性から△ACG≡△DBF なので，

JF＝IG＝1

ここで，線分 AG と DF はともに平面 AFGD に含まれることに注目して，面 AFGD を抜き出して考える。

線分 AG と DF の交点を O とすると，

長方形AFGDの対角線は互いの中点で交わるので，

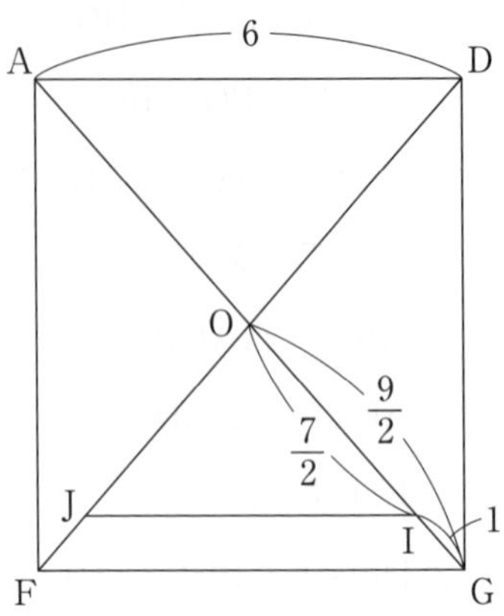

$OG=\frac{9}{2}$，$OI=OG-IG=\frac{7}{2}$　同様に，$OJ=\frac{7}{2}$

このとき，2 組の辺の比とその間の角がそれぞれ等しいので，△OJI∽△OFG

よって，IJ：GF＝OI：OG＝7：9 より，$IJ=GF\times\frac{7}{9}=6\times\frac{7}{9}=\frac{14}{3}$　…(答)

(3)　三平方の定理より，$AF=DG=3\sqrt{5}$

図形の対称性から

△AEG≡△DHF≡△GCA なので，

KA＝LD＝1

(2)と同様に，2 組の辺の比とその間の角がそれぞれ等しいので，△OLI∽△ODG

よって，LI：DG＝OI：OG＝7：9 なので，

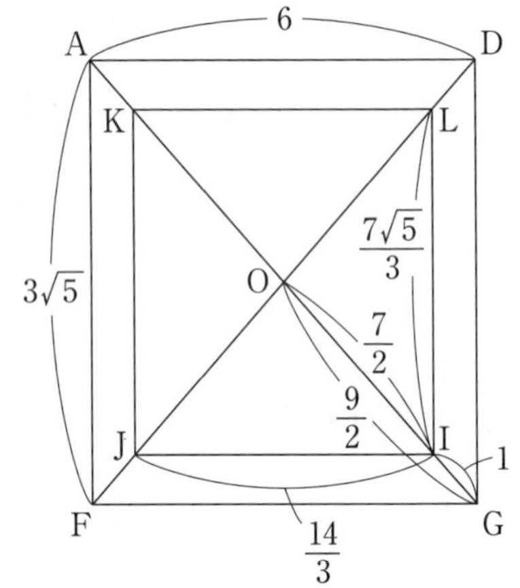

$LI=DG\times\frac{7}{9}=\frac{7\sqrt{5}}{3}$

図形の対称性から KI＝LJ かつ，線分 KI と LJ は互いの中点で交わるので，四角形 KJIL は長方形となる。

以上より，求める面積は $\frac{14}{3}\times\frac{7\sqrt{5}}{3}=\frac{98\sqrt{5}}{9}$　…(答)

(4) 四角錐 B－IJKL の頂点 B から底面 IJKL に下ろした垂線の長さがこの立体の高さとなる。

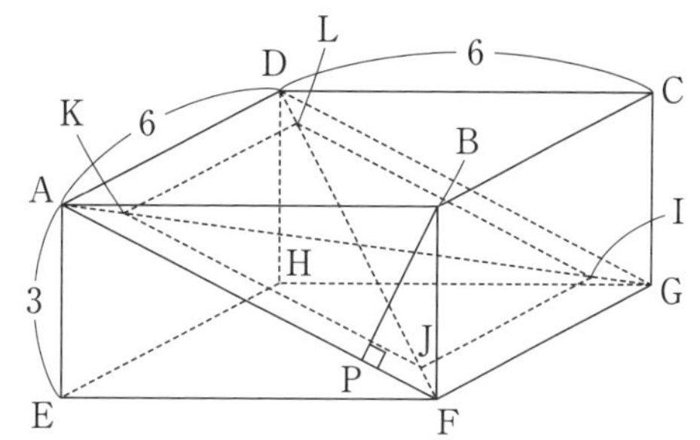

直線と平面が垂直であるとき，直線は平面に含まれる「平行でない 2 直線」と垂直である。

面 IJKL と面 AFGD は同一平面にあるので，面 AFGD に注目し，頂点 B から線分 AF に垂線 BP を引くと，

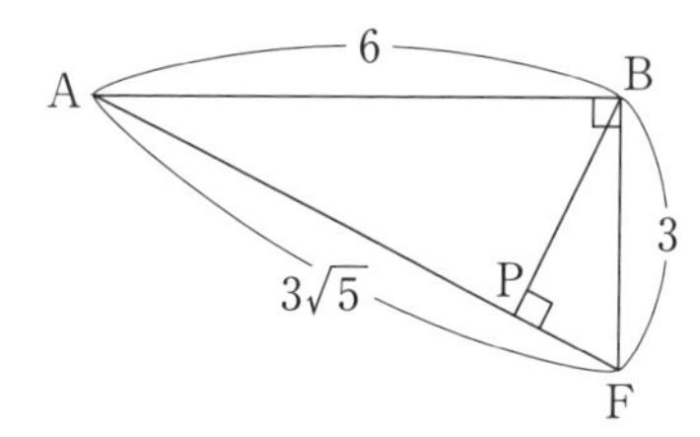

BP ⊥ AF かつ BP ⊥ FG　…(※)より，
BP ⊥ (平面 AFGD)である。

したがって，

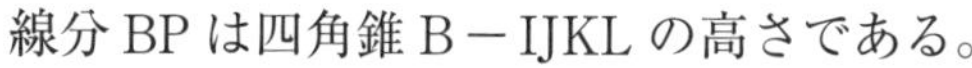
線分 BP は四角錐 B－IJKL の高さである。

(線分 BJ は JI と垂直ではなく，四角錐 B－IJKL の高さではないことに注意。)

∠ABF＝∠BPF＝90°，∠AFB＝∠BFP(共通)より，△ABF ∽ △BPF

BP：BF＝AB：AF＝6：$3\sqrt{5}$＝2：$\sqrt{5}$ なので，BP＝BF × $\frac{2}{\sqrt{5}}=\frac{6\sqrt{5}}{5}$

したがって，(四角錐 B－IJKL)＝$\frac{98\sqrt{5}}{9}\times\frac{6\sqrt{5}}{5}\times\frac{1}{3}$

$=\frac{196}{9}$　**…(答)**

※　BP ⊥ FG の理由…(面 ABFE) ⊥ FG より，面 ABFE に含まれるすべての直線は FG と垂直であるから。

理科　第4回 解答

1

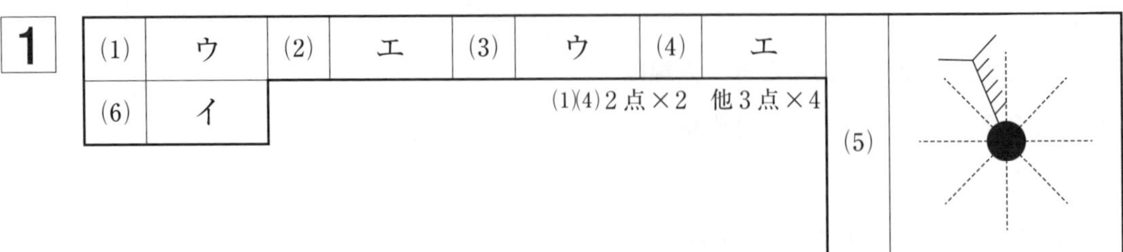

(1)	ウ	(2)	エ	(3)	ウ	(4)	エ	(5)	
(6)	イ								

(1)(4) 2点×2　他3点×4

2

(1)	i	イ	ii	ア	iii	イ		
(2)	i	イ	ii	ア	iii	イ		
(3)	$p = r < s < q$				(4)	エ		
(5)	①	イ	②	5			(6)	25 cm/s

(1)(2)(5) 1点×8　(3) 2点　(4)(6) 3点×2

3

(1)	法則	分離　の法則	遺伝子	R	(2)	○	(3)	イ
(4)	③	5 : 11	④	ウ				

(4)④ 2点　他3点×5

4

(1)	記号	イ	反応式	$H^{+} + OH^{-} \rightarrow H_2O$				
(2)	記号	ウ	質量	1.5 g				
(3)	①	イ	②	22.5 cm^3	③	4.05 g	④	12 %

(1)反応式3点　他2点×7

5

(1)	250 mA	(2)	i	ア	ii	ア	iii	イ
(3)	抵抗器Yを 抵抗器Xと並列に接続する。							
(4)	磁界	エ	電流	c				

(3)(4) 3点×3　他2点×4

6

(1)	2 等級			(2)	エ	(3)	時間帯	イ	説明	キ
(4)	①	イ(エ	ア ウ	ウ ア	エ イ)	②	月	ア	天王星	ア
(5)	イ	ウ		(6)	41 分間					

(3)時間帯1点　(4)①(5)完答2点×2　他2点×6

解説

1 小問集合

(1) ヒトの血液の成分とはたらきについてまとめると，次の通りである。

・赤血球…骨髄で作られ，120日ほどで働きが弱まるため主に脾臓で分解される。中央がくぼんだ円盤形をしていて，核がなく，赤い色素であるヘモグロビンを含み，酸素を運ぶ。ヘモグロビンは，酸素が多いところでは酸素と結びつき，酸素が少ないところでは酸素をはなす性質がある。

・白血球…骨髄で作られ，体内に侵入した細菌やウイルスを取り込んで分解する。寿命は数時間～数日で，脾臓や肝臓で分解される場合や，細菌やウイルスを取り込んで，分解したときに死滅する場合がある。

・血小板…出血時に血液を固める。

・血しょう…液体成分で，二酸化炭素，栄養分，老廃物などを運ぶ。血しょうが血管からにじみ出たものを組織液という。

(2) 火成岩の分類や火山の分類についてまとめると，次の通りである。

火山岩はマグマが地表付近で急激に冷やされてできるため，斑晶と石基からなる斑状組織が見られる。深成岩はマグマが地下深くでゆっくりと冷やされてできるため，まんべんなく結晶が大きく育った等粒状組織が見られる。

火山岩	流紋岩	安山岩	玄武岩
深成岩	花こう岩	閃緑岩	はんれい岩
鉱物の割合	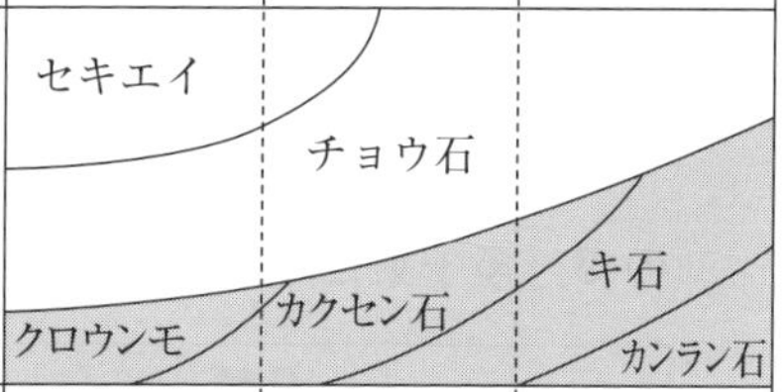 セキエイ クロウンモ	チョウ石 カクセン石	キ石 カンラン石
色	白っぽい	←→	黒っぽい
ねばりけ	強い	←→	弱い
火山の形	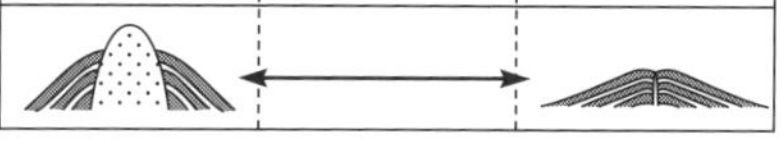	←→	

火山の形	溶岩の色	マグマの粘り気	噴火の様子	火山の例
ドーム状	白っぽい	強い	激しい	昭和新山 平成新山 有珠山
円すい形	↕	↕	↕	富士山 桜島・浅間山 三原山・三宅島
傾斜がゆるやかな形	黒っぽい	弱い	おだやか	マウナロア マウナケア キラウエア

(3) 物質の状態変化についてまとめると，右図の通りである。

ア：融解　　　　　　イ：気化(蒸発)

ウ：凝結(液化・凝縮)　エ：昇華

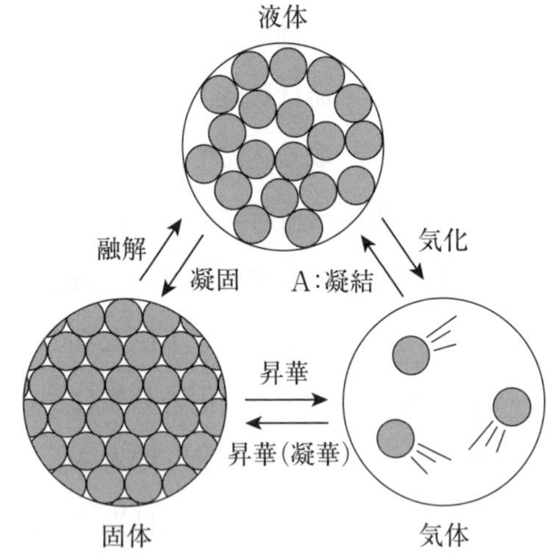

(4) 植物の分類の代表例は下の表の通りである。ヒマワリ(キク科)，アサガオ(ヒルガオ科)，ツツジ(ツツジ科)はすべて合弁花類で，その他にもウリ科やナス科の植物が同じ合弁花類である。裸子植物であるマツの子葉の枚数は2枚より多いので，多子葉と呼ばれる。

分類			植物の例
コケ植物			ゼニゴケ，スギゴケ
シダ植物			ワラビ，ゼンマイ，スギナ
裸子植物			マツ，イチョウ，スギ，ソテツ，ヒノキ
被子植物	単子葉類		イネ，トウモロコシ，ススキ，チューリップ，ユリ，ツユクサ，オオカナダモ
	双子葉類	合弁花類	アサガオ，ツツジ，タンポポ，ヒマワリ
		離弁花類	ホウセンカ，アブラナ，バラ，エンドウ

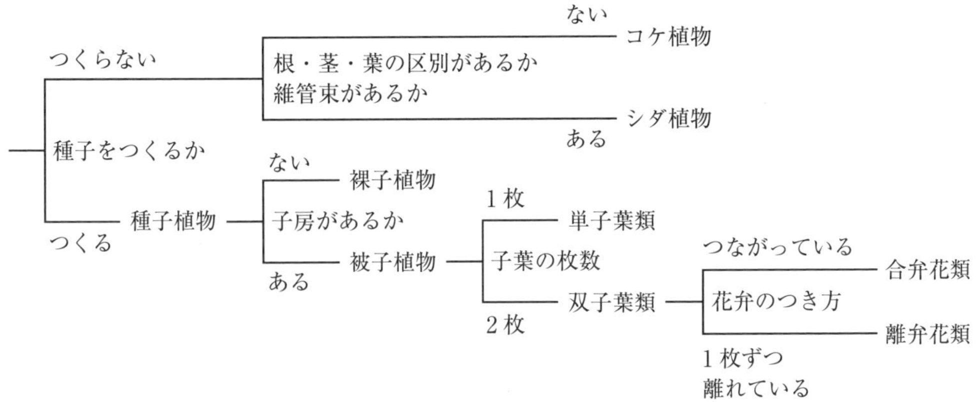

(5) 降水がない場合は，雲量0～1を快晴，2～8を晴れ，9～10をくもりとする。主な天気記号は次の通りである。

快晴	晴れ	くもり	雨	雪	雷	あられ	霧

風向きは風が吹いてくる方角を16方位で表している。風力は0～12までの13段階を羽根の本数で表す。風力1のときは先端ではなく途中から書くことと，風力2以上のときは先端の羽根のみ，他の羽根よりも長く書くことに注意が必要である。

2 小問集合

(1) 〔考察〕より，①の結果から，試験管Aに対して試験管Cの二酸化炭素が減ったことは確認できず，試験管Bに対して試験管Dの二酸化炭素が増えたことは確認できたと考えられる。以上より，①で試験管AとBの石灰水は濁らなかったとわかる。

また，②の結果では，試験管Aに対して試験管Cで二酸化炭素が減っていることから，試験管Cに入れたタンポポの葉で光合成が行われたことが確かめられる。実際には，試験管Cに入れたタンポポの葉で呼吸も行われたはずだが，②の結果からは確かめることができない。また，②では，試験管Bに対して試験管Dで二酸化炭素が増えているかどうかわからないため，試験管Dに入れたタンポポの葉で呼吸が行われたことは確かめられない。

(2) 銅原子と銀イオンに起こった反応をそれぞれまとめると，次の通りである。

$Cu \rightarrow Cu^{2+} + 2e^-$　　$Ag^+ + e^- \rightarrow Ag$

銀イオンが受け取る電子(e^-)は銅原子が放出したものなので，銅イオン１個ができるときに電子が２個放出され，銀イオン２個が電子２個を受け取って２個の銀原子となる。以上をまとめると，$Cu + 2Ag^+ \rightarrow Cu^{2+} + 2Ag$ となる。

(3) 物体ＰとＲにはたらく重力の大きさは等しく，どちらも水面に浮かんでいるので，その浮力の大きさは重力の大きさに等しい。よって，$p=r$ である。また，浮力の大きさは，物体の水中に沈んでいる部分の体積に比例し，水中に沈んでいる部分の体積は，物体Ｒより物体Ｓが大きく，物体Ｓより物体Ｑが大きい。よって，$r<s<q$ である。以上をまとめると，$p=r<s<q$ である。

(4) ア：乾球温度計は通常の温度計なので，その示度は気温に等しい。よって，誤り。

イ：乾球と湿球の示度の差が０℃で湿度が100％のときは，露点は乾球と湿球の示度に等しい。しかし，それ以外の場合，湿球の示度は露点と等しくない。例えば，乾球の示度が15℃，湿球の示度が14℃の空気に含まれる水蒸気量は，

$12.8〔g/m^3〕\times \frac{89}{100} \fallingdotseq 11.4〔g/m^3〕$である。この空気の露点は13℃なので，湿球の示度の14℃とは異なる。よって，誤り。

ウ：湿球の示度が乾球の示度に比べて低いのは，水分が蒸発する際に周囲の熱を奪うためである。したがって，水分の蒸発が少ないと，乾球と湿球の示度の差は小さくなる。よって，誤り。

エ：表２において，表の下部に行くほど湿度が低くなる傾向がある。よって，正しい。

(5) 水素と酸素が２：１の体積比で過不足なく反応することがわかるので，水素 $30\,cm^3$ と酸素 $15\,cm^3$ が過不足なく反応して，酸素 $5\,cm^3$ が密閉容器内に残る。

(6) 記録タイマーが１秒間で50回打点することから，0.1秒間で５回打点することがわかる。点Ｏから５打点の移動距離は2.5 cmなので，点Ｏを打った瞬間から0.1秒間の平均の速さは2.5〔cm〕÷0.1〔秒〕＝25〔cm/s〕である。

3 遺伝

(1) 減数分裂のときには，体細胞の染色体が半数ずつに分かれて別々の生殖細胞に入る。メンデルの分離の法則は，減数分裂のときに，体細胞に含まれる対になっている遺伝子が，別々の生殖細胞に分かれて入ることを表す。

また，〔実験1〕から，エンドウの丈の高さについて，丈が高い形質が顕性，丈が低い形質が潜性であるとわかり，遺伝子の組み合わせはエンドウ a が RR，エンドウ b が rr，エンドウ c が Rr である。よって，エンドウ a から取った花粉の中の1個の精細胞には遺伝子 R が1個だけ含まれる。

(2) 潜性形質の遺伝子の組み合わせは必ず rr の純系であり，顕性形質の遺伝子の組み合わせは RR と Rr の2種類がある。エンドウ a と b のかけ合わせが Rr と rr だった場合，右の表のように，得られる種子の遺伝子の組み合わせは Rr と rr が1：1になる。一方，RR と rr だった場合は Rr のみが得られる。ここでは，40個の種子を育ててすべて丈が高くなったことから，Rr と rr が1：1ではなく Rr のみであり，丈が高い形質が顕性であるとわかる。

	R	r
r	Rr	rr
r	Rr	rr

(3) RR と rr のエンドウによる自家受粉では親と子で形質が同じになるため，どちらの形質が顕性形質かは判断できない。しかし，Rr のエンドウによる自家受粉では子の遺伝子の組み合わせは RR：Rr：rr＝1：2：1となるため，子が rr のとき親と形質が異なる。よって，丈の高い形質の親から丈の低い形質の子が得られるとき，丈の高い形質が顕性形質であると判断できる。

(4) 〔実験3〕における遺伝子の組み合わせについて，エンドウ b が rr，エンドウ c が Rr なので，得られた種子は Rr と rr が1：1である。自家受粉では，親が RR のときの子は RR：Rr：rr＝4：0：0，親が Rr のときは1：2：1，親が rr のときは0：0：4である。〔実験3〕で得られた種子を第1代，〔実験4〕で得られた種子を第2代，第3代として，親の個体数に比例して子の数が増える(下線で示した)ことを考慮すると，以下のようにまとめられる。したがって，第3代における丈が高い個体と丈が低い個体の数の比は，(3＋2)：11＝5：11である。

	第1代	第2代		第3代	
RR	0	1	→ 1	4＋1×$\underline{2}$＝6	→ 3
Rr	1	2	→ $\underline{2}$	2×$\underline{2}$＝4	→ 2
rr	1	4＋1＝5	→ $\underline{\underline{5}}$	4×$\underline{\underline{5}}$＋1×$\underline{2}$＝22	→ 11

また，自家受粉において，RR の子は RR，rr の子は rr だが，Rr の子で Rr になるのは半分だけである。したがって，自家受粉をくり返すことによって，遺伝子の組み合わせが Rr の個体の割合が0に近づいていく。

4 中和

(1) 水酸化ナトリウム水溶液と塩酸を混合することで中和反応が起こり，中和熱が放出される。中和反応とは，水素イオン(H^+)と水酸化物イオン(OH^-)が結合することで，お互いの酸とアルカリの性質を打ち消し合う反応のことである。

(2) 水酸化ナトリウム水溶液15 cm^3と塩酸10 cm^3が完全中和するときの化学反応式は，$NaOH + HCl \rightarrow NaCl + H_2O$ なので，混合溶液を蒸発させて残る白い固体は塩化ナトリウムである。また，混合溶液10 cm^3を蒸発させて0.6 gの塩化ナトリウムが得られることから，混合溶液25 cm^3すべてを蒸発させると，$10 : 0.6 = 25 : x$ より
$x = 1.5$〔g〕の塩化ナトリウムが得られる。

(3)① 塩酸と水酸化ナトリウム水溶液が中和し，溶液が酸性から中性になるにつれて，電流の大きさは小さくなる。塩化ナトリウムは電解質であるため，完全中和したときも電流は流れる。さらに水酸化ナトリウム水溶液を加えると，水溶液中のイオンが増えるため，電流の大きさは大きくなる。

②③ 表のEは酸性，Fはアルカリ性を示しているため，EF間でうすい塩酸15 cm^3が水酸化ナトリウム水溶液と過不足なく反応したことが読み取れる。A～Eでは，水酸化ナトリウム水溶液を5 cm^3加えるごとに，中和反応によって塩化ナトリウムが0.9 gずつ増加していることがわかる(固体の質量を縦軸y〔g〕，加えた水酸化ナトリウム水溶液の体積を横軸x〔cm^3〕とすると，$y = 0.18x$)。また，完全中和以降のF～Gでは塩酸がなくなってしまったため，水酸化ナトリウム水溶液5 cm^3に溶けている0.6 gの水酸化ナトリウムがそのまま固体としてあらわれている
($y = 0.12x + 1.35$)。

これらを連立方程式として解くと，$x = 22.5$〔cm^3〕，$y = 4.05$〔g〕となるので，過不足なく反応したときの水酸化ナトリウム水溶液の体積は22.5 cm^3，そのときにできる塩化ナトリウムの質量は4.05 gとなる。

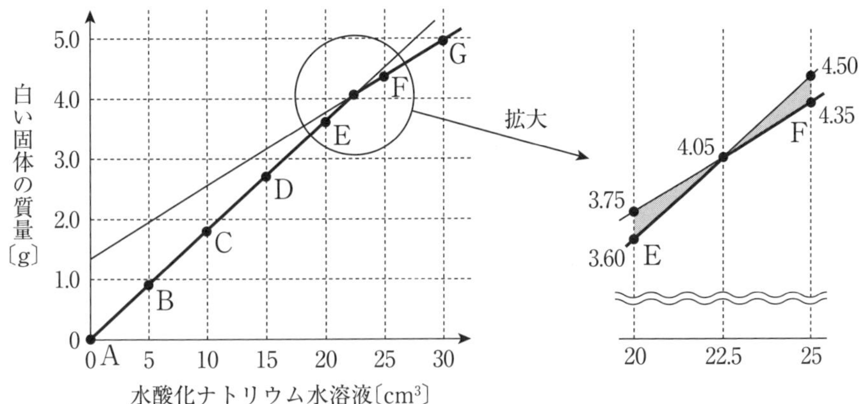

【別解】

問題の〔実験２〕の表をグラフにすると左上図のようになる。A～EとF～Gのグラフの延長線はEとFの間で交わり，この交点が過不足なく中和した状態を表す。よって，EF間を取り出した右上図の三角形の相似(合同)を用いると，交点の座標(22.5 cm^3，4.05 g)が求められる。

④　②，③からわかるように，水酸化ナトリウム水溶液 5 cm^3(5 g)は 0.6 g の水酸化ナトリウムが溶けている。よって水酸化ナトリウム水溶液の濃度は，
0.6÷5.0×100＝12.0〔%〕となる。

5　電流

(1)　オームの法則より，6.0〔V〕÷24〔Ω〕＝0.25〔A〕である。1 A は 1000 mA に等しいので，0.25 A は 250 mA に等しい。

(2)　図２で，コイルの ab 間を流れる電流は紙面の手前から奥に向かう向きなので，右ねじの法則より，ab 間を流れる電流がつくる磁界は時計回りになる。また，磁界は，磁力線の間隔が狭いところほど強い。図２では，右側ほど磁力線の間隔が狭くなっているので，磁力線同士が反発すれば，図２の左向き(図１の矢印の向き)の力が生じる。

(3)　コイルが磁界から受ける力を大きくすればよいので，コイルに流れる電流が大きくなるように，抵抗器Xと並列に抵抗器Yを接続すればよい。このとき，回路全体の抵抗の大きさは $\frac{1}{24}+\frac{1}{24}=\frac{1}{12}$ より 12 Ωとなり，24 Ωより小さくなる。

(4)　(2)と同様に考えて，導線P，Qの周りに円状の磁界が生じるので，磁力線の様子は

第４回　理科

イまたはエである。(2)より，磁力線同士は間隔が狭いところで互いに反発するので，イでは導線ＰとＱが反発するような力，エでは引き合うような力が生じる。

また，導線Ｐに流れる電流が導線Ｑの位置につくる磁界の向きは右図のようになる。導線Ｑが磁界から受ける力が導線Ｐと引き合うような向きであることから，フレミング左手の法則(または〔実験１〕の結果)を用いると，導線Ｑに流れる電流の向きは図３のｃの向きとなる。

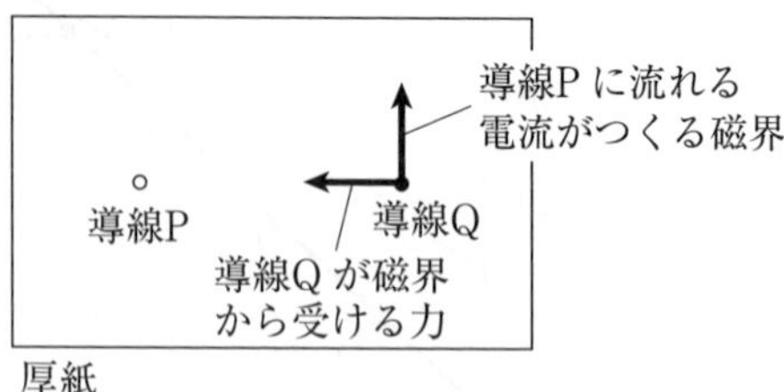

6 天体

(1)　地球から250光年の距離にある恒星Ｘが地球から40光年の距離にあると仮定すると，距離が$\frac{4}{25}=\left(\frac{2}{5}\right)^2=\left(\frac{1}{2.5}\right)^2$倍となる。このとき恒星Ｘの見かけの明るさは，距離の２乗に反比例するため，2.5^4倍となる。よってもともとの見かけの等級が６等級の恒星Ｘは４等級明るくなり，２等級となる。

(3)　西の方角に金星が見えたということは，宵（よい）の明星であり，時刻は夕方である。半分が光った宵の明星が見えたことから金星の位置は右図のＡとなる。この日から１か月間，観測を続けると金星の位置が反時計回りに移動していくため，しだいに地球との距離が短くなり，見た目の大きさが大きくなる。また，地球に近い位置にある金星は，より欠けて見える。

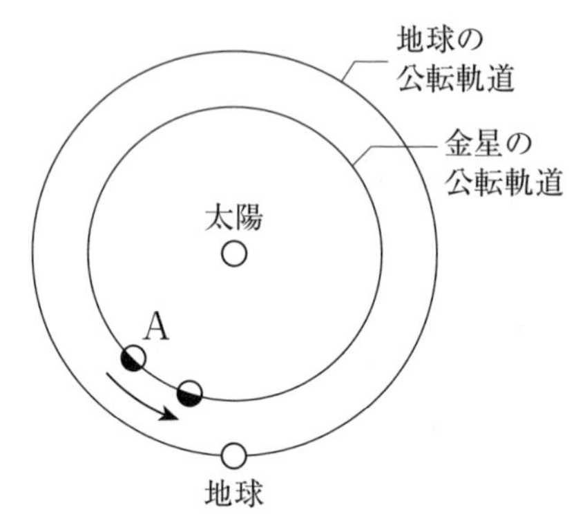

(4)①　月食は月が地球の影に隠される「影による食」であり，天王星食は問題文にあるように，月が惑星を隠す「掩蔽」である。よって，太陽，地球，月，天王星の順で一直線上に並んだときに起こる。

②　皆既月食と天王星食が起こるときの，それぞれの天体の位置関係は①にあるように，

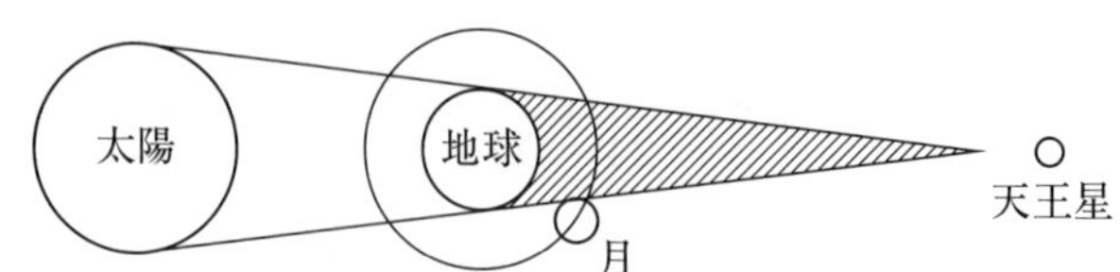

太陽，地球，月，天王星の順で，月が地球の影に入り始める(月食が起こり始める)瞬間の様子は前ページの図のようになる。このとき地球から見て左(東)側から月が欠け始める。また，天王星は月の左(東)側に位置し，その前を月が通過することで天王星食が起こる。

(5) ア，イ：金星は地球より内側を公転する内惑星であるため，太陽，地球，月，金星のように一直線上に並ぶことは不可能である。逆に，外惑星の火星であれば，太陽，地球，月，火星のように一直線上に並ぶことが可能なので，月食と外惑星の食は同時に起こり得る。

ウ：日食が起こるとき，それぞれの天体の位置関係は，太陽，月，地球の順番で一直線上に並んでいる。金星は内惑星であるため，太陽，金星，月，地球の順に一直線上に並ぶ可能性がある。よって日食と金星の太陽面通過は同時に起こり得る。

エ：右図のように，下弦の月と内惑星である金星が地球から見て一直線上に並ぶことはない。ただし，外惑星であれば，上弦の月や下弦の月と同時に惑星食が起こる可能性はある。

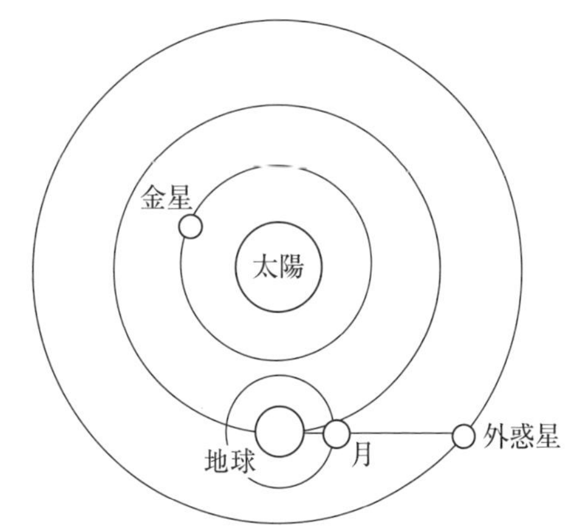

(6) 天王星食の始まりから終わりまでの，月の通過軌道上の移動距離は，右図のように直角二等辺三角形の辺の比を用いて，1700〔km〕×1.4＝2380〔km〕となる。また，月の公転周期が27日なので，月の公転軌道37.8万〔km〕×2×3＝226.8万〔km〕を，60〔分〕×24〔時間〕×27〔日〕＝38880〔分〕で一周することになる。そのため，月が地球の周りを2380 km移動して，天王星食が始まってから終わるまでにかかる時間をxとすると，226.8万：38880＝2380：xとなり，x≒41〔分〕と求められる。

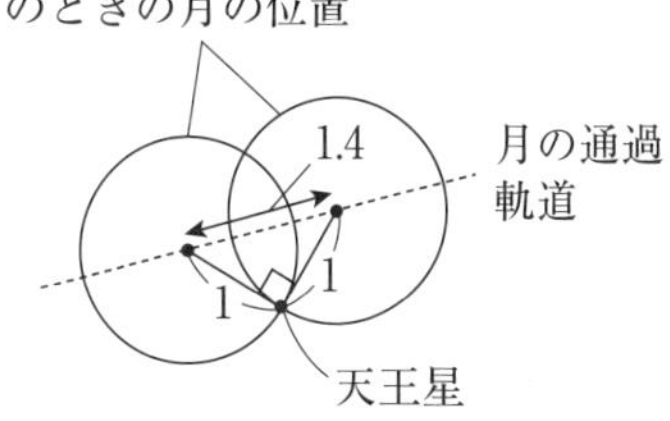

社会　第4回 解答

1

問1	エ	問2	A	イ	B	ア	C	エ	D	ウ	問3	エ
問4	マングローブ	問5	オ	問6	エ	問7	エ					
問8	アメリカ	エ	インド	イ	エチオピア	ア	日本	ウ	問9	イ		

各2点×9問＝18点(問2・問8は完答)

2

問1	(1)	ウ	(2)	埼玉	ア	千葉	ウ	(3)	エ	(4)	サ	ン	ゴ
問2	ア	問3	イ	問4	エ	問5	J・L	問6	ウ				

各2点×9問＝18点(問1(2)は完答)

3

問1	イ	問2	ウ	問3	摂政	問4	エ	問5	(1)	十	字	軍
問5	(2)	ア	問6	エ	問7	キ	問8	(1)	ウ	(2)	ア	

各2点×9問＝18点(問8(1)(2)は完答)

4

問1	エ	問2	ウ	問3	ア	問4	ウ			
問5	イ → ウ → エ → ア	問6	ウ・カ	問7	ア					
問8	(1)	ソ連 (ソビエト連邦)	(2)	ユーゴスラビア	問9	L	R	T		

各2点×9問＝18点(問8(1)(2)は完答)

5

問1	エ	問2	エ → ウ → ア → イ	問3	ウ				
問4	厳	島	神	社	問5	コ	問6	人間の安全保障	
問7	(1)	校庭と体育館が空きの日をつくることなく	(2)	すべての組が同じように1回ずつ					

各2点×7問＝14点(問7(1)(2)は完答)

6

問1	社	会	保	険	問2	(1)	520万4000円	(2)	ア	(3)	ウ
問3	ア	問4	ア	問5	ア						

各2点×7問＝14点

解説

1 世界地理

問1 プレートの境に位置し、プレートの運動により地殻変動や火山活動が起こり、山脈、海溝、海嶺などの地形が形成される場所を変動帯という。変動帯は環太平洋造山帯やアルプス・ヒマラヤ造山帯と重なる部分も多いが、それ以外にもアフリカ大陸東部(エ)のアフリカ大地溝帯などがある。なお、ア(スカンディナビア山脈)、イ(ウラル山脈)、ウ(アパラチア山脈)、オ(グレートディバイディング山脈)はいずれも古期造山帯に属することから消去法で解答を導くこともできる。

問2 ア.「古代文明の発祥地」「流域では小麦や綿花などの畑作」などの表現から、Bの黄河が当てはまる。なお、流域にある高原から西風に乗って日本にも運ばれる「細粒の土壌」とは黄砂のことである。

イ.「中流域ではかんがいにより小麦・綿花が栽培」「下流域には古代文明の発祥地」「中・下流域の乾燥地帯」「イスラム教徒が多く居住する」といった表現から、Aのインダス川が当てはまる。なお、インダス川は流域の多くがパキスタンに属しており、パキスタンはイスラム教を信仰する住民が多い。また、この地はインダス文明の遺跡であるモヘンジョ・ダロなどが存在する。

ウ.「チベット高原を水源とする国際河川」「中・下流域では主に稲作」「下流は増水期と減水期の水量の差が大きく」「流域の住民の多くは仏教徒」などの表現から、Dのメコン川が当てはまる。

エ.「チベット高原を水源」「流域では稲作や茶の栽培」「三角州に位置する大都市」などの表現から、Cの長江が当てはまる。なお、「三角州に位置する大都市」とは上海のことである。

問3 bは夏(南半球に位置するので12～2月)に降水量が少ないので、地中海性気候であるEのケープタウンが当てはまる。cは年中降雨があり、夏の平均気温がそれほど高くない(22℃未満)なので、国全体が西岸海洋性気候であるニュージーランドに位置するFが当てはまる。aは年中降雨があり、夏の平均気温が高い(22℃以上)なので、

第4回 社会

温暖湿潤気候であるGのブエノスアイレスが当てはまる。

問4　Hの東南アジアでは、主に日本への輸出目的のエビの養殖池を造成するために、熱帯の入り江や河口など、海水と淡水が入り混じるところに発達するマングローブ林が破壊され、問題となっている。

問5　オが正しい。ロシアの国土は世界最大であるものの、寒冷で農地に向かない土地も多いため、国土に占める農地の割合が低いJが当てはまる。ロシアでは肥沃な国土(チェルノーゼム)に恵まれた南部が主な小麦の栽培地となっている(d)。残ったIとKでは、小麦の生産量はIを下回るが、1haあたりの小麦の収穫量が多いKをアメリカよりも国土面積が小さいフランスと判断する。フランスでは、パリ盆地周辺で小麦の栽培が大規模に行われている(e)。一方、Iはアメリカであり、西経100度線に沿ったプレーリー西部が小麦の産地となっている(f)。

問6　エが正しい。原油の消費量上位10カ国のうち、過半数であるアメリカ、中国、ロシア、ブラジル、カナダ、サウジアラビアの6カ国は、生産量上位10カ国にも含まれる。

ア. 世界の一次エネルギー供給量に占める石油の割合は、4541÷14519≒0.313で、3分の1を下回る。

イ. 原油の埋蔵量上位10カ国において西アジアに属するのは、サウジアラビア、イラン、イラク、クウェート、アラブ首長国連邦で、その割合は合計で17.2＋9.0＋8.4＋5.9＋5.6＝46.1で、50%を下回る。

ウ. 原油の産出量上位10カ国の割合の合計は15.4＋13.4＋12.4＋5.9＋4.9＋4.8＋3.9＋3.6＋3.5＋3.0＝70.8で、8割を下回る。

問7　エが正しい。Lは3カ国の中で最も再生可能エネルギーによる発電の割合が高いが、再生可能エネルギーには水力が含まれるため、水力発電の割合が高いブラジルがこれに該当する。Mは化石燃料、再生可能エネルギーともに割合が低いが、これは、どちらにも属さない原子力発電の割合が高いフランスが当てはまる。Nは、電力のほとんどを火力発電でまかなう日本が当てはまる。

問８　エチオピアは、多産による人口増加が続いているので、富士山型のアが当てはまる。インドは、出生率がエチオピアほど高くはないため、エチオピアよりも年少人口の割合が高くないつりがね型のイが当てはまる。残ったウとエはつぼ型に近いが、アメリカは移民を多く受け入れており、日本ほど少子化が進んでいないため、ウよりも年少人口の割合が高いエが当てはまる。残ったウは日本である。

問９　イが正しい。西アジア諸国には、原油の輸出により経済的に豊かな国が多く、それらの国に出稼ぎに向かうインド人も多い。彼らが西アジア諸国におけるヒンドゥー教徒の割合を高めていると考えられる。

ア．カトリックは、スペインやポルトガルが征服したメキシコ以南のアメリカ大陸やフィリピンなどで広まった。なお、フランスはカトリック教徒が多いが、イギリスはプロテスタントの信者が多い。

ウ．イスラム教は、交易などを通じて現在のインドネシア・マレーシアなどの東南アジアにも広まった。

エ．仏教のうち、中国を経由して日本を含む東アジアに伝わったのは大乗仏教であり、南アジアから東南アジアに伝わったのは上座部仏教である。

2　日本地理

問１

(1)　ウが誤っている。X 地点の標高は 200 m、ハリストス正教会の標高は約 50 m である。2 点の間には標高 250 m 程度の地点が存在するため、X 地点からハリストス正教会は見えない。

ア．25000 分の 1 の地形図では、1 cm で 25000 cm(250 m)をあらわすことなる。資料中のロープウェイは約 3.4 cm なので、実際の長さは約 850 m である。

イ．函館山には針葉樹林(Λ)と広葉樹林(Q)の地図記号が見られる。

エ．函館山付近はもともと孤立した島であったが、沖合からの波が島を超えて裏側でぶつかり勢いを打ち消しあうことで堆積が進み、陸とつながった。このような島を陸繋島(りくけいとう)とよぶ。

(2)　4 都県で最も住宅地平均価格が高いイは東京都、原料の多くを船で輸入している石油・石炭製品の出荷額が東京についで少ないアは内陸県である埼玉県、残ったウとエを比較して、住宅地平均価格が高いエを県内全域で比較的都心へのアクセスが良い神奈川県、残ったウを千葉県と判断する。

(3) 瀬戸内の気候に属し、年間を通じて降水量が少ない香川県に、南部の徳島県を流れる吉野川から讃岐山脈を抜けて水を引くのが香川用水である。

ア．宮崎平野を流れる。流域では温暖な気候を利用した促成栽培がさかん。

イ．高知県西部を流れる。本流にダムがないこともあり「日本最後の清流」ともよばれる。

ウ．熊本県阿蘇地域を源流とし、大分県を経て福岡県、佐賀県の県境をなし有明海に注ぐ。流域では稲作がさかんである。

(4) サンゴ(珊瑚)の白化はサンゴに付いている藻の光合成が上手くいかなくなることなどで引き起こされ、そのままにしておくとサンゴは死滅する。赤土が海中に流出し海中が濁ることで光合成が妨げられる。

問２ まず、表の「計」に着目して①②を比較する。人口増加やモータリゼーションを背景に運転免許保有者が増加していると考えれば、①を2020年末、②を1970年末と判断できる。次に③④を比較して②(1970年末)から①(2020年末)にかけて、高齢化社会の進行を背景に大幅な増加がみられる③を65歳以上、残った④を20～24歳と判断する。

問３ 2017年より一貫して人数が多いＥは在留外国人(労働者のほかにも永住者や留学生なども含む)の中でも最も高い割合を占める中国、近年Ｅを抜いたＨを技能実習制度や特定技能制度の導入により、労働者数が急増しているベトナムと判断する。韓国は平均賃金が日本と同水準であることなどから最も少ないＦとし、残ったＧをフィリピンと判断すればよい。

Ｅ－中国、Ｆ－韓国、Ｇ－フィリピン、Ｈ－ベトナム

問４ りんごの生産量の多いアを青森県がある東北地方と判断する。みかんの生産は日照時間が長く(降水量が少ない)、温暖な場所が適していることから、太平洋側、瀬戸内、九州の府県などが生産上位となる。したがって残ったイ～エの中でみかんの生産量が

少ないイ・ウを寒冷地や豪雪地帯が多い北海道(イ)、北陸地方(ウ)、残ったエを関東地方と判断すればよい。

問5　ＪとＬが誤っている文である。

Ｉ．愛知県(中部地方)の説明。東部には美濃三河高原が広がり全体的に標高が高い。古戦場である桶狭間は名古屋市から豊明市にかけて広がり、長篠は愛知県東部の新城(しんしろ)市付近である。

Ｊ．宮城県(東北地方)の説明。宮城県の西部には奥羽山脈が南北に連なり、北東部はリアス海岸の三陸海岸にあたるが、中尊寺金色堂や毛越寺は<u>岩手県</u>南部の平泉地域にある。

Ｋ．広島県(中国地方)の説明。県北の中国山地地域は特に過疎が進行している。南部には多くの島があり、因島(いんのしま)などを経由する瀬戸内しまなみ海道が広島県尾道(おのみち)市と愛媛県今治(いまばり)市との間に整備されている。

Ｌ．福岡県(九州地方)の説明。立地上、古くから海外との窓口となり、「漢委奴国王」の金印は博多湾沖合の志賀島で発掘され、蒙古襲来に備えて防塁が博多湾沿岸に整備された。干拓が進む有明海は、福岡県の<u>南西部</u>にある。

Ｍ．大阪府(近畿地方)の説明。大阪府の山地は奈良県、和歌山県境などに集中しており、平地面積(可住地面積)は約7割で、全国有数である。2025年には大阪湾の埋め立て地である夢洲(ゆめしま)で万国博覧会の開催が予定されている。

問6　ウが正しい。国土地理院は津波・洪水・火山災害などを伝えるモニュメントや石碑である自然災害伝承碑の認知度を上げることを目的に[記号]を地図記号として設定した。

ア．災害が起こった際には、自らの安全を確保する「自助」や国や地方公共団体による「公助」、<u>住民同士の「共助」</u>が求められている。

イ．四国に活火山はないが、沖合の南海トラフを震源とする巨大地震が予想されており、津波のリスクは高い地域である。

エ．阪神・淡路大震災(1995年)はプレート内部(野島断層)の歪みによって起こった断層型地震であり、プレートの境界の歪みによって起こる海溝型地震ではない。

3 歴史

問1　イが正しい。三内丸山遺跡は青森県に位置し、縄文時代を代表する遺跡である。北海道や長野県から運ばれてきた黒曜石や新潟県から運ばれてきた翡翠などが発見されており、縄文人が丸木舟などを利用して比較的広範囲で交易を行っていたことを証明している。なお、吉野ヶ里遺跡は佐賀県に位置する弥生時代を代表する遺跡であり、クニ同士の戦いが起こる中で軍事的な機能を持った環濠集落跡や矢が刺さった人骨などが発見されている。

問2　ウが正しい。

Ⅱ. 誤っている。光武帝は57年に朝貢した奴国王に「漢委奴国王（かんのわのなのこくおう）」の金印を授けた後漢の皇帝である。

問3　摂政とは天皇が幼少、病弱、女性の場合などに政務を補佐する官職である。聖徳太子が推古天皇の摂政となったのが始まりであるが、平安時代になると皇族以外で藤原氏が摂政、関白(天皇の成人後も補佐を行う官職)に就くようになり、11世紀には摂関政治の全盛を迎えることとなった。

問4　エが正しい。8世紀頃になると7世紀後半に朝鮮半島を統一した新羅と日本との関係が悪化し、朝鮮半島沿岸を航行する安全な北路から、東シナ海を進む危険が高い南路へと遣唐使の航路が変更された。なお、高麗は936年に朝鮮半島を統一した王朝である。

問5

(1)　ローマ教皇がイスラム勢力から聖地エルサレムの奪回を呼びかけ、11世紀末(1096年)から始まった十字軍遠征は、約200年間に渡って続いた。この間、イスラム世界などとの東方貿易が活発化したジェノバやベネチアといった北イタリアの都市が繁栄した。

(2)　アが誤っている。1453年にビザンツ帝国はオスマン帝国によって滅ぼされた。東ヨーロッパから北アフリカを支配する大国となったのはオスマン帝国である。

問6　資料は鎌倉時代から南北朝時代の足利氏の繁栄を書いた『梅松論(ばいしょうろん)』である。文中の「保元、平治、治承の内乱」から平安時代末期におこった保元の乱(1156年)・平治の乱(1159年)を想起できれば、この資料が平安時代より後のものであると推測できるため、平安時代の天皇であるア・イは解答から除外することができる。また、文中に、「武家の支配のもとに政治が勝手に行われてきたが、……天下一統の世になったことは目新しい」とあるので、武家の支配(鎌倉幕府)から政権を奪回し、天皇親政(建武の新政)を行った後醍醐天皇(エ)を正解と判断できる。なお、治承の内乱とは1180年の源頼朝による挙兵を、元弘3年とは1333年の鎌倉幕府滅亡の年を指している。

問7　イギリスではピューリタン革命(1642～1649年)、名誉革命(1688年)の後の1689年に国王の権利を制限し、議会の権利を定めた権利の章典が出された。

① 1689年のイギリスで出された権利の章典

② 1789年のフランスで出されたフランス人権宣言

③ 1776年のアメリカで出されたアメリカ独立宣言

問8　絵は葛飾北斎が描いた「富嶽三十六景」の1つで「神奈川沖浪裏(かながわおきなみうら)」である。浪の奥に富嶽(富士山)を配置して描かれている。

(1)　ウが正しい。化政文化期の浮世絵は19世紀末に西洋にも数多く伝わり、日本文化の影響は「ジャポニスム」として、ゴッホをはじめとする多くの西洋画家に影響を与えた。

ア．葛飾北斎は化政文化期の浮世絵師である。

イ．歌川広重は「東海道五十三次」の作者である。

エ．大和絵を錦絵とすれば正しくなる。大和絵は国風文化期に日本独自の画風で描かれるようになったもので、『源氏物語絵巻』などが有名である。

(2)　文中の宿場に神奈川県西部の小田原が出てくることから東海道(ア)と判断できる。

4　歴史

問1　1872年に学制が実施されており、エが解答となる。

ア．1873年　イ．1875年　ウ．1871年

問2　生糸は原料となる養蚕業が国内でさかんであったこともあり、近代化を進める日本の主な輸出品であり、外貨獲得の貴重な手段であった。1909年には生糸の輸出量は中国を抜き世界最大となった。

問3　アが誤っている。大逆事件で処刑された社会主義者は幸徳秋水である。内村鑑三は日露戦争の際にキリスト教的な立場から非戦論を唱えたことなどで知られる人物。

問4　資料は1911年に『青鞜』の発刊に際し、平塚らいてうによって書かれた文章である。平塚らいてうは女性運動を進めた思想家である。樋口一葉は明治時代の女性の小説家(代表作は『たけくらべ』)である。なお、1922年に部落差別の解消を目指した全国水平社の宣言は「人の世に熱あれ、人間に光あれ」で知られている。

問5　選択肢の年代は以下の通り。

日本(関東軍)は1928年に満州軍閥の長である張作霖を爆殺し満州進出の足がかりにしようとしたが失敗した(イ)。その後関東軍は1931年に奉天郊外の柳条湖で南満州鉄道を爆破し、これを中国の仕業として満州への進出を開始(満州事変)し(ウ)、翌1932年には満州国を建国させ(エ)、その実権を握った。1937年には満州から中国北部へ勢力を拡大しようとする日本と中国が北京で武力衝突した盧溝橋事件(ア)がおこり、日中戦争が開戦した。

問6　A～Dのいずれにも当てはまらないのは、イギリス(ウ)とスペイン(カ)である。

(A)　チェコスロバキア(エ)　　(B)　ソ連(イ)

(C)　ポーランド(オ)　　(D)　フランス(ア)

問7　アが誤っている。高度経済成長期に最大の貿易相手国であったアメリカとの間で貿易摩擦が生じた品目は繊維、鉄鋼、カラーテレビ等である。自動車・半導体における貿易摩擦が深刻になったのは1980年代になってからである。

問8　1989年のマルタ会談で米ソにより冷戦の終結が宣言された。その後、1991年以降に(1)ソ連や(2)ユーゴスラビアの解体が始まり、その構成国や旧社会主義国が国際連合に加盟したことで1995年までに国連加盟国が急増した。

問9 LRTはライトレールトランジット(Light Rail Transit)を省略したものである。高いコストをかけずに建設でき、鉄道ほどではないが多くの輸送量を確保できることから次世代の路面電車として注目されている。

5 政治

問1 エが誤っている。スナク首相はイギリスの首相であり、サミットに参加したドイツの首相はショルツ首相である。サミットに参加するG7の構成国は日本、アメリカ、イギリス、フランス、ドイツ、イタリア、カナダである。

問2 エ. 1963年にアメリカ・イギリス・ソ連の間で調印された。

ウ. 1968年、国際連合で採択されたが、インド、パキスタン、イスラエル、南スーダンが未参加、北朝鮮が脱退している。

ア. 1996年に国際連合で採択されたが、アメリカ、中国などの批准が進まず未発効となっている。

イ. 2017年に国際連合で採択され、2021年に発効されたが、核兵器保有国や日本や韓国など核の傘にある国は批准していない。

問3 ウが正しい。教育を受ける権利(第26条)は社会権に属する。

ア. 集会、結社及び表現の自由(第21条)は精神の自由に属する。

イ. 財産権(第29条)は経済活動の自由に属する。

エ. 裁判を受ける権利(第32条)は請求権に属する。

問4 広島県には原爆ドームのほかに厳島神社が世界遺産に登録されている。瀬戸内海を使って宋と貿易を行った平清盛が航海の安全を祈願して修築し、平家一門が経典を奉納したことでも知られる。

問5　あ.（D）　東ティモールはポルトガルの植民地であったが、第二次世界大戦後に隣国のインドネシアにより併合された。その後、独立を問う住民投票の結果この国は独立し、21世紀で最初の独立国となった。

い.（A）　カナダはかつてイギリスとフランスで領有を争った歴史があり、現在でもカナダの北東部のケベック州はフランス語を話す住民が多い。カナダは多文化主義を掲げ、少数派のフランス語も英語と同様に公用語としている。

（B）　民族や宗教の枠を超えて社会主義国としてまとまっていたユーゴスラビアは冷戦終結後に分裂した。

（C）　ユダヤ人が1948年にイスラエルを建国したことをきっかけに、ユダヤ人とパレスチナに住むアラブ人との対立が起こった。この対立は4度の中東戦争をまねき、1973年に起こった第4次中東戦争はオイルショックの引き金となった。

問6　国家が軍事力などを用いて自国の領域や国民を守る「国家による安全保障」では対処できない、貧困、飢餓、人権侵害、伝染病などの脅威に対して、人間ひとりひとりをこうした脅威から守る「人間の安全保障」という考え方が生まれた。

問7　効率とはお金、土地、労力などが無駄なく使われているかであり、公正とは対等な立場で話し合い(手続きの公正)、不当に不利益を受ける人をなくす(機会・結果の公正)ことである。したがって運動会の練習において、校庭と体育館を空けることなく活用している点において効率的であり、すべての組が同じように1回ずつ使用できている点において公正といえる。

6　経済

問1　社会保障4つの柱は、社会保険、公的扶助、社会福祉、公衆衛生である。空欄の直前に「年金」とあることから空欄には社会保険が当てはまる。日本の社会保険は年金・医療・労災・雇用・介護の5つで構成されている。

問2

⑴　課税所得金額が2000万円の時の所得税額は以下のように計算する。

①～195万円：195万円×0.05＝9万7500円

② 195万円～330万円：(330万円－195万円)×0.1＝13万5000円

③ 330万円～695万円：(695万円－330万円)×0.2＝73万円

④ 695万円～900万円：(900万円－695万円)×0.23＝47万1500円

⑤ 900万円～1800万円：(1800万円－900万円)×0.33＝297万円

⑥ 1800万円～2000万円：(2000万円－1800万円)×0.4＝80万円

①～⑥を合計すると520万4000円となる。

⑵　アが正しい。フランスは租税負担率と社会保障負担率の合計の国民負担率は世界でもトップクラスである。

イ．租税負担率が1番高いことからスウェーデンと判断する。

ウ．租税負担率と社会保障負担率の合計の国民負担率が低いことからアメリカと判断する。

エ．残ったものを日本と判断する。

⑶　ウが正しい。以下のように判断する。

歳入額＝歳出額なので、最も額が大きいアが一般会計歳出額となる。コロナ禍の影響を受けた2020年を除いては歳入の中で最も額が高いイが一般会計税収額、コロナの影響で2020年に発行高が急上昇したエを赤字国債発行高と判断する。したがって残ったウを建設国債発行高と選ぶことができる。

問3　アが誤っている。日本銀行は、約55％を国が、約45％を民間が出資している公私合同企業となっている。

問4　2019年に消費税率が10％に引き上げられたが、酒類、外食を除く食料品や定期購読契約がされた週2回以上発行される新聞には8％の軽減税率が適用されている。

問5　消費者庁や公正取引委員会、金融庁は内閣府の外局である。なお、国税庁は財務省の、資源エネルギー庁は経済産業省の外局である。

ことがわかる。よって、**世を救う気持ちは自分にもあるのに、外見が劣っていることを理由に供養されなくなったことを恨む気持ち。**などとまとめるとよい。

問4　アは二重傍線部A・Bの前後の内容と合致する。イは、「地蔵を美しく飾り立てた見返りとして、裕福な生活を手に入れた」が本文中から読み取れない。ウは、「元々あった古地蔵を捨ててしまった」が本文中から読み取れない。エは、「古地蔵の和歌を聞いた武士は、地蔵のもたらす利益について、考えを改めるようになった」から供養するようになったわけではない。オについて、本文最後の「同じく供養をのべける」は「ふる地蔵」と「今の本尊」を同じように供養することを表しているため、「裕福な武士と同様の供養を行うようになった」という内容は読み取れない。よって、正解は**ア**。

地蔵で顔つきも整っていないのを、花や香を差し上げて尊んでいた。一人は暮らし向きが良く裕福であったので、(地蔵を)たいへん立派に造立して、厨子なども美しく飾り立てて、尊び供養していた。この人が(貧しい親友に)先立って早く亡くなった時、貧しい親友に、「地蔵を信じている人なので」といって、本尊を譲った。(貧しい武士は)喜んで新しい本尊を尊び供養して、長年(供養してきた)古地蔵を、かたすみに置いて供養もしなかった。ある時、夢にこの地蔵が、恨んだ様子で

世を救う気持ちは私にもあるのに。仮の姿がたとえどんなふうであったとしても。

このようにお詠みになるのを見て、はっと目を覚まして慌てて(二体の地蔵を)一つの厨子に安置して、同じように供養をしたということだ。

問1　Aの「知音」とは、「心の底まで知り合った友、親友」のことを表す語である。よって、正解は**エ**「親友」。Bの「世間」は、一般的に「俗世、世の中」や「世の中の人」という意味を持つが、古文における「世間」には右の意味に加えて「暮らし向き、財産」という意味もある。今回は、二重傍線部の直後に「貧しかりければ」と金銭に関する表現が続くことから意味を考える。よって、正解は**イ**「暮らし向き」。

問2　波線部a中の「ながむ」には、「眺む」と書き、「(長い間)ぼんやりと見る。物思いにふける」という意味を表すものと、「詠む」と書き、「詩歌などをつくる。詠じる」という意味を表すものがあるが、今回は波線部の直前に和歌があることから後者の意味であることがわかる。さらに、この和歌が誰によって詠まれたものかを考えると、直前に「年ごろのふる地蔵をば」「ある時、夢にこの地蔵、もの恨みたる気色にて」とあり、「この地蔵(＝ふる地蔵)」が和歌の作者であることが把握できる。波線部bを一文でとらえると、bはaの部分で詠まれた「ふるき地蔵」の歌に対応したものであるということがわかる。よって、正解は**イ**。

問3(1)　直前の表現から、この和歌が「貧しき知音」の行動に対する「ふるき地蔵」の恨み言を詠んだものであることがわかるため、該当する行動を本文中から探していく。すると、傍線部の二文前に「年ごろのふる地蔵をば、かたはらにうち置きて供養もせざりけり。」とあり、ここが正解であるとわかる。よって、正解は**喜びて～けり。**となる。

(2)　和歌中の「仮の姿」が何を指すものかを明らかにしつつ、和歌の作者である「ふる地蔵」の心情を考えていく。「ふる地蔵」の外見は二重傍線部Bの後にあるように「相好も整ほらぬ(＝顔つきも整っていない)」ものである。また、上の句に「世をすくふ心は我もあるものを」とあることから、人々を救済しようとする心があるにもかかわらず、「貧しき知音」が立派な本尊を譲り受けた途端に、この地蔵を供養しなくなったことが「ふる地蔵」の「恨み」の原因である

言に着目する。「研究」とは「既にあるものを知ること」「理解すること」ではなく、「今はないものを知ること、理解すること」であり、「まだ世界で誰もやっていないことを考えて、世界初の結果を導く」ことが求められる。そして、そのためには傍線部の直後にあるように、「道は自分で見つけ、自分で作らなければならない」のである。よって、**研究とは世界初の結果を導く行為であり、一定以上のレベルになれば、そこに至るまでの手順や方法も自分で考えなければならないから。**などとまとめるとよい。

問6 「腑に落ちない」とは、「納得がいかない」気持ちを表す慣用表現である。また、その理由として、傍線部前後では「図鑑や百科事典をちょっと調べれば」見つかる情報をレポートにまとめ、「みんなに報告」することは「全部単なる受け売りに過ぎない」と述べられている。よって、正解は**イ**。

ア「自分で論文を書くようになって初めて」、エ「図書館にある本〜わけではない」、オ『自由研究』では自分で結論を導くことが求められた」は、いずれも本文中から読み取れず、不適切。ウは前述の内容と矛盾するため、不適切。

問7 傍線部の理由として、前後では「卒論で得られたささやかな発見よりも、次に見えてきた壁の方がずっと魅力のあるものだった」「また登ることができる。まだ登ることができる」という内容が挙げられている。また、空欄部X・Yの段落以降を見ると、卒論で得られた結論には満足していなかったものの、「やっている最中には、そんなことはどうでも良くて、ただ目の前にある壁を登りたい、という気持ちしかない」「これは明らかに、研究における『陶酔』というものだろう」と、目の前の研究に没頭する「僕」の姿が描かれている。よって、正解は**エ**。

ア「卒論発表会を無難に終え満足していた」は前述の内容にそぐわないため、不適切。イは前述の「壁」を「登る楽しさ」に該当する内容が欠けているため、不適切。ウ「継続して取り組むべきテーマに出会った」、オ「より多くの人の役に立つ研究に力を注ぎたい」はいずれも本文中から読み取れず、不適切。

問8 脱文中の「だから」「レポートと同じもの、少しだけ本格的なもの」という表現に注目して該当箇所を探していく。すると、傍線部③の段落に「調べる」ことが「研究」であると考えていた子供時代の「僕」の姿が描かれていて、次の段落以降でその認識を否定する喜嶋先生の考えが述べられているため、傍線部③の段落の最後に入れるのが適切であるとわかる。よって、正解は**しかなかった。**となる。

4 古文の読解

出典『沙石集』

【口語訳】

鎌倉に住む武士二人は、親友であったが、地蔵を信じて、ともに尊び供養していた。一人は暮らし向きが悪く貧しかったので、古い

が、論文という言葉自体は一般的なものであり、大学生である「僕」が論文の執筆に取りかかるより以前から当然知っていたことが予測される。よって、正解は**ア**「もちろん」。

D 前に「こうして出来上がった文章は、論文だろうか？」とあり、図書館の本から書き写されたレポートを「論文」と称して発表することに対する「僕」の不信感が読み取れる。同様に、空欄部の直後にも「研究だろうか？」とあるため、この部分にかかる言葉を選ぶようにする。よって、正解は**キ**「はたして」。

問2 空欄部の直前からは、卒論で得られた結論に満足することのできない「僕」の様子が読み取れる。また、最終段落にも「卒論で得られたささやかな発見」とあり、「僕」の結論が些細(ささい)なものであったことがわかるため、以上を踏まえて空欄部に入る漢字を考えていく。よって、正解はX**葉**、Y**節**。「枝葉末節(しようまっせつ)」で「物事の本質から外れた些細な部分」を表す。

問3 二重傍線部aの前後を確認すると「僕のテーマが一般的ではなく、他分野の先生たちには突っ込みにくかった」とあり、ここでの「一般」が「多くの人々に認められる」という意味で用いられていることがわかる。bの後には「普通の人」、dの直前には「世間における」とあり、aと同様に「世間的に広く認められている」内容を表すものであることが読み取れる。また、eについても、dの流れを汲(く)んだものであることが理解できれば同様の性質であることがわかる。よって、正解は**c**。cの「一般」は数学や物理の世界で、具体的な事例をあらゆる場面に成り立つように抽象化することを指している。

問4 「固有名詞」の働きについては二重傍線部b以降の二段落で詳しく説明されている。固有名詞が多く含まれている文章は、多くの人に「ものごとを『具体化』しているような印象」を与え、「データ量が多く有益なものだと認識されやすい」が、固有名詞がないと「抽象的な印象を持たれ、ぼんやりとしたものだと認識される」。一方、数学や物理の世界においては「誰がどこでしたことなのか、という具体的な事例は問題ではない」ため、固有名詞が滅多に登場しない。「喜嶋先生」は後者の立場で固有名詞の多い論文を批判しているのである。よって、正解は**オ**。

ア「両者を、バランスよくまとめる」、イ「自分の研究内容と直接的に関わりのあるものではない」、ウ「人々から簡単に忘れ去られてしまう」、エ「万人に理解されなくとも」は、いずれも本文中から読み取れず、不適切。

問5 傍線部中の「道」「目的地」に注目して、それぞれがどのような内容を指しているのかを読み取る。「道」については、傍線部の直前に「中村さんは、こんな話をせず、ただ親切にやり方を教えてくれた」とあり、(研究の)「やり方・進め方」であることが理解できる。また、「目的地」については、傍線部③の三段落後以降の「喜嶋先生」の発

に、独り言や頭の中の考えまでも現地の言語になっていく。それは傍線部⑥の段落の後半にあるように「自分の身体感覚や世界認識そのものが揺らぎ、不安定化していくような経験」である。そして、最終段落にあるように「変身の経験、別な世界に生きる『私』の生成であると同時に、その世界によって『私』が少しずつ知られ、のっとられていくような経験」に昇華する。情報を集めるためのさまざまな手段はあるが、フィールドにいるのといないのでは、その身体的な理解の深度は違う。そして筆者がガーナの村で体験したように、現地で自分にとっての当たり前を越えるものに触れると、自分自身や自文化を異文化との関係から考え直すことができるようになるのである。よって、**フィールドの言語を全身で学ぶ中で、自分の身体感覚や世界認識が変化していき、自文化を異文化との関係から考えられるようになるということ。**（66字）などとまとめるとよい。

3 小説文の読解

出典　森博嗣『喜嶋先生の静かな世界　——The Silent World of Dr. Kishima——』講談社

【本文の概要】

「僕」の指導教官である「喜嶋先生」は、固有名詞や引用文献の多い論文を「下品」であるとして嫌っている。一般的には固有名詞が多いほど、普通の人は安心する傾向にあるようだが、数学や物理の世界では具体的な事例やデータは問題にならないのである。真の「研究」とは、世界でまだ誰もやっていないことを考えて、世界初の結果を導く行為であり、既にあることを知ることや理解することは研究とは言えない。「僕」は卒論を通して得られたささやかな発見よりも、次に見えてきた「壁」の方に魅力を感じていたため、大学院を受験しておいて良かったと改めて実感しているのである。

問1　A　前を見ると「固有名詞が多く登場する文章が、データ量が多く有益なものだと認識されやすい。論文だってそうだ」とあり、固有名詞の有無が人々の認識に大きな影響を及ぼしていることが読み取れる。このことを踏まえて、「固有名詞が出てこない」場合、（人々から）「胡散臭い感じにとられてしまう」のは納得のいく展開であることを理解する。よって、正解は**イ**「いかにも」。

B　直前から主語が「研究の目的」であることを把握した上で、さらに同段落を読み進めると、「実際には、質問をすると、書かれていることをそのまま読まれてお終いになる」と続くことから、「研究の目的」はすべての論文に書かれているものであり、論文を読めば理解できるはずであるという「僕」の考えが読み取れる。そして、ここから空欄部に入るのは「あらゆる・すべての」といった表現であることがわかる。よって、正解は**カ**「いかなる」。

C　前後を見ると「論文という言葉は～以前から知っていた」となる。「僕」が実際に論文を書くのは卒業研究が初めてだった

ずるより産むが易し」は、あれこれ心配するより、思い切ってやった方が、よい結果を得られるという意味なので、それぞれ不適切。

問6　「肝を冷やす」という慣用句は、危険を感じたり、失敗に気づいたりして、ぞっとするという意味である。エの「慄然」は恐ろしさのため、ぞっとして震えおののく様子を意味するので、正解は**エ**。

アの「憤然」はひどく怒る様子。イの「愕然」は予想外の出来事でひどく驚く様子。ウの「泰然」は何事にも慌てないで、ゆったりと落ち着いている様子。オの「騒然」は事件などが起きて、人々が騒がしく落ち着かない様子という意味なので、それぞれ不適切。

問7　傍線部⑥の後に「異文化の言葉や概念が自文化の言葉や概念にスムーズに置き換えられることを前提とした言語の学習」とあるように、異文化理解には自文化と相対的に比較するというやり方もある。しかし、傍線部⑥の後に「ガーナの村で、『オボソン』と呼ばれる精霊について語りあうことは、外側からそうした『お話』の世界を観察することではなくて」とあるように、筆者はこのような異文化へのアプローチを否定している。フィールドにいるのといないのでは、その身体的な理解の深度は全く違う。まして、「オボソン」のような人間以外のものによって世界は支えられているという発想は、現代の英語文化圏や日本語文化圏では一般的に受け入れがたい。そのため母国語には簡単に翻訳できないのである。よって、正解は**エ**。

傍線部⑥の後に「精霊や呪術師が躍動している現実世界に全身で参入し、その世界を生きる」とあるが、フィールドに行かなければ身体感覚は得られない。ただし、情報を集めるさまざまな手段があり、そこから身体的な深度はないものの「理解」だけはできるので、アは不適切。目に見えないもの（超自然的存在、精霊）や力の存在（呪術など）を信じ、それらに対して恐れや感動を覚える文化はガーナだけではないので、イは不適切。フィールドに行くことで得られる身体感覚を通して理解したこと、感じ取ったことであれば母国語でも説明できるので、ウは不適切。フィールドで暮らすことで自分の中の身体感覚は変わっていくが、それは「人間以外の存在がわかる」能力ではないので、オは不適切。

問8　異言語を翻訳する作業は、その文化的背景までとらえる必要があるため難しい。形式的に処理するだけでは、有機的な言語を無機的なものに変えてしまう。空欄部Bの直前に「（人類学者が～）彼／彼女は一組の文と文を対応させる」とあるので、個性的でなく、型どおりであることを意味する「機械的」が入る。よって、正解は**ウ**。

アの「普遍的」はどんな物事にも例外なく共通しているという意味。イの「能動的」は自分から進んで他に働きかける積極性を持っているという意味。エの「感覚的」は理性ではなく感情に働きかけるという意味。オの「決定的」は物事の成り行きがはっきり決まっていて動かない様子という意味なので、それぞれ不適切。

問9　フィールドで、現地の言語を「全身でまねて／学んで」いくうち

アは「すべて・そろって」という意味。イとエは「にもかかわらず・だけれど」という逆接を表す。ウは「そのまま」という意味。

問3　フィールドでは、現地の人びとの声音や身ぶり、やりとりの作法を「まねる」ことで現地語を学んでいくため、それは人類学者の身体に深く染みこんで離れないものになる。空欄部Aの直前に「頭では日本にいるとわかっていても、身体はまだ」とあるので、外部からの刺激を五感でとらえる働きという意味のある言葉を選ぶようにする。よって、正解は**ア**「感覚」。

イの「才覚」は「知力の働き」、ウの「錯覚」は「思い違いをして、事実でないものを事実のように感じてしまうこと」、エの「自覚」は「自分で、自分の立場や自分がしなければならないことがわかっていること」、オの「幻覚」は「実際にはないものが見えたり聞こえたりすること」という意味なので、それぞれ不適切。

問4　傍線部③「英文和訳し、和文英訳し」とは「基本的に、頭で覚えて問題を解く」という学習方法であり、筆者の考えるような「からだ全体を使ってその言葉を『まねる・学ぶ』方法」とは対照的なものである。傍線部⑥の段落の後半に「英文和訳のように、異文化の言葉や概念が自文化の言葉や概念にスムーズに置き換えられることを前提とした言語の学習」とあり、異文化の言語や生活上の差異を自文化の概念から想定できる範囲内での理解に止めてしまうのが、受験英語の問題点であると述べている。よって、正解は**ウ**。

筆者は受験英語に対して批判的であるが、「異文化理解を軽視したまま」であることが、その理由ではないので、アは不適切。フィールドで現地の人びとと暮らすことで、自分の身体感覚や意識を変えていくことは、異文化理解のために必要なことであり、受験英語がそのまま「現地で十分に役に立つ」とは述べていないので、イは不適切。傍線部③の後に「最近でこそ、読み書きだけではなく『聴く・話す』能力も重要云々といわれている」とあるので、エは不適切。傍線部⑥の後に「異文化の言葉や概念が自文化の言葉や概念にスムーズに置き換えられることを前提とした言語の学習」とあるように、受験英語にも異文化を自文化と相対的に比較するという視点は存在するので、オは不適切。

問5　「机上の空論」ということわざがあるが、これは頭の中だけでの考えで、実際には役に立たない理屈という意味である。受験英語は現地での経験を伴わないという弱点があり、「ある言語を話している人たちと暮らし、必死にやりとりしながら、からだ全体を使ってその言葉を『まねる・学ぶ』方法とは対照的」なものである。よって、正解は**イ**。「畳の上の水練」とは、理論や方法を詳しく知っているだけで、実地の練習をしておらず、実際の役に立たないことのたとえ。

アの「砂上の楼閣」は、崩れやすいことや実現が不可能なことのたとえ。ウの「虎の威を借る狐」は、力の弱いものが、強い者の権力をかさに着て威張ることのたとえ。エの「取らぬ狸の皮算用」は、確かでないものに期待をかけて計画を立てることのたとえ。オの「案

解説

1 漢字

① **抑**（おさ）―える……相手を自由にさせないようにする。「押さえる」に注意。

② **侵**（おか）―す……よその国や他人の権利を損なう。同訓異字の「犯す」や「冒す」に注意。

③ **善後**（ぜんご）……「善後策」で、起こってしまった事件をうまく後始末するための方法という意味。同音異義語の「前後」に注意。

④ **一律**（いちりつ）……全て同じ調子で変わらないこと。

⑤ **優柔不断**（ゆうじゅうふだん）……意志が弱く、ぐずぐず迷っているさま。

⑥ **おかん**（悪寒）……熱が出たとき、寒気がして、気分が悪くなること。

⑦ **はんれい**（凡例）……辞書などの初めにある、編集方針や使い方を説明した部分。

⑧ **えとく**（会得）……物事の意味をよく理解して自分のものにすること。

⑨ **ぎょうそう**（形相）……激しい感情の表れた顔つき。

⑩ **ゆうぜい**（遊説）……政治家などが、各地を回って自分の考え方などについて説（と）くこと。

2 論説文の読解

出典　石井美保「あいづちと変身」・『わたしの外国語漂流記――未知なる言葉と格闘した25人の物語――』所収・河出書房新社

【本文の概要】

フィールド調査では、現地の人びとの声音や身ぶり、やりとりの作法を「まねる」ことで現地語を学んでいくため、それは人類学者の身体に深く染みこんで離れないものになる。また、フィールドで現地の人びとと暮らすことで、自分の身体感覚や意識も変わっていく。そして現地で生きる「私」に変身するのである。

問1　フィールドで学ぶことは、空欄部Aの前では「身体的な行為」、傍線部④の後では「からだ全体を使ってその言葉を『まねる・学ぶ』」ことであると説明している。そして次の文に、「とにかくやりとりする、という無謀で野蛮な後者の方法では、『私が理解すること』よりも『お互いが了解すること』、『頭でわかること』よりも『腑に落ちること』の方が重要になる」とあり、筆者はフィールドで学んだことを自分のものにするために、現地の人びとと「とにかくやりとりする」というやり方をしていた。設問条件により、正解は**とにかくやりとりする**（10字）。

問2　傍線部②「ながら」は、「暮らす」と「言葉を学ぶ」という二つの動作が同時に進行する文脈で用いられている。よって、正解は**オ**。

国語　第4回　解答

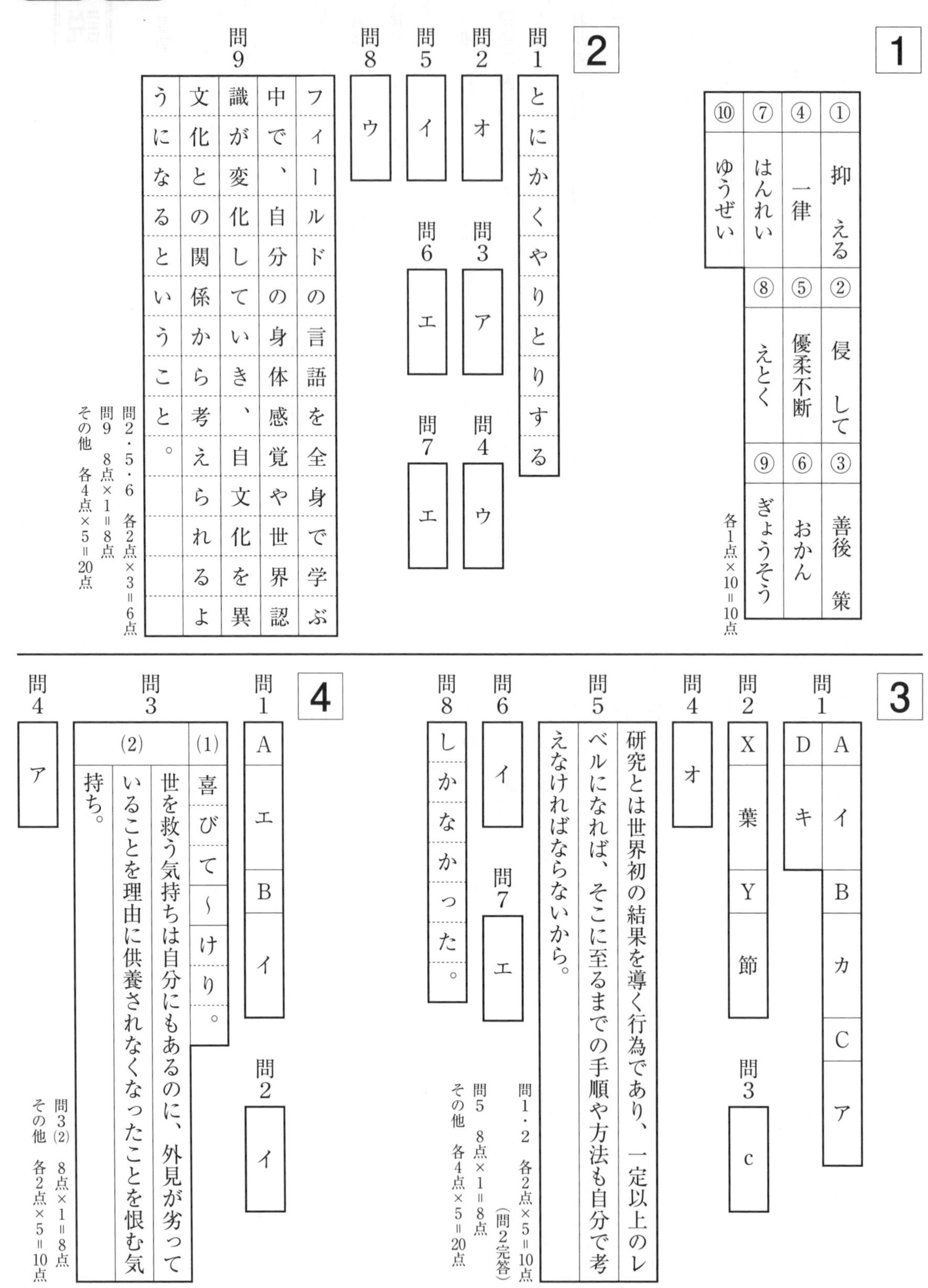

1

①	②	③
抑える	侵して	善後策
④	⑤	⑥
一律	優柔不断	おかん
⑦	⑧	⑨
はんれい	えとく	ぎょうそう
⑩		
ゆうぜい		

各1点×10＝10点

2

問1　とにかくやりとりする

問2　オ

問3　ア

問4　ウ

問5　イ

問6　エ

問7　エ

問8　ウ

問9　フィールドの言語を全身で学ぶ中で、自分の身体感覚や世界認識が変化していき、自文化を異文化との関係から考えられるようになるということ。

問2・5・6　各2点×3＝6点
問9　8点×1＝8点
その他　各4点×5＝20点

3

問1　A　イ　B　カ　C　ア　D　キ

問2　X　葉　Y　節

問3　c

問4　オ

問5　研究とは世界初の結果を導く行為であり、一定以上のレベルになれば、そこに至るまでの手順や方法も自分で考えなければならないから。

問6　イ

問7　エ

問8　しかなかった。

問1・2　各2点×5＝10点（問2完答）
問5　8点×1＝8点
その他　各4点×5＝20点

4

問1　A　エ　B　イ

問2　イ

問3　(1)　喜びて～けり。
(2)　世を救う気持ちは自分にもあるのに、外見が劣っていることを理由に供養されなくなったことを恨む気持ち。

問4　ア

問3(2)　8点×1＝8点
その他　各2点×5＝10点

Memo

〈第１回〉 問題別正答率表

英語 設問No.		配点	正答率
1-No.1	リスニング	2	65.4
No.2	リスニング	2	36.1
No.3	リスニング	2	84.1
No.4	リスニング	2	77.0
No.5	リスニング	2	27.5
2-(1)	同意文完成	1	78.5
	同意文完成	1	88.7
(2)	同意文完成	1	30.2
	同意文完成	1	39.5
(3)	同意文完成	1	82.5
	同意文完成	1	67.0
(4)	同意文完成	1	83.5
	同意文完成	1	74.0
(5)	同意文完成	1	50.1
	同意文完成	1	56.6
(6)	同意文完成	1	5.1
	同意文完成	1	38.8
3-(1)	適語句選択	2	41.2
(2)	適語句選択	2	81.9
(3)	適語句選択	2	63.2
(4)	適語句選択	2	35.8
(5)	適語句選択	2	62.1
(6)	適語句選択	2	37.9
4-(1)(A)(B)	整序英作文	2	75.6
不要語	整序英作文	1	74.7
(2)(A)(B)	整序英作文	2	67.3
不要語	整序英作文	1	79.3
(3)(A)(B)	整序英作文	2	44.7
不要語	整序英作文	1	62.4
(4)(A)(B)	整序英作文	2	62.3
不要語	整序英作文	1	77.3
5-問1(A)	適語選択	2	62.6
(B)	適語選択	2	39.8
(C)	適語選択	2	38.8
(D)	適語選択	2	81.9
(E)	適語選択	2	20.5
問2	英文和訳	3	32.1
問3①(1)	適語補充	2	71.0
(4)	適語補充	2	44.3
②(2)	適語句選択	1	85.7
(3)	適語句選択	1	91.5
(5)	適語句選択	1	91.2
(7)	適語句選択	1	87.7
(8)	適語句選択	1	81.1
③(6)	適語補充	2	7.2
6-問1	適文選択	2	39.8
問2(い)	適語補充	2	34.8
(く)	適語補充	2	28.0
問3	適語句選択	2	73.6
問4	内容把握	2	62.4
問5	整序英作文	2	3.6
問6	和文英訳	3	12.8
問7ア	内容一致	3	53.3
イ	内容一致	3	31.1
ウ	内容一致	3	55.1
エ	内容一致	3	72.4
オ	内容一致	3	61.5

数学 設問No.		配点	正答率
1-(1)	文字式の計算	5	87.8
(2)	連立方程式	5	92.6
(3)	数式の展開	5	78.9
(4)	因数分解	5	69.2
(5)	データの活用	5	52.3
2-(1)	場合の数	5	64.6
(2)	文章題	5	29.1
(3)	作図	5	46.4
3-(1)ア	平面図形(証明)	2	98.5
イ	平面図形(証明)	2	95.4
ウ	平面図形(証明)	2	89.2
エ	平面図形(証明)	2	97.9
オ	平面図形(証明)	2	78.5
(2)	平面図形(角度)	5	71.0
(3)	平面図形(面積)	6	21.3
4-(1)	一次関数	5	85.7
(2)①	一次関数	6	57.8
②	一次関数	7	2.5
5-(1)	空間図形(面積)	5	89.0
(2)①	空間図形(線分の長さ)	5	23.6
②	空間図形(体積)	5	4.0
(3)	空間図形(線分の長さ)	6	0.4

国語 設問No.		配点	正答率
1-①	漢字	1	62.1
②	漢字	1	89.9
③	漢字	1	51.0
④	漢字	1	54.1
⑤	漢字	1	77.4
⑥	漢字	1	91.4
⑦	漢字	1	99.3
⑧	漢字	1	98.2
⑨	漢字	1	58.8
⑩	漢字	1	80.5
2-問1	国語の知識	4	83.8
問2	文章内容の理解	4	53.3
問3	文章内容の理解	4	91.5
問4	文章内容の理解	4	45.3
問5	文章内容の理解	4	30.5
問6	文章内容の理解	4	84.4
問7	文章内容の理解	8	51.7
問8	文章内容の理解	4	63.3
3-問1	文章内容の理解	3	83.5
問2a	口語文法	2	70.0
b	口語文法	2	61.2
問3	心情の把握	3	40.0
問4	心情の把握	4	31.2
問5	心情の把握	4	54.5
問6(1)	文章内容の把握	4	39.5
(2)	心情の把握	4	7.8
問7	心情の把握	9	38.2
4-問1A	古典の知識	2	60.3
B	古典の知識	2	78.6
問2	古典文法	2	63.4
問3	古典の知識	2	38.9
問4	古典の知識	2	91.2
問5	文章内容の理解	5	19.3
問6	文章内容の理解	4	72.2

理科 設問No.		配点	正答率
1-(1)①	知識	□ 1	55.7
②	分析・考察	□ 1	62.9
(2)	知識	□ 2	58.5
(3)①	知識	□ 1	84.5
②	知識	□ 1	86.5
③	知識	□ 1	92.6
(4)①	知識	□ 1	81.2
②A	知識	□ 1	58.0
B	知識	□ 1	62.4
(5)①	知識	□ 1	78.9
②	知識	□ 1	72.6
③	知識	□ 1	65.0
(6)	知識	□ 3	66.8
2-(1)	しくみの理解	□ 2	88.6
(2)①	しくみの理解	□ 2	63.8
②	しくみの理解	□ 2	65.4
(3)	しくみの理解	□ 2	70.5
(4)①②	しくみの理解	□ 1	71.7
③④	しくみの理解	□ 1	72.4
⑤	しくみの理解	□ 1	63.1
(5)	しくみの理解	□ 2	78.9
(6)①	しくみの理解	□ 1	34.3
②	しくみの理解	□ 2	47.3
3-(1)名称	知識	□ 3	57.8
記号	知識〔発展〕	□ 3	85.8
(2)	分析・考察	□ 3	60.8
(3)	知識	□ 3	51.5
(4)	知識	□ 3	97.7
(5)	分析・考察	□ 2	49.9
4-(1)	知識	□ 2	64.7
(2)	しくみの理解	□ 3	56.6
(3)	分析・考察	□ 3	42.0
(4)名称	知識	□ 2	77.5
記号	知識	□ 3	70.5
(5)	知識〔発展〕	□ 2	37.8
(6)	分析・考察	□ 2	51.0
5-(1)	知識	□ 2	45.9
(2)	記述	□ 3	80.2
(3)	知識	□ 2	56.4
(4)	知識	□ 2	26.5
(5)①	しくみの理解	□ 2	79.6
②	しくみの理解	□ 2	61.3
(6)	記述	□ 4	30.4
6-(1)	しくみの理解	□ 2	84.7
(2)	しくみの理解	□ 3	46.6
(3)	分析・考察	□ 3	54.7
(4)	分析・考察	□ 4	39.4
(5)	分析・考察	□ 3	14.8
(6)	知識	□ 2	42.9

社会 設問No.		配点	正答率
1-問1(1)	緯線・経線	□ 2	55.5
(2)	時差の計算	□ 2	63.1
(3)	世界の気候	□ 2	43.2
問2	稲作	□ 2	64.0
問3	東南アジア	□ 2	41.8
問4	南アジアの宗教	□ 2	65.7
問5	西アジアの鉱工業	□ 2	61.7
問6	アフリカの貿易	□ 2	51.0
問7(1)	ＥＵ	□ 2	73.3
(2)	世界の湖沼	□ 2	48.0
問8	北アメリカの農牧業	□ 2	72.9
問9	南アメリカ	□ 2	45.2
問10	経済協力	□ 2	43.4
2-問1	日本の気候	□ 2	81.0
問2	産業別就業者割合	□ 2	61.3
問3ｷｬﾍﾞﾂ	日本の農業	□ 2	78.7
Fの県	日本の農業	□ 2	62.2
問4	岡山県	□ 2	59.2
問5記号	九州地方の島	□ 2	44.8
名称	九州地方の島	□ 2	46.9
問6	九州地方の貿易	□ 2	48.5
問7	中部・関東地方の工業	□ 2	65.4
問8	緯度・経度	□ 2	63.8
問9	公害	□ 2	72.4
問10	中部・関東地方の農業	□ 2	81.0
3-問1(1)	弥生時代	□ 2	51.7
(2)	魏	□ 2	56.4
問2(1)	聖徳太子の政治	□ 2	73.1
(2)	古代の世界	□ 2	45.7
問3(1)	奈良時代の農民	□ 2	76.1
(2)	奈良時代の書物	□ 2	54.5
問4(1)	平安時代の書物	□ 2	17.9
(2)	平安時代の貴族	□ 2	82.4
問5(1)	源頼朝	□ 2	52.9
(2)	鎌倉時代の仏教	□ 2	61.7
問6(1)	室町幕府の経済	□ 2	79.6
(2)	室町幕府の百姓	□ 2	77.0
問7	織田信長	□ 2	58.7
4-問1(1)	江戸時代の貿易	□ 2	84.7
(2)	江戸時代の貿易	□ 2	49.0
(3)	江戸時代の貿易	□ 2	46.9
(4)	市民革命	□ 2	68.9
問2	幕末・明治時代の貿易	□ 2	49.2
問3(1)	明治時代の国家歳出	□ 2	50.8
(2)	近代の東アジア	□ 2	52.7
(3)	明治時代の文化・産業	□ 2	56.6
問4	明治維新	□ 2	70.5
問5	近代の北海道・沖縄	□ 2	57.3
問6	岩倉使節団	□ 2	28.5
問7	大日本帝国憲法	□ 2	58.7

〈自己採点集計表〉

科目	得点	平均点
英語	／100	53.2 ／100
数学	／100	53.9 ／100
国語	／100	55.4 ／100
3科目合計	／300	162.5 ／300
理科	／100	59.8 ／100
社会	／100	59.1 ／100
5科目合計	／500	287.6 ／500

〈第１回〉　総合成績偏差値換算表

5科目総合									
得点	偏差値	得点	偏差値	得点	偏差値	得点	偏差値	得点	偏差値
500	84.8	430	73.3	360	61.8	290	50.3	220	38.9
499	84.6	429	73.1	359	61.7	289	50.2	219	38.7
498	84.4	428	73.0	358	61.5	288	50.0	218	38.5
497	84.3	427	72.8	357	61.3	287	49.9	217	38.4
496	84.1	426	72.6	356	61.2	286	49.7	216	38.2
495	83.9	425	72.5	355	61.0	285	49.5	215	38.0
494	83.8	424	72.3	354	60.8	284	49.4	214	37.9
493	83.6	423	72.1	353	60.7	283	49.2	213	37.7
492	83.5	422	72.0	352	60.5	282	49.0	212	37.6
491	83.3	421	71.8	351	60.3	281	48.9	211	37.4
490	83.1	420	71.6	350	60.2	280	48.7	210	37.2
489	83.0	419	71.5	349	60.0	279	48.5	209	37.1
488	82.8	418	71.3	348	59.8	278	48.4	208	36.9
487	82.6	417	71.2	347	59.7	277	48.2	207	36.7
486	82.5	416	71.0	346	59.5	276	48.0	206	36.6
485	82.3	415	70.8	345	59.4	275	47.9	205	36.4
484	82.1	414	70.7	344	59.2	274	47.7	204	36.2
483	82.0	413	70.5	343	59.0	273	47.6	203	36.1
482	81.8	412	70.3	342	58.9	272	47.4	202	35.9
481	81.6	411	70.2	341	58.7	271	47.2	201	35.8
480	81.5	410	70.0	340	58.5	270	47.1	200	35.6
479	81.3	409	69.8	339	58.4	269	46.9	199	35.4
478	81.2	408	69.7	338	58.2	268	46.7	198	35.3
477	81.0	407	69.5	337	58.0	267	46.6	197	35.1
476	80.8	406	69.4	336	57.9	266	46.4	196	34.9
475	80.7	405	69.2	335	57.7	265	46.2	195	34.8
474	80.5	404	69.0	334	57.6	264	46.1	194	34.6
473	80.3	403	68.9	333	57.4	263	45.9	193	34.4
472	80.2	402	68.7	332	57.2	262	45.8	192	34.3
471	80.0	401	68.5	331	57.1	261	45.6	191	34.1
470	79.8	400	68.4	330	56.9	260	45.4	190	34.0
469	79.7	399	68.2	329	56.7	259	45.3	189	33.8
468	79.5	398	68.0	328	56.6	258	45.1	188	33.6
467	79.4	397	67.9	327	56.4	257	44.9	187	33.5
466	79.2	396	67.7	326	56.2	256	44.8	186	33.3
465	79.0	395	67.6	325	56.1	255	44.6	185	33.1
464	78.9	394	67.4	324	55.9	254	44.4	184	33.0
463	78.7	393	67.2	323	55.8	253	44.3	183	32.8
462	78.5	392	67.1	322	55.6	252	44.1	182	32.6
461	78.4	391	66.9	321	55.4	251	43.9	181	32.5
460	78.2	390	66.7	320	55.3	250	43.8	180	32.3
459	78.0	389	66.6	319	55.1	249	43.6	179	32.1
458	77.9	388	66.4	318	54.9	248	43.5	178	32.0
457	77.7	387	66.2	317	54.8	247	43.3	177	31.8
456	77.6	386	66.1	316	54.6	246	43.1	176	31.7
455	77.4	385	65.9	315	54.4	245	43.0	175	31.5
454	77.2	384	65.7	314	54.3	244	42.8	174	31.3
453	77.1	383	65.6	313	54.1	243	42.6	173	31.2
452	76.9	382	65.4	312	53.9	242	42.5	172	31.0
451	76.7	381	65.3	311	53.8	241	42.3	171	30.8
450	76.6	380	65.1	310	53.6	240	42.1	170	30.7
449	76.4	379	64.9	309	53.5	239	42.0	169	30.5
448	76.2	378	64.8	308	53.3	238	41.8	168	30.3
447	76.1	377	64.6	307	53.1	237	41.7	167	30.2
446	75.9	376	64.4	306	53.0	236	41.5	166	30.0
445	75.7	375	64.3	305	52.8	235	41.3	165	29.9
444	75.6	374	64.1	304	52.6	234	41.2	164	29.7
443	75.4	373	63.9	303	52.5	233	41.0	163	29.5
442	75.3	372	63.8	302	52.3	232	40.8	162	29.4
441	75.1	371	63.6	301	52.1	231	40.7	161	29.2
440	74.9	370	63.5	300	52.0	230	40.5	160	29.0
439	74.8	369	63.3	299	51.8	229	40.3	159	28.9
438	74.6	368	63.1	298	51.7	228	40.2	158	28.7
437	74.4	367	63.0	297	51.5	227	40.0	157	28.5
436	74.3	366	62.8	296	51.3	226	39.9	156	28.4
435	74.1	365	62.6	295	51.2	225	39.7	155	28.2
434	73.9	364	62.5	294	51.0	224	39.5	154	28.1
433	73.8	363	62.3	293	50.8	223	39.4	153	27.9
432	73.6	362	62.1	292	50.7	222	39.2	152	27.7
431	73.5	361	62.0	291	50.5	221	39.0	151	27.6

3科目総合					
得点	偏差値	得点	偏差値	得点	偏差値
300	89.2	230	69.2	160	49.2
299	88.9	229	68.9	159	48.9
298	88.6	228	68.6	158	48.7
297	88.3	227	68.4	157	48.4
296	88.0	226	68.1	156	48.1
295	87.8	225	67.8	155	47.8
294	87.5	224	67.5	154	47.5
293	87.2	223	67.2	153	47.2
292	86.9	222	66.9	152	47.0
291	86.6	221	66.6	151	46.7
290	86.3	220	66.4	150	46.4
289	86.0	219	66.1	149	46.1
288	85.8	218	65.8	148	45.8
287	85.5	217	65.5	147	45.5
286	85.2	216	65.2	146	45.2
285	84.9	215	64.9	145	45.0
284	84.6	214	64.6	144	44.7
283	84.3	213	64.4	143	44.4
282	84.1	212	64.1	142	44.1
281	83.8	211	63.8	141	43.8
280	83.5	210	63.5	140	43.5
279	83.2	209	63.2	139	43.2
278	82.9	208	62.9	138	43.0
277	82.6	207	62.6	137	42.7
276	82.3	206	62.4	136	42.4
275	82.1	205	62.1	135	42.1
274	81.8	204	61.8	134	41.8
273	81.5	203	61.5	133	41.5
272	81.2	202	61.2	132	41.2
271	80.9	201	60.9	131	41.0
270	80.6	200	60.6	130	40.7
269	80.3	199	60.4	129	40.4
268	80.1	198	60.1	128	40.1
267	79.8	197	59.8	127	39.8
266	79.5	196	59.5	126	39.5
265	79.2	195	59.2	125	39.2
264	78.9	194	58.9	124	39.0
263	78.6	193	58.7	123	38.7
262	78.3	192	58.4	122	38.4
261	78.1	191	58.1	121	38.1
260	77.8	190	57.8	120	37.8
259	77.5	189	57.5	119	37.5
258	77.2	188	57.2	118	37.2
257	76.9	187	56.9	117	37.0
256	76.6	186	56.7	116	36.7
255	76.3	185	56.4	115	36.4
254	76.1	184	56.1	114	36.1
253	75.8	183	55.8	113	35.8
252	75.5	182	55.5	112	35.5
251	75.2	181	55.2	111	35.2
250	74.9	180	54.9	110	35.0
249	74.6	179	54.7	109	34.7
248	74.3	178	54.4	108	34.4
247	74.1	177	54.1	107	34.1
246	73.8	176	53.8	106	33.8
245	73.5	175	53.5	105	33.5
244	73.2	174	53.2	104	33.3
243	72.9	173	52.9	103	33.0
242	72.6	172	52.7	102	32.7
241	72.4	171	52.4	101	32.4
240	72.1	170	52.1	100	32.1
239	71.8	169	51.8	99	31.8
238	71.5	168	51.5	98	31.5
237	71.2	167	51.2	97	31.3
236	70.9	166	50.9	96	31.0
235	70.6	165	50.7	95	30.7
234	70.4	164	50.4	94	30.4
233	70.1	163	50.1	93	30.1
232	69.8	162	49.8	92	29.8
231	69.5	161	49.5	91	29.5

〈第 1 回〉 科目別偏差値換算表

得点	偏差値				
	英語	数学	国語	理科	社会
100	76.2	86.6	82.5	73.7	73.1
99	75.7	85.8	81.7	73.1	72.5
98	75.1	85.0	81.0	72.5	72.0
97	74.6	84.2	80.3	71.9	71.4
96	74.0	83.4	79.6	71.3	70.8
95	73.4	82.7	78.8	70.7	70.3
94	72.9	81.9	78.1	70.1	69.7
93	72.3	81.1	77.4	69.6	69.1
92	71.7	80.3	76.6	69.0	68.6
91	71.2	79.5	75.9	68.4	68.0
90	70.6	78.7	75.2	67.8	67.4
89	70.1	77.9	74.4	67.2	66.9
88	69.5	77.1	73.7	66.6	66.3
87	68.9	76.3	73.0	66.0	65.7
86	68.4	75.5	72.3	65.4	65.2
85	67.8	74.7	71.5	64.8	64.6
84	67.2	73.9	70.8	64.2	64.0
83	66.7	73.1	70.1	63.6	63.5
82	66.1	72.3	69.3	63.1	62.9
81	65.6	71.5	68.6	62.5	62.3
80	65.0	70.7	67.9	61.9	61.8
79	64.4	69.9	67.1	61.3	61.2
78	63.9	69.1	66.4	60.7	60.6
77	63.3	68.3	65.7	60.1	60.1
76	62.8	67.5	65.0	59.5	59.5
75	62.2	66.8	64.2	58.9	58.9
74	61.6	66.0	63.5	58.3	58.4
73	61.1	65.2	62.8	57.7	57.8
72	60.5	64.4	62.0	57.2	57.2
71	59.9	63.6	61.3	56.6	56.7
70	59.4	62.8	60.6	56.0	56.1
69	58.8	62.0	59.8	55.4	55.5
68	58.3	61.2	59.1	54.8	55.0
67	57.7	60.4	58.4	54.2	54.4
66	57.1	59.6	57.7	53.6	53.9
65	56.6	58.8	56.9	53.0	53.3
64	56.0	58.0	56.2	52.4	52.7
63	55.5	57.2	55.5	51.8	52.2
62	54.9	56.4	54.7	51.2	51.6
61	54.3	55.6	54.0	50.7	51.0
60	53.8	54.8	53.3	50.1	50.5
59	53.2	54.0	52.5	49.5	49.9
58	52.6	53.2	51.8	48.9	49.3
57	52.1	52.4	51.1	48.3	48.8
56	51.5	51.7	50.4	47.7	48.2
55	51.0	50.9	49.6	47.1	47.6
54	50.4	50.1	48.9	46.5	47.1
53	49.8	49.3	48.2	45.9	46.5
52	49.3	48.5	47.4	45.3	45.9
51	48.7	47.7	46.7	44.7	45.4
50	48.1	46.9	46.0	44.2	44.8
49	47.6	46.1	45.2	43.6	44.2
48	47.0	45.3	44.5	43.0	43.7
47	46.5	44.5	43.8	42.4	43.1
46	45.9	43.7	43.1	41.8	42.5
45	45.3	42.9	42.3	41.2	42.0
44	44.8	42.1	41.6	40.6	41.4
43	44.2	41.3	40.9	40.0	40.8
42	43.7	40.5	40.1	39.4	40.3
41	43.1	39.7	39.4	38.8	39.7
40	42.5	38.9	38.7	38.2	39.1
39	42.0	38.1	38.0	37.7	38.6
38	41.4	37.3	37.2	37.1	38.0
37	40.8	36.5	36.5	36.5	37.5
36	40.3	35.8	35.8	35.9	36.9
35	39.7	35.0	35.0	35.3	36.3
34	39.2	34.2	34.3	34.7	35.8
33	38.6	33.4	33.6	34.1	35.2
32	38.0	32.6	32.8	33.5	34.6
31	37.5	31.8	32.1	32.9	34.1
30	36.9	31.0	31.4	32.3	33.5
29	36.3	30.2	30.7	31.8	32.9
28	35.8	29.4	29.9	31.2	32.4
27	35.2	28.6	29.2	30.6	31.8
26	34.7	27.8	28.5	30.0	31.2
25	34.1	27.0	27.7	29.4	30.7
24	33.5	26.2	27.0	28.8	30.1
23	33.0	25.4	26.3	28.2	29.5
22	32.4	24.6	25.5	27.6	29.0
21	31.9	23.8	24.8	27.0	28.4
20	31.3	23.0	24.1	26.4	27.8
19	30.7	22.2	23.4	25.8	27.3
18	30.2	21.4	22.6	25.3	26.7
17	29.6	20.6	21.9	24.7	26.1
16	29.0	19.9	21.2	24.1	25.6
15	28.5	19.1	20.4	23.5	25.0
14	27.9	18.3	19.7	22.9	24.4
13	27.4	17.5	19.0	22.3	23.9
12	26.8	16.7	18.2	21.7	23.3
11	26.2	15.9	17.5	21.1	22.7
10	25.7	15.1	16.8	20.5	22.2
9	25.1	14.3	16.1	19.9	21.6
8	24.6	13.5	15.3	19.3	21.0
7	24.0	12.7	14.6	18.8	20.5
6	23.4	11.9	13.9	18.2	19.9
5	22.9	11.1	13.1	17.6	19.4
4	22.3	10.3	12.4	17.0	18.8
3	21.7	9.5	11.7	16.4	18.2
2	21.2	8.7	10.9	15.8	17.7
1	20.6	7.9	10.2	15.2	17.1
0	20.1	7.1	9.5	14.6	16.5

〈第２回〉 問題別正答率表

英語

設問No.			配点	正答率
1-PartA(1)	リスニング	□	2	74.9
(2)	リスニング	□	2	92.6
(3)	リスニング	□	2	86.4
PartB①	リスニング	□	2	84.9
②	リスニング	□	2	9.4
③	リスニング	□	2	92.0
④	リスニング	□	2	61.5
⑤	リスニング	□	2	14.8
2-(1)	適語句選択	□	2	93.6
(2)	適語句選択	□	2	80.3
(3)	適語句選択	□	2	53.4
(4)	適語句選択	□	2	64.0
(5)	適語句選択	□	2	65.8
3-(1)	適語補充	□	1	71.1
	適語補充	□	1	46.8
(2)	適語補充	□	1	70.4
	適語補充	□	1	84.9
(3)	適語補充	□	1	82.8
	適語補充	□	1	19.0
(4)	適語補充	□	1	62.7
	適語補充	□	1	56.2
(5)	適語補充	□	1	33.0
	適語補充	□	1	49.1
4-(1)	正誤	□	2	66.7
(2)	正誤	□	2	61.9
(3)	正誤	□	2	33.5
(4)	正誤	□	2	14.0
(5)	正誤	□	2	9.5
5-(1)	内容把握	□	3	77.3
(2)	内容把握選択	□	3	96.1
(3)	内容把握	□	3	22.7
(4)	内容把握選択	□	3	60.1
6-問1	アクセント	□	2	51.1
問2(A)	適語選択補充	□	2	95.1
(B)	適語選択補充	□	2	60.0
(C)	適語選択補充	□	2	67.2
(D)	適語選択補充	□	2	75.0
問3	内容把握選択	□	3	65.8
問4	文整序	□	3	65.2
問5	内容一致	□	6	60.6
7-問1	和文記述	□	3	37.3
問2	整序英作文	□	3	35.0
問3	英文和訳	□	3	28.7
問4	適語選択	□	3	47.8
問5①	内容把握選択	□	2	47.1
②	内容把握選択	□	2	41.9
③	内容把握選択	□	2	35.6
④	内容把握選択	□	2	39.4

数学

設問No.			配点	正答率
1-(1)	文字式の計算	□	5	75.4
(2)	因数分解	□	5	78.4
(3)	平方根の計算	□	5	85.9
(4)	二次方程式	□	5	64.9
(5)	確率	□	5	53.5
2-(1)	作図	□	5	59.4
(2)	文章題(速さ)	□	5	49.4
(3)	空間図形(回転体)	□	5	37.6
3-(1)	角度	□	5	71.9
(2)①BP	線分の長さ	□	2	90.6
∠BPC	角度	□	2	84.6
②	面積比	□	4	41.9
(3)①	面積比	□	5	36.9
②	線分の長さ	□	5	16.1
4-(1)①	一次関数	□	5	92.8
②	一次関数(面積)	□	5	61.5
(2)①	一次関数(直線の式)	□	5	30.4
②	一次関数	□	7	6.6
5-(1)	場合の数	□	5	39.1
(2)	場合の数	□	5	50.4
(3)	場合の数	□	5	22.2

国語

設問No.			配点	正答率
1-①	漢字	□	1	78.5
②	漢字	□	1	86.4
③	漢字	□	1	83.1
④	漢字	□	1	60.1
⑤	漢字	□	1	61.2
⑥	漢字	□	1	75.0
⑦	漢字	□	1	71.1
⑧	漢字	□	1	23.3
⑨	漢字	□	1	81.1
⑩	漢字	□	1	82.4
2-問1A	文章構成の理解	□	2	93.6
B	文章構成の理解	□	2	80.0
C	文章構成の理解	□	2	80.5
D	文章構成の理解	□	2	46.6
問2a	口語文法	□	2	70.6
b	口語文法	□	2	52.2
問3	文章内容の理解	□	4	81.6
問4	文章内容の理解	□	8	32.3
問5	文章内容の理解	□	4	66.0
問6	文章内容の理解	□	4	28.6
問7	文章内容の理解	□	4	55.0
3-問1	文章内容の理解	□	4	62.1
問2	心情の把握	□	4	54.4
問3	文章内容の理解	□	4	25.9
問4	心情の把握	□	4	53.2
問5	心情の把握	□	6	46.4
問6	心情の把握	□	4	81.1
問7	心情の把握	□	8	51.1
4-問1	文章内容の理解	□	4	79.0
問2a	古典文法	□	2	51.2
b	古典文法	□	2	56.7
問3	文章内容の理解	□	4	37.8
問4	文章内容の理解	□	4	58.9
問5(1)	古典の知識	□	2	79.3
(2)	古典の知識	□	2	84.6

理　　科			
設問No.		配点	正答率
1-(1) 知識	□	2	39.5
(2) 知識	□	2	49.5
(3)名称 知識	□	2	36.6
記述 記述	□	3	21.9
(4) 知識	□	3	74.5
(5) 知識	□	2	31.7
(6) 知識	□	2	68.0
2-(1) しくみの理解	□	2	69.1
(2)記号 しくみの理解	□	2	47.6
死亡率 しくみの理解	□	3	40.3
(3) しくみの理解	□	2	51.3
(4) しくみの理解	□	2	72.3
(5) しくみの理解	□	2	83.3
(6) しくみの理解	□	3	58.9
3-(1) しくみの理解	□	3	83.3
(2)① しくみの理解	□	3	18.8
② しくみの理解	□	3	38.4
(3) 分析・考察	□	3	76.1
(4) しくみの理解	□	3	39.0
(5) しくみの理解	□	2	44.9
4-(1)① 知識	□	2	79.8
② 知識	□	3	75.3
(2) しくみの理解	□	2	58.1
(3) しくみの理解	□	2	65.1
(4) しくみの理解	□	2	70.7
(5)塩酸 分析・考察	□	2	31.2
二酸化炭素 分析・考察	□	2	43.8
(6) 分析・考察	□	2	25.0
5-(1)A 知識	□	1	37.1
C 知識	□	1	43.5
D 知識	□	1	80.9
(2) 知識	□	2	72.6
(3) 知識	□	2	86.6
(4) 知識〔発展〕	□	2	30.1
(5)① 知識	□	2	35.2
② 知識	□	2	18.8
(6)① 知識	□	2	77.7
② 知識〔発展〕	□	2	64.8
6-(1)記号 しくみの理解	□	1	62.1
名称 知識	□	1	65.9
(2) しくみの理解	□	2	72.3
(3) 知識	□	3	14.8
(4)① しくみの理解	□	2	59.4
② しくみの理解	□	2	48.1
③気温 しくみの理解	□	2	41.7
湿度 分析・考察	□	2	13.4
(5) 分析・考察	□	2	41.7

社　　会			
設問No.		配点	正答率
1-問1 東南アジアの河川	□	2	42.2
問2 世界の農業	□	2	45.7
問3 インドネシアの首都	□	2	12.6
問4 東南アジアの旧宗主国	□	2	28.0
問5 フィリピンの宗教・産業	□	2	43.5
問6 時差の計算	□	2	75.0
問7 アフリカの貿易	□	2	61.3
問8 緯線	□	2	24.2
問9 アフリカの河川	□	2	48.7
問10 南アフリカの気候	□	2	39.2
問11 南アフリカの民族構成	□	2	35.2
問12 南アフリカの自然	□	2	68.5
問13 ブラジルの国土・民族	□	2	59.7
2-問1 北海道の農業	□	2	32.3
問2(1) 東北地方の農業	□	2	57.5
(2) 東北地方の山脈	□	2	86.6
問3 関東地方の人口	□	2	46.8
問4 中部地方の工業	□	2	75.3
問5 近畿地方の自然	□	2	35.2
問6 瀬戸大橋	□	2	50.3
問7 九州・沖縄地方の県	□	2	72.8
3-問1(1) 古代の日本	□	2	30.1
(2) 白村江の戦い	□	2	62.6
問2 奈良時代の文化	□	2	40.9
問3(1) 平安時代の土地制度	□	2	31.2
(2) 平安・鎌倉時代	□	2	46.2
問4 中世の出来事	□	2	43.3
問5 安土桃山・江戸時代	□	2	64.8
問6(1) 江戸時代の大名	□	2	47.8
(2) 資料読解	□	2	64.2
(3) 江戸時代	□	2	9.9
問7 島原・天草一揆	□	2	55.9
問8 寛政異学の禁	□	2	57.5
問9 古代～近代の世界史	□	2	17.7
4-問1 近代日本の産業	□	2	78.5
問2 20世紀のヨーロッパ	□	2	45.2
問3 19世紀の中国	□	2	36.8
問4 渋沢栄一	□	2	35.2
問5(1) 近代の交通	□	2	47.6
(2) 近代の日中関係	□	2	37.6
問6 東南アジアの旧宗主国	□	2	41.7
問7 日本と海外の人的交流	□	2	33.6
問8 現代の日本	□	2	29.6
問9 高度経済成長期	□	2	39.5
問10 現代の食料供給量	□	2	56.5
5-問1(1) 大日本帝国憲法	□	2	23.7
(2) 大日本帝国憲法	□	2	86.0
問2(1) 日本国憲法の公布日	□	2	51.9
(2) 基本的人権の尊重	□	2	37.9
(3) 憲法改正	□	2	43.0

〈自己採点集計表〉

科目	得点	平均点
英語	／100	56.9 ／100
数学	／100	51.9 ／100
国語	／100	57.7 ／100
3科目合計	／300	166.6 ／300
理科	／100	51.7 ／100
社会	／100	46.7 ／100
5科目合計	／500	271.2 ／500

〈第２回〉 総合成績偏差値換算表

5科目総合									
得点	偏差値	得点	偏差値	得点	偏差値	得点	偏差値	得点	偏差値
500	86.3	430	75.2	360	64.1	290	52.9	220	41.8
499	86.1	429	75.0	359	63.9	289	52.8	219	41.7
498	86.0	428	74.9	358	63.7	288	52.6	218	41.5
497	85.8	427	74.7	357	63.6	287	52.5	217	41.3
496	85.7	426	74.5	356	63.4	286	52.3	216	41.2
495	85.5	425	74.4	355	63.3	285	52.1	215	41.0
494	85.3	424	74.2	354	63.1	284	52.0	214	40.9
493	85.2	423	74.1	353	62.9	283	51.8	213	40.7
492	85.0	422	73.9	352	62.8	282	51.7	212	40.5
491	84.9	421	73.7	351	62.6	281	51.5	211	40.4
490	84.7	420	73.6	350	62.5	280	51.3	210	40.2
489	84.5	419	73.4	349	62.3	279	51.2	209	40.1
488	84.4	418	73.3	348	62.1	278	51.0	208	39.9
487	84.2	417	73.1	347	62.0	277	50.9	207	39.7
486	84.1	416	73.0	346	61.8	276	50.7	206	39.6
485	83.9	415	72.8	345	61.7	275	50.5	205	39.4
484	83.8	414	72.6	344	61.5	274	50.4	204	39.3
483	83.6	413	72.5	343	61.4	273	50.2	203	39.1
482	83.4	412	72.3	342	61.2	272	50.1	202	39.0
481	83.3	411	72.2	341	61.0	271	49.9	201	38.8
480	83.1	410	72.0	340	60.9	270	49.8	200	38.6
479	83.0	409	71.8	339	60.7	269	49.6	199	38.5
478	82.8	408	71.7	338	60.6	268	49.4	198	38.3
477	82.6	407	71.5	337	60.4	267	49.3	197	38.2
476	82.5	406	71.4	336	60.2	266	49.1	196	38.0
475	82.3	405	71.2	335	60.1	265	49.0	195	37.8
474	82.2	404	71.0	334	59.9	264	48.8	194	37.7
473	82.0	403	70.9	333	59.8	263	48.6	193	37.5
472	81.8	402	70.7	332	59.6	262	48.5	192	37.4
471	81.7	401	70.6	331	59.4	261	48.3	191	37.2
470	81.5	400	70.4	330	59.3	260	48.2	190	37.0
469	81.4	399	70.3	329	59.1	259	48.0	189	36.9
468	81.2	398	70.1	328	59.0	258	47.8	188	36.7
467	81.1	397	69.9	327	58.8	257	47.7	187	36.6
466	80.9	396	69.8	326	58.7	256	47.5	186	36.4
465	80.7	395	69.6	325	58.5	255	47.4	185	36.2
464	80.6	394	69.5	324	58.3	254	47.2	184	36.1
463	80.4	393	69.3	323	58.2	253	47.1	183	35.9
462	80.3	392	69.1	322	58.0	252	46.9	182	35.8
461	80.1	391	69.0	321	57.9	251	46.7	181	35.6
460	79.9	390	68.8	320	57.7	250	46.6	180	35.5
459	79.8	389	68.7	319	57.5	249	46.4	179	35.3
458	79.6	388	68.5	318	57.4	248	46.3	178	35.1
457	79.5	387	68.3	317	57.2	247	46.1	177	35.0
456	79.3	386	68.2	316	57.1	246	45.9	176	34.8
455	79.1	385	68.0	315	56.9	245	45.8	175	34.7
454	79.0	384	67.9	314	56.7	244	45.6	174	34.5
453	78.8	383	67.7	313	56.6	243	45.5	173	34.3
452	78.7	382	67.5	312	56.4	242	45.3	172	34.2
451	78.5	381	67.4	311	56.3	241	45.1	171	34.0
450	78.4	380	67.2	310	56.1	240	45.0	170	33.9
449	78.2	379	67.1	309	56.0	239	44.8	169	33.7
448	78.0	378	66.9	308	55.8	238	44.7	168	33.5
447	77.9	377	66.8	307	55.6	237	44.5	167	33.4
446	77.7	376	66.6	306	55.5	236	44.4	166	33.2
445	77.6	375	66.4	305	55.3	235	44.2	165	33.1
444	77.4	374	66.3	304	55.2	234	44.0	164	32.9
443	77.2	373	66.1	303	55.0	233	43.9	163	32.8
442	77.1	372	66.0	302	54.8	232	43.7	162	32.6
441	76.9	371	65.8	301	54.7	231	43.6	161	32.4
440	76.8	370	65.6	300	54.5	230	43.4	160	32.3
439	76.6	369	65.5	299	54.4	229	43.2	159	32.1
438	76.4	368	65.3	298	54.2	228	43.1	158	32.0
437	76.3	367	65.2	297	54.0	227	42.9	157	31.8
436	76.1	366	65.0	296	53.9	226	42.8	156	31.6
435	76.0	365	64.8	295	53.7	225	42.6	155	31.5
434	75.8	364	64.7	294	53.6	224	42.4	154	31.3
433	75.7	363	64.5	293	53.4	223	42.3	153	31.2
432	75.5	362	64.4	292	53.2	222	42.1	152	31.0
431	75.3	361	64.2	291	53.1	221	42.0	151	30.8

3科目総合					
得点	偏差値	得点	偏差値	得点	偏差値
300	85.7	230	67.0	160	48.2
299	85.5	229	66.7	159	47.9
298	85.2	228	66.4	158	47.7
297	84.9	227	66.2	157	47.4
296	84.7	226	65.9	156	47.1
295	84.4	225	65.6	155	46.9
294	84.1	224	65.4	154	46.6
293	83.9	223	65.1	153	46.3
292	83.6	222	64.8	152	46.0
291	83.3	221	64.5	151	45.8
290	83.0	220	64.3	150	45.5
289	82.8	219	64.0	149	45.2
288	82.5	218	63.7	148	45.0
287	82.2	217	63.5	147	44.7
286	82.0	216	63.2	146	44.4
285	81.7	215	62.9	145	44.2
284	81.4	214	62.7	144	43.9
283	81.2	213	62.4	143	43.6
282	80.9	212	62.1	142	43.4
281	80.6	211	61.9	141	43.1
280	80.4	210	61.6	140	42.8
279	80.1	209	61.3	139	42.6
278	79.8	208	61.1	138	42.3
277	79.6	207	60.8	137	42.0
276	79.3	206	60.5	136	41.8
275	79.0	205	60.3	135	41.5
274	78.8	204	60.0	134	41.2
273	78.5	203	59.7	133	41.0
272	78.2	202	59.5	132	40.7
271	78.0	201	59.2	131	40.4
270	77.7	200	58.9	130	40.2
269	77.4	199	58.6	129	39.9
268	77.1	198	58.4	128	39.6
267	76.9	197	58.1	127	39.3
266	76.6	196	57.8	126	39.1
265	76.3	195	57.6	125	38.8
264	76.1	194	57.3	124	38.5
263	75.8	193	57.0	123	38.3
262	75.5	192	56.8	122	38.0
261	75.3	191	56.5	121	37.7
260	75.0	190	56.2	120	37.5
259	74.7	189	56.0	119	37.2
258	74.5	188	55.7	118	36.9
257	74.2	187	55.4	117	36.7
256	73.9	186	55.2	116	36.4
255	73.7	185	54.9	115	36.1
254	73.4	184	54.6	114	35.9
253	73.1	183	54.4	113	35.6
252	72.9	182	54.1	112	35.3
251	72.6	181	53.8	111	35.1
250	72.3	180	53.6	110	34.8
249	72.1	179	53.3	109	34.5
248	71.8	178	53.0	108	34.3
247	71.5	177	52.8	107	34.0
246	71.3	176	52.5	106	33.7
245	71.0	175	52.2	105	33.4
244	70.7	174	51.9	104	33.2
243	70.4	173	51.7	103	32.9
242	70.2	172	51.4	102	32.6
241	69.9	171	51.1	101	32.4
240	69.6	170	50.9	100	32.1
239	69.4	169	50.6	99	31.8
238	69.1	168	50.3	98	31.6
237	68.8	167	50.1	97	31.3
236	68.6	166	49.8	96	31.0
235	68.3	165	49.5	95	30.8
234	68.0	164	49.3	94	30.5
233	67.8	163	49.0	93	30.2
232	67.5	162	48.7	92	30.0
231	67.2	161	48.5	91	29.7

〈第２回〉 科目別偏差値換算表

得点	偏差値				
	英語	数学	国語	理科	社会
100	76.8	76.4	81.1	78.3	86.2
99	76.2	75.8	80.3	77.7	85.5
98	75.6	75.3	79.6	77.1	84.8
97	75.0	74.7	78.8	76.5	84.1
96	74.3	74.2	78.1	75.9	83.4
95	73.7	73.6	77.4	75.4	82.8
94	73.1	73.1	76.6	74.8	82.1
93	72.5	72.5	75.9	74.2	81.4
92	71.8	72.0	75.2	73.6	80.7
91	71.2	71.4	74.4	73.0	80.0
90	70.6	70.9	73.7	72.4	79.4
89	70.0	70.3	73.0	71.8	78.7
88	69.4	69.8	72.2	71.2	78.0
87	68.7	69.2	71.5	70.7	77.3
86	68.1	68.7	70.8	70.1	76.6
85	67.5	68.1	70.0	69.5	76.0
84	66.9	67.6	69.3	68.9	75.3
83	66.2	67.0	68.5	68.3	74.6
82	65.6	66.5	67.8	67.7	73.9
81	65.0	65.9	67.1	67.1	73.2
80	64.4	65.4	66.3	66.6	72.6
79	63.7	64.8	65.6	66.0	71.9
78	63.1	64.3	64.9	65.4	71.2
77	62.5	63.7	64.1	64.8	70.5
76	61.9	63.2	63.4	64.2	69.8
75	61.2	62.6	62.7	63.6	69.2
74	60.6	62.1	61.9	63.0	68.5
73	60.0	61.5	61.2	62.4	67.8
72	59.4	61.0	60.5	61.9	67.1
71	58.7	60.4	59.7	61.3	66.4
70	58.1	59.9	59.0	60.7	65.8
69	57.5	59.3	58.2	60.1	65.1
68	56.9	58.8	57.5	59.5	64.4
67	56.3	58.2	56.8	58.9	63.7
66	55.6	57.7	56.0	58.3	63.0
65	55.0	57.1	55.3	57.7	62.4
64	54.4	56.6	54.6	57.2	61.7
63	53.8	56.0	53.8	56.6	61.0
62	53.1	55.5	53.1	56.0	60.3
61	52.5	54.9	52.4	55.4	59.6
60	51.9	54.4	51.6	54.8	59.0
59	51.3	53.8	50.9	54.2	58.3
58	50.6	53.3	50.1	53.6	57.6
57	50.0	52.7	49.4	53.0	56.9
56	49.4	52.2	48.7	52.5	56.2
55	48.8	51.6	47.9	51.9	55.6
54	48.1	51.1	47.2	51.3	54.9
53	47.5	50.5	46.5	50.7	54.2
52	46.9	50.0	45.7	50.1	53.5
51	46.3	49.4	45.0	49.5	52.8

得点	偏差値				
	英語	数学	国語	理科	社会
50	45.6	48.9	44.3	48.9	52.2
49	45.0	48.3	43.5	48.3	51.5
48	44.4	47.8	42.8	47.8	50.8
47	43.8	47.2	42.1	47.2	50.1
46	43.2	46.7	41.3	46.6	49.4
45	42.5	46.1	40.6	46.0	48.8
44	41.9	45.6	39.8	45.4	48.1
43	41.3	45.0	39.1	44.8	47.4
42	40.7	44.5	38.4	44.2	46.7
41	40.0	44.0	37.6	43.6	46.0
40	39.4	43.4	36.9	43.1	45.4
39	38.8	42.9	36.2	42.5	44.7
38	38.2	42.3	35.4	41.9	44.0
37	37.5	41.8	34.7	41.3	43.3
36	36.9	41.2	34.0	40.7	42.6
35	36.3	40.7	33.2	40.1	42.0
34	35.7	40.1	32.5	39.5	41.3
33	35.0	39.6	31.8	39.0	40.6
32	34.4	39.0	31.0	38.4	39.9
31	33.8	38.5	30.3	37.8	39.2
30	33.2	37.9	29.5	37.2	38.6
29	32.5	37.4	28.8	36.6	37.9
28	31.9	36.8	28.1	36.0	37.2
27	31.3	36.3	27.3	35.4	36.5
26	30.7	35.7	26.6	34.8	35.9
25	30.0	35.2	25.9	34.3	35.2
24	29.4	34.6	25.1	33.7	34.5
23	28.8	34.1	24.4	33.1	33.8
22	28.2	33.5	23.7	32.5	33.1
21	27.6	33.0	22.9	31.9	32.5
20	26.9	32.4	22.2	31.3	31.8
19	26.3	31.9	21.5	30.7	31.1
18	25.7	31.3	20.7	30.1	30.4
17	25.1	30.8	20.0	29.6	29.7
16	24.4	30.2	19.2	29.0	29.1
15	23.8	29.7	18.5	28.4	28.4
14	23.2	29.1	17.8	27.8	27.7
13	22.6	28.6	17.0	27.2	27.0
12	21.9	28.0	16.3	26.6	26.3
11	21.3	27.5	15.6	26.0	25.7
10	20.7	26.9	14.8	25.4	25.0
9	20.1	26.4	14.1	24.9	24.3
8	19.4	25.8	13.4	24.3	23.6
7	18.8	25.3	12.6	23.7	22.9
6	18.2	24.7	11.9	23.1	22.3
5	17.6	24.2	11.1	22.5	21.6
4	16.9	23.6	10.4	21.9	20.9
3	16.3	23.1	9.7	21.3	20.2
2	15.7	22.5	8.9	20.7	19.5
1	15.1	22.0	8.2	20.2	18.9
0	14.5	21.4	7.5	19.6	18.2

〈第３回〉 問題別正答率表

英語

設問No.		配点	正答率
1-PartA-No.1	リスニング･適文選択	2	49.3
No.2	リスニング･適文選択	2	46.2
No.3	リスニング･適文選択	2	70.5
No.4	リスニング･適文選択	2	83.3
PartB-No.1	リスニング･適文選択	2	55.7
No.2	リスニング･適語補充	1	70.8
	リスニング･適語補充	1	40.9
No.3	リスニング･適語補充	1	9.7
	リスニング･適語補充	1	39.1
No.4	リスニング･適文選択	2	48.7
2-(1)	同音異義語	2	60.4
(2)	同音異義語	2	6.6
(3)	同音異義語	2	49.7
(4)	同音異義語	2	18.8
(5)	同音異義語	2	61.9
3-(1)	適語句選択	2	72.7
(2)	適語句選択	2	25.5
(3)	適語句選択	2	88.4
(4)	適語句選択	2	44.0
(5)	適語句選択	2	72.3
4-(1)不足語	整序英作文	1	90.2
①②	整序英作文	1	54.8
(2)不足語	整序英作文	1	45.9
①②	整序英作文	1	65.5
(3)不足語	整序英作文	1	30.9
①②	整序英作文	1	26.4
(4)不足語	整序英作文	1	77.1
①②	整序英作文	1	70.4
(5)不足語	整序英作文	1	35.5
①②	整序英作文	1	50.0
5-問1	整序英作文	3	13.0
問2	適語句補充・抜き出し	2	62.0
問3	適文選択補充	2	60.3
問4	和文英訳	2	23.8
問5	適語句補充・抜き出し	2	27.3
問6	適語選択補充	2	57.5
問7	内容把握	2	46.8
問8ア	内容一致	2	51.9
イ	内容一致	2	73.0
ウ	内容一致	2	72.4
エ	内容一致	2	64.4
オ	内容一致	2	57.9
カ	内容一致	2	61.1
6-問1A	適語句選択補充	1	67.3
B	適語句選択補充	1	64.7
C	適語句選択補充	1	60.6
問2	整序英作文	2	9.4
問3(あ)	適語選択補充	1	67.9
(い)	適語選択補充	1	47.1
(う)	適語選択補充	1	55.6
(え)	適語選択補充	1	45.7
(お)	適語選択補充	1	55.6
問4	適語句補充	2	9.2
問5	語彙	2	72.9
問6	和文記述	2	38.4
問7	内容一致	4	36.1
問8(1)	適語補充	1	28.7
(2)	適語補充	1	4.8
(3)	適語補充	1	4.1
(4)	適語補充	1	4.5
(5)	適語補充	1	7.3
(6)	適語補充	1	6.2
(7)	適語補充	1	4.7

数学

設問No.		配点	正答率
1-(1)	文字式の計算	5	69.4
(2)	連立方程式	5	88.6
(3)	因数分解	5	77.4
(4)	式の値	5	85.5
(5)	二次方程式	5	72.8
2-(1)	三角形の面積	5	48.3
(2)①	約数の個数	5	88.4
②	約数の個数	5	56.0
3-(1)点A	座標	3	89.4
点B	座標	3	90.0
(2)	二次関数(面積比)	5	56.1
(3)	二次関数(面積)	7	13.2
4-(1)	平面図形(長さ)	5	92.2
(2)	平面図形(長さ)	5	32.7
(3)	平面図形(円の半径)	5	5.0
5-(1)	カードの並べ方	5	89.6
(2)	カードの並べ方	7	13.5
(3)	カードの並べ方	5	1.3
6-(1)	空間図形(長さ)	5	58.4
(2)	四面体の体積	5	11.6

国語

設問No.		配点	正答率
1-①	漢字	1	82.8
②	漢字	1	44.1
③	漢字	1	37.8
④	漢字	1	44.9
⑤	漢字	1	70.7
⑥	漢字	1	81.8
⑦	漢字	1	30.4
⑧	漢字	1	80.4
⑨	漢字	1	50.3
⑩	漢字	1	60.9
2-問1	文章構成の理解	2	86.1
問2X	国語の知識	2	50.3
Y	国語の知識	2	61.3
問3	国語の知識	2	72.1
問4	文章内容の理解	8	37.5
問5	文章内容の理解	4	85.0
問6a	文章内容の理解	2	82.6
b	文章内容の理解	2	79.9
c	文章内容の理解	2	78.9
問7	文章内容の理解	8	67.7
3-問1a	口語文法	1	53.2
b	口語文法	1	48.1
c	口語文法	1	43.4
d	口語文法	1	36.5
e	口語文法	1	40.9
問2	文章内容の理解	4	79.5
問3	心情の把握	6	35.3
問4	文章内容の理解	4	40.9
問5A	文章内容の理解	2	65.7
B	文章内容の理解	2	79.0
C	文章内容の理解	2	74.8
問6	文章内容の理解	4	36.7
問7	文章内容の理解	4	1.5
4-問1A	古典の知識	2	42.2
B	古典の知識	2	29.2
問2a	古典文法	1	73.6
b	古典文法	1	68.2
問3	文章内容の理解	3	66.7
問4	文章内容の理解	3	66.3
問5A	文章内容の理解	1	24.2
B	文章内容の理解	1	37.5
C	文章内容の理解	1	9.8
問6	文章内容の理解	3	44.3
問7	文章内容の理解	3	37.8
問8	文章内容の理解	2	26.5

理　　科				
設問No.			配点	正答率
1-(1)	知識	□	3	78.4
(2)①	知識	□	1	95.5
②	知識	□	1	79.1
(3)①	知識	□	1	95.3
②	知識	□	1	65.2
③	知識	□	1	98.8
(4)	知識	□	2	98.8
(5)季節	知識	□	1	82.6
性質	知識	□	2	75.9
(6)①	知識	□	1	68.4
②	知識	□	1	73.6
③	知識	□	1	94.8
2-(1)	しくみの理解	□	3	68.4
(2)	しくみの理解	□	2	25.6
(3)	知識	□	3	88.6
(4)	しくみの理解	□	3	66.4
(5)	しくみの理解	□	2	50.0
(6)	分析・考察	□	3	53.2
3-(1)	知識〔発展〕	□	3	16.9
(2)①	知識	□	2	51.0
②	知識	□	2	18.2
(3)	知識	□	3	56.2
(4) i	分析・考察	□	3	59.2
ii	分析・考察	□	2	54.0
iii	分析・考察	□	2	39.3
4-(1)	知識	□	2	47.8
(2)	しくみの理解	□	2	62.2
(3)①	しくみの理解	□	2	38.3
②	しくみの理解	□	2	45.5
③記号	分析·考察	□	1	49.0
理由	記述	□	2	46.8
(4)	分析・考察	□	2	32.3
(5)	分析・考察	□	4	21.7
5-(1)①	知識	□	2	64.7
②	しくみの理解	□	2	57.7
(2)③	知識	□	2	78.9
④	記述	□	2	18.4
(3)⑤	しくみの理解	□	3	41.0
⑥	分析・考察	□	3	11.7
(4)	分析・考察	□	3	6.2
6-(1)	知識	□	2	89.3
(2)	記述	□	2	12.3
(3)	分析・考察	□	2	8.5
(4)	知識	□	1	50.0
(5)	分析・考察	□	4	44.4
(6)①	分析・考察	□	2	24.4
②	分析・考察	□	1	13.2
③	分析・考察	□	1	7.0
④	分析・考察	□	2	7.7

社　　会				
設問No.			配点	正答率
1-問1	高度別面積割合	□	2	63.7
問2	世界の自然環境	□	2	72.1
問3(1)	世界の農牧業	□	2	49.0
(2)	世界の農牧業	□	2	44.8
問4(1)	世界の鉱工業	□	2	66.7
(2)	ヨーロッパのエネルギー	□	2	42.0
問5(1)	世界の水資源問題	□	2	54.5
(2)	ナイル川の流路	□	2	54.5
問6(1)	地域主義	□	2	0.5
(2)	ＡＳＥＡＮの貿易	□	2	46.3
2-問1	２地点の距離	□	2	34.1
問2	北海道の気候	□	2	21.4
問3	日本の耕地利用率	□	2	29.4
問4	日本の貿易	□	2	44.8
問5	シェアリングエコノミー	□	2	11.9
問6	災害発生時の対応	□	2	27.6
問7	日本の断層	□	2	88.6
問8	伊豆半島	□	2	25.6
問9	日本の輸送	□	2	38.1
問10	日本の再生可能エネルギー	□	2	46.0
3-問1(1)	７世紀後半の出来事	□	2	40.3
(2)	土佐の歴史	□	2	85.6
問2	古代の東北地方	□	2	51.7
問3	12世紀に関連する史料	□	2	75.6
問4	新井白石の政治	□	2	76.1
問5	19世紀の元号	□	2	49.8
問6	大正時代の経済	□	2	16.4
問7	昭和・平成時代の出来事	□	2	43.5
4-問1	古代文明	□	2	62.7
問2	中国と日本の外交	□	2	23.9
問3	大航海時代	□	2	10.2
問4	十字軍遠征	□	2	79.1
問5	17世紀の世界	□	2	54.0
問6	19世紀の交通	□	2	13.2
問7	石油危機	□	2	71.9
5-問1(1)	参議院議員選挙	□	2	16.2
(2)	衆議院の優越	□	2	25.1
問2	裁判の流れ	□	2	67.7
問3(1)	自由権	□	2	68.4
(2)	新しい人権	□	2	89.6
問4(1)	直接請求権	□	2	25.9
(2)	直接請求権	□	2	51.5
問5	民法改正	□	2	8.7
6-問1	企業	□	2	70.6
問2(1)	家計	□	2	57.5
(2)	家族構成別の消費支出	□	2	48.5
問3	価格の種類	□	2	77.9
問4	景気変動	□	2	73.1
問5	金融政策	□	2	46.5
問6	紙幣の歴史	□	2	79.6

第3回　成績データ

〈自己採点集計表〉

科　目	得　点	平均点
英語	／100	47.0 ／100
数学	／100	53.9 ／100
国語	／100	53.5 ／100
3科目合計	／300	154.4 ／300
理科	／100	48.7 ／100
社会	／100	48.4 ／100
5科目合計	／500	258.2 ／500

〈第３回〉 総合成績偏差値換算表

5科目総合									
得点	偏差値	得点	偏差値	得点	偏差値	得点	偏差値	得点	偏差値
500	94.4	430	81.5	360	68.7	290	55.8	220	42.9
499	94.2	429	81.4	359	68.5	289	55.6	219	42.8
498	94.0	428	81.2	358	68.3	288	55.4	218	42.6
497	93.9	427	81.0	357	68.1	287	55.3	217	42.4
496	93.7	426	80.8	356	67.9	286	55.1	216	42.2
495	93.5	425	80.6	355	67.8	285	54.9	215	42.0
494	93.3	424	80.4	354	67.6	284	54.7	214	41.8
493	93.1	423	80.3	353	67.4	283	54.5	213	41.6
492	92.9	422	80.1	352	67.2	282	54.3	212	41.5
491	92.8	421	79.9	351	67.0	281	54.2	211	41.3
490	92.6	420	79.7	350	66.8	280	54.0	210	41.1
489	92.4	419	79.5	349	66.7	279	53.8	209	40.9
488	92.2	418	79.3	348	66.5	278	53.6	208	40.7
487	92.0	417	79.2	347	66.3	277	53.4	207	40.5
486	91.8	416	79.0	346	66.1	276	53.2	206	40.4
485	91.7	415	78.8	345	65.9	275	53.0	205	40.2
484	91.5	414	78.6	344	65.7	274	52.9	204	40.0
483	91.3	413	78.4	343	65.6	273	52.7	203	39.8
482	91.1	412	78.2	342	65.4	272	52.5	202	39.6
481	90.9	411	78.1	341	65.2	271	52.3	201	39.4
480	90.7	410	77.9	340	65.0	270	52.1	200	39.3
479	90.6	409	77.7	339	64.8	269	51.9	199	39.1
478	90.4	408	77.5	338	64.6	268	51.8	198	38.9
477	90.2	407	77.3	337	64.4	267	51.6	197	38.7
476	90.0	406	77.1	336	64.3	266	51.4	196	38.5
475	89.8	405	76.9	335	64.1	265	51.2	195	38.3
474	89.6	404	76.8	334	63.9	264	51.0	194	38.2
473	89.5	403	76.6	333	63.7	263	50.8	193	38.0
472	89.3	402	76.4	332	63.5	262	50.7	192	37.8
471	89.1	401	76.2	331	63.3	261	50.5	191	37.6
470	88.9	400	76.0	330	63.2	260	50.3	190	37.4
469	88.7	399	75.8	329	63.0	259	50.1	189	37.2
468	88.5	398	75.7	328	62.8	258	49.9	188	37.1
467	88.3	397	75.5	327	62.6	257	49.7	187	36.9
466	88.2	396	75.3	326	62.4	256	49.6	186	36.7
465	88.0	395	75.1	325	62.2	255	49.4	185	36.5
464	87.8	394	74.9	324	62.1	254	49.2	184	36.3
463	87.6	393	74.7	323	61.9	253	49.0	183	36.1
462	87.4	392	74.6	322	61.7	252	48.8	182	35.9
461	87.2	391	74.4	321	61.5	251	48.6	181	35.8
460	87.1	390	74.2	320	61.3	250	48.5	180	35.6
459	86.9	389	74.0	319	61.1	249	48.3	179	35.4
458	86.7	388	73.8	318	61.0	248	48.1	178	35.2
457	86.5	387	73.6	317	60.8	247	47.9	177	35.0
456	86.3	386	73.5	316	60.6	246	47.7	176	34.8
455	86.1	385	73.3	315	60.4	245	47.5	175	34.7
454	86.0	384	73.1	314	60.2	244	47.3	174	34.5
453	85.8	383	72.9	313	60.0	243	47.2	173	34.3
452	85.6	382	72.7	312	59.9	242	47.0	172	34.1
451	85.4	381	72.5	311	59.7	241	46.8	171	33.9
450	85.2	380	72.4	310	59.5	240	46.6	170	33.7
449	85.0	379	72.2	309	59.3	239	46.4	169	33.6
448	84.9	378	72.0	308	59.1	238	46.2	168	33.4
447	84.7	377	71.8	307	58.9	237	46.1	167	33.2
446	84.5	376	71.6	306	58.7	236	45.9	166	33.0
445	84.3	375	71.4	305	58.6	235	45.7	165	32.8
444	84.1	374	71.2	304	58.4	234	45.5	164	32.6
443	83.9	373	71.1	303	58.2	233	45.3	163	32.5
442	83.8	372	70.9	302	58.0	232	45.1	162	32.3
441	83.6	371	70.7	301	57.8	231	45.0	161	32.1
440	83.4	370	70.5	300	57.6	230	44.8	160	31.9
439	83.2	369	70.3	299	57.5	229	44.6	159	31.7
438	83.0	368	70.1	298	57.3	228	44.4	158	31.5
437	82.8	367	70.0	297	57.1	227	44.2	157	31.4
436	82.6	366	69.8	296	56.9	226	44.0	156	31.2
435	82.5	365	69.6	295	56.7	225	43.9	155	31.0
434	82.3	364	69.4	294	56.5	224	43.7	154	30.8
433	82.1	363	69.2	293	56.4	223	43.5	153	30.6
432	81.9	362	69.0	292	56.2	222	43.3	152	30.4
431	81.7	361	68.9	291	56.0	221	43.1	151	30.2

3科目総合					
得点	偏差値	得点	偏差値	得点	偏差値
300	92.2	230	71.9	160	51.6
299	91.9	229	71.6	159	51.3
298	91.6	228	71.3	158	51.0
297	91.3	227	71.0	157	50.7
296	91.0	226	70.7	156	50.4
295	90.7	225	70.4	155	50.1
294	90.4	224	70.1	154	49.8
293	90.1	223	69.8	153	49.5
292	89.9	222	69.6	152	49.3
291	89.6	221	69.3	151	49.0
290	89.3	220	69.0	150	48.7
289	89.0	219	68.7	149	48.4
288	88.7	218	68.4	148	48.1
287	88.4	217	68.1	147	47.8
286	88.1	216	67.8	146	47.5
285	87.8	215	67.5	145	47.2
284	87.5	214	67.2	144	46.9
283	87.2	213	66.9	143	46.6
282	87.0	212	66.7	142	46.4
281	86.7	211	66.4	141	46.1
280	86.4	210	66.1	140	45.8
279	86.1	209	65.8	139	45.5
278	85.8	208	65.5	138	45.2
277	85.5	207	65.2	137	44.9
276	85.2	206	64.9	136	44.6
275	84.9	205	64.6	135	44.3
274	84.6	204	64.3	134	44.0
273	84.3	203	64.0	133	43.7
272	84.1	202	63.8	132	43.5
271	83.8	201	63.5	131	43.2
270	83.5	200	63.2	130	42.9
269	83.2	199	62.9	129	42.6
268	82.9	198	62.6	128	42.3
267	82.6	197	62.3	127	42.0
266	82.3	196	62.0	126	41.7
265	82.0	195	61.7	125	41.4
264	81.7	194	61.4	124	41.1
263	81.4	193	61.1	123	40.8
262	81.2	192	60.9	122	40.6
261	80.9	191	60.6	121	40.3
260	80.6	190	60.3	120	40.0
259	80.3	189	60.0	119	39.7
258	80.0	188	59.7	118	39.4
257	79.7	187	59.4	117	39.1
256	79.4	186	59.1	116	38.8
255	79.1	185	58.8	115	38.5
254	78.8	184	58.5	114	38.2
253	78.5	183	58.2	113	37.9
252	78.3	182	58.0	112	37.7
251	78.0	181	57.7	111	37.4
250	77.7	180	57.4	110	37.1
249	77.4	179	57.1	109	36.8
248	77.1	178	56.8	108	36.5
247	76.8	177	56.5	107	36.2
246	76.5	176	56.2	106	35.9
245	76.2	175	55.9	105	35.6
244	75.9	174	55.6	104	35.3
243	75.6	173	55.3	103	35.0
242	75.4	172	55.1	102	34.7
241	75.1	171	54.8	101	34.5
240	74.8	170	54.5	100	34.2
239	74.5	169	54.2	99	33.9
238	74.2	168	53.9	98	33.6
237	73.9	167	53.6	97	33.3
236	73.6	166	53.3	96	33.0
235	73.3	165	53.0	95	32.7
234	73.0	164	52.7	94	32.4
233	72.7	163	52.4	93	32.1
232	72.5	162	52.2	92	31.8
231	72.2	161	51.9	91	31.6

〈第３回〉 科目別偏差値換算表

得点	偏差値				
	英語	数学	国語	理科	社会
100	80.1	82.8	85.6	88.0	88.3
99	79.5	82.1	84.9	87.3	87.6
98	79.0	81.4	84.1	86.5	86.8
97	78.4	80.7	83.3	85.8	86.1
96	77.8	80.0	82.6	85.1	85.3
95	77.3	79.3	81.8	84.3	84.6
94	76.7	78.6	81.0	83.6	83.8
93	76.1	77.9	80.3	82.8	83.1
92	75.6	77.1	79.5	82.1	82.4
91	75.0	76.4	78.7	81.4	81.6
90	74.4	75.7	78.0	80.6	80.9
89	73.9	75.0	77.2	79.9	80.1
88	73.3	74.3	76.4	79.1	79.4
87	72.7	73.6	75.7	78.4	78.6
86	72.1	72.9	74.9	77.6	77.9
85	71.6	72.1	74.1	76.9	77.2
84	71.0	71.4	73.4	76.2	76.4
83	70.4	70.7	72.6	75.4	75.7
82	69.9	70.0	71.8	74.7	74.9
81	69.3	69.3	71.1	73.9	74.2
80	68.7	68.6	70.3	73.2	73.4
79	68.2	67.9	69.5	72.4	72.7
78	67.6	67.1	68.8	71.7	71.9
77	67.0	66.4	68.0	71.0	71.2
76	66.5	65.7	67.2	70.2	70.5
75	65.9	65.0	66.5	69.5	69.7
74	65.3	64.3	65.7	68.7	69.0
73	64.7	63.6	64.9	68.0	68.2
72	64.2	62.9	64.1	67.2	67.5
71	63.6	62.1	63.4	66.5	66.7
70	63.0	61.4	62.6	65.8	66.0
69	62.5	60.7	61.8	65.0	65.2
68	61.9	60.0	61.1	64.3	64.5
67	61.3	59.3	60.3	63.5	63.8
66	60.8	58.6	59.5	62.8	63.0
65	60.2	57.9	58.8	62.1	62.3
64	59.6	57.2	58.0	61.3	61.5
63	59.1	56.4	57.2	60.6	60.8
62	58.5	55.7	56.5	59.8	60.0
61	57.9	55.0	55.7	59.1	59.3
60	57.3	54.3	54.9	58.3	58.6
59	56.8	53.6	54.2	57.6	57.8
58	56.2	52.9	53.4	56.9	57.1
57	55.6	52.2	52.6	56.1	56.3
56	55.1	51.4	51.9	55.4	55.6
55	54.5	50.7	51.1	54.6	54.8
54	53.9	50.0	50.3	53.9	54.1
53	53.4	49.3	49.6	53.1	53.3
52	52.8	48.6	48.8	52.4	52.6
51	52.2	47.9	48.0	51.7	51.9

得点	偏差値				
	英語	数学	国語	理科	社会
50	51.7	47.2	47.3	50.9	51.1
49	51.1	46.4	46.5	50.2	50.4
48	50.5	45.7	45.7	49.4	49.6
47	50.0	45.0	45.0	48.7	48.9
46	49.4	44.3	44.2	47.9	48.1
45	48.8	43.6	43.4	47.2	47.4
44	48.2	42.9	42.7	46.5	46.6
43	47.7	42.2	41.9	45.7	45.9
42	47.1	41.4	41.1	45.0	45.2
41	46.5	40.7	40.4	44.2	44.4
40	46.0	40.0	39.6	43.5	43.7
39	45.4	39.3	38.8	42.7	42.9
38	44.8	38.6	38.1	42.0	42.2
37	44.3	37.9	37.3	41.3	41.4
36	43.7	37.2	36.5	40.5	40.7
35	43.1	36.5	35.8	39.8	40.0
34	42.6	35.7	35.0	39.0	39.2
33	42.0	35.0	34.2	38.3	38.5
32	41.4	34.3	33.4	37.6	37.7
31	40.8	33.6	32.7	36.8	37.0
30	40.3	32.9	31.9	36.1	36.2
29	39.7	32.2	31.1	35.3	35.5
28	39.1	31.5	30.4	34.6	34.7
27	38.6	30.7	29.6	33.8	34.0
26	38.0	30.0	28.8	33.1	33.3
25	37.4	29.3	28.1	32.4	32.5
24	36.9	28.6	27.3	31.6	31.8
23	36.3	27.9	26.5	30.9	31.0
22	35.7	27.2	25.8	30.1	30.3
21	35.2	26.5	25.0	29.4	29.5
20	34.6	25.7	24.2	28.6	28.8
19	34.0	25.0	23.5	27.9	28.0
18	33.4	24.3	22.7	27.2	27.3
17	32.9	23.6	21.9	26.4	26.6
16	32.3	22.9	21.2	25.7	25.8
15	31.7	22.2	20.4	24.9	25.1
14	31.2	21.5	19.6	24.2	24.3
13	30.6	20.7	18.9	23.4	23.6
12	30.0	20.0	18.1	22.7	22.8
11	29.5	19.3	17.3	22.0	22.1
10	28.9	18.6	16.6	21.2	21.3
9	28.3	17.9	15.8	20.5	20.6
8	27.8	17.2	15.0	19.7	19.9
7	27.2	16.5	14.3	19.0	19.1
6	26.6	15.8	13.5	18.2	18.4
5	26.0	15.0	12.7	17.5	17.6
4	25.5	14.3	12.0	16.8	16.9
3	24.9	13.6	11.2	16.0	16.1
2	24.3	12.9	10.4	15.3	15.4
1	23.8	12.2	9.7	14.5	14.7
0	23.2	11.5	8.9	13.8	13.9

〈第４回〉 問題別正答率表

英　語

設問No.			配点	正答率
1-PartA-No.1	リスニング·内容一致	□	2	82.1
No.2	リスニング·内容一致	□	2	53.8
No.3	リスニング·内容一致	□	2	64.7
PartB(1)	リスニング·内容一致	□	2	62.5
(2)	リスニング·内容一致	□	2	34.6
(3)	リスニング·内容一致	□	2	51.2
(4)	リスニング·内容一致	□	2	28.4
(5)	リスニング·内容一致	□	2	37.5
2-(1)	適語補充	□	1	83.2
	適語補充	□	1	86.2
(2)	適語補充	□	1	7.1
	適語補充	□	1	24.0
(3)	適語補充	□	1	86.2
	適語補充	□	1	74.3
(4)	適語補充	□	1	32.8
	適語補充	□	1	25.6
(5)	適語補充	□	1	96.8
	適語補充	□	1	65.4
3-(1)	正誤	□	2	40.4
(2)	正誤	□	2	42.1
(3)	正誤	□	2	68.5
(4)	正誤	□	2	15.0
(5)	正誤	□	2	62.5
4-(1)	整序英作文	□	2	47.9
(2)	整序英作文	□	2	66.2
(3)	整序英作文	□	2	76.9
(4)	整序英作文	□	2	40.9
5-問1(A)	適語補充選択	□	1	55.1
(B)	適語補充選択	□	1	49.6
(C)	適語補充選択	□	1	94.1
(D)	適語補充選択	□	1	84.7
問2(1)	整序英作文	□	2	23.2
(4)	整序英作文	□	2	8.5
問3	内容把握	□	2	49.9
問4	適語補充	□	3	9.4
問5	英文和訳	□	3	44.2
問6	適語句補充選択	□	3	51.8
問7	適語句補充・抜き出し	□	3	23.4
問8	内容一致	□	6	54.3
6-問1-1	適語補充	□	2	7.4
2	適語補充	□	2	15.3
問2(1)	発音	□	2	35.7
(4)	発音	□	2	19.9
問3(A)	適語句補充選択	□	2	17.5
(B)	適語句補充選択	□	2	18.2
(C)	適語句補充選択	□	2	52.8
(D)	適語句補充選択	□	2	21.2
問4	和文記述	□	3	19.2
問5	内容把握	□	2	31.3
問6	脱文挿入	□	2	39.6
問7ア	内容一致	□	1	64.6
イ	内容一致	□	1	41.0
ウ	内容一致	□	1	54.3
エ	内容一致	□	1	55.3
オ	内容一致	□	1	38.4

数　学

設問No.			配点	正答率
1-(1)	文字式の計算(累乗)	□	5	74.6
(2)	平方根	□	5	76.3
(3)	因数分解	□	5	76.8
(4)	式の値	□	5	92.8
(5)	標本調査	□	5	82.4
2-(1)	文章題(食塩水)	□	4	65.7
(2)①	作図	□	5	44.8
②	特別角の利用	□	5	26.3
(3)	確率	□	5	42.6
3-(1)	二次関数(直線の式)	□	5	85.5
(2)	二次関数(直線の式)	□	5	60.0
(3)	面積の二等分	□	7	15.0
4-(1)	円と相似	□	4	87.6
(2)	角の二等分線定理	□	4	77.9
(3)	相似	□	5	48.0
(4)	相似(面積比)	□	5	18.8
5-(1)①	直方体の対角線	□	3	92.4
②	線分の長さ	□	3	63.5
(2)	線分の長さ	□	5	35.0
(3)	面積	□	5	15.7
(4)	体積	□	5	2.1

国　語

設問No.			配点	正答率
1-①	漢字	□	1	62.6
②	漢字	□	1	42.4
③	漢字	□	1	55.6
④	漢字	□	1	73.1
⑤	漢字	□	1	76.5
⑥	漢字	□	1	76.2
⑦	漢字	□	1	62.4
⑧	漢字	□	1	96.2
⑨	漢字	□	1	91.8
⑩	漢字	□	1	20.9
2-問1	文章内容の理解	□	4	39.1
問2	口語文法	□	2	80.0
問3	文章内容の理解	□	4	92.1
問4	文章内容の理解	□	4	61.0
問5	国語の知識	□	2	37.5
問6	国語の知識	□	2	62.8
問7	文章内容の理解	□	4	34.0
問8	文章内容の理解	□	4	87.1
問9	文章内容の理解	□	8	28.6
3-問1A	文章構成の理解	□	2	85.6
B	文章構成の理解	□	2	46.5
C	文章構成の理解	□	2	88.5
D	文章構成の理解	□	2	95.9
問2	国語の知識	□	2	37.6
問3	文章内容の理解	□	4	82.9
問4	文章内容の理解	□	4	59.4
問5	文章内容の理解	□	8	33.9
問6	心情の把握	□	4	88.2
問7	心情の把握	□	4	45.6
問8	文章内容の理解	□	4	30.3
4-問1A	古典の知識	□	2	54.1
B	古典の知識	□	2	56.3
問2	古文の読解	□	2	83.5
問3(1)	古文の読解	□	2	76.3
(2)	古文の読解	□	8	38.3
問4	古文の読解	□	2	43.8

理　　科

設問No.			配点	正答率
1-(1)	知識	□	2	46.8
(2)	知識	□	3	73.0
(3)	知識	□	3	95.4
(4)	知識	□	2	40.0
(5)	知識	□	3	14.6
(6)	知識	□	3	94.1
2-(1) i	しくみの理解	□	1	72.7
ii	しくみの理解	□	1	88.6
iii	しくみの理解	□	1	67.6
(2) i	しくみの理解	□	1	86.2
ii	しくみの理解	□	1	77.8
iii	しくみの理解	□	1	68.1
(3)	しくみの理解	□	2	12.4
(4)	しくみの理解	□	3	55.9
(5)①	しくみの理解	□	1	96.2
②	しくみの理解	□	1	90.0
(6)	しくみの理解	□	3	64.3
3-(1)法則	知識	□	3	55.1
遺伝子	しくみの理解	□	3	60.8
(2)	しくみの理解	□	3	69.7
(3)	しくみの理解	□	3	17.3
(4)③	分析・考察	□	3	24.1
④	分析・考察	□	2	41.9
4-(1)記号	知識	□	2	66.2
反応式	知識	□	3	33.5
(2)記号	しくみの理解	□	2	81.1
質量	しくみの理解	□	2	73.0
(3)①	知識	□	2	37.3
②	しくみの理解	□	2	43.8
③	しくみの理解	□	2	20.8
④	しくみの理解	□	2	12.2
5-(1)	しくみの理解	□	2	73.0
(2) i	しくみの理解	□	2	73.5
ii	しくみの理解	□	2	95.4
iii	しくみの理解	□	2	80.8
(3)	記述	□	3	65.5
(4)磁界	分析・考察	□	3	10.5
電流	分析・考察	□	3	19.7
6-(1)	分析・考察	□	2	21.6
(2)	知識	□	2	77.3
(3)時間帯	しくみの理解	□	1	77.8
説明	しくみの理解	□	2	49.5
(4)①	しくみの理解	□	2	65.1
②月	しくみの理解	□	2	58.4
天王星	分析·考察	□	2	45.9
(5)	分析・考察	□	2	43.8
(6)	分析・考察	□	2	2.2

社　　会

設問No.			配点	正答率
1-問1	変動帯	□	2	23.8
問2	世界の河川	□	2	43.2
問3	世界の気候	□	2	25.7
問4	地球環境問題	□	2	77.8
問5	世界の農牧業	□	2	34.3
問6	一次エネルギー供給量	□	2	68.4
問7	化石燃料と発電量	□	2	47.6
問8	人口ピラミッド	□	2	51.4
問9	世界の宗教	□	2	28.4
2-問1(1)	地形図の読み取り	□	2	19.2
(2)	関東地方の地価・産業	□	2	74.1
(3)	四国地方の河川	□	2	55.7
(4)	沖縄のリゾート開発	□	2	90.5
問2	運転免許保有者数	□	2	34.6
問3	国籍別の外国人労働者数	□	2	18.9
問4	日本の農牧業	□	2	42.2
問5	各地方の人口上位の府県	□	2	20.8
問6	日本の自然災害	□	2	57.3
3-問1	縄文時代の遺跡・生活	□	2	78.1
問2	魏志倭人伝	□	2	9.5
問3	聖徳太子	□	2	60.8
問4	遣唐使	□	2	58.9
問5(1)	ルネサンス	□	2	82.2
(2)	15～16世紀の世界	□	2	48.6
問6	平安時代の政治	□	2	62.7
問7	市民革命	□	2	43.2
問8	江戸時代の文化・街道	□	2	45.9
4-問1	明治時代初期の出来事	□	2	43.8
問2	明治時代の貿易	□	2	78.4
問3	明治時代後期の出来事	□	2	33.2
問4	大正時代の組織	□	2	82.7
問5	昭和時代初期の出来事	□	2	20.5
問6	第二次世界大戦	□	2	55.1
問7	高度経済成長期の出来事	□	2	31.4
問8	国連加盟国数の推移	□	2	24.6
問9	現代の路面電車	□	2	5.7
5-問1	サミット参加国と首脳	□	2	51.1
問2	核兵器に関する条約	□	2	14.9
問3	基本的人権	□	2	45.1
問4	日本の世界遺産	□	2	68.9
問5	世界の紛争	□	2	47.0
問6	世界の脅威から守る思想	□	2	2.2
問7	効率と公正	□	2	42.4
6-問1	社会保障	□	2	31.1
問2(1)	所得税	□	2	5.4
(2)	世界の国民負担率	□	2	12.7
(3)	日本の財政	□	2	47.3
問3	企業	□	2	45.4
問4	軽減税率	□	2	39.5
問5	消費者庁	□	2	19.2

〈自己採点集計表〉

科目	得点	平均点
英語	／100	43.2 ／100
数学	／100	54.1 ／100
国語	／100	56.4 ／100
3科目合計	／300	153.6 ／300
理科	／100	53.1 ／100
社会	／100	43.0 ／100
5科目合計	／500	256.4 ／500

〈第４回〉 総合成績偏差値換算表

5科目総合									
得点	偏差値	得点	偏差値	得点	偏差値	得点	偏差値	得点	偏差値
500	93.0	430	80.6	360	68.3	290	55.9	220	43.5
499	92.8	429	80.4	359	68.1	289	55.7	219	43.3
498	92.6	428	80.3	358	67.9	288	55.5	218	43.2
497	92.5	427	80.1	357	67.7	287	55.4	217	43.0
496	92.3	426	79.9	356	67.5	286	55.2	216	42.8
495	92.1	425	79.7	355	67.4	285	55.0	215	42.6
494	91.9	424	79.6	354	67.2	284	54.8	214	42.5
493	91.8	423	79.4	353	67.0	283	54.6	213	42.3
492	91.6	422	79.2	352	66.8	282	54.5	212	42.1
491	91.4	421	79.0	351	66.7	281	54.3	211	41.9
490	91.2	420	78.9	350	66.5	280	54.1	210	41.7
489	91.0	419	78.7	349	66.3	279	53.9	209	41.6
488	90.9	418	78.5	348	66.1	278	53.8	208	41.4
487	90.7	417	78.3	347	66.0	277	53.6	207	41.2
486	90.5	416	78.1	346	65.8	276	53.4	206	41.0
485	90.3	415	78.0	345	65.6	275	53.2	205	40.9
484	90.2	414	77.8	344	65.4	274	53.1	204	40.7
483	90.0	413	77.6	343	65.2	273	52.9	203	40.5
482	89.8	412	77.4	342	65.1	272	52.7	202	40.3
481	89.6	411	77.3	341	64.9	271	52.5	201	40.2
480	89.5	410	77.1	340	64.7	270	52.3	200	40.0
479	89.3	409	76.9	339	64.5	269	52.2	199	39.8
478	89.1	408	76.7	338	64.4	268	52.0	198	39.6
477	88.9	407	76.6	337	64.2	267	51.8	197	39.5
476	88.8	406	76.4	336	64.0	266	51.6	196	39.3
475	88.6	405	76.2	335	63.8	265	51.5	195	39.1
474	88.4	404	76.0	334	63.7	264	51.3	194	38.9
473	88.2	403	75.9	333	63.5	263	51.1	193	38.7
472	88.0	402	75.7	332	63.3	262	50.9	192	38.6
471	87.9	401	75.5	331	63.1	261	50.8	191	38.4
470	87.7	400	75.3	330	63.0	260	50.6	190	38.2
469	87.5	399	75.1	329	62.8	259	50.4	189	38.0
468	87.3	398	75.0	328	62.6	258	50.2	188	37.9
467	87.2	397	74.8	327	62.4	257	50.1	187	37.7
466	87.0	396	74.6	326	62.2	256	49.9	186	37.5
465	86.8	395	74.4	325	62.1	255	49.7	185	37.3
464	86.6	394	74.3	324	61.9	254	49.5	184	37.2
463	86.5	393	74.1	323	61.7	253	49.3	183	37.0
462	86.3	392	73.9	322	61.5	252	49.2	182	36.8
461	86.1	391	73.7	321	61.4	251	49.0	181	36.6
460	85.9	390	73.6	320	61.2	250	48.8	180	36.4
459	85.7	389	73.4	319	61.0	249	48.6	179	36.3
458	85.6	388	73.2	318	60.8	248	48.5	178	36.1
457	85.4	387	73.0	317	60.7	247	48.3	177	35.9
456	85.2	386	72.8	316	60.5	246	48.1	176	35.7
455	85.0	385	72.7	315	60.3	245	47.9	175	35.6
454	84.9	384	72.5	314	60.1	244	47.8	174	35.4
453	84.7	383	72.3	313	59.9	243	47.6	173	35.2
452	84.5	382	72.1	312	59.8	242	47.4	172	35.0
451	84.3	381	72.0	311	59.6	241	47.2	171	34.9
450	84.2	380	71.8	310	59.4	240	47.0	170	34.7
449	84.0	379	71.6	309	59.2	239	46.9	169	34.5
448	83.8	378	71.4	308	59.1	238	46.7	168	34.3
447	83.6	377	71.3	307	58.9	237	46.5	167	34.1
446	83.5	376	71.1	306	58.7	236	46.3	166	34.0
445	83.3	375	70.9	305	58.5	235	46.2	165	33.8
444	83.1	374	70.7	304	58.4	234	46.0	164	33.6
443	82.9	373	70.6	303	58.2	233	45.8	163	33.4
442	82.7	372	70.4	302	58.0	232	45.6	162	33.3
441	82.6	371	70.2	301	57.8	231	45.5	161	33.1
440	82.4	370	70.0	300	57.7	230	45.3	160	32.9
439	82.2	369	69.8	299	57.5	229	45.1	159	32.7
438	82.0	368	69.7	298	57.3	228	44.9	158	32.6
437	81.9	367	69.5	297	57.1	227	44.8	157	32.4
436	81.7	366	69.3	296	56.9	226	44.6	156	32.2
435	81.5	365	69.1	295	56.8	225	44.4	155	32.0
434	81.3	364	69.0	294	56.6	224	44.2	154	31.9
433	81.2	363	68.8	293	56.4	223	44.0	153	31.7
432	81.0	362	68.6	292	56.2	222	43.9	152	31.5
431	80.8	361	68.4	291	56.1	221	43.7	151	31.3

3科目総合					
得点	偏差値	得点	偏差値	得点	偏差値
300	90.8	230	71.3	160	51.7
299	90.5	229	71.0	159	51.4
298	90.3	228	70.7	158	51.2
297	90.0	227	70.4	157	50.9
296	89.7	226	70.2	156	50.6
295	89.4	225	69.9	155	50.3
294	89.1	224	69.6	154	50.1
293	88.9	223	69.3	153	49.8
292	88.6	222	69.0	152	49.5
291	88.3	221	68.8	151	49.2
290	88.0	220	68.5	150	48.9
289	87.7	219	68.2	149	48.7
288	87.5	218	67.9	148	48.4
287	87.2	217	67.6	147	48.1
286	86.9	216	67.4	146	47.8
285	86.6	215	67.1	145	47.5
284	86.3	214	66.8	144	47.3
283	86.1	213	66.5	143	47.0
282	85.8	212	66.2	142	46.7
281	85.5	211	66.0	141	46.4
280	85.2	210	65.7	140	46.1
279	85.0	209	65.4	139	45.9
278	84.7	208	65.1	138	45.6
277	84.4	207	64.8	137	45.3
276	84.1	206	64.6	136	45.0
275	83.8	205	64.3	135	44.7
274	83.6	204	64.0	134	44.5
273	83.3	203	63.7	133	44.2
272	83.0	202	63.5	132	43.9
271	82.7	201	63.2	131	43.6
270	82.4	200	62.9	130	43.4
269	82.2	199	62.6	129	43.1
268	81.9	198	62.3	128	42.8
267	81.6	197	62.1	127	42.5
266	81.3	196	61.8	126	42.2
265	81.0	195	61.5	125	42.0
264	80.8	194	61.2	124	41.7
263	80.5	193	60.9	123	41.4
262	80.2	192	60.7	122	41.1
261	79.9	191	60.4	121	40.8
260	79.6	190	60.1	120	40.6
259	79.4	189	59.8	119	40.3
258	79.1	188	59.5	118	40.0
257	78.8	187	59.3	117	39.7
256	78.5	186	59.0	116	39.4
255	78.2	185	58.7	115	39.2
254	78.0	184	58.4	114	38.9
253	77.7	183	58.1	113	38.6
252	77.4	182	57.9	112	38.3
251	77.1	181	57.6	111	38.0
250	76.9	180	57.3	110	37.8
249	76.6	179	57.0	109	37.5
248	76.3	178	56.8	108	37.2
247	76.0	177	56.5	107	36.9
246	75.7	176	56.2	106	36.7
245	75.5	175	55.9	105	36.4
244	75.2	174	55.6	104	36.1
243	74.9	173	55.4	103	35.8
242	74.6	172	55.1	102	35.5
241	74.3	171	54.8	101	35.3
240	74.1	170	54.5	100	35.0
239	73.8	169	54.2	99	34.7
238	73.5	168	54.0	98	34.4
237	73.2	167	53.7	97	34.1
236	72.9	166	53.4	96	33.9
235	72.7	165	53.1	95	33.6
234	72.4	164	52.8	94	33.3
233	72.1	163	52.6	93	33.0
232	71.8	162	52.3	92	32.7
231	71.5	161	52.0	91	32.5

〈第４回〉 科目別偏差値換算表

得点	偏差値				
	英語	数学	国語	理科	社会
100	88.3	75.1	86.3	85.8	92.2
99	87.6	74.5	85.5	85.0	91.5
98	86.9	74.0	84.6	84.3	90.8
97	86.3	73.4	83.8	83.5	90.0
96	85.6	72.9	83.0	82.7	89.3
95	84.9	72.3	82.1	82.0	88.5
94	84.2	71.8	81.3	81.2	87.8
93	83.6	71.2	80.5	80.4	87.0
92	82.9	70.7	79.6	79.7	86.3
91	82.2	70.2	78.8	78.9	85.6
90	81.5	69.6	78.0	78.1	84.8
89	80.9	69.1	77.1	77.4	84.1
88	80.2	68.5	76.3	76.6	83.3
87	79.5	68.0	75.5	75.8	82.6
86	78.8	67.4	74.6	75.1	81.9
85	78.2	66.9	73.8	74.3	81.1
84	77.5	66.3	73.0	73.6	80.4
83	76.8	65.8	72.1	72.8	79.6
82	76.1	65.2	71.3	72.0	78.9
81	75.5	64.7	70.5	71.3	78.1
80	74.8	64.1	69.6	70.5	77.4
79	74.1	63.6	68.8	69.7	76.7
78	73.4	63.0	68.0	69.0	75.9
77	72.8	62.5	67.1	68.2	75.2
76	72.1	62.0	66.3	67.4	74.4
75	71.4	61.4	65.5	66.7	73.7
74	70.7	60.9	64.6	65.9	72.9
73	70.1	60.3	63.8	65.2	72.2
72	69.4	59.8	63.0	64.4	71.5
71	68.7	59.2	62.1	63.6	70.7
70	68.0	58.7	61.3	62.9	70.0
69	67.4	58.1	60.5	62.1	69.2
68	66.7	57.6	59.6	61.3	68.5
67	66.0	57.0	58.8	60.6	67.7
66	65.3	56.5	58.0	59.8	67.0
65	64.7	55.9	57.1	59.0	66.3
64	64.0	55.4	56.3	58.3	65.5
63	63.3	54.8	55.5	57.5	64.8
62	62.6	54.3	54.6	56.7	64.0
61	62.0	53.7	53.8	56.0	63.3
60	61.3	53.2	53.0	55.2	62.5
59	60.6	52.7	52.1	54.5	61.8
58	59.9	52.1	51.3	53.7	61.1
57	59.3	51.6	50.5	52.9	60.3
56	58.6	51.0	49.6	52.2	59.6
55	57.9	50.5	48.8	51.4	58.8
54	57.2	49.9	48.0	50.6	58.1
53	56.6	49.4	47.1	49.9	57.4
52	55.9	48.8	46.3	49.1	56.6
51	55.2	48.3	45.5	48.3	55.9

得点	偏差値				
	英語	数学	国語	理科	社会
50	54.5	47.7	44.6	47.6	55.1
49	53.9	47.2	43.8	46.8	54.4
48	53.2	46.6	43.0	46.1	53.6
47	52.5	46.1	42.1	45.3	52.9
46	51.8	45.5	41.3	44.5	52.2
45	51.2	45.0	40.5	43.8	51.4
44	50.5	44.5	39.6	43.0	50.7
43	49.8	43.9	38.8	42.2	49.9
42	49.1	43.4	38.0	41.5	49.2
41	48.5	42.8	37.1	40.7	48.4
40	47.8	42.3	36.3	39.9	47.7
39	47.1	41.7	35.5	39.2	47.0
38	46.4	41.2	34.6	38.4	46.2
37	45.8	40.6	33.8	37.7	45.5
36	45.1	40.1	33.0	36.9	44.7
35	44.4	39.5	32.1	36.1	44.0
34	43.7	39.0	31.3	35.4	43.2
33	43.1	38.4	30.5	34.6	42.5
32	42.4	37.9	29.6	33.8	41.8
31	41.7	37.3	28.8	33.1	41.0
30	41.0	36.8	28.0	32.3	40.3
29	40.4	36.3	27.1	31.5	39.5
28	39.7	35.7	26.3	30.8	38.8
27	39.0	35.2	25.5	30.0	38.0
26	38.4	34.6	24.6	29.2	37.3
25	37.7	34.1	23.8	28.5	36.6
24	37.0	33.5	23.0	27.7	35.8
23	36.3	33.0	22.1	27.0	35.1
22	35.7	32.4	21.3	26.2	34.3
21	35.0	31.9	20.5	25.4	33.6
20	34.3	31.3	19.6	24.7	32.9
19	33.6	30.8	18.8	23.9	32.1
18	33.0	30.2	18.0	23.1	31.4
17	32.3	29.7	17.1	22.4	30.6
16	31.6	29.1	16.3	21.6	29.9
15	30.9	28.6	15.5	20.8	29.1
14	30.3	28.1	14.6	20.1	28.4
13	29.6	27.5	13.8	19.3	27.7
12	28.9	27.0	13.0	18.6	26.9
11	28.2	26.4	12.1	17.8	26.2
10	27.6	25.9	11.3	17.0	25.4
9	26.9	25.3	10.5	16.3	24.7
8	26.2	24.8	9.6	15.5	23.9
7	25.5	24.2	8.8	14.7	23.2
6	24.9	23.7	8.0	14.0	22.5
5	24.2	23.1	7.1	13.2	21.7
4	23.5	22.6	6.3	12.4	21.0
3	22.8	22.0	5.5	11.7	20.2
2	22.2	21.5	4.6	10.9	19.5
1	21.5	20.9	3.8	10.1	18.7
0	20.8	20.4	3.0	9.4	18.0

志望校別偏差値表〈男子〉

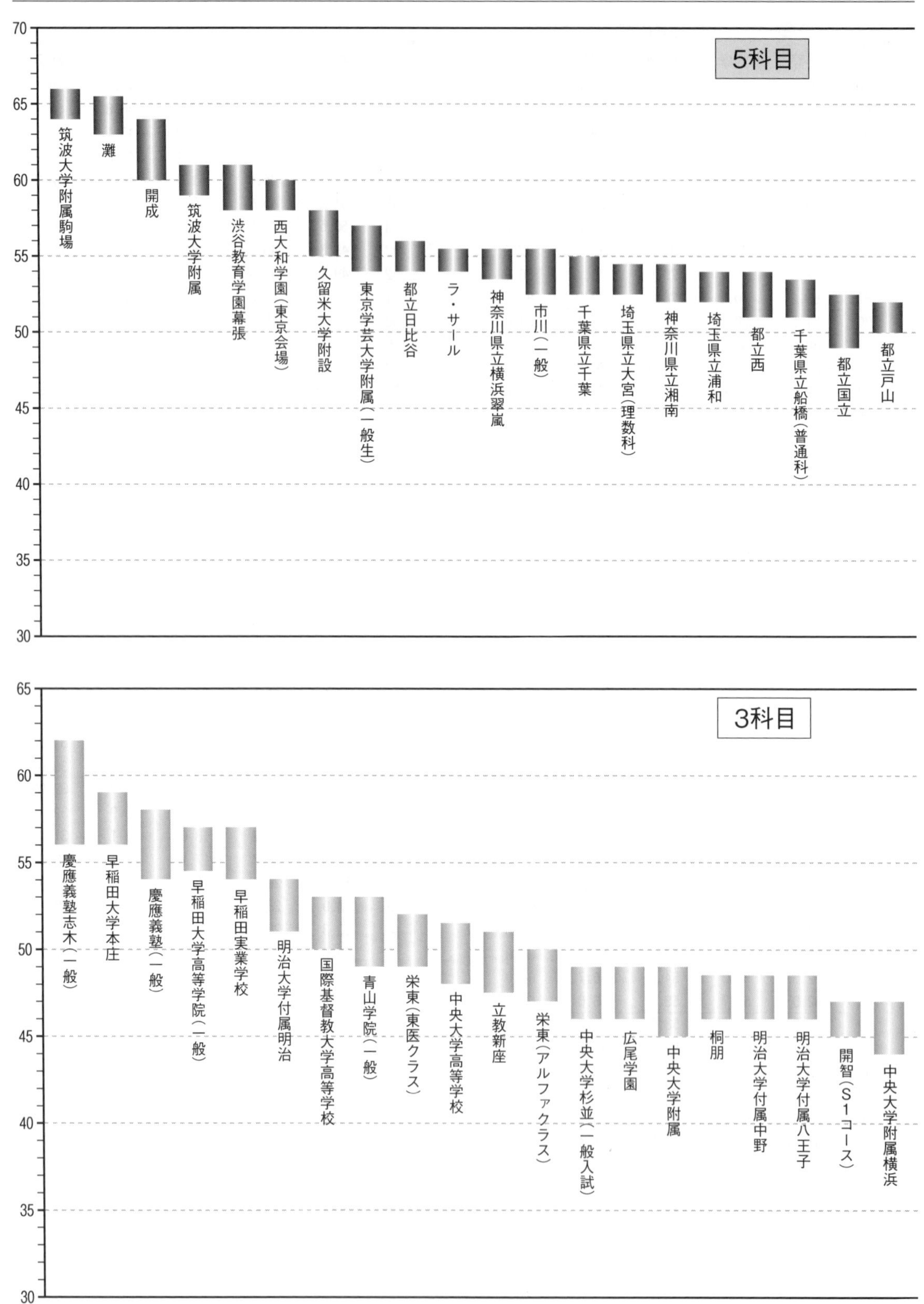
5科目
70
65
60
55
50
45
40
35
30
筑波大学附属駒場
灘
開成
筑波大学附属
渋谷教育学園幕張
西大和学園（東京会場）
久留米大学附設
東京学芸大学附属（一般生）
都立日比谷
ラ・サール
神奈川県立横浜翠嵐
市川（一般）
千葉県立千葉
埼玉県立大宮（理数科）
神奈川県立湘南
埼玉県立浦和
都立西
千葉県立船橋（普通科）
都立国立
都立戸山
3科目
65
60
55
50
45
40
35
30
慶應義塾志木（一般）
早稲田大学本庄
慶應義塾（一般）
早稲田大学高等学院（一般）
早稲田実業学校
明治大学付属明治
国際基督教大学高等学校
青山学院（一般）
栄東（東医クラス）
中央大学高等学校
立教新座
栄東（アルファクラス）
中央大学杉並（一般入試）
広尾学園
中央大学附属
桐朋
明治大学付属中野
明治大学付属八王子
開智（S1コース）
中央大学附属横浜

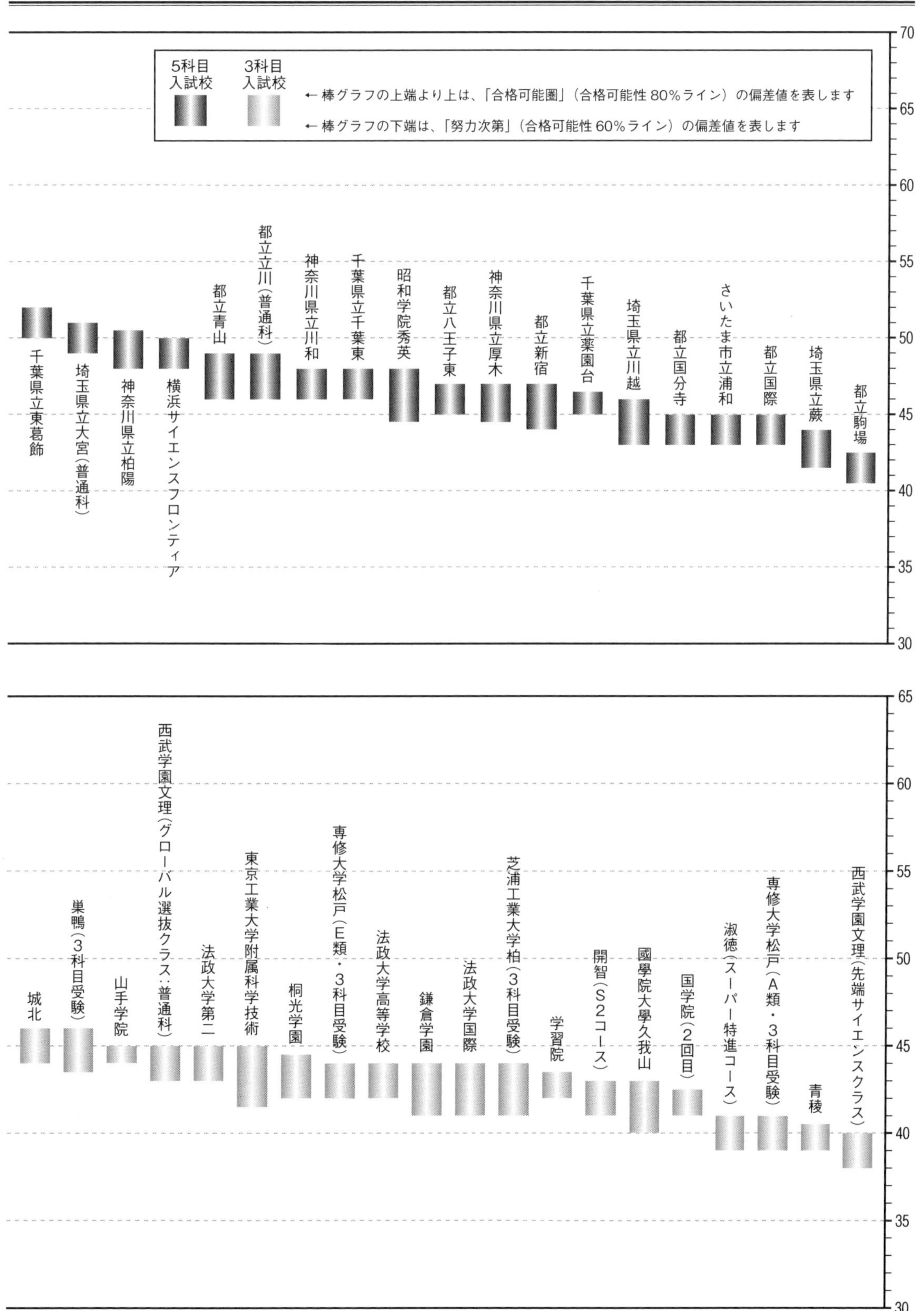
5科目入試校
3科目入試校
← 棒グラフの上端より上は、「合格可能圏」（合格可能性 80%ライン）の偏差値を表します
← 棒グラフの下端は、「努力次第」（合格可能性 60%ライン）の偏差値を表します
70
65
60
55
50
45
40
35
30
千葉県立東葛飾
埼玉県立大宮（普通科）
神奈川県立柏陽
横浜サイエンスフロンティア
都立青山
都立立川（普通科）
神奈川県立川和
千葉県立千葉東
昭和学院秀英
都立八王子東
神奈川県立厚木
都立新宿
千葉県立薬園台
埼玉県立川越
都立国分寺
さいたま市立浦和
都立国際
埼玉県立蕨
都立駒場
65
60
55
50
45
40
35
30
城北
巣鴨（3科目受験）
山手学院
西武学園文理（グローバル選抜クラス：普通科）
法政大学第二
東京工業大学附属科学技術
桐光学園
専修大学松戸（E類・3科目受験）
法政大学高等学校
鎌倉学園
法政大学国際
芝浦工業大学柏（3科目受験）
学習院
開智（S2コース）
國學院大學久我山
国学院（2回目）
淑徳（スーパー特進コース）
専修大学松戸（A類・3科目受験）
青稜
西武学園文理（先端サイエンスクラス）

志望校別偏差値表〈女子〉

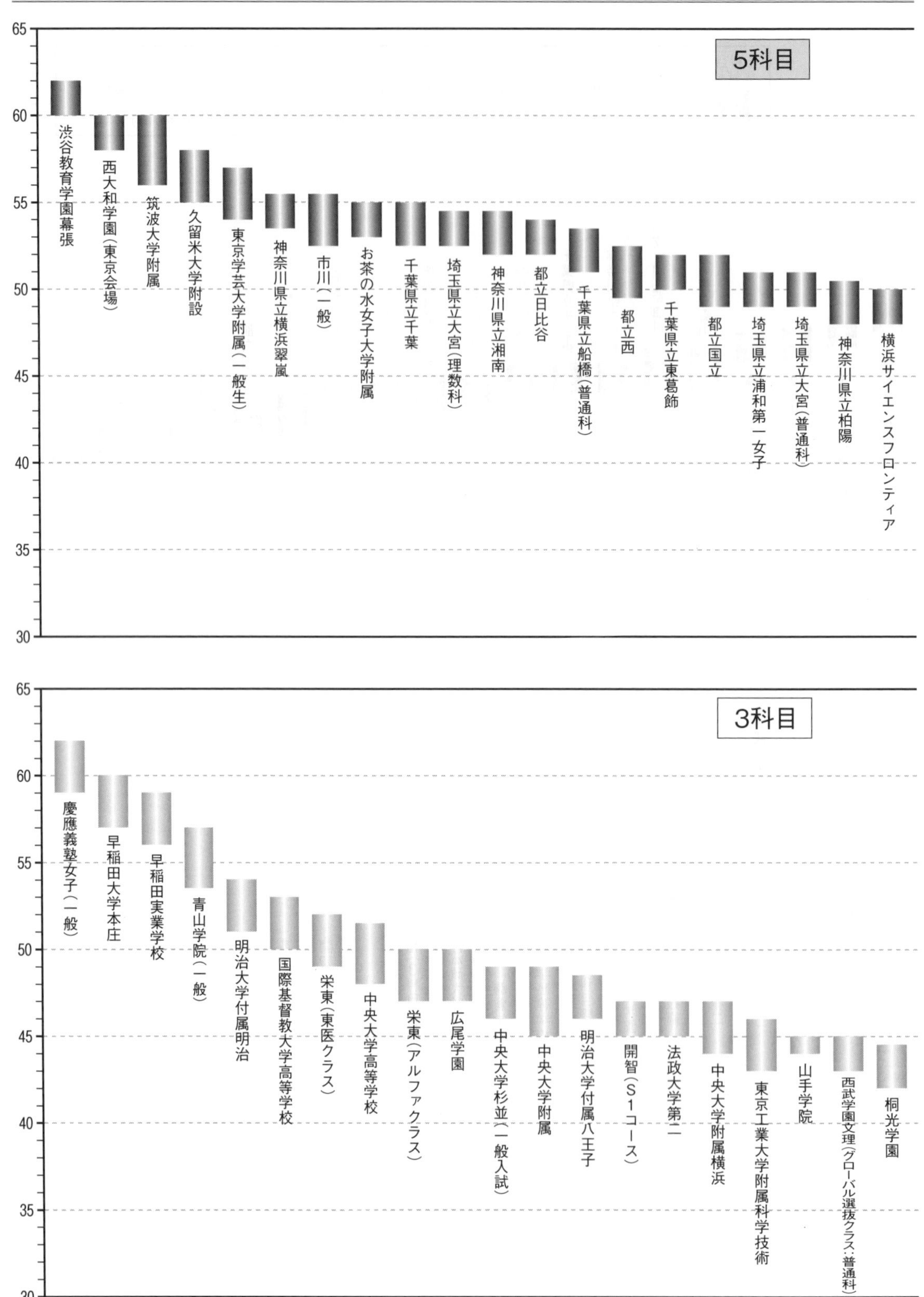

5科目
65
60
55
50
45
40
35
30
渋谷教育学園幕張
西大和学園（東京会場）
筑波大学附属
久留米大学附設
東京学芸大学附属（一般生）
神奈川県立横浜翠嵐
市川（一般）
お茶の水女子大学附属
千葉県立千葉
埼玉県立大宮（理数科）
神奈川県立湘南
都立日比谷
千葉県立船橋（普通科）
都立西
千葉県立東葛飾
都立国立
埼玉県立浦和第一女子
埼玉県立大宮（普通科）
神奈川県立柏陽
横浜サイエンスフロンティア
3科目
65
60
55
50
45
40
35
30
慶應義塾女子（一般）
早稲田大学本庄
早稲田実業学校
青山学院（一般）
明治大学付属明治
国際基督教大学高等学校
栄東（東医クラス）
中央大学高等学校
栄東（アルファクラス）
広尾学園
中央大学杉並（一般入試）
中央大学附属
明治大学付属八王子
開智（S1コース）
法政大学第二
中央大学附属横浜
東京工業大学附属科学技術
山手学院
西武学園文理（グローバル選抜クラス・普通科）
桐光学園

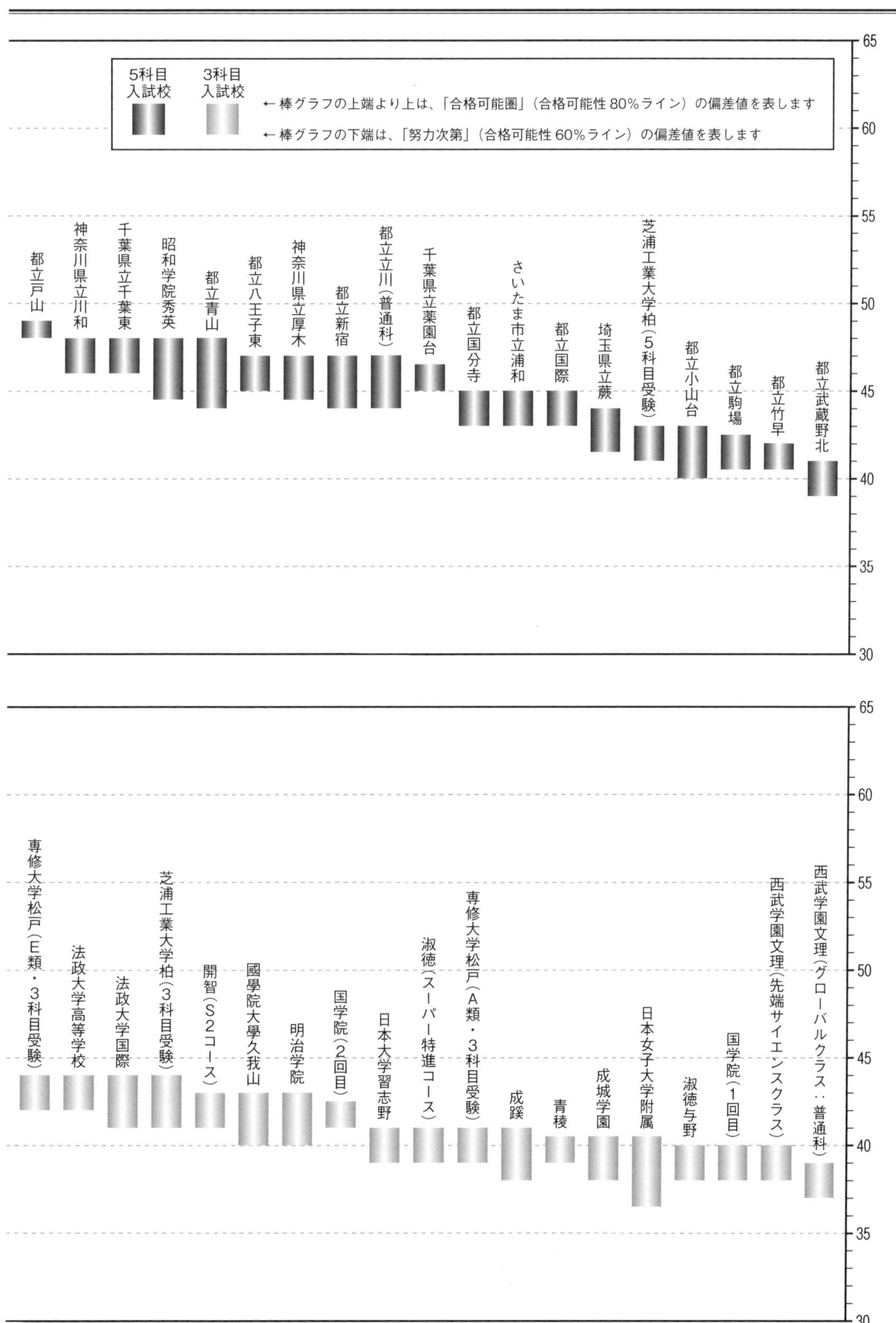
5科目入試校
3科目入試校
← 棒グラフの上端より上は、「合格可能圏」（合格可能性 80%ライン）の偏差値を表します
← 棒グラフの下端は、「努力次第」（合格可能性 60%ライン）の偏差値を表します
65
60
55
50
45
40
35
30
都立戸山
神奈川県立川和
千葉県立千葉東
昭和学院秀英
都立青山
都立八王子東
神奈川県立厚木
都立新宿
都立立川（普通科）
千葉県立薬園台
都立国分寺
さいたま市立浦和
都立国際
埼玉県立蕨
芝浦工業大学柏（5科目受験）
都立小山台
都立駒場
都立竹早
都立武蔵野北
専修大学松戸（E類・3科目受験）
法政大学高等学校
法政大学国際
芝浦工業大学柏（3科目受験）
開智（S2コース）
國學院大學久我山
明治学院
国学院（2回目）
日本大学習志野
淑徳（スーパー特進コース）
専修大学松戸（A類・3科目受験）
成蹊
青稜
成城学園
日本女子大学附属
淑徳与野
国学院（1回目）
西武学園文理（先端サイエンスクラス）
西武学園文理（グローバルクラス：普通科）

Memo

Memo